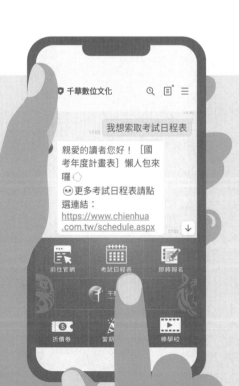

公務人員
「高等考試三級」應試類科及科目表

高普考專業輔考小組◎整理

完整考試資訊

http://goo.gl/LaOCq4

✪普通科目

1. 國文◎（作文80%、測驗20%）
2. 法學知識與英文※（中華民國憲法30%、法學緒論30%、英文40%）

✪專業科目

一般行政	一、行政法◎ 四、公共政策	二、行政學◎	三、政治學
一般民政	一、行政法◎ 四、地方政府與政治	二、行政學◎	三、政治學
社會行政	一、行政法◎ 四、社會政策與社會立法	二、社會福利服務 五、社會研究法	三、社會學 六、社會工作
人事行政	一、行政法◎ 四、公共人力資源管理	二、行政學◎	三、現行考銓制度
勞工行政	一、行政法◎ 四、勞工行政與勞工立法	二、勞資關係	三、就業安全制度
戶　　政	一、行政法◎ 二、國籍與戶政法規（包括國籍法、戶籍法、姓名條例及涉外民事法律適用法） 三、民法總則、親屬與繼承編 四、人口政策與人口統計		
教育行政	一、行政法◎ 四、教育哲學	二、教育行政學 五、比較教育	三、教育心理學 六、教育測驗與統計◎
財稅行政	一、財政學◎ 四、民法◎	二、會計學◎	三、稅務法規◎
金融保險	一、會計學◎ 四、保險學	二、經濟學◎ 五、財務管理與投資學	三、貨幣銀行學
統　　計	一、統計學 四、抽樣方法與迴歸分析	二、經濟學◎	三、資料處理
會　　計	一、財政學◎ 四、政府會計◎	二、會計審計法規◎	三、中級會計學◎
法　　制	一、民法◎ 四、刑法	二、立法程序與技術 五、民事訴訟法與刑事訴訟法	三、行政法◎

法律廉政	一、行政法◎　　二、行政學◎ 三、公務員法（包括任用、服務、保障、考績、懲戒、交代、行政中立、利益衝突迴避與財產申報） 四、刑法與刑事訴訟法
財經廉政	一、行政法◎　　二、經濟學與財政學概論◎ 三、公務員法（包括任用、服務、保障、考績、懲戒、交代、行政中立、利益衝突迴避與財產申報） 四、心理學
交通行政	一、運輸規劃學　　二、運輸學　　　　　　三、運輸經濟學 四、交通政策與交通行政
土木工程	一、材料力學　　　二、土壤力學　　　　　三、測量學 四、結構學　　　　五、鋼筋混凝土學與設計 六、營建管理與工程材料
水利工程	一、流體力學　　　二、水文學　　　　　　三、渠道水力學 四、水利工程　　　五、土壤力學
水土保持工程	一、坡地保育規劃與設計（包括沖蝕原理） 二、集水區經營與水文學 三、水土保持工程（包括植生工法） 四、坡地穩定與崩塌地治理工程
文化行政	一、文化行政與文化法規　　　　　　　　　二、本國文學概論 三、藝術概論 四、文化人類學
機械工程	一、熱力學　　　　二、流體力學與工程力學　三、機械設計 四、機械製造學

註：應試科目後加註◎者採申論式與測驗式之混合式試題(占分比重各占50%)，應試科目後加註※者採測驗式試題，其餘採申論式試題。

各項考試資訊，以考選部正式公告為準。

 千華數位文化股份有限公司
新北市中和區中山路三段136巷10弄17號
TEL: 02-22289070　FAX: 02-22289076

公務人員
「普通考試」應試類科及科目表

高普考專業輔考小組◎整理

✪普通科目
　1.國文◎（作文80%、測驗20%）
　2.法學知識與英文※（中華民國憲法30%、法學緒論30%、英文40%）

✪專業科目

類科	科目	
一般行政	一、行政法概要※ 三、政治學概要◎	二、行政學概要※
一般民政	一、行政法概要※ 三、地方自治概要◎	二、行政學概要※
教育行政	一、行政法概要※ 三、教育行政學概要	二、教育概要
社會行政	一、行政法概要※ 三、社會政策與社會立法概要◎	二、社會工作概要◎
人事行政	一、行政法概要※ 三、公共人力資源管理	二、行政學概要※
戶　政	一、行政法概要※ 二、國籍與戶政法規概要◎（包括國籍法、戶籍法、姓名條例及涉外民事法律適用法） 三、民法總則、親屬與繼承編概要	
財稅行政	一、財政學概要◎ 三、民法概要◎	二、稅務法規概要◎
會　計	一、會計學概要◎ 三、政府會計概要◎	二、會計法規概要◎
交通行政	一、運輸經濟學概要 三、交通管理與行政概要	二、運輸學概要
土木工程	一、材料力學 三、土木施工學概要	二、測量學概要 四、結構學概要與鋼筋混凝土學概要
水利工程	一、水文學概要 三、水利工程概要	二、流體力學概要

水土保持 工程	一、水土保持（包括植生工法）概要 二、集水區經營與水文學概要 三、坡地保育（包括沖蝕原理）概要	
文化行政	一、本國文學概要 三、藝術概要	二、文化行政概要
機械工程	一、機械力學概要 三、機械製造學概要	二、機械設計概要
法律廉政	一、行政法概要※ 二、公務員法概要（包括任用、服務、保障、考績、懲戒、交代、行政中立、利益衝 突迴避與財產申報） 三、刑法與刑事訴訟法概要	
財經廉政	一、行政法概要※ 二、公務員法概要（包括任用、服務、保障、考績、懲戒、交代、行政中立、利益衝 突迴避與財產申報） 三、財政學與經濟學概要	

註：應試科目後加註◎者採申論式與測驗式之混合式試題(占分比重各占50%)，
　　應試科目後加註※者採測驗式試題，其餘採申論式試題。

各項考試資訊，以考選部正式公告為準。

千華數位文化股份有限公司
新北市中和區中山路三段136巷10弄17號
TEL: 02-22289070　　FAX: 02-22289076

目次

01 公共政策概論

02 公共政策理論模型、政策分析與公共政策倫理

03 政策問題分析與議程設定

04 政策規劃、政策設計、政策論證

05 政策合法化

06 政策執行與政策監測

07 政策評估

08 政策行銷、政策網絡、政策變遷、政策學習

09 與公共政策有關的議題

最新試題及解析

你該如何準備「公共政策」？

人類自有機關組織成立後，就有了公共政策運作的實務存在，而理論的建構也因時因地而有相對的進展及推衍。雖然自五〇年代以後，公共政策已成為一個系統性及學術性的研究專科；但是基本上，公共政策的理論架構及內涵還是西方世界所主導。一般來說，公共政策係指政府機關為解決某項公共問題或滿足某項公眾需求，決定作為或不作為，以及如何作為的相關活動，包括：中央政府的國防、外交、經濟、環保等政策，及地方政府的施政計畫或政策等，無所不包。因此，我們可以說，舉凡和人民生活大小事情均脫離不了公共政策的範疇。大家常說，錯誤的政策比貪污更可怕，而現今國家、社會或企業所要關注的事項卻是愈來愈多及複雜，時空背景、國情資料及當地的人文條件也有所不同。因此，更需要學有專精的人員來加入公共政策運作的行列。

公共政策運作過程的研究階段為：政策問題形成階段、政策規劃階段、政策合法化階段、政策執行階段、政策評估階段。當公共問題被政府機關接納後，並被政策分析人員加以研究形成政策問題後，即排入行政機關的政策議程，開始由行政機關的內部及外部人員加以規劃。而政策規劃即是設計替選方案的動態過程；政策規劃的全部活動包括：問題發生、問題提出、問題接納、問題認定、政策方案設計、政策方案分析與評比、政策方案推薦。一項方案一旦為政府立法部門經過合法、正當的程序而被採納，即成為一項合法的政策；這時，許多與政策方案有關的利害關係者及參與者，均會在政策合法化過程中發揮影響力，希望政策能朝向於有利於他們的主張發展。公共政策在取得合法地位後，便進入政策執行的階段；政策執行可說是政策運作過程中最重要的一環，政策方案如不能有效的執行與落實，則整個方案的理想將告落空。公共政策運作的最後階段即是政策評估，政府的任何一項政策方案在付諸執行前後，均應當進行評估；評估必須要建立適當的評估標準，包括：效能性、效率性、充分性、公正性、回應性、適當性。

(4) 你該如何準備「公共政策」？

貳 近年試題分析

綜觀近年試題，可發現如下特色：

一、時事題成為考題重點

這些時事題包括：健保問題、社會福利的公平性問題、經濟發展問題、兩岸問題、原住民問題、少子化問題、中央與地方的關係、核能議題、軍公教退休制度問題、食安問題，甚至是憲政體制問題等。因此各位除平常研讀課本理論外，亦需注意一下時事，可在考前一星期至二星期蒐集過去一至二年內的相關時事，並了解其內容。

二、注意名詞解釋

近年考題除固定的申論題外，名詞解釋亦為出題的方向。這類題目多出自吳定教授編寫的「公共政策辭典」，另外在吳定教授及丘昌泰教授所編寫的公共政策教科書中亦有觸及。針對此部份，各位應多注意。

參 準備要領

一、精研理論架構

任何學科均有一套論述成理的理論基礎，這是專家學者經由研究所推衍出來的，雖因時空的關係而不一定適合該地區的國情需要。但基於考試為考出每個應考人「底子」的深厚程度，歷屆試題定會出現理論題。需注意何種理論係由何位學者提出，它的內涵及精神又為何。如政策執行力的各種模式、政策方案的決策途徑、政策合法化策略、政策評估途徑等，均係往年常考的題目。

二、公共政策與時事的密切交融

說研究公共政策係為「應付」或「處理」政府大大小小事物實不為過。因為在形成公共政策之前，即需有時事問題的產生，況且政府的任何一項政策均牽涉到相關的利害關係人、政策研究人員、促成政策合法之人員、政策執行人員等，除了政策本身所具有的時事特性外，這些參與政策的人員本身即是事件的「主角」。近年來，公共政策的出題走向，部分題目已和政策時事相「掛勾」，亦即以政府的實際政策做為出題的依據或引申。因此，建議應密切注意相關時事的發展，及其所形成的政策系統及政策環境。

三、公共政策與公共管理的分際

公共政策係指政府機關為解決某項公共問題或滿足某項公眾需求，決定作為或不作為，以及如何作為的相關活動。而公共管理則是公共行政或公共事務廣大領域中的一部分，主要系絡雖以政府部門為主，但亦將具與私部門的互動關係包含在內；包括公共行政的方案設計與組織重建、政策與管理規劃、經由預算制度進行資源分配、財務管理、人力資源管理，以及方案評估與審核等之應用方法的科學與藝術。因此，公共管理具有獨立成為新興研究領域之企圖。雖說如此，公共政策與公共管理仍有部分題型相似，如目標管理、組織精簡、政府再造等，讀者亦需注意。

四、考古題的掌握

不論參加國家考試、研究所考試、證照考試或是其他類型的考試，萬變不離其宗，如能確實掌握考古題，就成功一半了。各位可將考古題做一分類及年序排列，配合當年及去年發生的時事，特別關注可能再次重覆出現的題目。

假如你能將本書做充分紮實的研讀，再加上有效率的準備工作，將使各位應付相關考試，能從容應考，獲取高分。

編著者　陳俊文

112年公共政策趨勢分析與準備要領

公共政策學科又稱為「政策科學」或稱為「政策學」，源自於1951年美國學者賴納（Daniel Lerner）與拉斯維爾（Harold D. Lasswell）合編《政策科學：範圍與方法的新近發展》（*The Policy Science：Recent Development in Scope and Method*）一書，被公認為是公共政策研究的濫觴。

國內公共政策學科的發展也有三十多年的歷史，研究架構概以階段論為主，包括導論、公共政策模型、政策分析與論證、政策問題與議程建立、政策規劃、政策合法化、政策執行、政策評估、重要政策論題等。題目亦圍繞在這些議題上，例如，公共政策類型、政策分析家類型與條件、政策網絡、政策論證六階段要素、政策工具、理性決策途徑、政策執行的研究途徑、政策監測與政策順服、政策評估演進過程、政策行銷、政策終結等，都是經常被拿來命題的地方。

不過近年來，公共政策科目的考題內容有愈來趨向多元化，此種趨勢可歸納為：
1. 「實例題」幾乎成為每次考試的必考題，且愈考愈多；即理論搭配時事題，以下羅列最近年相關試題供各位參考：
   (1)近年來國內少子化問題日趨嚴重，成為政府必須正視的「國安」問題，請以問題建構法分析如何提升總生育率。【103身障三等第4題】
   (2)Kaplan曾提出七項政策規劃原則，請列舉五項原則分析我國政策規劃推動課徵「富人稅」的優缺點？【104高考三級第4題】
   (3)當前青年面臨就業率低與薪資低的「雙低」問題，你建議政府應採取何種工具最能有效解決問題？【104身障三等第2題】
   (4)垃圾費隨袋徵收政策已在臺北市及新北市實施一段時間，請設計一套評估指標，評估該政策的成效。【104年地特三等第2題】
   (5)如果政府不打算採取強制性工具迫使機車騎士服從，你認為可以採取那些非強制性的政策工具？【105身障三等第3題】
   (6)以國內現行防止酒駕政策為例，討論政策評估的標準為何？【105高考三級第1題】
   (7)何謂議程設定？請以議程設定的觀點，說明我國核四政策之變遷過程。【108地特二等第1題】

(8)政府制定政策時，必須考量它是否有效率、是否公平。倘若現在政府擬擴大引進外籍看護工來臺工作，請評估此一政策是否有效率？是否公平？【109地特三等第4題】

(9)請從公共政策分析的觀點，剖析直接發放現金、2009年「消費券」與2020年「三倍券」之間的差異與優劣為何？【111地特三等第4題】

(10)青年就業問題是政府關切且想要解決的社會問題之一，假設政府想要透過開設程式設計訓練班來緩和青年就業問題，因此在不同的縣市，都開設相同的訓練班來培訓有志青年，為了評估該班之影響，政府蒐集了該班在不同縣市的相關資訊。假設資料顯示A縣市的訓練班有220人報名，但因只有100個名額，因此錄取了100人，經過三個月的訓練後，有98人結訓，有78人在結訓後兩個月獲得工作。B縣市同樣有100個名額，結果有150人報名，錄取100人，在經過三個月的訓練後，有97人結訓，52人在結訓後兩個月獲得工作。請問：從影響評估的角度來看，您認為那一個縣市的職業訓練班對於參加者有較大的影響？請列舉兩項您認為可能的原因或理由並說明之。【112高考三級第2題】

(11)依據學者在拉丁美洲中許多城市的研究，其研究結果顯示在不同城市的街道上，大多是由中低收入戶所營運的違法商家或攤販，雖是這些中低收入戶的主要收入來源，但也造成街道髒亂等的外部性，容易引起一般民眾及中產階級者的不滿。政府有制定相關的管制法規，但不同地方政府對於違法商家或攤販的執法程度或稽查強度是不同的，請您從政策執行或分配政治的角度來分析：列舉四項可能影響地方政府執法或稽查強度的因素並說明之。【112高考三級第3題】

2.「跨學科」的考題愈來愈多，同時跨越行政學、公共管理、管理學或政治學的題目愈來愈普遍，例如政策行銷、全球治理、政府再造、審議民主、民意與民意調查、公民投票等。以下羅列近年相關試題以為各位參考：

(1)公民投票的意義、種類、優缺點。【102年高考三級第2題】

(2)政務官與事務官所採行的倫理道德標準有何不同？【103身障三等第2題】

(3)公共政策的制訂應以「公共利益」為取向，請問你如何定義公共利益？【104年身障三等第1題】

(4)近年來，資訊與通信科技快速發展，對於人類生活以及政府治理產生多面向的影響，試闡述此種發展對政府蒐集民眾政策意見帶來的機會與挑戰。【104年地特三等第4題】

(5)公共利益定義與瞭解公共利益的方法？【107高考三級第1題】

(6)交易成本的意義與構成交易成本過高的主要原因？【107高考三級第2題】

(7)政府使用 BOT模式推動重大公共建設之主要目的為何？可能遭遇到的重大挑戰有那些？請說明。【109地特三等第1題】

(8)關於公共利益的定義與民主政治的內涵，有學者認為公共利益的內涵應以公民觀點為基礎，追求公民精神的發揮，才能建立符合公民利益的民主體制。依據Frederickson的觀點，認為公民精神應具備那些要件？請詳細剖析之，並討論其是否可行？【110年身障三等第2題】

(9)傳統官僚組織運作的特徵，常導致行政機關間橫向協調產生阻礙。請論述行政機關間橫向協調問題之原因與癥結為何？【111地特三等第1題】

3.命題委員或學者最近所發表的期刊論文，將是未來出題的焦點。某教授曾批評目前的考題設計，都是就現有教科書出題，但由於教科書內容過於老舊，導致與新增知識之間產生落差。因此主張未來的出題設計，除了現有教科書之外，並應增加教授新進撰寫的期刊論文。以下羅列最近年相關試題以為各位參考：

(1)根據世界銀行（World Bank）的說法，越來越多的政府試圖建立起「循證的公共政策」（evidence-based public policy）的體系，以期能為人民提供更好與更快速的政府服務；請問循證的公共政策之內涵為何？實務應用上可能的限制何在？【105年地特三等第1題】

(2)何謂公共政策分配性結果中的「沉默輸家」（silent losers）？其可能的成因為何？【105年地特三等第2題】

(3)政策衝突對政策治理的衝擊【107年地特三等第3題】

(4)「政策企業家」（policy entrepreneur）是政策過程中之重要人物。試說明其特質、專長及其在政策過程中之功能。【110高考三級第3題】

(5)請說明管制影響評估（Regulatory Impact Analysis,RIA）的意涵、推行目的與操作步驟為何？【111年地特三等第3題】

4.新理論、新學說，作者榮獲諾貝爾獎或舉世聞名，所倡導理論也廣受各界矚目，通常學界也高度重視。以下羅列最近年相關試題以為各位參考：
近年流行以「推力」（nudge）作為推動政策之工具。「推力」背後之理論為何？與其他政策工具之差異為何？使用這工具之優勢為何？試舉實例闡釋之。
【110年高考三級第1題】

5.考試方法並不以申論題為限，解釋名詞即成為常見的應試類型，如100年身障三等、原民三等、高考三級；101年原民三等；102年原民三等、高考三級；103年原民三等、高考三級、地特三等。以下羅列相關試題以為各位參考：

(1)請將以下專有名詞先翻成中文後，再加以解釋。Global Governance、Sunset Legislation、Game Theory、Relative DeprivationLogrolling、Legislation【102年高考三級第4題】

(2)請將以下專有名詞先翻成中文後，再述其意涵：Push polling、Externality、Vote by feet、Incrementalism、NIMBY。【103年地特三等第4題】

(3)請說明下列名詞之意涵及其與公共政策的關係：Ideology、Spiral of Silence、Plebiscitary Democracy、Policy Marketing、Quasi-Experimental Design。【108年地特三等第4題】

針對上述的趨勢，準備及對應方略如下：

1. 熟讀階段論的每一個步驟內容，尤其常考的地方，至於比較少出題的部分，亦應稍加注意，例如公共政策倫理、政策利害關係、政策溝通、利益團體等。

2. 隨時注意當前時事有關公共政策的新聞議題，並勤於閱讀社論或專文，以增加對議題深入分析、瞭解及掌握。

3. 除了現有教科書之外，應廣泛蒐集公共政策學者所撰寫的期刊論文，並詳細閱讀，因為在未來期刊論文的題目比重將會增加。

4. 解釋名詞尤應注意中英對照，並搭配吳定教授所著《公共政策辭典》作為補充。

5. 申論答題祕法（三段論證法）：一個完整的申論題論述內容，應該包含「前言」、「主要論述」與「結論」三段，茲說明其答題邏輯與方法如下：

(1)前言即破題，應提綱挈要，可引述名家名言或作背景說明。

(2)主要論述為題目主軸，也是分數高低的關鍵，應綱舉目張、條理分明、層次清晰，並列舉實例以為說明。

(3)結語要簡單扼要，對論述作總結或補充說明，也可提出不同見解。

6. 行政類科中行政學、公共管理、公共政策三者是相互為用、相輔相成的關係，所以對相關理論研讀都須融會貫通，並能將理論與實務做結合。

楊銘

01 公共政策概論

公共政策定義	1. 公共政策由政府機關所制定的。 2. 制定公共政策的目的在解決公共問題或滿足公眾需求。 3. 公共政策包括政府所決定作為或不作為活動。 4. 政府以各種相關活動表示公共政策的內涵。
研究公共政策的理由	1. 順應世界潮流。 2. 促使政府成為一個有為有效的政府。 3. 促使政府適當解決國內外環境變遷所帶來的各項危機問題。 4. 提高決策品質與行政績效。 5. 提高我國的國家競爭力。
研究公共政策的目的	1. 達科學上的目的　　2. 專業上的目的 3. 政治上的目的　　4. 行政上的目的
公共政策研究的演進階段	1. 早期的發展起源　　2. 十九世紀的演進背景 3. 二十世紀的演進情況　4. 後工業社會的演進狀況
公共政策的分類	1. 分配性政策　　2. 管制性政策 3. 重分配政策　　4. 自我管制性政策
公共政策運作過程	1. 政策問題形成階段　2. 政策規劃階段 3. 政策合法化階段　　4. 政策執行階段 5. 政策評估階段
公共政研究的研究途徑	1. 制度研究途徑　　2. 結構功能分析途徑 3. 系統理論途徑　　4. 個案研究途徑 5. 比較研究途徑　　6. 行為研究途徑 7. 實證研究途徑　　8. 模式研究途徑

公共政策

課前導讀

自從一九五〇年以後，公共政策成為一個系統性及學術性的研究專科。公共政策指政府機關為解決某項公共問題或滿足某項公眾需求，決定作為或不作為，以及如何作為的相關活動。由公共政策的定義可知，公共政策實它涵蓋各級機關的作為與不作為決定，例如中央政府的國防、外交、經濟、環保政策、地方政府的施政計畫等。其次，它所涵蓋的範圍亦極為廣泛，如國防、外交、內政、教育、文化、經濟、住宅、環保、醫療、衛生政策等均包含在內。因此，我們可以說，舉凡和人民生活大小事情均脫離不了公共政策的範疇。

↘ 重點精要

壹 公共政策的定義

　　公共政策（Public Policy）的實務和人類組織的歷史一樣的久遠，自從人類有了機關組織的成立後，就有了公共政策運作的實務存在。一般政策研究者認為，一九五一年由賴納（Daniel Lerner）與拉斯維爾（Harold D.Lasswell）所合編的「政策科學：範圍與方法的最近發展」（The Policy Science：Recent Developments in Scope and Method）一書，可說是公共政策研究的里程碑。

一、眾家學者看法

　　政策（Policy）一字原意為「公共事務的處理」或政府的行政。對於政策或公共政策的定義，各學者定義如下：

賴契特 （Howard M.Leichter）	公共政策乃是由權威性人員所採取的一系列以目標為取向的行動。
安德森 （JamesE.Anderson）	政策乃是某一個人或某些人處理一項問題或一件關心事項之相當穩定的、有目的性的行動方案。而公共政策就是由政府機關或政府人員所發展出來的政策。
伊斯頓 （David Easton）	政策就是政府對社會價值作權威性的分配。
謝富 （Carl P.Chelf）	公共政策乃是一項政府在處理某項做為大眾關心對象的爭論或問題時，所作的行動方案，通常涉及幾個不同的部門及機關。
戴伊 （Thomas Dye）	政府選擇作為或不作為的任何行動。

| 湯絢章教授 | 乃政府機關與其他社會團體，為達成其目標與重心的長期計畫或工作綱領，而做為管理者們確定與估計所負責與進行程序的指針。 |
| 魏鏞教授 | 公共政策係政府施政為達成某項目標所提出之作為或不作為的一般性及原則性。 |

二、綜合看法

吳定教授綜合眾人說法，對公共政策作如下界定：公共政策指政府機關為解決某項公共問題或滿足某項公眾需求，決定作為或不作為，以及如何作為的相關活動。此項定義揭示數項要點：

- 公共政策係由政府機關所制定的
- 制定公共政策的目的在解決公共問題或滿足公眾需求
- 公共政策包括政府所決定作為或不作為活動
- 政府以各種相關活動表示公共政策的內涵，如法律、行政命令、規章、方案、計畫、細則、服務、產品等

三、公共政策與行政的關係

(一) 行政學又稱公共行政學（Public Administration）。行政即是公務的推行，舉凡政府機關或公務機構的業務，如何使之有效的加以推行，即是行政。因此，行政的含義可歸納為：

1. 與公眾有關的事務，須由政府或公共團體來處理者。
2. 涉及政府部門的組織與人員。
3. 政策的形成、執行與評估。
4. 運用管理的方法（計畫、組織、領導、溝通、協調與控制等）來完成公共政策的整個過程。

(二) 政府是政策的釐定者及執行者，其政策的規劃與執行結果，這一聯串過程就是行政，所以行政與公共政策實是不可分割的一體兩面。因此無論在政策的認定與規劃，或是政策的執行與評估，在在都涉及到政府的行政效能，如何制定良好的政策及執行，不只是政府人員的責任，更是行政學的核心問題。

四、政策科學研究、公共政策研究、政策分析研究

(一) 政策科學研究：指研究與公共政策有關之各
　　 種論題的系統性知識，其範圍包含公共政策
　　 研究與政策分析在內，它著重對政策有關之
　　 學術理論與方法論的研究探討。其目的在累
　　 積政策相關知識。

(二) 公共政策研究：指研究政府機關如何針對公
　　 共問題，研擬解決方案及如何順利執行方案
　　 的相關論題。其範圍包括政策問題形成、政
　　 策規劃、政策合法化、政策執行、及政策評
　　 估等五大階段的活動，故它將政策分析研究
　　 涵蓋在內。其目的在了解公共政策運作過程及其活動。

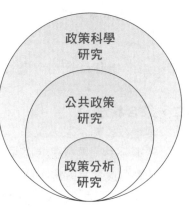

(三) 政策分析研究：指研究政策分析人員及決策者如何
　　 應用科學知識與推理方法，採取分析的理論架構，
　　 設計並選擇替選方案，及促使最適替選方案合法化
　　 的有關問題。研究範圍包括政策問題形成、政策規

> **觀 念 速 記**
> 嚴格言之，政策分析研究
> 實即政策制定研究。

　　 劃、及政策合法化等三個階段的活動，亦即研究「政策制定」的相關問題。其
　　 目的在尋找解決公共問題的適當方案。

社會科學學術研究、政策研究與政策分析之區別

專業領域	主要目標	主雇類型	共同型態	時間限制	共同弱點
社會科學學術研究	建構瞭解社會的理論	以真理為界定範疇的主雇；學者	嚴謹的方法論建構與考驗理論，通常是回溯性的	很少有外在時間限制	經常提出與決策者需求無關的資訊
政策研究	預測政府操控變項改變後的可能衝擊	政策領域中的決策者；相關學科	以正式方法論應用於政策問題；結果預測	間或有時間壓力，但可因問題重現而緩和	將發現轉化為政府行動的困難
政策分析	向政治行動者分析與提供解決社會問題的方案	特定決策者或集體決策者	匯合當前研究與理論，以估計未來不同決策的後果	與特定決策點緊密相連的分析任務之完成	主雇取向與時間壓力所造成的短視

資料來源：Weimer and Vining,1992:2-9

貳 研究公共政策的理由、目的及價值

一、研究公共政策的理由

- 📝 順應世界各國重視公共政策研究的潮流
- 📝 促使政府成為一個有為有效的政府
- 📝 促使政府適當解決國內外環境變遷所帶來的各項危機問題
- 📝 提高決策品質與行政績效
- 📝 提高我國的國家競爭力

順應世界各國重視公共政策研究的潮流	自1960年代以來，世界上許多已開發國家非常重視政策科學（Policy Science）、政策分析（Policy Analysis）與公共政策等相關論題研究。為順應世界潮流，我國自應對公共政策運作研究有所認識及學習。	
促使政府成為一個有為有效的政府	一個有為有效的政府應當具備五項特性（五R）：	
	回應性（responsiveness）	指政府應該回應民眾的需求。
	代表性（representation）	指政府的所作所為必須代表大部分民眾的利益。
	責任性（responsibility）	指政府必須負起應盡的責任。
	可靠性（reliability）	指政府必言而有信，令出必行，獲得人民的信賴。
	務實性（realism）	指政府任何政策作為，均應從實際可行並可達成目標的觀點著手。
促使政府解決國內外環境變遷所帶來的各項危機問題	政府隨時會遭遇各種危機所帶來的問題，必須適當因應處理。政府如欲妥善處理由這些危機，自須對公共政策研究投注更多的心力。	
提高決策品質與行政績效	決策品質的良窳及行政績效（administrative performance）的高低與公共政策是否適當運作息息相關。行政績效是指行政效率（administrative efficiency）與行政效能（administrative effectiveness）的綜合評量。效率指產出與投入之間的比較情況，而效能則指目標達成程度；前者著重「數量」層面，後者著重「品質」層面。	
提高國家競爭力	欲提高國家競爭力，公共政策的有效制定、執行與評估，居於極端重要地位。	

> 快速記憶口訣
> 五R即是指政府角色，快速記憶：回代責可務。

二、研究公共政策的目的

根據安德森（James E.Anderson）的看法，研究公共政策主要是爲達到以下目的：

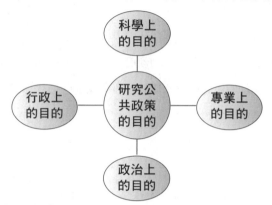

科學上的	對於公共政策進行研究，可使我們獲知公共政策是如何被制定的，運作過程如何，及其對社會的影響如何？
專業上的	可以對政策提供專業性的勸告，然後可較有把握的向個人、團體、及政府提供建議，應該採取何種作法才能有效的達成其政策目標。
政治上的	可促使政府採納適當的政策以達成正確的目標，同時其研究成果也可供政府機關、參與政治活動者，及社會大眾等從事政策訴求或政策辯論的依據。
行政上的	藉著了解政策運作過程的缺失及其改進方法，而在行政層面上有助政策問題的正確認定、政策方案的適當規劃、執行與評估等，因而增強政府的行政績效。

三、研究公共政策具有的價值

基於純粹科學的理由	吾人可以把公共政策視作一依變項（dependent variable）及獨立變項（independent variable）而提出一些問題，若能充份回答這些問題，則有助增加我們對環境因素、政治過程，及公共政策相互間關係的瞭解。
基於專業上的理由 （Professional reasons）	政策研究能夠為我們提供專業的建議，指示我們達到理想目標之最佳途徑。要消除社會的各種弊端，必須先對弊端的事實有所了解。
為了政治的目的 （Political purposes）	有些學者主張確保政府採行「正確」的政策，以達成「正確」的目標，是學者應有的道義責任；政治學者在面臨重大的社會與政治危機時，不應保持緘默；政治學者有倡導理想公共政策的道義責任。

牛刀小試

1. 何謂公共政策？國內外學者有何不同說法？又其與行政有何關係？
2. 為何要研究公共政策？其具有何種理由、目的及價值？試分別加以說明之。
3. 政策科學（Policy Science）、政策研究（Policy Research）及政策分析（Policy Analysis）之基本概念各為何？三者間之關係又是如何？試分述之（91基三）
4. 「政策科學研究」與「政策分析研究」二者如何釐清？試分別解釋其意義。（98原三）
5. 試比較政策科學研究、公共政策研究、政策分析研究三者之間的差異性。
6. 就公共政策的角度觀之，一個有為有效的政府應當具備哪五項特性（五R）？

參 公共政策的分類

對於公共政策的分類，不同學者有不同的分類標準，而所謂分類乃是「在一群事物中分用其相似性與差異性的方法」。從實務目的而言，適當的政策類型建構，可以協助政策制定者掌握各種不同類型政策的特質，設計正確的政策藍圖，如此可以提升政策制定的品質。關於公共政策的分類，有不同的分法：

一、自由派政策與保守派政策

從執政政府所支持的意識型態而言，通常有保守派政策（conservative policies）與自由派政策（liberal policies），兩者之區別主要在於：

	自由派政策	保守派政策
政府規模大小	信奉「大政府」，最好的政府是提供服務較多的政府，傾向於中央集權。	信奉「小政府」，最好的政府是干預最少的政府，傾向於地方自治。
市場型態	主張國家計畫經濟，國家力量應適時地管制自由市場，以免市場失靈，以達到公平正義的目標。	主張自由市場經濟，國家管制力量應該完全退出市場以外，讓市場那一雙看不見的雙手，自行發揮供需平衡的調節機能。
傳統社會價值的接受度	對於當代社會所產生的種種現象大都保持容忍態度，因而支持墮胎與同性戀婚姻合法化、主張增加社福支出、贊成富人加稅、尊重意識型態等。但此種分類並不適用臺灣，臺灣各政黨對於墮胎、同性戀、宗教、加稅、社福支出等政策或意識型態的立場，保持相當的尊重與寬容，依此角度而論，傾向於自由派政策。	接受傳統社會價值，如反對墮胎、反對社福支出、反對加稅、反對同性戀結婚、反對共產主義等都是典型的政策主張。

二、賽局與非賽局政策

從賽局理論（game theory）觀點而言，公共政策可視為一場參賽者相互競爭的對抗行為，賽局理論（或稱博弈理論）係以數學概念分析具有競爭性或對抗性的行為，賽局或博弈行為類型很多，其中最典型的是零和賽局(zero-sum game)，指參與賽局的各方，在嚴格競爭環境下，一方的利得必然意味著另一方的損失，導致各方的收益和損失相加總和永遠為零，這是一種「你輸我贏」的零和賽局，參賽雙方不可能存在合作的可能。至於非零和賽局（non-zero-sum game）正好相反，係指參與賽局的各方，並不產生絕對互斥的零和行為，某一方的收益未必造成他方的損失，收益或損失的總和不是零值，在這種狀況時，某方的所得並不與他人的所失相等，賽局雙方可能同時存在雙贏的局面，進而產生合作的可能。

三、羅威（Theodore Lowi）及沙力斯柏瑞（Salisbury）的分類

分配性政策（distributive policies）	1.指政府機關將利益、服務或成本、義務分配給不同的標的人口享受或承擔的政策。 2.此種類型的政策基本上是一種「非零和賽局」（non-zero sum game）的政策；即該類型政策的執行，並不構成他方之所得，乃是建立在另一方之所失的基礎上。 3.政府機關在制定此類政策時，主要考慮的是如何滿足各方的需求，使利益或成本的分配較為適當而已，故其所遭受的抗拒較為輕微。	例如社會福利政策以及其他提供服務的政策等
自我管制性政策（self-regulatory policies）	1.指政府機關對於某一標的人口的活動僅予以原則性的規範，而由該標的人口自行決定活動進行方式的政策。 2.它是一種非零和賽局的政策類型，因為政策執行通常不至於犧牲其他標的人口之利益，故可能引起的抗拒較小。	例如政府機關授權各出口同業公會自行檢驗管制出口商品的品質政策等

非零和賽局

管制性政策（regulatory policies）	1. 指政府機關設立某些特殊的原則或規範，以指導政府機關或標的人口從事某些活動，或處理不同利益的政策。 2. 此類政策屬於「零和賽局」（zero sum game）的政策；即政策的執行，常會使一方獲利，另一方失去利益，故此類型政策在執行時，常會遭致巨大的抗拒。	例如出入境管制政策、外匯管制政策、環境保護政策、海防管制政策等
重分配性政策（redistributive policies）	1. 指政府機關將某一標的人口的利益或成本轉移給另一標人口享受或承擔的政策。 2. 此類型政策的制定通常是在考慮財富、權力、地位的分配狀況後所採取的，是一種零和賽局的政策，故必然會引起受損失之標的人口的抗拒。	例如綜合所得稅政策等

零和賽局

名詞教室

「零和賽局」（zero sum game）係指政策的執行，常會使一方獲利，另一方失去利益，是壹與零的你死我活的競爭，照字面意義看，管制及重分配即屬之。

四、學者安德森（James E.Anderson）的分類

實質性政策（substantive policies）	實質性政策涉及政府將要進行的實質性工作，例如建造高速公路、發放社會福利金等。
程序性政策（Procedural policies）	程序性政策涉及如何做某件事，或何人將採取行動，例如如何緝捕罪犯、處理業務的程序如何等。

分配性政策	分配性政策（distributive policies）涉及對某些特殊標的人口從事服務或利益的分配。
管制性政策	管制性政策（regulatory policies）涉及對個人或團體的行為施予規範或限制。
自我管制性政策	自我管制性政策（self-regulatory policies）類似管制性政策，係對某些事或某團體施予限制或管制，但其限制或管制的用意在尋找或支持被管制者的利益。
及重分配性政策	重分配性政策（redistributive policies）則涉及不同標人口間之財富、收入、財產、權力的轉移（即重分配）。

物質性政策	物質性政策（material policies）指提供具體的資源或實質的權力與受惠者，或相反的，對標的人口給予具體實質的不利處分。
象徵性政策	象徵性政策（symbolic policies）涉及抽象或象徵性的事務需求，例如要求和平等。
涉及集體財的政策	涉及集體財的政策（Policies involving collective goods）指提供每個人均可享受不可分割的公共財的政策，例如國防、治安政策的制定。
涉及私有財的政策	涉及私有財的政策（policies involving private goods）指提供給特定使用者或受惠者享用，但可在市場上獲得的財貨之政策，如政府興建國民住宅和國家公園等政策。
自由的政策	自由的政策（liberal policies）涉及傾向保護消費者及弱勢族群利益的政策。
保守的政策	保守的政策（conservative policies）涉及傾向支持促進企業經營者利益的政策。
羅威（Theodore Lowi）及沙力斯柏瑞（Salisbury）	• 分配性政策（distributive policies） • 自我管制性政策（self-regulatory policies） • 管制性政策（regulatory policies） • 重分配性政策（redistributive policies）
安德森（James E.Anderson）	• 實質性政策（substantive policies）與程序性政策（procedural policies） • 分配性政策、管制性政策、自我管制性政策、及重分配性政策 • 物質性政策與象徵性政策 • 涉及集體財的政策與涉及私有財的政策 • 自由的政策與保守的政策

肆 公共政策過程（policy process）各階段內涵

一、政策過程的意義
所謂公共政策過程包含甚廣，從問題出現、問題界定、議程設定、政策建議、政策採納、政策執行到政策評估的所有階段。

(一) 拉謝斯基（Rushefsky）指出，公共政策是許多步驟或階段的產物，這個過程是相當曲折，可能某一步驟無法通過而胎死腹中，也可能改變了其中某些步驟；他認為21世紀的美國公共政策應該包含下列程序：問題認定、議程設定、政策規劃、政策採納、預算配置、政策執行、政策評估與政策賡續（policy succession）。

(二) 寇朗等人（Cochran,et.al）從「政策發展」界定政策制定過程的四個階段：
   1. **前政策階段（prepolicy stage）**：政策發展之前的階段，包括問題界定、政策需求與議程設定。
   2. **政策採納**：政策議程設定過程中，利益團體、專家或其他政策利害關係人所提出之意見，為政策制定者所接納，形成政策聲明。
   3. **政策執行**：執行公共政策的活動階段。
   4. **政策評估**：意指對於公共政策後果的評估。在這四個階段的政策過程中，他特別強調系絡因素對於政策制定過程的影響，包括制度、經濟、人口、意識形態與文化系絡。

二、公共政策過程的特性：
(一) **公共性**：公共政策過程是指「公部門」所形成的政策過程，所謂公部門，範圍很廣，如政府機關、國營事業機關、公立學校乃至於許多被稱為是準公共部門的利益團體皆屬之。公共政策過程所處理的問題為公共問題，私人問題必須顯現充分的公共性，才能列入政策議程加以處理。史坦納（Steiner）認為公共政策過程有下列公共性的特徵：
   1. 公共部門中，政治對於政府活動具支配性的影響力。
   2. 利益團體擁有合法的角色影響公共政策的形成。
   3. 公共部門的目標是廣泛、多元的。
   4. 評估的標準往往是含糊的，如何謂公共利益？政治可行性？不容易界定。
   5. 公共部門中的時間眼界與企業界不同，特別是國會議員可能基於短期政治利益而延容立法，但行政機關的眼光經常是較為長期的。

(二) **動態性**：公共政策過程既然是一種過程，就不是終止的靜態現象，就算問題獲得解決，也不表示完全靜止不動，事實上很多已經獲得解決的方案可能會衍生出另一波新的問題。

(三) **互動性**：政策制定過程中有許多的政策參與者，不論政府內部的或政府以外的行動者，甚至國外的參與者，他們都在政策領域中彼此進行綿密的互動，形成一個交互縱橫的政策網絡關係。

(四) **彈性**：公共政策過程雖有各種不同的步驟，但並不表示每一步驟都必須經過。事實上，某些步驟對某些政策來說可能沒有必要，但對某些政策卻是不能缺少。

(五) **流動性**：政策過程本身是流動性的，沒有任何政策參與者可以長久的固守某種地點或職位。例如在民主國家中，雖然因為選舉成敗而產生「政黨輪替」問題，但只要是政治制度的建置合理且具合法性，則執行該制度的運作者來來去去，是正常的現象。

三、公共政策過程研究途徑

(一) **階段途徑**：政策過程即是理性的科學過程。

1. 階段途徑可以說是當代公共政策過程中創始最早，且居於當代公共政策過程理論中的主流地位。政策學者約翰（John）曾說：「政策循著連續過程的概念乃是最為普遍的公共決策制定特徵；政策開始於政策創議與形成階段，經過妥協與立法而加以修改，於是進入執行的實務。」由此可知，階段途徑的政策過程論，受到理性決策模型的影響很深，重視政策過程的可控制性、步驟發展的必然性與各階段的次序性，並不認為政治因素是不可治理的，因此，「政策過程即是理性的科學過程」，透過政策過程各階段的明確劃分，就可以控制實際制定政策過程的發展方式與方向。

2. 政策過程本身就是一個找尋最佳方案的理性分析之循環過程，包括：(1)形成階段：澄清問題概念、限定問題範圍、決定政策目標的活動；(2)搜尋階段：認定、設計與搜索政策方案的活動；(3)預測階段：預測未來環境或運作系絡對於政策方案的影響、政策方案可能對於未來社會的正負面影響；(4)模式建構階段：建立與運用政策階段模式，以瞭解該模式對於社會可能產生的衝擊；(5)評估階段：比較、排列政策方案的優先順序，評估方案的後果。

3. 布希賀茲（Buchholz）亦從公共政策問題的管理角度探討政策過程，政策過程的三個階段皆須施行不同的策略管理：(1)民意形成階段，必須以溝通策略掌握民意的動態；(2)公共政策規劃階段，必須以參與策略吸納各種不同團體的意見；(3)公共政策執行階段，必須以服從策略監督政策的執行。布氏從策略管理角度出發，相信政策過程中的每一階段是可加以「管理」的，顯然是強調政策過程的可操控性。

(二) **反階段途徑**：政策過程即是政治的人文過程。

1. 反階段論者認為：階段模式的直線思考模式，對於政策制定各階段的看法過份凸顯人為化的觀點，根本不符現實世界的自然狀態，事實上，現實世界中公共

問題之繁複，早已超過清晰單純的階段模式所能涵蓋；基此，階段論者企圖以
「輸送帶」描繪公共政策過程的複雜性乃是一種錯誤的圖像。

2. 反階段論者對於階段論的主要批評是：

(1)它並未對政策如何從一個階段到另一階段提供任何因果關係的解釋。

(2)它無法以現實世界的實際經驗加以驗證。

(3)它反映出政策制定「由上而下」的特徵，忽略了「由下而上」模式的可能性。

(4)它忽略了不同層次政府機關間的彼此互動與循環結果，而這種互動循環不是
階段論模式所能概述。

(5)它並未對政策分析提供整合觀點，至少忽略了無法明確劃分各階段的觀點。

3. 反階段論者並不強調政策過程可以劃分爲哪些具體明確階段，而是非常重視政
治因素在政策過程中所扮演的關鍵性角色；因此，「政策過程就是政治的人文
過程」，是人類權力活動的產物，很難科學化的加以明確界定。人文過程中
的政治因素爲何？有些學者認爲是黨派協商的互動結果，因而發展出漸進主義
（incrementalism）模式；有些學者認爲是利益團體彼此鬥爭的結果，因而發展
出多元主義的途徑；也有學者認爲是政治菁英之間的政治利益交換，因而發展出
菁英主義途徑；更有學者認爲是國家、大型利益團體與社會的互動關係，因而發
展出統合主義的研究途徑。甚至有學者說：決策過程根本就是「不按牌理出牌」
的有組織之無政府狀態，因而發展出垃圾桶模式（garbage can model）。

(1)漸進主義的代表人物是林伯龍（Lindblom,1968)，他認爲政策制定過程其實
是黨派相互調整的過程，這個過程中的特色是妥協（compromise）與交易
（negotiation）的讓與得（give And take）的議價過程，自然而然地，變動
幅度不會太大，僅能採取與現行政策稍有不同的溫和改變策略。

(2)瓦羅（Navapro）則指出，美國公共政策過程實際上就是公共利益與私人利
益相互競爭的政策賽局。某些場合，特定的利益團體與意識形態會「竊取」
了美國政府部門的利益，而犧牲了公共利益，納氏的說法雖有些悲觀，但也
確實指出若干實情，許多公共政策的過程的確是私人利益、企業財團與政客
相互勾結的縮影。

四、階段論：五種政策過程型態

(一) 直線型（linear pattern）：這是目前討論最多的過程型態，它將政策過程的
每一階段按照先後順序予以排列，形成一個序列的直線型政策制定。包括五個
階段：第一、問題認定：分析焦點爲問題是什麼？第二、政策建議方案：問題
是如何被界定的？政策目標爲何？何種選擇方案利益最大、負面效果最少？第
三、政策採納：政策具有政治可行性嗎？第四、問題運作：何種變項有助於保
證成功的政策執行？第五、政策評估：好的與公平的政策判斷標準爲何？

問題之認定	決策者面對一個決策情境時，必須首先認定他們真正所面對的問題及其產生的原因。
政策規劃	政策問題經認定後，主事者就要規劃可能解決的政策問題的行動方案，這是一種動態過程，是在發展出適當且可接受方案的行動過程。
政策合法化	政策行動方案經規劃完成後，尚須經過有權限的機關（如立法機關）依照一定程序，予以審議完成與核定，使之達成合法化的地位。
政策執行	負責執行的機關人員，需組合各種必備的要素，採取各種行動，並透過適當的管理與激勵手段，來完成政策所期欲達成的目標。
政策評估	政策評估目的在提供現行政策運行的實況及其成果的資訊，以作為政策持續、修正或終結的基礎。

> 觀 念 速 記
>
> 這過程跟一般大家在處理事情的過程類似：遇到問題、設想如何解決、說服自己、著手執行、事後評估。

(二) **循環型（cycle pattern）**：此種型式是相互循環的過程，沒有開始，亦無結束：1.問題界定；2.方案設計；3.方案評估；4.方案選擇；5.政策執行；6.政策評估。另外也有學者提出包括五個階段的政策循環型：1.議程設定；2.政策規劃；3.決策制定；4.政策執行；5.政策評估。

(三) **金字塔型（hierarchical pattern）**：這個觀點主要是來自於菁英理論，認為社會可以依據權力擁有的程度分類為政治菁英與一般民眾兩大類，形成一個金字塔型，前者擁有決策制定與執行權，決策權通常掌握在立法機關手中，執行權則是行政機關的職掌，分別位居金字塔的最上端與第二層；至於一般民眾則居於被統治的地位，居於金字塔的最下層。

(四) **同心圓型（concentric pattern）**：這個觀點認為政策過程乃是一小撮決策核心人士所組成的小團體，以最高決策者核心，依參與決策權的大小，從內往外心國延伸，像是一個同心圓一樣。該觀點最常運用到外交與國防政策的部分是總統，第二圈可能是國防部長及相關閣員，第三圈則可能是國會議員或學者專家等。

(五) **螺旋型觀點（spiral perspective）**：此種政策過程型態，可從兩個角度加以剖析：第一個角度是「平面螺旋型」，乃是代表公共政策從外逐漸向內的發展過程，它很像同心圓形，不同之處為同心圓型是「封閉型」的政策制定體系，但該型則為「開放型」，且參與者由外向內集中。第二個角度是「圓錐螺旋型」。

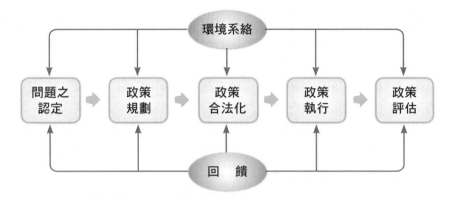

五、反階段論：垃圾桶決策模式（99原三）

(一) 美國學者Jame G.March、Michael D.Cohen及Johan P.Olsen三人在〈組織選擇的垃圾桶模式〉（A Garbage can model of organizational choice）一文中提出垃圾桶決策模式。他們認為，機關組織的決策通常並非是經過理性思考計算之後的結果，實際上是決策者在決策過程中不經意碰到的一項產出結果。亦即認為機關組織如同一個由問題、解決問題的替選方案、參與者、及選擇機會四者混合而成的垃圾桶，這個機關組織最後所產生的決策如何，端視問題是否正好碰到解決方案、解決方案是否符合參與者的利益、以及決策者是否有機會同時發現問題與解決方案而定。此模式認為組織決策並無次序性，各決策要素間，例如問題、參與者、解決方案、選擇機會等，彼此間並無一致的邏輯演繹關係，決策的形成只是機會所造成的。

(二) **對垃圾桶決策模式的批評**

1. 垃圾桶模式主要是反對理性決策模式的直線式思考路線，從決策過程的反功能面來探討公共政策，因此，我們將之稱為「反階段論」。但我們所看到集體決策行為的無效率，發現了官僚行為的無理性，卻是與我們所認識的官僚體系是一個井然有序，層級分明的指揮命令系統是截然不同的。

2. 該模式具有相當的不確定性、非決定性、隨機性，以至於無法針對問題進行事前的理性規劃，亦無法在政策形成以前就對問題與方案進行系統的分析，對初學者而言，很難加以理解。而且，這個模式僅是對現實的決策提出另外一種符合現實情境的描述，因此是一種偏重於事實分析的描述性模型。

3. 我們雖然反對機械式與直線式的階段論模式，但人類應付問題的思想特性之一就是在「未雨綢繆，事前設計」、「追求次序，主張規則」，這種特性和垃圾桶決策模式是違背的。因此，該模式所顯示的「亂中有序」之特質固然有其價值，但這畢竟不是常態。

(三) 該模式的優點

1. 解釋官僚體系何以經常是沒有效率的？何以無法推動許多的改革？因此，當我們分析公共政策時，千萬不要忘記了許多「非預期」的後果與決定。
2. 該模式為機會、人類的創意與抉擇容納了更多的空間，呈現出相當開放的決策體系；因此，政策過程是個開放的藝術活動，並不是死板的科學活動而已。
3. 該模式彌補了漸進主義者無法解釋「非漸進政策」的缺失，其解釋力更為廣闊。
4. 這個模型的最大好處是讓我們知悉：政策過程的另外一個「無序」的面貌。

伍、公共政策研究的演進階段

公共政策的演變從漢摩拉比法典的制定、中世紀專業知識、後工業時代到現今二十一世紀的發展脈絡來看，愈加精細及多元，理論也層出不窮。因為現今國家、社會或企業所要關注的事項愈來愈多及複雜，引用何項理論或研究途徑，均需配合不同的時空背景、國情資料及當地的人文條件。因此，所制定的政策也有所不同，難以一體適用。

早期發展起源階段

十九世紀的演進階段

二十世紀的演進階段

後工業社會的演進階段

| 早期發展起源階段 | 1. 漢摩拉比法典的制訂：依據歷史記載，最早被發現以有意識的努力去從事公共政策分析研究的例子是西元前18世紀曾經產生的漢摩拉比法典（Hammurabian Code）。法典包含了犯罪審判程序、財產權、貿易及商業、家庭及婚姻關係、醫生收費、及公共責任等公共政策實務在內。
2. 符號專家的受到重視：西元前第四世紀時，有許多普受教育而被稱為符號專家者，被決策當局網羅負責預測政策執行的後果，柏拉圖、亞理斯多德及馬基維尼均屬之。
3. 中世紀專業知識的影響：中世紀都市文明逐漸擴張與分化，創造了有利於專業知識發展的職業結構。當時各國國王和王子們紛紛招募各類型的政策專家，為他們提供作決策所需要的勸告及技術援助。韋伯（Max Weber）把這些人稱為「職業政客」（Professional politician）。
4. 工業革命的影響：十八世紀後半業所產生的工業革命，間接促進人類文明突飛猛進的科學與技藝之啟蒙時代。經由科學與技藝的進展，人類進步的信念遂變成主宰政策制訂者及政策分析人員的要素。同時，科學的理論、知識、方法及實證主義也逐漸成為了解與解決社會問題的主要依據。 |

十九世紀的演進階段	1.實證研究成長的影響：歐洲直到十九世紀才在了解社會及其問題的程序方面有了基本改變，它主要在反映實證的、計畫的、及政策相關研究的成長方面。自此之後，統計學及人口學便開始發展成獨立的學科，這些由銀行家、企業家、學者們所組成的學會，開始利用問卷的方式去蒐集資料，使政策研究方式向前邁進一大步。 2.政治穩定性成長的影響：十九世紀的公共政策研究也深受到歐洲政治日趨穩定的影響，國際間的戰事不再像以前頻繁，各國政府把焦點轉移至國內，而使國內各種經濟與社會問題不斷凸顯出來，也助長採取科際知識以解決公共政策問題的態勢。 3.專業知識實際來源的影響：專業知識的產生，主要是由當時社會上的主導團體界定某些實際問題而來的。許多社會科學學科紛紛興起並趨向精緻化，例如公共行政學就是在一八八七年因威爾遜（Woodrow Wilson）發表「行政的研究」（The Study of Administration）一文，而發展成為獨立學科的。
二十世紀的演進階段	1.社會科學專業化的影響：二十世紀最主要的一項特徵是政治學、公共行政學、社會學、經濟學及其他社會科學學科的專業化，許多在研究方面具有專長的教授，被政府邀請從事政策制定及政策管理的顧問或執行工作。 2.政策科學運動的影響：賴納（Lerner）及拉斯維爾（Lasswell）於一九五一年所合編的「政策科學：範圍與方法之最近發展」，被認為是公共政策研究的里程碑。他們認為政策科學的目的不只是希望對更有效的決策有所貢獻，同時也要提供增進民主政治實務所需的知識。 3.分析重心觀點的成長：二次戰後，許多系統分析師、應用數學家、以及工程師等，採取以分析為重心的觀點，介入政策問題的研究及解決。同時，許多民間團體也開始對公共政策的制定及研究產生極大影響，例如美國蘭德公司（Rand Corporation）、布魯金斯研究所（the Brookings Institute）及傳統基金會（the Heritage Foundation）等。
後工業社會的演進階段	1.政策研究分析成為制度化的影響：一九四〇年代以後，社會工作、公共行政、政策分析等學科才在政府與學術界方面承擔制度化的角色，就在此時政府才首次雇用經過訓練的專家從事政策分析工作。 2.後工業社會政策分析方式的影響：後工業社會政策分析方式因下面這些特性的影響而不同以往：理論知識的集中化（the central of theoretical knowledge）、新智巧技藝的創造（the creation of new intellectual technologies）、知識階級的擴散（the spread of knowledge class）、從貨品轉變成服務的提供（the change from goods to service）、科學的工具化（instrumentation of sciences）、資訊的生產與使用（the production and use of information）。 3.政策分析人員的角色扮演：一為「科技官僚指導」（technocratic guidance）角色；另一為「科技官僚諮商」（technocratic counsel），前者表示政策分析人員在決策方面的影響力或權力，凌駕於決策者之上，後者表示政策分析人員所提供的政策資訊，協助並強化了決策者的權力。 名師講座：演進階段即代表人類文明的演進階段，可依此角度切入，從符號學農業社會到實證研究工業革命，再到政策分析後工業社會。

牛刀小試

1. 一般來說，學者對公共政策具有哪些分類標準？其內容爲何？
2. 試分別簡述分配性生政策（Distributive Policy）與重分配性政策（Redistributive Policy）的意義，並各舉實例說明之。（88身三）
3. 何謂零和賽局型政策（Zero-sum Game Policies）？何謂非零和賽局型政策（Non-Zero-sum Game Policies)？兩者在政策制定與執行過程中各自的遭遇如何？試加以申述並舉例說明之。（90高三）
4. 根據Theodore Lowi及Robert Salisbury兩人的看法，公共政策可分成以下四種類型：分配性政策、重分配性政策、管制性政策、自我管制性政策。試分別闡述四種政策的內涵，並各舉我國兩項政策說明之。（96高三）
5. 請將以下公共政策相關名詞翻成中文並加以解釋：Zero-sum Game Policy。（96高三）
6. 試界定分配性政策與重分配政策之意涵，並舉例說明之。（96原三）
7. 公共政策學者羅威（Theodore Lowi）將公共政策分成「分配性政策」、「管制性政策」與「重分配政策」。請問「取消軍教免稅」是屬於哪一種類型？請解釋該類型之定義並申論之。（98原三）
8. 何謂「自我管制性政策」？並請舉例說明。（98原三）
9. 何謂保守派政策（Conservative Policies)？何謂自由派政策（Liberal Policies）？試各舉三個實際政策案例說明之。（99高三）
10. 何謂「管制性政策」（Regulatory Policy)？其與「自我管制性政策(self-regulatory Policy）之間有何不同？近代政府管制革新（Regulatory Reform）的方向爲何？（99身三）
11. 有關公共政策的制定，由一個公共議題的發生到政策的實施，可以解析爲一連串的步驟，請分別加以說明。（96原三）
12. 公共政策研究的演進可分爲哪些階段？試說明之。
13. 公共政策過程的研究途徑有階段與反階段說法，試說明其內涵？
14. 何爲垃圾桶決策模氏？試說明其內涵。

陸　公共政策一般研究途徑分類

	定性研究途徑 （qualitative research approach）	定量研究途徑 （quantitative research approach）
意義	也稱為質的研究途徑，是一種產生描述性資料的研究途徑，相對於定量研究途徑而言，注重人的主觀意識，當事人的內在觀點，自然情境的脈絡，以及理解人們解釋其經驗世界的過程。此種途徑必須將經由系統性描述複雜社會現象所得到的資料，化約到能被瞭解而有意義的概念架構中。	也稱為量的研究途徑，相對於「定性研究途徑」或「質的研究途徑」。定量研究途徑指運用數量方法蒐集資料、研究分析並觀察事物間的相互關係與互動狀況，進而從事推理及解釋。定量研究途徑就是從「量」的層面去觀察及分析事物。 **觀念速記** 就字面意義而言，定性、定量，一個重質，一個重量。
內涵	M.B.Miles及A.M.Huberman提出一套有系統化及結構化的定性資料分析方法，包括三部分： 1. 資料化約：包括原始資料選擇、簡化及轉換的工作，指針對研究架構的需要，記錄並摘要深度訪談、文獻探討與實地觀察法所蒐集到的資料。 2. 資料展示：指將所得資料集中納入組織化且具有意義的結構內，如圖表、網路、矩陣等，做為下一步分析或導出結論的參考。 3. 導出結論與確證：指在經過前述程序並使結論逐漸呈現且明顯，但是仍須經過檢證。	社會統計法可以說是行政學和政策科學應用最普遍的一種定量研究途徑，在蒐集、整理與分析資料方面，擁有一套完整的方法。透過此種方法，不但可以利用統計數字，合理的描述某一種社會事實或現象，以及多項事務間的關係，並且可藉此統計數據，推論局部性或整體性的關係。由於電腦功能的突飛猛進及電腦的大眾化，使得定量分析途徑的應用更受重視。

柒 公共政策研究常用的研究途徑

制度研究途徑（institutional study approach）	稱為機關研究途徑，指研究公共政策運作過程時（包括問題分析、方案規劃、方案合法化、方案執行、方案評估等活動），採取從制度的角度切入，藉由探討政府機關結構、特性、權責狀況、機關彼此關係的安排、實際運作狀況等層面，深入了解影響公共政策運作的重要因素，並作適當的回應。
結構功能分析途徑（structural-function analysis approach）	就政策層面而言，結構功能分析途徑指政策分析人員從機關組織的結構面與功能面，探討公共政策的運作狀況。事實上，結構與功能是機關組織所以成立及續存的兩大主要成分，二者相輔相成，相互作用。　　**名師秘笈**　結構可視為組織的靜態面，功能則為組織的動態面。
系統理論途徑（systems theory approach）	系統理論學者認為，對於系統運作所涉及的要素，包括投入（input）、轉換（thruput）、產出（output）、環境因素（environment factors）、及回饋（feedback）等，如果能夠加以有系統的研究，將是分析設計與控制公共政策或各項行政活動的最好途徑。他們強調系統途徑能夠建立各項活動的相互關係，並可經由回饋的方法而控制各項活動，使整個系統能夠有效的運作。
個案研究途徑（case study approach）	個案研究途徑乃是指在研究過程中，由研究人員參與觀察的一種形式。強調以田野調查為基礎，對個案的各種現象加以分析。個案研究的假定是研究人員可以藉由瞭解特殊群體在其所處環境的動機、價值觀、信念及利益，而研究機關組織或政策計畫的運作狀況。但個案研究的主要缺點有： 1.如何從個案研究結果作「類推」的問題。 2.研究人員個人的認知與記憶可能會使研究結果產生偏見的問題。 3.研究人員的出現可能會影響個案參與者的行為及活動的問題。
比較研究途徑（comparative study approach）	比較研究途徑指在同一個理論架構或研究架構下，檢視不同的政策計畫、情況或個案，並進行比較分析、歸納、整合，以得出某種結論的研究途徑。透過此較研究途徑，對於不同國家、政府、機關，就相同或相似的政策方案運作狀況進行上較分析，其結果可做為處理類似政策問題的參考。
行為研究途徑（behavioral study approach）	行為研究途徑乃是運用科學方法分析、解釋、預測個人態度及行為、社會事實、現象與政務運作的一種途徑。它指建構與驗證有關人為結構及運作的科學理論及假設，並以數量化及操作化的方式，從行為層面從事資料蒐集、分析、解釋、與預測。

實證研究途徑 （empirical study approach）	實證研究途徑指公共政策研究人員採取實證調查的方式，對政策問題所涉及的各項變數，進行科學的、統計的、量化的研究分析，希望從描述性的了解及推理性的作用，作規範性的建議。
模式研究途徑 （model study approach）	模式研究途徑指公共政策研究人員透過建構模式的方式，推知政策問題的前因與其他相關變數的關係，進而預測未來政策運作過程的可能發展。

捌 公共政策的研究方法

　　研究方法與研究途徑的概念不同。研究方法乃是指涉資料蒐集與分析的程序及技術，例如應用文獻探討、問卷調查、晤談、參與觀察等方法，蒐集有關研究主題的資料。一般來說有如下方法：

文獻探討法 （literature review）	1. 也稱為文件分析法或次級資料分析法。 2. 文獻探討法指政策分析人員蒐集與某項政策問題有關的期刊、文章、書籍、論文、專書、研究報告、政府出版品、及報章雜誌的相關報導等資料，進行靜態性與比較性的分析研究。 3. 文獻探討法也適用於政策運作各階段之資料蒐集與分析工作。
訪問法 （interviewing method）	1. 也稱為晤談法。 2. 即由研究人員或訪問員，透過面對面交談或訪問的方式，蒐集受訪者對某些問題之看法或意見，做為研究分析基礎的作法。 3. 面對面訪問也稱為實地訪問或造府訪問。
問卷法 （questionnaire method）	1. 為研究人員進行研究調查時最常使用的方法之一，通常是採用郵寄問卷的方式，有時候也可能採取親自或派員發放問卷的方式。 2. 該法最大的優點為節省人力、樣本較大與成本較低，但缺點則為回收率低以致可能影響樣本的代表性，同時無法對問題作相當深入的瞭解。
觀察法 （observation method）	1. 透過此種方法所蒐集到的資料，屬第一手資料，對研究結果說服力極強。 2. 觀察法指由政策分析人員或問題解決者，親自或派員前往政策運作現場。

玖 影響公共政策制定之因素

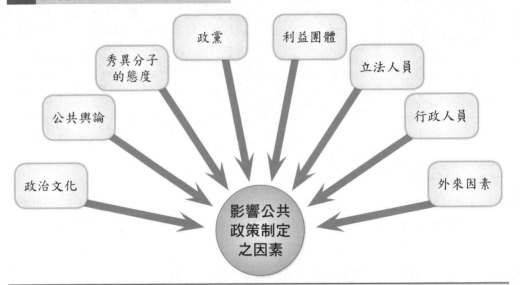

政治 文化	1.有資格到行政機關服務的人,是否願意以公職為永久職業,是否樂於加入行政人員的行列,皆與政治文化中之公職觀念及態度有關。 2.政治文化中有關公職之觀念及態度,有時會使人把擔任公職視為炙手可熱的行業,有時則視為冷門行業。 3.如果政府最需要的人才(如高等教育者)對於服務公職缺乏興趣,則將直接影響行政人員素質,並進而影響公共政策制訂的品質。
公共 輿論	1.英國哲學家柏克認為,民主代議士在為公共政策問題作決定時,應當考慮人民利益之所在,至於制定出來的公共政策是否符合人民意志,則未加考慮。 2.反之,有些民主理論家則以公共政策是否符合民意,民意是否能移控制公共政策這個標準,來決定民主制度的成敗。 3.美國許多間卷調查顯示,一般民眾對公共政策有關的問題,絲毫不表示意見,既無興趣又缺乏了解和意見;還有些研究顯示,輿論是不穩定的,且前後矛盾的。因此,公意對公共政策就是有影響,其影響也是有限的。
秀異 分子 的態度	1.公共政策是否反映秀異分子政策立場的偏好,而非一般民眾的政策立場偏好。 2.公共政策雖比較可能與秀異分子的立場相符合,而與一般民眾的立場大為不同。但不能證明公共政策決定於秀異分子的偏好,可能是政府官員以理性的態度,採取行動去處理社會問題。 3.秀異分子支持政府的政策,乃是因為他們對政府比較了解,並對政府具有較高信心,同時,他們比較可能閱讀政府的政策說明,對政府的政策說明也比較能夠了解。

政黨	1. 政黨在競選過程中，為選民作下各種承諾。當競選獲勝的政黨成為國會的多數黨時，即能透過國會的政策制定，實踐其在競選時向選民所立下的承諾。因此，政黨透過公共政策可能發揮相當的影響力，但也需端視黨員是否願意接受政黨所支持的政策而定，此與政黨黨紀有密切關係。 2. 不同政黨有不同的政綱及支持者，因此，訴求的公共政策也有所不同。例如，美國的共和黨、民主黨及英國的保守黨、工黨，雙方的政策訴求就因政綱及選民不同而有所差異。不過，現今世界的另一趨勢是，多數政黨的政策訴求有向中間靠攏的傾向，即一般熟知的第三條路或新中間路線。 3. 此外，政黨成立的目的即是在透過選舉贏得執政權，因此，每一次的選舉贏得執政權的政黨為求連任，不只必須實現其在競選所承諾的公共政策，甚至還要擘畫未來的公共政策，以利下次競選時能順利當選。 **名師講座**：落選的政黨也負有監督之責，在內閣制國家，更有影子內閣之說。因此，為求選民支持，在野黨也須藉由制定公共政策和執政黨進行政策辯駁。
利益團體	1. 利益團體的活動和政黨競爭有關，而政黨競爭又和經濟發展有關。在政黨力量薄弱的社會裡，利益團體對政策制定就較有影響力；相反的，若政黨強大而又團結，利益團體對公共政策的影響力較小，且往往需透過政黨才能夠影響公共政策。 2. 利益團體對涉及層面較狹窄的事務上，常能發揮特殊的影響力。利益團體也可努力尋求以立法的方式來改善自己經濟利益方面的競爭地位，不過他們總是以「公共利益」作為藉口，以掩飾其私人目的。
立法人員	1. 由於行政業務的日趨專門繁複，公共政策的制定權，已由立法機關移轉至行政機關，而立法機關的主要功能，也由政策制定轉變為政策澄清、政策妥協、政策合法化、行政監督和為民服務等功能。 2. 但立法機關對於政策的制定，仍有相當的影響力。例如立法人員可以透過質詢、通過法案、控制行政部門之預算、行使人事同意權、或授權予行政部門等方法，直接或間接地來影響公共政策之形成和內容。 3. 至於立法人員參與政策制定的最大弱點，乃大部份立法人員欠缺有關的專業知識，故於行使其職權時，往往發生力不從心的現象。因此，立法人員欲勝任其職，必須從各類政策問題中，挑選出符合自己興趣與能力的問題，然後參與該等問題之立法工作。 4. 今日的政府是以行政機關為主的政府，行政機關政策規劃完畢後，尚需送交立法機關，請其合法化。因此，立法機關仍然在政策制定過程中，扮演重要的角色，他們對行政機關送來的政策方案，可提出修改的建議，甚至加以批評或指責。

行政人員

1. 公共政策制定的過程中，行政人員從資料之蒐集、消息之處理、行動方案之選定、以迄政策之產出，皆側身其間。是以行政人員所具有的價值觀念、偏好、關心公務程度，與政治知識、經驗及技巧等，皆可能影響決策行為和公共政之內容。

2. 公共政策之產出，有賴行政人員之決策。決策行為的過程，脫不了三個方面的判斷：價值判斷、事實判斷與後果判斷。行政人員即是上述決策模型或架構中的主角。

3. 一個完整的決策過程，乃包含下列步驟：

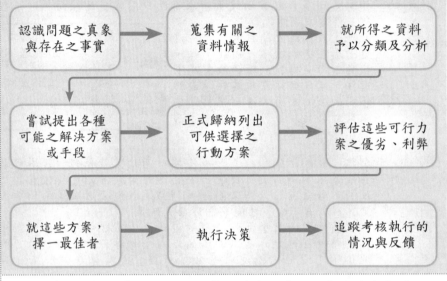

外來因素

1. 一般來說，能影響一政府之政策的外來因素，乃指該政府與國際組織及外國政府間之關係，例如：是否為國際組織之會員國；對該國際組織倚賴之程度；與外國政府是否簽訂有條約或協定；政府間是否有互惠待遇等。

2. 另外，國際社會中流行的思潮、作法，以及外國政府發言人或學者專家，有關本國政府之言論等，其皆或多或少左右本國公共政策之釐訂方向。

牛刀小試

1. 公共政策研究常用的研究途徑及方法有哪些?試分別加以簡述之。

2. 一般公共政策在制定、執行與評估的運作過程中，受到哪些主要國內外環境因素的影響?試論述之。（87高二）

↘ 章後速讀

1. **公共政策**：公共政策指政府機關為解決某項公共問題或滿足某項公眾需求，決定作為或不作為，以及如何作為的相關活動。
2. **公共政策運作過程的研究階段**：政策問題形成階段、政策規劃階段、政策合法化階段、政策執行階段、政策評估階段。
3. **影響公共政策制定之因素**：政治文化、公共輿論、秀異分子的態度、政黨、利益團體、立法人員、行政人員、外來因素。
4. **分配性政策**：指政府機關將利益、服務或成本、義務分配給不同的標的人口享受或承擔的政策。
5. **管制性政策**：指政府機關設立某些特殊的原則或規範，以指導政府機關或標的人口從事某些活動，或處理不同利益的政策。
6. **重分配性政策**：指政府機關將某一標的人口的利益或成本轉移給另一標人口享受或承擔的政策。
7. **自我管制性政策**：指政府機關對於某一標的人口的活動僅予以原則性的規範，而由該標的人口自行決定活動進行方式的政策。
8. **賽局政策**：指參與賽局的各方，在嚴格競爭環境下，一方的利得必然意味著另一方的損失，導致各方的收益和損失相加總和永遠為零，這是一種「你輸我贏」的零和賽局，參賽雙方不可能存在合作的可能。
9. **非零和賽局政策**：係指參與賽局的各方，並不產生絕對互斥的零和行為，某一方的收益未必造成他方的損失，收益或損失的總和不是零值，在這種狀況時，某方的所得並不與他人的所失相等，賽局雙方可能同時存在雙贏的局面，進而產生合作的可能。
10. **自由派政策**：信奉「大政府」，最好的政府是提供服務較多的政府，傾向於中央集權；主張國家力量應適時地管制自由市場，以免市場失靈，以達到公平正義的目標；對於當代社會所產生的種種現象大都保持容忍態度，因而支持墮胎與同性戀婚姻合法化、主張增加社福支出、贊成富人加稅、尊重意識型態等。
11. **保守派政策**：信奉「小政府」，最好的政府是干預最少的政府，傾向於地方自治；主張自由市場經濟，國家管制力量應該完全退出市場以外；讓市場自行發揮供需平衡的調節機能；接受傳統社會價值，如反對墮胎、反對社福支出、反對加稅、反對同性戀結婚、反對共產主義等都是典型的政策主張。

↘ 精選試題演練

一、政策科學（Policy Science）、政策研究（Policy Research）及政策分析（Policy Analysis）之基本概念各為何？三者間之關係又是如何？試分述之（91基三）

答：(一)政策科學研究：指研究與公共政策有關之各種論題的系統性知識，其範圍包含公共政策研究與政策分析在內，它著重對政策有關之學術理論與方法論的研究探討。其目的在累積政策相關知識。

(二)公共政策研究：指研究政府機關如何針對公共問題，研擬解決方案及如何順利執行方案的相關論題。其範圍包括政策問題形成、政策規劃、政策合法化、政策執行、及政策評估等五大階段的活動，故它將政策分析研究涵蓋在內，其目的在了解公共政策運作過程及其活動。

(三)政策分析研究：指研究政策分析人員及決策者如何應用科學知識與推理方法，探取分析的理論架構，設計並選擇替選方案，及促使最適替選方案合法化的有關問題。研究範圍包括政策問題形成、政策規劃、及政策合法化等三個階段的活動，亦即研究「政策制定」的相關問題，其目的在尋找解決公共問題的適當方案。嚴格言之，政策分析研究實即「政策制定研究」。（吳定，公共政策（全），中華電視公司，頁1-38）

二、何謂零和賽局型政策（Zero-sum Game Policies）？何謂非零和賽局型政策（Non-Zero-sum Game Policies）？兩者在政策制定與執行過程中各自的遭遇如何？試加以申述並舉例說明之。（90高三、100身三）

答：從賽局理論（game theory）觀點而言，公共政策可視為一場參賽者相互競爭的對抗行為，賽局理論（或稱博弈理論）係以數學概念分析具有競爭性或對抗性的行為，賽局或博奕行為類型很多，

(一)零和賽局（zero-sum game）：指參與賽局的各方，在嚴格競爭環境下，一方的利得必然意味著另一方的損失，導致各方的收益和損失相加總和永遠為零，這是一種「你輸我贏」的零和賽局，參賽雙方不可能存在合作的可能。例如地方統籌分配稅款的分配，某些縣市增加，必然導致某些縣市的減少。

(二)非零和賽局（non-zero-sum game）：與零和賽局不同，非零和賽局係指參與賽局的各方，並不產生絕對互斥的零和行為，某一方的收益未必造成他方的損失，收益或損失的總和不是零值，在這種狀況時，某方的所得並不與他人的所失相等，賽局雙方可能同時存在雙贏的局面，進而產生合作的可能。例如社會福利政策以及其他提供服務的政策等。（丘昌泰，公共政策--基礎篇，巨流）

三、 根據Theodore Lowi及Robert Salisbury兩人的看法，公共政策可分成以下四種類型：分配性政策、重分配性政策、管制性政策、自我管制性政策。試分別闡述四種政策的內涵，並各舉我國兩項政策說明之。（96高三、99身三）

答： 而此四種類型叉可分成「零和賽局」和「非零和賽局」兩大政策類型。

(一)分配性政策（distributive policies）：指政府機關將利益、服務或成本、義務分配給不同的標的人口享受或承擔的政策。此種類型的政策基本上是一種「非零和賽局」（non-zero sum game）的政策；即該類型政策的執行，並不構成他方之所得，乃是建立在另一方之所失的基礎上。政府機關在制定此類政策時，主要考慮的是如何滿足各方的需求，使利益或成本的分配較為適當而已，故其所遭受的抗拒較為輕微。例如國民年金政策。

(二)管制性政策（reguIatory policies）：意指權威當局設定一致性的管制規則或規範，以指導政府機關或標的團體（target groups）必須遵從方能採取行動的政策型態；此類政策屬於「零和賽局」（zero sum game）的政策；即政策的執行，常會使一方獲利，兩另一方失去利益，故此類型政策在執行時，常會遭致巨大的抗拒。例如空氣污染管制政策中，被該管制規則或規範限制行動的標的團體稱為被管制者，負責制定或執行該管制規則或規範者則稱為管制者，空氣污染管制政策中的被管制者必須遵從管制者所訂定的規範，不能自行決定執行方式與標準。一般而言，在管制政策類型中，中央政府對於民間社會或地方政府的管制項目特別的多，俾維持社會秩序，維護國家安定，在此狀況下，民間社會與地方政府很難有自由裁量空間。

(三)重分配性政策（redistributive policies）：指政府機關將某一標的人口的利益或成本轉移給另一標人口享受或承擔的政策。此類型政策的制定通常是在考慮財富、權力、地位的分配狀況後所採取的。它是一種零和賽局的政策，故必然會引起受損失之標的人口的抗拒，例如地方統籌分配稅款政策、綜合所得稅政策等。

(四)自我管制性政策（self-regulatory policies）：指政府機關對於某一標的人口的活動僅予以原則性的規範，而由該標的人口自行決定活動進行方式的政策。它是一種非零和賽局的政策類型，因為政策執行通常不至於犧牲其他標的人口之利益，故可能引起的抗拒較小。例如政府機關授權各出口同業公會自行檢驗管制出口商品的品質政策等。（吳定，公共政策（全），中華電視公司，頁1-38；丘昌泰，公共政策--基礎篇，巨流）

四、何謂保守派政策（Conservative Policies）？何謂自由派政策（Liberal Policies）？試各舉三個實際政策案例說明之。（99高三）

答：基本上，自由派的政策（liberal policies）涉及傾向保護消費者及弱勢族群利益的政策；保守派的政策（conservative policies）涉及傾向支持促進企業經營者利益的政策。其意涵與不同可從「政府規模大小」、「市場型態」、「傳統社會價值的接受度」三方面來剖析：

(一) 保守派政策：

1. 政府規模大小：信奉「小政府」，最好的政府是干預最少的政府，傾向於地方自治。

2. 市場型態：主張自由市場經濟，國家管制力量應該完全退出市場以外，讓市場那一雙看不見的雙手，自行發揮供需平衡的調節機能。

3. 傳統社會價值的接受度：接受傳統社會價值，如反對墮胎、反對社福支出、反對加稅、反對同性戀結婚、反對共產主義等都是典型的政策主張。

(二) 自由派的政策：

1. 政府規模大小：信奉「大政府」，最好的政府是提供服務較多的政府，傾向於中央集權。

2. 市場型態：主張國家計畫經濟，國家力量應適時地管制自由市場，以免市場失靈，以達到公平正義的目標。

3. 傳統社會價值的接受度：對於當代社會所產生的種種現象大都保持容忍態度，因而支援墮胎與同性戀婚姻合法化、主張增加社福支出、贊成富人加稅、尊重意識型態等。（丘昌泰，公共政策--基礎篇，巨流）

五、有關公共政策的制定，由一個公共議題的發生到政策的實施，可以解析為一連串的步驟，請分別加以說明。（96原三）

答：一般通論而言，公共政策的制定，由公共議題的發生到政策的實施，可以解析為步驟：

(一) 問題之認定：決策者面對一個決策情境時，必須首先認定他們真正的所面對的問題及其產生的原因，如此才能對症下藥，解決問題。

(二) 政策規劃：政策問題經認定後，主事者就要規劃可能解決的政策問題的行動方案，這是一種動態過程，是在發展出適當且可接受方案的行動過程。

(三) 政策合法化：政策行動方案經規劃完成後，尚須經過有權限的機關（如立法機關）依照一定程序，予以審議完成與核定，使之達成合法化的地位，政策與因而具有拘束力及執行力，並取得政策執行對象的服從，進而達成政策的既定目標。

(四) 政策執行：負責執行的機關人員，須組合各種必備的要素，採取各種行動，並透過適當的管理與激勵手段，來完成政策所期欲達成的目標。

(五)政策評估：利用系統的、客觀的方法，評斷政策執行的過程，目的在於提供現行政策運行的實況及其成果的資訊，以作為政策持續、修正或終結的基礎。（林水波、張世賢，公共政策）

六、一般公共政策在制定、執行與評估的運作過程中，受到哪些主要國內外環境因素的影響？試論述之。（87高二）

答：(一)政治文化：

1. 有資格到行政機關服務的人，是否願意以公職為永久職業，是否樂於加入行政人員的行列，皆與政治文化中之公職觀念及態度有關。

2. 政治文化中有關公職之觀念及態度，有時會使人把擔任公職視為炙手可熱的行業，有時則視為冷門行業。

3. 如果政府最需要的人才（如高等教育者）對於服務公職缺乏興趣，則將直接影響行政人員素質，並進而影響公共政策制訂的品質。

(二)公共輿論：

1. 英國哲學家柏克認為，民主代議士在為公共政策問題作決定時，應當考慮人民利益之所在，至於制定出來的公共政策是否符合人民意志，則未加考慮。

2. 反之，有些民主理論家則以公共政策是否符合民意，民意是否能移控制公共政策這個標準，來決定民主制度的成敗。

3. 美國許多問卷調查顯示，一般民眾對公共政策有關的問題，絲毫不表示意見，既無興趣又缺乏瞭解和意見；還有些研究顯示，輿論是不穩定的，且前後矛盾的。因此，公意對公共政策就是有影響，其影響也是有限的。

(三)秀異分子的態度：

1. 公共政策是否反映秀異分子政策立場的偏好，而非一般民眾的政策立場偏好。

2. 公共政策雖比較可能與秀異分子的立場相符合，而與一般民眾的立場大為不同。但不能證明公共政策決定於秀異分子的偏好，可能是政府官員以理性的態度，採取行動去處理社會問題。

3. 秀異分子支援政府的政策，乃是因為他們對政府比較瞭解，並對政府具有較高信心，同時，他們比較可能閱讀政府的政策說明，對政府的政策說明也比較能夠瞭解。

(四)政黨：

1. 政黨在競選過程中，為選民作下各種承諾。當競選獲勝的政黨成為國會的多數黨時，即能透過國會的政策制定，實踐其在競選時向選民所立下的承諾。因此，政黨透過公共政策可能發揮相當的影響力，但也需端視黨員是否願意接受政黨所支援的政策而定，此與政黨黨紀有密切關係。

2. 不同政黨有不同的政綱及支援者，因此，訴求的公共政策也有所不同。例如，美國的共和黨、民主黨及英國的保守黨、工黨，雙方的政策訴求就因政綱及選民不同而有所差異。不過，現今世界的另一趨勢是，多數政黨的政策訴求有向中間套攏巷傾向，即一般熟知的第三條路或新中間路線。

3. 此外，政黨成立的目的即是在透過選舉贏得執政權，因此，每一次的選舉贏得執政權的政黨為求連任，不只必須實現其在競選所承諾的公共政策，甚至還要擘畫未來的公共政策，以利下次競選時能順利當選。

(五) 利益團體：

1. 利益團體的活動和政黨競爭有關，而政黨競爭又和經濟發展有關。在政黨力量薄弱的社會裡，利益團體對政策制定就較有影響力；相反的，若政黨強大而又團結，利益團體對公共政策的影響力較小，且往往需透過政黨才能夠影響公共政策。

2. 利益團體對涉及層面較狹窄的事務上，常能發揮特殊的影響力。利益團體也可努力尋求以立法的方式來改善自己經濟利益方面的競爭地位，不過他們總是以「公共利益」作為藉口，以掩飾其私人目的。

(六) 立法人員：

1. 由於行政業務的日趨專門繁複，公共政策的制定權，已由立法機關移轉至行政機關，而立法機關的主要功能，也由政策制定轉變為政策澄清、政策妥協、政策合法化、行政監督和為民服務等功能。

2. 但立法機關對於政策的制定，仍有相當的影響力。例如立法人員可以透過質詢、通過法案、控制行政部門之預算、行使人事同意權、或授權予行政部門等方法，直接或間接地來影響公共政策之形成和內容。

3. 至於立法人員參與政策制定的最大弱點，乃大部份立法人員欠缺有關的專業知識，故於行使其職權時，往往發生力不從心的現象。因此，立法人員欲勝任其職，必須從各類政策問題中，挑選出符合自己興趣與能力的問題，然後參與該等問題之立法工作。

4. 今日的政府是以行政機關為主的政府，行政機關政策規劃完畢後，尚需送交立法機關，請其合法化。因此，立法機關仍然在政策制定過程中，扮演重要的角色，他們對行政機關送來的政策方案，可提出修改的建議，甚至加以批評或指責。

(七) 行政人員：

1. 公共政策制定的過程中，行政人員從資料之蒐集、消息之處理、行動方案之選定、以迄政策之產出，皆側身其間。是以行政人員所具有的價值觀念、偏好、關心公務程度，與政治知識、經驗及技巧等，皆可能影響決策行為和公共政策之內容。

2. 公共政策之產出，有賴行政人員之決策。決策行為的過程，脫不了三個方面的判斷：價值判斷、事實判斷與後果判斷。行政人員即是上述決策模型或架構中的主角。

(八) 外來因素：

1. 一般來說，能影響一政府之政策的外來因素，乃指該政府與國際組織及外國政府間之關係，例如：是否為國際組織之會員國；對該國際組織倚賴之程度；與外國政府是否簽訂有條約或協定；政府間是否有互惠待遇等。

2. 另外，國際社會中流行的思潮、作法，以及外國政府發言人或學者專家，有關本國政府之言論等，其皆或多或少此左右本國公共政策之釐訂方向。
（朱志宏，公共政策概論）

七、 影響政策過程的內外環境因素有哪些？試以臺灣原住民族政策為例加以討論？
（102原三）

答：見第六題。

八、 關於公共政策的分類，學者史谷勒（Dean Schooler，Jr），借用羅威的政策類型的概念，將薩爾斯柏里發展出來的四種政策類型擴充為九種。試問那九種政策類型？

答：(一) 自我規律性（Self-Regulative）政策場域：私人部門或團體對影響到自己的政府政策或行動，自行決定其形式或內容。所謂自我規律政策也是指對某一種利益團體給予限制或拘束，但其所受限制或拘束的形態，僅在增加選擇利益的方式，而不在減少取得利益的方式。換言之，利益團體自己決定足以影響自己利益的政策計畫。由於此種形態的政策不影響其他團體的利益，故本質上也是一種「非零和賽局」（Non-Zero-Sum Game）。

(二) 社會再分配性（Social-Redistributive）政策場域：將權利、技能或財富重新分配於被剝奪之團體，以增進其社會地位；其中主要行為者是政府、富有者、貧困者。

(三) 政府再分配性（Governmental Redistributive）政策場域：政府自行從事內部改組，重新分配角色、功能與權力。

(四) 超國家性（Extra-National）政策場域：政府的分配性或再分配性行動的受益者為國外團體。

(五) 分配性（Distributive）政策場域：政府將利益分配於彼此不相競爭的團體，一個團體的利益索求不影響其它團體，是一種非零和賽局（Non-Zero-Sum Game）。

(六)規律性（Regulative）政策場域：政府在彼此競爭的團體間，或在團體與社會其它部門發生競爭時，扮演規則建立的角色。

(七)經濟管理性（Economic Management）政策場域：政府以規律性的行徑，扮演促進共同利益的角色。政府在團體間調整利潤以促進更大的利益或改善全體經濟；原本是再分配性，現在已被視為規律性。

(八)社區安全性（Communal Security）政策場域：政府將集體或共同的利益分配於全社會，包括具體的與不具體的利益。

(九)創業性（Entrepreneurial）政策場域：政府創造能自行滋養與廣泛分配的利潤；政府扮演企業家角色以製造或生產成品。（**朱志宏，公共政策概論，頁245-246**）

九、名詞解釋：

(一) Distributive Policy。（102原三）

(二) Policy Culture。（100原三）

(三) **垃圾桶決策模式。**（99原三）

答：(一) Distributive Policy：分配性政策。見第三題。

(二) Policy Culture：政策文化，指一個國家、社會、或機關組織的政策參與者，對於公共政策運作過程相關事項所形成的一種共識性的理念、看法、價值觀、及行為模式等。簡單說，政策文化就是政策運作環境所盛行的氣氛，此種氣氛對政策運作過程及政策內容影響極大。

(三) 垃圾桶決策模式：美國學者Jame G.March、Michael D.Cohen及Johan P.Olsen三人在〈組織選擇的垃圾桶模式〉（A Garbage can model of organizational choice）一文中提出垃圾桶決策模式。他們認為，機關組織的決策通常並非是經過理性思考計算之後的結果，實際上是決策者在決策過程中不經意碰到的一項產出結果。亦即認為機關組織如同一個由問題、解決問題的替選方案、參與者、及選擇機會四者混合而成的垃圾桶，這個機關組織最後所產生的決策如何，端視問題是否正好碰到解決方案、解決方案是否符合參與者的利益、以及決策者是否有機會同時發現問題與解決方案而定。此模式認為組織決策並無次序性，各決策要素間，例如問題、參與者、解決方案、選擇機會等，彼此間並無一致的邏輯演繹關係，決策的形成只是機會所造成的。

02 公共政策理論模型、政策分析與公共政策倫理

公共政策理論模型、政策分析與公共政策倫理

描述性模型	1. 菁英主義（elitism）。 2. 多元主義（pluralism）。 3. 統合主義（corporatism）。 4. 制度主義（institutionalism）等模型。
規範性模型	1. 廣博理性模型（rational-comprehensive model）。 2. 滿意決策模型（satisfactory decision making）。 3. 漸進主義（incrementalism）。 4. 綜合掃描模型（mixed-scanning model）。 5. 規範最佳模型（normative-optimum）。
良好政策分析的指標	1. 實際應用性。　　2. 被採納性。 3. 有效性。　　　　4. 重要性。 5. 原創性。　　　　6. 可行性。
政策分析家面對倫理衝突的處理模式	1. 代理人模式。　　2. 父權模式。 3. 契約模式。　　　4. 友情模式。 5. 信任模式。
政策分析家面對倫理衝突的處理策略	1. 直言與抗議策略。　2. 辭職與離開策略。 3. 最後通牒策略。　　4. 不忠誠策略。 5. 辭職時揭發與直言到制止策略。 6. 顛覆策略。

課前導讀

本章最重要的內容為公共政策理論模型，分為「描述性公共政策模型」與「規範性公共政策模型」；前者主要是從公共政策運作的「事實面」來觀察，後者主要是從公共政策運作所需要的理性基礎來觀察。本章另一重點為「政策分析」。政策分析是一種科學與藝術結合的工作，指研究政策分析人員及決策者如何應用科學知識與推理方法，採取分析的理論架構，設計並選擇替選方案，及促使最適替選方案合法化的有關問題，其目的在尋找解決公共問題的適當方案。

最後則是公共政策倫理。倫理是公共政策的內在訴求，因此，公共政策不僅關心政策的具體目標，而且要追求遠大的目標，那就是對人類生活的公共關懷。公共政策倫理包括：硬性價值與軟性價值；前者係指哪些具體的、可用某種精確的測量工具加以衡量的價值，例如，效率就是；後者係指哪些抽象的、無法加以衡量而且也無法量化或貨幣化的價值，例如，正義就是。

🔽 重點精要

壹 公共政策理論模型的分類

	描述性公共政策模型	規範性公共政策模型
觀察面	從公共政策運作的「事實面」來觀察，公共政策的制訂到底由誰來決定？有學者認為政策制訂應由少數菁英決定？亦有人認為應由多數人決定？由利益團體決定？由少數全國性利益團體與國家機關共同決定？由政治制度決定？	從公共政策運作所需要的理性基礎來觀察，到底政策制定需要的是完全理性？限制理性？綜合理性？還是超越理性？
種類	可劃分為菁英主義（elitism）、多元主義（pluralism）、統合主義（corporatism）、制度主義（institutionalism）等模型。	可以劃分為廣博理性模型（rational-comprehensive model）、滿意決策模型（satisfactory decision making）、漸進主義（incrementalism）、綜合掃描模型（mixed-scanning model）與規範最佳模型（normative-optimum）五種。

貳　描述性公共政策模型

一、制度模型

政治的活動集中於幾個政府機關組織（行政、立法、司法及政黨等），而公共政策則由政府機關規劃、頒布、執行及評估。與公共政策有關的人員、團體或機構則需與政府機關有所往來。制度模型（Institutionalism）之內涵如下：

(一) 制度模型的主要論點是把公共政策看作政府機關的活動。因此，要了解公共政策的制定，應先知道政府機關的組織、結構、職責及功能。

(二) 一項政策唯有經過政府機關的規劃、頒布及執行，方能成為公共政策。制度模型論者所以將政府機關組織當作主要的分析對象，就是基於公共政策與政府機關組織間有一密切的關係：

1. 政府賦予政策合法性：立法部門賦予政策合法性。因此，人民對於政府機關制定的政策在法律上有效忠及服從的義務。而社會上其他團體，雖也能制定政策、且對其成員有時亦有拘束力，但唯有政府制定的法律始對全體人民構成拘束力。

政府　—合法性→　政策　—拘束力→　人民

2. 政府政策的普遍性：政府政策能普遍的適用於全體人民，除非有特別規定，不然沒有個人、團體或組織有所例外。

3. 政府擁有合法的強制權力：對於違抗政策的個人，團體或組織，唯有政府能夠加以制裁；輕者懲戒，重者拘禁、徒刑甚至是死刑。而社會上其他團體對其成員的制裁，通常是有限制的。

(三) 制度模型最為人垢病在於死的（固定的）法律條文如何應付變動的社會狀況。

二、菁英理論（Elite Theory）

該理論強調，政府制定政策的過程中係由少數的菁英份子所掌握，譬如高級行政官員和國會議員、工會領袖和私人企業領袖等。

(一) 內涵：菁英理論（Elite Theory）的政策制定，其涵義如下：

1. 社會可以分為極少數擁有權力的「菁英」與多數沒有任何權力的「群眾」；菁英分配社會價值與決定公共政策，群眾則沒有能力決定公共政策。

2. 少數菁英是社會中的特權階層，並非是多數群眾的典型代表；任一社會中，菁英總是很不均衡地位居具有極高社經地位的上層社會中。

3. 群眾邁向菁英地位的流動速度甚為緩慢，且該社會結構必須儘量維持穩定，避免革命，以免社會動盪，影響菁英的既有權益；群眾必須接受菁英的價值始能獲准進入統治階層中。

4. 菁英具有社會基本價值與系統維護的共識,在自由主義的美國社會中,這種共識通常是指私有財產、有限政府與個人自由,此點凸顯出其與獨裁國家的政治菁英之不同。

5. 公共政策並不反映多數群眾的需求,而僅反映菁英的價值,因之,政策的改變都是漸進的,而非革命性的。

6. 積極行動的菁英幾乎不受疏離群眾的直接影響,菁英影響群眾大過於群眾影響菁英。

7. 公共政策係採取「由上而下」,而非「由下而上」的模型;權力是採向上流動方式,決策則是向下流動方式。

(二) **理論的缺點:**

1. 這個模型本身是一種反民主的權威決策模型,與「主權在民」的民主精神有所違背。

2. 這個模型所顯現的菁英與群眾關係是穩定的、單線的靜態結構,明顯地忽略民主決策過程中權力互動和參與流動對於政治菁英的影響。

3. 群眾對於政治的冷感,並不意味著群眾沒有能力影響公共政策方向,事實上,選票仍掌握在民眾手上,若統治菁英執政績效太差,甚至影響民眾日常生活的運行,則沈默的民眾仍會發揮強大的選票力量。

(三) **菁英決策模型的優點為:** 確實反映出許多開發中國家決策制定的實際現象,由於這些國家的民主政治尚未制度化,一般民眾的政治參與感較低,絕大多數的公共政策大多數是由統治菁英來主導。有學者指出:美國部分社區決策制定結構也反映出菁英決策模型的特點,從一九二〇年代以來就有許多經驗性的著作指出:即使是號稱全民民主的美國,公共政策其實都是交由少數政治菁英來決定,只要不影響我的生活就好。

菁英主義模型

三、多元主義模型

(一) **基本信條**：政治權力是高度分化的、分布於不同的行動者、不同的政策領域或不同的時間點；因此，公共政策的決定是由社會中多元的社區、團體與個人所共同決定，沒有任何單一社區、團體或個人能夠在任何單一領域中支配決策的方向，因此，菁英決策模型不能反映社會現實。

(二) **多元主義的重要內容**：

1. 權力是決策過程中個人與其他個人關係的特徵表現。

2. 權力關係並不必然是持續性的，它可能基於某特定決策而形成，但決策一旦形成後，可能被另一組新的權力關係所取代而消失。

3. 菁英與群眾沒有永遠的區別，某段時間內參與決策的個人不必然會在另一時間內參與；個人進進出出決策制訂的行列，成為政治場域中的積極行動者或不行動者。

4. 領導是流動性的、移動性的；財富是政治中的資產，但只是眾多資產中的一種。

5. 社區中具有多元的權力中心與基礎，沒有任何單一團體可以在任何議題領域中支配決策制定。

6. 領導者之間存在著相當的競爭，因此，公共政策反映這些相互競爭領導團體之間的議價或妥協的力量。

(三) **多元主義者認為**：在多元社會中，有能力決定公共政策的行動者雖然非常的多元而複雜，但以美國經驗而言，「利益團體」最足以表現多元社會的特徵，公共政策是利益團體與其對立團體之間勢力與影響力達成均衡的結果。團體理論者堅信：利益團體之間的互動與鬥爭是政治生活的中心，個人的政治偏好必須透過團體來實現，個人在政治活動中的重要地位亦須視其是否為利益團體的代表而定。公共政策基本上是反映支配性團體的利益，團體一旦失去影響力，則公共政策必然又轉變其性質，充分反映剛取得政治影響力的利益團體之實力。

(四) **利益團體的概念、類別與影響途徑**：

1. 團體決策模型將利益團體視為公共政策活動的重要基礎，甚至將利益團體當作政治分析的基本單元。利益團體是一群人基於價值、情感或利益相互分享的態

度而形成的民間組織；當分享共同利益、價值或情感的人們組織起來，藉著政治（選舉）過程追求執政目標時，他們就構成「政黨」。因此，政黨與利益團體的區別就在於是否以追求執政爲目標，政黨的目的是控制政府，利益團體則以宣揚理念與影響政策爲目的，控制並不是其目標。如果利益團體爲實現某種特殊利益，透過各種民主手段，對政府施加各種不同的政治影響力和壓力，使其制定有利於該團體立場的公共政策，則他們就形成了壓力團體。壓力團體之所以在民主國家中相當活躍，乃是因爲隨著資本主義的發展，貧富懸殊造成社會各階層的利益矛盾和衝突，迫使利益團體必須組成強而有力的壓力聯盟，積極參與政策過程，以改變政府的決策方向。

2. 壓力團體影響公共政策的途徑：

   (1) **參與選舉活動**：壓力團體在選舉活動中，積極爲自己支持的候選人進行競選活動，設法爭取代表自己利益的候選人當選，以保障自己團體利益。

   (2) **影響立法過程**：壓力團體可以設法遊說民意代表，促使國會通過符合其團體利益的法案，或阻撓和反對不符合其利益的議案。

   (3) **影響行政機關**：壓力團體宣示反對某特定行政部門所制定不利於該團體的公共政策，爲進一步表達反對力量，可能組織起來示威遊行與抗議，迫使行政部門更改其既定決策。

   (4) **影響法院**：在許多國家中，司法是獨立的，國家領導者、國家機關與民眾都嚴格禁止影響司法審判過程；在美國社會中，壓力團體雖無法對法官審判過程發生影響，但卻可能力圖杯葛總統對於法官的任命，或透過提出司法訴訟途徑以反制某法官的不利判決。

   (5) **影響大眾傳播媒體**：壓力團體可以透過報刊、電視、廣播等大眾傳播工具來宣揚其理念，影響社會輿論，俾對政府施加壓力。

3. 政府在利益團體模型中的角色：在多元主義模型中，政府的角色基本上只是扮演利益團體之間仲裁者的「消極」角色，責任僅在於設定利益團體的競賽規則，維持公平競爭的環境，當利益團體之間發生衝突之時，政府則以協調者的角色設法平衡雙方的利益，以取得雙方在公共政策的均衡點。

(五) **多元主義模型的缺點**：

1. 過份忽視國家機關的「積極」統治角色，事實上，國家機關也有其自身的利益，機關首長亦有其統治企圖心，他們對利益團體不僅希望能夠加以控制，而且有時會積極涉入利益團體之間的衝突與協調，成爲具有自主意識與充分獨立的統治主體，並不只是遊戲規則制定者與利益衝突仲裁者的消極角色。

2. 將利益團體對公共政策的影響型態視爲必然的現象並不正確，實則不同的政策，往往有不同影響因素，利益團體只是其中之一。

3.該模型可能適用於高度多元化的美國社會，但是將之推論到其他先進民主國家
　時，如歐洲國家，則可發現他們不僅欠缺美國社會中數量如此龐大與多元化的
　利益團體，而且其與國家機關的互動模型也有不同。
(六) **利益團體與鐵三角**：多元主義確實適用於利益團體頗為活躍的美國社會，
　　因此，政治學者羅維（Lowi）就曾提出著名的鐵三角理論（theory of iron
　　triangle），公共政策為聯邦政府機關、國會委員會與利益團體所把持，成為緊
　　密相連的鐵三角，因此，在公共政策過程中，特別是經濟性的特權團體，其勢
　　力相當龐大，確實不容忽視，足以串連國會議員，從而掌控政府機關；政府機
　　關欲保持中立相當不易，必然受制於利益團體與國會議員的影響。

四、統合主義模型：

(一) **定義**：根據史密特（schmitter）的定義，是一種利益代表的系統，代表利益的
　　單位被組合成數目相當有限之單一的、強制性的、非競爭性、階層結構次序的
　　與功能分化的團體類別，他們的地位受到國家的認可甚或頒發執照，在其相關
　　領域中授與代表性的壟斷權，以換取對於領導者選擇與需求或支持表達的控
　　制。
(二) **統合主義的基本概念**：
　1.國家與利益團體之間的關係可以被組合為利益的代表系統：社會中的利益團
　　體，必須在利益共同體的基礎下透過國家法令的保障，有效地加以整合形成一
　　個利益代表系統；在這利益代表系統中，利益團體制度化的程度不一，凡是已
　　經高度制度化的團體，組織系統嚴密而健全，影響力量強大，該團體的聲音就
　　容易受到國家的重視，因而發生公共政策的影響力。
　2.該利益代表的系統是一個功能分化的階層結構系統：每個一利益代表系統在其
　　專業領域中的專業知識與角色為其他利益代表系統所認同，並且亟思與其它系
　　統保持既競爭又合作的關係，必須透過政府機關在談判桌上，凝聚公共政策制
　　定的共識。
　3.該利益代表的系統必須擁有報酬與處罰制度，以維持體系的運作：為了維持體
　　系的領導，利益團體的需求與利益必須被整合於全國性的、影響力大的登峰團
　　體（Peak associations）當中，由極為少數的大型利益團體代表，與政府部門或
　　其他團體代表展開談判，以謀取該團體的最大利益。而政府機關亦願意授予登
　　峰團體的利益代表壟斷權，可以讓它合法地進入政策制定過程，與政府機關共
　　同決定政策方案。
(三) **分類**：統合主義可分為國家統合主義（state corporatism）與社會統合主義
　　（societal corporatism）。

	國家統合主義	社會統合主義
構成方式	由上而下	由下而上
內涵	中央的權力核心為國家統合主義的來源，政府機關操縱了利益團體的結合程序，利益團體喪失了自主權，這種高度結構化的統合主義，是用來解釋威權或集權政治體系中國家與社會關係的一種相當不錯的理論；但自第二次世界大戰後，此類組合主義的結果是失敗的。	社會統合主義，又稱為新統合主義（neo-corporatism），乃是「協會之需求與團體內部之互動過程」，這種過程完全是自動自發的，基於利益共同體的需要，遵循政府所頒定的遊戲規則，組合成階層結構的利益代表系統，然後以此系統的最高代表向政府或其他團體展開談判，有時候更參與國家政策的制定與執行。

(四) **優點**：統合主義強調國家機關角色的主動性，且重視國家機關與大型利益團體共同協商解決重大經濟議題，這種國家機關對於經濟活動的干預，自然與多元主義模型有明顯的不同。事實上，多元主義模型其實就是美國所強調的資本民主主義的思想，強調當代社會中利益團體的重要角色，利益團體為謀取本團體利益，必須與其他團體在人員、資源和政治關係方面進行彼此激烈的競爭，使政府的公共決策有利於自己，因此，多元主義模型主張追尋自我團體的價值總是儘量避免承擔任何更高的道德責任。自由主義追求個體利益更高於國家利益，最後受害者仍是全體國民。統合主義思想源於歐洲天主教教義和民族主義，前者認為社會應統一於基督的愛和公正之下；後者則強調個人對於民族利益的服從和犧牲，從而使社會結為一體，這種有機體的社會生存原則構成了統合主義決策模型。資本主義下的競爭日益激烈，經常出現大吃小、強凌弱的現象，統合主義決策模型與歐洲經濟社團的集權化、雇主聯合會的建立、集權化工會聯盟的出現，以及國家機關對經濟干預的增強等因素都有密切的關係，相當程度的彌補了資本民主主義過度主張維護個人利益的結果，統合主義認為國家機關的責任是保障集體利益，透過與大型利益團體的協商與參與，不僅深化利益團體對於公共政策過程的參與，而且也解決了資本主義過份突出個人、忽略國家的矛盾。不過，統合主義決策模型仍然出現菁英主義模型的色彩。

(五) **統合主義模型的缺點**：

1. 統合主義確實反映歐洲國家的政治實情，並不適用於美國、加拿大等許多非統合主義的國家。

2. 該模型指出歐洲國家公共政策制訂模型的特色，但並未進一步說明何以某項政策是以統合主義的模型加以採納與執行的，政治文化的特殊性仍欠缺解釋力。

3. 社會中的利益團體數目太多，種類太雜，究竟何種利益才能被國家機關重視，甚至被組合成利益代表系統？

4. 該模型對於利益團體在政治場域中的相對重要性並未有清楚明確的分析，是否所有利益團體都同等重要？還是某些團體比較重要，其決定標準為何？

5. 該模型並未說明國家機關的性質與利益究竟為何？國家機關畢竟具有合法統治權，何以必須與大型利益團體平起平坐？國家機關如果過度介入利益團體的整合，很容易造成政府控制民間社會的反民主印象。

五、民眾參與理論（Citizen Participation Theory）：

該理論是基於John Locke和John S.Mill 的古典民主理論，強調民眾參與公共政策發展的正面效果。民眾可擔負社會責任，而不使個體生命侷限於私生主活領域。主要理論假設：

1 政策決定應透過多數表決，最好以選舉投票行之。

2 每個人皆能掌握充足資訊，都有相同機會接近決策點。

3 每個人都能理性地選擇各項政策備選方案。

4 每個人皆能為共同目標參與政策制定的每一階段。

5 決策者係基於民意基礎的考慮，可理性地比較各種代表競爭利益的備選方案，以作出合乎全民利益的決策選擇。

可能的盲點：民主政治的政策制定模式最主要的條件，每位民眾應有成熟的人格結構與民主價值，並對其所作的政策選擇負起道德責任。然而，實證經驗顯示，大多數民眾對政治持冷漠態度，不願參與公共事務，反而認為高度的參與將引發政治系統的不穩定。

六、系統理論模型

系統理論將公共政策視為政治系統的輸出。公共政策是政治系統在受到外在環境壓力時，所作的一種反應。環境裏影響政治系統的各種力量稱為輸入（inputs）；政治系統範疇以外的任何情境或狀況（condition or circumstance）稱為環境。政治系統（system）是彼此相互有關聯的結構和過程的集合體，政治系統的功能是為社會作權威性的價值分配，這些價值分配就是公共政策。其主要架構如下：

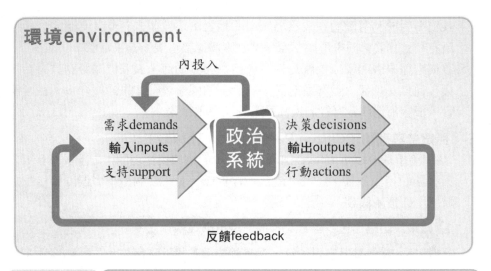

政治系統	政治系統是指相互關聯的結構及過程的集合體，其功能是在為整個社會作具有權威性的價值分配的工作。
環境	政治系統範疇以外的情境或狀況謂之環境。公共政策的制定受到環境中各因素的影響。公共政策的受益人、支持或反對政策之公眾、利益團體、政府其他部門的人員，以及決定一項政策所需花費的物質及勞務之成本的市場等，都是環境中的因素。
輸入	對政治系統有任何影響之環境中的力量謂之輸入。輸入又可分為需求（demand）、資源（resources）、支持（support）及反對（opposition）。
輸出	政治系統所作具有權威性的價值分配即稱輸出，這些分配就是公共政策。輸出的種類眾多：物質與服務的提供、行為的節制等都是輸出。
轉換過程（conversion process）	經由決策過程，而將進入體系的輸入轉換成為輸出的過程，即稱為轉換過程。影響到轉換過程的因素除了決策過程本身外，尚包括機關的組織與法規、機關人員之經驗與好惡、主管控制部屬的方法等。
反饋（feedback）	用體系模型來研究公共政策的一個好處是，它視公共政策制定的過程為一循環過程。體系模型中的反饋環（feedback loop），旨在顯示政府制定的政策會影響需求、資源、支持或反對，因而激起另一回合的政策制定過程。

系統理論的模型應用很廣，它可對公共政策制
定過程作整體的研究，從系統外部環境到系統
內部，再到轉換過程，無不包含在內。

七、博奕理論模型

博奕理論最早是由數學家紐曼（John Von
Neumann）及經濟學家莫根斯登所提出，他們企圖找出一些途徑，得以有效地
解決某些特定經濟問題，係屬決策理論之一種，如果決策者知道所有備選方案
之後果，將可輕鬆達成目標。

(一) 學者雷朋波特（Anatol Rapoport）指出，博奕理論具有六個基本情勢，這些情
　　勢對決策具有實質的影響性：

　1.至少有二個決策者以上；

　2.博奕行為開始於部分決策者對一組特定選項做選擇；

　3.當部分決策者的選擇行為完成後，會影響其他決策者的回應，或限制了某地決
　　策者的選項；

　4.決策者所選擇的策略未必會明白的讓對方知道；

　5.如果是一種連續性選擇（successive choice）的博奕方式，則必須要有終止的規
　　則（termination rule）；

　6.當博奕行為終止時，則當時的終止情勢便代表一個決策者的得失情況（Pay off）。
　　在博奕過程中，決策者、政策利害關係人等均要做價值、事實與結果之判斷，然
　　後再採取行動、做出決定。因此，議程的確認過程便是議程設定的具體行動。

(二) 博奕理論雖以理性為出發點，但只將理性做為一種選擇策略的基準，它不僅簡
　　化了現象的複雜解釋，在高度引用數學上也增強了分析的效果。博奕理論是一
　　種用來研究處於衝突但又可能合作的情勢中，若干自行決策的一種數學方法。
　　博奕理論包含有零和賽局、正面非零和賽局及負面非零和賽局三種類型。伊沙
　　克（Alan Isaak）指出，依照賽局預期收益、參與者利益的一致性程度、運用的
　　策略、報酬等因素，可以呈現出各種賽局的特性；博奕理論所強調的是參與者
　　如何運用本身所握有的資源，選擇出一個最佳方案能使個人損失最低，獲利增
　　至最高的過程，將損失降至最低則是其原則。

(三) 政策形成過程中，不乏有人會運用博奕理論，不論是相關的政策利害關係人、
　　民意代表、政府或學者，彼此在解釋問題、交換條件、相互溝通中達成共識。
　　在談判的討價還價過程中，則運用威脅、遊說、溝通等各種策略，尋找出一種
　　讓雙方「雖不滿意但可接受」的方案。在求得適當方案後，則做出整合與細部
　　規劃，並將達成的原則性共識，經過一些作業程序而成為政策。在整個博奕過
　　程中，我們必須使各種意見得以充分表達，這是民主政治的基本準則。

牛刀小試

1. 請說明描述性與規範性公共政策模型之內涵與差異。（100地三）
2. 一般說來，公共政策制定過程的模式有三，即菁英模式（Elite Model）、團體模式（Group Model）和民眾參與模式（Citizen Participation Model）。試舉例申述之。（84簡升）
3. 試論述公共政策的各種決策理論與模型。（96原三）
4. 在公共政策制定的理論當中，有所謂的「菁英模型」，請試著運用這個途徑，來分析我國的原住民族政策。請問，在你所認定的這些菁英，她們／他們可以如何維持與部落或是草根的關係？（96原三）
5. 何謂「漸進決策模式」？有些政府的預算政策十分符合漸進決策模式的特徵，其原因為何？試說明之。（92高三）
6. 何謂「漸進決策途徑」？您認為政府的預算編列符合此一模式嗎？理由為何？（98原三）
7. 公共政策的決策有所謂「制度模型」，其意何在？具有哪些內涵？
8. 何謂「系統決策模型」？其內涵為何？試舉例說明。
9. 何謂博奕理論？其基本假定情勢為何？
10. 何謂多元主義模型？其具有何種優缺點？
11. 何謂統合主義模型？優點缺點各為何？

參　規範性公共政策模型

一、廣博理性決策模型

　　十九世紀以來的理性主義，認為理性的發展，可帶給人類無窮的進步和福祉。決策過程的純理性模型，基於同樣假設，認為只要決策過程的每一個步驟，都是出於理智的考慮，最後所決定的政策，自然是合理的。其內涵如下：

(一) 純理性模型的最終目的，是希望能夠設計出一套程序，藉此程序，決策者能制定出一個有最大「淨價值成效」（net value achievement）的合理政策；亦即希望能花最少的代價，得到最大成果。「淨價值成效」係指政策所達成的效果價值大於其所付出的價值。在這個意義上，理性和效率意義相同，效率是價值輸入和價值輸出的比例，理性政策就是效率最大的政策。

(二) 假設決策者具有下列完整的能力：
　1. 知悉社會所有的價值偏好與其相對的重要性；
　2. 掌握所有可能的政策方案；
　3. 洞悉每一方案的可能後果，並計算每一方案的成本效益；
　4. 依據備選方案的價值、優劣點、重要性，排列出備選方案的優先順序；
　5. 決策者能在有限資源內選擇最優先的備選方案。

從上述五項要件中可以得知作為一位廣博理性的決策者必須：第一、對於社會的需求、問題與可使用的資源具有充分的知識；第二、對於政策目標、偏好次序、備選方案、成本效益、後果預測具有充分的資訊可以進行評比，俾作最佳的選擇。

(三) 廣博理性決策者所謂的理性決策具有下列兩項特徵：第一、一致性，以一致性的標準排列目標或方案；第二、遞移性，如對A之偏好大於對B之偏好，對B之偏好又大於對C之偏好，則對A之偏好必大於對C之偏好。根據該項標準，決策者決策制定原則是：第一、Maximin：將損失降到最低的原則；第二、Maximax：將收益擴展到最大的原則。換言之，廣博理性決策者是希望將最好的結果極大化或將最壞的結果極小化。

(四) 要制定出一個理性的公共政策，應遵循一些步驟：

> 瞭解社會中所有的價值偏好，並權衡輕重。

> 發現所有可能採行的政策方案。

> 洞察每一個政策方案可能產生的後果。

> 考慮若採行某政策方案，對其餘的政策方案可能產生的後果。

> 從成本利益觀點，選擇一個成本最低，獲益最多的政策方案。

(五) 林伯龍（Charles Lindblom）指出，純理性模型的特徵是經由「方法--目的」分析的途徑而規劃政策；亦即先確定目的，再尋求能夠達成目的的方法。因此，純理性模型，從問題發生到最後政策制定，在其間過程中，對每一種可能採行的辦法，都作過一番精密詳細的分析，並且每一種辦法所需的成本、資源、所可能得到的價值、目標，也都以具體的數字表示，提供決策者最客觀的政策資料，經過比較、選擇後，擬定一個最合於理性的政策。

(六) 理性決策模型應該具備之要件：

強調質的一面，而非量的一面	完美的數學函數關係，將決策過程中的變數量化，在可見的未來，不易見到。因此，何妨暫時忘卻量的一面，全力去填補決策過程的缺漏。
既是理性，又是超理性	「超理性」不能完全取代「理性」的地位。因此，理想的決策模型是使二者並存，承認它們各有作用。
著眼於經濟理性	資源因為稀少性的存在，因此希望邊際效用能夠最大，這也是最合理的做法。但實際作為上，只能要求儘量經濟地使用資源。

加入後設 決策過程	政策制定有三個主要階段： 1. 後設決策過程，也就是對政策制定產生「規範作用」與「支持作用」的一些假設、標準與力量。 2. 決策過程，即針對具體事件制定政策。 3. 再決策過程，即根據政策施行後的反響，重新調整政策。
嵌入回饋的 作用	純理性的決策模型以產生圓滿解決問題的政策為目的，自然不必有什麼回饋。

(七) **優點**：

1. 統合性的決策流程：強調從資料的蒐集、目標的確立、方案的研擬、標準的選擇與順序的排列，該決策流程相當的一致性；

2. 旺盛的決策雄心：強調積極進取的決策態度，發揮人類智慧設計最佳的方案，其企圖心相當旺盛；

3. 沒有界限的決策範疇：主張人的理性是沒有界限的，方案是沒有界限的，惟有「止於至善」。

(八) **缺點**：對於完全理性的假設是不實際的，因為人類的理性是有限制的，這些限制包括：

1. 主觀限制：民選官員或民意代表本身的價值觀與政治立場將會影響其理性的客觀性，以致無法作成目標、方案與優先順序的客觀評比。

2. 多元價值與目標的衝突：當前社會具有多元價值與多元目標，且經常相互衝突，以至於無法進行價值權重的攤派與目標的客觀評比。

3. 沈澱成本（Sunk cost)：過去決策者的承諾及正在投資的計畫或已經支出的經費，都迫使新任的決策者無法改變現行的政策結構，只有繼續承擔這些成本。

4. 不確定性的未來：未來充滿不確定性或高度的風險性，要對未來進行預測，非常的困難。

5. 問題本質難以界定：廣博理性似乎認為問題一經界定即不會改變，實際上，問題是必須一而再、再而三的加以界定，政策分析就是問題再界定的過程。

(八) **結論**：廣博理性的決策者關心的決策議題是：第一、政策應該是如何形成的；第二、投入轉換為產出的過程應該如何加以安排，以達到功能最佳化的地步。從科學哲學的角度分析，廣博理性模型源於邏輯實證論，期望運用自然科學方法，建立「放諸四海而皆準」的通則或定律，以改進社會問題；決策者基於此種理念乃必須全力蒐集所有的政策相關資訊、性客觀的選擇標準，以決定最佳的備選方案。因此，有些學者認為它是一種科學、工程的或管理主義者（managerialist）的模型，廣博理性模型可說是一種理想型（ideal type）。

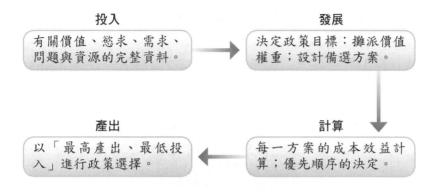

廣博理性模式的決策制定流程

二、漸進模型理論

著名經濟學者林伯龍（Charles E.lindblom）可說是漸進主義的代表人物，因為他對傳統理性決策模型甚表不滿，因而提出一個解決的方法，最初的名稱從漸進主義（incrementalism）演變成邊際調適科學，後又修改成斷續的漸進主義（disjointed incrementalism）。

(一) 林伯龍認為，在現實政治環境中，僅有極少數的方案能夠被決策者所認真考慮，而這些方案與現狀之間僅有極小幅度的差異，不可能作大幅度的更新。因此，所有的公共政策是過去政策的邊際修正或小幅調適。何以如此呢？主要是因為當前的政策都是經過各種不同參與者合法化的產物，很難加以改變，因為政策所涉及的既定利益、沉澱成本與蒐集完整資料與訊息的不可能性都促使政策僅作邊際的調整與修正，如此不僅能夠降低衝突，增加環境的穩定性，而且也比較能夠預測方案的後果，得到更多不同參與者的支持。

(二) 林伯龍認為理性模型的完善與理想，但認為在現代社會中畢竟不切實際，因為決策者沒有足夠的時間、智慧或金錢，來對於每個存在的政策作一深入精闢的研究。何況收集理性模型所要求的各項情報，其所需付出的代價又太大。因此，不論現行政策是否確實有效，政策制定者比較願意繼續推行現行政策，而不願冒險試行新政策。

(三) 其次，放棄既定政策而尋求嶄新政策，往往需付上極大代價，包括物質上及心理上。就減低衝突，維持社會穩定，保全政治體系而言，漸進的模型其價值高於理性的模式。

(四) 從政策制定者的觀點來說，漸進的模式也比較可取。因為人類很少是想獲得最高、最大價值；在一般情況下，他們祇想滿足某種特別的需求。

(五) 漸進改變模型的適用是有範圍的，範圍限制在：

　　1. 以往政策的成效被認為滿意的程度。

　　2. 問題本質的改變。

　　3. 現有可擇途徑中創新的數量。

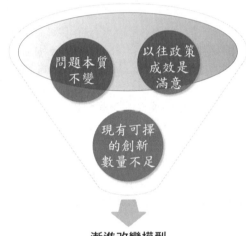

漸進改變模型

　　如果以往政策的成效不能令人滿意，則漸進改變模型就無法用來描述實際的行為，同時也不再是有效的規範性的模型。另外，問題本質若有改變，漸進改變的模型就無法適用。

(六) **林氏的修正--間斷的漸進主義**：林氏接受賽蒙對於限制理性的看法，針對廣博理性模型提出批評，認為那是不符合實際。但林氏的主張受到的批評是：漸進主義成為保守勢力的代言人，是既得利益的擁護者；而且很多政策無法以漸進主義模型加以解釋，如戰爭、革命等突發事件，根本沒有「漸進」的性格。為因應這些批評，林氏逐步修正其看法：

　　1. 必須區別漸進政治與漸進分析：林氏認為外界的批評是針對現行美國政治型態的漸進性質而提出的質疑，但他所提出的是作為政策分析工具的科學漸進分析。

　　2. 提出間斷的漸進主義（disjointed incrementalism）以取代單純的漸進主義（simple incrementalism）：間斷漸進主義的主張：

　　　(1) 對有限熟悉的方案進行有限分析；

　　　(2) 價值目標與問題性質同時進行分析；

　　　(3) 針對需要修正的缺失，而非希望達成的目標進行分析；

　　　(4) 應用嘗試錯誤的方法；

　　　(5) 分析有限的方案與後果；

　　　(6) 將分析工作分派給政策制定過程中的不同參與者。

3. 策略分析：為了在有限理性基礎下協助進行漸進的枝幹分析，必須採用若干研究策略，如嘗試錯誤的學習、系統分析‧作業研究、目標管理（MBO）、計畫評核術等。例如，以預算政策而言，就是最典型的漸進主義決策實例，目前的預算只是過去預算額度的小幅修正而已，無論政黨如何輪流執政，由於預算的決定過程相當繁複，很多過去決策者所做的承諾必須透過現在的決策者去完成，因此，不可能作巨幅改革。

(七) 綜合來說，漸進主義的要點是：

1. 目標的選擇與手段的分析應同時考慮。
2. 決策者僅考慮與現行政策稍有不同的備選方案。
3. 每一方案僅評估少數有限的後果。
4. 決策者所面對的問題必須重新界定，而非一經決定就不改變。
5. 任何一項問題都不存在著單一的決策或最佳解決方案。
6. 漸進決策基本上是補救性的，著眼於當前狀況的改善，社會的不完美性，而非著眼於未來社會目標的完成。

(八) **優點**：林伯龍認為：決策不過是決策過程中的參與者相互同意給與取的妥協過程而已；因此，漸進主義具政治上的權宜性，易在充滿利益與權力衝突的政治場域中達成共識，降低不確性的風險與成本，不至於淪為「不是全部，就是沒有」（all or nothing）的零和賽局遊戲。同時，漸進主義亦具實務上的實用性，以決策者欠缺時間、精力與智慧蒐集完整的資訊，僅能以最務實的態度找到稍微改變現狀的便利方案。

(九) **缺點**：相對於廣博理性模式的積極進取、統一與範疇無限的決策模式，漸進主義的最大缺點：1.它是保守的、分權化的與範圍有限的決策制定模式；2.它無法解釋劇烈的政策變遷與非漸進政策。

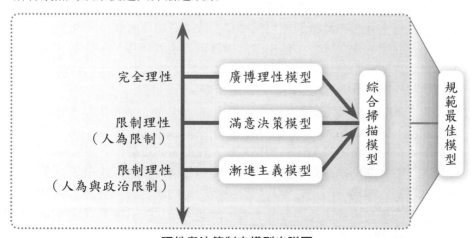

理性與決策制定模型光譜圖

三、綜合掃描模型：其內涵如下：

(一) 綜合掃描模型主要是希望結合廣博理性與漸進主義模型的優點，代表人物為艾尊尼（Etzioni）。艾氏以為漸進主義的缺點是：決策容易落入社會中有權勢者與有組織者之手，以至於忽略無權無勢者與無政治組織者；同時過度著眼於短期與有限的政策方案，忽視社會改革的必要。因此，艾氏將決策分為兩種：

　1. 基本決策（fundamental decision）：這是涉及基本方向的決策，必須要用廣博理性模型去分析；

　2. 漸進決策（incremental decision）：這是指當基本決策已經決定之後，用來加強或修補基本決策的模型。

(二) 一個好的決策制定模型首先必須要對整體政策作全面性的審視與評估，這時候要採取廣博理性模型；其次則要針對該政策中的偏離部分（有特殊需要或出現負面政策結果）進行深度的審視，如此才能作成好的決策。政府針對集集災區居民進行全面性的重建工作，這時必須要採用廣博理性的精神，就災民的所有層面（從生理到心理、從嬰兒到老人、從物質救濟到精神慰藉）進行災害救濟與重建；但必須要注意是否有特定弱勢族群並未因政府的全面性救災政策而獲利。

(三) **該模型的優缺點**：艾氏的綜合掃描模型主要來自於氣象預測，兼收廣博理性與漸進主義之長，將大幅革新與漸進改變的特質同時運用在基本與漸進決策的不同情境上，使得決策者面對不同的決策情境可以同時運用不同的決策制定模型，因此，該模型的彈性化與整合化，可以說是廣博理性與漸進主義模型「妥協」的結果。但是，艾氏所謂的基本決策，何以竟是如此重要？他並未對此提出適切說明。此外，基本決策與漸進決策的區別標準為何？實際上如何運作？其指導綱領為何？艾氏本人亦未對這些問題加以說明。

四、規範最佳模型：其內涵如下：

(一) 楚洛（Dror）是另外一位企圖整合漸進主義與廣博理性模型的學者。楚氏認為漸進主義適合運用在政策問題相當穩定、政策資源不虞匱乏，且參與者對政策方案都有共識的安定社會；他相信這種分析方法容易強化保守主義與反對改革的勢力；更何況由於掌權者高高在上，當然不希望變動太大，因此，漸進主義無疑地對於無權無勢者產生壓抑的作用。

(二) 楚氏所主張的規範最佳主義（normative optimalism）是希望結合賽蒙與拉斯威爾的論點，賽蒙的論點中強調限制理性，主張滿意決策模型，決策知識則是管理科學；拉斯威爾的論點中強調民主與人性價值的重要性，主張超理性的決策模型，決策知識則是政策科學。因之，他所建構的規範最佳模型希望藉助兩位學者之專長，建構一門足以提高政府決策制定的理性與超理性內涵的模型，乃至於成功的整合實際主義與理想主義。因此，楚氏接受廣博理性模型的理想，主張決策者應以追求完全理性為目標，但應承認其限制。

(三) 他提出了18個階段的理性與超理性的決策模型：

後設政策制定階段	1.價值的流程　　　　　　2.實際的流程 3.問題的流程　　　　　　4.資源的調查、流程與發展 5.政策制定系統的設計、評估與再設計 6.問題、價值與資源的配置　7.政策制定策略的決定；
政策制定階段	1.資源的次級配置　　　　2.以優先順序建立運作目標 3.以優先順序建立一組重要的價值 4.準備一組重要備選政策，包括好的政策 5.準備對各種不同方案的重要成本效益進行可信賴的預測 6.比較各種不同方案的預測性之利益與成本，並且認定最佳的一組方案 7.評估最佳方案的效益與成本，決定他們是否為好或壞；
後政策制定階段	1.政策執行的激勵　　　　2.執行政策 3.政策執行後，評估政策制定 4.建立與其他所有各階段的溝通與回饋管道

(四) **優缺點**：

優點	缺點（或限制）
1.他強調超理性的觀念，超理性是決策者的直覺、創意、判斷或意識，這是過去一直被忽略的重點。 2.他提出的政策制定階段，其中「後設政策制定」是教導決策者如何制定政策之學，相當具有啟發性。	1.規範最佳模型相當的複雜，決策者的理性與超理性本質上是兩難的產物，它的運作成功需要一位專業知識與倫理涵養都相當傑出的政策技術官僚。 2.民眾在規範決策模型中的參與角色似乎不被重視，這種看法與拉斯威爾重視民主政治，強調啟蒙性的民意，對於決策制定的影響顯然有所不同，楚氏本人並不否認這項批評，但他認為民主社會中民意的力量畢竟是有限的，惟有獨具理性與超理性的政策科學家才能帶領社會邁向改革之途。

五、**公共選擇學派**（Public choice school）：該學派的的出現主要是源於過去強調以自利動機的理性行為作為分析政治行為的經濟學家，重要的學者如度拉克（Tullock）、唐斯（Downs）與尼斯坎門（Niskanen）等。其基本假定是：任何一位政治行動者，正如經濟行動者一樣，是追求效用極大化的理性行動者。正如榮獲諾貝爾經濟學獎的布坎南所說的，公共選擇或政治的經濟理論可以歸納為：所有的人都是理性效用的極大化者。公共選擇途徑假定所有的決策者都是基於自利動機，追求擴大自己利益的行為，他們將這個簡單的假定應用在選民投票行為、政治與經濟體系的關係、個人與集體決策行為的本質。

(一) **度拉克的主張**：他認為：官僚機構、政治活動與政策制定都可以用公司企業與消費者的自利動機行為來加以解釋：

1. 政黨為了贏得選票，做出過多的政治承諾。
2. 掌權政客為了贏得支持必須犧牲某些機關的預算，造成預算吃緊。
3. 行政官僚只對擴大機關利益的項目感到興趣，至於公共利益則束之高閣。

   因此，行政官僚會積極追求機關預算的極大化。
4. 自由民主國家無法控制政治與官僚權力的成長。因此，國家乃出現「大政府」的傾向，解決之道惟有引進市場機制，加強官僚體系的競爭，因此，諸如：簽約外包、民營化、政府部門之間的績效評比等都是重要的解決手段。

(二) **唐斯的主張**：唐斯從自利動機角度探討官僚決策制定行為，他的假設是：行政官僚都是基於自利動機，理性地追求目標的極大化。此處所謂的動機可以分為兩大類：第一、純粹的自利動機，如權力、財富、榮耀、便利（指安於現狀，不求改變的方便性）、安全等；第二、混和的自利動機，如個人的忠誠感、工作績效的自傲感、滿足公共利益的慾求、對於特定行動計畫的承諾等。依據不同程度的動機，唐斯將行政官僚分為五種類型：

攀爬者 （climbers）	關心權力、財富與榮耀的行政官僚。
維護者 （conservers）	關心變革愈小愈好的行政官僚。
狂熱者 （zealots）	熱心推動某項政策或計畫的行政官僚。
宣傳者 （advocates）	希望擴大他們在機構中的資源與角色者。
政治家 （Statesmen）	具有公共利益取向，且希望透過權力的取得以實現目標的官僚。

　　根據前述的假設與行政官僚的不同類型，他提出16項法則，茲舉其中重要有五種：

1. 逐漸增強的保守主義法則：機關成立愈久，則愈趨保守，除非他們歷經快速的成長與變遷。
2. 層級節制法則：愈是大型的、且缺乏市場競爭的組織，其內部愈需層級節制體系，以協調組織內部功能。
3. 逐漸弱化的控制法則：愈是大型的組織，則其上級的控制能力愈低。
4. 帝國主義式的擴張法則：組織通常都以擴大規模的方式來進行革新工作，就如同帝國主義擴張版圖一樣。
5. 自我服務的忠誠法則：行政官僚對於哪些控制其職務與升遷的組織都會表現出其忠誠感。

唐斯認為不同的官僚機構必然出現不同的官僚型態，這些不同型態的官僚儘管動機不同，但基本上都是自利傾向。

(三) 尼斯坎門的主張：唐斯的主張大都依賴心理學上的動機理論，尼斯坎門則以新古典經濟學為理論基礎，但基本假設仍是相同：自利傾向的極大化動機。正如企業公司以追求最大利潤為導向，行政官僚也是同樣的表現，以追求預算與組織規模的極大化為目標。因此，預算的成長與機構規模的增大是官僚自利動機的行動結果。何以會產生這樣的結果呢？因為官僚具有分配資源的權力，正如市場具有相同的機制一樣，只不過市場是希望能夠擴大邊際利益與成本的差距，但官僚機構不是市場，無從知悉邊際利益，因此，只有以擴大機構的預算與規模作為決策制定的結果。

(四) 遭受的批評：

1. 以自利動機詮釋所有的政治行為是過度簡化，與實際現象不符。

2. 因為過度簡化政治行為與決策制定行為，故其理論不具預測性。

3. 該理論是假定選民面對兩黨制的投票選擇，得以二中擇一，但在歐洲多黨制的國家，選民往往選擇非常困難，根本難以從自利的角度進行方案比較衡量。

4. 由於公共選擇途徑應用在哪些實施強調民主選舉的國家非常具說服力，但對於哪些不從事選舉活動的非民主國家而言，公共選擇途徑並不適用；

5. 官僚機構究竟是否太大或過小，其判別的標準為何？公共選擇途徑似乎並未加以說明清楚，事實上，我們根本無法知悉機構的成本與效益，如何能以價值極大化所隱含的成本效益概念來認定機構過於龐大，需要以加強市場機制來抑制他的擴張呢？

6. 過度忽略「制度」對於決策者偏好的影響，雖然後來部分公共選擇學者將制度因素納入考慮，但似乎仍未肯定制度的長期性影響，這是新制度論者的主要批評論點。

7. 雖然公共選擇學派強調他們的途徑是實證的、價值中立的，但從前述的概念中可以發現：他們企圖恢復以往亞當斯密的古典自由主義，反對國家干預，主張市場自由化。

牛刀小試

1. 試說明廣博理性模型的內涵及優缺點各為何？
2. 何為漸進主義？它與廣博理性主義與間斷漸進主義有何不同？
3. 公共選擇理論的基本概念為何？為何會遭受批評？
4. 公共政策學者唐斯曾將行政官僚分為五種類型，試說明其內涵。

參 政策分析

政策分析是一種科學與藝術結合的工作。就科學性而言，因有關政策分析的許多理論、原則、技術、方法等，均由實證資料累積而成系統性知識，可供政策分析者參酌應用；就藝術性而言，政策分析不是一套可放諸四海而皆準的知識與技巧，常須因人、因時、因事、因地而制宜。因此，政策分析人員與決策者在從事政策相關論題研究時，必須以科學性及系統性的知識為依據，才能有效解決問題。

一、定義

大體有以下兩種看法：

主張對決策規劃過程作分析研究者	主張對政策各階段均加以分析研究者
1. 伯特（M.R.Burt）：政策分析乃是一個協助決策者作政策抉擇的系統性途徑。主要程序為探尋整個問題的癥結，尋求可解決問題的方案，從其結果比較這些替選方案，使用分析的理論架構，利用專家的判斷與思維，以解決問題。	1. 戴伊（Thomas Dye）認為，政策分析就是找尋政府作那件事，為什麼作那件事，它作了之後社會有何不同？簡單的說，政策分析就是「描述與解釋政府活動的原因與結果」。
2. 尤列克（Jacob Ukeles）認為政策分析乃是對政策的替選方案及對每方一案正反兩方證據的蒐集與整合，並作系統性的研究。它乃是一項解決問題的途徑，涉及資料的蒐集與解釋，並嘗試對替選方案的結果先作預測。	2. 寇德（E.S.Quade）表示，就政策分析而言，「分析」意為利用直覺與判斷，不僅對政策的每一構成部分加以檢視，並設計其他新的替選方案。分析活動包括：問題的正確認定、政策的制定、對政策執行後的評估研究。
3. 馬克瑞（D.MacRae）與魏爾德（J.A.Wilde）認為，所謂政策分析就是使用推理與證據，從諸替選方案中選擇一個最佳政策的行為。	3. 但恩（William N.Dunn）也贊成寇德的看法，而對政策分析作如下的界定：「政策分析乃是一門運用多種調查研究及論辯方法，以製造並變成政策相關資訊，藉以在某種政治環境中解決政策問題的應用社會科學。」

吳定教授的見解：雖然在整個公共政策運作過程中，政策分析家或決策者都應該對各階段的活動進行分析研究，但是政策分析的重點仍應置於政策制定階段活動的分析研究。因此，政策分析係指決策者或政策分析人員為解決某項公共問題，應用科學知識與推理方法，採取分析的理論架構及技術，系統性的設計並評估比較各替選方案，以供決策者判斷及作決定之參考的相關活動。其研究範圍著重於政策問題形成、政策規劃過程與政策合法化過程有關活動之分析研究。嚴格來說，政策分析研究也就是「政策制定」的研究。

二、政策分析之性質

依照美國學者貝克曼（Norman Beckman）看法，政策分析在本質上具有以下四項特徵：

是整合性與科際性的（Integrative and Interdisciplinary）	政策分析除需確定並查驗公共問題的各種面向外，尚需注意該問題發生的原因及其後果複雜性。在進行分析時，必須同時列舉各種替選方案及其可能被忽視的間接結果。另外，它還需廣泛採用各專業性學科的知識與技巧，並考慮國內外環境及政府的各種有關因素，對政策的替選方案加以綜合判斷。
是預期性的（Anticipatory）	政策分析的重點置於未來必須達成的決定上面。因此，應注意環繞於某一論題四周的不確定性因素，尋找該論題新的注意重點，協助重新界定該論題。
是決定取向的（Decision-Oriented）	政策分析人員必須將公共問題導向預期的注意方向，或導向實際發生的狀況，因為政策決定者所面臨的問題是現實性及真實性的，必須加以解決，而非抽象性或哲學性的問題。故政策分析人員應為決策者提供替選方案及成本利益分析。例如，政府是否應介入某一問題的解決？如果應當，應如何介入？時間多久？可能付出什麼樣的代價？誰將獲得利益等？
是服務對象取向的（Client-Oriented）	政策分析人員必須為決策者確定各類服務對象所偏好的替選方案及其假定、價值、成本利益等。因此，政策分析對社會各類團體的需求、政黨衝突與折衷等，具有服務的功能。

三、良好政策分析的指標及要件

> **名師講座**
>
> 根據吳定教授看法，構成良好政策分析的要件，目前還缺乏共同一致的看法。因為某些學者認為，良好的研究應具有下列特質：研究結果可以類化；以經由精確測量的高品質資料為根據；研究需與理論解釋及科學法則相結合。然而政策分析者彼此間並未存在此類共識；缺乏政策分析的「典範」；標準與規範未獲一致的贊同；研究發現無法類化；資料貧乏且未經精確測量；研究過程甚難控制；缺乏一套政策理論做為深入研究解釋的依據。不過為求有所依據，還是有其標準存在。

(一) 良好政策分析的指標：

實際應用性 （actual utilization）	指政策分析的結果被決策者運用的程度而言。是一種連續性的概念，大致可以分成以下幾種狀況：1.未曾被引用參考。2.參考。3.補強原有的價值觀或決定。4.改變原有的價值觀或決定。
被採納性 （adoption）	指一項政策分析結果被決策者參考或採納的程度而言。最好狀況是結果既被參考也被採納，反之最差是分析不結果不被參考，也不被採納。
有效性 （validity）	指政策分析的準確程度而言。通常判定政策分析是否具有效度的標準包括：內在一致性、外在一致性、能否包括所有的替選方案、能否列舉決策所要的目標等。
重要性 （importance）	重要性具有兩項意涵：是否能將社會福利效益減去社會成本的問題予以分析？所作的因果假設是否具有廣泛解釋力？通常政策方案重要性的程度不是以總利益減去總成本來判定，而是依總效益減去總成本的結果而決定。
原創性 （originality）	指政策分析的結果是否具有創意而言，分析越具創意，價值越高。
可行性 （feasibility）	指政策分析的結果在各面向的可行性如何？如政治、法律、經濟、技術、時間、環境等面向。可行性越高，分析的結果越具有價值。

(二) **政策分析的要件**：巴茲曼（Bozeman）提出如下要件：

應具備充分的資訊	許多政策分析工作在蒐集資料階段常陷入困境。首先遭遇的困難是經費；其次是「人」的困難。人是知覺動物，很在乎被觀察，所以很難順利從他們身上蒐集資料，包括若干法律及道德問題牽涉在內（如涉及個人隱私權問題）；從人類身上蒐集的資料不一定正確。充分而良好的資料是良好政策分析必備的條件之一。

應充分認識政策的本質	任何一個政策領域，如教育問題、能源問題、交通問題、國宅問題等，都有它獨特之處，所以政策分析者不能以其所知的分析技術不加選擇的應用於各種政策問題，除需熟悉分析的政策領域外，還須對所分析的問題的歷史及特性有認識。
應採取科學的研究方法	政策科學的基本精神在於採取歸納的科學方法進行分析研究。亦即知識的取得來自於以觀察為基礎的證據，而最佳的證據乃是經由系統的觀察和小心驗證假設所建立的證據。換言之，政策分析並不十分科學，但卻能從科學的假設與途徑蒙受其利，故一項良好的政策分析應非常接近科學的嚴謹研究方法。
應重視政策分析的科際整合特質	政策分析是一門科際性的學科。戴伊（Thomas Dye）曾指出：大部分的政策都同時具有政治的、經濟的、社會的、及其他方面因素在內，只不過是各方面所佔的重要性依不同政策而有所不同而已。
應發揮政策分析診治的功用	對於政策分析人員究竟應為一位「無偏私的研究者」（dispassionate researcher），還是應為一位積極而負責任的政策倡導者？巴茲曼認為以扮演後者的角色較為適當。他認為一項良好的政策分析應對公共問題具有診治性的功用，所以他主張採取一種「診治性的分析途徑」（the prescriptive approach)，進行政策分析。

良好政策分析的指標	• 實際應用性（actual utilization） • 被採納性（adoption） • 有效性（validity） • 重要性（importance） • 原創性（originality） • 可行性（feasibility）
良好政策分析的要件	• 應具備充分的資訊 • 應充分認識政策的本質 • 應採取科學的研究方法 • 應重視政策分析的科際整合特質 • 應發揮政策分析診治的功用

四、政策分析人員的角色與功能

政策分析人員（policy analyst）乃是政策分析工作的主角，其受的訓練充分與否，及是否具備足夠的條件，決定政策品質的高低。其角色及功能如下：

資訊蒐集者	政策分析人員必須利用各種實證的方法，包括晤談法、問卷法、及觀察法等，與檢視既有資料的方法，盡量蒐集與政策問題解決有關的資訊。

資訊分析者	分析人員必須採取歸納法及演繹法，就已蒐集到的資料，深入研究分析，分類推理，釐清問題癥結，分析解決方案的優劣等。
方案設計者	分析人員必須利用其學識、經驗、才智，並藉助各種技術，負責設計各種可行的替選方案，以解決各種政策問題。
方案推薦者	分析人員必須就已設計完成的替選方案，經審慎評估比較後，透過說服的政治藝術，向決策者推薦適當可行的政策方案。
方案倡導者	分析人員不但要客觀的向決策者推薦適當的替選方案，有時還要基於自己理念或決策者觀點，扮演方案的積極推銷者、擁護者、促其實現者。

五、政策分析人員需受的訓練（具備的條件）

政策分析人員有兩個來源，一為機關組織內部的專才；另一為組織外的專才，包括學術機構的學者專家、研究機構的研究人員、及顧問公司的顧問等。

在通才訓練方面	在專業知識方面
1.應具有領導技巧：因為政策分析人員有時要負責領導一個政策分析小組，同時也可能要負責倡導推動政策方案。	1.應修習公共政策、政策分析、政策科學的相關言課程，如政策規劃、政策執行、及政策評估等。
2.具有作好人際關係的技巧：政策分析人員必須隨時與其他機關或人員進行協調溝通工作，並且與同仁維持良好的合作關係。	2.應修習政治學與公共行政學，藉以瞭解政策運作的最主要環境。
3.具有解決問題的技巧：政策分析人員的主要任務就在設法解決問題，所以必須有瞭解問題癥結、設計解決方案、預估方案實施後果的技巧。	3.應修習經濟學與統計學，因為經濟學是分析並解決大多數公共問題的基礎；統計學與電腦則為分析研究公共政策問題的必備工作。
4.具有熱誠的工作態度：政策分析人員在分析過程中，可能隨時遭遇複雜繁瑣的問題及棘手惱人的人際問題，均有賴高度熱忱、責任心及榮譽感去克服。	4.應修習專業領域的相關學科。

六、政策分析家的特徵

政策分析家有別於系統分析家，至少具有下列六點特徵：

(一) 政策分析家在從事政策分析時會注意到公共政策制定與決策作成所牽涉的若干政治因素，它的範圍涉及到政治可能性的問題，支持力量的吸收，衝突目標的協調，不同目標的確認等。

(二) 政策分析家對公共政策制定與決策作成是從總體觀念著眼，而不僅僅限制在資源的分配上。因為許多公共政策問題不完全是資源分配問題，例如外交問題等。

(三) 政策分析家特別著重對新的選擇方案的創意，其精神是改革的，而非綜合的或比較的。對某些政策問題若僅從成本利益分析的比較是求不出解決辦法，例如減少吸煙的問題。

(四) 政策分析家對問題的態度著重靜態且實質了解，而不明顯地著重外觀的知識與計量的模式與工具。他必須要有想像力與直覺觀察力，將系統整合的觀念引進到政策分析內涵。

(五) 政策分析家在處理問題時往往從未來處著眼，根據長程的影響性加以預測。就未來發生的各種可能狀態作為當前政策考慮的基礎。

(六) 政策分析家所使用的方法或者途徑不夠嚴謹，但仍具有相當的系統性，特別表現在目的與手段相互依賴的複雜性方面，有關決策標準的多元性方面與每種分析的試驗性方面，不像系統分析那樣明確不夠彈性。

七、技術型、政客型和企業型之政策分析人員

(一) **技術型分析家（technician）**：指在機關內的學術研究人員，他們雖然了解一點政治，但有限。他們的工作是與政策相關的研究，而且想維持研究本身的相當水準，這是他們唯一關心的事。就研究環境來說，他們受過良好的訓練，同事可以共同切磋，而且他們服務的機構亦有最完整的資料可資利用；

> **觀念速記**
> 國家所希望在政府體系中對決策功能強化有貢獻的政策分析家具有二種特性：一方面他必須具備知識性有分析的能力，一方面他又必須具備政治上的技巧。

在此種環境下，他們對政策所作的研究會比較具有中立性。因此，技術型的分析家也可以稱為「無關政治的分析家」。總之，政治與分析是兩件絕不相關的事，也許自己沒有政治技巧，但卻視其他行動者為政治專家。因為，技術型的分析家並非認為政治的考慮不重要，而是他們以為這種事情應該由最高階層去考慮，他們是科學家，應該以理性為出發點，而政治是最不理性的東西，因之政治的標準應該加以避免。

(二) **政客型分析家（politician）**：此處所指之政客型分析家應屬一種「政客」型態，亦即說他是「分析家」，不如說他是「行政人員」。此類角色的背景相當複雜，有學歷史，有學政治，有學公共行政，甚至包括工程與法律。而他工作的對象，都是與他有密切關係的當事人。因之，他分析問題的著眼點都以他們的政治關係為依歸，對這種型態的政客型分析家來說，政策分析毋寧是為自己提供了一個機會來提高自己地位。但事實上，他也受了許多限制，包括他要為他服務的機關解決許多面臨的問題，而且他也要考慮到他與他的上司密切的關係。原則上，政客型分析家像其他分析家一樣應提供事實基礎，然而政客型分析家的影響力主要地卻不來自於事實，而是源自於他們的政治技巧。

(三) **企業型分析家（entrepreneur）**：企業型分析家不但須具有高度分析能力的知識，而且須具備高度的政治藝術與手腕。事實上，他包容了技術型分析家與政客型分析家的特質，對兩者發揮的功能兼而有之。從專門知識來觀察，他是專家，而且具備專業的分析能力，而且他在政治上非常具有進取的精神，每當政治的因素介入構成分析活動的障礙時，他便轉換這種障礙為一種機會，使它成為他分析活動內完整的一部分。企業型分析家之所以能成為有力量的政策分析家，是因為他有比較平衡的眼光；而政策的執行效果亦是企業型分析家特別重視的。

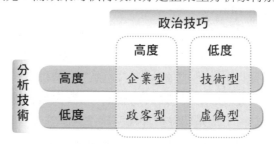

八、 政策分析影響政策制訂的型式

政策研究可在政策制訂的各個活動（問題建構、預測、建議 執行、評估…）中影響政策之制訂。通常政策分析可透過下列三種型式來影響政策的制訂：

(一) **將政策分析之結果當作資料（data）應用**：下列幾種情形，將政策分析結果當作一種資料（data）應用，會彰顯出政策知識的價值：

1. 當社會的價值與目標已達成共識時：在價值與目標具有共識之情形下，政策研究能精確的指出問題所在並澄清其相關變數，從而提供良好的評估基礎。
2. 當二個或三個方案被提出時：政策研究如能被明確的設計用以驗證二、三個政策方案，若研究發現也相當明確，則資料對政策方案選擇之影響力也將隨之大增。
3. 在瞬息萬變的局勢下：當無人能清楚預測未來局勢將如何發展時，相關的分析資料易被注意。
4. 當決策者具備高度資料分析能力時：當決策者具備甚強的資料分析能力時，則對資料品質之高低與資料之限制具備辨別能力，因而政策知識在適當的範圍內被充分應用的程度較高。

(二) 將政策分析當作意見（ideas）之應用：下列幾種情形，將政策分析之結果當作一種意見之應用，也會彰顯出政策分析的價值：

1. 當不確定性增高時：當不確定性增高，無人知道該作何事，或該如何有效去做，決策者通常迫切需要各種不同的意見來降低不確定性。
2. 當決策權分散時：一個簡單的意見（政策知識）比起細節性的資料能擴散得更遠、更快。

3. 當政策處於雜亂無章時：當政策處於混亂之際，各個利害相關團體，在面臨存亡的危機下，將會遇到各種可能的意見（政策知識），尋出一條生路。

(三) **將政策分析當作論證（arguments）之應用**：下列幾種情況，在政策論證中使用政策分析，也會彰顯出政策分析之影響力：

1. 衝突性昇高之際：政策研究能提供證據以強化支持者，說服中立者，及削弱反對者的立場。

2. 立法之際：立法機關是利害關係團體不同意識型態與利益衝突解決的最佳場所，政策研究如果支持論證，則易被決策者所應用，其影響力自然而生。

3. 合法化之際：政策立法之後，決策便是使政策得以實際被執行，並引導至所欲達成目標的必經之途。在決策過程中，決策者必須不斷地作一連串的合法化決定，而政策研究則能協助此種決定約有效達成。（翁興利，公共政策--知識應用與政策制訂）

九、政策分析與政策倡導的關係

從研究方法論角度看，公共政策可以是一種「事實」的描述性活動，關心的焦點為「實然面」的問題，但也可以是一種「價值」的規範性活動，關心的焦點為「應然面」的問題。前述的實然面分析活動稱為政策分析，後述的應然面分析活動則稱為政策倡導。

	政策分析	政策倡導
研究方向	重視以科學方法追求「何以然（為什麼）」與「實然（是什麼）」的追求過程	主要用意在於指出政府應該要追求何種政策？政策應該要反映何種主流價值？它可以在某項公共政策上採取某種價值倫理原則（如自由、公道、正義等）或採取意識形態觀點（如自由主義、保守主義、社會主義等），向政策制定者提出未來最佳的政策走向。
研究方法論	可稱為實證政策分析（positive policy analysis）	稱之為規範政策分析（normative policy analysis）
具備條件	實證政策分析家必須要有實事求是的態度，科學方法論的求真精神，必須要有一顆「冷靜的頭腦」，超越黨派意識，不偏不倚地探求事實的真相。	政策倡導家必須要有純熟精鍊的政治遊說技巧、傳播媒體溝通能力，以及組織群眾方法，必須要有一個「熱誠的胸襟」，投入理想公共政策的倡導。

(三) 政策學者戴伊（Dye）則不認為政策倡導是公共政策研究的範圍，他提出一種比較特殊的看法：政策分析具有三項特性：1.對於「詮釋」的關切更勝於對「規範」的關切；因而政策分析家的任務是在回答何以然與實然的解釋問題，而不是應然的規範問題。2.對於公共政策的因果關係進行嚴謹的探索；因之，政策

分析家必須要有科學的冷靜頭腦，而不是血氣之勇。3.希望能夠對政策的因果關係找到通則性的命題，以累積可靠的政策分析知識。這三種特性顯然都不是政策倡導研究的內涵。

(四) 事實是：政策分析與政策倡導是不可劃分的。因為，理性的政策分析，其最終目的就是希望政策制定者或社會大眾能夠採納嗎？因此，透過政策倡導的技巧，讓政策制定者或社會民眾能夠認識政策的意圖與方向，從而瞭解未來社會的正確走向，這是發揮「知識即力量」的結果。政策倡導，如果不歷經深思熟慮的政策分析，公共政策本身又如何能夠更具說服力呢？因此，作為一位公共政策研究者固然要具有「科學家」的「冷腦」與「理性」（政策分析家的特質），但更要有「傳道家」的「熱腸」與「感性」（政策倡導家的特質），誠如政策學者所指出的「沒有政策分析結果的政策倡導是盲目的，欠缺倫理意識與意識形態觀點的政策分析也是盲目的」。

牛刀小試

1. 何謂政策分析？具有何種特質？
2. 公共政策分析家應具備哪些角色及條件？
3. 政策分析影響政策制訂的型式有哪些？
4. 試說明技術型、政客型和企業型之政策分析人員的意涵及差異。

參　公共政策倫理

一、公平與公共政策倫理

(一) 美國公共行政的發展有三根柱石，第一根柱石是效率，期望以最經濟手段獲致最佳的成果；第二根柱石是效果，期望以最少的成本創造最大的效果；第三根柱石是社會公平，期望每個人的尊嚴都能受到尊重。早期公共行政理論與實務就被管理學所代表的效率與經濟這兩根柱石所支配，以致於忽略了社會公平與公道在公共行政中的重要價值。公共政策研究者之所以將社會公平納入於政策過程中，主要是因為社會公平扮演社會黏著劑的功能，它可以將公民、政府與國家緊緊的結合在一起，建立一個民主政府。社會公平在公共行政中的地位是：

1. 它是公平民主社會的基礎；　　　　　2. 它足以影響組織人各種行為；
3. 它是分配公共服務的法律基礎；　　　4. 它是分配公共服務的實務基礎；
5. 將它視為瞭解複合聯邦主義之知識來源；
6. 將它作為研究與分析的挑戰。

(二) 社會公平的型態：

1. 單純的個人公平：指一對一的個人公平關係，例如，「一人一票，每票等值」，這是民主國家投票的基本原則；又如市場機制中供給與需求的平衡關係。

2. 分部化的公平（segmented equality）：指同一類別下的公平關係，如農夫與企業老闆有不同的稅賦標準與薪資水準，這是基於職業部門分工所造成實務上的公平。

3. 集團性的公平（block equality）：係指團體或次級團體所要求的公平，例如黑人要求與白人擁有公平的參政權，婦女要求與男性在就業市場的就職公平權。

4. 機會的公平：每個人的天份不一，後來的發展成就必然不同；如果兩個人都有相同的機會能夠謀得某項職位，就是前瞻性的機會公平。例如，過去公務員考試的錄取是按省分決定名額，相當不公平。

5. 代際間的公平（intergenerational equality）：係指目前這一代與未來年輕世代之間的公平，例如，有關勞工、軍公教退休保險的給付問題，就涉及代際公平問題。

二、弱勢團體與公共政策倫理

(一) 公共政策倫理的核心價值在於公平正義的價值觀，重視弱勢團體在公共政策過程中的角色是非常重要的觀念。弱勢團體（minority group）是指在社會資源的分配與競爭上處於不利的、邊緣地位之一群人，例如：殘障人士、原住民、外勞、乏人照顧的老少貧病者。美國政府對於少數族群都有明確的弱勢族群優惠政策（affirmative action policy），其意義就是在保障弱勢團體的權益。

(二) 傳統的政策分析，重視的是多數民意取向的利害關係人之意見，至於少數的弱勢團體在政策過程中的角色則往往被忽略，公共政策的制訂乃出現專制、威權色彩，以致於出現專制的政策分析。

(三) 弱勢團體應該是公共政策制定的核心價值，我國憲法已明文規定要保障社會中的弱勢、邊疆等少數民族。因此，對於少數弱勢族群的尊重是公共政策正義觀的顯現。

三、公共政策倫理的分類--兩種價值類型

硬性價值	軟性價值
係指哪些具體的、可以用某種精確的測量工具加以衡量的價值，多數主張將價值予以貨幣化，最常用的工具是成本效益分析與成本效能分析，強調以經濟與技術角度評量價值的高低，例如，效率就是一種硬性價值。	指哪些抽象的、無法加以衡量而且也無法量化或貨幣化的價值，其價值只有透過懇切的對談、溝通或辯論才能凸顯出來，這類價值通常都是從人性的、弱勢團體的或道德意識的角度加以澄清。例如，正義就是一種軟性價值。
內在價值	外在價值
指價值本身所呈現的價值感，是一種本來如此的價值感，例如，有些人認為「幫助別人」本身就是一件有價值的事，並不因為希望得到什麼好的名聲才願意幫助別人。	指因為完成其他有意義的事情才呈現該價值，外在價值本身不是目的，是必須透過完成其他事情才會顯現其意義；外在價值是內在價值的手段或延伸，又稱為工具價值（instrumental value）。例如，以能源供應政策而論，「充裕的能源供應」若是一種大家希望得到的內在價值，則「高度的經濟發展」便是一種外在價值。

四、公共政策倫理的哲學基礎

(一) **自我中心的享樂主義**：強調的是滿足自己的快樂為最重要的內在價值，別人的快樂或痛苦都可能是他的外在價值；換言之，自我中心的享樂主義者讓別人快樂或痛苦的唯一理由是因為自己能夠更快樂。

(二) **功利主義**：這是指以促進社會中最大多數人的最大快樂作為倫理價值的準，這種哲學思想與前者不同之處於：他們相信最大多數人的群體快樂是一種值得追求的內在價值，其他所有價值都被視為個人快樂與群體快樂的外在價值。因此，公平正義也被當作追求個人與群體快樂的外在價值。功利主義者如何衡量最大多數人的最大快樂？他必須將每一方案所產生的快樂與痛苦加以數量化，兩者相減之得到的「快樂淨值總和」就是最大多數人的最大快樂，由於它是以快樂淨總和這個「後果」當作倫理價值標準，故稱為「後果主義」。

(三) **以正義論為中心的責任主義**：這是以實現社會正義為公共政策最高的倫理價值標準，這類價值哲學將群體快樂與群體正義都視為公共政策的內在價值，但如果要比較兩種價值的優先順序，則寧願將正義價值的優先性擺在快樂價值之前。正義價值通常非常強調分配正義的標準，它是一種將機會與利益的不等分配視為最高的價值標準，例如賦稅的公平負擔原則，羅斯（Rawls）的正義論

（A Theory of Justice）可說是代表性的思想家。在公共政策制定中，公平是如何決定的？羅斯認為政策制定者必須做兩件事：第一、政策制定者必須對他所占據的職位保持不在乎的狀態；第二當他設計一項政策，必然使其職位得到某些好處，但一個正義的政策最好僅為個人帶來最少的利益，且可以為社會大眾所接受。羅斯的正義論思想十分重要，因為他以正義論建立了一個清晰的社會價值觀，以作為決定公共政策目標的基礎。

(四) **個人成就主義**：又稱為自我成就主義。主張不僅將個人快樂、群體快樂、公平視為內在價值，更將自我實現與成就視為最高的內在價值。功利主義者可能將自我成就視為讓自己與群體快樂的外在價值，但個人成就主義者則將之視為內在價值，即使讓自己或社會減少快樂都無所謂。對此種主義者而言，人生的義並不在於追求快樂，而在於個人自我成就的實現與個人潛能的發揮。

(五) **倫理的相對主義**：這種主張認為所有的內在價值都是相對的，沒有客觀的真實答案。相反地，內在價值只是情緒或文化傳統的表現，並沒有絕對的價值標準，故有人稱為是情緒主義。倫理縱使沒有絕對的價值，但卻存在著相對的價值。倫理的相對主義由於無法對人類社會提供明確的價值主張，它充其量僅客觀地呈現現實世界中倫理難以界定的困境，對於公共政策倫理內涵卻視為不重要的東西，是一種不負責的價值哲學。

五、公共政策倫理價值的分析途徑

(一) **價值中立途徑**：主張將價值排除於政策分析過程以外，使政策分析成為「就事論事」的中性科學，形成了實證政策分析。政策專家應該成為一位科學家與技術專家，必須清楚知道政治的、宗教的、倫理的與文化上的偏見，並且將它們擱置在一旁，就事論事提供客觀的政策建言。不過，這個途徑受到多人批評，主要問題在於：現實生活中，純然的價值中立或價值與事實的分立是否可能？這樣的分離是否會有意義？

(二) **價值權衡途徑**：這是主張將公共政策的多元價值，依據不同的份量賦予適當的權重比值，將每一項加權之後的價值加總起來，就得到集體的價值係數。這個途徑目前尚未成熟，仍有許多問題亟待克服，特別是誰得到什麼的分配正義問題，哪些人享受到利益或負擔成本的分配價值是最值得探討的關鍵問題，還有政客、政策專家與民眾對於分配正義的價值偏好不同，價值權重途徑根本無法解決該項問題。

(三) **價值論證途徑**：這是主張應該將倫理價值納入政策分析過程中，但必須透過論證途徑來檢驗價值的正義性。要成為一位政策科學家，必須應用倫理辯證法以取代經驗檢證法。倫理辯證的三種標準是：第一清晰性（clarity）：倫理價值的推理過程中應該提出清晰的命題，例如，羅斯的正義論就具備此種

清晰性，因為提供了明確分辨一個公義與非公義社會的程序。第二、一致性（consistency）：對於倫理價值的推理應該提出內在一致性，它們不會彼此相互矛盾。第三、通則性（generality）：對於倫理價值的推理應該提出通則性的命題，可以適用各種不同情況，而非某種特定情況。

(四) **價值批判途徑**：該途徑認為，政策分析是一種價值負載的社會行動，意指：政策分析本身一定要有理想的價值色彩，希望完成某種目標，改善某種現狀；同時，政策分析也是一種社會行動，行動本身是可以創造意義的，特別是「溝通行動」能夠讓政策利害關係人瞭解彼此想法。政策分析必須具備三種要件：1.經驗上契合於公共政策上的實際現象；2.實務上適切於公共政策的運作情境；3.倫理上具啓發性，可以讓民眾瞭解政策行動的政治與倫理後果。換言之，一個完整的政策分析必然是經驗的、詮釋的與批判的。該途徑非常重視以「溝通行動」分析一項公共政策，溝通行動對於政策分析具有相當的助益，這是因為當我們進行溝通時，分析家的行動會引起民眾的注意，而分析家本身也能注意自己與民眾的角色，如此分析家就不僅僅是一位事實的蒐集者，更是一位注意力的組織者，隨時注意雙方態度、期望與行為改變對於公共政策的可能影響。

六、政策分析家面對倫理衝突的處理模式

(一) **代理人模式（agency model）**：政策分析是以主雇為導向的，主雇通常都具有充分的知識、能力或權力足以指導政策分析的工作，政策分析家不過是主雇的代理人而已，一切應以主雇的意見為依歸，面對倫理衝突時，自應以主雇的利益與價值為目標。

(二) **父權模式（Paternalism model）**：將主雇視為政策分析家的「衣食父母」，生計、升遷與權責都來自於家長的饋贈，這個模式與代理人模式相當類似，政策分析家也是以保護主雇利益為至高目標，倫理價值標準亦以主雇為核心。

(三) **契約模式（contract model）**：政策分析家與主雇是契約的法律關係，不能講究人情，一切依照契約上的內容來作為倫理價值標準的取捨依據。政策分析家的權利與義務完全尊重契約的規定，不能逾越契約的範圍。

(四) **友情模式（friendship model）**：政策分析家與主雇是夥伴關係，彼此應相互信任、推心置腹，主雇要充分尊重政策分析家的意見與立場，政策分析家也要體諒主雇的立場與態度，兩者以情誼作為倫理衝突的處理標準。

(五) **信任模式（fiduciary model）**：政策分析家與主雇之間的關係必須是相互尊重的信任關係，正如醫師與病人、律師與客戶之間的平等信賴關係一樣。倫理價值的衝突亦應建立在此種互信的基礎上加以解決。

前述兩個模式（代理人模式與父權模式）將政策分析家視為主雇的工具，是一種較為傳統的模式；至於後面兩個模式雖然已趨平等，但不是過份「重法」

（契約模式），就是「重情」（友情模式），各有所偏；政策分析家面臨倫理價值衝突時，應該採取「信任模式」為宜。

七、政策分析家面對倫理衝突的處理策略

政策分析家在面對增進公益與服務顧客需求兩種價值的衝突時，有下列處理策略：

(一) **直言與抗議策略**：政策分析家可以在機關內部以非正式的管道向直屬長官表達抗議，期望改變既定政策；若直屬長官仍堅持己見，或者表示沒有權力改變既定政策，則可經由正式管道向職位更高的機關首長提出異議；甚至可以在幕僚會議上直言無諱，以表示自己對於政策的不同意見。經過這些努力，政策分析家當然必須付出相當大的代價，但即使未能成功，至少亦已表達出自己對於政策倫理的根本立場，必須採取下一步行動。

> **觀念速記**
>
> 政策分析家是向主雇針對某項公共問題提供政策建言的專業人士，主雇任用政策分析家的首要條件是：政策分析家是否具有忠誠感，能否忠實地服從主雇的指示與要求。然而，主雇的要求如果不合理、不合法或不合情，政策分析家就面臨專業知識與主雇需求之間的倫理衝突問題。

(二) **辭職與離開策略**：政策分析家如果認為被交付研擬的政策在道德倫理上感到不安，經過直言抗議後仍未得到妥善回應，則提出辭呈，全身而退方為上策。當然，辭職將對個人的生計與未來生涯規劃發生嚴重影響，故應考慮自己的專業知識與社會名望是否可以找到另外的適當工作、發揮所長；還是繼續留在機關內，只不過是離開與該政策相關的職位，遠離該項政策而已。

(三) **最後通牒策略**：結合前述兩者而形成的另一種反應方式是向主雇提出最後通牒，希望主雇能夠作最後考慮；政策分析家此時就必夠須慎重考慮辭職所可能帶給自己的威脅，因此，他自己也必須想一想：何以他人與自己的想法不同？是自己的倫理標準太高嗎？還是自己是一個有道德意識的人？

(四) **不忠誠策略**：政策分析家亦可採取一些不忠誠的策略，如洩漏機關的秘密給新聞記者、國會議員、利益團體領袖或其他適當人士。洩漏機密是在機關之外所進行的抗議行為，因此必須非常注意自己的道德性，以免落人口實。基本上，機密性固然有助於組織效能，但決策者經常利用機密性的理由聽信比自己親信更信任的高度機密意見，不是一種正常決策的行為，政策分析家的洩密正好具有破解機密性的特殊功能。

(五) **辭職時揭發與直言到制止策略**：政策分析家辭職時，並且同時揭露該機關倫理道德上有瑕疵的政策主張，此時政策分析家必須表現出誠實與負責態度。當政策分析家打算採取直言無諱直到被制止的策略時，應向大眾或傳播媒體充分顯示該項政策對於國家、民眾的危害，而且也有法律、道德、程序上的嚴重瑕疵。

(六) **顛覆策略**：此為表面上接受繼續執行該項政策，但私底下卻著手破壞或阻止該政策的執行，例如，將該法案故意列入反對該政策的議員手中，以增加該政策執行的困難度。

牛刀小試

1. 公共政策的三大基石，係指哪些？
2. 試說明公共政策倫理價值的分析途徑。
3. 政策分析家在面對倫理衝突時，有哪些處理模式及策略？

↘ 章後速讀

1. **制度模型決策**：把公共政策看作政府機關的活動。要了解公共政策的制定，應從機關的組織、結構、職責及功能來研究分析公共政策。
2. **理性模型決策**：決策過程的純理性模型，認為只要決策過程的每一個步驟，都是出於理智的考慮，最後所決定的政策，自然是合理的。
3. **漸進模型決策**：學者林伯龍認為，公共政策不過是過去政府活動的延伸，在舊有基礎上，把政策加以稍為的修改，決策者通常總是以既存的合法政策為主。
4. **菁英理論（Elite Theory）決策**：政府政策的制定過程，係由少數菁英份子所掌握，譬如高級行政官員和國會議員、工會領袖和私人企業領袖等。
5. **多元主義者**：該理論認為，多元社會的公共政策是利益團體與其對立團體之間勢力與影響力達成均衡的結果。
6. **統合主義**：強調國家機關角色的主動性，且重視國家機關與大型利益團體共同協商解決重大經濟議題，國家機關對於經濟活動的干預，自然與多元主義模型有明顯的不同。
7. **民眾參與理論（Citizen Participation Theory）決策**：強調民眾參與公共政策發展的正面效果，民眾可擔負社會責任，而不使個體生命侷限於私生主活領域。
8. **系統理論模型**：將公共政策視為政治系統的輸出，公共政策是政治系統在受到外在環境壓力時，所作的一種反應。政治系統的功能是為社會作權威性的價值分配，這些價值分配就是公共政策。
9. **博奕理論決策模型**：博奕理論包含有零和賽局、正面非零和賽局及負面非零和賽局三種類型。博奕理論所強調的是參與者如何運用本身所握有的資源，選擇出一個最佳方案能使個人損失最低，獲利增至最高的過程，將損失降至最低則是其原則。

10. **混合掃描決策途徑**：混合掃描決策途徑，提倡者爲美國社會學家艾賽尼（Amitai Etzioni）。他將第一種決策途徑（理性廣博決策途徑）與第二種決策途徑（漸進決策途徑）予以綜合運用而成爲第三種混合掃描決策途徑。該途徑主張當決策者面臨決策情勢時，將問題分成兩個層次處理：高層次（high ordor）部分採取理性途徑立下基本決策方向；至於低層次部分則以漸進途徑制定詳細的執行辦法，每一層次各具有不同的資訊詳盡程度與涵蓋的範圍。

11. **公共選擇學派**：公共選擇途徑假定所有的決策者都是基於自利動機，追求擴大自己利益的行爲，他們將這個簡單的假定應用在選民投票行爲、政治與經濟體系的關係、個人與集體決策行爲的本質。

12. **政策分析**：係指決策者或政策分析人員爲解決某項公共問題，應用科學知識與推理方法，採取分析的理論架構及技術，系統性的設計並評估此較各替選方案，以供決策者判斷及作決定之參考的相關活動。

13. **政策分析之性質**：整合性與科際性的、預期性的、決定取向的、服務對象取向的。

14. **良好政策分析的指標**：實際應用性、被採納性、有效性、重要性、原創性、可行性。

15. **政策分析人員的角色與功能**：資訊蒐集者、資訊分析者、方案設計者、方案推薦者、方案倡導者。

16. **政策倡導**：主要用意在於指出政府應該要追求何種政策？政策應該要反映何種主流價值？在某項公共政策上採取某種價值倫理原則（如自由、公道、正義等）或採取意識形態觀點（如自由主義、保守主義、社會主義等）？可稱之爲規範政策分析（normative policy analysis）。

17. **公共政策倫理價值的分析途徑**：價值中立途徑、價值權衡途徑、價值論證途徑、價值批判途徑。

18. **政策分析家面對倫理衝突的處理模式**：代理人模式、父權模式、契約模式、友情模式、信任模式。

19. **政策分析家面對倫理衝突的處理策略**：直言與抗議策略、辭職與離開策略、最後通牒策略、不忠誠策略、辭職時揭發與直言到制止策略、顛覆策略。

↘ 精選試題演練

一、 請說明描述性與規範性公共政策模型之內涵與差異。（100地三）

答：(一) 描述性模型：主要是從公共政策運作的「事實面」來觀察，公共政策的
制訂到底由誰來決定？有學者認爲政策制訂應由少數菁英決定？亦有人
認爲應由多數人決定？由利益團體決定？由少數全國性利益團體與國家
機關共同決定？由政治制度決定？根據上述不同事實，從而公共政策模
型可以劃分爲菁英主義（elitism）、多元主義（pluralism）、統合主義
（corporatism）、制度主義（institutionalism）等模型。

(二) 規範性模型：主要是從公共政策運作所需要的理性基礎來觀察，到底政策
制定需要的是完全理性？限制理性？綜合理性？還是超越理性？根據這樣
的理性規範基礎，我們可以劃分爲廣博理性模型（rational-comprehensive
model）、滿意決策模型（satisfactory decision making）、漸進主義
（incrementalism）、綜合掃描模型（mixed-scanning model）與規範最佳
模型（normative-optimum）五種。

二、 請說明 David Easton 的系統模型結構上由那幾個主要的概念組成，這些概念彼此之間的關係如何連結，又每一個概念有哪些重要的內容？（103地三）

答：(一) 基本概念：系統理論將公共政策視爲政治系統的輸出。公共政策是政治系
統在受到外在環境壓力時，所作的一種反應。環境裏影響政治系統的各種
力量稱爲輸入（inputs）；政治系統範疇以外的任何情境或狀況（condition
or circumstance）稱爲環境。政治系統（system）是彼此相互有關聯的結構
和過程的集合體，政治系統的功能是爲社會作權威性的價值分配，這些價
值分配就是公共政策。

(二) 組成：

1. 政治系統：政治系統是指相互關聯的結構及過程的集合體，其功能是在爲
整個社會作具有權威性的價值分配的工作。

2. 環境：政治系統範疇以外的情境或狀況謂之環境。公共政策的制定受到環
境中各因素的影響。公共政策的受益人、支持或反對政策之公眾、利益團
體、政府其他部門的人員，以及決定一項政策所需花費的物質及勞務之成
本的市場等，都是環境中的因素。

3. 輸入：對政治系統有任何影響之環境中的力量謂之輸入。輸入又可分爲需求
（demand）、資源（resources）、支持（support）及反對（opposition）。

4. 輸出：政治系統所作具有權威性的價值分配即稱輸出，這些分配就是公共
政策。輸出的種類眾多：物質與服務的提供、行爲的節制等都是輸出。

5. 轉換過程（conversion process）：經由決策過程，而將進入體系的輸入轉換成為輸出的過程，即稱為轉換過程。影響到轉換過程的因素除了決策過程本身外，尚包括機關的組織與法規、機關人員之經驗與好惡、主管控制部屬的方法等。

6. 反饋（feedback）：用體系模型來研究公共政策的一個好處是，它視公共政策制定的過程為一循環過程。體系模型中的反饋環（feedback loop），旨在顯示政府制定的政策會影響需求、資源、支持或反對，因而激起另一回合的政策制定過程。

(三) 連結及架構：系統理論的模型應用很廣，它可對公共政策制定過程作整體的研究，從系統外部環境到系統內部，再到轉換過程，無不包含在內。

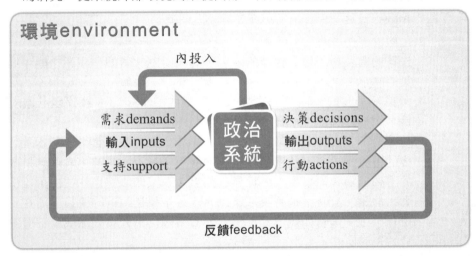

三、參與理論認為公共政策乃是經由政策利害關係人，運用各種方式，參與政策運作過程的結果。試問該理論之基本主張為何？現今存在何種障礙，以致無法全面實施？（99地三）

答：(一) 主張：該理論是基於John Locke和John S.Mill 的古典民主理論，強調民眾參與公共政策發展的正面效果。民眾可擔負社會責任，而不使個體生命侷限於私生主活領域。主要理論假設：

1. 政策決定應透過多數表決，最好以選舉投票行之。

2. 每個人皆能掌握充足資訊，都有相同機會接近決策點。

3. 每個人都能理性地選擇各項政策備選方案。

4. 每個人皆能為共同目標參與政策制定的每一階段。

5. 決策者係基於民意基礎的考慮，可理性地比較各種代表競爭利益的備選方案，以作出合乎全民利益的決策選擇。

(二) 障礙：民主政治的政策制定模式最主要的條件，每位民眾應有成熟的人格結構與民主價值，並對其所作的政策選擇負起道德責任。然而，實證經驗顯示，大多數民眾對政治持冷漠態度，不願參與公共事務，反而認為高度的參與將引發政治系統的不穩定。

四、一般說來，公共政策制定過程的模式有三，即菁英模式（Elite Model）、團體模式（Group Model）和民眾參與模式（Citizen Participation Model）。試舉例申述之。（84 簡升）

答：(一) 菁英理論（Elite Theory）政策制定：在涵義上有以下的要點：
　　1. 在政府制定政策的過程中是由少數的菁英份子所掌握，譬如高級行政官員和國會議員、工會領袖和私人企業領袖等。
　　2. 這些菁英份子的基本價值理念是政策的穩定及連續。
　　3. 決策的菁英份子擁有優越的資源，諸如財富、資訊和事業才能，以影響政策的制定。
　　4. 菁英份子間的相互競爭往往改變政策內容，但卻不曾改變上述的基本價值，尤其是財富的分配。
　　5. 菁英份子只有在危及系統的運作時，才會對挑戰者讓步。基本上，一個社會的菁英份子，有其優越的管理才能及企業冒險精神，當然應是政策制定的重要成員。而事實上，世界各國重大政策的制定也往往由菁英份子所發動。但是，有時誰是菁英卻難以界定，結果是政府的決策操縱在少數特權份子手中。儘管如此，菁英份子的價值觀仍是社會變遷或政策變遷不可或缺的先決條件。

(二) 團體理論（Group Theory）政策制定：該理論政策制定模式的主要論點在公共政策的形成是社會中各團體（利益和壓力團體）相互競爭的結果，亦即公共政策是各團體相對影響力的均衡點。其理論假設如下：
　　1. 一個團體是指由一群具有共同利益的個人所組成，為了維護或達成其目的，不斷地與其他團體競爭。
　　2. 這些團體往往以政治結盟的方式，透過討價還價、談判、妥協等政治手段，來同對方施加壓力。另一方面，則又運用諸如金錢、資訊提供、大眾傳播媒體支持，來影響政府的決策。
　　3. 大多數的團體都把影響力的焦點放在議會機構，其次才是行政部門，但這並不意味團體與政府的聯盟關係不重要，而是民意代表的影響力仍可及於行政部門之上。
　　4. 各團體的領導者扮演雙重角色，即以遊說者身份同政府官員施加壓力，又需以領導人身份同其團體成員解釋政策的產出，領導者的能力和地位，乃為團體競爭中的最主要變數。

該理論的問題是，大多數社會的權力結構和分配總是不平均的，以優勢團體強大的財富、地位和權力，結果是政府的決策過程往往為這些優勢團體所控制。再者，任何團體雖為個體所組成，但由於資訊不完全及優勢團體刻意忽視，大多數的團體都未能充分反映每個值體的政策選擇偏好。

(三)民眾參與理論（Citizen Participation Theory）政策制定：該理論是基於John Locke和John S.Mill的古典民主理論，強調民眾參與公共政策發展的正面效果。民眾可擔負社會責任，而不使個體生命侷限於私生主活領域。主要理論假設為：

1.政策決定應透過多數表決，最好以選舉投票行之。

2.每個人皆能掌握充足資訊，都有相同機會接近決策點。

3.每個人都能理性地選擇各項政策備選方案。

4.每個人皆能為共同目標參與政策制定的每一階段。

5.決策者係基於民意基礎的考慮，可理性地比較各種代表競爭利益的備選方案，以作出合乎全民利益的決策選擇。

民主政治的政策制定模式最主要的條件是每位民眾應有成熟的人格結構與民主價值，並對其所作的政策選擇負起道德責任。然而，實證經驗顯示，大多數民眾對政治皆持冷漠態度，不願參與公共事務，反而認為高度的參與將引發政治系統的不穩定。（柯三吉著，公共政策‧理論、方法與台灣經驗）

五、何謂「漸進決策途徑」？您認為政府的預算編列符合此一模式嗎？理由為何？
（98原三、100身三）

答：(一)漸進的模型；著名經濟學者林伯龍（Charles E.lindblom）對傳統理性決策模型甚表不滿，因而提出一個解決的方法，最初的名稱從「漸進主義」（incrementalism）演變成「邊際調適科學」，後又修改成「斷續的漸進主義」（disjointed incrementalism）。林伯龍認為，公共政策不過是過去政府活動的延伸，在舊有的基礎上，把政策加以稍為的修改，決策者通常總是以既存的合法政策為主。

1.這種模型的基本概念；一種和以往政策越不同的方案，就越難預測其後果，也越難獲得一般人對這項政策的支持，其政治可行性就越低。所以這種模型主張，政策制定基本上應是「保守的」，且應將創新之舉限制於邊際性的改變。

2.林伯龍承認理性模型的完善與理想，但認為在現代社會中畢竟不切實際，因為決策者沒有足夠的時間、智慧或金錢，來對於每個存在的政策作一深入精闢的研究。何況收集理性模型所要求的各項情報，其所需付出的代價又太大，即使在網路盛行的今天，政策制定者也無法為每項政策方案估計出其成本利益的比例。因此，不論現行政策是否確實有效，政策制定者比較願意繼續推行現行政策，而不願冒險試行新政策。

3. 其次，放棄既定政策而尋求嶄新政策，往往需要付上極大的代價，這些代價有些是有形的，如金錢、建築物等，有些是無形的，如心理上的變動。就減低衝突，抵消爭議，維持社會穩定，保全政治體系而言，漸進的模型其價值高於理性的模式。

4. 從政策制定者的觀點來說，漸進的模式也比較可取。人類很少是想獲得最高、最大的價值；在一般情況下，他們祇想滿足某種特別的需求。

5. 漸進改變模型的適用是有範圍的，範圍限制在：

   (1) 以往政策的成效被認為滿意的程度。

   (2) 問題本質的改變。

   (3) 現有可擇途徑中創新的數量。

   如果以往政策的成效不能令人滿意，則漸進改變模型就無法用來描述實際的行為，同時也不再是有效的規範性的模型。以往政策若績效不彰，就不足以取法，以這種政策為基礎所作的漸進的改變，將無濟於事。另外，問題本質若有改變，漸進改變的模型就無法適用。（朱志宏，公共政策）

(二) 預算的編列符合此一模式。因為預算係屬於過去「政府活動」的延伸，其是在舊有基礎上，把預算數額作微幅的增加或修減，以求國家的穩定性進步，為一延續性的「政策」，再加上預算的決定過程相當繁複，無論政黨如何輪流執政，很多過去決策者所做的承諾必須透過現在的決策者去完成，因此，不可能作巨幅改革，為國家安定而論，不適合做大幅度的變動。

六、政策分析人員（policy analyst）的意義為何？政策分析人員在政策制定過程中，通常扮演哪些角色？你認為一位稱職的政策分析人員應具備哪些條件？
（101原三）

答：(一) 意義：擁有政策相關知識，應用科學知識與推理方法，採取分析的理論架構及技術，系統性的設計並評估此較各替選方案，對政策的各階段活動進行分析研究，以供決策者判斷及作決定之參考的行動者。

(二) 角色：

1. 資訊蒐集者：政策分析人員必須利用各種實證的方法，包括晤談法、問卷法、及觀察法等，與檢視既有資料的方法，盡量蒐集與政策問題解決有關的資訊。

2. 資訊分析者：分析人員必須採取歸納法及演繹法，就已蒐集到的資料，深入研究分析，分類推理，釐清問題癥結，分析解決方案的優劣等。

3. 方案設計者：分析人員必須利用其學識、經驗、才智，並藉助各種技術，負責設計各種可行的替選方案，以解決各種政策問題。

4. 方案推薦者：分析人員必須就已設計完成的替選方案，經審慎評估比較後，透過說服的政治藝術，向決策者推薦適當可行的政策方案。

5. 方案倡導者：分析人員不但要客觀的向決策者推薦適當的替選方案，有時還要基於自己理念或決策者觀點，扮演方案的積極推銷者、擁護者、促其實現者。

(三)具備的條件：政策分析人員有兩個來源，一為機關組織內部的專才；另一為組織外的專才，包括學術機構的學者專家、研究機構的研究人員、及顧問公司的顧問等。具備條件如下：

1. 在通才訓練方面：

(1)應具有領導技巧：因為政策分析人員有時要負責領導一個政策分析小組，同時也可能要負責倡導推動政策方案。

(2)具有作好人際關係的技巧：政策分析人員必須隨時與其他機關或人員進行協調溝通工作，並且與同仁維持良好的合作關係。

(3)具有解決問題的技巧：政策分析人員的主要任務就在設法解決問題，所以必須有瞭解問題癥結、設計解決方案、預估方案實施後果的技巧。

(4)具有熱誠的工作態度：政策分析人員在分析過程中，可能隨時遭遇複雜繁瑣的問題及棘手惱人的人際問題，均有賴高度執忱、責任心及榮譽感去克服。

2. 在專業知識方面：

(1)應修習公共政策、政策分析、政策科學的相關課程，如政策規劃、政策執行、及政策評估等。

(2)應修習政治學與公共行政學，藉以瞭解政策運作的最主要環境。

(3)應修習經濟學與統計學，因為經濟學是分析並解決大多數公共問題的基礎；統計學與電腦則為分析研究公共政策問題的必備工作。

(4)應修習專業領域的相關學科。

七、梅斯納（A. J. Meltsner）認為政策分析家有哪些類型？又卓爾（Y. Dror）認為要成為一位優秀的政策分析家須具備哪些條件？（101地三）

答：(一)類型：

1. 技術型分析家（technician）：指在機關內的學術研究人員，他們雖然了解一點政治，但有限。他們的工作是與政策相關的研究，而且想維持研究本身的相當水準，這是他們唯一關心的事。就研究環境來說，他們受過良好的訓練，同事可以共同切磋，而且他們服務的機構亦有最完整的資料可資利用；在此種環境下，他們對政策所作的研究會比較具有中立性。因此，技術型的分析家也可以稱為「無關政治的分析家」。總之，政治與分析是兩件絕不相關的事，也許自己沒有政治技巧，但卻視其他行動者為政治專家。因為，技術型的分析家並非認為政治的考慮不重要，而是他們以為這種事情應該由最高階層去考慮，他們是科學家，應該以理性為出發點，而政治是最不理性的東西，因之政治的標準應該加以避免。

2. 政客型分析家（Politician）：此處所指之政客型分析家應屬一種「政客」型態，亦即說他是「分析家」，不如說他是「行政人員」。此類角色的背景相當複雜，有學歷史，有學政治，有學公共行政，甚至包括工程與法律。而他工作的對象，都是與他有密切關係的當事人。因之，他分析問題的著眼點都以他們的政治關係為依歸，對這種型態的政客型分析家來說，政策分析毋寧是為自己提供了一個機會來提高自己地位。但事實上，他也受了許多限制，包括他要為他服務的機關解決許多面臨的問題，而且他也要考慮到他與他的上司密切的關係。原則上，政客型分析家像其他分析家一樣應提供事實基礎，然而政客型分析家的影響力主要地卻不來自於事實，而是源自於他們的政治技巧。

3. 企業型分析家（entrepreneur）：企業型分析家不但須具有高度分析能力的知識，而且須具備高度的政治藝術與手腕。事實上，他包容了技術型分析家與政客型分析家的特質，對兩者發揮的功能兼而有之。從專門知識來觀察，他是專家，而且具備專業的分析能力，而且他在政治上非常具有進取的精神，每當政治的因素介入構成分析活動的障礙時，他便轉換這種障礙為一種機會，使它成為他分析活動內完整的一部分。企業型分析家之所以能成為有力量的政策分析家，是因為他有比較平衡的眼光；而政策的執行效果亦是企業型分析家特別重視的。

(二) 條件：見第六題。

八、 公務員往往也是機關內部的政策分析人員，請問政策分析人員有那幾種角色扮演？（102原三）

答：見第六題。政策分析人員（policy analyst）乃是政策分析工作的主角，其受的訓練充分與否，及是否具備足夠的條件，決定政策品質的高低。

九、 在理論上，政策科學應具備哪些基本特徵？在實務上，政策分析家應具備哪些技能？試就己見加以敘述之。（100警三）

答：(一) 特徵：

1. 政策科學是關於民主主義的學問，必須以民主體製作為前提。

2. 政策科學的目標是追求政策的合理性，它必須使用數學公式和實證數據建立可檢驗的經驗理論。

3. 政策科學是一門對於時間和空間都非常敏感的學問，它所選擇的政策分析模型必須在時間和空間上有明確的記錄。

4. 政策科學具有跨學科的特性，它要靠政治學、經濟學、社會學、心理學等學科知識來確立自己嶄新的學術體系。

5. 政策科學是需要學者和政府官員共同研究的學問，後者的實踐經驗對於政策科學的發展具有重要的意義。

6. 政策科學必須具有發展概念，它以社會的變化為研究對象，所以必須建立動態模型。（http://wiki.mbalib.com/zh-tw/%E6%94%BF%E7%AD%96%E7%A7%91%E5%AD%A6）

(二)技能：見第六題。

十、 公共選擇理論係經濟學在政治學中的應用，著重探索不同民主制度下公共選擇結果的差異，請申論公共選擇理論內涵，並說明此論點如何分析公共政策。
（101高三）

答： (一)公共選擇學派（Public choice school）的出現主要是源於過去強調以自利動機的理性行為作為分析政治行為的經濟學家。其基本假定是：任何一位政治行動者，正如經濟行動者一樣，是追求效用極大化的理性行動者‘。正如榮獲諾貝爾經濟學獎的布坎南所說的，公共選擇或政治的經濟理論可以歸納為：所有的人都是理性效用的極大化者。公共選擇途徑假定所有的決策者都是基於自利動機，追求擴大自己利益的行為，他們將這個簡單的假定應用在選民投票行為、政治與經濟體系的關係、個人與集體決策行為的本質。

(二)官僚機構、政治活動與政策制定都可以用公司企業與消費者的自利動機行為來加以解釋：

1. 政黨為了贏得選票，做出過多的政治承諾。

2. 掌權政客為了贏得支持必須犧牲某些機關的預算，造成預算吃緊。

3. 行政官僚只對擴大機關利益的項目感到興趣，至於公共利益則束之高閣。因此，行政官僚會積極追求機關預算的極大化。

4. 自由民主國家無法控制政治與官僚權力的成長。因此，國家乃出現「大政府」的傾向，解決之道惟有引進市場機制，加強官僚體系的競爭，因此，諸如：簽約外包、民營化、政府部門之間的績效評比等都是重要的解決手段。

(三)行政官僚都是基於自利動機，理性地追求目標的極大化。此處所謂的動機可以分為兩大類：第一、純粹的自利動機，如權力、財富、榮耀、便利（指安於現狀，不求改變的方便性）、安全等；第二、混和的自利動機，如個人的忠誠感、工作績效的自傲感、滿足公共利益的慾求、對於特定行動計畫的承諾等。依據不同程度的動機，唐斯將行政官僚分為五種類型：

1. 攀爬者（climbers）：關心權力、財富與榮耀的行政官僚。

2. 維護者（conservers）：關心變革愈小愈好的行政官僚。

3. 狂熱者（zealots）：熱心推動某項政策或計畫的行政官僚。

4. 宣傳者（advocates）：希望擴大他們在機構中的資源與角色者。

5. 政治家（Statesmen）：具有公共利益取向，且希望透過權力的取得以實現目標的官僚。

根據前述的假設與行政官僚的不同類型，他提出16項法則，茲舉其中重要有五種：

1. 逐漸增強的保守主義法則：機關成立愈久，則愈趨保守。
2. 層級節制法則：愈是大型的、且缺乏市場競爭的組織，其內部愈需層級節制體系。
3. 逐漸弱化的控制法則：愈是大型的組織，則其上級的控制能力愈低。
4. 帝國主義式的擴張法則：組織通常都以擴大規模的方式來進行革新工作，就如同帝國主義擴張版圖一樣。
5. 自我服務的忠誠法則：行政官僚對於哪些控制其職務與升遷的組織都會表現出其忠誠感。

(四) 正如企業公司以追求最大利潤為導向，行政官僚也是同樣的表現，以追求預算與組織規模的極大化為目標。因此，預算的成長與機構規模的增大是官僚自利動機的行動結果。何以會產生這樣的結果呢？因為官僚具有分配資源的權力，正如市場具有相同的機制一樣，只不過市場是希望能夠擴大邊際利益與成本的差距，但官僚機構不是市場，無從知悉邊際利益，因此，只有以擴大機構的預算與規模作為決策制定的結果。

(五) 遭受的批評：

1. 以自利動機詮釋所有的政治行為是過度簡化，與實際現象不符。
2. 因為過度簡化政治行為與決策制定行為，故其理論不具預測性。
3. 該理論是假定選民面對兩黨制的投票選擇，得以二中擇一，但在歐洲多黨制的國家，選民往往選擇非常困難，根本難以從自利的角度進行方案比較衡量。
4. 由於公共選擇途徑應用在哪些實施強調民主選舉的國家非常具說服力，但對於哪些不從事選舉活動的非民主國家而言，公共選擇途徑並不適用。
5. 官僚機構究竟是否太大或過小，其判別的標準為何？公共選擇途徑似乎並未加以說明清楚。
6. 過度忽略「制度」對於決策者偏好的影響。
7. 雖然公共選擇學派強調他們的途徑是實證的、價值中立的，但從前述的概念中可以發現：

他們企圖恢復以往亞當斯密的古典自由主義，反對國家干預，主張市場自由化。

十一、邇來公共政策研究重視公平與正義的政策倫理研究。試問，公共政策倫理的意涵及重要性為何？政策分析家面對倫理衝突時的處理模式及策略為何？

（101年警三）

答：(一) 意涵及重要性：最後則是公共政策倫理。倫理是公共政策的內在訴求，因此，公共政策不僅關心政策的具體目標，而且要追求遠大的目標，那就是對人類生活的公共關懷。公共政策倫理包括：硬性價值與軟性價值；前者係指哪些具體的、可用某種精確的測量工具加以衡量的價值，例如，效率就是；後者係指哪些抽象的、無法加以衡量而且也無法量化或貨幣化的價值，例如，正義就是。美國公共行政的發展有三根柱石，第一根柱石是效率；第二根柱石是效果；第三根柱石是社會公平，期望每個人的尊嚴都能受到尊重。公共政策研究者之所以將社會公平納入於政策過程中，主要是因為社會公平扮演社會黏著劑的功能，它可以將公民、政府與國家緊緊的結合在一起，建立一個民主政府。社會公平在公共行政中的地位是：1.它是公平民主社會的基礎；2.它足以影響組織人各種行為；3.它是分配公共服務的法律基礎；4.它是分配公共服務的實務基礎；5.將它視為瞭解複合聯邦主義之知識來源；6.將它作為研究與分析的挑戰。

(二) 模式：

1. 代理人模式（agency model）：政策分析是以主雇為導向的，政策分析家不過是主雇的代理人而已，一切應以主雇的意見為依歸，面對倫理衝突時，自應以主雇的利益與價值為目標。

2. 父權模式（paternalism model）：將主雇視為政策分析家的「衣食父母」，這個模式與代理人模式相當類似，政策分析家也是以保護主雇利益為至高目標。

3. 契約模式（contract model）：政策分析家與主雇是契約的法律關係，一切依照契約上的內容來作為倫理價值標準的取捨依據，權利與義務尊重契約規定，不能逾越契約範圍。

4. 友情模式（friendship model）：政策分析家與主雇是夥伴關係，彼此相互信任，主雇要充分尊重政策分析家的意見與立場，政策分析家也要體諒主雇的立場與態度。

5. 信任模式（fiduciary model）：政策分析家與主雇之間的關係必須是相互尊重的信任關係，正如醫師與病人、律師與客戶之間的平等信賴關係一樣。
   前述兩個模式（代理人模式與父權模式）將政策分析家視為主雇的工具，是一種較為傳統的模式；至於後面兩個模式雖然已趨平等，但不是過份「重法」（契約模式），就是「重情」（友情模式），各有所偏；政策分析家面臨倫理價值衝突時，應該採取「信任模式」為宜。

(三) 策略：

1. 直言與抗議策略：政策分析家可以在機關內部以非正式的管道向直屬長官表達抗議，期望改變既定政策；若直屬長官仍堅持己見，或者表示沒有權力改變既定政策，則可經由正式管道向職位更高的機關首長提出異議；甚至可以在幕僚會議上直言無諱，以表示自己對於政策的不同意見。

2. 辭職與離開策略：政策分析家如果認爲被交付研擬的政策在道德倫理上感到不安，經過直言抗議後仍未得到妥善回應，則提出辭呈，全身而退方爲上策。當然，辭職將對個人的生計與未來生涯規劃發生嚴重影響。

3. 最後通牒策略：結合前述兩者而形成的另一種反應方式是向主雇提出最後通牒，希望主雇能夠作最後考慮；政策分析家此時就必夠須慎重考慮辭職所可能帶給自己的威脅，因此，他自己也必須想一想：何以他人與自己的想法不同？

4. 不忠誠策略：如洩漏機關的秘密給新聞記者、國會議員、利益團體領袖或其他適當人士。洩漏機密是在機關之外所進行的抗議行爲，因此必須非常注意自己的道德性，以免落人口實。

5. 辭職時揭發與直言到制止策略：政策分析家辭職時，並且同時揭露該機關倫理道德上有瑕疵的政策主張，此時政策分析家必須表現出誠實與負責態度。當政策分析家打算採取直言無諱直到被制止的策略時，應向大眾或傳播媒體充分顯示該項政策對於國家、民眾的危害，而且也有法律、道德、程序上的嚴重瑕疵。

6. 顛覆策略：此爲表面上接受繼續執行該項政策，但私底下卻著手破壞或阻止該政策的執行，例如，將該法案故意列入反對該政策的議員手中，以增加該政策執行的困難度。

十二、名詞解釋：

(一) Disjointed-incremental Theory

(二) Incrementalism（103地三）

(三) Punctuated Equilibrium（103高三）

(四) Mixed-Scanning Decision making Approach（99原三）

(五) Error of the Third Type（100高三）

(六) Game Theory（102高三）

(七) Muddling Through（102原三）

(八) **政策利害關係者**

(九) policy advocacy（100高一暨高二）

答：(一) Disjointed-incremental Theory：「斷續漸進理論」是林伯龍（Charles C.Lindblom）對於他原來所提倡之漸進決策理論的一項補充。斷續漸進理論的要點如下：

1. 對於政策方案的分析僅限於與現行政策稍有差異者。其特徵爲：

(1) 對邊際依賴的選擇，只就與現有政策具有漸進或邊際差異者加以比較及選擇。

　　(2)對政策方案數目加以設限，只考慮少數幾個政策替選方案。

　　(3)對每一政策方案可能發生結果的數目加以設限，對方案僅評估少數幾項可能護生的後果。

2. 將原來的問題轉化成一連串的問題。其特徵為：

　　(1)對問題作「片段的分析與評價」。

　　(2)對問題作「系列的分析與評價」。

3. 對政策方案的目的與手段作結合性的分析，其特徵為：

　　(1)重建性的分析，即依情況不斷重新界定問題。

　　(2)強調「目的應隨政策調整」，即必要時，應調整目標或目的，以迎合方法或手段。

(二)Incrementalism：漸進主義，乃是政府機關制定政策或計畫的一種途徑。決策者或政策分析人員如果採取此種途徑，首先將檢視目前的情境，接著將根據有限的替選方案對該情勢作有限的改變，然後每次只執行一個方案以驗證改變情況。此項途徑所依據的是對於政府的一項規範性理論，該理論認為，政府機關的政策制定乃是由具有衝突觀點的不同人參與議價及競爭的過程，也就是通稱的「漸進調適的藝術」。

(三)Punctuated Equilibrium：「斷續均衡模式」。「斷續」意指大規模背離過去經驗、趨勢的情形；「均衡」則是相對穩定的狀態，與過往趨勢之間的差異不大。斷續均衡模式，顧名思義，即是在解釋此種斷續與均衡現象的發生原因。提出此理論的學者以為美國政策系統可區分為兩種層次：宏觀-政治〈macro-politics〉層次及政治次級系統（political subsystem），前者涉及國會運作•憲政層次，屬政治性質-以大規模衝突與大幅度議價方式尋求問題解決；後者涉及各政府機關的運作、標準作業程序，屬事務性質-以組織慣例來處理問題。當政策問題可以在政治次級系統中獲致解決，通常將呈現均衡（漸進）之態樣；若問題必須在宏觀-政治層次尋求解決，則政治衝突的結果必然造成斷續的情形。至於斷續的發生原因，可能為外生或內生因素，例如：公共注意力的轉移、新資訊的介入，以及決策體制的根本改變等。

(四)Mixed-Scanning Decision making Approach：混合掃描決策途徑，提倡者為美國社會學家艾賽尼（Amitai Etzioni）。他曾於美國《公共行政評論》發表〈混合掃描：決策的第三個途徑〉（Mixed-Scanning：A Third Approach to Decision-Making）一文指出，他將第一種決策途徑（理性廣博決策途徑）與第二種決策途徑（漸進決策途徑）予以綜合運用而成為第三種混合掃描決策途徑。該途徑主張當決策者面臨決策情勢時，將問題分成兩個層次處理：高層次（high ordor）部分採取理性途徑立下基本決策方向；至於低層次部分則以漸進途徑制定詳細的執行辦法，每一層次各具有不同的資訊詳盡程度與涵蓋的範圍。如何區分詳盡與簡略的層次，須視時

間、經費、人力、物力、及問題本質而定，同時考慮此些因素彼此互相替代犧牲的情況。該途徑的作法大致如下：

1. 決策者先設法區分基本決定與漸進決定的層次。
2. 決策者依照他對目標的看法，尋找主要的替選方案，然後作成基本決定，其過程可以不必如理性途徑所強調的那麼詳細和專精。
3. 決策者按照基本決定的內容作成漸進決定，以使政策方案實際可行。

(五) Error of the Third Type：第三類型錯誤。依據芮發（Howard Raiffa）在《決定分析》一書中的說法，第三類型錯誤是指「解決錯誤的問題」，亦即「對於錯誤的問題給予正確的答案」。而依其說法，第一類型錯誤指「拒絕真實的虛無假設」；第二類型錯誤則是指「接受錯誤的虛無假設」。在數學中最有名的典範（paradigm）之一是描述以下的情況：一個研究人員必須要設法接受或拒絕一項所謂「虛無假設」。而選修統計學課程的學生，在學習過程中，必須不斷的平衡第一類型錯誤與第二類型錯誤。前者指拒絕一項真實的虛無假設；而後者指接受一項錯誤的虛無假設。一般實務人員常會犯下第三種錯誤：解決錯誤的問題。所謂虛無假設，指對於兩個變項間並無關係存在的一項可供驗證真偽的命題。例如「員工工作士氣高低與工作績效高低無關」，就是一項可供驗證的虛無假設。另外尚有第四類型錯誤的說法，指以錯誤的方法，解決正確的問題。

(六) Game Theory：博奕理論最早是由數學家紐曼（John Von Neumann）及經濟學家莫根斯登所提出。其基本假設是：至少有二個決策者以上；博奕行為開始於部分決策者對一組特定選項做選擇；當部分決策者的選擇行為完成後，會影響其他決策者的回應，或限制了某地決策者的選項；決策者所選擇的策略未必會明白的讓對方知道；如果是連續性選擇（successive choice）的博奕方式，則必須要有終止的規則（termination rule）；當博奕行為終止時，則當時的終止情勢便代表一個決策者的得失情況（Pay off）。在這假設下，博奕理論包含有零和賽局、正面非零和賽局及負面非零和賽局三種類型。博奕理論所強調的是參與者如何運用本身所握有的資源，選擇出一個最佳方案能使個人損失最低，獲利增至最高的過程，將損失降至最低則是其原則。

(七) Muddling Through：漸進調適，此概念係由林伯龍（Charles E.Lindblom）所提出，他認為在一個民主多元社會，當問題具有高度複雜性、不確定性，且充滿爭議性時，漸進調適的決策模式恐怕是唯一可行的選擇。此種模式強調持續漸進而且有限度的改革，以避免事先無法預期的負面效應產生時措手不及。因此，政策的大幅變動比較少見，某政策的改變，往往是許多小幅改變累積的成果。這種決策模式頗似踩石子過河，邊走邊注意風險，簡單說，凡是比現在更好的情況，就加以接受，如果不好，再繼續調適改進。

(八)政策利害關係者：政策利害關係者指受到某項政策法案直接或間接、有形或無形影響的人員，包括正面影響與負面影響的人員在內，因此它的範圍比「標的人口」更為廣泛。

(九)policy advocacy：政策倡導，政策倡導乃政策分析的一個次級類別，旨在檢視公共政策與各項政策替選方案，以便研究並推薦最適當的替選方案。在找尋政策替選方案時，政策倡導與倫理原則及意識型態觀點極有關聯，亦即政策倡導深受倫理價值觀與意識型態的影響。政策倡導在政策運作過程中，最關心的是「診治」。（吳定，公共政策辭典）

十三、根據學者 Eugene Bardach 所提出的政策分析八部曲，政策分析的工作起於「問題界定」，止於「方案推薦」，政策分析家（policy analyst）推薦方案時，需要良好的對外溝通能力；另外，學者 David Weimer 與 Aidan R. Vining 所提出的顧主導向（client-oriented）的政策分析觀點，也特別強調政策分析家對外溝通的重要性；請綜合這些學者的論點，提出政策分析家對外溝通時「應該作」與「不應該作」的事項。（103高三）

答：(一)應該作：
　　1.應具備充分的資訊：政策分析家在對外溝通前，應具備充份的資訊，它是充分而良好的政策分析必備的條件之一。
　　2.應充分認識政策的本質：任何一個政策領域，都有它獨特之處，所以政策分析者不能以其所知的分析技術不加選擇的應用於各種政策問題，除需熟悉分析的政策領域外，還須對所分析的問題的歷史及特性有認識。
　　3.應重視政策分析的科際整合特質：政策分析是一門科際性的學科。
　　4.應發揮政策分析診治的功用：良好的政策分析應對公共問題具有診治性的功用。
　　5.方案推薦說明的能力：分析人員必須就已設計完成的替選方案，經審慎評估比較後，透過說服的政治藝術，向決策者推薦適當可行的政策方案。
　　6.方案倡導對外說明釋疑的能力：分析人員不但要客觀的向決策者推薦適當的替選方案，有時還要基於自己理念或決策者觀點，扮演方案的積極推銷者、擁護者、促其實現者。
　　7.具有作好人際關係的技巧：政策分析人員必須隨時與其他機關或人員進行協調溝通工作，須與同仁及外界維持良好的合作關係。
(二)不應該作：政策分析家不應該作過度的「政策倡導」。所謂政策倡導係指政策分析人員應指出政府應該要追求何種政策？政策應該要反映何種主流價值？它又可以在某項公共政策上採取何種價值倫理原則（如自由、公道、正義等）或採取意識形態觀點（如自由主義、保守主義、社會主義等）？政策倡導又可稱之為規範政策分析（normative policy analysis）。

過度的政策倡導，會導致犯下「第三類型錯誤」（Error of the Third Type）。係指「解決錯誤的問題」，亦即「對於錯誤的問題給予正確的答案」，以錯誤的方法，解決正確的問題。

十四、何謂公共利益？政策制定者每每面臨公共利益與私人利益之間的衝突與協調，您認為應該如何拿捏其尺度？（103高二）

答：(一)公共利益的意涵：

1. 公共是利益團體的多元主義觀點：這是從利益團體觀點出發，認為公共利益是多元利益團體間相互競爭的結果，但此觀點所代表的利益往往是特定少數專業團體的私人利益，並不足以代表公共利益。同時，此觀點也忽略了哪些無法組成強而有力的利益團體之民眾利益，如病人，就是此種觀點下的犧牲品。

2. 公共是理性選擇者的公共選擇觀點：這是奠基於自利動機的假設，認為公共利益是公共行動者在市場競爭下理性選擇的自利結果，政客、官僚、政黨與選民在市場機制運作下，設法追尋自我利益，交相利結果，造成政府組織愈來愈臃腫，愈來愈沒有效率。此觀點受到許多批評，特別是自利動機的假設，完全否定以追求公共利益為目標的慈善家；同時該觀點亦刻意忽略少數弱勢團體的意見。

3. 公共是民意代表的立法過程觀點：多數民主國家實施代議政治，由民意代表組成民意機構代表人民行使公共利益，凡經立法程序的議案就代表公共利益。但我們經常看到民意代表「自肥」的議案，如提高薪資或相關福利，而且民意代表主導的立法過程亦往往無法代表真正的公共利益，僅是個別民代或政黨的偏好或主張。

4. 公共是顧客的服務提供觀點：這是目前最流行的論點，將私部門對待顧客的隱喻應用到公部門內，政府機關將民眾當成是購買公共財貨或公共勞務、且有給付能力的顧客，几符合顧客至上精神的公共服務就是代表公共利益。該觀點最受質疑之處為：將民眾當成是商業行為中的顧客，頗不符合民主國家將人民當成是主人的觀念。

5. 公共是公民的觀點：前述四項公共利益的論點是有瑕疵的，最能代表公共利益的觀點是公民觀點，公共利益的內涵需要多數具備公民精神（citizenship）的人，從下列觀點定義：

   (1)不以是否有團體組織代為發聲作為界定公共利益的標準，沒有組織任何利益團體的沈默多數往往是公共利益之所在；

   (2)不以自由市場機制作為界定公共利益的標準。因公共財有其公共使命，無法完全按照市場機制而運作；

   (3)不以人數多寡作為定義公共利益的唯一標準，超過50%的多數並非絕對

的代表公益，要看該項政策本身的性質而定；

(4)不以顧客觀點作爲界定公共利益的觀點，因人民是國家的主人，有權以選票決定國家治理者的去留，顧客身分與主人身分差距甚大；

(5)以公平正義標準界定公共利益，效率與效果並非唯一的標準；

(6)以「立足點公平」作爲衡量公共利益的標準，而非以「齊頭式公平」作爲標準。

而公民精神所應具備的條件，福德列克遜（Frederickson）認爲如下：

(1)必須立基於憲法的基礎上：該項公民精神必須立基於憲法之基礎上，以合憲與否作爲判定公共利益的標準。

(2)必須是品德崇高的公民，其具有四項特質：要了解立國重要文件，從事道德哲學；要肯定美國政體的價值；負起個人的道德責任；要有公民操守，包括寬容與容忍。

(3)對集體與非集體公眾的回應：對於集體性的公眾（collective public），例如利益團體，已經有表達利益的管道與機制，公共政策制定者很容易聆聽清楚；但更艱鉅的挑戰工作是對非集體性的群眾(noncollective public）意見與利益應該注意如何回應。

(4)仁道與愛心：公共政策制定者對公民、鄰居、社區、社會與國家具備愛心。

(二)如何拿捏：可以下列八項指標作依據：

1.公民權利：是否有證據顯示，新政策已將多種公民權利納入考量，且不會侵犯這些權利？有關「公民權利與社區利益（共同體利益）」之互動權衡議題的思考程度有多少？

2.倫理與道德標準：行政機關的新政策及其行動能否禁得起民眾之倫理與道德層面的檢驗？

3.民主程序：哪些有話要說的人士是否已經表達？行政機關除了聆聽民眾意見外，是否已盡可能地把相關意見納入對話過程？民眾參與是否有效？

4.專業知識：所做的建議是否考量專業意見？

5.非預期結果：所做建議是否進行充足的分析，俾提供可能的長期效果說明？並且建議是否與短期價值相符？

6.共同利益：所做建議是與特定利益較有關聯性，或是它可反映較大社群的利益？

7.輿論民意：對於社會爭論問題、媒體、公聽會所反映的議題所呈現出來的民意或輿論，是否試圖加以察覺並納入考量？

8.充分開放：在政策形成過程中，有關協商、決策、背景資料、專業意見等，是否可供外界檢視？亦或相關活動遭受官方程序、蓄意保密、繁文縟節（官樣文章）及其他方法所阻撓？（吳定等人，行政學(二)，頁597-670）

十五、公共政策的多元觀點分析，亦即 TOP觀點分析法，究何所指？試以無障礙公共設施之設置為例加以說明。（103身三）

答：(一)在政策利害關係人觀點概念中，林斯東（Linstone）曾提出相當類似的多元觀點分析（Multiple Perspectives Analysis），許多公共決策者經常長於分析，短於行動，以致於造成「分析」與「行動」之間的缺憾，何以故？這是因為決策者未能認清問題類型，又未能針對不同的問題類型提出適當的分析方法。

(二)公共問題有兩大類型：一類是結構良好問題（well-structured problems），係指構成問題原因的結構相當單純的技術性問題，傳統上是採取理性技術途徑（rational-technical approach）加以解決，重視的是技術觀點。另一類是結構不良問題（ill-structured problems），係指構成問題成因的結構相當複雜而多元，無法找出良方，一旦提出解決方案往往產生治絲益棼的無力感，此時就不能僅囿於傳統理性技術觀點，而應以系統分析態度兼顧下列三種觀點：技術觀點（technical perspective）、組織觀點（organizational perspective）與個人觀點（personal perspective），系統性地將技術、組織與個人觀點應用於問題情境上，方能提出足以洞察問題本質的有效解決對策。

1. 技術觀點（T）：意指以最佳化模型角度觀察問題與解決方案，應用機率、成本效益分析、決策分析、計量經濟及系統分析等決策技術工具，強調科學技術世界觀，因果性思考、客觀分析、預測性、最佳化模型的建構等。以無障礙設施為例，其設置考量主要就僅從無障礙者的使用機率及使用頻率考量。

2. 組織觀點（O）：意指從組織過程角度探討問題與解決方案，將問題與方案視為從某一組織狀態到另外一種狀態的有次序之專業活動過程。強調的是組織中各部門之間的溝通協調、衝突管理、標準作業程序的規範化等。因此在設置無障礙設施時，應通盤考量，並與各部門協調如何設置？設置何地點？設置後的配套設施等。

3. 個人觀點（P）：意指以個人感知、需求及價值的人性角度分析問題與解決方案，強調應用直覺力、魅力、領導力及自我利益去影響公共政策。無障礙設施設置前，應針對與該政策有關之政策利害關係人溝通，並作民調，詢問其意見。

(三)因此，政策利害關係人分析與多元觀點分析的差異之處在於：

1. 前者係以公共政策過程中主體的行動者為分析單元，後者則是指客體的行動觀點。

2. 前者之目的在於整合各不同行動者之觀點，使公共政策能夠滿足各方之需求，後者之目的在於整合分析與行動之落差，目的在於兼顧決策的全面性，提升決策品質。

3. 公共政策是問題導向的，充分反應人本主義與以民爲主的精神，政策利害關係分析較能反應此種學科的特質，但多元觀點分析只是強調決策制定者應該兼具人文與科技的系統情懷，不至淪於狹隘的技術專家或玩弄權力的政治玩家。

十六、請按決策理性高低排序混合掃描途徑、政治性途徑與滿意途徑，並申論其意涵。（101高三）

答：(一)滿意決策途徑（satisfying decision-making approach）：提倡者爲賽蒙（Herbert A. Simon），其反對古典經濟學者所主張經濟人的觀點，認爲人僅是行政人，只追求滿意或足夠好的政策。

　　1. 假設：
　　　(1)決策者行動後果欠缺充分完整的知識，因每項政策除具有預期後果外，尚具有未預料到及不希望發生的後果。
　　　(2)決策者因對替選方案未具充份知識或無法獲得所需資訊，故作決策時，無法找出所有可能替選方案。
　　　(3)即使決策者具有若干替選方案，也難以準確排列出優先順序。

　　2. 滿意決策方式：
　　　(1)行爲模式：所描述的理性，不是去達成最佳化的結果，而是植基於方案優先順序的考量。
　　　(2)直覺模式：此模式是假定人類的許多思考和正確成就，主要來自於我們擁有良好的直覺及判斷。

(二)混合掃描決策途徑：提倡者是社會學家艾賽尼（Amitai Etzioni）。他將第一種決策途徑（理性廣博決策途徑）與第二種決策途徑（漸進決策途徑）予以綜合運用而成爲第三種的混合掃描決策途徑。

　　1. 決策方式：當決策者面臨決策情勢時，首先採取理性途徑的架構，以高層次或基本的政策制定程序先立下基本的決策方向，然後以漸進方法制訂詳細的執行辦法。它將政策的制定分成兩個層次處理，每一層次各具有不同的資訊詳盡程度與涵蓋的範圍。如何衡量劃分詳盡與簡略的層次，則須視時間、金錢、人力、物力等資源而定，同時還須考慮其互相替代犧牲的情況。

　　2. 決策步驟：
　　　(1)決策者先設法區分基本決定與漸進決定的層次。
　　　(2)決策者依照其對目標的看法，尋找主要的替選方案，然後作成基本決定，其過程不必如理性途徑的詳細與專精。
　　　(3)決策者按照基本決定的內容再作成漸進決定，以使政策實際可行。

　　3. 評論混合掃描徑：

　　　(1)綜合理性途徑與漸進途徑的優點同時考慮，視實際情況而定二者受重視的程度，可避免極端偏頗的現象。

　　　(2)具有制定偏重特殊環境需要之政策的彈性，可調適急速變遷環境的要求。當面臨決策環境較保守及穩定時，可偏重依賴漸進途徑；當面臨急速變遷環境時，應多偏重依賴理性途徑。

　　　(3)此途徑顧及決策者能力的高低，能力高者可從事較廣博的檢視層次，檢視愈詳盡，則決策品質愈高。

　　　(4)截至目前為止，尚缺乏充分的實證資料可說明如何具體的採取混合掃描的途徑。

　　　(5)理性途徑與漸進途徑究竟應混合使用至何種程度才算合理，尚無定論。

(三)政治性決策途徑（political decision-making approach）：提倡者為一般政治人物。它們認為大部份的政策、計畫及方案，基本上是由在政治上、經濟上、學術上、社會上居於優勢地位者互動後所制定出來的。因他們有絕對的影響力，政策方向主導力甚強，所以根本不依理性、客觀、科學的成本利益計算結果作決策，而係依其自身的政治目的作決策。

　　在某些情況下，此種決策也是強勢政黨所採行的途徑。（吳定，公共政策（全），頁191-211）

十七、何謂滿意決策途徑（Satisficing Decision-making Approach）？其主要假設為何？決策時的具體作法又為何？請依己見，對該途徑略作評述。（101原三）

答：見第十六題。

03 政策問題分析與議程設定

政策問題分析與議程設定

政府機關對公共問題所持的態度

1. 扼阻問題發生的態度
2. 放任問題發生的態度
3. 鼓勵問題提出的態度
4. 促使問題發生的態度

影響公共問題能否列入政策議程的主要因素

1. 問題本身的特性如何？問題嚴重性如何？問題受注意的程度如何？
2. 受問題影響者的組織情況如何？是否團結有力？還是一盤散沙？
3. 團體領導者如何產生？有否權力？領導者是否具有代表性？
4. 問題由何類人員代表提出？提出者是否為高曝光率的政治人物？
5. 問題提出者有否門路接近決策單位或決策者？與決策單位或決策者的關係良好否？
6. 行政人員對該問題有否設身處地之心？是否願接納它並加以處理？
7. 受問題影響者有否解決問題的旺盛企圖心？
8. 行政機關及行政人員對該問題所持的態度是消極抵制或積極接納？
9. 政治、經濟、社會、文化等各種環境因素的配合情況如何？

導致發生認定政策問題錯誤的來源

1. 組織結構（organizational Structure）
2. 意識型態（ideology）
3. 無知（ignorance）
4. 超載（babel）
5. 干擾（noise）
6. 落差（lag）
7. 迴避（avoidance）
8. 隱藏性問題（masking problems）
9. 假性問題（pseudo-problems）

市場失靈之原因

1. 公共財的提供問題
2. 外部性所造成的問題。
3. 自然獨佔所造成的問題
4. 資訊不對稱所造成的問題。

> **課前導讀**
>
> 問題認定指政策分析人員利用各種概念性及實質性的工具，對於已經發生之公共問題的本質、特性、產生原因與背景、癥結所在、影響層面等，進行系統性及科學性的分析研究，所得資料做為政府機關應否處理，及如何處理該問題之依據的過程。問題認定為政策運作過程的初始階段，公共問題如未能被認定為政策問題，則不會被政府機關加以接納處理。而政策問題如未經政策分析人員謹慎的研究，找出其真正的癥結，則可能制定出錯誤的政策。曾有學者指出，在政策規劃部分，政策問題的認定就佔了百分之五十的精力及時間。可見政策問題及問題認定之重要性了。本章的另一重點為「市場失靈、政府失靈、政策失靈」。市場機制運作會產生失靈現象，從而不但無法透過市場機制解決各種重要問題，反而產生許多重大問題，促成政府必須進行政策干預的結果。

▶ 重點精要

　　雖然事件會導致公共問題的發生，但是卻需要經過一系列的程序。首先定必須由一群不特定的多數人察覺問題已經發生，其次，應由當事人明白的界定到底發生什麼樣的問題，接著當事人應當組織起來，凝聚對問題的看法及需求，造成聲勢，形成爭論性的公共問題，再設法透過各種管道將問題提請政府機關注意並加以接納，排入政策議程中。

壹　公共問題

一、公共問題的本質

(一) 問題的意義：

　1.安德生認為，「問題」就是令人們產生需要或不滿足而尋求政府行動救濟或調整的一種狀況或情境。此種情境，例如所得偏低、空氣污染、交通混亂等均屬之。

　2.鍾斯（Chades O.Jones）則將問題簡單界定為：尋求救濟的任何人類需要。

　3.吳定教授對問題所下的定義：當事人覺得期望價值、目標或情況與實際所獲得或預期可獲得的價值、目標或情況間存在顯著差距，覺得有縮短差距需要所形成的一種情境。

(二) 公共問題的定義：吳定教授對「公共問題」一詞作如下界定：所謂公共問題是指不特定多數人覺得其期望價值、目標或情況，與實際獲得或預期可獲得的價值、目標或情況之間存在著顯著差距，因此透過各種方式，將其縮短差距的要求（包括需要的滿足、價值的追求、機會的取得、痛苦的解除、困難的解決、

目標的達成等），公諸大眾，爭取同情，引起政府機關注意及接納，並謀求解決的一種情境。雖然公共問題應由政府機關加以處理，但是因為公共問題實在太多，政府不可能全部加以處理，只有引起較大注意的爭論性問題，亦即論題（issues），才比較可能被政府接納處理。同樣的，也並不是所有被政府接納的論題，最後都會變成政策問題（policy problem），即政府決定規劃方案予以解決的問題。

(三) **公共問題發生的原因**：公共問題究竟是如何發生的呢？依據鍾斯（Chades O.Jones）的看法，導致公共問題發生的是「事件」（events）。而導致公共問題發生的重要事件有以下五大項：

發現 （discovery）	指政府基於國防上、政治上或科學上的理由，將大量資源應用於科學的研究突破、理論的創造發明、知識的累積充實，以致資源分配不均，社會問題無法妥善解決因應，甚而產生更多的問題。
發展與應用 （development and application）	指由於將科技研究發明的成果，應用於實際社會生活，因而產生各式各樣的問題，例如汽車普及所產生的空氣污染及交通堵塞等問題。
通訊 （communication）	指透過電視、廣播、傳真、電話、網際網路、電傳視訊等各種媒體，造成天涯若比鄰，某地所發生的事情在很短時間內，即傳達世界各地，因而可能有負面的衝擊。
衝突 （conflict）	指由於國際或國內事務的衝突事件，因而導致各類政治性、經濟性或社會性公共問題的發生。
管制 （control）	指由於政府機關對人民或特定團體的生活方式或活動，進行干預或採取管制性作法，因而產生各種公共問題，例如政府課徵吸煙稅等。

二、公共問題提出的管道

民意代表	民意代表的功能之一是反映選民的問題，為選民喉舌。因此一般民眾遇到問題時，往往會透過選區的民意代表代為提出。
政黨	政黨的黨員分散於社會各角落，職業類別相當分歧，所以黨員對於自己所涉及的或未涉及的公共問題，均可依循政黨的管道向行政機關反映。
利益團體	社會上各種公益性利益團體或私利性利益團體均有其服務對象，亦均代表各種不同利益。故成員遭遇問題時，可經由利益團體的管道，向政府機關提出。

大眾傳播媒體	公共問題的當事人可以透過報章、雜誌、電視、廣播等媒體,將問題公諸於社會,引起注意,促請政府機關加以接納。
意見領袖	政治上、經濟上、學術上、及大眾傳播上的意見領袖,在社會上極受重視,具有極大影響力。因此公共問題如果能經由他們提出並表示看法,當可引起政府有關機關的注意。
當事人代表	受到公共問題影響的當事人可以推派代表或是由當事人自告奮勇擔任代表的方式,將問題直接向政府有關機關提出。
行政人員	若公共問題是屬於政府機關行政人員本身主管的業務範圍,該等行政人員可以發揮積極主動的精神,將公共問題納入政策議程,予以處理。
候選人	候選人在競選時對政府施政所作的批評,以及本身所提出的政見,事實上就是在反映各種公共問題。
抗議示威者	某些受到公共問題直接或間接影響者,往往會認為在缺乏其他適當管道提出公共問題的情況下,採取走上街頭,以請願、抗議、示威,甚至暴動的方式,將問題凸顯出來,爭取大眾同情,吸引政府機關的注意力。

三、政府機關對公共問題所持的態度

一般來說。政府機關對公共問題所持的態度,從最消極的態度到最積極的態度,可以分成四種:

扼阻問題發生的態度	即當公共問題發生後，政府機關基於該問題之處理可能有礙於機關之價值觀或利益，於是就設法動員社會上支持該機關的力量，把問題壓抑下去，使其聲音無法獲得重視，最好使該問題消弭於無形，亦即扼阻該問題進入政府機關的政策議程內。若是扼阻不住而進入政府機關政策議程處理，則機關再動員支持的力量，設法在政策規劃階段，讓解決問題的方案胎死腹中。「扼阻性決定」（nondecision），又可稱為「偏袒性決定」，也稱「無決策制定」。另外一方面，設法阻止某些社會上的情況變成政策性論題，也是一項重要的政治性戰術口在許多情況下，常見具有影響力的個人或團體、或政治系統本身，設法阻止對社會上的主要價值觀及利益產生挑戰時，就發生前述扼阻性決定的情況。
放任問題發生的態度	政府有關機關對於已發生的公共問題，採取消極被動的態度，讓問題自生自滅，並不協助一群個人或團體界定問題及處理問題，亦即由問題當事人自己界定問題、尋找問題提出者、爭取支持、影響政策過程等，政府機關只扮演相當被動的角色，此種態度對許多社會問題的解決是不公平的，允其是弱勢團體者的問題。因此，除非不得已，應避免採取此種態度。
鼓勵問題提出的態度	即政府機關積極協助當事人界定問題，鼓勵當事人把問題具體化並提出來。不過，政府機關只是指導民眾作好參與政策運作的準備，由他們負主要提出並界定問題的責任，政府機關並不為他們承擔認定與界定問題的責任。
促使問題發生的態度	即政府機關主動積極的促使問題發生或使其更為凸顯，製造輿論，並加以處理。有時甚至在問題剛剛呈現時，即很快的予以處理解決。亦即政府機關並非在民眾提出問題及需求後，才界定問題，設定處理優先順序，而是有系統的檢討社會事件對民眾的影響後，對於某些問題主動的納入政策議程內，並設法予以解決。

貳　政策議程

一、政策議程定義

公共問題在經由適當管道提請政府機關注意後，必須還要透過各種方式，爭取議程的設定，才算是獲得政府機關正式接納，予以處理。所謂議程（agenda），係指由某一個政治性或政策性機關組織所提供的一系列必須考慮處理的事項。議程包括所有各層級政府單位對於需求、逼迫的結果，需要加以回應的一些項目。設法將一個公共問題擠進政府機關的議程，亦即爭取議程設定，乃是政策運作過程的第一個步驟。

二、影響公共問題列入政策議程的主要因素

不同學者有不同的看法：

金頓（John W. Kingdon）

認為公共問題能否成為制度議程或政府議程的項目，主要係受到以下三項因素影響：

1. 問題（problems）本身：即公共問題如何透過適當方法，讓政府官員知悉問題的存在？經由何種方式將「情況」界定成為問題？能否使政府官員藉由社會指標的變動、焦點事件的發生、及日常工作正式或非正式的回饋結果而認知問題的存在？
2. 政治（Politics）因素：問題發生時的政治流向如何？包括國家的政治氣氛如何？全國性選舉結果如何？政黨競爭態勢如何？
3. 高曝光率的參與者（visible participants）：公共問題是否受到媒體寵兒及公眾人物的垂青？他們是否願盡力將問題設法排進議程內？

瓦克（Jack L.Walker）

認為公共問題被注意並列入政策議程的重要條件有三：1.受問題影響者的人數相當多。2.問題的確嚴重。3.可以找出可行的解決方案。

鍾斯（Charles Jones）

鍾斯從瓦克的看法加以引申，而認為影響公共問題能否列入政策議程的因素如下：

1. 事件本身的狀況。
2. 標的團體的組織情況。
3. 接近門路（access）的情況。
4. 政策過程的情況。

總體而論

影響公共問題能否列入政策議程的主要因素可歸納為以下數項：

1. 問題本身的特性如何？問題嚴重性如何？問題受注意的程度如何？
2. 受問題影響者的組織情況如何？是否團結有力？還是一盤散沙？
3. 團體領導者如何產生？有否權力？領導者是否具有代表性？
4. 問題由何類人員代表提出？提出者是否為高曝光率的政治人物？
5. 問題提出者有否門路接近決策單位或決策者？與決策單位或決策者的關係良好否？
6. 行政人員對該問題有否設身處地之心？是否願接納它並加以處理？
7. 受問題影響者有否解決問題的旺盛企圖心？
8. 行政機關及行政人員對該問題所持的態度是消極抵制或積極接納？
9. 政治、經濟、社會、文化等各種環境因素的配合情況如何？

三、政策議程的種類：

有下列三種分類標準：

(一) 系統議程與政府議程：柯柏及愛爾德在利益凝聚的過程中，建構了一個微觀的政策發展模式。從最初的需求察覺（need perceived），到最後的政策形成，他們提出「系統議程」（systemic agenda）和「政府議程」（government agenda）的兩個概念。

系統議程	指系統內成員察覺問題的重要性與迫切性，並引起成員廣泛討論的議題，成員活動必須在系統之合法圈內，受權威當局所約束，故其本質屬於「討論議程」。
政府議程（或稱制度議程）	指權威當局在其合法範圍內，認真且仔細思考系統成員的需求，並且對其需求累積到某一程度，再由立法部門或行政部門予以嚴肅思考，即形成制度議程，否則議程即自然消失。政府議程較系統議程來得特定而且具體；又因政府可能對之採取具體行動，故可稱為「行動議程」。

(二) 公眾議程與正式議程：柯柏及羅斯（R.W.Cobb and J.K.Ross）後來又將「系統議程」和「政府議程」改為「公眾議程」（Public agenda）與「正式議程」（Formal agenda），意義與原來的內容類似。

公眾議程	指經由一個問題的肇端而引發各種爭議的事項所組成，而這些爭議已引起社會大眾的注意和興趣。通常「公眾議程」僅是由一些較抽象的項目所組成，其概念和範圍都還很模糊，且問題都還處於發生或創始階段，可能是一種眾說紛紜的情形，不必然須提出可行的方案或一些解決的辦法。
正式議程	由一些已編列成目的項目所組成，同時決策者也正式接受並慎重考慮這些項目，但不一定要作成任何決定。因此，「正式議程」是由一些較具體可見的項目組成，而且是問題認定的最後階段，其主要目的在認定與問題有關的種種事實與相關資訊。

(三) 舊有議程與新增議程：「政府議程」和「正式議程」又可分為舊有議程和新增議程兩項。

舊有議程	指經常出現在政府議程上的事項，如公務人員薪水調整，國家總預算分配等。政府對這些議題已十分熟悉，在處理這些事項與形成相關政策，多依循慣例。
新增議題	指因特殊情況或事件的發生而產生特殊的政策，例如外交上的危機即屬新增議程之一例。

四、議程設定

指一個政府機關決定是否將某一個公共問題予以接納並排入處理議程的過程。社會上每天所發的公共問題非常多,它們會經由各種管道提請社會及有關機關注意,希望能夠擠進政府機關忙碌的處理議程內,例如透過大眾傳播媒體、政黨、當事人代表、利益團體、意見領袖、學者專家甚至示威遊行等。「議程」是決策者(包括立法人員、法官、行政首長、行政官員等)的一項標準的人工產物,所有這些決策者都有他們的議程,其中有的受到積極的考慮並處理,有些則否。議程具有時間取向,有些項目會優先被處理,有些是犧牲其他項目而獲得處理的。從「制度議程」及其項目內容來看,可以發現議程的設定充滿了政治的及政策系統的偏見,政治領袖例如行政首長及民意代表,可以說是政策議程積極設定者,而不只是對議題作公正的裁判而已。政治領袖常因對某些特殊政策議題特別關注,而將它們置於議程上較有利的位置。它們會和其他政治領袖競爭並協商此類特權,同時善用媒體及政黨資源。

五、議程設定的漸進主義

(一) 概念:漸進主義本質上是一個補救的過程,只是從現有的政策中做一點移動。就議程設定來看,漸進主義的分析並非漫無目標;相對的,它也提供了一個思考方式,藉由現有的議題做比較、可將差異較小的議題做整合;而在議題選取方面只能就原有各意見所達成的共識上做調整與修正。漸進主義的出發點是,小方面的改變較大幅度改變易被人接受,且較不易有大錯誤產生。因此,議程設定上應可依據既有政策或經驗,再依照問題的優先順序,評估其迫切性,再做成決定,以免產生負面的效果,影響社會環境的穩定情勢。

(二) 政府在議程設定上呈現出「漸進主義」特質的原因:

1. 政策制定者為了避免議程範疇過於明確,影響未來政策產出所形成的結果,可能導致標的團體的反彈,因此,為免除未來政策執行受阻,在議程設定上,大都採用模糊、不明確的議程。

2. 在整個充滿不確定性(uncertainty)的政治環境中,議程設定需花費較多時間、人力、金錢去蒐集相關資訊,所以往往藉由過去的政策經驗為參考、修正或調整,使其再度成為新的議題。

3. 任何議程、政策均是妥協的方案,採用漸進主義原則,針對各標的團體在各方面的需求,經由協調而達成某種程度的共識。例如:振興經濟方案,減少失業人口則是現在最迫切解決的問題,而且是社會中大多數人民希望政府趕快制定解決的問題。

六、議程設定上的「博奕理論」內涵

(一) 博奕理論最早是由數學家紐曼（John Von Neumann）及經濟學家莫根斯登所提出，他們企圖找出一些途徑，得以有效地解決某些特定的經濟問題，它是屬於決策理論的一種，如果決策者知道所有備選方案之後果，將可輕鬆的達成目標。因此，學者雷朋波特（Anatol Rapoport）指出，博奕理論具有六個基本情勢，這些情勢對決策具有實質的影響性：

1. 至少有二個決策者以上。

2. 博奕行為開始於部分決策者對一組特定選項做選擇。

3. 當部分決策者的選擇行為完成後，會影響其他決策者的回應，或限制了某地決策者的選項。

4. 決策者所選擇的策略未必會明白的讓對方知道。

5. 如果是一種連續性選擇（successive choice）的博奕方式，則必須要有終止的規則（termination rule）。

6. 當博奕行為終止時，則當時的終止情勢便代表一個決策者的得失情況（Pay off）。

   博奕過程中，決策者、政策利害關係人等均要做價值、事實與結果之判斷，然後再採取行動、做出決定。因此，議程的確認過程便是議程設定的具體行動。

(二) 博奕理論雖以理性為出發點，但只將理性做為一種選擇策略的基準，它不僅簡化了現象的複雜解釋，在高度引用數學上也增強了分析的效果。博奕理論是一種用來研究處於衝突但又可能合作的情勢中，若干自行決策的一種數學方法。博奕理論包含有零和賽局、正面非零和賽局及負面非零和賽局三種類型。伊沙克（Alan Isaak）指出，依照賽局預期收益、參與者利益的一致性程度、運用的策略、報酬等因素，可以呈現出各種賽局的特性；博奕理論所強調的是參與者如何運用本身所握有的資源，選擇出一個最佳方案能使個人損失最低，獲利增至最高的過程，將損失降至最低則是其原則。

(三) 在議程設定中，不乏有人會運用博奕理論，不論是相關的政策利害關係人、民意代表、政府或學者，彼此會在解釋問題、交換條件裡，與相互溝通中達成共識。在談判的討價還價過程中，運用威脅、遊說、溝通等各種策略，尋找出一種讓雙方「雖不滿意但可接受」的方案。在求得適當的方案後，則做出整合與細部規劃，並將達成的原則性共識，經過一些作業程序而成為政府議程，一旦形成政府議程後，則關係到個人利益的取捨。在整個博奕過程中，我們必須使各種意見得以充分表達，這是民主政治的基本準則。

牛刀小試

1. 何謂政策議程（Policy Agenda）？一般言之，影響公共問題進入政策議程的主要因素有哪些？
2. 政策議程有系統議程與政府議程之分，試解釋其概念。
3. 何謂議程設定？試就所知說明影響議程設定之因素有哪些？（95原三）
4. 試說明「系統議程」（Systemic Agendas）與「制度議程」（Institutional Agenda）。
5. 公共問題的提出管道為何？一般來說，政府機關對公共問題所持的態度可有哪些？

參　政策問題

一、政策問題的意義

　　林水波和張世賢教授認為，所謂政策問題，乃「在一個社群中，大多數人察覺到或關心到一種情況，與他們所持有的價值、規範或利益相衝突時，便產生一種需要、受剝奪或不滿足的感覺，於是透過團體的活動，向權威當局提出，而權威當局認為所提出者屬其權限範圍內的事務，且有採取行動，加以解決的必要者。」吳定教授則認為，政策問題可以界定為：政策問題指經由政策分析人員採取問題認定途徑與方法，予以深入分析研究後，確認政府主管機關有必要採取行動，制定政策，加以解決的公共問題。由以上三位學者定義可知，政策問題構成要素如下：

(一) 它是一項已經被提出的公共問題：某一項公共問題必須歷經察覺、匯集看法、提出於社會或政府機關後，才有可能被轉化成政策問題。

(二) 它是經由政策分析人員所認定的：由當事人或社會上的其他代表者所要求解決的問題，都只是一種問題情勢而已。必須經過政策分析人員的研究分析後，認為政府機關需加以處理者，才是政策問題。

(三) 它是落在政府機關管轄範圍內，且確定有必要採取行動，加以解決者。

二、政策問題的特性

　　當公共問題經過發生、提出而被政府機關接納，決定予以處理之後，應即交由政策分析人員深入研究分析，以便將公共問題轉換成可以規劃方案加以解決的政策問題。而政策問題很少能夠將它們分解，而成為獨立的、不相關聯的，及互斥的個別部分。政策問題的特性如下：

相依性 （interdependence）	每一類的政策問題都不是獨立的實體，它們都只是整套政策問題的一部分而已。某一個範圍內的政策問題，常常會影響其他領域的政策問題，例如能源問題影響交通、物價、失業等問題。布朗（Brown）說：「同時解決十項相關的問題要比解決一個問題本身來得容易。在解決整套相依性的問題時，必須採取整體性的途徑來處理它。」
主觀性 （subjectivity）	政策分析人員常對造成問題產生的外在環境，加以選擇性的界定、分類、解釋、與評估。政策問題乃是人類心智上的人工製品，係經由人類判斷將經驗轉化而成的。
人為性 （artificiality）	政策問題是人類主觀判斷的產物。問題如果離開了界定它的個人及團體，它就不可能存在。
動態性 （dynamics）	政策問題的內容及其解決方法，總是隨著時間及空間的推移而不斷的變動，問題並非一開始形成以後就永遠是那個樣子，它也不見得會一直停留在解決的狀態。

三、政策問題的類別

➡ 就問題結構程度

1. 結構良好的問題（well-structured problems）：指僅涉及一個或少數決策者及只有少數幾個政策替選方案的問題。價值或效用可以清楚反映決策者對目標的共識，它們是依照決策者的偏好加以排列的。每一個方案都在確定情況或很少風險情況下可以計算出其執行的結果。

2. 結構中度的問題（moderately structured problems）：價值或效用雖可清楚反映決策者對目標的共識，但方案的執行結果既無法在確定情況下計算獲得，也不能以最少的風險計算得之。亦即，方案的執行結果是不確定的、錯誤的、或然率無法加以估計的。典型的此類問題是「政策模擬」與「博奕理論」（game theory）。處理此類問題，可採取混合掃描決策途徑與滿意決策途徑。

3. 結構不良的問題（ill-structured problems）：指涉及許多決策者、價值或效用或是無法得知，或是不可能排列其優先順序的問題。決策者對於各競爭目標的看法是衝突的，因此政策方案的數目及其執行結果也就無法獲知，因為它所涉及的風險及不確定性均無法估計。例如甲案優於乙案，乙案優於丙案，而丙案又優於甲案。處理此類問題，可採取政治性決策途徑、漸進性決策途徑與垃圾桶決策途徑。

就問題的層次性

政策問題的複雜性與其層次性具有極大的關係,通常層次越高,問題就越複雜。

1. 主要問題(major problems):指涉及政府機關內部或彼此間最高層次的問題,即中央、縣市政府本身或彼此間所存在的重大問題,它常涉及機關的任務問題。例如經濟部工業區開發的問題。
2. 次要問題(secondary problems):指涉及中央、縣市政府內部單位,如司、處、廳、局單位的計畫或任務等,它可能涉及計畫優先順序的排列,及計畫受益者的界定等問題。
3. 功能性問題(functional problems):指涉及計畫、方案這一層級上某些相關的運作問題。例如有關預算、財務等問題。
4. 輕微問題(minor problems):指涉及比較細節性的問題。例如人事業務、福利、休假制度、工作時數、工作程序與規則等。

當問題由低層次漸向上層次移動時,問題就越為複雜,因為它們會變得更具相依性、主觀性、人為性及動態性。問題的層次性與決策的技巧有很大關係,層次越高的問題越需要作策略性的決定(strategic decisions),它們被稱為「策略性問題」(strategic issues)。反之,有些問題的決定後果並不涉及較高層次的風險性及不確定性,則稱為「操作性問題」(operational issues),如修改某一個機關的工作流程等。

就問題特殊性而分

就政策問題的範圍大小、具體與否等因素,分成三類:一般的問題(general problems)、中等的問題(intermediate problems)、特殊的問題(specific problems)。彼此間具有統屬關係,亦即中等問題包含在一般問題中,而特殊問題又包含在中等問題中。

政策問題的類型

	結構良好問題	結構適度問題	結構不良問題
決策制定者	一個或極少數	一個或極少數	許多
政策方案	有限	有限	無限
效用價值	共識	共識	衝突
方案後果	確定或風險低	不確定	高度不確定
發生機率	可以計算	不可計算	完全無法計算

資料來源：Dunn, 1994

四、政策問題催生者（Initiators）的類型

問題發起者的動機往往不是單一的，發起者彼此並不具排斥性，亦即並非某一類人提出問題，其他人就不可以或不會再提出該問題。

關於公共問題的發生，柯伯（R.W.Cobb）和艾爾德（C.D.Elder）曾經提出一項概念。他們認為，公共問題的發生乃是問題發起者（initiators）與觸動樞紐（trigering devices）二者交互作用的結果。

(一) **問題發起者**：社會上有四種類型的人喜歡提出公共問題：

再調適者（Readjustors）

指在感到有一種不利於地位、財富或資源分配的偏袒狀況存在時，就提出問題的某些競爭性團體。

發掘者（Exploitors）

指純為個人私利而提出問題者，例如許多候選人為競選公職，常常刻意挖掘一些公共問題。

環境反應者（Environmental Reactors）

指對其一不可預知的環境影響事件而提出問題者。

行善者（Do-gooders）

指為所堅持的公益而非為個人私利提出問題者。例如我國的消費者文教基金會時常公布有關消費品的各種檢驗或調查報告，就常引發許多值得大家注意的公共問題。

(二) 問題的觸動樞紐：大致上可分成國內和國外兩大部分。

國內的 公共問題 觸動樞紐	1. 自然災禍，如地震、水災、風災、火災等。 2. 意外的人為事件，如意外的重大交通事故。 3. 科技進步所引起的副作用，如網咖興盛所引發的一些青少年問題。 4. 資源分配不均所造成的問題，如城鄉發展差距過大，會產生許多問題。 5. 生態環境變遷的結果，可能會引起環境保護及人類各種食衣住行的問題。
國外的 公共問題 觸動樞紐	1. 戰爭與軍事侵略。 2. 國際科技改變的結果。 3. 國際衝突的結果。 4. 國際政治情勢變遷的結果。

五、導致發生認定政策問題錯誤的來源

決策者做政策問題認定產生錯誤的來源：史塔林（Grover Starling）在「政策制定的策略」（Strategies for Policy Making）一書中指出，在分析決策者診斷問題所發生的錯誤行動後，發現導致發生錯誤的來源有下列九項：

組織結構 （organizational Structure）	機關組織常藏住真正的問題不願洩漏，此與有效的認定問題顯然是不一致的。Harold Wilensky認為在一個機關組織內，至少有四種人會限制資訊的流通： 1. 服膺時間者（time servers）：在一開始既不願獲取許多資訊，以後也沒有什麼動機想獲取資訊。 2. 防衛性集團（defensive cliques）：此類人限制資訊流通以防止變革，因為任何變革都會威脅他們的既得利益。 3. 互助互享團體（mutual-aid-and-comfort groups）：此類人已習慣於舒適的例行作法，因此反對較野心的同僚們的不同主張。 4. 野心者的聯盟（coalitions of the ambitious）：此類人寧可將資訊握於手中，獨斷權力，也不願與別人分享資訊。

意識型態 （ideology）	所謂意識型態指組織成員所擁有的信念系統。意識型態可能變成真正經驗及具體事實的一項過濾器，使真正的事實無從展現。心理學家把這種情形稱為「認知失調」，即人們很難同時接受看起來似乎相互矛盾的一些資訊。
無知 （ignorance）	一個人對自己無知的無知也是錯誤資訊的來源之一。例如有些新聞記者對於環境政策所涉及的專業知識及術語並不內行，可在時間壓力及同業競爭下，只能不知為云，結果不免錯誤百出。
超載 （babel）	有時決策者桌上會堆滿混淆不清的資訊，結果可能會掛一漏萬，遺漏真正重要且深具價值的資訊。
干擾 （noise）	意為任何大聲或不一致的聲音。以溝通理論而言，同一件原始訊息，因在傳遞過程中加進許多干擾因素，因此在到達收受者手中後，訊息完全變樣。
落差 （lag）	落差指自我們開始收到某一情勢的新訊息，與我們開始依照此新情勢採取行動，二者之間所涵蓋的時間。
迴避 （avoidance）	決策者有時候會設法迴避某些問題，因為他們覺得這些問題令他們不愉快。例如有些人並不願意去思考各地區的族群問題。
隱藏性問題 （masking problems）	某些問題被良好的創定且被廣泛的認知，但實際上背後隱藏著更重要的問題。例如，未開發國家飢餓問題，隱藏在背後的相關課題。
假性問題 （pseudo-problems）	所謂假性問題是不會引起真正損害的錯誤性問題。

六、政策問題的認定途徑

樣本調查法 （sample survey）	即對於問題當事人，採取隨機或非隨機方式，進行抽樣調查，以了解當事人對問題的感受、看法、需求、建議等，並確認該問題是否有排進政策議程的必要。而政策分析人員在利用樣本調查法以認定政策問題時，應注意三件事：第一、如何排定訪問時間及問卷調查時間表，與如何確定訪問或問卷調查的對象類別。第二、如何對標的人口（target population）或利害關係者（stakeholders）進行抽樣。第三、如何評鑑樣本調查之統計結果所具的意義。

間接評量法 （indirect assessments）	間接評量法指對於某些無法利用樣本調查法以瞭解其癥結所在，及評量其重要性的公共問題，可以採取間接評量法，以知悉問題的大要。間接評量法的作法包括： 1. 引用他人對該問題所作的評量結果。 2. 由政策分析人員依據已知的部分或對已知部分作調整後的資料，經過深思熟慮後自己再作評量。 3. 利用某一項單一相關的數量以評量另一個問題可能涉及的數量。
問題製模法 （modeling the problem）	模式是政策分析的根本。雖然即使最科學的模式也難以確切預測政策分析的結果，但是政策模式可以根據各種有關因素之假定，告訴我們政策分析的「可能性」是什麼？因此可以產生有助我們更清晰了解情境的資訊。事實上，問題的分析可界定為透過一個或更多的模式而找尋解決方案。例如欲瞭解台北市的交通問題，就可藉著模式的建立，將相關的重大變項設法確定並釐清彼此的關係，而達到執簡馭繁的目的。
相關性與因果關係法 （correlation and causation）	事情的發生通常不會是孤立的事件，常常與其他事情發生密切的關聯；另外，很多事情的發生一定有其原因。因此利用相關性與因果關係法，可以協助政策分析人員瞭解某項公共問題內部重要變項彼此間的相關性，及與其他問題間的相關性，並可進一步瞭解該問題所涉及的自變項、中介變項及依變項是什麼，以及彼此間的運作關係如何等。

七、政策問題建構之方法

政策分析人員必須透過適當途徑與方法，確實認定政策問題的本質、癥結、及來龍去脈，以便尋求正確的方案，解決該項問題。但往往受到許多干擾因素的影響，而在診斷問題時，發生錯誤的現象，逐常犯「以正確方法解決錯誤問題」的錯誤。因此政策分析人員應了解政策問題認定錯誤的主要來源，並儘量避免之。

📝 文件分析法（Literature review）

該法也稱為文獻探討法，或次級資料分析法（secondary data analysis）。該項方法指政策分析人員前往各相關機關、研究機構、圖書館及個人處，蒐集與某項政策問題有關的著作、期刊文章、政府出版品、研究報告、報章雜誌報導、公聽會或座談會的記錄等文件，進行靜態性與比較性的分析研究，以了解該問題發生的可能原因、背景及可能產生的結果等。

調查研究法（Survey research）

該法指採取各種抽樣方法，包括隨機與非隨機抽樣法，對所抽出的樣本，進行訪問或調查，然後根據這些樣本主觀性的偏好判斷，及對事實所作的表示，瞭解問題發生的可能原因及其結果。調查研究法有以下形式：

1. 郵寄問卷法（mail questionnaire）：此法的優點為樣本大、成本低、並可獲得某種程度的資訊；但是缺點為問卷回收率低、回收速度慢、且無法控制問卷填答的情境。
2. 親自訪問法（personal interview）：此法的主要優點為訪問員可以深入瞭解問題、可以控制訪問情境、回收率高、並可就不同群體進行不同問題的瞭解；其缺點則為成本高、相當費時、問卷回收速度慢、訪問工作不易進行等。
3. 電話訪問法（telephone interview）：此法的優點為問卷回收速度快、回收率高、可以深入各地區電訪，亦可某種程度的控制訪問情境；缺點則為難以深入瞭解問題、成本不低、樣本的代表性可能有偏差等。

統計分析法（Statistical analysis）

指政策分析人員根據文件分析法與調查研究法所獲得的資料，進行統計分析，以瞭解問題涉及者的分布特性與因果關係。初步的統計分析可根據平均數、標準差及卡方檢定等方法，瞭解問題的集中趨勢與離散趨勢，及樣本間的差異性；進一步的分析則可以運用相關迴歸分析，瞭解變項間的因果關係，及自變項對依變項的直接與間接影響關係。

腦激盪法（Brainstorming）

腦激盪法是透過一群人有系統的互動，產生想法、目標及策略，以協助政策分析人員或決策者認定及概念化問題的一種方法。腦激盪法涉及以下幾項作業程序：

1. 參加腦激盪作業的團體成員，必須依照調查研究中的問題本質而組成。
2. 意見激發與意見評估兩個程序必須嚴格分開，如果不予分開，則在意見激發階段，早熟的批評與辯論，可能會妨礙廣泛的團體討論，以致無法產生各種寶貴意見。
3. 在意見激發階段，腦激盪活動的氣氛，必須儘量保持公開，並允許與會者知無不言，言無不盡。
4. 第一階段的意見激發已經相當窮盡時，才可進行第二階段的意見批評與辯論。
5. 在第二階段意見評估結束後，整個團體必須將各種意見列出優先順序，並且把它們整合成一項提案。

政策德菲法（Policy Delphi）

六〇年代後期，政策分析人員為了突破傳統德菲法（conventional Delphi）的限制，和政策問題複雜性需要，於是產生了政策德非法。它指當決策者或政策分析人員面臨政策問題結構不良、相當複雜、資訊不足、性質專精、後果難以預測估計時，可以邀請專家學者、行政機關代表、民意代表、當事人代表等進行腦激盪式的政策德菲作業，最後將團體決策的結果提供決策者做為選擇方案考的一種方法。

假定分析法（Assumptional analysis）

假定分析法為政策問題認定所使用的一種方法，係意圖對政策問題的各種衝突假定，製造創造性綜合的一項技術。主要是應用於處理不良結構的問題。假定性分析法的設計乃是為了克服政策分析的四項主要限制：

1. 政策分析常根據單一決策者在單一時間點已清晰排定的價值觀進行。
2. 政策分析常未能以系統的及明白的方式，考慮有關問題本質與解決方案之各種強烈的不同看法。
3. 許多機關組織的政策分析常在閉門造車情況下進行，無法對問題的成因作深入的探討。
4. 做為評量問題及解決方案充分與否的標準，常只是處理表面上的特性，而非處理問題概念化之下的基本假定問題。

假定性分析法的應用涉及五項連續性的階段：

1. 利害關係者的確認：即政策分析人員對政策利害關係者加以確認，並排出處理的優先順序。
2. 假定的呈現（assumption surfacing）：即政策分析人員對解決問題的方案，就其假定一一的列出。
3. 假定的挑戰（assumption challenging）：即政策分析人員以各種反假定比較並評估各替選方案及其所根據的假定。
4. 假定的彙整（assumption pooling）：即政策分析人員就假定對不同利害關係者之確定性與重要性，將各方案的重要假定予以彙整，並在協商交換取捨之後，排出優先順序。
5. 假定的綜合（assumption synthesis）：即政策分析不人員根據前述一套可被接受的假定，為問題創造或綜合出解決的方案。基本上，假定分析法的運作過程相當具有德菲法的特色，但其運作方式不如德非法清晰明確。

消費者分析法（Consumer analysis）

消費者分析法為社會工作者進行社會調查工作所常用的方法，它比較著重於一般民眾的需求評量（needs assessment），而非意見表達。其基本假定是：所有的政府機關均應瞭解民眾的需求，及評量他們的需求強度。Philip Kotler 發展出三種評量民眾需求的方法：

1. 直接訪問法：即利用開放型與封閉型問卷，由受訪者直接表達他的需求為何。
2. 動機研究法（motivational research）：即由受過訓練的訪問員，對某些消費者或特定對象進行深入訪談，運用字的聯想、句子完成、圖畫完成及角色扮演等方法，瞭解消費者或一般民眾的需定、動機與態度。
3. 標準答案法：即由訪問員對受訪者提出某些可能的答案，由受訪者從中選擇答案，以瞭解其需求及問題癥結。

類別分析法（Classificational analysis）

類別分析法目的在澄清、界定與區分問題情境的概念。該法主要是採取邏輯區分（logical division）與邏輯歸類（logical classification）兩種方式瞭解問題，前者指在確定某項大問題後，依邏輯推理的概念，把該問題再細分為若干次級的分類，以求對問題本質能有更深入的瞭解，例如政策分析人員可將社會失業問題，區分成實質性失業與假性失業。後者指將許多個別的事件、情況或個人，依其性質組合成為若干較大類別，以利分析、研究及處理。例如研究人員可將每天所發生的各種犯罪案件，依性質的不同，歸類成竊盜罪犯、殺人罪犯、恐嚇罪犯、強暴罪犯等。

層級分析法（Hierarchy analysis）

該法提供了一項思維架構，協助政策分析人員確認問題情境的三種原因：可能的原因（即可能造成一項問題情境發生之各種事件與行動）、合理的原因（即經由科學研究與直接經驗，相信對某一個問題之緊生具有極大影響力的原因）及可操控的原因（即政策制定者可以控制或操縱加以改變的原因）。

類比法（Synectics）

類比法乃是人類為促進認識相似問題而設計的一種思考方法。它泛指研究兩個或兩個以上問題相似之處，協助政策分析人員在建構某一個政策問題時，能夠對相似之處作創造性的使用。在建構政策問題時，政策分析人員可以透過四種比擬（喻），去了解問題的癥結：

個人比擬（personal analogies）	政策分析人員嘗試想像他們個人以同樣方法，經驗到其他政策利害關係者所曾經經驗過的問題情境。
直接比擬（direct analogies）	指政策分析人員在兩個或更多問題情境間，找尋相似的關係，以利處理政策問題。
象徵性比擬（symbolic analogies）	指政策分析人員嘗試去發現某一問題情境。
奇想比擬（fantasy analogies）	與某種象徵性程序間的相似關係，以利處理。

八、政策問題分析報告（Policy Issue Paper）應包括的重要項目：

問題的來源與背景	對於所分析的問題、論題、或情勢作簡短清晰的描述，包括問題來自何處？徵兆如何？造成此問題的原因為何？可以從七W加以瞭解。
問題受注意的原因	澄清問題需要予以注意及必須在此時加以分析的原因，例如因問題的當事人相當多；因不處理會產生嚴重的不良後果等。
解決問題所針對的標的人口	所謂標的人口（target population）是指問題處理或政策方案的直接實施對象，如果政策活動不是涉及所有的社會大眾，則應明確指出涉及哪些特殊的標的人口。

利害關係者	所謂利害關係者（stakeholders）是指政策活動的受益者與受害者而言，它包含標的人口在內，應盡可能以計量方式將利害關係者的數目列出來，使這些人及決策者在處理問題時均有心理準備。
相關計畫與活動	列出過去與目前所作過的解決該問題的相關計畫和活動，計畫或活動的內容為何?成本如何等？
目標與目的	問題解決後的目標與目的如何，應予以明確界定，以做為未來分析、評比政策方案優先順序的根據。所謂目標是指抽象的、一般性的、廣義的、不易衡量的未來理想狀況的價值表示。
績效評估標準	目標與目的應達成至何種程度，政策方案才算是執行成功？亦即在此項問題報告中，應事先從計量與定性兩方面仔細考慮設定評估方案績效的標準。
分析的架構	指在對問題進行全盤研究時，在方法上採用何種技術而言。分析的架構依所需要的資訊及問題本質而定，包括「成本利益分析法」（cost-benefit analysis）、線性規劃法（linear programming）、電腦模擬法（computer simulation）等；分析架構應包括主要的假設、主要的限制及主要的技術等。
替選方案	此部分應盡可能設想各種解決問題的替選方案，即使此方案看起來並不成熟、不切實際、在技術上不可行、成本太高等，但仍列出無妨。提出各項替選方案時，下面的項目應予敘明： 1. 描述（description）：包括方案如何推動；所需要的人事、裝備、設備；所應用的政策及技藝等。 2. 效能（effectiveness）：從計量與判斷性的觀點，估計此方案可以如何有效達成目標或目的。 3. 成本（costs）：應預先估計此方案所需要的全部成本，以後可再作修改。可分成幾類項目而預列成本數，例如股資數、運作費、人事費等。 4. 連帶影響（spillovers）：即指明當方案執行後，會對哪些人員或機關產生預料到的影響，包括可能的受益者及受害者。 5. 列等意見（comments on ranking）：即對各替選方案作初步嘗試性的比較，獲得較高評價的方案應優先詳細研究，同時對該方案可能引起的重大問題應預先警告。 6. 其他考慮事項（other considerations）：凡在前面未涉及的相關問題均可在本部分加以討論。
建議事項	包括： 1. 本問題並無進一步分析的價值，可以放棄整個問題的研究。 2. 本問題有繼續進行分析研究的必要，但列為較低的優先順序。 3. 本問題極為重要，應即從事廣泛的研究。
附錄	應將與問題處理有關的參考資料、統計圖表、著作、論文等予以列出，以供規劃解決方案的參考。

1. 政策問題有哪些特性？試說明之。
2. 政策問題的催生者通常可分為幾個類型？
3. 何謂政策問題建構？試就所知說明問題建構的方法與程序。（95身三）

肆　市場失靈、政府失靈及政策困窘

一、市場失靈（market failure）的意義

傳統自由經濟學者認為，一個社會中財貨或服務的
生產者與消費者間的自願性供需關係，可以構成完
全曲競爭性經濟市場，生產者追求利益極大化，而
消費者追求效用極大化，沒有任何人的效用或利益
受到損失，資源分配獲得最佳效率，價格像一隻看
不見的手主導市場內的經濟活動。因此，許多公
共問題發生後，可以藉自由市場的經濟活動予以解

> **觀念速記**
>
> 市場失靈發生後，因而促
> 使政府制定各種公共政
> 策，介入資源分配的過
> 程，提供財貨或服務，規
> 範市場的運作，保障和促
> 進資源分配過程的公平與
> 公正。

決。但是在現實世界中，因為受到許多因素的影響，使市場無法成為完全競爭
的自由市場，市場無法達到供需關係及資源配置的理想狀態，乃產生市場失靈
的問題。

二、市場失靈之原因

公共財的提供問題	公共財（Public goods）係相對私有財（Private goods）而言。公共財在本質上具有： 1.非排斥性，即原則上任何人均得使用，不可將某人排除在外。 2.非對立性，即任何人不因與他人共同消費財貨或服務，而降低或減少其品質。 3.擁擠性，即由於使用財貨或服務的人數增加，因而導致消費的社會成本跟著增加。如國防、外交、治安源等。 一般企業界或私人通常不願意或不可能提供此類公共財，必須由政府予以解決。
外部性所造成的問題	外部性（externality）係指某一個經濟主體的經濟行為影響了其他個體的效益或成本的現象。外部性的結果可能是正面，也可能是負面。如果經濟行為產生的社會效益超過私人利益，稱為外部經濟（external economy）；如果經濟行為造成社會效益低於私人利益，社會成本高於私人成本的情況，稱為外部不經濟（external diseconomy）。一旦產生外部不經濟情形，而受害者未能在市場上向施害者求償時，便產生市場失靈。

自然獨佔 所造成的問題	在市場上，某些產品因為生產者擴大規模，平均成本持續下降，規模報酬遞增，遂透過市場競爭，逼迫小廠離開該種行業，最後形成獨佔情形。因為此種情形扭曲了資源分配的效率，所以政府必須進行干預。
資訊不對稱 所造成的問題	資訊不對稱（information asymmetry）指消費者沒有足夠的訊息與專業知識，判斷產品或所接受服務的數量及品質是否合理，因此消費者在議價的過程中，與生產者相比，處於不公平及不合理的地位。在此情況下，市場競爭無法提供市場機能充分運作的法則。

三、補救市場失靈的措施

由於人民監督政府的困難，就會有人運用各種策略來影響決策過程，企圖從中謀利，謂之競租（rent seeking）。為促使市場機制發揮，依供需法則自由運作，政府的政策措施大致包括下列三種：

(一) 對於已經存在的市場，政府解除對參加者的管制，開放自由競爭，即「市場的自由化」，亦是「開放市場」政策。

(二) 對於市場未存在者，政府加以改造並建立市場機制，即「市場促進化」（facilitating markets）。

(三) 對於市場內部機制未能有效運作者，政府予以「活潑化」，即「市場的活潑化」（simulating markets）。

四、政府失靈（government failure）

在一個完全競爭的市場經濟情況下，通常可以透過個人與集體選擇的方式生產和分配財貨，而大多數的個人選擇，可以透過自由競爭市場或其他自願的交換行為獲得需求的滿足。然而有些需求並無法透過市場運作獲得滿足，因而產生市場失靈狀況，促使政府不得不進行干預，乃採取各式各樣的政策工

> **觀念速記**
>
> 除了政府失靈無法解決公共問題外，事實上，政策失靈及政策困窘也是政府無法解決公共問題的重要原因。

具與干預行動，以補救市場失靈的缺失。但由於政府在制度上、結構上、及運作上，具有許多先天性的缺陷，因此並無法充分達到預定的目的，無法達成有效的資源生產與分配，於是產生政府失靈的現象。

五、造成政府失靈的原因

直接民主所造成的問題	長久以來，直接民主（direct democracy）一直存在難以解決的問題，選舉的結果雖然可以為特定政策提供明確的選擇方向，但多數決制度卻面臨功能性問題：沒有任何一種投票制度既公平又能一致不變；投票只能對政策提供模糊的指示；投票的結果無法充分代表整體投票者的意見；投票產生所謂「多數暴政」（tyranny by the majority）情況；社會中少數者的偏好強度無法由投票中顯示，使少數者必須忍受無效率的社會選擇等。
代議政府所造成的問題	代議政府係透過選舉而產生各級行政首長、民意代表、司法官等。民選公職人員的主要任務是制定與執行公共政策，為人民謀取最大福利，然而這些人員可能受到本身利益、時間、與財務限制等因素的影響，產生所謂「競租」（rent-seeking）的行為，於是會制定不必要或不合理的政策，造成資源浪費與社會不公正的現象。例如「肉桶立法」（Pork-barrel legislation）或「滾木立法」（log-rolling legislation）。
機關供給財貨所造成的問題	政府機關為因應市場失靈問題，必須提供各種公共財，諸如國防、外交、治安等，稱為「機關供給」，但是因為預算受到民意機關的控制、預算支用未受有效監督、機關功能未發揮效率性、本位主義濃厚等原因，使政府無法適當提供人民所需要的財貨。
分權政府所造成的問題	政府不同部門間，如行政、立法、司法部門間，及機關彼此間、中央與地方政府間，均有分權的設計，此種設計固然有其優點，卻也可能造成遷延時日、貽誤事機的結果，並產生資源分散、政策不易執行、監測困難等問題。

六、政策失靈

政策失靈指當公共問題發生，政府機關予以接納並轉變成政策問題，制定及執行政策以解決該問題後，經過評估的結果，發現有時問題不但未獲得解決反而變得更為嚴重，或是原來的問題未獲解決外，更產生許多新的問題，需要政府機關另行研擬政策設法解決。

七、政策困窘

在一九七八年「政策困窘」（The Policy Predicament）一書中指出，公共政策的制定是為了解決各種問題，為人民帶來期望的福祉，但是實際上並不盡然，政策常常會產生不願意看到的困境。一般人民從公共政策獲得了利益，但同時也付出了代價，而他們所獲得的代價，常還超過所獲得的利益。因為他們除了必須直接負擔稅捐之外，還得承受來自於對政策因為不正確認識與未切實執行所產生的失望、挫折、及生命或財產的損失。」

八、政策失靈之原因

泛政治化

當決策之作成不是依循程序正義與實質正義原則、考量專業與倫理、重視傾聽與參與,並訴諸於科學事實、政治領導,或者傳統的協商管道來解決政治爭論,而且各黨派採取自是自見的視角,透過他們根深蒂固的世界觀與價值體系來看待問題,動輒「以黨廢言」,且一昧追求價值與理念的實踐、政治版圖的擴大、黨派利益極大化時,就有可能陷入泛政治化的決策陷阱。

正當不備

政策正當性來自相關職司對於問題有著明確的認定,政策目標設定和解決手段研擬之間存有關聯性,政策追求的終極價值獲得認同,同時也能遵守正當法律與行政程序。當政策正當性未受到妥適管理、維護與修復,則政策一方面可能無法存續,也無法獲得信任;另一方面則可能無法獲得足夠的支持。例如福利政策的正當性建立在平等的價值上;經濟政策、產業政策的正當性建立在效率的極佳化、產出的極大化。當政策正當性不足時,就不易獲得來自立法機關、公民團體和利害關係人的支持。

人謀不臧

政策過程中,行為者本居關鍵要素,是以一旦出現人謀不臧的情況,則可能扭曲原有規劃,破壞程序規範,甚至釀致悲劇後果。尤有甚者,人的因素,諸如過失、怠忽職守、本位主義也會破壞政策的正常運行。

資源不足

俗諺「巧婦難為無米之炊」,政策資源的充裕與否,是決定政策能否轉換為可欲產出的前提之一,每項政策均需要關鍵性的資源要素組合。一般而言,資源可分為兩種:
1. 有形資源:包括人力、預算、設備等。
2. 無形資源:包括法律規章、處事權限、資訊、知識和技術、推動人員或組織的形象、政策本身的優先順序和地位、社會資本等。

能力不全

政策在規劃階段,需要政策設計能力,以認定正確問題、設定妥適目標、對應結構環境演展、擬定解決方案;在合法化階段,需要政治能力以獲得政治支持與資源挹注;在執行階段,需要組織能力,以整合與運用資源、建立橫向與垂直的組際聯繫關係、發展與運用政策工具、塑造標的團體的認同與合夥。換言之,職司者若無法在各環節上建立相應能力,就可能形成政策失靈的原因。

治理不靈

現代政府面臨的治理問題,可四個層次:
1. 國際層次:即如何結合官方、非政府組織及企業,來因應國際性組織、區域聯盟與全球經貿市場所帶來的機會與挑戰。
2. 國家與社會之間關係的層次:政府必須尋求民間社會合夥或視框整合,

使政府在政策執行結構與政策網絡結構管理課題上，保有彈性與空間，以獲得較佳之產出。

3. 中央與地方關係治理的層次：因為在資源分配、政策立場和權力運作上，中央與地方政府既存在著緊張關係，也存在著共存共榮的依存與合作關係。

4. 機關或組織內部治理的層次：以適當的組織結構或形式，透過資源管理、知識與技術管理，來達成組織目標、履行組織任務。

國際層次

國家與社會之間
關係的層次

中央與地方關係
治理的層次

機關或組織內部
治理的層次

九、政策失靈之衡量標準

從下列六指標來衡量：

政策一致性	政策一致性的內涵有二： 一是政策所包含之目標與內容要素間的一致性，一是相關機關對政策立場、目標與方向的一致性。其次，就相關機關的問題而言，可分水平的政策一致性和垂直的政策一致性；前者是指同一層級的政府機關對政策的共識度，後者則為相隸屬或不相隸屬之不同層級的政府機關對政策的認同度而言。
政策普及度	政策普及度衡量的是受政策影響之標的或利害關係人的涵蓋程度。
政策貫徹度	可以分從時間、預算和組織層級三面向來衡量。從時間面向看，若只有在施行初期雷厲風行，但熱度一過，就回歸平淡，表示政策沒有長期貫徹度；從預算面向看，若政策預算執行力不佳，也可說明該政策並未按照原定計畫貫徹實施，所以才會出現預算執行不佳的情況；從組織層級的角度看，若基層抱持「上有政策，下有對策」的態度，則執行狀況和原本政策規劃出現極大落差，亦表示政策貫徹出現斷裂。
資源使用度	為達成政策目標所動用的資源與負擔的機會成本，即成為衡量資源使用度的指標，可藉以比較不同政策間的成本，或衡量若增加某程度的政策普及度或目標達成度所需增加的邊際成本有多少。

政策滿意度	透過政策滿意度的衡量，可直接了解政策利害關係人對政策的支持度，倘若政策具有合理性、正當性、公平性、成效性，即使對利害關係人造成不利影響，他們仍可能對政策產生正面的觀感與高滿意度。
負面影響度	每項政策本身都是許多方案選擇的結果，而各種選擇不僅會帶來正面影響，同時也會帶來各種可預期或不可預期，以及直接或間接的負面影響，負面影響愈多或愈嚴重時，政策失靈的可能性也愈高。

十、政策失靈之認定

上述的六個標準，並非每一項標準都會獲得運用，且某項標準符合者，不一定在他項標準也符合。其中存有衡量者裁量的空間和餘地。不過，核心問題在於誰來職司認定政策失靈？換言之，誰擁有政策失靈論述的所有權和主導權？其中的關鍵就在於權力的來源以及權力者間的關係。民主國家中的國會、上級行政首長、媒體、公民團體等，均擁有政策失靈論述的所有權，但主導權的歸屬，則可能須視不同的情境而定。最後其評價結果可能涉及政策的延續、組織的利基、預算的撥付，甚至危及機關的存亡或政治人物的政治生命。故從政策失靈論述所有權的角度來看，主張者除了提出文本外，尚需觀察底層的社會關係，是否被政策利害關係人透過結盟、互惠、交換、合作等策略的動員，而形成一種論述。

十一、進行政策失靈責任歸屬追究（或檢討）的條件

失靈原因明確	政策失靈本身無法做為責任歸屬的依據，而需先探究其成因。政策失靈可能是基於故意（如牟取私利），可能出於意外（如天災或機械故障），也可能是由於過失（應注意而不注意，如怠忽職守）。唯有明確認定失靈原因，才能妥適進行責任歸屬。
權責劃分清楚	基於現代社會複雜性，許多問題或政策，或者需要團隊合作戮力解決，或者需要跨越不同領域及不同主管機關。如以「人人有責」做依據，將形成釐清責任歸屬時的一大阻礙。因此，在權責交錯或劃分不清的情況下，主事者若無法提升組織與協調能力，就可能造成相關權責者渾水摸魚、互踢皮球，形成政策失靈的潛在原因。另外在責任歸屬階段，也可能演變成兩種結果：第一是尋找代罪黑羊或祭出棄車保帥，轉移外界焦點，或藉以逃避應負責任；第二是演出羅生門，各說各話，藉以推諉塞責。
資訊公開完備	責任歸屬的前提之一是相關資訊公開且完備，使得運作過程透明化，如此才能確保政策、預算、人事等重要層面獲得監督與控制。確保行政行為透明化的管道有許多，其中法律、政府公報、媒體與網路均屬之。例如美國一九六六年的資訊自由法，即賦予公民有權接近大部分的美國政府資訊；陽光法（Sunshine Law）則要求民選官員在處理事務時，應以公開會議的形式進行之，以利媒體與大眾的監督。

控制機制健全	控制機制可分內控和外控兩種。就內控而言，主要有賴政府機關內部的層級節制、專業規範，以及行為者個人的內在權威與責任感；就外控而言，主要有賴於立法機關、司法機關、媒體、公民團體的監督與課責，其配合條件便是前述的資訊公開完備，如此愈能促進責任歸屬的明確化。
歷史沉澱不久	許多政策失靈的產生，可能是長期歷史累積的結果，其中由於歷經眾多主事者更迭，再加上環境結構的長期影響，於是當物換星移、人事全非時，就不易進行責任的歸屬。

十二、政策失靈的責任劃分類型

政治責任

政治性政策失靈的責任，主要由政治人物或政治機構承擔，但對於官僚性和結構性的政策失靈，如資源不足、能力不全或治理不靈的問題，因政治責任的界定最寬鬆，故亦可歸屬政治責任的範疇。政治責任的控制形式，主要來自選舉機制的運轉、政黨政治的運作、行政立法機關的互動等政治過程。除職司政策的政務首長、決策者和政黨外，涉入政策過程的立法機關成員或民選首長，也要間接為政策失靈負起責任，而必須在平時和選舉時接受媒體與選民的公評。

法律責任

法律責任之歸屬，是以違反法律為前提，因此在貪瀆舞弊、行賄受賄或因怠忽職守釀致災害等人謀不臧行為所引起的政策失靈中，便須負起法律責任。凡在政策過程中涉及違法情事的政務人員、行政人員、法人團體或個人，均有可能要負起法律責任；至於法律責任的認定者，屬於司法機關與人員的專屬職權，根據嚴謹的法定程序進行，是以控制的制式化程度最高，其相對的救濟程序和權利保障也應最完備。

行政責任

行政責任之歸屬，屬於一種垂直式的層級節制關係，其中有關人謀不臧、能力不全等管理層面問題，主要均屬行政責任的範疇，責任歸屬對象自然以負責政策執行的人員為主。就實際運作而言，它不僅涉及行政機關的內部管理，也涉及國家懲戒權的發動與行使。因此，行政責任的歸屬，同樣必須遵守嚴格的法定程序，並重視公務員權利的保障。

專業責任

專業責任源自專業主義（professionalism）的興起。他的假定是：行政任務具有專業性與技術性，因此在專業的領域內，行政機關可依循專業理性的標準從事活動，故專業責任的對象是根據特定政策領域的專業或規範來認定，而其依據便是專業規範。一般來說，政務官所負的主要責任是政治判斷、政策決定、指揮監督與組織協調，因此專業責任主要落在專業性、技術性的行政官僚上。

上述四種責任類型，均隱含著民主治理、依法而治、專業倫理的價值在其中，因為一個政治體系若不存在著上述價值，則政策失靈後的責任歸屬，即使不是流於專斷化、任意化與工具化，也會淪為技術導向的問題解決途徑思維，對於長久性的制度建立，並沒辦法產生正面助益。

十三、台灣在政策失靈責任歸屬實踐上所產生的落差及縮小落差的方法

政策失靈原因明確、權責劃分清楚、資訊公開完備、控制機制健全、歷史沈澱不久，均有助於責任歸屬的進行。但從政治責任、法律責任、行政責任和專業責任的歸屬來看，政策失靈的成因和責任歸屬的結果之間，其關係並不是如此直接，尤其是對於政府部門之外的行為者而言。

實踐上的落差

1. 眾聲喧譁課責：責任歸屬的要求，本應建立在政策失靈的現象與原因之認定，而非民意代表個人或媒體以漫天喊價的方式要求負責。但觀之台灣今日政局，卻見國會成員或輿論動輒要求政務官下台。可見台灣政界與輿論界似乎有將「下台」等同於「負責」的傾向，卻不管這樣的呼求是否具備正當性、合理性。
2. 代罪羔羊受責：尋找代罪羔羊以轉移注意焦點或規避責任。此種以人或事做為卸責之辭的作法，一方面阻礙政策失靈成因的追究，因此無法對症下藥加以矯治；另一方面因責任歸屬不當，有權者可能心存僥倖，而代罪羔羊者則可能心懷憤恨，於是無形中破壞了負責任的文化。
3. 政治考量優先：國內在追究責任歸屬時，常常不是以政策良窳或政策成敗與否為考量依據，而是根據政黨利益、派系傾軋、政治氣候，甚至是當事人本身的政治關係或個人背景來決定。
4. 課責機制混亂：在政治、法律、行政、專業四種責任類型中，除了法律責任以司法體系為核心、行政責任以層級節制為核心，而有較明確的課責機制外，專業責任的課責機制並不強烈，至於政治責任的課責機制，由於中央政府體制之屬性爭議不斷，同時總統府與行政院間、行政院與立法院間，彼此互動上更是經常出現角色與權限之界定模糊。
5. 政策責任不對稱：責任歸屬的前提是政策失靈的現象與原因之認定。因此，不同的政策失靈現象，及不同程度的失靈後果，應有不同的責任歸屬效果。
6. 長期失靈無責：真正會帶來深遠影響的政策成敗，往往不是反映在能夠吸引社會目光的單一事件上，而是經過歷任決策者與眾多執行者一點一滴的累積而來。例如，台灣目前所面臨的財政收支結構惡化問題，還有目前缺乏多元的能源途徑系統，都是相關行為者累積起來的各種不當作為。

縮小落差幅度之道

1. **憲政體制成熟化**：就台灣現狀而言，使憲政體制成熟化的方式有兩種：一是繼續修憲，且要有系統、全面關照、能夠有效運作的方式進行，致使目前府院和院際之間的權責能夠釐清；第二種方式則是在現有憲政架構下，透過司法院大法官釋憲、政黨協商等方式，來建立逐漸成熟化的憲政運作慣例。
2. **民調回歸專業化**：民意是評估政策失靈的標準之一，也是據以要求責任歸屬的基礎所在。但失真化、工具化、操控化的民意調查，卻使得民意真相無法呈現，反而成為黨同伐異的工具。因此，使民調回歸專業化，才能輔助建立有效的責任歸屬標準。
3. **監察機能健全化**：對行政機關來說，監察制度是一項重要的外控機制，其所擁有的調查權，足以查察各種違法或不當行為，而監察院所擁有的彈劾權、糾正權、糾舉權和審計權，更足以進行相稱的責任歸屬，減少不當責任歸屬落差現象的發生。
4. **內控機制實質化**：除了監察機制，行政機關本身主要有兩套內控機制可資運用。第一是研考會針對政策或計畫進行列管與考核，第二是機關針對員工進行年終考績或機關考核。若這兩套內控機制能夠去除形式化的運作模式，如此消極面可以建立回饋機制，防止政策者或執行者的失職或不當作為；積極面則可建立明確的責任歸屬關係，提升員工的士氣與組織的效能。

十四、政府自主性

公共政策為力求國家發展，提升國家競爭力，不能在制定政策的政治過程中，任由各社會勢力團體競相爭逐影響力。相反的，政府的自主性及主導性必須要提升。

名師講座：馬克思學派所主張之「相對自主性」（relative autonomy）的論調，係指政府或國家機關之本質是由社會階級所塑造出來的，政府或國家機關不能脫離，也不可避免地將成為支配統治階級的工具。馬克思學派的觀點在民主國家不能適用，因為民主國家沒有明顯階級之分，只有經由選舉。執政黨與反對黨的輪流執政。

(一) **政府的自主性之意義**：政府自主性是指政府（government）或國家機關依其意願與能力來制定其政策或訂定出國家目標，而不只是反映出社會階級的利益和需求，再來擬訂國家的發展目標。政府之自主性程度要使其社會勢力結構狀態以及政府能力建構（capacity building）情況而定，有些國家的政府有絕對自主性，也就是說政府完全獨立於社會及社會各勢力團體或階級的實體外；有些國家的政府則只有相對的自主性。亦即指政府或國家機關之相對自主性，係指政府或國家機關能獨立於各社會勢力團體支配之影響的程度。政府的自主性在此並不指政府完全不受各勢力團體影響，而是強調政府亦可以較為執著並積極主動地制定國家發展方針，並以其公權力動員政府資源，促其實現。

(二) 政府自主性的範圍與程度：政府自主性的範圍與程度，關係到政府能超越哪些具有影響力之社會勢力團體的實質利益，提高其制定政策之理性度。政府在公共政策制定的政治過程之中，與市場機制、各社會勢力團體競逐影響力，政府要有自己的觀點、立場。以別於各社會勢力團體本位主義的觀點與立場。政府自主性的程度是源自於政府在政治過程互助中的地位，以及在世界體系結構中的地位。政府可以扮演如下角色：

在消極角色方面

就是政府和國內社會勢力團體關係，以及與外國政府關係兩方面，將限制政府的行動。政府的自主性程度受到三方面因素的制約：一是受到既存社會結構的限制，即是受到社會各勢力團體的直接或間接干預影響；二是政府的正當合法化，需經由民意的反應而定；三是受到本國政府在世界體系結構中的地位而定。

在積極角色方面

政府的干預行動表現出政府的積極角色，特別是對國家發展之主動角色而言，即使政府的權力受到政府內部結構特徵及國家機關與其周遭結構的關係之影響，政府也能在某種程度上，改變其與國內各社會勢力團體的關係，以及改善它在世界體系結構中的地位。一個強而有力的政府藉由政治與經濟的干預，猶如一隻掌控的手對塑造社會結構是相當重要的。

牛刀小試

1. 何謂「市場失靈」？政府如何糾正各類市場失靈？
2. 很多人認為發生市場失靈時，政府一定要積極干預，因而制訂各種政策。請舉出至少四種導致市場失靈的因素？
3. 當市場失靈時，政府可以採行哪些措施加以因應解決？試申論之。
4. 何謂「政府失靈」？政府失靈對公共政策的制訂與執行將會造成何種影響？（99身三）
5. 為何會產生政策失靈？它的認定標準包括哪些？

↘ 章後速讀

1. **公共問題**：所謂公共問題是指不特定多數人覺得其期望價值、目標或情況，與實際獲得或預期可獲得的價值、目標或情況之間存在著顯著差距，因此透過各種方式，將其縮短差距的要求（包括需要的滿足、價值的追求、機會的取得、痛苦的解除、困難的解決、目標的達成等），公諸大眾，爭取同情，引起政府機關注意及接納，並謀求解決的一種情境。

2. **公共問題發生的原因**：發現（discovery）、發展與應用（development and application）通訊（communication）、衝突（conflict）、管制（control）。

3. **公共問題提出的管道**：民意代表、政黨、利益團體、大眾傳播媒體、意見領袖、當事人代表、行政人員、候選人、抗議示威者。

4. **政府機關對公共問題所持的態度**：扼阻問題發生的態度、放任問題發生的態度、鼓勵問題提出的態度、促使問題發生的態度。

5. **政策議程**：公共問題在經由適當管道提請政府機關注意後，必須還要透過各種方式，爭取議程的設定，才算是獲得政府機關正式接納，予以處理。

6. **系統議程**：指系統內成員察覺問題的重要性與迫切性，並引起成員廣泛討論的議題，成員活動必須在系統之合法圈內，受權威當局所約束，故其本質屬於「討論議程」。

7. **政府議程**：或稱制度議程。指權威當局在其合法範圍內，認真且仔細思考系統成員的需求，並且對其需求累積到某一程度，再由立法部門或行政部門予以嚴肅思考，即形成制度議程，否則議程即自然消失。

8. **政策問題的特性**：相依性（interdependence）、主觀性（subjectivity）、人為性（artificiality）、動態性（dynamics）。

9. **問題發起者**：社會上有四種類型的人喜歡提出公共問題：再調適者（Readjustors）發掘者（Exploitors）環境反應者（Environmental Reactors）行善者（Do-gooders）。

10. **導致發生認定政策問題錯誤的來源組織結構**：意識型態（ideology）、無知（ignorance）、超載（babel）、干擾（noise）、落差（lag）、迴避（avoidance）、隱藏性問題（masking problems）、假性問題（pseudo-problems）。

11. **政策問題建構之方法**：文件分析法（Literature review）、調查研究法（Survey research）、統計分析法（Statistical analysis）、腦激盪法（Brainstorming）、政策德菲法（Policy Delphi）、假定分析法（Assumptional analysis）、消費者分析法（Consumer analysis）、類別分析法（Classificational analysis）、層級分析法（Hierarchy analysis）、類比法（Synectics）。

12.**政策德菲法（Policy Delphi）**：六○年代後期，政策分析人員為了突破傳統德非法（conventional Delphi）的限制，和政策問題複雜性需要，於是產生了政策德非法。係指當決策者或政策分析人員面臨政策問題結構不良、相當複雜、資訊不足、性質專精、後果難以預測估計時，可以邀請專家學者、行政機關代表、民意代表、當事人代表等進行腦激盪式的政策德菲作業，最後將團體決策的結果提供決策者做為選擇方案考的一種方法。

13.**市場失靈（market failure）**：傳統自由經濟學者認為，一個社會中財貨或服務的生產者與消費者間的自願性供需關係，可以構成完全曲競爭性經濟市場，生產者追求利益極大化，而消費者追求效用極大化，沒有任何人的效用或利益受到損失，資源分配獲得最佳效率，價格像一隻看不見的手主導市場內的經濟活動。因此，許多公共問題發生後，可以藉自由市場的經濟活動予以解決。但是在現實世界中，因為受到許多因素的影響，使市場無法成為完全競爭的自由市場，市場無法達到供需關係及資源配置的理想狀態，乃產生市場失靈的問題。

14.**市場失靈原因**：公共財的提供問題、外部性所造成的問題、自然獨佔所造成的問題、資訊不對稱所造成的問題。

15.**政府失靈（government failure）**：在一個完全競爭的市場經濟情況下，通常可以透過個人與集體選擇的方式生產和分配財貨，而大多數的個人選擇，可以透過自由競爭市場或其他自願的交換行為獲得需求的滿足。然而有些需求並無法透過市場運作獲得滿足，因而產生市場失靈狀況，促使政府不得不進行干預，乃採取各式各樣的政策工具與干預行動，以補救市場失靈的缺失。但由於政府在制度上、結構上、及運作上，具有許多先天性的缺陷，因此並無法充分達到預定的目的，無法達成有效的資源生產與分配，於是產生政府失靈的現象。

16.**造成政府失靈的原因**：直接民主所造成的問題、代議政府所造成的問題、機關供給財貨所造成的問題、分權政府所造成的問題。

17.**政策失靈**：政策失靈指當公共問題發生，政府機關予以接納並轉變成政策問題，制定及執行政策以解決該問題後，經過評估的結果，發現有時問題不但未獲得解決反而變得更為嚴重，或是原來的問題未獲解決外，更產生許多新的問題，需要政府機關另行研擬政策設法解決。

18.**政策失靈原因**：泛政治化、正當不備、人謀不臧、資源不足、能力不全、治理不靈。

19.**政策失靈的責任劃分類型**：政治責任、法律責任、行政責任、專業責任。

20.**政策困窘（The Policy Predicament）**：指公共政策的制定是為了解決各種問題，為人民帶來期望的福祉，但實際上並不盡然，政策常常會產生不願意看到的困境。一般人民從公共政策獲得了利益，但同時也付出了代價，而他們所獲得的代價，常還超過所獲得的利益。

☑ 精選試題演練

一、政策問題依其結構可分成三類，請先說明此三類問題之差異為何？在不同結構之下，應運用何種的決策途徑？（99地三）

答：分類及採取途徑：

(一) 就問題結構程度：

1. 結構良好的問題（well structured problems）：指僅涉及一個或少數決策者及只有少數幾個政策替選方案的問題。價值或效用可以清楚反映決策者對目標的共識，它們是依照決策者的偏好加以排列的。每一個方案都在確定情況或很少風險情況下可以計算出其執行的結果。

2. 結構中度的問題（moderately structured problems）：價值或效用雖可清楚反映決策者對目標的共識，但方案的執行結果既無法在確定情況下計算獲得，也不能以最少的風險計算得之。亦即，方案的執行結果是不確定的、錯誤的、或然率無法加以估計的。典型的此類問題是「政策模擬」與「博奕理論」（game theory）。處理此類問題，可採取混合掃描決策途徑與滿意決策途徑。

3. 結構不良的問題（ill structured problems）：指涉及許多決策者、價值或效用或是無法得知，或是不可能排列其優先順序的問題。決策者對於各競爭目標的看法是衝突的，因此政策方案的數目及其執行結果也就無法獲知，因為它所涉及的風險及不確定性均無法估計。例如甲案優於乙案，乙案優於丙案，而丙案又優於甲案。處理此類問題，可採取政治性決策途徑、漸進性決策途徑與垃圾桶決策途徑。

(二) 就問題的層次性：政策問題的複雜性與其層次性具有極大的關係，通常層次越高，問題就越複雜。

1. 主要問題（major problems）：指涉及政府機關內部或彼此間最高層次的問題，即中央、縣市政府本身或彼此間所存在的重大問題，它常涉及機關的任務問題。例如經濟部工業區開發的問題。

2. 次要問題（secondary problems）：指涉及中央、縣市政府內部單位，如司、處、廳、局單位的計畫或任務等，它可能涉及計畫優先順序的排列，及計畫受益者的界定等問題。

3. 功能性問題（functional problems）：指涉及計畫、方案這一層級上某些相關的運作問題。例如有關預算、財務等問題。

4. 輕微問題（minor problems）：指涉及比較細節性的問題。例如人事業務、福利、休假制度、工作時數、工作程序與規則等。

　當問題由低層次漸向上層次移動時，問題就越為複雜，因為它們會變得更具相依性、主觀性、人為性及動態性。問題的層次性與決策的技巧有很

大關係，層次越高的問題越需要作策略性的決定（strategic decisions），它們被稱爲「策略性問題」（strategic issues）。反之，有些問題的決定後果並不涉及較高層次的風險性及不確定性，則稱爲「操作性問題」（operational issues），如修改某一個機關的工作流程等。

(三) 就問題特殊性分：就政策問題的範圍大小、具體與否等因素，分成三類：一般的問題（general problems）、中等的問題（intermediate problems）、特殊的問題（specific problems）。彼此間具有統屬關係，亦即中等問題包含在一般問題中，而特殊問題又包含在中等問題中。

二、如何有效認定或建構政策問題？有哪些分析方法可以採用？其又有何特色？
（102身三）

答：(一) 政策問題的認定及建構：

1. 樣本調查法（sample survey）：即對於問題當事人，採取隨機或非隨機方式，進行抽樣調查，以了解當事人對問題的感受、看法、需求、建議等，並確認該問題是否有排進政策議程的必要。

2. 間接評量法（indirect assessments）：間接評量法指對於某些無法利用樣本調查法以瞭解其癥結所在，及評量其重要性的公共問題，可以採取間接評量法，以知悉問題的大要。

3. 問題製模法（modeling the problem）：模式是政策分析的根本。雖然即使最科學的模式也難以確切預測政策分析的結果，但是政策模式可以根據各種有關因素之假定，告訴我們政策分析的「可能性」是什麼？因此可以產生有助我們更清晰了解情境的資訊。

4. 相關性與因果關係法（correlation and causation）：事情的發生通常不會是孤立的事件，常常與其他事情發生密切的關聯；另外，很多事情的發生一定有其原因。因此利用相關性與因果關係法，可以協助政策分析人員瞭解某項公共問題內部重要變項彼此間的相關性，及與其他問題間的相關性。

(二) 政策問題建構之方法：

1. 文件分析法（Literature review）：該法也稱爲文獻探討法，或次級資料分析法（secondary data analysis）。該項方法指政策分析人員前往各相關機關、研究機構、圖書館及個人處，蒐集與某項政策問題有關的著作、期刊文章、政府出版品、研究報告、報章雜誌報導、公聽會或座談會的記錄等文件，進行靜態性與比較性的分析研究，以了解該問題發生的可能原因、背景及可能產生的結果等。

2. 調查研究法（Survey research）：該法指採取各種抽樣方法，包括隨機與非隨機抽樣法，對所抽出的樣本，進行訪問或調查，然後根據這些樣本主觀性的偏好判斷，及對事實所作的表示，瞭解問題發生的可能原因及

其結果。調查研究法有：郵寄問卷法（mail questionnaire）、親自訪問法（personal interview）、電話訪問法（telephone interview）。

3. 統計分析法（Statistical analysis）：指政策分析人員根據文件分析法與調查研究法所獲得的資料，進行統計分析，以瞭解問題涉及者的分布特性與因果關係。初步的統計分析可根據平均數、標準差及卡方檢定等方法，瞭解問題的集中趨勢與離散趨勢，及樣本間的差異性；進一步的分析則可以運用相關迴歸分析，瞭解變項間的因果關係，及自變項對依變項的直接與間接影響關係。

4. 腦激盪法（Brainstorming）：腦激盪法是透過一群人有系統的互動，產生想法、目標及策略，以協助政策分析人員或決策者認定及概念化問題的一種方法。

5. 政策德菲法（Policy Delphi）：指當決策者或政策分析人員面臨政策問題結構不良、相當複雜、資訊不足、性質專精、後果難以預測估計時，可以邀請專家學者、行政機關代表、民意代表、當事人代表等進行腦激盪式的政策德菲作業，最後將團體決策的結果提供決策者做為選擇方案考的一種方法。

6. 假定分析法（Assumptional analysis）：假定分析法為政策問題認定所使用的一種方法，係意圖對政策問題的各種衝突假定，製造創造性綜合的一項技術。主要是應用於處理不良結構的問題。

7. 消費者分析法（Consumer analysis）：消費者分析法為社會工作者進行社會調查工作所常用的方法，它比較著重於一般民眾的需求評量（needs assessment），而非意見表達。其基本假定是：所有的政府機關均應瞭解民眾的需求，及評量他們的需求強度。

8. 類別分析法（Classificational analysis）：類別分析法目的在澄清、界定與區分問題情境的概念。該法主要是採取邏輯區分（logical division）與邏輯歸類（logical classification）兩種方式瞭解問題，前者指在確定某項大問題後，依邏輯推理的概念，把該問題再細分為若干次級的分類，以求對問題本質能有更深入的瞭解；後者指將許多個別的事件、情況或個人，依其性質組合成為若干較大類別，以利分析、研究及處理。

9. 層級分析法（Hierarchy analysis）：該法提供了一項思維架構，協助政策分析人員確認問題情境的三種原因：可能的原因（即可能造成一項問題情境發生之各種事件與行動）、合理的原因（即經由科學研究與直接經驗，相信對某一個問題之緊生具有極大影響力的原因）及可操控的原因（即政策制定者可以控制或操縱加以改變的原因）。

10. 類比法（Synectics）：類比法乃是人類為促進認識相似問題而設計的一種思考方法。它泛指研究兩個或兩個以上問題相似之處，協助政策分析人員在建構某一個政策問題時，能夠對相似之處作創造性的使用。在建構政策

問題時，政策分析人員可以透過四種比擬（喻），去了解問題的癥結：個人比擬（personal analogies）、直接比擬（direct analogies）、象徵性比擬（symbolic analogies）、奇想比擬（fantasy analogies）。

三、何謂「政策議程」（Policy Agenda）？又有哪些因素會影響公共問題能否成為政策議程？（99身三）

答：(一) 政策議程定義：公共問題在經由適當管道提請政府機關注意後，必須還要透過各種方式，爭取議程的設定，才算是獲得政府機關正式接納，予以處理。所謂議程（agenda），係指由某一個政治性或政策性機關組織所提供的一系列必須考慮處理的事項。議程包括所有各層級政府單位對於需求、逼迫的結果，需要加以回應的一些項目。設法將一個公共問題擠進政府機關的議程，亦即爭取議程設定，乃是政策運作過程的第一個步驟。

(二) 影響公共問題列入政策議程的主要因素：

1. 問題本身的特性如何?問題嚴重性如何？問題受注意的程度如何？
2. 受問題影響者的組織情況如何？是否團結有力?還是一盤散沙？
3. 團體領導者如何產生?有否權力？領導者是否具有代表性？
4. 問題由何類人員代表提出?提出者是否為高曝光率的政治人物？
5. 問題提出者有否門路接近決策單位或決策者?與決策單位或決策者的關係良好否？
6. 行政人員對該問題有否設身處地之心?是否願接納它並加以處理？
7. 受問題影響者有否解決問題的旺盛企圖心？
8. 行政機關及行政人員對該問題所持的態度是消極抵制或積極接納？
9. 政治、經濟、社會、文化等各種環境因素的配合情況如何？

四、大眾傳播媒體與政策議程設定有何關係？高級文官應如何面對媒體過激而理盲的不正之風？（103高二）

答：(一) 關係：

1. 在民主社會中，大眾傳播媒體日趨發達，傳統的傳播媒體，如報紙雜誌、電視廣播等，具有集中化、大型化的優勢，確實有逐漸沒落趨勢，隨著雲端科技與電子資訊的創新，新興傳播媒體有如雨後出筍般的湧現，其分散化、多元化與個人化的優勢，對於民意的穿透力遠非傳統媒體所能想像。
2. 無論是何種媒體，基本的變化只是傳播工具的改變，傳播內容與討論的議題並未有所變化。報紙時代雖然結束，但我們依然看網路新聞，傳播媒體影響公共議程的關鍵並非傳播工具，而是其所討論議題的內容與態度。根據學者研究，傳播媒體對於型塑公眾對於公共問題的注意力與關注度扮演十分重要角色。當民眾愈認為是重要議題時，媒體關注度愈高，就愈容易型塑公共議程。

3. 羅格斯與迪爾林（Rogers and Dearing，1987）認為：議程應該分為三類：媒體議程、公共議程與政策議程，這三種議程之間形成相互影響的互動過程，首先是媒體議程先影響公共議程，接著公共議程影響政策議程；可是在某些議題下，政策議程可能會影響媒體議程，然後媒體議程再型塑大眾對於公共議程的認知。

(二) 如何面對：

1. 堅持執政黨的執政立場及執政方向：政府公務員分為政務官與事務官。前者指由執政黨提名當選的行政首長及由執政黨遴用的政治任用官員，理論上與執政黨選舉勝敗同進退，因此官位不受保障；後者指受法令保障之永業化公務人員，執政黨不得任意更換。政務官可說是執政黨在政府機構的代理人及領導者，故政務官必須在執政黨的政綱、政見導引下，發動政策，並對政策執行的成敗負全責。

2. 強調專家政治的重要性，引導民意走向：因為下面這些原因，使得專家政治日益受到重視：

(1) 因政府干預活動日愈增加，政府業務多元且分化，使專家的地位及角色日漸重要。

(2) 因公共事務日趨複雜，專業知識及專門技術的需要性日漸增強。

(3) 因科技發達，知識專精，專家對機關決策者影響力擴增。

(4) 因政務官在位短暫，繼位者欠缺必要的專業知識，愈來愈依賴專家的協助。

五、請問議程設定（agenda setting）的意涵為何？又有哪些條件能使公共問題取得政策議程的地位？（102警三、99原三）

答：(一) 議程設定：指一個政府機關決定是否將某一個公共問題予以接納並排入處理議程的過程。社會上每天所發的公共問題非常多，它們會經由各種管道提請社會及有關機關注意，希望能夠擠進政府機關忙碌的處理議程內，例如透過大眾傳播媒體、政黨、當事人代表、利益團體、意見領袖、學者專家甚至示威遊行等。「議程」是決策者（包括立法人員、法官、行政首長、行政官員等）的一項標準的人工產物，所有這些決策者都有他們的議程，其中有的受到積極的考慮並處理，有些則否。議程具有時間取向，有些項目會優先被處理，有些是犧牲其他項目而獲得處理的。從「制度議程」及其項目內容來看，可以發現議程的設定充滿了政治的及政策系統的偏見，政治領袖例如行政首長及民意代表，可以說是政策議程積極設定者，而不只是對議題作公正的裁判而已。政治領袖常因對某些特殊政策議題特別關注，而將它們置於議程上較有利的位置。它們會和其他政治領袖競爭並協商此類特權，同時善用媒體及政黨資源。

(二) 條件：見第三題。

六、何謂公共問題？何謂政策議程？請以國光石化開發案為例，解釋公共問題與政策議程的關聯，以及在此政策議程設定的過程中，政府機關、傳播媒體、標的團體與一般社會大眾如何在其中發揮其影響力？（100 高一暨高二）

答：(一)公共問題的定義：吳定教授對「公共問題」一詞作如下界定：所謂公共問題是指不特定多數人覺得其期望價值、目標或情況，與實際獲得或預期可獲得的價值、目標或情況之間存在著顯著差距，因此透過各種方式，將其縮短差距的要求（包括需要的滿足、價值的追求、機會的取得、痛苦的解除、困難的解決、目標的達成等），公諸大眾，爭取同情，引起政府機關注意及接納，並謀求解決的一種情境。雖然公共問題應由政府機關加以處理，但是因為公共問題實在太多，政府不可能全部加以處理，只有引起較大注意的爭論性問題，亦即論題（issues），才比較可能被政府接納處理。同樣的，也並不是所有被政府接納的論題，最後都會變成政策問題（policy problem），即政府決定規劃方案予以解決的問題。

(二)政策議程：見第三題。

七、根據學者的觀察分析，政府在政策議程建立中，可能扮演三種創始者的角色。試詳述政府扮演三種創始者角色的內容，並針對此三種角色扮演分別提出公共政策的應用案例。（101身三）

答：見第五題。在議程設定中，這些「創始者」不乏有人會運用博奕理論，不論是相關的政策利害關係人、民意代表、政府或學者，彼此會在解釋問題、交換條件裡，與相互溝通中達成共識。在談判的討價還價過程中，運用威脅、遊說、溝通等各種策略，尋找出一種讓雙方「雖不滿意但可接受」的方案。在求得適當的方案後，則做出整合與細部規劃，並將達成的原則性共識，經過一些作業程序而成為政府議程，一旦形成政府議程後，則關係到個人利益的取捨。在整個博奕過程中，我們必須使各種意見得以充分表達，這是民主政治的基本準則。

例如：關於能源運用及分配政策問題，民意代表基於政黨黨綱及民意壓力，可能會採取和行政首長不一樣的看法；政治領袖則是基於政黨實力及觀察民意的走向而採取模糊的看法，特別是執政黨的政治領袖，在政策形成過程中，三者彼此角力及討價還價。

八、何謂市場失靈（market failure）？市場失靈的主要原因有哪些？政府可採取哪些政策措施，以矯正市場失靈的狀況？試分別回答之。（102高三、101原三）

答：(一)市場失靈（market failure）的意義：傳統自由經濟學者認為，一個社會中財貨或服務的生產者與消費者間的自願性供需關係，可以構成完全曲競爭性經濟市場，生產者追求利益極大化，而消費者追求效用極大化，沒有任何人的效用或利益受到損失，資源分配獲得最佳效率，價格像一隻看不見

的手主導市場內的經濟活動。因此，許多公共問題發生後，可以藉自由市場的經濟活動予以解決。但是在現實世界中，因為受到許多因素的影響，使市場無法成為完全競爭的自由市場，市場無法達到供需關係及資源配置的理想狀態，乃產生市場失靈的問題。

(二)市場失靈之原因：

1. 公共財的提供問題：公共財（Public goods）係相對私有財（Private goods）而言。公共財在本質上具有：

    (1)非排斥性，即原則上任何人均得使用，不可將某人排除在外。

    (2)非對立性，即任何人不因與他人共同消費財貨或服務，而降低或減少其品質。

    (3)擁擠性，即由於使用財貨或服務的人數增加，因而導致消費的社會成本跟著增加。如國防、外交、治安源等。

    一般企業界或私人通常不願意或不可能提供此類公共財，必須由政府予以解決。

2. 外部性所造成的問題：外部性（externaliy）係指某一個經濟主體的經濟行為影響了其他個體的效益或成本的現象。外部性的結果可能是正面，也可能是負面。如果經濟行為產生的社會效益超過私人利益，稱為外部經濟（external economy）；如果經濟行為造成社會效益低於私人利益，社會成本高於私人成本的情況，稱為外部不經濟（external diseconomy）。一旦產生外部不經濟情形，而受害者未能在市場上向施害者求償時，便產生市場失靈。

3. 自然獨佔所造成的問題：在市場上，某些產品因為生產者擴大規模，平均成本持續下降，規模報酬遞增，遂透過市場競爭，逼迫小廠離開該種行業，最後形成獨佔情形。因為此種情形扭曲了資源分配的效率，所以政府必須進行干預。

4. 資訊不對稱所造成的問題：資訊不對稱（information asymmetry）指消費者沒有足夠的訊息與專業知識，判斷產品或所接受服務的數量及品質是否合理，因此消費者在議價的過程中，與生產者相比，處於不公平及不合理的地位。在此情況下，市場競爭無法提供市場機能充分運作的法則。

(三)矯正市場失靈的措施：

1. 對於已經存在的市場，政府解除對參加者的管制，開放自由競爭，即「市場的自由化」，亦是「開放市場」政策。

2. 對於市場未存在者，政府加以改造並建立市場機制，即「市場促進化」（facilitating markets）。

3. 對於市場內部機制未能有效運作者，政府予以「活潑化」，即「市場的活潑化」（simulating markets）。

九、何謂「政府失靈」（Government Failures）？政府失靈對公共政策的制訂與執行將會造成何種影響？（99身三）

答：(一) 政府失靈（government failure）：在一個完全競爭的市場經濟情況下，通常可以透過個人與集體選擇的方式生產和分配財貨，而大多數的個人選擇，可以透過自由競爭市場或其他自願的交換行為獲得需求的滿足。然而有些需求並無法透過市場運作獲得滿足，因而產生市場失靈狀況，促使政府不得不進行干預，乃採取各式各樣的政策工具與干預行動，以補救市場失靈的缺失。但由於政府在制度上、結構上、及運作上，具有許多先天性的缺陷，因此並無法充分達到預定的目的，無法達成有效的資源生產與分配，於是產生政府失靈的現象。

(二) 造成的影響：

1. 影響人民對政府的信賴：政府的存在需受人民託付及信任，如此政務始能順利推行。如果產生政府失靈，政府施政不順利，人民產生怨言，對政府不再信任，甚至會產生對立及衝突。

2. 造成政府資源浪費與社會不公正的現象。例如「肉桶立法」（Pork-barrel legislation）或「滾木立法」（log-rolling legislation）。

3. 造成機關供給財貨的問題：政府機關為因應市場失靈問題，必須提供各種公共財，諸如國防、外交、治安等，稱為「機關供給」，但是因為預算受到民意機關的控制、預算支用未受有效監督、機關功能未發揮效率性、本位主義濃厚等原因，使政府無法適當提供人民所需要的財貨。

4. 造成政務運作的問題：政府不同部門間，如行政、立法、司法部門間，及機關彼此間、中央與地方政府間，均有分權的設計，若因政府失靈，可能造成政務遷延時日、貽誤時機的結果，並產生資源分散、政策不易執行、監測困難等問題。

5. 政策執行不一致性：政策一致性的內涵有二：一是政策所包含之目標與內容要素間的一致性，一是相關機關對政策立場、目標與方向的一致性。其次，就相關機關的問題而言，可分水平的政策一致性和垂直的政策一致性；前者是指同一層級的政府機關對政策的共識度，後者則為相隸屬或不相隸屬之不同層級的政府機關對政策的認同度而言。

6. 政策普及度大打折扣：政策普及度衡量的是受政策影響之標的或利害關係人的涵蓋程度。

7. 政策無法貫徹：從預算面看，政府失靈若產生政策預算執行力不佳，也可說明該政策並未按照原定計畫貫徹實施；若從組織層級角度看，若基層抱持「上有政策，下有對策」的態度，則執行狀況和原本政策規劃出現極大落差，亦表示政策貫徹出現斷裂。

8.資源不當使用：為達成政策目標所動用的資源與負擔的機會成本，即成為衡量資源使用度的指標。政府失靈會對增加對某程度的政策普及度或目標達成度所需增加的邊際成本。

9.政策滿意度不佳：透過政策滿意度的衡量，可直接了解政策利害關係人對政策的支持度，倘若政府失靈，將會對利害關係人造成不利影響，他們會對政策產生負面的觀感與低滿意度。

十、許多政策問題皆同時面臨「市場失靈」（Market Failures）與「政府失靈」（Government Failures）現象，試問當決策者所處理的政策問題同時具有以上雙重失靈狀況時，應該如何選擇「政策工具」，以解決政策問題？（102身三）

答：見第八題。正是由於公共財的提供、外部性、自然獨佔、及資訊不對稱所衍生的各種問題，導致市場失靈，因此政府便責無旁貸的利用政策工具，試圖解決各種公共問題。市場失靈發生後，因而促使政府制定各種公共政策，介入資源分配的過程，提供財貨或服務，規範市場的運作，保障和促進資源分配過程的公平與公正。

十一、名詞解釋：
（一）Externality（103地三）
（二）Voting by Foot（103地三）
（三）Policy Predicament（102原三）
（四）Non-decision

答：（一）「外部性」指因為將成本強加於並非方案標的的個人或團體所產生的影響。詳細的說，外部性指任何一種行動的結果（不論是生產或是消費行為），對某一個並不完全同意其行動者，造成有價值性的影響（包括成本或利益）。最普通的負面外部性例子是私人公司行號在生產活動過程中，製造出不為大家所歡迎的空氣污染及水污染。又如在公共場所吸菸的癮君子吞雲吐霧，卻污染了大家共同擁有的空氣，而被迫吸二手菸。當然，外部性也有可能是正面的，例如有的人將住家附近的草地及花叢，修剪得非常整齊漂亮，使路過的行人賞心悅目，心神愉快；又如私人興辦學校對就學者及國家人才的培育，具有極大的貢獻。由於私部門往往為了生產有利自己的私人財貨（Privategoods），而製造了許多不利於個人與社會的「外部性」，造成所謂「市場失靈」（market failure）現象，所以政府有關機關不得不採取各種政策，以規範他們的行動。

(二) 此為「以腳投票」。新公共選擇理論學者對官僚體系非常挑剔，也非常悲觀，認為只有一件事情能補救其弊端，使公部門還能夠在自利的官僚掌握下績效仍然得以發揮：那就是某些形式的地方分權制度之有效運作。如果一個國家存在著許多地方政府，而且人民可以在其中自由的流動，則人民對地方政府官員所提供的服務，以及所採取的地方租稅制度，就有能力加以控制，這種控制的方法並不是藉由地方選舉的投票，或者向地方議會或行政首長遊說的方式。相反地，我們可以假定地方政府是由企業家型的行政首長在管理，以及公民們可以「用腳投票」，亦即可以隨時遷移到最能滿足他們對服務和稅收偏好的地方（例如社會福利最好的地方）。藉由此種方式，應當可以促進各地方政府的相互競爭。古典經濟學家將市場供需法則決定價格的情況，稱為「一隻看不見的手」，我們或許可將自利的民眾以腳投票，選擇較好的地方稱為「一隻看不見的腳」。

(三) 政策困窘（Policy Predicament）。公共政策學者George Edwards及Ira sharkansky在1978年《政策困窘》（The Policy Predicament）一書指出，公共政策的制定與執行是為了解決各種問題，為人民帶來期望的福祉，但是實際上並不盡然，政策常常會產生不願意看到的困境。他們明白的說，「一般人民從公共政策獲得了利益，但同時也付出了代價，而他們所付出的代價，常遠超過所獲得的利益。因為他們除了必須直接負擔稅捐之外，還得承受來自於對政策因為不正確認識與未切實執行所產生的失望、挫折、及生命或財產的損失。」我國的政策措施常常會造成「穀貴傷民，穀賤傷農」就是政策困窘的一個例證。

(四) Non-decision：抓阻性決定，扼阻性決定也被稱為「無決策制定」或「偏袒性決定」。扼阻性決定是指壓抑或阻擾對決策者的價值、或利益進行潛在或明示挑戰的一種決定。明白的說，它是決策者或權責機關所使用的一種工具，目的在採取相關作法，動員社會上支持該機關的力量，壓抑公共問題的發生，使該問題不獲重視，最好使其消彌於無形，亦即扼阻該問題進入政府機關的政策議程內。如果該問題扼阻不住而進入政策議程處理時，則再動員支持力量，設法在規劃階段，讓解決問題的方案胎死腹中。如果此道關口仍然守不住，權責機關還是有機會使該方案在執行階段有頭無尾，執行不成功。此一系列作法，就是扼阻性決定。這種決定，常會引起利害關係者的不滿，所以除非絕對有必要，否則還是儘量避免。（**吳定，公共政策辭典**）

04 政策規劃、政策設計、政策論證

政策規劃、政策設計、政策論證

政策規劃原則

1. 公正無偏原則（principle of impartiality）
2. 個人受益原則（principle of individuality）
3. 弱勢族群利益最大化原則（maximum principle）
4. 分配普遍原則（distributive principle）
5. 持續進行原則（principle of continuity）
6. 人民自主原則（principle of autonomy）
7. 緊急處理原則（principle of urgency）

政策規劃的可行性分析

1. 政治可行性（political feasibility）
2. 經濟可行性（economic feasibility）
3. 行政可行性（administrative feasibility）
4. 法律可行性（legal feasibility）
5. 技術可行性（technical feasibility）
6. 時間可行性（time feasibility）
7. 環境可行性（environment feasibility）

政策規劃步驟

1. 確認問題的癥結
2. 確定解決問題的目標與目的
3. 設定方案評估標準
4. 設計替選方案
5. 評估比較替選方案
6. 推薦最適當方案

政策方案設計的原則

1. 集中性（concentration）
2. 清晰性（clarity）
3. 可變性（changeability）
4. 挑戰性（challenge）
5. 協調性（coordination）
6. 一致性（consistency）

政策論證的要素

1. 政策相關資訊（Policy relevant information）
2. 政策主張（Policy claim）
3. 立論理由
4. 立論依據
5. 駁斥理由（rebuttal）
6. 可信度

政策論證的方式

1. 權威的方式（authoritative mode）
2. 統計的方式（statistical mode）
3. 類別的方式（classificational mode）
4. 直覺的方式（intuitive mode）
5. 分析重心的方式（analycentric mode）
6. 解釋的方式（explanatory mode）
7. 實用的方式（Pragmatic mode）
8. 價值批判的方式（value-critical mode）

課前導讀

當公共問題被政府機關接納後，並被政策分析人員加以研究形成政策問題後，即排入行政機關的政策議程，開始由行政機關的內部及外部人員加以規劃。而「政策規劃」就是設計替選方案的動態過程，它可分成理性途徑的規劃和主觀途徑的規劃；也可以分成例行的規劃、類比的規劃、及創新的規劃等。一般來說，政策規劃的全程活動包括以下諸項行動：公共問題發生、公共問題提出、公共問題接納、政策問題認定、政策方案設計、政策方案分析與評比、政策方案推薦。因此，涉及政策規劃的個人、團體、和機關，其人數及性質，每因政策問題性質之不同而有所差異。正因為政策規劃如此重要，所以規劃所牽涉的層面相當廣泛，一個好的政策規劃可以為後來的政策合法化、政策執行及政策評估奠定好的基礎，反之亦然。

政策設計也是公共政策重要的一環。許多政策執行及評估研究之所以失敗的主因，在於政策問題的界定與政策設計彼此之間無法有效的連結。因此，有必要對公共政策作重新的規劃與設計，此一觀點可說是政策設計興起之原因。換言之，政策設計理論是將公共政策視為一組設計政策方案的過程，透過整體專案的政策規劃理論與政策執行理論，再運用設計的觀點，讓政策制定者能夠設計出適當的解決方案，避免因政策產出的品質過於粗糙，以致不僅未能有效的解決公共問題，反而製造出許多的新問題。

翁興利等學者認為，政策設計理論是將公共政策視為一組設計政策方案的過程，政策設計所提出新的問題及內容包括：如何使解決方案（solution）與問題（problem）結合一起？如何儘可能地考慮所有的政策選擇？因此，政策設計者不僅應研究政策由誰制訂？所獲利益為何？哪一團體在競爭中將獲得最後勝利？如何促成支持法案的順利通過等問題？更應注意在政策執行與評估的過程中，如何將「政策的意向」（policy intention）轉換成「政策結果」（policy effect）等問題。

⊠ 重點精要

壹 政策規劃、政策形成及政策設計的定義

一、規劃定義及政策規劃的意義

（一）規劃（Planning）定義：

鍾斯 （Charles Jones）	規劃是指發展一套計畫、方法和對策，以緩和某種需求，解決某項問題。
卓爾 （Yehezkel Dror）	規劃是指為達成目標，藉期望的手段，對未來所要採取的行動，先作準備的過程。

梅爾 （Robert R.Mayer）	規劃乃是為達成未來事務狀態，選擇並設計理性的集體行動方案的過程。
林水波、張世賢	針對未來，為能付諸行動以解決公共問題，發展中肯且可接受的方案之動態過程。此定義包含數要素： 1.針對未來。2.付諸行動。3.解決公共問題。4.發展。 5.中肯且可接受的方案。6.動態的過程。

(二) **政策規劃（Policy formulation）的意義**：政策規劃指決策者或政策分析人員為解決政策問題，採取科學方法，廣泛蒐集資訊，設計一套叫目標取向、變革取向、選擇取向、理性取向、集體取向之未來行動替選方案的動態過程，也就是設計替選方案的動態過程。具有如下特質：

1. 政策規劃是為解決已經由政策分析人員明確認定的政策問題，而非未經認定的公共問題。
2. 從事政策規劃時，必須採取系統的、條理的科學方法，如問卷法、訪問法、觀察法、次級資料分析法等，廣泛蒐集資訊以設計可解決問題的替選方案。
3. 替選方案應以目標為取向，即替選方案必須能夠達成解決問題的目標才得成立。
4. 替選方案必須能夠解決問題，將現狀改變得更好才得以成立。
5. 整個政策規劃的過程就是選擇取向的過程。
6. 規劃過程原則上是理性的，應將個人主觀的偏見減到最低的限度。
7. 政策規劃活動通常是經由集體互動的方式完成的。
8. 政策規劃是一項動態性的運作過程，從問題界定、替選方案設計、評估比較、選擇推薦等一系列活動，可能會隨時變化，所以考慮的重點及作法也應當隨時加以調整。

(三) **政策形成（Policy formation）**：其意較政策規劃為廣。政策形成泛指自公共問題發生、設計規劃替選方案、將選定方案予以合法化，而產生正式政策的整個過程。廣義說，政策形成也就是政策制定。政策形成包含兩類，一是負責分析問題並規劃方案的政府機關內外政策分析人員；另一類則為負責政策合法化工作的政府機關首長、委員會與民意代表。

(四) **政策設計（Policy design）**：其含義較政策規劃為狹，通常是指政策方案的設計過程。因此，政策設計指政策分析人員有系統探討政策問題並組合解決問題之相關政策要素，使其彼此間具有邏輯一致關係的過程。

二、政策規劃的主要功用

```
          可改善            可預測
       現況、提高          未來、預作
        民眾福祉            準備

          可有效            可做為
          運用           政府施政的
        國家資源            依據
```

改善現況、提高民眾福祉	目前國際情勢變遷快速，我國在政治、經濟、外交、國防、社會、環保、交通、教育及兩岸關係等方面均有調適不當而產生各種問題，必須透過妥善的政策規劃過程，診斷問題，並在產業升級及國際化方面，提出解決之道，以提高民眾福祉。
預測未來、預作準備	前瞻性的規劃作為，可對環境作較長遠的預測，並提出未雨綢繆的因應措施。例如經濟學專家預測我國未來經濟發展將遭受中國嚴厲的挑戰趨勢後，可促使政府機關對相關問題進行深入的研究，並提出因應之道。
有效運用國家資源	我國國家資源極為有限，為達成國家建設的規劃目標，各機關必須對國家資源作經濟有效的分配運用，在從事整體規劃時，如能透過溝通、協調、及整合的方式，當可減少部門間資源的重複與浪費。
做為政府施政依據	政策規劃之後所提出的計畫書，其內容涵蓋問題界定、計畫目標與目的、執行策略、實施時程、所需資源編列、成效考評指標、及各單位應協調配合事項等。

三、規劃與政策規劃的種類

(一) 規劃的種類：

 操作規劃（operation planning）

指以組織現有的環境與資源為前提，針對可確知之外在的需求對組織現有的作業程序作細部的規劃。對多數的行政機構而言，組織未來二至五年內的工作規劃必包含大多數現行之經常性的業務與活動，因此組織便永遠需要對現存之操作方法與各部門之作業程序作妥適之安排與計畫，這種性質的組織規劃即為操作規劃。

📎 方案規劃（Program planning）

除經常性作業外，行政組織在任何時候下都可能有一些特定的重要政策而需要公共管理人規劃方案以執行。組織的方案可能是與現行組織之經常性的活動關聯密切的作為，如行政院決定採用新的考績獎懲辦法等；方案規劃所指的方案亦可能包括組織之完全創新的行動，如政府已定下發展知識經濟等重大政策。

📎 策略規劃

1. 布萊森：「組織中產生組織存在的目的、政策的內涵及行動方針之基礎決策與實際行動之紀律性的規劃模式。」
2. 布雷克（Bracker）：「用以決定組織的本質以及組織運用資源，以達成組織目標之環境與情境的分析」。
3. 貝利（Berry）則結合以下四項特徵的組織規劃模式：
   (1) 對組織整體之長程使命作詳細的研討與明確的認定。
   (2) 界定組織之各直接與間接利害關係人，並評估個別組織利害關係人對組織達成長程使命的影響力，與其對組織之目的與運作態度。
   (3) 基於組織之使命與針對組織利害關係人的分析，決定組織之策略目標。
   (4) 發展與訂定組織之策略以達成組織之策略目標。

(二) **政策規劃的種類**：鍾斯所作的分類：

依處理問題的方法	**理性途徑的規劃**（rational approach formulation)	採行此種規劃方法的人，具有以下特點： 1. 對該政策問題與其他相關的外在問題，從整合性觀點，將它們連結起來考慮並處理。例如在處理能源問題時，會同時考慮其他環保問題的處理。 2. 對政策問題本身各項內在因素以整體性的觀點加以處理。 3. 對於資料的蒐集與分析係採系統性的途徑。 4. 對於方案採行後對問題會產生何種影響的分析具有信心，亦即具有「前應性」的眼光。
	主觀途徑的規劃（subjective approach formulation)	採取此種規劃方法的人員，有以下幾項特點： 1. 對於該政策問題與其他相關的外在問題，從順序性（sequential）觀點，每次只研究一個問題，最多只合併研究決策者認為較明顯有關的問題。 2. 對政策問題本身各項內在因素以分割性（segmental）的觀點加以處理。 3. 對於資料的蒐集與分析係採非系統性的途徑。 4. 對方案採行後對問題會產生何種影響的分析不具信心，亦即僅具有「後應性」的看法。

	例行的規劃（routine formulation）	指政策分析人員採取例行與重複的方式，設計類似於以往所實施的方案。在大多數情況下，行政機關所處理的公共問題均屬於重複性、例行性的、有前例可援的問題，所以可採取此種規劃方式。
依設計方案的方式	類比的規劃（analogous formulation）	指政策分析人員採取以過去類似問題的解決方法做為解決目前公共問題之參考依據的規劃方式。如環保機關在規劃空氣污染防治方案時，參考過去已制訂完成的水污染防治方案。
	創新的規劃（creative formulation）	指政策分析人員採取突破慣例及創新性的方法，對於無前例可援的、複雜的公共問題，設計解決的方案。例如我國政府決定開放大三通。

四、策略規劃

(一) **策略規劃與傳統組織規劃模式的不同處**：

1. 傳統組織規劃多以政策或方案為單位，缺乏組織基本目的或整體面向之平衡的考慮；策略規劃則視整個組織為一完整的系統、針對組織的目的及其與環境的關係進行全面、未來性的思考。

2. 傳統上組織的規劃工作，焦點多集中於組織內部運作過程的規劃；策略規劃則把對組織環境的了解，與對組織外界之相關利益團體的分析，列為規劃過程的核心。

3. 傳統組織規劃僅被視為幕僚功能之一，該單位閉門造車，獨力完成規劃工作，組織中各直線部門並無權參與規劃的過程，為完全之由上至下之命令服從的模式。而在策略規劃中，規劃幕僚只扮演蒐集資料與提供規劃流程的角色，而以實際負責組織各功能的管理者為核心進行組織策略的規劃。

(二) **策略規劃的優點**：

1. 改善組織與環境中之利害關係人的關係或相容性：策略規劃可幫助公共管理者增進公共組織之掃描資訊、管理控制及回應環境需求之能量，以發展政府與民間的相互聯結。

2. 釐清組織未來的方向：策略規劃的過程等於在紙上模擬推演未來的情境，幫助組織的決策者在實際投入資源前，對各種替選的行動方案進行利害評估。

3. 界定組織的策略議題（Strategic issues）：所謂「策略議題」即是「組織內部或外部逐漸成形，且可能影響組織達成目標之能力的重要發展」。包括組織內的優點與弱點，以及組織外的機會與威脅。

> **觀念速記**
>
> 自一九六○年代開始，策略規劃即成為企業界中最受歡迎的組織規劃模式。採行策略規劃的公司，平均說來其業績的表現都比其他的上市公司成功。

4. 整合組織的各種管理功能：策略規劃經由訂定組織願景、長、短程目標與行動方針的內涵，間接地也定義出組織中管理者決策的依據以及各管理功能合作、互動的架構。

(三) **策略規劃的步驟：**

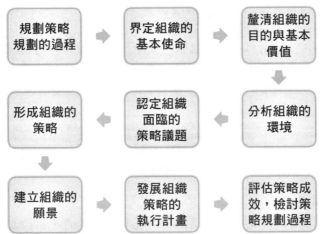

規劃策略規劃的過程 ➡ 界定組織的基本使命 ➡ 釐清組織的目的與基本價值

形成組織的策略 ⬅ 認定組織面臨的策略議題 ⬅ 分析組織的環境

建立組織的願景 ➡ 發展組織策略的執行計畫 ➡ 評估策略成效，檢討策略規劃過程

規劃策略規劃的過程，並達成共識

本步驟的目的即在達成組織之重要決策者對策略規劃之價值與目的，以及對策略規劃過程之組織、時程、參與者等重要細節的共識，以確保策略規劃過程的順利及組織對其結果的接受程度。布萊森強調，每個策略規劃的過程就像是一個故事或戲劇，必須有適當的場景、主題、情節、幕次、演員、開頭、中間、結尾及詮釋。

界定組織的基本使命

任何公共組織皆有其外界正式或非正式賦予的基本使命。組織之正式使命來源包括憲法、法律、上級頒布的政策、行政命令等；非正式的使命則來自文化、社會規範以及選民、民意代表等利害關係人的期望。

釐清組織的目的與基本價值

組織的目的與基本價值為除了外界賦予的使命外，尚有組織自我界定之工作方向與原則。例如，司法院大法官會議除了忠實解釋憲法的法定使命外，更有維護社會正義與善良風俗的目的與價值。

分析組織的環境

以了解組織本身的優點與弱點以及外在的機會與威脅（SWOT分析）。

認定組織面臨的策略議題（strategic issues）

經由組織之基本使命、目的、價值的釐清，策略計畫者便可根據對組織本身及組織環境之SWOT分析結果，認定組織欲達成其法定使命與其他目的所必須處理的策略議題。

針對所認定的策略議題形成組織的策略

策略的發展必須建立於對組織本身詳細的分析以及對於環境清楚的認識。本階段最困難的部分在於如何使規劃參與者以理性的思考改變舊有非理性的運作模式。組織成員的參與以及適當之組織文化的培養，對策略規劃的成功與否具有決定性的因素。

建立組織的願景（vision）

所謂的組織願景便是一旦所採用的組織策略被成功地執行，並達到原來預期的效果組織所應具有的景象。組織願員的作用在於使所有的組織成員了解組織未來的大方向以及對組織成員表現的期望。

發展組織策略的執行計畫

策略的執行計畫應包含以下細節：各執行者的角色與功能；監督執行的機制；期望的執行結果以及明細的執行評估目標；詳細的執行步驟以及相關的細節；進度表；資源的需求及來源；各執行者溝通的方法與程序；檢視與訂正的時機與程序；課責的程序。

評估策略成效，檢討組織策略規劃過程

在組織策略付諸實行後，其後續的直接與間接影響應有系統化的評估以作為修改策略的依據。

(四) **策略規劃的應用及成功因素**：可應用在傳統的公共管理領域之中，如財務資源管理、組織設計、組織間關係的管理、促進行政革新等。策略規劃應用在公共管理新發展的領域，如公共組織行銷策略、資訊資源管理等，亦有顯著的成效。

> **策略規劃的需求原因**
>
> 1. 新成立或擴張的組織：這些組織很快地得到所需的人力、經費，在初期的運作也稍有成就，但是有些這類機關想要繼續擴張，卻不知道如何著手。
> 2. 穩定財源的需求：許多機關面臨經費被削減的威脅，尤其是政府財政收支惡化的今天，許多機關勢必要重新思考其目標與發展的方向，以解決經費不足的問題。
> 3. 提供更多服務需求。
> 4. 被迫擴張角色：有些機構被迫去擴張其扮演的角色，每一個新角色都帶來新的挑戰。如教育部對高爾夫球場的設立之管理等。
> 5. 領導者的更迭：政府機關的政務官經常會有異動，機關處於這種常變動的環境，必須要尋求一適當的解決辦法。

6. 法律規定必須要作規劃：許多新的法規要求在正式的方案實施前，必須要先有完善的計畫。
7. 整合機關或服務的需求：為應付日漸惡化的政府收支赤字，許多機關開始整合其各部的功能與提供的服務。
8. 行動協調：新主管及新改變都將帶給組織新的活動。
9. 翻修體制：許多機關因為舊有的包袱而無法更新，機關主管或成員若想改革，勢必要有策略性的變革。
10. 政治的威脅：民主政治的發展，使得機關必須順從政治上的要脅，而改變其資源分配及服務的組合。
11. 追求理想願景。

策略規劃在公共管理應用的內涵

Eadie將策略規劃在公共管理的應用區分為下列三類：
1. 涉及全州及全社區性的應用：這種較高層次的應用，通常需要密集的公民參與，且其策略執行，亦有賴高度組織間之合作與協調。
2. 以部門為基礎的策略性長期規劃：與一般政策規劃不同的是，組織每年或每兩年更新其對環境的偵測，並且據以形成其策略的目標與計畫。
3. 以部門為主的策略議題管理：此種應用係在前項策略計畫中選擇特定議題，而不是就全面性的策略作規劃。

策略規劃的關鍵成功因素

1. 健全的財務：特別是有閒置資源的機關較有可能使用策略規劃。
2. 組織的規模：大組織比小組織更傾向於採用策略規劃，大的組織通常較可能具有閒置資源，且有較複雜的資源組合。
3. 組織領導人的任期：最可能採用策略規劃的時間是行政首長第一次當選後的第一年，其次是競選連任後第一年，最不可能採行策略規劃的是爭取連任那一年。
4. 是否在工作上和私人企業有密切的關係：凡是與私人企業平常有往來的機關較易受其影響而採用策略規劃。
5. 是否直接提供服務給民眾：凡直接提供服務給民眾的機關較有可能先行採用策略規劃。
6. 鄰近的機關是否已採用過策略規劃：鄰近的同性質機關因已採用過策略規劃，故成為被學習及模仿的對象。

五、政策規劃人員在做政策規劃時會面臨的政策規劃本質論題

依據梅爾（Robert R.Mayer）的看法，會面臨下列五項論題：

(一) **分析與價值選擇**（analysis and value choice）：由於規劃主要是從事分析性的工作，因此理性規劃過程被批評的一點就是忽視價值觀在政策或方案設計過程的角色。不過，平心而論，「理性」有助於價值選擇的意涵。理性規劃是一項確認替選方案價值偏好是否一致，以及確認價值選擇之後果的過程。因此，規劃考慮到價值問題，但無法提供分析及作決策時所根據的，選擇某項特別價值的基礎。

(二) **菁英主義與參與（elitism and participation）**：菁英式的決策結構認為只有少數的個人才具有體察公共利益或集體利益的知識或眼光。而在規劃過程中，逐漸增加使用高度精緻的技術，這些技能並非是一般人可以具備的，因此就限制了一般社會大眾了解各項計畫內容的能力。

(三) **預計與不確定性（prediction and uncertainty）**：規劃可能最常受到的批評之一是，由於各種環境因素的不確定性，所以很難預測未來。不確定性源自兩處，其一，通常規劃所處理的問題，本質上是非常複雜的，因此欲完全探人性方式予以理解乃是不可能的。其二，自然現象並非是靜態的，而是動態的。

(四) **集體主義與個人主義（collectivism and individualism）**：長久以來對規劃理論的辯論是，規劃會不會產生集體利益壓制個人利益的弊端？有人認為，如果人們對相關的問題，能被允許參加制訂解決的方案，他們的利益將可得到較好的照顧；但是據公共選擇理論的講法，某些個人所需要的財貨或服務，是只有以集體方式提供才能獲得的。所以，規劃並非在強調決策過程中的集體主義與個人主義之衝突，因為規劃所要達成的目標只有經由集體行動才可以達到。

(五) **化約主義與協力主義（reductionism and synergism）**：有人說，規劃只是一項機械性的過程，它將某一現象視為可零碎處理以改變該現象，由各部分組成的一種情況。事實上，說某一現象由各部分組合而成，此是一種人為劃分方式，因為實際上並不存在，或者是無法將它們從整體上抽離出來加以了解。

六、進行規劃須把握之原則：

卡普蘭（Abraham Kaplan）提出以下七項原則：

公正無偏原則（principle of impartiality）	指政策規劃人員在從事政策方案設計時，應儘量以公正無偏的態度，通盤慎重考慮方案對當事人、利害關係者、一般社會大眾等的影響情況，而作最適當的規劃。
個人受益原則（principle of individuality）	政策規劃人員在從事方案或計畫設計時，應考慮該方案不論理想多高、目標多好，但若其利益或正面影響，最後無法為一般社會大眾所分享時，該方案將得不到人民認同而無法順利執行。
弱勢族群利益最大化原則（maximum principle）	政策規劃人員在從事方案設計時，應當考慮儘量使社會上屬於劣勢情況的弱勢團體或個人，能夠獲得最大的照顧，享受較多的利益，例如殘障者、低收入戶、少數民族、婦女等應獲得較多的照顧。
分配普遍原則（distributive principle）	政策規劃人員在從事方案或計畫設計時，應考慮儘量使受益者擴大，亦即儘量使利益普及一般人，而非僅侷限於少數人，成本之分配亦然。

持續進行原則 （principle of continuity）	在從事方案設計時，應考慮方案或計畫的持續性，包括從過去、現在及未來三個角度，研究方案或計畫的可行性，尤其應以長遠的眼光去設計方案，不可存有「人在政舉，人去政息」的錯誤觀念，而設計短期的、無連貫性的方案。
人民自主原則 （principle of autonomy）	政策規劃人員在設計方案計畫時，應仔細考慮該政策問題是否可交由民間團體、企業、或一般社會大眾處理。如在八○年代後的「民營化」運動，凡是民間有能力以及有意願辦理的情況下，原則上應儘量交給民間辦理。民營化的主要方法包括撤資、委託、及取代三類。
緊急處理原則 （principle of urgency）	政策規劃人員在從事方案設計時，應當斟酌各政策問題的輕重緩急，列出處理的優先順序。

七、政策規劃的主要參與者

> **觀念速記**
>
> 林伯龍（Charles Lindblom）認為政策方案實際上是智巧思考的分析規劃與各黨派或政治勢力相互協調互動的結果。

行政人員

行政機關及其人員乃是政策方案或計畫的主要發動者，從中央機關、地方政府行政人員，負責推動政府絕大多數的政務活動，並且具有專業知識和動員支持力量的技巧。行政機關內部的人員或本於業務職掌、或基於回應民眾的需求而規劃各種政策方案，雖有所謂「科員政治」之說，但基本上，它仍是一種上下層級機關與人員互動之後的結果；就內部參與人員來說，包含了政務官與事務官、一般行政人員、專業性人員、外來顧問專家與內部行政人員；就行政機關本身的政策規劃而言，欲使規劃過程順暢運作，便須克服下列差異所造成的問題：
1. 政務官與事務官在態度與角色上的差異。
2. 一般行政人員與專業性人員在看法上及作法上的差異。
3. 外來顧問專家與內部行政人員在角色上的差異。
4. 行政人員彼此個性與心理取向上的差異。
5. 上下及平行機關間各方案的差異。

民意代表

指中央立法院的立法委員、直轄市及縣市議會的議員、鄉鎮代表會代表等。民意代表參與政策規劃的作法，主要為反映公共問題、要求行政機關將公共問題列入政策議程、對行政機關所規劃方案表示意見、甚至提出相對的政策方案等。

政黨

我國政黨在政策規劃過程中扮演極重要角色，尤其較為重要的政策方案或計畫，幾乎都要透過政黨系統先行發動，然後才由行政機關進行實質上的規劃工作。

利益團體

台灣因為社會變遷急劇，各種公益性及私益性團體有如雨後春筍般出現，此為多元民主社會的必然趨勢。利益團體在問題提出方面，常居舉足輕重的地位，例如環境保護團體對保護野生動物、自然資源、生活品質問題的注意；婦女團體對婦女就業、婚姻暴力及兒童安全的關注。

學術研究機構

外國學術研究機構對於政策規劃具有相當大的影響力，甚至政府機關還會主動委託學術研究機構從事政策專題的分析研究並提供建議，例如美國蘭德公司（Rand Corporation）、福特基金會（Ford foundation）等機構，便具有發揮「智庫」（think tank）的功能。

大眾傳播媒體

包括報章、雜誌、電視、廣播等，在政策規劃方面所扮演的角色越來越重要。它們對政策規劃的參與表現在以下方面：
1. 提供行政人員有關公共政策的資料。
2. 強調某些公共問題較其他問題重要，而具有排定政策議程的功能。
3. 經由批評社會病徵、政府施政、及行政人員的不良行為而揭示公共問題的所在。
4. 隨時提出政府應興應革的具體建議。
5. 對政府規劃中的方案提出影響性的看法。

除上述的六類參與者外，其他的參與者尚有當事人、學者專家、意見領袖等。

八、政策規劃的可行性分析

從事方案規劃時，必須從事以下層面的可行性分析：

名師秘笈

政策分析人員在從事政策方案規劃時，必須從事可行性研究（feasibility study）。可由主管當局的內部專業人才，或是邀請專家學者從事方案設計後，按著應當對各個替選方案的可行性進行分析研究，並且依據某些標準與技術，評估此較各方案的優缺點、重要性、價值高低，排出優先順序，供決策者選擇參考。

政治可行性 （political feasibility）	指政策方案在政治方面受到支持的可能性如何。包括下面支持因素：一般人民、標的團體、行政首長、意見領袖、政黨、利益團體、大眾傳播媒體、民意機構等。同時還應考慮該方案是否違反傳統倫理道德觀念及社會上盛行的價值觀念。

經濟可行性 （economic feasibility）	指執行政策方案時所需要的一般性資源與特殊性資源之可得性如何。一般性資源指金錢預算，特殊性資源指專業性人力、物材，相關資訊等。就重大國家政策而言，尚應考慮以下要素：國家資源的質量情況；農工商漁牧業的發展情況；人口、物資、財務資本的結構情況；財政金融制度；外貿情況；教育制度與醫療衛生設施情況；國民所得分配情況。
行政可行性 （administrative feasibility）	指行政機關及其能力是否足以承擔政策方案的執行工作而言。行政能力涉及三項變數的互動關係：績效、結構、環境。因此，行政可行性之分析變數為： 1.執行機關的安排（層次的高低）。 2.執行機關的內部結構情況。 3.管理人員的情況。　　4.一般執行人員的素質情況。 5.管理技術的使用情況。 6.外部聯繫情況、與民眾的關係如何。
法律可行性 （legal feasibility）	指政策方案在執行時，能否克服法規方面的障礙而言，是否違反法律規定？是否受到法規限制等？
技術可行性 （technical feasibility）	指有否足夠的技術知識與能力，以執行政策方案而言，須考慮：專業知識的權威性如何；專業知識的發展水準如何；專業知識的認知差異如何。
時間可行性 （time feasibility）	指從時間幅度考慮政策方案執行的可能性如何而言。包括：政策方案規劃的研究發展時間；政策方案執行所需的時間；政策方案產生預期後果所需的時間。
環境可行性 （environment feasibility）	指政策方案如欲付諸執行，能否克服「環境保護」的規定。環境保護涉及兩個層面，一是自然生態保育問題，另一為公害防治問題。

九、公共政策制定所應具備的基本前提

(一) **充實的制定理由**：任何公共政策的制定，係決策者要實現某種政策主張，而這種政策主張之所以能被人接受，必須要能提出合理的制定理由，即政策所要達到的目標為何？

> **觀念速記**
> 政策的制定並不意味著政策目標業已成就，緊接著的執行為落實的要件，而政策是否有執行力，政策制定前提的衡酌又是不可或缺的條件。

(二) **堅強的合法性**：公共政策之能取得合法的地位並具有規制的力量，當然要透過合法化的過程。所謂合法化的過程包括二種涵義：一為所制定的政策具有堅強的法源基礎或法律依據；二為程序的合乎正義，即政策的制定要遵守一套法定的程序，並廣徵與政策本身具有利害關係的當事人之意見，經由有權責的機關衡量斟酌後，才能作成最後的決定。

(三) **詳實的政治可行性分析**：政策制訂之前，決策者一來要瞭解受到政策影響的人的正反面立場，二來要知悉受到政策影響者，對研擬中的政策認識的程度，三來要測知對政策有監督權的機關，對政策本身所持的態度。

(四) **合理的成本效益分析**：任何類型的政策均有其效益與成本，若成本負擔大於所得的效益時，決策者在下決定時就要有一番斟酌了。

(五) **正確的後果判斷**：任何公共政策付諸執行後，均會產生良性與非良性後果，而非良性後果的正確判斷，一則可多一次考慮政策的最後決定，二則可以資助決策機關事先研擬措施加以有效的防止。

十、影響政策決定（政策抉擇）的標準

依據朱志宏教授影所言，標準如下：

➡ 價值觀念

> 決策制定者的價值觀念，對其如何制定決策有直接且深遠的影響。例如，以軍事撥款來說，「鷹派」國會議員，由於他堅信加強軍備的必要性，可能會投票贊成增加軍事預算；反之，「鴿派」國會議員，則可能投票反對任何增加軍事經費的提案。一個人的意識型態對他如何制作決定，可能也會有所影響。

➡ 政黨歸屬

> 在美國，對大多數國會議員而言，政黨效忠（party loyalty）是一個政策抉擇所依憑的標準，政黨歸屬與政黨領袖的影響力，和意識型態上的承諾，常是密不可分的。不過，在美國的情形，政黨對它同黨國會議員的影響力是有限制的，執政黨與反對兩黨尖銳對立的情形，並不多見，英國的情形就不同。

➡ 選區利益

> 當在某個議題上，政黨利益與選區利益發生衝突時，國會議員究應以政黨利益為重，抑或以選區利益為重？有人以為，當政黨利益與選區利益發生衝突時，國會議員應以選區利益為重，蓋議員的政治前途，實係決定於其能否申張選區人民的利益，在代表選民利益時，民意代表或者可以委託人的姿態出現，根據自己最佳的判斷和憑自己良心來代表選民制作決定，民選官員若採取與選民利益相違背的行動，可能會嚴重地影響到其政治前途。

➡ 公共輿論

> 有學者認為，輿論對於公共政策一般的方向可能有所影響，對於一項特殊的政策方案或日常性例行決策，公共輿論的影響較為有限。舉例而言，美國一般輿論對於國家營利政策以及福利政策一般的方向較具影響。

➡ 徵求他人意見

> 不可諱言，行政人員當是根據上級長官的指示而制作決定，但行政人員在作決定前，尚可能徵求立法人員的意見。民選官員常需處理許多性質複雜議案，民選官員對於這些議案可能不感興趣，也可能所知有限，因此，在這種情況下，民選官員常會向他人，如政黨領袖、委員會主席或專家學者徵求意見，作為制作決策的參考。有時，法官在作決定之前，也會徵求他人的意見。

十一、政策規劃步驟

十二、「決定目標」的內涵

梅爾（Robert R.Mayer）在「政策與方案規劃：發展的觀點」一書中提出的「理性規劃過程」九步驟，其中「決定目標」的內涵：

(一) 目標的確定是政策規劃的最重要工作，它決定了整個政策制定的方向、原則及方針。有了目標，才能依序規劃較具體的目的、設計替選行動及其執行辦法等。

(二) 政策規劃人員在決定政策目標時，可從三種類型的目標加以考慮：

1. 個人性目標：即指涉個人的情況或行為狀況。如某計畫的目標是要防止青少年的犯罪行為。

2. 社會性目標：指涉某一社會或社區的某些特質。如某計畫的目標是要促進國民住宅自有率的提升。

3. 機關性目標：指涉某一機關或組織的某些特質。如某計畫的目標是要提高某機關員工的士氣。

(三) 各種政策目標的主要來源為：

1. 憲法的規定。例如我國憲法對人民權利義務、基本國策、自由人權等的規定等。

2. 法律的規定。由立法機關所通過的各項法律均可為政策目標的根據。

3. 行政首長的宣示及命令等。

(四) 規劃人員在決定某一政策或計畫的目標時，必須要分析每一項被提出的目標，在與其他政策的目標相此時，是否符合清晰性、一般性與一致性的標準，不可互相矛盾。

十三、政策規劃實務上會面臨的挑戰

(一) **權力面的挑戰**：規劃的結果是為未來行動立下指南、綱領或方向，在地位與資源顯著不平等及充滿各種利益衝突的社會，規劃工作的權力面是一項必須面對的挑戰。亦即，規劃人員並非是在一種中立情況下從事規劃工作；相反的，他們必須在各種不同政治機構內研究各種政治性議題，其對各種公共問題的處理方式，一定會得到某些人贊同，也肯定會引起某些人的責難。

(二) **社會正義面的挑戰**：公共政策的規劃人員比私人企業的策略規劃人員要受到更大的挑戰，因為公共政策規劃人員所關心的不只是資源浪費問題，還須考慮社會正義（social justice）問題，不只是擔心「效率」問題，還須擔心「合適結果」的問題；不只擔心「顧客滿意與否」的問題，還須擔心「完全效率市場承諾可以提供，但實際市場卻無法提供的食物、住宅及工作」的問題。

(三) **政治方面的挑戰**：規劃人員的工作性質同時具有技術性和政治性的面向。就應付問題而言，雖然基本上是技術性的，但也很可能像工匠一樣或像例行作事一般；就應付人而言，可以說都是政治性的問題。這也就是為什麼一位政策規劃人員應當具備專才與通才技能的道理。

十四、行政機關在政策規劃上的可能缺失

問題情境認定的謬誤

該項謬誤有下列幾種：將原本並非有問題的情境錯認為嚴重的問題；原本為分配性的問題認為再分配的問題；原本為一項實質問題誤認為程序問題；將枝節的問題層面當作關鍵的問題要因；將非問題的涉及者認定為涉及者等等。

因果關係論證的謬誤

解決問題的方案之所以能形成效果，兩者之間亦須有一定程度的因果關係存在。這兩種因果關係的瞭解愈周延，則政策規劃愈有成功的可能，問題也比較有可能迎刀而解；反之，原因探討有偏差，方案設計有誤失，即如導因為果的現象，非但不能解決原來的問題，甚至衍生了意想不到的新問題。

類比規劃的誤失

人類在追尋其所面對問題的解決方案時，歷史上不同時期對類似該問題所設計的方案，或者世界上其他國家針對類似問題而研擬的方案，均極易成為思考評比的對象。此種規劃，有一個主要立論理由，即當今所謂的新問題，其實是一項舊的問題，何以不採用過去曾成功解決問題的方案呢？類比規劃實在無法保證一定會找到正確的解決方案。因為這種規劃方式，不是忽略了時間因素的衡量，就是疏忽了空間因素的影響。

防衛性的思維模式

防衛性的思維模式有下列幾項特徵：
1. 規劃所依據的資料為「軟性」資料，而以這種資料所描述的問題情境，非但無法透視真正的問題，更不能與持不同問題觀者建立對問題的共識。
2. 問題情境的認定，形成原因的分析，解決方案與問題間因果關係之推論，根據一些模稜兩可的假定。

3. 參與規劃的人員由於同質性太高，對問題情境的認識及方案抉擇，擁有固定成套的想法，且又事先立下一些無法討論及變更的原則，限制了方案抉擇的範圍。

4. 因為前述三項特徵互動的結果，最後所作成的各項規劃結論，很難接受公開地檢定。

問題特質與解決方案的失調

行政機關用以解決問題的方案，可分為兩大類：實質性的與程序性的。實質性的政策工具包括分配金錢；建立標準；設定優先順序；應用技術；干預市場結構；興建公共設備等。程序性的政策工具為：接納人民的參與及意願的表達；建立合法而正當的程序以為行事的準據；設置溝通的管道；安排管理、監督、管制、考核的機構等。這兩種政策方案在本質上往往不能互換，且各自適合解決不同的問題。然而，政策問題又因許多差異而有不同程度的複雜性，因而造成問題特質與解決方案的失調。

十五、行政主管在政策規劃過程中所具有的資源與限制

(一) 在資源方面：

1. 時間：行政主管常需花許多時間在旅途、會議或研究幕僚的報告上面。如果說政策制定的要旨，是在創造對政策有利的闡釋，則花時間去進行說服及強化政策的接受性，顯然比把時間花在蒐集資料、設法改變機關內部的結構、及激勵部屬上面要來得有生產力。

2. 注意力：行政主管通常在智巧能力方面擁有特殊的稟賦，即具有蒐集、分析及評估資料的能力，但這些能力是有限制的。因此，行政主管必須選擇如何在這些不同的智巧能力方面支配其注意力，他們必須決定應注意及如何注意哪些事。

3. 影響力：政治影響力之產生可能基於以下的因素：特殊專業知能或其他個人特質，如超人的睿智、辯才無礙及說服他人的能力、及具有對更高職位者之關聯能力等（如他是總統身邊的人）。一般而論，行政主管能夠將影響力轉化成協助、支持與合作的力量，因而強化他們對公共政策的貢獻。

(二) 在限制方面：

1. 外在政治環境所強加的限制：如「政治」限制了行政主管行使自由裁量權的範圍，包括：任用他之民選官吏的職位與偏好、法律的用語、法院判決的用語、克服政治上反對力量所需的成本限制等。

2. 機關組織所強加的限制：行政主管所屬機關回應變革需要的能力，反映了該機關在預算資源方面、行政及技術方面，有沒有能力產生新的行動或修正的行動。

3. 自己的個性與認知型態所強加的限制：行政主管的個性，尤其是認知型態界定了他們能夠從事政治性相關行為的範圍。如果主管不具創造性的直覺能力，他

將無法與民意代表產生要適的互動關係，也沒有辦法在政策規劃過程中取得領導地位。

十六、我國行政規劃常犯的缺失及改進作法

缺　失

1. 行政機關常囿於本位主義，以致缺乏有效的溝通及協調。
2. 行政機關缺乏整體性與前瞻性眼光，使政策常遭「頭痛醫頭，腳痛醫腳」之譏。
3. 行政機關尚未建立完整的長、中、短程計畫體系，致政策常缺乏系統性與連貫性。
4. 各級行政機關缺乏足夠政策分析人員及政策規劃人員。
5. 行政機關內部之各種諮詢委員會或顧問委員會常未能發揮功能。
6. 行政機關從事政策規劃時，常未邀請機關外有關人員或團體參與，致遭受「閉門造車」之譏。
7. 各機關之政策分析人員及規劃人員缺乏從事政策規劃所需的知識與能力。
8. 政策分析與規劃人員未能充分考慮標的人口的需求。
9. 政策分析人員與規劃人員在從事規劃時，常常或未與標的人口充分溝通或溝通不佳，引起誤會，招致標的人口的抗拒。
10. 政策分析人員與規劃人員常以為問題只有一個理想解決方案存在，缺乏適當的替選方案。
11. 政策分析人員與規劃人員常採取固定的規劃方案，致方案缺少創新性與突破性。
12. 政策分析人員與規劃人員對政策方案的可行性研究，常常不夠詳盡周延，致影響政策執行程度。
13. 政策方案規劃過程與內容之「公開」程度或「保密」程度，常未依政策性質作最佳判斷，致進行合法化時遭到劇烈抗拒。
14. 決策者常未充分尊重政策分析人員與規劃人員之專業知識，而隨意更動替選方案優先順序。
15. 行政機關以外之人員與機關未積極參與必要的政策規劃活動，致政策方案難獲各方充分的支持。

改進作法	
【微觀】 強化我國 政策規劃 之道	1. 應肯定其他有關機關與人員參與政策規劃的必要性及重要性。 2. 政策規劃機關對重大方案規劃，應盡可能委託超然學術或研究機構。 3. 招募培訓政策分析與規劃人才，並強化研考單位與業務單位政策規劃能力。 4. 各級機關應儘速訂定並落實長、中、短程計畫體系。 5. 各機關應加強內外、上下、平行單位與人員間的溝通協調工作。 6. 善用現代規劃方法與技術，提高決策品質，例如「政策德非法」。 7. 強化各機關諮詢委員會在政策規劃方面的功能。 8. 政策方案應作詳盡切實的可行性研究，以免方案在合法化時遭受阻撓。 9. 政策規劃活動的參與面應擴大，使利害關係人具有對話的機會。同時，必要時可採取「吸納」（cooptation）策略，將持反對立場的意見領袖納入規劃小組或決策圈。 10. 行政機關應加速建立管理資訊系統（Management Information System）、決策支援系統（Decision Support System）、推動辦公室自動化（office Automation）、電子化政府等，提高政策的品質。 11. 有關機關從事政策規劃時，應視政策方案性質，適度公開其規劃過程與內容，先期溝通看法，爭取支持，並減少利害關係人對「黑箱」（blackbox）作業的疑慮。 12. 政策方案經過規劃，排出優先順序並作推薦後，決策者勿太過遷就特殊因素（例如政治性因素），而輕易變更替選方案的優先順序。 13. 行政機構宜盡量減少「管制性政策」的制定，而增加「自我管制性政策」的制定，以減少政府業務量的累增，並增加政策的執行力。
【宏觀】 我國政策 規劃應努 力的方向	1. 加強與民眾意見溝通及協調。 2. 策訂國家建設總目標。 3. 加強政府各部門橫向間的協調聯繫。 4. 建立環境預測資料庫。 5. 加強規劃能力，積極培育規劃人才。

牛刀小試

1. 何謂政策規劃？其主要特性有哪些？
2. 政策規劃在本質上有哪些論題？在政策規劃時，實務面臨哪些方面的挑戰，及資源與限制因素為何？
3. 政策規劃工作是一個相當動態的過程，試說明政策方案的規劃，應把握哪些步驟及原則？
4. 試說明政策規劃的原理，並就我國政策規劃出現的偏失，同時提出改進之道。
5. 何謂可行性研究（Feasibility Study)？政策方案可行性研究應涵蓋哪些層面的可行性？其進行程序究竟為何？
6. 可行性分析為政策規劃時，不可或缺的一環。請列出五項可行性分析，並簡述其內涵。

貳 政策規劃的技術性議題

一、評量需求

(一) **評量需求（assessing needs）定義**：所謂評量需求是指評量某一群人口之需求的程度與已提供服務以迎合此需求之數量間的差異。包含三項要素：1.某一項狀況或需求的廣度。2.確定造成或阻礙該項狀況或需求的因素。3.既有的處理該狀況或滿足該需求的政策或方案的廣度。

> **名詞教室**
>
> 評量需求（assessing needs）是政策規劃的第二個步驟，不過它與第三個步驟敘明目的是平行的，也就是說，兩者應同時考慮，互作修正。

(二) **需求類型**：依據布瑞蕭（Jonathan Bradshaw）看法，需求可以分成四種類型：

1. 規範性需求（normative need）：指某個人的情況低於政府機關所規定的情況，或低於某社區的一般情況，而有需要予以補救者。如地方政府對於低收入戶的界定。
2. 感覺性需求（felt need）：指對於某問題或某種狀況，個人所想要滿足的需求，它相當於經濟學中的要求（want）。此種需求完全依個人感覺及自己所訂標準而異。
3. 明示性需求（expressed need）：指已由個人轉化成急欲滿足的感覺性需求，它相當於經濟學中所謂「需要」（demand）的意思。
4. 比較性需求（comparative need）：指個人的狀況明顯低於某一比較團體之個人的平均狀況，它相當於社會學中的相對剝奪概念（concept of relative deprivation）。例如鄉村學童所接受的教育品質低於城市兒童所接受的教育品質。

(三) **評量標準**：在評量既有的政策或方案滿足需求狀況時，宜從五方面加以檢視：提供服務的數量（quantity）如何、提供服務的品質（quality）如何、提供服務的適當性（appropriateness）如何、標的人口對所提供的服務接受性（acceptability）如何、標的人口對所提供的服務可及性（accessibility）如何。

二、方案規劃活動

依據史塔林（Grover Starling）在「政策制定策略」「Strategies for Policy Making」一書中所揭示，方案規劃的主要活動如下：

觀念速記

在設計替選方案時，應廣泛蒐集資訊，包括由行政機關、民意機關、利益團體、民間社團所提出的建議在內。

(一) **設計若干替選方案**：首先，規劃人員應不受限制的廣泛設計找尋各種替選方案，包括對現行方案的繼續實施、修正、擴充、縮小、或予以放棄的考慮，主要是重新檢視現行方案目的的有效性。在設計替選方案時，應當質疑該問題是否需政府插手解決？下面情況可辯護政府插手的立場：

1. 在必須提供服務的情況下，缺乏由私人提供服務的適當方案。
2. 普遍提供服務或設施的結果，可使社會蒙受其利，如全民健保。
3. 使某項服務具有公平可得性，如接受教育的服務。
4. 將利益分配予處於劣勢者，如對殘障者提供醫療服務。
5. 管制私人活動，例如醫藥食品衛生的管制。
6. 對私人活動提供激勵誘因，例如鼓勵私人開發能源。

(二) **篩選初步的替選方案**：對於眾多已被設計的替選方案，就每個方案可能發生的後果、優缺點、價值等，加以初步的分析，淘汰若干較差的方案，使替選方案減少到可管理的範圍內。

(三) **估量可衡量的結果**：對於預期可衡量的方案結果，及所有在各種情況下，所需投入的成本及資源應加以估量，它包含效能、附帶效果、分配考慮等事項在內。在從事評量時，可利用以前類似方案的評估資料或藉助因果理論所推估的資料做為依據。

(四) **評量替選方案的優先順序**：一旦所有替選方案的全部或漸進的可能後果都分別評量確定後，應把他們排出優先順序。排序所使用的途徑，包括「成本效能」、「成本利益分析」等。

(五) **確定限制因素的影響狀況**：政策或方案必須在法律的架構內運作，因此須對政策或方案付諸執行時，實際上及可能會受法律的、財務的及政治的因素所影響的狀況，加以深入的分析。

(六) **重新評量替選方案的優先順序**：對於替選方案優先順序的排列總是暫時性的，決策者仍然可以提出新的論題，詢問新的問題，要求進一步的研究及從事額外的比較，以做為調整替選方案優先順序的參考。

(七) **檢查評量的完整性**：規劃人員在分析過程中除應儘量考慮各項相關因素外，在完成規劃分析工作後，對於替選方案本身所涉及的問題及優先順序，仍應仔細檢查，然後才向決策者提出建議。

三、政策方案預測

(一) **預測的意義**：政策規劃階段的主要工作是在設計各項解決公共問題的替選方案，而此項方案設計工作必須包括預先估量各替選方案之優缺點、可行性、及後果等事項在內。換言之，必須包含從事方案預測（forecasting）的工作。「預測指預先測知未來事件或條件的可能性，俾據以作為規劃及行動之依據。」

(二) **政策方案預測的意義**：指以估計衡量既有政策與新政策後果、新政策內容、或政策利害關係者行為與態度所得之假定或資訊，作為比較取捨替選方案的依據。

(三) **政策預測的主要目的**：

1. 提供政策方案可能改變環境及其可能結果的相關資訊：政策預測的目的在尋求瞭解並控制人類及物質環境。而且，政策預測因對未來社會狀況從事預測，更能達到「控制」人類及物質環境的效果。

2. 增加對未來政策方案的控制：由於基於未來決定於過去的假定，故經由對過去政策內容及其結果的瞭解，可增加我們對未來政策內涵及結果的控制。

(四) **預測的種類**：

格蘭傑（C．W.J.Granger）	以時間的長短為準
短期（short run）	即預測不久的未來可能發生的事。
中期（middle run）	即預測中度的未來可能發生的事。
長期（long run）	即預測長期的未來可能發生的事。

格蘭傑（C．W.J.Granger）	從預測的目的著眼
事件結果預測 （event outcome forecasts）	即預測某事件會發生何種結果？如選舉的結果，誰會當選？
事件時機預測 （event timing forecasts）	即預測某事件何時會發生？如經濟景氣復甦將在何時發生？
時間數列預測 （time series forecasts）	即預測某種事在等距時間內的價值變動情況，如每月的失業率如何？

但恩	預測所根據的基礎
預估 （Projection）	即基於目前與過去歷史的趨勢，而推論未來情況的一種預測方式。
預計 （prediction）	即基於明確的理論假定所作的一種預測方式。此類假定也許是「理論定律」形式，加所謂「金錢效用遞減率」；也許是一種「理論主張」；也可能是一種類比性主張。預計的主要特徵乃是從因果關係或類比性來預測某事發生的可能性。
推測 （conjecture）	即基於主觀判斷對未來某種情況加以預測的一種方式。此種主觀判斷可能是直覺式的，亦即利用對事情較深入的瞭解、較有創造力的知識權力、或對政策利害關係者所知較多，因而強調其對未來事件發生推測的可靠性。

(五) **預測情境的種類**：

確定情況 （certainty）	即預測者已肯定未來將發生何種自然狀況。
風險情況	即預測者可依據各種資料判斷未來各自然狀況發生的機率。
不確定情況 （uncertainty）	即預測者對於未來各種自然狀況，既不能肯定其將發生，也無法賦予發生的機率。

米勒（David C.Miller）更深一層的將預測所涉及的未來情境分成三大類型：

潛性未來（Potential futures）

亦稱可替性未來（alternative futures），指未來可能會發生的社會情況，相對於最後實際會發生的社會情況。潛性的未來情境在它實際發生前，一直處於不確定狀態中。換言之，它也很可能不會發生。

合理未來（Plausible）

指基於自然與社會因果關係的假定，如果決策者不刻意去變更事件的發生方向，則未來的某種情況很有可能會發生。

應然未來（normative futures）

指與政策分析家之未來需要、價值、機會等觀念相一致的潛性未來與合理未來。由於對應然未來加以詳細說明的結果，使政策分析人員可將潛性未來與合理未來的範圍加以縮小，因而可將預測導向於特殊的目標與目的。

(六) 政策分析人員在預測政策方案後果所需的資訊來源：

權威 （authority）	即向專家學者或具有特定法定地位者尋求替選方案或其他資訊的意見。例如可透過科學專家學者的證詞，而預測替選方案的內容及後果。我國消費者文教基金會就曾做為制定消費者保護法提供重要資訊的來源。
洞察力 （insight）	即凡是對某一特殊問題具有深入瞭解者，其直覺、判斷、看法、知識等，可成為政策分析人員尋找方案的重要來源。此種對問題具有深刻洞察力者，並非一般人所說的專家，然而其意見卻具有極大的影響力。例如，全國總工會工作的人員，即對於勞資糾紛問題瞭解相當深刻，且經驗豐富。
方法 （method）	即具有創新性的系統分析方法，有助於替選方案的找尋。例如，透過某些新的系統分析技術找出某些替選方案及對於若干衝突目的排出優先順序，德菲法（Delphi method）及素描法（Scenario method）即是。利用分析方法所獲得的資訊做為政策預測來源，許多人認為較具說服力，因為它較符合「理性」決策的要求。
科學理論 （scientific theory）	自然科學與社會科學研究結果所作的解釋，可成為替選方案的重要來源。例如，社會心理學的學習理論曾經是美國兒童教育計畫。
動機 （motivation）	即政策利害關係者的信念、看法、價值、及需要等，可做為替選方案的來源之一。亦即，替選方案可能來自於對特殊行業團體的目標與目的加以評量的結果。例如，藍領勞工所具有的信念、價值、與需要，和以前不同，因而產生一種新的「工作倫理」（work ethic），即要求有較多的閒暇和採行彈性工作時間制度。
平行案例 （parallel case）	即基於類似環境對於同樣政策問題可採行同樣解決方法的假定，例如其他國家政府所發生的同樣政策問題，其處理經驗可做為政策替選方案的重要來源。例如新加坡處理國民住宅的問題。
類比性 （analogy）	即基於兩個以上政策間的某些關係基本上是相似的，故不同類別的政策問題，其相似之處可做為替選方案的一項來源。
倫理系統 （ethical system）	即由哲學家與其他社會思想家所提倡的「社會正義」的理論，常可做為許多政策替選方案的來源。例如所謂「巴瑞圖規則」（Pareto Rule）即被許多政策分析人員認為是大多數人所同意的一項簡單倫理原則，其意為「一套最適的社會所得分配乃是能使某些個人蒙受其利而不使他人蒙受其害的方法」。

(七) **政策方案預測涉及的對象：**

1. 現行政策的結果：預測可應用於估量如果政府不採行新政策而繼續現行的作法，則目前社會可能會發生何種改變。在此情況下，將政府的「不作為」（doing nothing）視為現行政策。

2. 新政策的結果（consequences of new policies）：預測可應用於估量如果採行新政策，則社會可能會發生何種改變。例加預測政府如提高電價，則未來一年內國內物價波動變化。

3. 新政策的內容（contents of new policies）：預測可應用於估量新的公共政策內容的改變情況。

4. 政策利害關係者的行為：預測可應用於估量政策利害關係者對新建議政策的可能支持或反對情況。例如，可應用估量政治可行性技術，以預測不同政策利害關係者在政策過程的各階段。

(八) **從事較佳政策方案預測的原則或方法：**

1. 從事預測的專家們應明白列出，他們所作預測可能發生錯誤的理由。此舉能使他們與實際情形保持密切的聯繫。

2. 專家們必須要列出各項潛在後果的不同機率。

3. 幾位普通專家所作預測的平均值，可能較單獨一位重量級專家所作的預測要來得可靠。

4. 專家不應只是終身從事研究，諮商顧問的工作，而應該在其事業生涯中，找一段時間，從事實務工作，獲取實際的工作經驗，其所作的預測將較為可取。

(九) **實施預測可採用的技術**：依預測途徑及基礎而分成三大類：

1. 外推預測技術--古典時間數列分析：所根據的是趨勢外推法，即基於對過去事實的觀察，而推斷未來可能發生情況的一種方法。古典時間數列分析（classical time-series analysis）認為時間數列具有下列四種要素：

   (1) **長期趨勢（Secular trend）**：時間數列在某段較長時間內常呈現出不變、漸增或漸減的傾向。欲求時間數列之長期趨勢，應在此時間數列中，設法除去其他變動影響因素。長期趨勢通常分為兩種：一為直線趨勢（linear trends），另一為非直線趨勢（nonlinear trends）或趨勢曲線。

   (2) **季節變動（Seasonal variation）**：係以一年之內為固定週期的上下變動情況。其變動原因，主要受季節或風俗習慣的影響，如汽水、冷氣機銷售量，夏日較冬季多。

   (3) **循環變動（cyclical variation）**：係一種以若干年為週期而較不具嚴格規則的連續變動。就商業經濟而言，此種變動通稱商業循環或經濟循環。

(4)**不規則變動**（irregular variation）：此種不規則變動可能有許多種因素所造成，如政府異動、罷工、天災等、如水旱災可能導致蔬菜瓜果價格上漲等。

2.**理論預測技術--因果關係製模法**：所根據的是理論，即利用一套經過系統化建構並實際驗證的法則或前提，基於某事之發生而預測另一事之發生。因果關係製模法（causal modeling），其基本假設為，兩個以上變數間的共同變化，乃是其基本驅力（因）及其後果（果）的一種反映。它已廣泛應用於經濟、社會、交通等政策問題的預測。

3.**直覺推測--德菲法**：所根據的是主觀判斷，即基於對某事件的洞察力所獲得的知識，而對未來從事預測。

(十) **判斷預測**：所有的預測都會涉及某種程度的「判斷」，但是判斷無法產生所有的預測，當理論及實證資料不可得或不充分、無法利用資料作系統性、數學性預估時，就會應用到諸如此類的字眼：判斷的、直覺的、主觀的等。

1.相對於因果模式論使用「演繹的邏輯」，及趨勢外推法使用「歸納的邏輯」，判斷的政策預估所使用的是「回溯邏輯」，回溯邏輯指從對未來的某項主張著手，倒溯回去蒐集必要的資訊與假設，以支持該項主張。

2.在許多情況下，即使存在著很好的資料，但因若干中介變數所形成的不確定性，也必須使用判斷的預測。例如，地方政府的主計單位在編製下年度預算時，主計首長也須利用判斷方式預測下年度員工的薪資成本及福利支出、經常費及機器設備費等

(十一)**專家討論會**：專家討論會（(Expert Panels）是一項被廣泛應用但卻較不準確的政策方案預測方法。即某些領域的公共政策案的預測，除此之外別無他法。例如某些交通事件的處理主要是依賴政府官員的判斷作決定，而非依賴交通環境方面的因素。

1.專家討論會的預測方法通常被認為優於單一專家所作的預測，因為團體成員互動的結果，可以彌補個別成員成見及無知之不足。

2.委員會或討論會也有若干缺失：

(1)團體會對其成員施加社會壓力，例如成員即使知道大多數人的看法是錯的，也會有必須同意他們看法的壓力。

(2)對小團體所作的實驗顯示，有時言辭犀利的少數幾個人或甚至單獨一個人，就可能壓迫所有其他人接受自己價值不高的觀點。

(3)由於團體有它自己的生活方式，因此認為達成同意的立場遠比產生其正具有深思熟慮且有用的預測資料較為重要。

(4)成員可能基於私利立場而在討論會上極力爭取自己的利益，他們的努力就在設法贏得其他成員的支持，而不在達成較佳的結論。

(5)整個團體可能分享共同的偏見。此種情況最容易在成員具有某種次文化
（subculture）時發生，尤其當某些成員被認為是某種公共政策領域內的專
家時更是如此。此容易產生「團體盲思」（Group think）的現象，導致作出
錯誤的團體決策。

以上專家討論會所具的缺失，可透過運用「政策德菲法」（Policy Delphi），
而獲得部分的補救。

(十二)**政策方案預測所受的限制：**

> **觀念速記**
>
> 預測乃政策規劃過程不可或缺的一環，它有
> 助於政策分析家與決策者減少依賴「運氣」
> 以處理未來環境的變化情況，而以較科學較
> 有把握的方式，對未來情境作預估。

政策目標或目的未明確清晰界定	導致預測時失去明白依據，可能使方向偏差，結果錯誤。換言之，它可能造成「以正確預測方法達到錯誤目的」的情況。
預測者未具充分知識與技巧	負責從事預測工作的政策分析人員，對於預測理論與方法應相當嫻熟，同時對於該政策問題所涉及的各種面向十分清楚，但並非每位預測者都具有充分的條件，其所作的預測可靠性，自然受人懷疑。
預測時所蒐集的資料不夠充分或有誤	預測者必須根據足夠的及正確的資料，採取適當預測方法作預測，但受許多因素影響，不見得能得到充分的資料做為預測的基礎，勢必影響預測品質。
預測時受到時間與經費的限制，常因陋就簡	如果容許作預測的預備時間過短，則預測者無充裕時間蒐集資料及多作考慮，可能草率就事；如果經費不足，亦無法廣泛蒐集資料及聘僱協助人員，可能敷衍應付。
預測者使用不適當的預測方法	究竟應使用計量的或直覺判斷的預測方法，須視問題本質、目的、資料等因素而定，然而決策者的意圖及支持亦甚為重要。
預測者常需預測人類行為後果，但人類行為不易準確預測	政策在規劃、執行、與評估各階段，均涉及許許多多相關人員的互動行為，而人類行為乃是最難以捉摸掌握的。
預測者無法掌握變動不居的外在環境	任一機關政策的規劃與執行，必深受機關外在環境因素，如政治、經濟、社會、法律等方面的影響，而此些因素常隨時變動。

四、政策德菲法（Policy Delphi）

(一) 傳統德菲法定義：傳統德菲法，係為避免小組溝通不良、為少數人員把持、被迫順服別人意見、人格衝突、及敵對等弊端。傳統德菲法的應用，強調以下五項基本原則：

匿名 （anonymity）	所有參與的專家學者以個別身分發表意見，嚴格遵守匿名原則，不公開提出各種意見者的身分。
複述 （interation）	由主持人收集參與者之意見並公布週知，反覆進行數回合，其間准許參與者在參酌其他人之判斷資料後，修正其原有判斷。
控制性回饋 （controlled feedback）	令參與者回答預先設計之問卷，並使其對集結起來的判斷論證作總體衡量。
統計性團體回答 （statistical group response）	對所有參與者的意見作綜合判斷時，通常視其「中數」、「離勢」、及「次數分配」情況而定。
專家共識 （expert consensus）	德菲法最主要目的在形成能使專家獲得共識的情況，而得出最後的結果。

(二) 政策德菲法定義：一九六〇年代後期，為突破傳統德菲法的限制，並迎合政策問題複雜性的需要，於是產生了政策德菲法。當決策者面臨政策問題結構不良、資訊不足、後果難以預測估計時，可以邀請學者專家、行政機關代表、民意代表、當事人代表等進行腦激盪式的政策德菲作業，將團體決策的結果提供決策者做為選擇方案的參考。政策德菲法除採取傳統德菲法的複述原則與控制性回饋原則外，並引進其他幾項新的原則：

➡ **選擇性匿名**（selective anonymity）

參與者只有在預測進行的前幾回合採匿名原則，但當爭論政策替選方案時，他們必須公開為其論點辯護。

➡ **靈通的多面倡導**（informed multiple advocacy）

選拔參與者的標準為「利益」與「淵博」，而非「專業知識」本身，即盡可能遴選代表各方利益的消息靈通的倡導參與者。

➡ **回答統計兩極化**

在總結參與者的判斷時，著重於各種不同意見及衝突論點的衡量，也許會使用到傳統德菲法的衡量方法，但它又從個人之間與團體之間正反兩極意見的衡量予以補充。

➡ **結構性衝突**（structured conflict）

基於衝突為政策論題的一項正常特點之假定，特別致力於從各種不同的意見及衝突的論點。

➡ 電腦會議方式（computer conferencing）

電腦在可能情況下，被用來處理各個參與者匿名互動的連續過程，因而可免除一連串個別的德菲回答方式。

(三) **政策德菲法在公共政策上的應用--主要實施步驟：**

1	論題明確化（issue specification）	即分析者應決定何種問題將付諸討論，最好能先發展出問題一覽表，以供參與者增刪。
2	遴選倡導者（selection of advocates）	採取適當選樣方法，遴選能代表立於衝突立場的倡導者組成德菲小組。例如「雪球取樣法」（snowball sampling）則為可行方法之一。
3	設計問卷（questionnaire design）	分析者先設計第一回合的問卷，然後根據第一回合問卷回答情況，再設計第二回合的問卷，以後亦同。第一回合的問卷可包括幾種類型：1.預測項目（forecasting items）。2.論題項目（issue items）。3.目標項目（goal items）。4.選案項目（option items）。
4	分析第一回合結果	就參與者之回答，作總體的衡量，狀集中趨勢、離勢、兩極化的分布範圍及程度表明出來。
5	發展後續問卷	前一回合的結果做為下一回合問卷的基礎，政策德菲法通常進行三至五回合。
6	組成團體會議	將參與者集合在一起，面對面討論各自立場所根據的理由、假設、論證，同時接受回饋資料。
7	準備最後報告	參與者的意見到最後不一定能取得共識，但對問題、目標、選項及其後果的意見，則可能得到最具創意的總結，此亦即政策德菲法的最重要產物。最後報告應羅列各種論題及可行方案，並說明不同立場及其論證。此報告即可送交決策者做為決策的一項資訊。（吳定，公共政策，頁252-286）

五、政策方案評估比較技術

(一) **政策方案決策分析基本工具**：邏輯推理、機率與統計推理、模糊數學。此三項工具分別應用於確定性情境、風險性情境、及不確定性情境的決定情況。

 1. **邏輯推理**：解決確定性問題及確定性結果的政策問題，即有什麼樣的前提，必然會有什麼樣結果的問題。

 2. **機率與統計推理**：解決確定性問題及可能結果的政策問題，即有什麼樣的前題，可能會產生什麼結果的問題。

3. **模糊數學**：解決不確定性問題及不確定性結果的問題，即問題屬於某個前提的程度是多少，由此前提的程度能夠推出結果的程度是多少的問題。

(二) **在確定性情境下常用的方案評比技術有**：償付矩陣法、線性規劃法、成本利益分析法等；在風險性情境下的評比技術有：決策樹法、最可能發生情況決策法、平均期望值決策法、及期望水準或績效標準決策法等；在不確定性情境下之評比技術則有：悲觀原則、樂觀原則、主觀機率原則、及遺憾最少原則等。

六、替選方案（alternatives）

(一) **定義**：所謂替選方案（alternative）乃是一組員向相關的不連續行動，亦即當採行某一項行動後，即不可能再採行另一項行動，彼此是互斥的。其次，被稱為一組替選方案的所有方案均應與達到同一個目的直接相關。例如所有的替選方案均以降低失業率為其目的。

> **名詞教室**
>
> 最適合替選方案的選擇工作，通常是由三類的人員作最後決定：第一、由決策系統（decision making system）作決定。第二、由決策者（decision makers）作決定。第三、由規劃者（Planners）作決定。

(二) **選擇替選方案的步驟**：

1. **準備替選方案報告**：政策規劃人員必須將各項替選方案的相關資訊、分析與決定，加以綜合摘要。必要時，可使用圖形、表格、數字等方式，以書面及口頭報告為之。

2. **透過外界評論**：將欲選定的方案交由社會公評，廣徵意見。作法包括舉辦公聽會及民意調查，交由相關的利益團體表示意見。

3. **進行內部審核**：由決策者參酌外界的意見及先前規劃過程所得的結論，對方案詳加研究考慮後，決定所要採行的方案。

4. **從事必要的修正**：在決策人員作了決定後，政策規劃人員仍須對方案進行檢視及補充，如有遺漏或錯誤之處，應作修正。

5. **對外界的回饋作說明**：當方案已選定並作修正後，應向參與第二步驟「外界評論」者說明解釋。

(三) **替選方案的主要來源**：威瑪（David L.Weimer）與文寧（Aidan R.Vining）認為，替選方案的主要來源有以下四種：

1. **各項既有的政策提案（existing policy proposals）**：在設計替選方案時，應慎重考慮解決某問題之各項既有的政策提案，包括維持現狀的方案在內。現存的各項提案有時是先前分析之後的產品，有時則代表了某些利益團體所作的嘗試。

2. **一般政策解決方案（generic policy solutions）**：政府為解決所謂「市場失靈」及「政府失靈」所採取的一般政策作法，可以做為規劃人員設計替選方案的一個起點，包括自由化市場的政策（freeing markets）、便利市場的政策（facilitating markets）、及模擬市場的政策（simulating markets）。

3. 修正的一般政策解決方案（modified generic policy solutions）：將各機關的一般政策解決方案加以蒐集並分析研究後，可將若干解決方案的要素加以合併，或加入一些新的特性，而形成實用的修正解決方案。

4. 特別訂做的解決方案（custom made solutions）：在無前例或類似案例可援的情況下，規劃人員經過研究後，可能會設計出一項獨特的、特別訂做的政策方案。此方案之要素可能來自各種文獻資料，也可能來自規劃人員的想像。

上述四種來源，應進一步參考以下的散發性原則：

(1) 勿期望發現一項主控性或完美性的替選方案。

(2) 勿將偏好政策與一套笨拙的方案作對照比較。

(3) 勿心存「贊成的」政策，除非已評估所有方案的目標。

(4) 應確定所有的替選方案是互相排斥的。

(5) 避免提出可作任何事（萬事通）的替選方案。

(6) 方案應與可用資源相一致，包括權責及可掌控的變數。

(7) 記住政策替選方案應是一套具體的行動作法，非抽象的敘述。

(四) **篩選替選方案的步驟：**

1. **資源可得性**（availability of resources）：成本是否在可見的資源限制之內？

2. **技藝可得性**（availability of technology）：是否有足夠的知識或技藝可執行該方案？

3. **價值可接受性**（value acceptability）：方案是否合乎有權作決定之決策者的偏好或價值系統？

4. **充分性**（adequacy）：方案達成計畫之目的的充分性如何？

5. **可行性**（feasibility）：方案在政治上、法律上、經濟上、行政上、技術上、環境上、時間上的可行性如何？

6. **整體性**（comprehensiveness）：方案解決整體問題的程度如何？

7. **普遍性**（Pervasiveness）：方案是否可使所有執行者及標的人口均了解？

8. **連貫性**（continuity）：方案與該問題以前的解決作法是否相連貫？

9. **時效性**（timeliness）：即方案之執行是否可及時解決該問題？

(五) **發展替選方案的技術**：1.經由文獻探討而設計方案。2.經由比較個案研究（the comparative case study）而設計方案。3.經由調查方法（survey）而設計方案。4.經由結構性團體過程（structured group process）之腦激盪的方式而設計方案。

(六) **評量替選方案後果的採用標準：**

1. **效率性**（efficiency）：並非指選擇花費成本最少的方案，而是指選擇以最少成本達成某一特定利益的方案。衡量替選方案效率性的技術，通常使用兩種技術，一項稱為成本利益分析（cost-benefit analysis），另一項稱為成本效能分

析（cost-effectiveness analysis）。當替選方案所採行之行動所達成的利益，可以用金錢價值加以衡量時，應用成本利益分析技術；如果替選方案所採行之行動所達成的利益，是屬於某種觀察性的狀況而無法以金錢價值衡量者，例如某種個別或集體的特性或行為，就應用成本效能分析技術。

2. **公正性（equity）**：公正性是指替選方案執行的後果，在社會上所造成的利益或損害狀況之分配情形是否公乎合理。如某政策方案也許可以增加某一地區富裕者的利益，貧窮者卻似毫獲得不到利益，這就不符合公正性原則。

3. **政治可行性（political feasibility）**：指替選方案如欲獲得採納，在政治上可能得到的支持或反對的程度如何。一般而言，政治可行性分析是藝術運用重於科學計算。為了解替選方案是否可被順利接納，首先，必須確定哪些人或機關組織會對替選方案的採納採取贊成或反對的立場；其次，就每一個人或單位的動機加以分析；第三，就每一個人或單位的信念加以分析；第四，就每一個人或單位的資源加以分析（亦即設法獲知他在政治上擁有何種的權力、地位、及影響力）。最後，就替選方案及其行動被決定的場合加以分析，亦即設法獲知方案將被決定的確切時間、地點等。

七、成本利益分析法

(一) **成本利益分析的意義**：成本利益分析（cost-benefit analysis）是一種協助決策者對若干成本利益為基礎的替選方案中作選擇的系統性方法。強調在一定條件下尋求最低的「投入」或最高的「產出」。就政府事務而言，成本利益分析就是將私人企業的投資理論應用於政府事務的處理，按照投資報酬率的高低，將替選方案排定優先順序，然後選擇價值最大的方案。所謂成本是指任何投進某一計畫的貨源，包括人力、物力、時間、財力等。所謂利益是指任何由計畫的運作而產生的可用市場上價格衡量的產品、服務、金錢等。

(二) **成本利益分析步驟**：

1. 確定目的（Specification of objectives）：將計畫或方案的目標轉換成可直接或間接衡量的目的。

2. 確認替選方案（identification of alternatives）：找尋或設計可以達成目的之各種替選方案。

3. 蒐集、分析與解釋資訊：盡可能蒐集有關各替選方案的資訊，以預測各替選方案所可能產生的後果。

4. 詳列標的團體（specification of target group）：詳細列出可能受到方案影響的對象，包括受益者及損失者。

5. 確認成本與利益的類別：將所有緣自於受影響對象的利益和成本加以分類，計有四種方式：

(1)內部成本利益與外部成本利益。　　(2)直接成本利益與間接成本利益。

(3)主要成本利益與間接成本利益。　　(4)實質利益與重分配性利益。

6. 折算成本與利益（discounting of costs and benefits）：折算重點為：究竟應包括哪些成本與利益？此些成本與利益應當如何衡量？應將所有目前與未來、直接與間接、有形與無形的成本與利益，均加以數量化及貨幣化。

7. 預估風險性及不確定性（estimation of risk and uncertainty）：因為替選方案的成本與利益並非是固定而確切的，故必須對其風險性與不確定性進行預估，通常使用敏感性分析（sensitivity analysis）與權衡分析（fortiori analysis）來預估。前者指由於許多因素無法掌握，故先作最樂觀的估計，然後再作最悲觀的估計，則適當的方案必介乎其中；後者指分析者直覺上認為甲案較乙案為佳，但是也知道乙案有產生較佳結果的可能性，因此可以盡量選擇對甲案有利的因素予以分析，並與乙案比較，如果發現甲案的確不如乙案，則證明乙案較佳。

8. 說明政策推薦的準則：最常使用的推薦準則包括：

(1)巴瑞圖原則（Pareto principle）：凡是其方案至少可使某些人以上獲利，但不會使任何人受害，即為可考慮接受的方案。

(2)益本比：即利益除以成本的比值如果大於一，表示該方案的利益大於成本，則該方案即屬可行，反之則否。

(3)益本差：利益減去成本的差值如果大於零，即表示該方案的利益大於成本，該方案即為可行，反之則否。

(4)在固定成本情況下，以能夠獲取大利益的方案為優先考慮的對象。

(5)在固定效益情況下，以所需支出成本最少的方案為優先考慮的對象。

(6)內部報酬率：如所得值大於貼現率，則表示該方案可行。

9. 推薦（recommendation）：自各替選方案中選擇最能滿足特定準則的方案，提交決策者參考採納。

八、成本效能分析法

(一) 意義：成本效能分析（cost-effectiveness analysis）係應用於部分成本與效益無法用市場上價格衡量的計畫，例如聲望、無形影響力、對政府的向心力等。成本效能分析也稱為成本效果分析，和成本利益分析一樣，目的在比較各替選方案的成本與效能之比率，以選擇最佳的方案。

(二) 與成本利益之異同：

1. 兩者相同之處在於計算成本部分係以貨幣價值計算，而不同者在計算效能部分係以每單位的財貨、服務或其他有價值之效能列為衡量的基礎。因此，成本效能分析較成本利益分析容易。

2. 成本效能分析強調技術性的理性，亦即所考量者只是找尋最有效能的方案（非最有效率的方案），其所考量的效能並未全盤涉及全球經濟效能的影響或受整體社會福利的影響。它適合於分析不容易以共同的貨幣單位來衡量的外在與無形的效能。

3. 成本效能分析的步驟與成本利益分析一樣，其成本的折現計算方式亦屬相同。所不同者為選擇方案所使用的標準在：(1)在相同的效能比較下，選擇最低成本的方案。(2)在限制最高預算額度後，選擇最有效能的方案。

牛刀小試

1. 何謂替選方案（Alternatives）？在選擇最適當的替選方案過程中，所涉及的步驟有哪些？請逐一說明之。
2. 需求評量（Assessment Needs）？需求的種類有哪些？需求評量的方法有哪些？
3. 政策分析人員可以透過哪些途徑蒐集需求評鑑所需要的資料？
4. 政府經常運用「成本效益分析」（Cost Benefit Analysis）作為規劃和制定公共政策的輔助工具。請問在使用成本效益分析時，其主要步驟為何？其主要限制又為何？
5. 成本效益分析是一項重要的政策分析工具，試說明此一分析工具的優點和缺點。
6. 何謂政策德菲法（Policy DelPhi）？試述其在公共政策分析上的應用。
7. 預測政策演變及其後果之途徑有幾種？就研判性預測而言，其預測方法（Techniques）有幾種？請分述之。
8. 政策分析人員在預測政策方案後果時，必須具備足夠的資訊，以為依據，請說明預測資訊的來源。
9. 試分別說明政策規劃時面臨的三種可能情境（確定、風險和不確定），並說明面對「不確定情境」時，四種評比政策方案的技術。
10. 試比較說明傳統德菲法與政策德菲法所採用基本原則的差異。
11. 備選方案的研擬為政策制定者的核心任務，請問其來源可能為何？如何篩選可行的備選方案？

參　政策設計

一、政策設計（policy design）的意義

設計可被視為是一種「過程」（process）或「產品」（product）。政策設計可以被視為是一種有意的設計與控制，目的在於產生所欲的結果。政策設計並不是一項純粹的技術與工具應用而已，政策設計者必須將政策所賴以成功的政治、社會、文化、經濟等因素考慮在內，以促使標的團體或個人產生願意順服反政策規範的行為。

二、政策設計的結構邏輯

從產品而論，政策設計是依據政策結構邏輯，透過標的團體之運作而使政策發生效果的活動。從過程而論，政策設計是為了產生預期的政策後果，有意圖地安排政策要素之過程。不論是何種說法，政策設計必須以標的團體的需求為基本的結構邏輯，並且進行政策方案的設計，才能發生實質的解決問題之效果。

三、政策設計的特性

(一) **政策設計隱含有「意向性」（intentionality）**：即設計是依據決策者的意向和願望進行，但並不意味設計是僵化、由上而下執行、和控制（control）的意涵。政策設計是開放性的（open）、具彈性的（flexible），允許下層單位擁有相當的自主性。

(二) **政策設計很少由一個人或少數人所完成的**：以法規設計（statutory design）而言，當法規被執行持，執行單位又會發展出不同的行政命令、規章、方案、計畫。而這套由法律等所形成的網狀層級規範，不是由少數人決定的。

(三) **政策目標會影響政策設計的選擇（the choice of designs）**：此種影響有時雖不是立即可見的，但一段時間後仍會對設計的選擇產生影響。

(四) **政策設計具變遷性（change）及動態性（dynamic）**：政策設計的活動會不斷地演化（evolve）、變遷、擴張（expand），甚至消失（disappear）於無形。

四、政策設計的要素

結果	政策設計結構邏輯中所謂的「結果」有兩種：一是指設計政策方案時，我們所預期發生的政策效果；另一指政策本身實際所發生的效果。
標的團體	標的團體是公共政策或法令規章期望改變其行為的個人或團體。由於公共政策必須透過人群以獲得預期的結果，因此，標的團體是否遵從政策或法令的規定，對於政策或法令的成敗影響至大。
執行機構	這是指負責執行政策方案的政府相關單位。如果我們期望政策執行具有成效，必須考慮下列因素：第一、執行機關的政策資源是否豐富。第二、執行機關的組織結構是否健全。第三、執行者本身的態度是否積極。第四、執行機關之間或機關首長與執行者之間的溝通是否暢通。
法令	意指政策方案所必須依據的法令基礎。任何公共政策的設計，必須具有堅強的法令基礎，否則就無法進行政策設計。

五、三項政策設計的連結要素

(一) **工具**：政策工具是達成政策目標的方法，它能將政策目標轉化成具體的政策行動，其目的是希望能改變標的團體的行為，以達成政策目標。

(二) **規則**：政策相關人員，包含政策制定者、執行人員、標的團體與政府官員等都必須遵守遊戲規則，否則公共政策極可能淪為某些人追求私利的手段，進而損害社會中的公共利益和福祉。

> **觀念速記**
>
> 政策設計的各個階段並非彼此獨立的，每個政策階段必須考量要素的邏輯結構，以促使各要素間有一良好的聯結。

(三) **假定**：進行政策設計時，設計者須對政策的因果關係做陳述，而這種陳立的假定包含技術性、行為性與規範性的假定。所謂技術性假定係指政策應該運用何種技術才能使政策發生預期效果的陳述；而行為性假定係指政策應促使標的團體採取何種行為，俾使政策能發生預期效果之陳述；規範性假定則指涉政策應藉由何種法令規範，才能使政策發生預期效果的陳述。

六、政策設計層次及政策設計範圍

在政策設計領域裡，如何將政策意向與政策結構（policy structure）予以結合，對設計者而言確是一大挑戰。

(一) **政策設計的層次**（level of policy design）：「政策設計的層次」係指政策設計與建構的範圍，即方案因果關係（causality）、因果聯結（causal links）、解決方案（solutions）、策略選擇（choice of strategy）等被考慮和分析的範疇與程度。

　1. 政策問題的複雜性主要來自於問題是多面向的、逐漸演化的（evolutionary）、和彼此相關的（interrelated），尤其對技術性的複雜問題，政策設計者與制定者必須在複雜情境下處理問題的因果連結，但礙於科技專業知識不足，決策者的政策設計通常傾向於將其簡單化，使得問題更難以處理。

　2. 在一個複雜的情境中分析政策設計的活動（design activities）可以增加對政策失敗（policy failure）的瞭解，同時也可以瞭解某些方案如何被選擇？

(二) **政策設計的範圍**（locus of policy design）：

　1. 在採取政策行動的過程中，不同機關的行動者具有不同的設計能力與專業素養，彼此所強調的設計重點各自不同，因此在不同的專業素養與政策運作過程的情況下，的確會造成政策設計範圍的歧異。

　2. 政策設計所規劃的政策，普遍存在於政策系統（policy system）中的任一角落，政策設計的範圍並非僅侷限於立法和行政兩個部門，還包括與其他專業機構與機制的互動。

七、可能影響政策設計的相關因素

(一) **問題可解決性（problem solvability）**：問題的複雜性愈高，則問題愈不確定，不同的解釋與定義愈多，愈難找尋一適當解決方案。在政策分析領域裡，如果問題的建構錯誤，常會造成所謂的第三類型錯誤。因此，經過長期細心的規劃和設計後，反而解決了錯誤的問題，殊屬可惜。政策設計者應多加注意，以免犯了第三類型的錯誤。

(二) **目標共識（goal consensus）與衝突的層次（level of conflict）**：政策設計者對於政策問題的本質有時可能已獲得了共識，但並不保證對於政策也能獲得一致的看法。有時候，設計者甚至對於問題被解決的範圍上也存在著歧異的看法。

(三) **政策議程（policy agenda）與解決方案並重**：政策議程和解決方案必須相輔相成，才能產出政策，解決問題。但事實上，最需要共識建立（consensus building）以處理政策議程的立法機關，其設計解決方案的專業能力通常卻較薄弱。

(四) **政策方案與政策工具**：政策方案和工具的選擇取決於問題的複雜性與本質，愈是複雜的問題，愈是難以採用適當的政策工具。另一個值得關注的重點，是政策工具選擇後所可能產生的政策效果。某些政策工具可能對於某些團體、特定區域較為有利，對於其他團體、區域或面向可能較為不利，政策工具的選擇過程可以說是政治性的。

(五) **利害關係人的歧異性**：由於方案所需的共識與支持的範圍將深深地影響著政策設計的範圍與層次，因此，利害關係人的同質性愈高，則對政策設計與方案的支持度也愈高，反之則愈低。

(六) **所需專業性（expertise）**：陳述政策問題的本質與設計要素的選擇需要專業的基礎。在許多政策領域裡，技術上的專業通常存在於官僚組織內，而技術以外的其他專業可能存在於立法系統中，不同的專業能力，會造成設計上的不同差異。

(七) **政策所需資源**：如果政策資源不夠充分，通常設計者只能做實驗性質或有限的設計，而不是完整的設計。理想的設計是讓立法系統介入，但事實上立法的介入會使設計的效果減低。因為立法機關有時會擴大行政部門所設計的範圍，而預算並未隨之增加，致整個設計案與當初設計的層次並不相同。

(八) **執行的責任**：所謂的執行責任係指政策方案如何被執行而言。立法機關原本必須指明執行與負責的機關，但有愈來愈多的趨勢顯示，立法機關無能力制定執行的標準，立法機關常把責任丟給行政機關，使得方案的設計充斥在各個機關，致單一而廣泛的標準無法建立，政策的設計與執行之間的連結變成十分散漫與鬆散。

八、政策方案設計的原則

史塔林主認為應把握以下六項相關原則：

集中性（concentration）	即是否將資源（長處）集中應用於策略性的因素（strategic factors）？資源係指設計方案時所需的人力、物力、財力、金錢、時間、及影響力等。所謂策略性因素是指政策設計所涉及的關鍵性的、主要的、及基本的要素（包括優點、缺點、機會及威脅等）。
清晰性（clarity）	目標是否清晰及達成目標的步驟是否簡單明白？目標越清晰簡單，越容易引起民眾共鳴與支持，也越容易使行政機關有效執行政策。

可變性 （changeability）	政策是否具有足夠的彈性，使它能夠隨時調整以適應變遷的狀況？欲達到「適應性」的要求，有三項重要的活動應推動： 1.建立「水平偵測性活動」，以確認政策可能遭遇的機會或威脅之一般性本質及程度。 2.創造充分的緩衝性資源，以有效回應未預期事件發生的需要。 3.發展並賦予地位給負責推動政策者，如機關首長或政務官，使其在心理上承諾於適當時機，願意把握機會並彈性推動政策。
挑戰性 （challenge）	目標是否對機關組織產生挑戰，但仍然使機關組織在務實情況下運？
協調性 （coordination）	政策能否允許資訊在政策執行官員間交換，以及執行結果能否透過回饋給外界人士？在設計政策時，應建立某些機制，使政策能獲得內在協調性及外在協調性。
一致性 （consistency）	目標是否與目的一致？目的又是否與行動一致？數目標彼此是否一致（內在一致性）？此政策目標是否與其他政策目標一致（外在一致性）？

九、政策設計的類型

學習過去經驗的設計

此類型政策設計類似於「漸進主義」，決策者學習過去的經驗，只做小幅度的增刪，而非仔細地思索政策的系絡（context）、價值（value）與技術（technologies）。

威爾森或權威型的設計（The Wilsonian or Authority Design）

行政人員由於處於層級節制的體系之中，故必須對組織加以順服，當權威者宣示命令時，所有人員皆須順服，違反者將處以懲罰。若政策無法達成目標時，則設計者應加重其處罰程度，而非改變政策的策略。然而，過度依賴強制，其效果往往值得懷疑，因此典型權威型設計的可行性值得商榷。

能力建構的設計（Capacity-building Design）

在許多國家裡，「能力建構」是一種常見的政策策略（policy strategy）。能力建構的設計假設只要政府給予所需的資源與機會，則行政人員與標的團體自會採取一致的順服行動。資源提供包括教育訓練、工具提供、技術協助、資金援助等。

可見誘因的設計（Tangible incentives Design）

提供機關與標的團體可見的報酬（tangible payoff），可以促成政策順服。正面報酬的激勵，包括稅賦免除、補助等；負面報酬則如懲治規定等。此類型設計建立在個人會因自我利益（self interest）而行動，會追求對自己有利事物的假定上。

 符號督促的設計（Symbolic and Hortatory Designs）

主要係透過改變個人的認知、態度與價值的方式，促成所欲的政策行為。例如某些政策必須喚起個人的正義感，或設計一些可以改變個人認知的活動，始能達成政策設計的目標。

 政策學習的設計（Policy Learning Design）

政策學習的設計可說是一種「放手做」的途徑（hands off approach），認為只要機關有選擇政策工具的能力與誘因，就能藉此學習政策相關經驗。當目標、工具本身的影響力處於不確定狀態時，政策學習的設計正可以顯現出其適用性。

十、經驗決策法則的政策設計

Simon、Tversky、Kahneman、Slovic等人認為問題解決（problem solving）與整個政策設計的過程，可說是以「經驗決策法則」（decision heuristics）在找尋所需的資訊而已。這些經驗法則包括：

(一) **未經證實的聯想**（illusory correlations）：當決策者面對事件機率的預測或是發生頻率的估計時，常以一己的經驗作為決策的主要依據。

(二) **模仿**（simulation）：另一個決策經驗法則即是「模仿」，一般人常無法從過去的經驗中獲取所需的資訊，必須從模仿的過程中獲取新的資訊。

(三) **定點思考**（anchoring）：即許多人會執著於最初的思考點，不作變動過大的規劃與設計。當決策者欲設計新政策或是將舊政策重新設計時，許多舊政策或方案會被當作設計的基礎。雖然如此，定點思考對於「創新政策」（innovative policy）的催促是有相當的作用，它可以使創新政策具有較高的可行性。

牛刀小試

1. 試述政策設計之意義與類型。
2. 為因應社會多元化的需求，試就所知說明在政策設計的過程中，應把握哪些政策設計之原則？
3. 政策設計應遵行嚴謹的邏輯結構，試問政策設計應特別注意哪些要素？要素之間應透過何種作法才能強化其連鎖關係？

肆　政策論證

一、政策論證（Policy arguments）的意義

政策論證也稱為「政策辯論」，或「政策論據」，指在政策運作過程中，政策參與者尋找有利的資訊，以強化本身的政策主張，並且提出反證，以抗辯其他不同的主張及看法的一種種作法，其目的在促使決策者接納或拒絕某項政策方案。政策論證的應用，將使政策方案較具說服力與解釋力，使方案較容易獲得採納、支持與順服。

> **觀念速記**
>
> 政策規劃人員在研擬設計政策方案時，不能憑空杜撰，必須要有相當充分的資訊及根據，做為決策的立論基礎。缺乏立論根據，方案將顯得抽象模糊。因此，方案在定案的過程中，常須進行政策論證。

二、政策論證的要素

依據William N.Dunn的主張，政策論證具有以下六大要素：

政策相關資訊 （Policy relevant information）	經由各種方法蒐集政策方案相關資訊，包括：政策問題、政策替選方案、政策行動、政策結果，及政策績效的資訊，規劃人員可依情況需要，以不同的方式，將此相關的資訊加以表達。
政策主張 （Policy claim）	政策主張乃是政策論證的重心，由於各人所持的論證不同，其政策主張亦不同。政策主張乃是政策相關資訊邏輯推理的結果。
立論理由	在找尋政策論證過程中，規劃人員常會假定一個立論理由，做為將政策相關資訊轉變為具體政策主張所賴以憑藉的依據。
立論依據	立論依據是指藉以證實前面「立論理由」本身所持的假設或論證而言。這些假設或論證常以科學法則，訴諸專家權威、倫理道德原則等方式，做為支持立論理由的基礎。
駁斥理由 （rebuttal）	所謂駁斥理由是指利用來拒絕或接受某種政策主張或立論理由的原因、假定或論證。本質上，駁斥的理由排斥了某種政策主張或其立論理由適用的條件或範圍。
可信度	可信度是指規劃人員藉以評斷政策主張之可信程度之標準或指標而言，也稱為可靠性。在政策分析過程中，可信度常常是以豁然率的型態出現。

三、政策論證的方式

論證的方式乃是政策分析人員將政策相關資訊轉變成政策主張的一種手段，亦即政策分析人員藉著各種政策論證方式的使用，說服其他政策運作過程參與者，尤其是決策人員接納其政策主張，有如下方式：

權威的方式

指行為者因本身某種成就或身分而具有權威性的地位，因此只要他作事實的報告，或者發表某種意見，證實其所提供資訊的可信度，該等資訊便具有權威性。主要依據為「權威」。

統計的方式

此種方式是藉由樣本調查所得的結果而推論母體成員亦屬同樣情況的論證方式。主要依據為「樣本」。

類別的方式

此是指以「成員關係」做為論證的基礎。此種方式在論證種族或性別歧視，或意識型態之爭時，最常被使用。主要依據為「成員關係」（membership）。

直覺的方式

此種方式是以洞察力做為論證的基礎。即將政策相關資料轉變為具體的政策主張，所根據的是行為者的內在心理狀態，以他們對事物的洞識、判斷，做為提出政策主張的根據。主要依據為「洞察力」（insight）。

分析重心的方式

此種方式是以經由分析方法所得到的資料做為論證的基礎。規劃人員可利用數學、經濟學、系統分析等方法來進行事務的分析。主要依據為「方法」。

解釋的方式

以政策的因果關係做為論據的基礎。亦即，規劃人員從政策相關資訊中，分析其因果關係，並由因果推理結果取得論據，再提出具體的政策主張。主要依據為「原因」。

實用的方式

以政策關係當事人、相似或類似政策所得論證做為基礎。政策利害關係者的目標、價值、意向等，可產生相當多的資訊，做為政策主張的有力證據。主要依據為「動機、平行案例或類比」（motivation、parallel case, or analogy）。

價值批判的方式

以倫理或道德為標準，批評政的好壞、對錯，再依評斷結果，提出政策主張。亦即政策主張乃是以道德或倫理價值觀做為衡量的標準。主要的依據為「倫理觀」（ethics）。

牛刀小試

• 何謂政策論證？具有哪些要素及方式？試分述之。

■ 章後速讀

1. **政策規劃（Policy formulation）**：指決策者或政策分析人員為解決政策問題，採取科學方法，廣泛蒐集資訊，設計一套叫目標取向、變革取向、選擇取向、理性取向、集體取向之未來行動替選方案的動態過程。

2. **政策設計（Policy design）**：含義較政策規劃為狹，通常是指政策方案的設計過程。

3. **政策規劃原則**：公正無偏原則（principle of impartiality）、個人受益原則（principle of individuality）、弱勢族群利益最大化原則（maximum principle）、分配普遍原則（distributive principle）、持續進行原則（principle of continuity）、人民自主原則（principle of autonomy）、緊急處理原則（principle of urgency）。

4. **政策規劃的功用**：改善現況、提高民眾福祉；預測未來、預作準備；有效運用國家資源；做為政府施政依據。

5. **政策規劃的參與者**：行政人員、民意代表、政黨、利益團體、學術研究機構、大眾傳播媒體、學術研究機構、意見領袖等。

6. **政策規劃的可行性分析**：政治可行性（political feasibility）、經濟可行性（economic feasibility）、行政可行性（administrative feasibility）、法律可行性（legal feasibility）、技術可行性（technical feasibility）、時間可行性（time feasibility）、環境可行性（environmentfeasibility）。

7. **影響政策決定（政策抉擇）的標準**：價值觀念、政黨歸屬、選區利益、公共輿論、徵求他人意見。

8. **公共政策制訂應具備的基本前提**：充實的制訂理由、堅強的合法性、詳實的政治可行性分析、合理的成本效益分析、正確的後果判斷。

9. **政策規劃步驟**：確認問題的癥結→確定解決問題的目標與目的→設定方案評估標準→設計替選方案→評估比較替選方案→推薦最適當方案。

10. **傳統德菲法**：傳統德菲法，係為避免小組溝通不良、為少數人員把持、被迫順服別人意見、人格衝突、及敵對等弊端。傳統德菲法的應用，強調以下五項基本原則：匿名（anonymity）原則、複述原則、控制性回饋（controlled feedback）原則、統計性團體回答原則、專家共識（expert consensus）原則。

11. **政策德菲法（Policy Delphi）**：當決策者面臨政策問題結構不良、資訊不足、後果難以預測估計時，可以邀請學者專家、行政機關代表、民意代表、當事人代表等進行腦激盪式的政策德菲作業，將團體決策的結果提供決策者做為選擇方案的參考。政策德菲法除採取傳統德菲法的複述原則與控制性回饋原則外，並引進其他幾項新的原則：選擇性匿名（selective anonymity）、靈通的多面倡導（informed multiple advocacy）、回答統計兩極化、結構性衝突（structured conflict）、電腦會議方式（computer conferencing）。

12.**政策德菲法的實施步驟**：論題明確化（issue specification）➡ 遴選倡導者（selection of advocates）➡ 設計問卷（questionnaire design）➡ 分析第一回合結果 ➡ 發展後續問卷 ➡ 組成團體會議 ➡ 準備最後報告。

13.**政策設計的特性**：政策設計隱含有「意向性」（intentionality）、政策設計很少由一個人或少數人所完成的、政策目標會影響政策設計的選擇（the choice of designs）、政策設計具變遷性（change）及動態性（dynamic）。

14.**可能影響政策設計的相關問題**：問題可解決性（Problem solvability）、目標共識（goal consensus）與衝突的層次（level of conflict）、政策議程（policy agenda）與解決方案並重、政策方案與政策工具、利害關係人的歧異性、所需專業性（expertise）、政策所需資源、執行的責任。

15.**政策方案設計的原則**：集中性（concentration）、清晰性（clarity）、可變性（changeability）、挑戰性（challenge）、協調性（coordination）、一致性（consistency）。

16.**政策論證**：政策論證也稱為「政策辯論」，或「政策論據」，指在政策運作過程中，政策參與者尋找有利的資訊，以強化本身的政策主張，並且提出反證，以抗辯其他不同的主張及看法的一種種作法，其目的在促使決策者接納或拒絕某項政策方案。

17.**政策論證的要素**：政策相關資訊（Policy relevant information）、政策主張（Policy claim）、立論理由、立論依據、駁斥理由（rebuttal）、可信度。

18.**政策論證的方式**：權威的方式（authoritative mode）、統計的方式（statistical mode）、類別的方式（classificational mode）、直覺的方式（intuitive mode）、分析重心的方式（analycentric mode）、解釋的方式（explanatory mode）、實用的方式（Pragmatic mode）、價值批判的方式（value-critical mode）。

19.**行政人員制定決策作為憑藉的決策原則**：非到情勢緊張,不採行動（reliance on tensions）、相互調整（mutual adjustment）、例行程序（routine procedures）。

20.**行政機關在政策規劃上的可能缺失**：問題情境認定的謬誤、因果關係論證的謬誤、類比規劃的誤失、防衛性的思維模式、問題特質與解決方案的失調。

21.**政策規劃具的種類**：

　　(1)**依處理問題的方法而分**：理性途徑的規劃（rational approach formulation）、主觀途徑的規劃（subjective approach formulation）

　　(2)**依設計方案的方式而分**：例行的規劃（routine formulation）、類比的規劃（analogous formulation）、創新的規劃（creative formulation）。

22.**政策規劃人員做政策規劃會面臨的本質論題**：分析與價值選擇（analysis and value choice）、菁英主義與參與（elitism and participation）、預計與不確定性（prediction and uncertainty）、集體主義與個人主義（collectivism and individualism）、化約主義與協力主義（reductionism and synergism）。

23.**政策規劃實務上會面臨的挑戰**：權力面的挑戰、社會正義面的挑戰、政治方面的挑戰。

24.**行政機關內部存在的鴻溝（cleavages）**：政務官與事務官間的鴻溝、專業人員與一般行政人員間的鴻溝、應邀參加政府政策制定過程擔任諮議角色的學者專家與機關內部人員間的鴻溝、因為參與政策制定人員扮演之角色不同所引起的衝突。

25.**行政學者唐斯（Anthony Downs）根據行政人員的職業取向，將行政人員分為五類**：鑽營者、保守者、狂熱者、倡導者、政治家。

26.**評量需求**：所謂評量需求是指評量某一群人口之需求的程度與已提供服務以迎合此需求之數量間的差異。其類型可分成：規範性需求（normative need）、感覺性需求（felt need）、明示性需求（expressed need）、比較性需求（comparative need）。

27.**替選方案（alternative）**：乃指一組員向相關的不連續行動，亦即當採行某一項行動後，即不可能再採行另一項行動，彼此是互斥的。其次，被稱為一組替選方案的所有方案均應與達到同一個目的直接相關。例如所有的替選方案均以降低失業率為其目的。

28.**選擇替選方案的步驟**：準備替選方案報告→透過外界評論→進行內部審核→從事必要的修正→對外界的回饋作說明。

29.**評量替選方案後果的採用標準**：效率性（efficiency）、公正性（equity）、政治可行性（Political feasibility）。

30.**政策規劃過程中「替選方案」的主要來源**：各項既有的政策提案（existing policy proposals）、一般政策解決方案（generic policy solutions）、修正的一般政策解決方案（modified generic policy solutions）、特別訂做的解決方案（custom made solutions）。

31.**政策方案預測**：乃是指以估計衡量既有政策與新政策後果、新政策內容、或政策利害關係者行為與態度所得之假定或資訊，做為比較取捨替選方案的依據。其所需資訊來源包括：權威（authority）、洞察力（insight）、方法（method）、科學理論、動機（motivation）、平行案例（parallel case）、類比性（analogy）、倫理系統（ethical system）。

32.**政策方案預測所受的主要限制**：政策目標或目的未明確清晰界定；預測者未具充分知識與技巧；預測時所蒐集的資料不夠充分或有誤；預測時受到時間與經費的限制；預測者使用不適當的預測方法；預測者常需預測人類行為後果，但人類行為不易準確預測；預測者無法掌握變動不居的外在環境。

33.**成本利益分析（cost-benefit analysis）**：是一種協助決策者對若干成本利益為基礎的替選方案中作選擇的系統性方法。強調在一定條件下尋求最低的「投入」或最高的「產出」。成本利益分析步驟：確定目的（Specification of objectives）➡ 確認替選方案（identification of alternatives）➡ 蒐集、分析與解釋資訊➡ 詳列標的團體（specification of target group）➡ 確認成本與利益的類別➡ 折算成本與利益（discounting of costs and benefits）➡ 預估風險性及不確定性（estimation of risk and uncertainty）➡ 說明政策推薦的準則→推薦（recommendation）。

34.**巴瑞圖原則（Pareto principle）**：凡是其方案至少可使某些人以上獲利，但不會使任何人受害，即為可考慮接受的方案。

35.**成本效能分析（cost-effectiveness analysis）**：係應用於部分成本與效益無法用市場上價格衡量的計畫，例如聲望、無形影響力、對政府的向心力等。成本效能分析也稱為成本效果分析，和成本利益分析一樣，目的在比較各替選方案的成本與效能之比率，以選擇最佳的方案。

36.**商議式民調法**：此項蒐集資訊的技術可應用於了解議題、設定議題解決的目標、及設計並選擇方案等方面。此項技術的實施方法一般是由負責的團隊採隨機抽樣方式，抽取數十位至數百位公民進行商議式民調活動。受邀者聚在一起，先進行第一次意見調查，隨後透過研讀充分資訊、小組討論與專家及官員對談後，再進行一次調查，以了解其在知情情境下對議題所持的看法，供決策者參考。

37.**團體盲思**：團體盲思指某一個團體因為具有高度的凝聚力，非常強調團結一致的重要性，因此在討論問題時，壓抑了個人獨立思考及判斷的能力，迫使個人放棄批判及提出不同意見的機會，最後使團體產生錯誤或不當的決策。此種團體盲思運作的結果，極可能使政策方案遭到無法順利合法化或執行失敗的命運。

38.**政治流**：金頓（John W,Kingdon）於1995年以柯漢（Michael Cohen）等人的垃圾桶決策模式為依據，提出「修正的模式」。他認為機關組織的決策過程是由三項支流所構成的：(1)問題流（problem stream）：即問題是否已被承認；(2)政策流（policy stream）：即政策提案是否已形成與精緻化；(3)政治流（political stream）：即政治氛圍是否有利問題的承認及政策提案被接納。

39.**政策窗（Policy Window）**：政策窗的開啓係提供倡導者推動偏好的解決方案，或鎖定公共焦點於特定議題之良機。原則上，政府內外的倡導者，手邊皆備妥若干建議案與問題，試圖等待政策窗的開啓。不過窗子的開啓與否，卻和問題或政治流有關，此即Kingdon所謂的「問題窗」與「政治窗」，前者如新問題的出現，後者如民選官員的輪替。

40.**政策流（Policy Stream）**：指政策替選方案的產生，如同生物學上物競天擇的道理，是一種篩選的過程。因此，政策流係指政策建議案的發展，乃依據其自身的誘因與篩選標準而定。

41.**沉澱成本（Sunk Costs）**：指在制定政策方案或計畫時，所考慮的先前已投入而無法回復的時間、金錢、設備、與其資源的支出，它限制了替選方案數目與優先順序的選擇。

42.**環境影響評估（Environmental Impact Assessment，EIA）（101原三）**：指在擬定經濟開發建設政策或計畫時，或在政策或計畫執行前，由主管官署本身或委託學者專家、專業社團機構對該開發政策或計畫對於環境（包括空氣水體、土地、動植物等自然環境乃至自然景觀，甚至文化遺產等社會、文化環境）可能造成的影響（包括污染及破壞等），就其程度及範圍，事前利用科學上之客觀的、綜合的調查、預測、估計，進而提出公聞說明，並付諸審議，研究該項開護政策或計畫的功能如何、及該政策或計畫的整體環境品質如何，做爲決策的依據之一。

43.**決策樹法（Decision tree）**：指政策分析人員利用「樹形圖」的方式，表明各項替選方案的風險性及其可能結果，計算每一項方案可能發生結果的「數學期望值」，並且加互相比較後，選擇預期利潤最高或預期損失最低的方案。

↘ 精選試題演練

一、試討論、剖析民眾參與政策規劃的主要途徑包括哪些？（103年警三）

答：(一)民意調查：乃是針對特定對象以郵寄問卷、實地訪問或電話訪問方式，調查公共政策的偏好。民眾可藉民意調查，發表對政策規劃內容的看法。

(二)公聽會：行政機關藉邀請政策問題的涉入者、學者專家等，共同就政策問題進行公開的意見表達及正反立場辯論。

(三)向政黨及民意代表反映：政黨的主要功能爲匯聚民意，對各種公共議題採取一定立場以形成政綱，透過候選人於選舉時向選民訴求。因此，在大選時行政機關經由各候選人所提出的政見，以及當選人的政見分布趨向，瞭解最新民意的政策偏好。民眾可藉此向政黨反映意見，參與政策規劃。

(四)利益團體：利益團體的主要功能即影響政策機關制定公共政策，以符合利益團體成員的利益。因此，利益團體常採取遊說行政官員與立法代議士、提供政治獻金、參與示威遊行等方式，表達利益予行政機關。

(五)大眾傳播媒體：主要的功能在於塑造政策偏好以及進行議題設定。大眾傳播媒體常會對社會事件進行反應以及優先順序之設定，行政機關也常從此方法中知道社會上的議題發展情況乃至民眾的需求。向大眾傳媒表達看法，亦是參與政策規劃途徑之一。

(六)社會運動：係一群人針對特定議題，由積極倡議者以組織動員方式，集體行動，以引起大眾注意、同情與支持，企圖影響政府政策。

(七)公民投票：是民意最具體而特定的表達方式，可以直接表達民意的強度，在一定的法律規範下，投票結果具有權威性，決策者必須採行，政策規劃的方向亦需遵循。

(八)其它方式：對無組織的公民個人而言，參與國家政務最簡便但效果並不彰顯者為各種意見表達的方式尚有：座談會、說明會、諮詢會、溝通會、協調會等。

二、William N. Dunn 提出政策論證包含六大要素：政策相關資訊（policy-relevant information）、政策主張（policy claim）、立論理由（warrant）、立論依據（backing）、駁斥理由（rebuttal）與可信度（qualifier）。請以開放美國牛肉進口政策為例，申論上述政策論證各項要素。（101高三）

答：(一)六大要素：

1. 政策相關資訊（Policy relevant information）：經由各種方法蒐集政策方案相關資訊，包括：政策問題、政策替選方案、政策行動、政策結果，及政策績效的資訊，規劃人員可依情況需要，以不同的方式，將此相關的資訊加以表達。

2. 政策主張（Policy claim）：政策主張乃是政策論證的重心，由於各人所持的論證不同，其政策主張亦不同。政策主張乃是政策相關資訊邏輯推理的結果。

3. 立論理由：在找尋政策論證過程中，規劃人員常會假定一個立論理由，做為將政策相關資訊轉變為具體政策主張所賴以憑藉的依據。

4. 立論依據：立論依據是指藉以證實前面「立論理由」本身所持的假設或論證而言。這些假設或論證常以科學法則，訴諸專家權威、倫理道德原則等方式，做為支持立論理由的基礎。

5. 駁斥理由（rebuttal）：所謂駁斥理由是指利用來拒絕或接受某種政策主張或立論理由的原因、假定或論證。本質上，駁斥的理由排斥了某種政策主張或其立論理由適用的條件或範圍。

6. 可信度：可信度是指規劃人員藉以評斷政策主張之可信程度之標準或指標而言，也稱為可靠性。在政策分析過程中，可信度常常是以或然率的型態出現。

(三) 以開放美國牛肉進口政策為例，論述政策論證各項要素：

1. 政策相關資訊：政策的相關資訊可由各種不同的方式蒐集而得，如公共衛生研究學者、食品衛生專家、甚至是國際關係學者的研究意見及報告、統計資料的結果與社會廣泛的價值等匯總而知。

2. 政策主張：政府應有條件的開放美國牛肉進口。

3. 立論理由：支持開放美國牛肉進口政策的理由：

   (1) 政府依國際承諾處理美牛瘦肉精案，係前任政府2007年對WTO的承諾。

   (2) 涉美國與台灣各方面的關係，包括美國給予台灣免簽證、台美投資與貿易協議，以及台灣加入跨太平洋經濟戰略夥伴（TPP），甚至還包括美國軍售台灣的問題等。

   (3) 台灣面臨強裂國際經濟競爭壓力，「台美貿易暨投資架構協定」（TIFA）的復談簽訂，方可因應韓、星免關稅競爭。

   (4) 行政院已制定「安全容許、牛豬分離、強制標示、排除內臟」等四大原則。

   (5) 進口牛肉清楚標示，可由消費者自主選擇。

4. 立論依據：

   (1) 瘦肉精是科學問題，目前並無國際標準。

   (2) 美、加、日食品安全管制嚴格。

   (3) 萊克多巴胺，依照國際食品法典委員會的標準，檢出上限只能10ppb。

   (4) 開放問題應將國人健康風險及國家整體利益一併考量

   (5) 日韓已開放美牛，已換取自由貿易協定。

   (6) 台灣面臨強烈國際經濟競爭壓力。

5. 駁斥理由：不能被接受或在某種條件下不可能被接受的理由可能是：

   (1) 萊克多巴胺會在人體內累積，影響人體健康。

   (2) 美牛瘦肉精已是政治問題，不是健康問題。

   (3) 對政府食品衛生管制能力的質疑。

6. 可信度：根據上述詳盡的分析，可確信政府應有條件的開放美國牛肉進口政策主張。

三、卡普蘭（Abraham Kaplan）認為政策規劃人員在進行政策設計時，須遵守七大原則。如果今天你是政策規劃人員，所面對的問題是設計一套社會福利方案，試運用七大原則，說明己見。（99地三、101原三）

答：以規劃照顧補助弱勢族群福利方案為例。

(一) 公正無偏原則（principle of impartiality）：指政策規劃人員在從事政策方案設計時，應儘量以公正無偏的態度，通盤慎重考慮方案對當事人、利害關係者、一般社會大眾等的影響情況，而作最適當的規劃。該方案就應以一致的標準針對符合標準的弱勢利害關係人。

(二) 個人受益原則（principle of individuality）：政策規劃人員在從事方案或計畫設計時，應考慮該方案不論理想多高、目標多好，但若其利益或正面影響，最後無法為一般社會大眾所分享時，該方案將得不到人民認同而無法順利執行。該方案所照顧的就應僅是符合該條件的弱勢群體利害關係人，其他與其相關的人士應排除在外。

(三) 弱勢族群利益最大化原則（maximum principle）：政策規劃人員在從事方案設計時，應當考慮儘量使社會上屬於劣勢情況的弱勢團體或個人，能夠獲得最大的照顧，享受較多的利益，例如殘障者、低收入戶、少數民族、婦女等應獲得較多的照顧。

(四) 分配普遍原則（distributive principle）：政策規劃人員在從事方案或計畫設計時，應考慮儘量使受益者擴大，亦即儘量使利益普及一般人，而非僅侷限於少數人，成本之分配亦然。社會弱勢群體範圍很廣，因此該方案應不分男女老幼及族群，只要符合標準就應一體適用。

(五) 持續進行原則（principle of continuity）：在從事方案設計時，應考慮方案或計畫的持續性，包括從過去、現在及未來三個角度，研究方案或計畫的可行性，尤其應以長遠的眼光去設計方案，不可存有「人在政舉，人去政息」的錯誤觀念，而設計短期的、無連貫性的方案。該項照顧補助弱勢群體方案應訂定一定實施期限，而不是實驗性質，期限到並作評估及檢討。

(六) 人民自主原則（principle of autonomy）：政策規劃人員在設計方案計畫時，應仔細考慮該政策問題是否可交由民間團體、企業、或一般社會大眾處理。如在八〇年代後的「民營化」運動，凡是民間有能力以及有意願辦理的情況下，原則上應儘量交給民間辦理。民營化的主要方法包括撤資、委託、及取代三類。如果受限於預算或人力不足，則可與民間企業合作，共同規劃更適合的方案內容及細節。

(七) 緊急處理原則（principle of urgency）：政策規劃人員在從事方案設計時，應當斟酌各政策問題的輕重緩急，列出處理的優先順序。方案內容除了一般常態性的補助照顧外，也應規劃緊急救助照顧的內容，以照顧哪些遇到緊急事故需要接受照顧補助的弱勢群體。

四、請解釋成本利益分析法（cost-benefit analysis）的意義；進行方案成本利益分析的主要步驟（程序）為何？成本利益分析法應用於公共政策制訂時，有哪些主要的限制（問題）必須加以考量？（102高三、99年身三）

答：(一)成本利益分析的意義：成本利益分析（cost-benefit analysis）是一種協助決策者對若干成本利益為基礎的替選方案中作選擇的系統性方法。強調在一定條件下尋求最低的「投入」或最高的「產出」。就政府事務而言，成本利益分析就是將私人企業的投資理論應用於政府事務的處理，按照投資報酬率的高低，將替選方案排定優先順序，然後選擇價值最大的方案。所謂成本是指任何投進某一計畫的貨源，包括人力、物力、時間、財力等。所謂利益是指任何由計畫的運作而產生的可用市場上價格衡量的產品、服務、金錢等。

(二)成本利益分析步驟：

1. 確定目的（Specification of objectives）：將計畫或方案的目標轉換成可直接或間接衡量的目的。

2. 確認替選方案（identification of alternatives）：找尋或設計可以達成目的之各種替選方案。

3. 蒐集、分析與解釋資訊：盡可能蒐集有關各替選方案的資訊，以預測各替選方案所可能產生的後果。

4. 詳列標的團體（specification of target group）：詳細列出可能受到方案影響的對象，包括受益者及損失者。

5. 確認成本與利益的類別：將所有緣自於受影響對象的利益和成本加以分類，計有四種方式：
   (1)內部成本利益與外部成本利益　　(2)直接成本利益與間接成本利益
   (3)主要成本利益與間接成本利益　　(4)實質利益與重分配性利益

6. 折算成本與利益（discounting of costs and benefits）：折算重點為：究竟應包括哪些成本與利益？此些成本與利益應當如何衡量？均加以數量化及貨幣化。

7. 預估風險性及不確定性（estimation of risk and uncertainty）：因為替選方案的成本與利益並非是固定而確切的，故必須對其風險性與不確定性進行預估，通常使用敏感性分析（sensitivity analysis）與權衡分析（fortiori analysis）來預估。

8. 說明政策推薦的準則：最常使用的推薦準則包括：
   (1)巴瑞圖原則（Pareto principle）；凡是其方案至少可使某些人以上獲利，但不會使任何人受害，即為可考慮接受的方案。
   (2)益本此：即利益除以成本的比值如果大於一，表示該方案的利益大於成本，則該方案即屬可行，反之則否。

(3)益本差：利益減去成本的差值如果大於零，即表示該方案的利益大於成本，該方案即為可行，反之則否。

(4)在固定成本情況下，以能夠獲取大利益的方案為優先考慮的對象。

(5)在固定效益情況下，以所需支出成本最少的方案為優先考慮的對象。

(6)內部報酬率：如所得值大於貼現率，則表示該方案可行。

9. 推薦（recommendation）：自各替選方案中選擇最能滿足特定準則的方案，提交決策者參考採納。

(三)限制：

1. 無形成本與效益問題：任何政策行動必然產生無形成本與無形效益，這些成本及效益均無法量化，亦即會產生無法價值化與折現化的問題。

2. 立足點問題：政策制定者計算成本及效益時，常只站在自己有利的立足點，而忽視這樣可能或產生立足點的偏誤及錯估政策的成本與效益。

3. 分配權數問題：政策實施後，每個人或團體的感受不同，有人或團體感受到政策利益，有人或團體卻是感受到政策成本，因此在計算時，應注意分配權數，特別是弱勢群體的權數。

4. 實際效益與處罰效益問題：成本效益分析的目標是測量政策產生的淨效益，但政策的實施卻可能使得其它的活動失去它們原有的效益，因此在計算時，應將此部份扣除。

五、 政務官與事務官所採行的倫理道德標準有何不同？在此情形下，事務官應如何扮演稱職角色？請加以申論。（103身三）

答：(一)政務官與事務官角色不同：政務官與事務官是當代政府中負責制定與執行政策的兩大類別，兩者區別如下：

1. 從進入政府的方式而言，政務官係因政治條件而進入政府，該政治條件可能是選舉關係可能是國會信任、可能是聲望卓越；事務官則因其學識才能，通過國家考試而進入政府內部。

2. 從其所負責的公共政策職能而言，政務官負責政務領導與政策決定，以對外的民意與國會活動為主；事務官則負責事務管理與政策執行，以對內的幕僚作業、政策規劃與事務管理的活動為主。

3. 從其所負責的責任屬性而言，政務官既因政治條件而進入政府，通常需負起政策無法推動的政治責任，事務官承政務官之命執行政策，基本上不負政治責任，僅負行政與法律責任。

4. 從其受到的保障而言，包括任期、待遇、退休、撫卹等，政務官的保障較為短期、變動性較大，隨著政治條件能否持續而定，如是否得到國會的支持、上級長官的信任或民眾的喜愛等。至於事務官的保障都有法律規定，有永業化的趨勢，除非有法定原因，否則不能任意剝奪相關的保障。

(二)倫理標準不同：從公共政策倫理角度而言，由於政務官與事務官的屬性不同，導致其面對公共政策時所必須採行的政策倫理標準亦有所不同。政務官由於必須經常面對民意與國會，對於民意取向與政治團體的意見非常重視，政務官的目標是隨著民意潮流走，制定讓人民有感的政策，以爭取繼續執政，因此，在倫理標準上，經常以政治性的倫理標準作為制定政策的依循。至於事務官的目標是秉承政務官的意圖與指示，進行政策規劃與執行，強調的是依法行政的專業標準，「於法有據或於法不合」是他們執行任何政策方案的基本判斷基準；基此，在政務官眼中，事務官難免會顯得以法律保護自我的傾向，流於僵化的刻板印象。政務官負責政治標準，事務官負責專業標準，故兩者的決策觀是迥然不同的。

(三)事務官角色：隨著臺灣民主機制運作日趨成熟，政務官與事務官是否應有如此鮮明的劃分，愈來愈受到質疑，故政務官的政治標準與事務官的專業標準仍有調和之趨勢。調和之方法是執政團隊必須型塑一個施政團隊，唯有凝聚共識，不分彼此，才能展現施政長才，創造卓越績效。其次，政務官與事務官必須要彼此「跨域學習」，政務官要多瞭解行政法規、標準作業程序與幕僚作業方法，事務官則需加強對於政治敏感性與媒體關係的訓練。當然，最重要的是在公共政策過程中建立溝通平臺，研擬出讓人民有感的最適方案。

六、名詞解釋：

(一) Needs Assessment（102原三）

(二) Decision Tree（101原三）

(三) Deliberative polling（100 高一暨高二）

(四) Group think（100 原三）

(五) Sunk Costs（99原三）

(六) Policy Qualifier

(七) Policy Stream、Political Stream、Policy Window（100 原三、103高三）

(八) Relative Deprivation（102高三）

(九) Cost-Effectiveness Analysis（101原三）

答：(一) Needs Assessment：需求評量，指對於某一個公共問題的型態、深度及廣度等，進行系統性的評量。易言之，需求評量指評量某一群標的人口之需求情況與政府機關已提供服務，以迎合此項需求之數量間的差異。它包含三項要素：1.某一項需求或狀況的廣度。2.確定造成或阻礙該項需求或狀況的因素。3.既有的滿足該項需求或處理該狀況之政策或計畫的廣度。一般而言，需求可分成四種類型：規範性需求、感覺性需求、明示性需求、比較性需求。

(二) Decision Tree：決策樹法，指政策分析人員利用「樹形圖」的方式，表明各項替選方案的風險性及其可能結果，計算每一項方案可能發生結果的「數學期望值」，並且加互相比較後，選擇預期利潤最高或預期損失最低的方案。決策樹法雖然基本上是計量的方法，但仍需利用主觀的判斷及客觀的資料，決定機率與個人的主觀偏好。此種決策技術可以協助個人與機關組織解決許多方案或計畫的選擇問題。決策樹法的主要步驟如下：

1. 繪製一張樹形圖，儘量列出各替選方案及所有可能發生的各種情況。
2. 確定每一種情況發生後不同替選方案可能獲得的利潤、成本、價值或效用，這些後果應包括金錢的和非金錢的、有形的和無形的、預期的和非預期的部分。
3. 預測每一種情況發生的機率，通常是以0至1的不同程度加以表示。
4. 計算每一項替選方案的數學期望值。
5. 選擇期望值最高的方案。
6. 如有兩個或兩個以上的方案，所得的期望值相當接近時，可暫時不作決定，俟蒐集更多資訊，尋求更多意見，於情勢明朗後，才作決定。

(三) Deliberative polling：商議式民調法，此項蒐集資訊的技術可應用於了解議題、設定議題解決的目標、及設計並選擇方案等方面。此項技術的實施方法一般是由負責的團隊採隨機抽樣方式，抽取數十位至數百位公民進行商議式民調活動。受邀者聚在一起，先進行第一次意見調查，隨後透過研讀充分資訊、小組討論與專家及官員對談後，再進行一次調查，以了解其在知情情境下對議題所持的看法，供決策者參考。商議式民調可採取以下步驟：

1. 先期面訪：由主辦單位隨機抽取全國性的樣本若干份，針對事先設計的問卷進行面訪，並徵詢其參與小組討論的意願。
2. 進行討論：在先期問卷面訪後一至二個月左右，邀集願意參加小組討論的受訪者，以焦點團體的方式進行小組討論。在此之前，先由主辦單位訓練專業的會議主持人，並準備全面性、代表不同立場的資料，在會議進行前先行寄發給各參與討論人研讀。各小組對不同議題討論後，邀請專家學者、民意代表、政府官員、或總統候選人等，針對相關議題進行對談。部分小組討論內容，及與專家學者或政治人物的對談狀況，可由電視播出，以擴大影響力。

3. 會議後進行問卷調查：會後以同樣的問卷訪問參與討論者及曾受前測的非參與討論者，以比較前測與後測間，及實驗組與對照組的結果。此外，並隨機抽取一份全國性樣本做爲對照組，藉此了解此項實驗對整體大衆的影響。

(四)Groupthink：政策分析人員及決策者應特別防範一個決策團體或智囊團發生所謂「團體盲思」的現象。團體盲思指某一個團體因爲具有高度的凝聚力，非常強調團結一致的重要性，因此在討論問題時，壓抑了個人獨立思考及判斷的能力，迫使個人放棄批判及提出不同意見的機會，最後使團體產生錯誤或不當的決策。此種團體盲思運作的結果，極可能使政策方案遭到無法順利合法化或執行失敗的命運。古今中外因爲「團體盲思」而經驗到的慘痛經驗非常多，例如美國在1961年協助古巴游擊隊登陸古巴，欲推翻卡斯楚政權而失敗的例子。

(五)Sunk Costs：沈澱成本，指在制定政策方案或計畫時，所考慮的先前已投入而無法回復的時間、金錢、設備、與其資源的支出，它限制了替選方案數目與優先順序的選擇。例如政府機關如欲將垃圾清運工作民營化，就必須考慮政府原來已投進垃圾清運的人力、機器、設備等沈澱成本如何處理、如何轉化的問題。由於考慮沈澱成本的結果，對許多問題的處理，政府往往採取比較保守的態度制定各種政策，有時候甚至決定「一動不如一靜」，而不願對現狀作任何更張。

(六)Policy Qualifier：政策可信度爲William Dunn所提出「政策論證」六項要素之一，指政策分析人員藉以評斷從政策相關資訊推導出政策主張可信程度的標準或指標，也稱爲可靠度。可信度通常以或然率的型態出現，即以1至0的或然率表示之。

(七)Policy Stream、Political Stream、Policy Window：金頓（John W, Kingdon）於1995年以柯漢（Michael Cohen）等人的垃圾桶決策模式爲依據，提出「修正的模式」。他認爲機關組織的決策過程是由三項支流所構成的：1.問題流（problem stream）：即問題是否已被承認；2.政策流（policy stream）：即政策提案是否已形成與精緻化；3.政治流（political stream）：即政治氛圍是否有利問題的承認及政策提案被接納。這三者基本上是獨立發展的，但在關鍵時刻，當三項支流匯聚成主流時，所謂「政策窗」(policy window)就開啓了解決方案也就被採納。其中政治流所指的是當問題廣受討論時的政治環境爲何，包括全國性或地方性的政治氣候如何？朝野關係是和諧的或衝突對立的？民意趨向支持或反對政策提案？立法機關的黨派結構是「朝大野小」或「朝小野大」？利益團體對問題及政策提案的態度如何？凡此因素皆會影響政策提案在政策窗開啓時能否順利被採納。故決策者及政策分析人員平時即應注意政治動態並經營良好的政治氛圍，以便在政策窗開啓時，順勢幹推動政策提案獲得採納。

(八) Relative Deprivation：「相對剝奪感」指某一群標的人口對於自己所處的情境，原本不認為有什麼問題存在，但在與其他參照團體比較後，覺得自己的情況的確不如別人，與別人的情況存在顯著差距，於是提出縮短差距要求所形成的情境。例如，某一群農民目前的生活水準較以往提升很多，原本覺得滿意，但當他們與生活情況更好的都市工商企業界中產階級相比後，覺得情況比他們差很多，因此要求政府應採取政策作為，改善他們的生活條件。此種相對剝奪感產生後，當事人就會進一步產生「比較性需求」，而要求政府機關設法予以滿足。

(九) cost-effectiveness analysis：成本效能分析也稱為成本效益分析及成本效果分析，指研究方案的成本與結果間的關係，通常以達成每單位結果所花的成本表示之。成本效能分析和成本利益分析一樣，目的在比較各替選方案的成本與效能之比率，以選擇最佳的方案。兩者相同之處在計算成本部分均以貨幣價值計算，而不同者是前者在計算效能部分係以每單位的財貨、服務或其他有價值之效能列為衡量基礎。因此，成本效能分析較成本利益分析容易操作。政策分析人員如果採取成本利益分析，所選擇之方案，其「益本比」必須大於一，但是成本效能分析之效能比例則隨個案而有所不同。成本效能分析強調技術理性，亦即所考量者只是找尋最有效能的方案（非最有效率的方案），其所考量的效能並未全盤涉及全球經濟效能的影響或受整體社會福利的影響。它適合於分析外在的與無形的效能，因為這些效能不容易以共同的貨幣單位來衡量。成本效能分析的步驟與成本利益分析一樣，其成本的折現計算方式亦屬相同。所不同者為選擇方案所使用的標準在：1.在相同的效能比較下，選擇最低成本的方案。2.在限制最高預算額度後，選擇最有效能的方案。（吳定，公共政策辭典）

05 政策合法化

政策合法化參與者	1. 民意代表　　　　　　2. 行政人員 3. 政黨　　　　　　　　4. 利益團體 5. 司法機關　　　　　　6. 學者專家 7. 大眾傳播媒體　　　　8. 利害關係人
政策合法化過程協商條件	1. 社會多元主義（Social pluralism） 2. 互依關係（interdependence） 3. 起初不同意但以後有同意可能（initial disagreement and potential agreement） 4. 憲法因素（constitutional factors）
政策合法化建立支持多數的手段	1. 說服的手段　　　　　2. 議價協商的手段 3. 遊說的手段
政策合法化的策略類型	1. 包容性策略　　　　　2. 排除性策略 3. 說服性策略
公共政策議價協商後的結果	1. 政策被廣泛的接受（widespread acceptance） 2. 政策藉不理性方式得到同意（irrational agreement） 3. 政策被有組織者所控制（controlled by the organized） 4. 無法控制行政機關（failure to control bureaucracy）

政策合法化

課前導讀

一項方案一旦為政府立法部門經過合法、正當的程序而被採納，即成為一項合法的政策。學者吳定表示，雖然公共政策運作過程的每一個階段活動，都相當富有政治性，不過，政策合法化過程所呈現的政治性質更為濃厚。許多與政策方案有關的利害關係者及參與者，可能在政策問題優先順序的認定方面及方案規劃的內容方面，未能爭得滿意的戰果，他們很可能將主力戰場轉移至合法化的階段一決勝負。他們希望有利的主張能夠在行政機關核准政策方案時，或在立法機關審議政策方案時，獲得強化或補充。行政機關內部的政策合法化透過兩種方式進行。一種方式是政策或計畫的方案，透過層級節制的指揮權責系統，由行政首長予以批准。另一種方式則透過委員會的運作由委員以取得共識或多數決定的原則，將政策方案予以批准。

↘ 重點精要

壹 政策合法化的本質

一、合法性的意義

政策方案在經過政策問題形成分析、規劃分析兩個階段，而被政策分析家列為最適方案後，即進入政策合法化階段（Policy legitimation）。鍾斯（Charles O.Jones）指出：任何一個政治系統至少有兩種形式的合法化。第一種形式的合法化是指批准的基本政治過程作為，包括批准為解決公共問題所提出之特殊方案的過程，它被稱為合法性；第二種形式的合法化則是指核准政府各種方案的特殊程序，它被稱為批准（approval）。

(一) 就統治者來說，所謂合法性，其實也就是統治的正當性。統治者如果無法讓被統治者承認其正當合法的統治地位，則他們所作的任何決定都有可能被拒絕被懷疑。

(二) 合法性涉及權威（authority）、同意（consent）、義務（obligation）、及支持（support）等問題。合法性就是一個政治系統內的大多數成員對該系統之結構與體制所表現的支持程度。如果大多數的成員表現支持的態度，該政治系統即具有合法性；如果大多數的成員表現不支持的態度，則該政治系統的合法性就有問題。

二、合法化的定義

(一) 林水波與張世賢教授認爲,政策合法化就是政府有關機關,反映人民的政治需要與人民所提供的資源、表示之支持,而將其轉變成公共政策的過程。

(二) **吳定教授的界定**:政策合法化是指政府機關針對公共問題規劃解決方案後,將方案提經有權核准的機關、團體或個人,例如立法機關、決策委員會、行政首長等,加以審議核准,完成法定程序,以便付諸執行的動態過程。其研究重點在探討有權核准者的個性、動機、政治資源,有權核准的團體或機關將方案予以合法化的過程及其相關事項(包括如何在行政機關或立法機關建立支持的大多數,及如何從事必要的交易協商)等。

> **觀念速記**
>
> 政策合法化的問題所以會受到大家的重視與討論,因為它還牽涉到更上一層次的所謂「合法性」問題。如果有權批准政策方案的個人、團體或機關在合法性方面不被標的人口,乃至社會大眾所認同,則由他們所批准的方案也就不可能被認為具有合法地位。因此,「合法性」實是政策合法化的基礎,也是政策能否付諸實行,並為人民所信賴及遵守的重要關鍵。

三、程序正義的內涵

任何政治體系內,不論作成何種決定,比如法律之制定,資源之分配,司法之審判,以及獎懲之論斷,往往均設有一套既定的程序,以爲決定的依據,冀求最終決定得以讓人信服,發揮應有的公信力,奠定執行力的基礎。因此,程序正義乃是體系成員對該體系據以作決定或規制分配過程的程序,認爲已達公平合理的程度。成員的這項認定,深深地影響到其往後的行爲取向,關係到體系的運作,衝擊到體系的形象,更制約了體系利益之獲致。

四、體系成員衡量程序正義的原則

一致性	任何決定所根據的程序不因人因時而異。比如,在平時任何法律的制定,均必須經過三讀會的程序才能通過,不因法案的特殊性而適用不同的審議程序。
無誤性	體系內作決定的人員,在作成決定的過程中,無論在任何階段,均不能以自利的考慮,或以偏狹的成見,作為決定的基礎,引發他人對是項決定之程序正義評定不高。
有據性	任何決定應儘可能根據客觀與正確的資料,及真正的民意作成,不應在資料與民意的蒐集及處理上有偏差,而釀成決定的依據不實,或以虛的積極面及虛的消極面來合理化或駁斥決定的本身。
矯正性	任何的謬誤並不令人憂慮,只要制度上設有管道,有機會提供給利害當事人陳述決定的謬誤所在,並設法加以補正或變更原來的決定內容。
代表性	任何決定的作成,應儘可能反映受該決定所影響的利害當事人,其所持有的基本觀點、價值取向及期望。換言之,決定的取向應以代表或回應民意為依歸,不應以決定者主觀的價值判斷為準據。
倫理性	任何決定作成的程序,不應違背社會所共同信守的基本道德規範及倫理價值。一旦決定所適用的程序違背了倫理標準及道德,人們往往會認為這樣的決定程序有瑕疵,並認定程序正義有所不足。

五、程序正義的重要性

(一) **程序正義與分配正義的關係**:體系的成員往往既關懷決定的分配正義(即最終的分配決定是否公平合理),又評定分配的程序是否合乎正義。然而,後者的評定,往往會影響成員對前者的體認。即言之,程序正義的具備,不但可以防禦他人對最後決定的挑戰,更是引人接受分配正義的主要前提。

(二) **程序正義與合法性**:任何決定若按法定程序為之,並未違背程序正義的大原則,則該項決定就已取得法定的地位,具備付諸執行的先決條件,產生約束力或強制力的始點。反之,亦是。

(三) **程序正義與政治衝突**:破壞性的政治衝突之產生,往往危害到體系的安定與成長。不過,這種衝突的產生,程序正義的不足或欠缺,往往又是導火線之一。

(四) **程序正義與信任**:體系成員認為決定程序合乎正義,乃為成員信任該項決定的基礎。然而這項信任對決定目標之成就,是何等地重要,因為許多決定,如無相關利害當事人之信任,並自動採取配合的舉措,則決定之推動有如迷失方向。

(五) **程序正義與後遺症**:程序正義的不足或欠缺,可能在國內或國外造成深遠的後遺症。(林水波,公共政策論衡,程序正義的內涵與重要性,頁133-140)

牛刀小試

• 何謂政策合法化？程序正義又是合法化的基礎，試問程序正義的原則及重要性各為何？

貳 政策合法化相關議題

一、政策合法化參與者

世界各國的政治及行政制度各不相同，兼以各種政策問題的性質差異極大，故政策合法化的運作過程及其參與者，各國的情況都不一樣。大多數國家的政策合法化參與者不外乎：

名師講座：政策合法化參與者也就是「政治行為者」（political actors）在政策合法化階段的參與者。

民意代表	立法機關的民意代表，乃是政策合法化過程的核心人物，凡涉及人民權利義務的重大法案，都須經由民意代表的議價、妥協、折衷、達成協議，才能完成法定的程序。
行政人員	包括總統、中央及地方政府的行政人員，一方面是政策方案合法化的發動者，將選定的方案送請立法部門審議，居於辯護方案的立場；另方面，本身亦可基於職掌，審核批准毋須送請立法部門審議的政策或方案，居於審核方案的立場。
政黨	政黨在政策合法化過程中具有相當大的影響力，依各政黨勢力消長的情形，而影響到政策方案能否順利的合法化。
利益團體	不論屬公益性或私益性，常基於特定立場，利用遊說、施壓、結盟或利益交換的方式，促使行政機關或立法機關通過或拒絕某項政策或方案。
司法機關	司法機關具有解釋憲法、法律、及命令的權力，在美國稱為「司法審核制」（judicial review）。因此，實質上亦決定政策合法與否，相當程度上參與了政策合法化的運作。
學者專家	本於專業素養及良知的學術、研究機構專業人員，常發表個人看法，以影響行政機關及立法機關對政策方案所持的態度。
大眾傳播媒體	包括廣播、電視、報章及雜誌等，常藉提供資訊及評論，而影響有核准權者對政策方案所持的態度。
利害關係人	政策方案的利害關係人通常會透過各種直接或間接參與的方式，如請願、遊行、參加公聽會、投書等，促使有利的方案獲得合法化。

二、政治行為者

指在政策運作過程中，於不同運作場合，實際參與意見提供，並對政策結果產生重大影響者。這些參與者主要包括行政首長、各級行政主管、立法人員、利益團體代表、當事人代表、意見領袖等。政策分析人員的一項重要工作就是協助決策者事先對此生政治行為者進行詳細的分析，瞭解其動向為何、他們對政策方案的影響力如何、以及如何爭取他們的支持，以使政策方案能夠順利制定並執行等。

三、影響行政官員及民意代表作決策的「標準」（因素）

價值觀

決策者可能受到下面五種價值觀（偏好的標準）的影響：
1. 機關組織的價值觀：認為組織為生存而強化、擴充其計畫，並維護其特權，是理所當然的。
2. 專業的價值觀：各行各業均有自己獨特的一套價值觀，受過該專業訓練的人員，進入行政機關或立法機關後，常以該等價值觀做為決策取捨的依據。
3. 個人的價值觀：決策者常受個人一套既有的價值觀所左右，而影響決策的結果。他們的價值觀常涉及為保護或促進個人物質的或財務上的利益、聲望或權位。
4. 政策的價值觀：決策者有時會依其對公共利益的看法，本身認為何者為正當的、必要的、及道德上是正確的政策而作決定。
5. 意識型態的價值觀：決策者可能依其所持有的意識型態而作決策。

政黨歸屬

對民意代表而言，所屬政黨或派閥的政治主張、立場及信念等，在忠於政黨的要求下，對其政策投票行為影響極大。不過，其影響力的大小，仍須視政策論題的本質而定。

選區利益

就許多民意代表而言，常堅持「黨意與選區利益衝突時，以選區利益為優先」的主張，此乃因該選區之選民對其職位具有最後決定權之故。

民意

民意趨向為何一直是決策者的重要決策標準。民意代表尤其不能忽視民意對重要政策方案的主張及看法，因為它與他們的選票息息相關。民意對重大的、廣泛性的政策走向、及對日常性的計畫實施作法均具有影響，不過，通常以前者較受重視。值得注意的是，民意有時是在行政官員的操控下形成的。

服從

決策者常會服從（或順從）其他人對政策方案的判斷而作決定。所謂其他人並不限於上級長官，有許多行政官員會順從民意代表的建議。

決策規則

有許多決策者可能採取「摸索法」（rule of thumb）的方式去簡化決策的過程。另有些決策者可能採取「援引先例」的方式對某些案例作最後的決定。此外，在許多情況下，決策者會就案件本身進行判斷而議作決定，即採取「個案處理」的方式。

四、行政官員與民意代表集體決策的型態

(一) 議價協商型（bargaining）：它是一種兩個或兩個以上具有權力或權威者，互相調整其至少部分上是不一致的目標，以制定一項彼此雖不滿意但可以接受之行動方案的過程。議價協商型涉及協商、取捨讓步、及妥協的行為。議價協商決策型的實施具有二項重要因素：第一、在社會多元主義內進行，即社會中應有各種至少是部分自主性的團體，如工會、商會、農會、漁會、環保團體、專業性社團、運動社團、及民權團體等。第二、憲法實務造成議價協商的必要。例如美國的三權分立、制衡理論等。議價協商有時候是明示的，即各參加者明白的說出其可同意的條件以減少誤解並利談判；有時候可能是隱示的，即參與者以含混或模糊的方式表示其同意者。議價協商最常見的形式有三：

觀念速記

政策分析人員、政策方案規劃者、及決策者，如果希望政策或計畫方案能夠在行政部門或立法部門獲得審核通過，取得合法執行地位，必須對於具有決定權之個人及團體之決策標準與型態相關事項具有深入的了解。因為此項了解可視為促使政策合法化的一種技巧。雖然集體決策型態有三種之分，但在實際決策環境中，常常是三者混合使用，通常以議價協商型為主，另二者為輔。

滾木法 （log-rolling）	即立法人員彼此間以投票贊成或反對議案方式，取得互惠式的同意。亦即立法人員各自提出有利於己或自己選區的議案，然後互相交換支持，最後均同蒙其利，但卻使公共利益受到損害。此種行為常被批評為圖利自己、討好選民、浪費公帑的不當作法。
副報償法 （side payments）	允諾若獲支持法案，未來將給予其他方面的好處。如議會領袖可能會允諾某民意代表，給予委員會席位、辦公場所、協助競選等，以換取該代表支持某法案的通過。
妥協法 （compromise）	彼此相互讓步，折衷妥協，達成協議。

(二) 說服型（Persuasion）：指一種設法說服他人相信其觀點正確或其立場具高度價值，而變成他人之觀點或立場的作法。它與議價協商型不同，在說服過程中，並不修改自己的立場，而是設法讓對方相信，若接受其觀點或立場，將使他們蒙受其利。

(三) **命令型（command）**： 它涉及層級節制體系上的上司與部屬之間的關係。在許多情況下，上司可能採取制裁的方式，要求部屬強化其主張或立場。因此部屬往往為了升遷、加薪的需要，或避免降級、撤職等懲罰，而順從上司的意思，作成計畫或方案。

五、政策分析人員擬訂或推薦政策方案獲得行政首長或機關接受的作法

就負責擬訂政策、方案或計畫的政策分析人員或行政機關的內部人員而言，如欲使其推薦方案或計畫獲得接納，必須分別從行政機關及立法機關的政策合法化環境著力，研究分析相關的事項，以創造有利的合法化情勢。作法如下：

(一) **政策分析人員應有的作為**：

1. 在規劃方案時儘量與決策者合作，探詢其意向，在可能情況下，儘量接納其意見。

2. 政策方案應充分考慮政治可行性，適度修正方案內容，減少政治因素的阻力。

3. 在正式推薦方案前，預估方案可能遭受拒絕、駁斥、修正的部分，事先等謀對策。

4. 政策方案應以清晰明白、周詳完備的形式向決策者推薦。

5. 政策分析人員應與決策者建立良好關係，並以個人的專業知識、聲望及過去的良好表現，贏取決策者的信任，以提高方案被接納的機率。

6. 政策分析人員應具備溝通、協調說服及論證的技巧，以強化決策者接納方案的可能性。

7. 政策分析人員在向決策者推薦方案時，態度應誠懇、謙恭有禮，切忌咄咄逼人，以免引起決策者反感，造成反效果。

8. 政策分析人員在向決策者推薦方案時，如有必要，應據理力爭，甚至應「教育」決策者為何需採該方案、如何推動該方案等。

9. 政策分析人員應協助決策者與其他有關的人員或機關先行進行協商的工作，例如獲取必要的人力與經費，以便利決策者批准所推薦的方案。

10. 政策分析人員在規劃方案的過程中，應儘量參酌政策社群（Policy community）中其他人的意見，以求集思廣益。

(二) **瞭解決策個人的特性**：各級政府內部各單位的各級主管，理論上均具合法化政策或計畫的權力。政策分析人員在向他們推薦政策方案時，除了前述本身應具有某些作為外，必須對具有決策權的各級主管的特性具有相當了解，並採取適當的作法：

1. 決策者通常已在行政機關任職多時，使他們的在工作層面上形成某些特性，足以影響他們接納政策方案的取向。顯著的工作特性有：

經驗上的特性	決策者認為他們從過去的工作經驗，已經「知道」成功或失敗的政策各具有哪些特徵，因此可能傾向「我自有主張」的決策態度。
責任上的特性	決策者常常「相信」他所作的決定對他所屬機關政府，會有某種程度的影響力，因此可能會傾向採保守、謹慎的決策態度。
視野上的特性	決策者常因受所屬機關的影響，可能變成心胸開闊者或閉塞者，因此顯示進取或保守的心態。另外，因為專注實務太久，可能缺乏政策分析人員所共有的學術與科學背景，因此不接受政策分析人員所推薦的政策方案。

2. 瞭解決策者在動機上的特性：當思（Anthony Downs）將所有的決策者分成以下五類：

攀爬者（climbers）	此類人員將機關組織視為可以達成個人目標的場所，如升遷、權力、金錢、聲望等。
保守者（conservers）	與攀爬者一樣受「自利」所激勵，但他們主要是關心目前所擁有的。一旦他們覺得進一步升遷似乎不可能時，就會趨於保持現狀，以「便利」及「安全」為主要考量因素。
狂熱者（zealots）	將自己奉獻於追求自認對國家有利的政策目標，尋求權力以促進某種理念及政策的實現。
倡導者（advocates）	他們對機關組織而非對信條作奉獻，認為維護機關組織就等於在追求公共利益。
政治家（statesmen）	他們採取廣泛的公共利益觀點，承認有許多極有價值的信條及機關組織存在。他們設法引導政府朝向有利整個社會的方向邁進。

　　不同類型的決策者，會基於不同的動機與需求，而考慮是否接納政策方案。政策分析人員自宜了解所面對的決策者究竟屬於何種類型，並採取不同的作法，以求政策方案得以被接納。

(三) **瞭解決策的團體**：有些行政機關係採委員會的組織型態，理論上來說，這些機關的決策應採團體決策型態。政策分析人員首先必須對決策團體的成員參興程度、內容及扮演角色之差異，進行分析研究。大致上可分成下列團體決策的方式：

1. 權威型：最終決定出某「強人」裁決。
2. 少數決：最終決定出少數人所操控。
3. 多數決：最終決定以過半數之意見為準。
4. 全體通過：利用策略使少數反對者同意多數人意見。

5. 一致贊同：決策以「全體衷心贊同而非被迫同意」完成。

此外，政策分析人員應特別防範決策團體產生所謂「團體盲思」（group think）的現象，而作出不當或錯誤的團體決策。它與「集思廣益」（group think）的意義不同。

集思廣益	團體盲思
團體成員在解決問題過程中，能夠採取開放參與的作法，所以參與者可以知無不盲、言無不盡，坦承交換意見、腦力激盪、相互修正看法後，最後將可獲得積極、正面、良好的結果。	團體因為具有高度的凝聚力，非常強調團結一致的重要性，因此在討論問題時，壓抑了個人獨立思考及判斷的能力，迫使個人放棄批判及提出不同意見的機會，最後使團體產生錯誤或不當的決策。此種團體盲思運作的結果，極可能使政策方案遭到無法順利合法化或執行失敗的命運。

依據詹尼士（Irving L.Janis）說法，當一個團體出現以下症候時，就可能會發生團體盲思的現象，必須事先加以預防：

1. 團體充滿無懈可擊的幻想。
2. 成員對團體的不愉快及不確定資料予以合理化。
3. 堅信團體本身的道德信念。
4. 具有競爭對手衰弱、愚笨可惡的刻版印象。
5. 對持不同意見的成員施以壓力，迫其順從團體的意見。
6. 成員自我檢查與團體意見的一致性，將自己的疑慮及反對意見的重要性，予以極小化。
7. 成員具有全體一致的幻想，認為彼此意見相去不遠。
8. 成員具有自我委任的防衛心態，不願聽取別人對團體的批評，見不得別人對團體的任何騷擾。

六、政策合法化過程協商

Robert A . Dahl曾指出，在美國有四種條件，使政策合法化時，容易發生議價協商交易的行為：

在政策合法化過程中，充滿了討價還價、協商交易（bargaining）的活動。這些活動可能發生在政黨之間、黨內派系之間、各種利益團體之間，乃至於行政部門與立法部門之間。此類交易協商的活動可視為一種「領導者間互惠控制」的手段，存在於任何的社會中。

名師講座

社會多元主義（Social pluralism）

> 假定政策制定所涉及之利害關係人各領袖間對每一件事均表示同意，或是對每件事均不同意，就沒有協商交易的必要或可能性。由於各種利益團體、地區、及特定對象等因素的影響，各領袖間對某項政策方案可能未盡同意，但又期望有獲得同意並且相互獲利的可能，因此發生了協商交易的行為。亦即，協商交易行為在「必需」、「可能」、及「有利」的情況下，才會發生。

互依關係（interdependence）

> 一個團體的行動如果被認為越可能影響另一團體的權益損失時，後者就越可能試圖去控制前一個團體。換言之，由於利益團體彼此間的利害息息相關，所以彼此必須也願意經由協商交易的方式，以保護自己並獲取利益。

起初不同意但以後有同意可能（initial disagreement and potential agreement）

> 即不同的利益團體對於某事初雖然不表同意，但是以後有可能經由協商交易行為而同意。如果採取強硬立場，絕不妥協讓步，則無進行協商的必要。

憲法因素（constitutional factors）

> 以美國為例，由於憲法、法院判決、政治傳統、政府結構所作的限制，也增加了協商交易行為的可能性。例如行政結構、兩院制的國會、制衡原理、民選官吏及民意代表任期重疊性、政黨政治、司法審核制、國會委員會主席權力巨大等，均造成協商交易的必要性及可能性。

七、政策合法化建立支持多數的手段

政策合法化過程的主要目的之一是透過各種方法或手段的運用，使政策方案在行政機關或立法機關取得支持的多數，獲得接納，完成付諸執行的法定地位。建立支持多數主要是指就某項議題或公共政策而言，設法在立法機關獲得在數目上多數支持的所有相關活動。

> **觀念速記**
>
> 建立支持多數的結果，可以使政策方案獲得立法機關的通過而完成合法化的程序。此處所謂多數是指獲得投票者半數加一的數目。

(一) **說服的手段**：說服（persuasion）係指從事說服工作者採取必要的方法，嘗試去有利的、積極的、正面的影響和使他人相信某項觀念、計畫、或政策的合理

性、完美性、與可行性，進而使他人承諾支持的過程。說服也可以從消極面予以解釋，即設法使他人相信某計畫或政策不可行而放棄支持。

1. 就公共政策本質論，說服的實施，也就是「政策論證」的應用，亦即說服人員可採取以下的論證方式，以說服別人，爭取大多數人支持政策方案：權威的方式、統計的方式、類別的方式、直覺的方式、分析重心的方式、解釋的方式、實用的方式、及價值批判的方式。

2. 進行說服時，應以對方的利益為著眼點，必要時，可以利用議價協商與妥協的方式，爭取對方的合作及支持。

3. 政策說服工作發生在各種機關和團體，例如行政與立法機關內部、行政機關與立法機關、不同政黨不同利益團體間，也可能發生在政策運作過程的任一階段。

(二) **議價協商的手段**：議價協商（bargaining）也簡稱為協商或議價，通常是指兩個或兩個以上擁有權力者，設法調整個人目標，以形成一項為各方可以接受的行動方案。協商涉及商議、談判、妥協、威脅、接受、及其他因素，所以一項成功的協商，先決條件是參與者必須願意就其認為重要的部分，與對方進行談判協商。

1. 從公共政策的角度來看，協商是指政策參與者在政策運作過程中，針對政策所涉及的各項變項，例如政策議題的選擇、政策方案的決定、執行方法取捨等，各方就本身的立場及主張，彼此進行討價還價、磋商討論、交換取捨的活動。如果彼此堅持立場不肯妥協，最後可能導致談判破裂。

2. 協商可以說是民主多元社會的一種正常的政治生活方式，它可以發生在政策運作的任何一個階段，它也可以發生在任何一個機關。

3. 在許多情況下，政策方案所涉及的標的人口是有組織的團體，因此在合法化過程中，就必須進行集體協商（collective bargaining）。所謂集體協商通常指公部門或私部門的員工透過參與工會（unions）或協會（associations），然後由工會或協會代表他們與雇主（包括企業主及政府）就工作條件、待遇及其他的相關問題，進行協商談判，爭取員工的權益。

(三) **遊說的手段**：遊說（lobbying）是任何一個民主國家，在政策合法化過程中司空見慣的活動。事實上，它的確是一項促使政策方案合法化的有力手段。遊說係指有組織的利益團體或個人對立法人員或行政人員等，採取各種方式，直接施壓，以影響法案通過或不通過的一種策略。因此，進行遊說者並不以利益團體為限，任何利害關係者均可能組合起來從事遊說工作；遊說的對象也不限於立法人員，其他行政部門、司法部門、考試部門及監察部門等，也可能都是遊說的對象。此外，在政策運作的各個階段（包括政策問題形成、政策方案規劃、政策方案合法化、政策執行、及政策評估等階段），均可能發生遊說的行為。在一個民主社會，遊說活動被視為民意表達的一種合法管道，所以有些國

家就正式立法，規範遊說者的遊說行為。有時，政策方案利害關係人為擴大遊說效果，可能會組成遊說聯盟，從事遊說活動（遊說聯盟指不同的遊說者，為使某項共同訴求或政策主張，獲得其他政策運作參與者的接受，而形成暫時性的聯盟）。至於遊說活動的種類，一般來說，可以分成以下三類：

📝 **直接遊說**（direct lobbying）

指受到政策影響的標的人口或利害關係人，在政策運作過程中，透過各種可行的方式，直接向具有決策權者或對政策具有相當影響力者進行遊說的活動。例如，如果某政策法案最後的核可權在立法機關，則遊說者的直接遊說對象便是立法人員。此種遊說作法，其效果比半直接遊說和間接遊說要來得大。

📝 **半直接遊說**（semi-direct lobbying）

半直接遊說指遊說人員向能夠影響決策者的人進行遊說的活動。半直接遊說的效果較不如直接遊說，但是又大於間接遊說。

📝 **間接遊說**（indirect lobbying）

間接遊說也稱為「基層遊說」或「草根遊說」（grass-root lobbying），乃是經由影響選民進而影響政府政策的一種遊說的手段。其具體作法是在各大眾傳播媒體刊登廣告、發表談話或演說、向新聞界發布消息、評論及新聞解說、發行錄影片及向選民直接寄送宣傳品等，以宣傳該標的團體對某一項問題的立場或主張，爭取大眾同情及支持，形成輿論壓力，進而影響行政機關的決策。另外，標的團體還可以動員成員向立法機關的民意代表寫信、打電話、訪問等，對民意代表施加壓力。

八、政策合法化的策略

(一) **策略定義**：策略指已經被證明可以有效協助決策者作較佳決策之概念、命題（Propositions）及技術（techniques)。包括如何設定目標，及在何種時間限制條件下，如何整合運用各種資源，採取何種手段共達成目標等要素在內。一般來說，政策的位階高於策略，亦即策略是在政策的範疇下運作的。

(二) **政策策略（Policy strategy）的定義**：政策策略指協助個人及機關在政策運作過程中，分享決定、行動及達到期望目標之工作的一種分析工具，尤其是當他們的利益與其他參與者的利益衝突時，更可透過策略思考，獲得良好的效果。

(三) **政策策略與策略的關係**：

1. 政策策略（Policy strategy）對政策運作過程的主要參與者而言極為重要，因為透過各項政策策略的運用，將可使其偏好的方案或目標獲得當事人、團體或政府機關的支持。

2. 政策策略指協助個人及機關在政策運作過程中，分享決定、行動及達到期望目標之工作的一種分析工具，尤其是當他們的利益與其他參與者的利益衝突時，更可透過策略思考，獲得良好的效果。

3. 政策策略包含一系列的決定，諸如決定基本目標及達成此些目標所需使用的扶能與資源。其焦點置於研究政策過程的參與者、資源、事件、特殊的行動，如動員支持的力量、進行專業性及辯護性的研究、準備就方案與外界作必要的溝通，尋求支持等。因此，政策策略是由首長、主管、當事人及利益團體領袖所採用的一種思考及行動的技巧。

4. 就政策制定而言，策略指處理政策制定手段與目的間不確定性、不適當資訊、黨派性及不可能性等事項的一種手段。

(四) **政策策略分類**：政策策略為首長、主管、當事人及利益團體領袖所採用的一種思考及行動的技巧，依其性質，它可分成：

> ◖ **政治性策略**（Political strategy）
>
> 政治性策略指政策運作過程參與者從政治層面考量，採取政治性的手段，設法促使他人接納自己偏好的方案，或反對不利於己的方案。要點：
> 1. 政策方案被設計並繼續朝前發展後，必須估量誰將是後續動作的主要參與者、誰可協助或妨礙該方案的進展；該方案將面臨何種危險或威脅及可能獲得何種有利的機會等。
> 2. 政策制定者及其機關應尋找可以形成聯盟的對象，以達成其目標，諸如利益團體、其他行政機關、民意代表等。他們也須決定如果無法得到聯盟的話，他們本身具有哪些相對力量及影響力以達成其目標。
> 3. 決策者及聯盟者應分析其潛在對手之力量及影響力，具有何種優勢及弱勢。此項估量提供以本身優勢攻擊對方弱點的策略。
> 4. 在發動某項策略後，不論政策制定過程是在行政機關或立法機關進行，常須設法與對手達成某種協議，以避免發生「全輸」或資源耗費超過可接受程度的情事。
> 5. 決策者有時可透過「操控策略」（a strategy of manipulation），片面設法共達其目的。例如設法改變對手所處的情勢及改變對手意圖等。
> 6. 操控者可憑藉「說服」的方式，使對方接受方案。方式是證明如果對方能照操控者所希望的方式去作的話，將比預期得到更大的滿足。
> 7. 操控者另一項可用的策略是向對手訴求「義務感」，使其放棄原先主張。

> ◖ **政策取向性策略**（Policy- oriented strategy）
>
> 該策略的焦點置於如何促使某項政策目標能夠達成。基本上，政策取向性策略常因為政策環境的現實性及趨勢的需要而形成。有時是國際壓力所造成的，例如空氣污染；有時是國內環境壓力所造成的，例如終止動員戡亂時期及開放三通的制定等。

戰術性選擇（tactical choice）

各種政策策略均應以較詳細的步驟，亦即戰術，以實現政策目標。諸多政策過程參與者偏好的戰術性選擇中，以「議題逼迫」（issue-forcing）及「行動逼迫」（action forcing）兩項戰術最為常用。例如我國行政首長有時會利用定期的記者會，將拖延已久的新政策或方案，付諸推動及實現。

九、政策合法化策略的類型

美國三位學者Carl E . Van Horn， Donald C . Baumer及William T.Gormley把它們歸納為三大類：包容性策略、排除性策略、及說服性策略。

觀 念 速 記

任何一項策方案在制定過程中，通常會透過各種策略的運用，設法獲得相關參與者支持，以使方案合法化，取得合法執行的地位。

包容性策略（inclusionary strategies）

諮商策略（consultation strategy）	諮商策略為政策合法化，甚至整個政策運作過程中，各行為者爭取他人支持的一種策略。通常對於某些共同負擔責任的事務，各相關部門的行為者在事情變得棘手前，彼此總會設法進行諮商，以求得彼此能夠接受的共識，避免陷入僵局，難以善後。在一個分裂政府（行政部門的民選首長與民意機關內的多數民意代表分屬兩個不同政黨），政策方案或計畫如果希望獲得反對一方的接納，諮商策略更有其必要性及重要性。
建立聯盟策略（coalition building strategy）	乃是指政策運作過程中各個行為者，包括政治人物、政策分析人員、利害關係者等，爭取政策獲得接受、取得合法地位的一種策略。亦即，在政策運作過程中，立場一致或利害相同的行為者（包括團體或黨派）常常結合起來，建立聯盟關係，以支持或反對某一特殊議案。例如立法院在審議各種法案時，常因各黨派對法案所採取立場的不同，而形成各種不同的聯盟關係。
妥協策略（compromise strategy）	指在政策運作過程中，對於政策方案各面向具有不同看法或立場者，為使方案順利運作，並且不致產生「全輸全贏」的不良結果，彼此進行協商、議價、交換取捨後，達成「雖不滿意但可接受」的折衷方案。就國內外政治生態觀之，少有重大法案是可不必經過取捨交易（take and give）的過程而能獲得通過，取得合法地位的。

排除性策略（exclusionary strategies）

繞道策略 （bypass strategy）	即當政策方案在合法化階段面臨重大障礙時，可以採取繞道而行的方式，以避免或延緩一場激烈的爭鬥。此種策略可以使方案在批評者或反對者，有機會予以封殺前，取得暫時性的妥協。
保持秘密策略 （secrecy strategy）	指政策方案主張者在方案本身具敏感性或尚不宜公開時，對政策運作相關者及傳播媒體保持秘密，以增加方案的可行性。不過，近年此項策略在立法部門已漸漸難以施展，因為民意機關委員會所舉行的公聽會必須是公開的；同樣的，在行政部門此項策略也受到「陽光法案」（sunshine laws）通過後的限制，也要求行政部門必須舉行公開的會議。
欺騙策略 （deception strategy）	乃是以欺騙方式設法使政策方案、計畫、或事件為他人相信或接納的一種策略。此種隱瞞策略如果能得手，可以化解某些重大的政治事件。但如果謊言被揭穿的話，當事人將付出極大的代價。例如，柯林頓緋聞事件。

說服性策略（Persuasive strategies）

雄辯策略 （rhetoric strategy）	政策欲成功的為他人或機關所接受，雄辯策略是一項基本的技術，尤其是在訴諸大眾選民支持情況下更是如此。值得注意的是，為了爭取支持，方案辯護者往往會誇張方案的重要性及可行性，就短期言，作法確實可以引起他人的興趣而動員足夠的支持者，但一旦辯護者由議題設定部分延伸到政策制定與政策接納階段時，可能就會變成致命傷。因為對方案誇張重要性的結果，雖然強化了支持的力量，但同時也強化了反對的力量。
政策分析策略 （Policy analysis strategy）	即運用嚴格的實證研究結果，提供政策分析相關資訊，說服他人或機關接納政策方案，使方案取得合法化的一種策略。
抗議策略 （protest strategy）	指政策過程參與者利用各種抗議的手段，迫使對手接納其政策主張的一種策略應用。當某些議題「價值的爭論」重於「事實的爭論」，「政治角力」重於「證據呈現」時，抗議策略往往是一項非常有效的方法，尤其在輿論對其有利的情況下更是如此。不過應注意的是，抗議固然是一件有力的武器，但同時也是一危險策略，因為它容易激發大眾正面和反面的情緒反應，進而爆發激烈的衝突。

十、政策合法化過程之「政治可行性評量」要素

在政策合法化過程中，政策分析人員或業務承辦人員為促使政策或計畫方案被有決策權者接受，取得合法執行地位。可進行政治可行性評量。威瑪（David L . Weimer）和文寧（Aidan R.Vining）兩位學者對此項策略曾作相當闡述：

(一) **確認相關參與者**：哪些人和團體會在政策合法化過程中表示意見？一般來說，參與者可粗分為兩部分，一部分為對論題具有實質興趣者，另一部分在決策場合持官方立場。政策分析人員必須就這兩部分的所有可能的參與者，透過各種方式或管道予以確認，以明瞭參與人數的多寡？性質如何等？

(二) **了解參與者的動機與信念**：欲了解有組織之團體的動機與信念較為容易，不過欲了解站在官方立場之參與者的相關動機和信念，則較為困難。因為這些人包括民選官員、政務官及事務官，他們的動機、所關心的事項、價值觀等均極不相同。政策分析人員必須「站在當事人立場」，洞察各參與者的動機與信念。

(三) **評量參與者的政治資源**：每一位參與者均有多寡不同的政治資源可影響其他參與者的立場，包括投票權、議程設定權、雄厚的財力、專業知識、動員群眾能力等。政策分析人員必須縝密評量每位參與者的各項政治資源的多寡，俾利方案合法化。

(四) **選擇適當的政治舞台**：每一個政策合法化的政治舞台均各有一套決策的規則，不論是在行政部門或在立法部門。在分析並評量各參與者的政治資源及對方案的立場後，應設法將方案移至較有利的政治舞台（Political arena）去進行政策合法化。

十一、使政策在立法機關合法化之技巧

雖然絕大多數的政策、方案及計畫等是在行政機關制定、執行與終結，但是真正關係國計民生，人民權利義務的法案，仍然必須經過立法機關的合法化。行政機關的政策方案促銷者（包括決策

> **名師秘笈**
> 政策合法化的推動者必須就不同類型民意代表的動機、信念、角色等，分析他們對政策方案所持的立場與方案的關聯性，俾減低反對力量，增加支持力量，亦即提高政治可行性。

者及政策分析人員），至少應從以下三方面努力，施展其論證，說服的技巧與政治的手腕：

(一) 瞭解政策合法化參與者的立場：政策方案促銷者，應當針對提交立法機關審議的方案，蒐集有關主要參與者的資料，並且對他們的動機、信念及角色作深入的研究分析，以便掌握運用。例如民意代表、利益團體、政黨、學者專家、當事人等。可將此些參與者分成三類：支持者（supporters）、無所謂者（indifferents）、及反對者（opposers）。史塔林（Grover Starling）曾對民意代表作如下的分類：

1. **就民意代表的目的性角色區分**：則民意代表可作如下分類：

固守儀式者 （ritualistic）	自認為其角色在依據立法的程序和規則從事立法工作，所考慮的是立法過程的技術層面。
代言人 （tribunes）	自認為自己是民眾的喉舌，為民眾反應意見，爭取利益。
創新者 （inventors）	自認為自己的角色是在創造及擬訂公共政策。
掮客 （broker）	自認為自己的角色是在各衝突的利益間設法達成妥協的後果。
機會主義者 （opportunists）	此類人員只符合身分角色的最低要求，而利用民意代表身分去獲取立法外之最大的個人或政治上的利益。

2. **就民意代表對利益團體活動的取向區分**：

促進者 （facilitators）	知悉利益團體的活動並友善待之。
抗拒者 （resister）	知悉利益團體的活動並敵視之。
中立者 （neutrals）	或是對利益團體的活動所知不多，或是對其活動無強烈反應。

3. **就民意代表的代表取向區分**：

自主型者 （trustees）	自認為是「自由代理人」（free aents），因此基於原則作進定，不偏向任何一個特殊選區的利益。
委任型者 （delegates）	自認應當一直依據自己選區的意志投票。
政治型者 （politicos）	自認為同時表現自主型與委任型角色取向者。

(二) **設法建立支持的多數**：首先應了解，「支持的多數」的建立須因政策本身、合法化過程的場合、合法化的進行時間之不同，而採用不同的策略，以形成不同的聯盟（coalition）。亦即，建立支持多數主要是指就某項議題或公共政策而言，設法在立法機關獲得在數目上多數支持的所有相關活動。建立支持多數的結果，可以使政策方案獲得立法機關的通過而完成合法化的程序。

1. 在民主政治制度下，立法機關負責制定法律與重大的公共政策，所以立法人員彼此間設法建立支持多數的作法就無可避免。因立法機關內部還設有各種委員會和小組，而法案必須通過這些關卡的緣故，故對某一個議題能夠達成　致看

法的立法人員，通常不是很多，所以就必須透過議價協商的方式，建立支持多數聯盟。

2. 建立支持的多數這個策略也可能發生在其他政策合法化的場合，例如在行政機關必須以委員會委員多數決通過的方案，或司法機關採取合議庭審判案件的狀況，均需獲得多數支持才能作最後的決定。

3. 欲在民意代表中建立支持的多數，缺少不了交易與協商的為。換言之，它是一種彼此互惠的行為。所以如果想要獲得多數民意代表的支持，則行政機關應在平時或適時的給予他們某種的利益做為條件。

4. 在某些情況下，為使政策方案順利合法化，有時必須採取「多數聯盟」的策略。多數聯盟即是指，原本黨派不同、立場不同、利害關係不同的各類人員中，因為對某一政策議題立場一致，有些類別的人會聯合起來。

十二、行政機關促使其向立法機關所提之政策方案順利通過之各種作法

試探性的 發布消息	法案在正式向立法機關提出前，先將內容向社會透露，以觀察社會各界的反應，如果外界（包括民意代表）反應不良，即暫勿提出，俟作適當修正後，再行提出。

把握適當提出時機	在政治情勢、社會條件、立法機關內部氣氛對該法案有利的情況下，提出法案獲通過的機會較大。例如當「府會一家」時，乃是最佳的方案提出時機。
爭取社會資源協助	行政機關可透過支持其立場的一般大眾、傳播媒體、學者專家、利益團體等，對民意代表施加壓力，使其採取支持的態度及作法。
加強聯繫維持情誼	行政機關平時即應利用各種方式，加強與民意代表間的聯繫，增進他們對行政機關業務的了解，並維持密切的情誼，庶幾在法案合法化階段，可助其一臂之力。
提供資訊增進了解	民意代表常無暇對法案作深入研究分析，行政機關可適時提供其相關資訊，增進其對法案的認識，而採支持的立場。
列席各項相關會議	為爭取民意代表對法案的認同與支持，行政機關首長應列席立法機關各審查委員會、座談會及聽證會等，一則為法案辯護，二則為接受民意代表詢問並作必要的解釋，澄清疑慮。
運用立法聯絡人員	行政機關可設置專責單位或人員，從事與立法人員間的聯絡溝通工作。例如國會聯絡小組。
發揮黨政協調功能	對於阻力較大的法案，可以透過政黨力量，居中穿梭協調，對黨籍民意代表或曉以大義、或施以黨紀、要求其採取支持的立場。

十三、公共政策經過議價協商後所產生的可能結果

依據Grover Starling的看法，
會產生下列這些結果：

名師秘笈

議價協商的必要與重要性，限制了從事理性政策分析的程度，政策分析必須結合權力的運用。因為分析已經被溶入「權力遊戲」中，政策方案的「政治可行性」（Political feasibility），應當被政策分析人員列為最重要的分析項目。

➡ **政策被廣泛的接受**（widespread acceptance）

政府的政策必須受到政治活躍份子廣泛的接受，才能行得通。以美國政治制度而言，有許多場合容許政治上的少數有否決政策的機會。因此，必須透過討價還價的方式，使這些政治上的少數，即使不同意政策，但至少能得到他們的默許。此種在合法化過程容許政治上的少數具有政策否決權，乃是一項強有力的公民教有工具，也可使政策法案通過以後，能夠獲得支持而有效的落實。

➡ 政策藉不理性方式得到同意（irrational agreement）

政策為了獲得參與者廣泛接受，可能就會經由「滾木法」（logrolling）而產生「不理性同意」（irrational agreement）的情況。所謂滾木法，即是一種獲取對政策法案具有阻礙或削弱控制權的領袖能默許法案的手段，其方式為同意其他領袖之提案，以換取他們對你的提案的支持。因採取滾木法的結果，所有領袖所提出的特殊政策方案可能都會被接受，但全部合起來看，這些特殊的政策方案可能對大多數人是相當不適合的，所以導致不理性的同意。討價還價伴隨著必須讓政策方案獲得廣泛接受的壓力，使得「妥協」（compromise）幾乎不可避免。

➡ 政策被有組織者所控制（controlled by the organized）

就政策制定過程來看，不論是議題的提出、解決方案的規劃，乃至方案的合法，常常反映出有組織團體的利益所在，因為這些團體能夠提供協商的報酬給他們的領導人物，讓他們有辦法壓過參加協商的對手。一般而言，凡是彼此能夠相互認同者，較易形成嚴密的組織，而彼此並不認同者，則不易形成。

➡ 無法控制行政機關（failure to control bureaucracy）

由於議價方式的不可避免，導致民選公職人員，包括行政首長及民意代表，無法對行政機關行使統一的控制權。每一個行政機關都是由其服務對象所組成之特殊控制關係網路的一部分，而這些服務對象都可以被該行政機關鼓勵動員去為機關進行遊說，以免機關權限、地位及安全受到威脅。因此，很難有一個人或單位可以有效的控制各行政機關。

十四、民主國家政策合法化過程中，為建立支持多數所採取的策略

民主國家的政策合法化過程中，為爭取各政策關係人對政策方案的支持，可以採用以下政治策略，發揮調和鼎鼐、折中協調的功能，以解衝突，形成共識，俾使政策方案得以順利通過，付諸實行。

✎ 求同存異（co-optation）

有學者指出，求同存異是達成協議的最佳途徑，可藉由高明的政治手腕，與反對立場者，進行推心置腹的懇談，而達到化解衝突，推動政策的目的。立法機關，跨越黨派甚至派系的連署行動，就是一種懷柔的作法；行政機關，為了妥善處理某特定公共問題，而成立一個包容各種不同意見的個人或團體代表的委員會，這也是一種懷柔的作法。

✎ 妥協（compromise）

妥協是一種以對政策方案做實質修改，以增加其政治可行性為目標的政治策略。換言之，在政策方案不到一定支持的情況下，透過對該方案實質的修改，使其能為各方接受，這是一種政治策略的選用。在選用這項政治策略的時候，以小幅度的修改為原則，並以爭取足以使該項方案順利通過的支持為其準則。妥協的方法不外乎下列兩種：
1. 刪除政策方案中有爭議性的部分。
2. 在政策方案加入反對者的意見或建議。

✎ 操縱政治抉擇的情境（heresthetics）

賴克（William H. Riker）在「政治操縱的藝術」一書中創造了「Heresthetics」這個名詞，它指的是，運用對政治抉擇情境的操縱，來達到促使某一特定政策方案順利通過的目的。操縱政治抉擇情境的主要方法包括有：1.控制議程；2.借力使力；3.變更議程。

✎ 雄辯（rhetoric）

憑藉無礙的辯才，加上充分詳實的資訊，以說服他人接受一特定政策方案，是最常使用的政治策略之一，亦即「真理愈辯愈明」。因此，政策辯論對政策方案常常能夠產生一種釐清作用，但如果在政策辯論時，提供不實資訊，或嚴重扭曲資訊，則也可能使政策辯論淪為狡辯，並可能使政策方案更加混淆不清。

十五、行政機關獲得政治性支持的來源

　　以美國而論，政黨在政策運作過程的角色可說已日漸式微，無法有效協助行政機關，並支持其政策目標。因此行政機關被迫須發展自己的政治性支持的基礎，與對其目標有利或有害的各種團體協商並建立聯盟關係。在一個政黨無法發揮政策發動及動員政治性支持的政府結構下，行政機關的「政治中立」（political neutralization）就變得不可能。一般而言，行政機關獲得政治性支持，主要來自以下三方面：

(一) 爭取民意的支持：理論上，行政機關所獲民意的支持強度可和立法機關相互抗衡。在爭取民意支持時，可考慮並注意採取以下的作法：

掌握關鍵性的大眾	行政機關可透過以下兩種方法獲取大眾支持：第一、在一般社會大眾裡，設法創造對機關有利的態度；第二、在受注意的大眾中建立支持的力量。所謂受注意的大眾是指在該行政機關具有明顯利益的大眾，亦即該行政機關可提供他們利益或具有管制性的權力。值得注意的是，如果對某項活動感興趣的大眾如果突然擴增，可能會威脅該行政機關的運作，因為大眾如對機關過度期望，最後可能會因失望而轉為敵對狀態。
組織服務對象	行政機關可以設法和外界有組織的團體保持密切的聯繫，以設法建立外圍的支持團體，而得到大眾的支持。值得注意的是，外圍的支持團體常會成為行政機關反對上級命令的工具，也有助於行政機關逃避民意機關的控制，此種現象應予以避免。
行政機關勿成為被擄獲的機關	由於行政機關欲獲得外界團體的政治性支持，結果使行政機關成為該團體要挾的對象，成為被擄獲的機關。其結果是，該機關的所作所為必須獲得該團體的許可才行。
協助成立公益團體	行政機關可藉協助成立各種公益性團體（Public interest groups）而強化它的地位、權力及續存。當然，此種作法可能會產生官商勾結舞弊的弊端，應設法避免。

(二) **爭取立法部門的支持**：行政機關可自立法部門得到政治支持力量，其方式有二：
 1. 法律授權：即由法律授予行政機關具有管制權、人事權、對社會大眾提供服務之權。
 2. 立法部門透過撥款法案的運用，可給予行政機關相當的運作權力。此外，行政機關還可藉拉攏立法部門之委員會主席、聯繫民意代表的情誼等方式，增強本身的政治支持力量。如我國行政院各部會的「國會聯絡員」設置。

(三) **爭取行政部門的支持**：行政機關可藉努力發展立法部門及大眾的支持，而在行政部門內成為相當自立性的機關。不過，行政機關有時因其性質特殊，想要成為一個受外界支持的獨立性、自主性的機關並不容易。因此，與總統建立良好關係，是行政機關及其官員最主要的資產。行政機關欲強化本身的支持力量，必須做好與其他機關的關係，尤其是對其資源具有控制或影響力的單位，例如主計單位、人事單位、及研考單位等。

十六、政治系統取得合法性的方法（亦即如何取得正當的統治地位）

(一) **提高政策績效**：駱思查認為，政治系統的政策績效與統治的合法性具有密切相關且互為影響的關係。當系統的成員認為系統具有統治的正當性，可以容忍不良的政策績效，同時會對系統採取與其利益相差的行為表示同意；同樣的，如果政治系統能夠長期滿足成員的需要與利益，也可以贏得統治的正當性。最後，即使一個傳統的政治系統，完全擁有統治的正當性，但是如果長久表現昏庸無能的話，也可能會慢慢腐蝕其統治的正當性。

(二) **灌輸人民合法性的感覺**：伊斯頓（David Easton）認為：「灌輸人民一種合法性的感覺，可能是獲取他們同時對權威當局與政權普遍支持的唯一最有效的設計。社會成員可能基於許多不同的理由而願意服從權威當局或順服政權的規定。但是最穩定的支持乃是來自於成員深信，他們接受並服從權威當局、順服政權所作規定的約制，乃是正確的以及適當的。它反映一項事實，即成員以某種模糊或明確的方式，表示他的所作所為與他自己的道德原則是互相符合的，也與他在政治領域中自認何者為正確與適當的感覺是互相一致的。」

(三) **符合合法性條件**：合法性是政策合法化的基礎，政策方案能否經由法定程序取得合法地位，以該從事合法化工作的機關或人員，是否具有合法性為先決條件。合法性具有兩項涵義：一為行動乃是基於法律或合法過程而被正式接受為對的（right）；另一為依據某一情勢、論證邏輯或大多數人意見所得到的正確性（correctness）。亦即，合法性不僅指合乎法律的規定，並應具有為一套社會規範所界定屬於正確、適當之情勢或行為的本質。

牛刀小試

1. 政策合法化的參與者有哪些？其中行政官員及民意代表做決策時會受到哪些因素（標準）影響？
2. 政策合法化過程的協商條件有哪些？
3. 試說明行政官員與民意代表的決策型態？
4. 政策合法化過程中建立支持多數的手段有哪些？又有哪些策略？試分別說明之。
5. 政策合法化策略的類型包括哪些？試加以以說明之。
6. 一般來說，行政機關欲促使其向立法機關所提之政策方案能順利通過之各種作法有哪些？
7. 公共政策經過議價協商後，可能或產生哪些的可能結果？

參　我國與中國的政策合法化

一、我國政策合法化的參與者

以我國情況來說，政策合法化過程的參與者與政策規劃階段的參與者差不多，包括：行政人員、民意代表、政黨、利益團體、學術研究機構、大眾傳播媒體、意見領袖、當事人等。這些參與者如果在政策規劃階段曾經介入，而且他們的觀點、看法、意見、需求等，已經被納入政策方案，則在合法化階段仍將保持高度的注意或再度參與，藉以強化他們的主張與利益。

觀念速記

政策合法化的活動通常在兩類機關運作，一為民意機關，另一為非民意機關。就非民意機關而言，則以行政機關為主體，此乃因行政機關為處理國家主要政務之機關，業務既繁雜，機關單位甚多，且工作人員最眾之故。

如果在政策規劃階段的參與對未能獲得理想的戰果，則在合法化階段將會全力以赴，以扭轉不利的情勢，期望將其主張與利益容納在政策方案中。從過去事實來看，政策合法化階段往往是若干參與者的主要戰場，並且也確實是反敗為勝的最佳時機。基本上，我國政策合法化過程的主要參與者：總統、行政機關、立法機關、與司法機關。其中以立法機關的政策合法化過程最受矚目。

(一) **總統**：總統為國家元首，對內代表國家，對外代表國家。根據憲法本文規定，享有實權，握有決定國家重大政策之權。在總統所擁有的職權中，以外交權、宣布戒嚴權、發布緊急命令權等，最為突出。

1. **行使外交權**：憲法第三十八條規定外交權，該條規定，總統依本憲法之規定，行使締結條約及宣戰購和之權。但行使此權時須受下面程序與條件的限制：(1)須經行政院會議的議決。(2)須經立法院的同意。(3)可能須國民大會的議決。(4)須不違背憲法有關外交基本國策的規定。

2. **宣布戒嚴權**：憲法第三十九條規定，總統依法宣布戒嚴，但須經立法院之通過或追認。總統行使戒嚴權之條件為：(1)須有戰爭或叛亂發生，而有必要戒嚴時。(2)須經行政院會議議決。(3)須經立法院通過或追認。(4)立法院認為必要時，得決議移請總統解嚴。

3. **發布緊急命令權**：憲法第四十三條規定，國家遇有天然災害、癘疫、或國家財政經濟上有重大變故，須為急速處分時，總統於立法院休會期間，得經行政院會議上議決，依緊急命令法，發布緊急命令，為必要之處置。

(二) **行政機關**：憲法第五十三條規定，行政院為國家最高行政機關。說明行政院為行政中樞機關，承上啟下，透過其所屬各部會局處署及其附屬機關，與地方行政機關，以行使行政權。此處所謂行政權者，是指凡性質上非專屬於總統的職權，又非屬於其他四院的職權者。故，行政機關的職權極為廣泛，分支機關與工作人員極為眾多，行政計畫亦相當龐雜。

(三) **立法機關**：民主多元的國家，政府的施政原則上應以民意為基礎。凡有關國家重大興革事項、人民權利義務規定等政策性的決定，理論上應經由民意的核可才能取得合法地位。因此，由人民選舉代表所組成的各級民意機關，便扮演國家重大施政方針、政策、計畫之合法化的主要角色。唯民意代表因有其個人的動機與利益、選區的利益與壓力、政黨關係等；故在審議法案或政策方案時，常形成各種不同聯合（通常稱為次級問政團體）。它們可能是超黨派的組合，也可能是政黨內部的不同組合，此種組合對合法化過程極有影響。

(四) **司法機關**：美國法院具有解釋憲法的權力，聯邦最高法院更具有司法審核權（judicial review），可判決國會所通過的法律或總統所頒布的命令為違憲，因此美國司法機關擁有實質上的政策決定權，亦即政策合法化之權。我國司法院中的大法官會議，專司解釋憲法、法律、命令之權。因此，我國司法機關具有政策合法化之實質，大法官會議解釋憲法或法令，均係以合議制方式為。

二、我國的立法程序（立法院制訂法律的過程--政策合法化過程）

政策合法化的活動，依政策、方案或計畫性質的不同，可能發生在行政機關、司法機關、考試機關、及監察機關。但是就重要性及主導性而言，還是以立法機關的政策合法化過程最值得注意。立法院為國家最高立法機關，代表人民行使立法權，憲法第六十三條規定，立法院有議決法律

名師講座

法律乃是政府政策的一種形式，而且通常是影響國計民生極為重大者。是以法律的制訂過程理應慎重周延，博採周諮，才能具體可行。

案、預算案、戒嚴案、大赦案、購和案、條約案及國家其他重要事項之權。另外，依據立法院議事規則規定，法律案及預算案，應經三讀會議決之，法律案及預算案以外的議案，應經二讀會議決。因此，制定法律（即將政策方案予以合法化）及審查預算為立法院的主要職權。

提　案

依據我國憲法、大法官會議解釋及有關法令規定，可以提出法律案的機關或主體如下：
1. 行政院：行政院有向立法院提出各種法律案及預算案之權。
2. 考試院：考試院關於所掌事項，得向立法院提出法律案。考試院所掌事項為考試、任用、銓敘、考績、級俸、升遷、保障、褒獎、撫卹、退休、養老等。
3. 監察院：依司法院大法官會議釋字第三號解釋，監察院有權向立法院提出法律案。
4. 司法院：依據司法院大法官會議釋字第一七五號解釋，司法院有權就其掌理事項提出法律案。
5. 立法委員：立法院組織法第七條及立法院議事規則第十條規定，立法委員具有提出法律案之權。
6. 人民請願：人民向立法院所提之請願案，也可能經過審查後成為議案。人民請願案經審查成為議案者，其處理過程與立法委員提案者同。

一讀會

依立法院議事規則規定：第一讀會由主席將議案宣付朗讀行之。政府提出之議案於朗讀標題後，即應交付委員會審查。但有出席委員提議，二十人以上連署或附議，經表決通過，得逕付二讀。立法委員提出之議案於朗讀後，提案人得說明其旨趣，經大體討論，應即議決交付審查或逕付二讀，或不予審議。

審查

立法院組織法規定，政府機關依憲法提出之議案，應先經立法院有關委員會審查，報告院會討論，但必要時得逕提院會討論，立法委員提出之議案，應先經院會討論。如果議決交付審查者，由程序委員會分配提報院會決定，交付各相關委員會審查。

二讀會

立法院議事規則規定，第二讀會於討論各委員會審查之議案，或經院會議決不經審查逕付二讀之議案時行之。討論委員會審查之議案的程序為：1.主席宣讀案由。2.宣讀審查報告。3.審查會召集委員予以口頭補充說明。4.進行「廣泛討論」。5.逐條討論。如果必要，法律案在二讀會逐條討論進行中，亦得議決重付審查。另外，必要時也可提出「復議動議」，以便再修改與補充。法律案經逐條討論、逐條表決通過後，即完成二讀程序。

三讀會

法律案及預算案應經三讀會議決之，其他議案僅須二讀會程序，即可完成合法手續。第三讀會的時機，原則上應於第二讀會的下次會議進行。但情況特殊時，第三讀會的程序也可提前或延後。法律案第三讀會的進行，是先由主席朗讀本案案由，然後作程序上的說明。立法院議事規則規定，第三讀會除發現議案內容有互相牴觸，或與憲法及其他法律相牴觸者外，只得為文字之修正。

公布

立法院通過法律案後，依憲法第七十二條規定，應移送總統及行政院，總統應於收到後十日內公布，使其成為法律。但是總統得依憲法第五十七條的規定，作其他方式的處理：「行政院對於立法院決議之法律案，如認定有窒礙難行時，得依總統之核可，於該決議案送達行政院十日內，移請立法院覆議。覆議時，如經出席立法委員三分之二維持原案，行政院院長應即接受決議或辭職。」此外，直轄市議會、縣市議會的審查議案的過程，大致上也差不多，但議案的性質較單純及不複雜。

三、我國政策合法化過程的缺失及改進之道

缺　失

1. 立法機關缺乏政策分析與行政規劃人才，以致本身既無法從事政策規劃工作，亦難以周詳檢視審查行政機關所提送之政策方案。
2. 甚多立法人員未具備充分政策分析知識及能力，致審議政策方案時，常流於主觀及情緒化，很難客觀且理性的審議方案。
3. 立法人員缺乏高水準的助理人員，協助蒐集政策方案相關資訊。
4. 立法人員審議政策方案時，常著重於經費的增刪，而忽略政策方案的內容、需求及與經費配合等問題。
5. 立法機關各委員會之召集委員，權力頗為鉅大，對政策方案幾乎握有生殺大權，致影響政策方案合法化之時效及結果。
6. 立法人員常受特殊利益團體或標的人口遊說的影響，未能客觀理性的審議政策方案。
7. 各級民意機關尚未普遍建立「聽證會」（公聽會）制度，致審議政策方案時，利害關係者無法充分表達其意見。
8. 政策方案常未經正反雙方充分辯論即過早表決通過，予以合法化。
9. 行政機關在政策合法化階段，常未能善用「建立支持多數」（Majority building）的策略，致使規劃周詳之政策方案，難以獲得合法化。

10. 政黨對於某些政策方案的合法化常扮演過份積極干預的角色，影響立法人員的審議方向，並滋生事端。
11. 立法人員外務太多，或忙於自身事業，未能專心審議法案，以致議事效率太差。
12. 立法機關議事制度及程序存有缺失或不夠周全，如質詢制度欠當、發言次數分配及程序發言之規定不當等。

改進之道（強化我國政策合法化之道）

1. 充分發揮立法助理制度的功能。
2. 各級民意機關應適量招募進用政策分析專業人才，從事必要之幕僚業務，以提高政策方案的審議時效及品質。
3. 各級民意機關均應建立「聽證會」（公聽會）制度，擴大政策合法化的參與面。
4. 行政機關應善用各種策略，在政策合法化階段建立支持的大多數，使周詳的政策方案能夠順利合法化。
5. 行政機關應把握政策方案提出合法化的有利時機，否則政策方案合法化過程將較為曲折費事。
6. 對於一般政策方案合法化，如非絕對必要，政黨宜盡量避免介入並操縱審議方向，以免滋生不必要的困擾。
7. 透過政治社會化的運作教育民眾，儘量採取正當參與手段，共同有效的監督政策方案的規劃與合法化過程。
8. 立法人員在審議政策方案時，應避免因政治立場、意識型態不同與意氣用事，而作出不理性的反應。
9. 立法人員避免因遷就特殊利益團體的需求，而犧牲大多數人的利益。
10. 行政機關與立法機關應儘速共同協商，制定利益團體或個人遊說法、立法人員利益衝突迴避法及其他相關「陽光法案」。
11. 立法機關應縮短政策合法化時間，以因應社會變遷、問題叢生的需求。
12. 社會上各種大眾傳播媒體應負起匯聚民意及反映民意的功能，在政策方案規劃與合法化階段，代表利害關係者表達意見。
13. 立法機關應隨時修改不合時宜、影響議事效率之不當議事制度與規則。

四、我國立法院議事失序、功能不彰的根本原因

(一) **規範的制定與執行**：議事規範之能取得權威的首要條件，乃規範要由選民定期選出的委員，組成健全的結構，共同制訂為各方認為合理的規則，並付諸有效的執行，用以導引正常的議事運作，適時監督政府施政，提昇立法品質。議事規範的制訂，只是建立權威的始點而已，如果該規範長期被視之如敝屣，或將其束諸高閣、置之不用，則極易引起不良的連鎖效應，即各委員勢將爭相不重視規範，使議場更加混亂無序，議事更加牛步化。

(二) **立法委員本身的自律：**

1. 立法委員的主要職責在於議決法律案，監督行政部門的施政，適時適地測知民意的歸趨並反映民意，而不在於進行一昧的議事干擾，或設想各種狀況，引起新聞媒介的渲染報導，藉機大打知名度。

2. 立委也應分清臨時提案、施政質詢與提出程序問題的分際和界線，不可將三者混為一談，因上述三者在議事規範上就已詳細載明其個別適用的時機及應具備的要件。

3. 立法院主要是一個集體議事的機關，立委個人的影響力若因該個人無法建立多數聯盟（得到他人的聲援），再加上立法院特殊的結構，要對法案的審議有所影響，似乎很難。如此，部分立委形成很深的挫折感或無力感，產生心理不平衡或不滿的情緒，若未善加疏導，其難免會失去應有的自律力，表現出失控或他律的行為。

(三) **行政院的負責態度：**依據憲法的規定，行政院必須對立法院負責。而負責的表現方式之一為行政院於立法院每一會期開始，同期提出施政方針及施政報告，並接受立委對施政內容提出總質詢。這種施政總質詢的設計，原為提供行政院與立法院對話的機會，並藉此機會共同勾劃國家未來的目標。不過，如這項對話始終運作在兩條平行線上，則兩院甚難凝聚對問題的共同焦點，因而可能逐漸變為徒具形式而無實質內涵的溝通。

(四) **選民的制衡：**選民的主要職責有二：一為選賢與能，二為監督制衡。兩者相輔相成，方能凸顯民主代議制度的功能。選民若以為在選舉時選出自己認為理想的立委後就已盡到應盡的責任，而任由立委在立法殿堂上隨心所欲，但憑局部的利益左右決策的方向，以程序的手段干擾議事的進行，導致時間的浪費、立法品質的低落，則受害最深的依然是選民自己。台灣地區的選民每每忽視監督制衡所具的導正功能。（林水波，公共政策論衡，立法院議事失序功能不彰的原因及其解決之道，頁57-64）

五、解決立院議事困境之道

(一) **議事規範權威的建立：**除了加速國會結構的合理化之外，每屆立委議事開始之前，由各黨派研商共同訂下彼此均能接受的規範，並非任一黨派一廂情願的制訂，而是每位立委均能透過理性的評估規範內容，並由合法過程制訂而成。如此一來，議事規範不再留下任何口實，惡意的抵制者將不會引起共鳴，反而遭受相關人士的唾棄。議事規範內容具有實質理性，制訂過程又兼具程序理性，為建立規範權威的原動力，但將其付諸有效的執行，則是建立威信的不二法門。

(二) **國會議員的自律：**國會議員身居廟堂之上，一舉一動均為人學習的對象，因此本身的自我期許、自我反省，及自我約束，乃贏得他人尊重、受人景仰的前

提，更是產生影響力所不能欠缺的要件。須知人們眼睛是雪亮的，表現不佳的
立委，將在下次選舉中付出代價。

(三) 行政院應針對立委所提出的質詢內容，具體且正面的加以答覆，不應以天馬行
空的方式爲之，不要永遠在兩條無法交集的平行線上進行政治對話，更不要有
答非所問的答詢態度。因上述之情勢，往往會引起立委的不滿，引發議事的混
亂。再者，立委本身的主動立法，行政院應予以鼓勵與支持，更不必橫加阻
撓，因那是分擔責任，多角度思維解決問題的重要門徑。

(四) 理性選民的培育可由開放電視時段讓他們有目睹其選出立委在議事上表現的機
會；由立法院相關單位統計立委的問政成績單，出席院會及委員會的紀錄；選
民有時到立法院旁聽席觀看立委實際的臨場表現；各政黨嚴格的提名程序，篩
選能者參選。凡此均是致使選民進行理性判斷的基礎。（林水波，公共政策論
衡，立法院議事失序功能不彰的原因及其解決之道，頁57-64）

六、中國人民代表大會的組成任期、職權、立法程序

 組成及任期

中共全國人民代表大會係由二十三個省、五個自治區、四個直轄市（北京、
上海、天津、重慶）所選出的代表和軍隊代表所組成。組成份子包括：工
人、農民、知識份子、幹部、軍人、歸國華僑、及少數民族代表等。全國
人民代表大會每屆任期五年，在任期屆滿二個月前，全國人大的常設機關--
「常務委員會」必須完成下屆全國人大代表的選舉工作。

職權

1. 修改憲法和監督憲法實施的權力。
2. 制定和修改國家基本法律的權力。
3. 對中央國家機關領導人員，決定和罷免權。
4. 對國家重大政策的決定權，包括：審查批准國家預算和預算執行情況的
   報告；批准省、自治區和直轄市的建置；決定特別行政區的設立及其制
   度；決定戰爭和和平的問題。
5. 對中央國家機關的監督權：全國人大行使的監督權是國家最高形式的監
   督權。全國人大有權改變或撤銷其常委會不適當的決定；有權對國務
   院、中央軍委、最高人民法院和最高人民檢察院的工作進行監督。

立法程序

1. 議案提出：全國人大提案是全國人大代表及有關部門向全國人大提出的
   議事原案。有權向全國人大提出議案的實體有：全國人大主席團、全國
   人大常務委員會、全國人大各專門委員會、國務院、中央軍事委員會、
   最高人民法院、最高人民檢察院、全國人大的一個以上的代表團、三十
   名以上全國大人代表。
2. 議案審議和通過：關於國家機關提出的議案，由全國人大主席決定，交
   各代表團或有關的專門門委員會審議，提出報告，再由主席團審議將其

提交大會全體會議表決。關於憲法的修改，只能由全國人大常委會或五分之一以上的全國人大代表提議，並由全國人大以全體代表的三分之二以上的多數通過。關於法律和其他議案則要由全國人大以全體代表的過半數通過。

七、中共全國人民代表大會常務委員會的組成、職權、會議

地位與組成

中共全國人大常委會為全國人民代表大會的常設機關，在全國人民代表大會閉會期間，行使國家最高權力。全國人大常委會由委員長一人、副委員長若干人、秘書長一人、委員若干人組成，其中包括若干少數民族代表。以上組成人員不得同時擔任國家行政機關、審判機關及檢察機關職務。全國人大常委會每屆任期五年，委員長與副委員長連續任期不得超過兩屆。全國人大的例會每年只召開一次，會議時間也不長，故在閉會期間，就必須另設立常設機關來行使國家權力，這個機關就是全國人大常務委員會。

職權

1. 部分立法權：可制定及修改除應由全國人民代表大會制定的法律以外的其他法律。在全國人大會議閉會期間，有權對全國人大的會議制度的法律作部分補充及修改，但不得牴觸該法律的基本原則，並擁有憲法及法律的立法解釋權。
2. 在重大國事方面具有審批及決定權：全國人大會議閉會期間，可審批國家經濟及社會發展計畫、批准及廢除條約與重要協定、決定特赦、宣布戰爭狀態、決定全國總動員等。
3. 監督權及人事任免權：可監督憲法的實施及各中央國家機構的工作、撤銷與憲法或法律牴觸的行政法規、決定和命令。

會議

1. 全國人大常委會：舉行會議的方式集體行使職權，採少數服從多數的合議制。常委會會議通常是兩個月舉行一次，會議須有全體組成人員的過半數才能舉行。全國人大常委會全體會議主要是聽取有關議案的說明並審議決定。必要時，可經常舉行分組會議及聯組會議，但作出決議決定，須經常委會全體組成人員在全體會議上過半數通過，始能生效。
2. 全國人大常委會對全國人民代表大會負責，在每次舉行全國人大會議時，均須提出工作報告。全國人大有權改變或撤銷全國人大常委會的不當決定，有權罷免常委會的組成人員。

專門委員會

全國人民代表大會設立各專門委員會，做為國家最高權力機關的輔助性機構。目前設有民族、法律、財經、教科文衛、外事、華僑及內務司法七個經常性的專門委員會。各專門委員會由主任委員、副主任委員若干人、委員若干人組成，均由全國人大會議主席團自全國人大代表中提名，經大會通過決定。

牛刀小試

1. 我國政策合法化過程包括哪些單位？試舉一實例說明之。
2. 以我國爲例，政策合法化的重要機構是立法院，試說明我國的立法程序。
3. 試說明我國政策合法化過程可能會產生哪些缺失？又應如何改進？

↘ 章後速讀

1. **合法化**：林水波與張世賢教授認爲，政策合法化就是政府有關機關，反映人民的政治需要與人民所提供的資源、表示之支持，而將其轉變成公共政策的過程。吳定教授：「政策合法化是指政府機關針對公共問題規劃解決方案後，將方案提經有權核准的機關、團體或個人，例如立法機關、決策委員會、行政首長等，加以審議核准，完成法定程序，以便付諸執行的動態過程。」

2. **程序正義**：任何政治體系內，不論作成何種決定，比如法律之制定，資源之分配，司法之審判，以及獎懲之論斷，往往均設有一套既定的程序，以爲決定的依據。因此，程序正義乃是體系成員對該體系據以作決定或規制分配過程的程序，認爲已達公平合理的程度。

3. **政策合法化參與者**：大多數國家的政策合法化參與者不外乎：民意代表、行政人員、政黨利益團體、司法機關、學者專家、大眾傳播媒體、利害關係人。

4. **政策合法化過程協商條件**：Robert A．Dahl曾指出，在美國有四種條件，使政策合法化時，容易發生協商交易的行爲：

   (1) **社會多元主義**（Social pluralism）：假定政策制定所涉及之利害關係人各領袖間對每一件事均表示同意，或是對每件事均不同意，就沒有協商交易的必要或可能性。

   (2) **互依關係**（interdependence）：一個團體的行動如果被認爲越可能影響另一團體的權益損失時，後者就越可能試圖去控制前一個團體。

   (3) **起初不同意但以後有同意可能**（initial disagreement and potential agreement）：即不同的利益團體對於某事起初雖然不表同意，但是以後有可能經由協商交易行爲而同意。

   (4) **憲法因素**（constitutional factors）：以美國爲例，由於憲法、法院判決、政治傳統、政府結構所作的限制，也增加了協商交易行爲的可能性。

5. **政策合法化建立支持的多數的手段**：

   (1) **說服的手段**：說服（persuasion）係指從事說服工作者採取必要的方法，嘗試去有利的、積極的、正面的影響和使他人相信某項觀念、計畫、或政策的合理性、完美性、與可行性，進而使他人承諾支持的過程。

(2) **議價協商的手段**：議價協商（bargaining）也簡稱為協商或議價，通常是指兩個或兩個以上擁有權力者，設法調整個人目標，以形成一項為各方可以接受的行動方案。

(3) **遊說的手段**：遊說（lobbying）是任何一個民主國家，在政策合法化過程中司空見慣的活動。事實上，它的確是一項促使政策方案合法化的有力手段。

6. **政策合法化的策略**：

(1) **政治性策略（Political strategy）**：政治性策略指政策運作過程參與者從政治層面考量，採取政治性的手段，設法促使他人接納自己偏好的方案，或反對不利於己的方案。

(2) **政策取向性策略（Policy- oriented strategy）**：該策略的焦點置於如何促使某項政策目標能夠達成。基本上，政策取向性策略常因為政策環境的現實性及趨勢的需要而形成。

(3) **戰術性選擇（tactical choice）**：各種政策策略均應以較詳細的步驟，亦即戰術，以實現政策目標。

7. **政策合法化策略的類型**：美國三位學者Carl E . Van Horn， Donald C . Baumer 及William T.Gormley把它們歸納為三大類：包容性策略、排除性策略、及說服性策略。

8. **行政官員與民意代表集體決策的型態**：議價協商型（bargaining）、說服型（Persuasion）、命令型（command）。

9. **議價協商最常見的形式**：滾木法（log-rolling）副報償法、（side payments）、妥協法（compromise）。

10. **使政策在立法機關合法化之技巧**：瞭解政策合法化參與者的立場、設法建立支持的多數。

11. **公共政策經過議價協商後所產生的可能結果**：政策被廣泛的接受（widespread acceptance）、政策藉不理性方式得到同意（irrational agreement）、政策被有組織者所控制（controlled by the organized）、無法控制行政機關（failure to control bureaucracy）。

12. **民主國家政策合法化過程中，為建立支持多數所採取的策略**：求同存異（co-optation）、妥協（compromise）、操縱政治抉擇的情境（heresthetics）、雄辯（rhetoric）。

13. **團體盲思**：指某一團體因為具有高度的凝聚力，非常強調團結一致的重要性，因此在討論問題時，壓抑了個人獨立思考及判斷的能力，迫使個人放棄批判及提出不同意見的機會，最後使團體產生錯誤或不當的決策。

⬇ 精選試題演練

一、執行必須依法行事，因此政策合法化是政策執行的前提。而政策合法化過程中充滿議價協商，請問在政策合法化進行議價協商的前提條件為何？又議價協商後會產生何種結果？（99地三）

答：(一)前提條件：

1. 社會多元主義（Social pluralism）：假定政策制定所涉及之利害關係人各領袖間對某項政策方案可能未盡同意，但又期望有獲得同意並且相互獲利的可能，因此發生了協商交易的行為。亦即，協商交易行為在「必需」、「可能」、及「有利」的情況下，才會發生。

2. 互依關係（interdependence）：一個團體的行動如果被認為越可能影響另一團體的權益損失時，後者就越可能試圖去控制前一個團體。換言之，由於利益團體彼此間的利害息息相關，所以彼此必須也願意經由協商交易的方式，以保護自己並獲取利益。

3. 起初不同意但以後有同意可能（initial disagreement and potential agreement）：即不同的利益團體對於某事起初雖然不表同意，但是以後有可能經由協商交易行為而同意。如果採取強硬立場，絕不妥協讓步，則無進行協商的必要。

4. 憲法因素（constitutional factors）：以美國為例，由於憲法、法院判決、政治傳統、政府結構所作的限制，也增加了協商交易行為的可能性。例如行政結構、兩院制的國會、制衡原理、民選官吏及民意代表任期重疊性、政黨政治、司法審核制、國會委員會主席權力巨大等，均造成協商交易的必要性及可能性。

(二)產生的結果：

1. 政策被廣泛的接受（widespread acceptance）：政府的政策必須受到政治活躍份子廣泛的接受，才能行得通。以美國政治制度而言，有許多場合容許政治上的少數有否決政策的機會，因此必須透過討價還價的方式，使這些政治上的少數，即使不同意政策，但至少能得到他們的默許。

2. 政策藉不理性方式得到同意（irrational agreement）：政策為了獲得參與者廣泛接受，可能就會經由「滾木法」（logrolling）而產生「不理性同意」（irrational agreement）的情況。所謂滾木法，即是一種獲取對政策法案具有阻礙或削弱控制權的領袖能默許法案的手段，其方式為同意其他領袖之提案，以換取他們對你的提案的支持。因採取滾木法的結果，所有領袖所提出的特殊政策方案可能都會被接受，但全部合起來看，這些特殊的政策方案可能對大多數人是相當不適合的，所以導致不理性的同意。

3. 政策被有組織者所控制（controlled by the organized）：就政策制定過程來看，不論是議題的提出、解決方案的規劃，乃至方案的合法，常常反映出有組織團體的利益所在，因爲這些團體能夠提供協商的報酬給他們的領導人物，讓他們有辦法壓過參加協商的對手。

4. 無法控制行政機關（failure to control bureaucracy）：由於議價方式的不可避免，導致民選公職人員，包括行政首長及民意代表，無法對行政機關行使統一的控制權。每一個行政機關都是由其服務對象所組成之特殊控制關係網路的一部分，而這些服務對象都可以被該行政機關鼓勵動員去爲機關進行遊說，以免機關權限、地位及安全受到威脅。因此，很難有一個人或單位可以有效的控制各行政機關。

二、試說明政治行為者可運用哪些方法或手段以建立支持多數？在政策制定過程中，各主要參與者常使用哪些政策合法化的策略？（102原三）

答：(一)建立支持多數的手段：

1. 說服的手段：說服（persuasion）係指從事說服工作者採取必要的方法，嘗試去有利的、積極的、正面的影響和使他人相信某項觀念、計畫、或政策的合理性、完美性、與可行性，進而使他人承諾支持的過程。說服也可以從消極面予以解釋，即設法使他人相信某計畫或政策不可行而放棄支持。

2. 議價協商的手段：議價協商（bargaining）也簡稱爲協商或議價，通常是指兩個或兩個以上擁有權力者，設法調整個人目標，以形成一項爲各方可以接受的行動方案。協商涉及商議、談判、妥協、威脅、接受、及其他因素，所以一項成功的協商，先決條件是參與者必須願意就其認爲重要的部分，與對方進行談判協商。

3. 遊說的手段：遊說（lobbying）係指有組織的利益團體或個人對立法人員或行政人員等，採取各種方式，直接施壓，以影響法案通過或不通過的一種策略。因此，進行遊說者並不以利益團體爲限，任何利害關係者均可能組合起來從事遊說工作；遊說的對象也不限於立法人員，其他行政部門、司法部門、考試部門及監察部門等，也可能都是遊說的對象。此外，在政策運作的各個階段（包括政策問題形成、政策方案規劃、政策方案合法化、政策執行、及政策評估等階段），均可能發生遊說的行爲。

(二)策略：

1. 包容性策略（inclusionary strategies）：

(1)諮商策略（consultation strategy）：通常對於某些共同負擔責任的事務，各相關部門的行爲者在事情變得棘手前，彼此總會設法進行諮商，以求得彼此能夠接受的共識，避免陷入僵局，難以善後。

(2)建立聯盟策略（coalition building strategy）：乃是指政策運作過程中各個行為者，包括政治人物、政策分析人員、利害關係者等，爭取政策獲得接受、取得合法地位的一種策略。亦即，在政策運作過程中，立場一致或利害相同的行為者（包括團體或黨派）常常結合起來，建立聯盟關係，以支持或反對某一特殊議案。例如立法院在審議各種法案時，常因各黨派對法案所採取立場的不同，而形成各種不同的聯盟關係。

(3)妥協策略（compromise strategy）：指在政策運作過程中，對於政策方案各面向具有不同看法或立場者，為使方案順利運作，並且不致產生「全輸全贏」的不良結果，彼此進行協商、議價、交換取捨後，達成「雖不滿意但可接受」的折衷方案。

2. 排除性策略（exclusionary strategies）：

(1)繞道策略（bypass strategy）：即當政策方案在合法化階段面臨重大障礙時，可以採取繞道而行的方式，以避免或延緩一場激烈的爭鬥。此種策略可以使方案在批評者或反對者，有機會予以封殺前，取得暫時性的妥協。

(2)保持秘密策略（secrecy strategy）：指政策方案主張者在方案本身具敏感性或尚不宜公開時，對政策運作相關者及傳播媒體保持秘密，以增加方案的可行性。不過，近年此項策略在立法部門已漸漸難以施展，因為民意機關委員會所舉行的公聽會必須是公開的；同樣的，在行政部門此項策略也受到「陽光法案」（sunshine laws）通過後的限制，也要求行政部門必須舉行公開的會議。

(3)欺騙策略（deception strategy）：乃是以欺騙方式設法使政策方案、計畫、或事件為他人相信或接納的一種策略。此種隱瞞策略如果能得手，可以化解某些重大的政治事件。但如果謊言被揭穿的話，當事人將付出極大的代價。例如，柯林頓緋聞事件。

3. 說服性策略（Persuasive strategies）：

(1)雄辯策略（rhetoric strategy）：政策欲成功的為他人或機關所接受，雄辯策略是一項基本的技術，尤其是在訴諸大眾選民支持情況下更是如此。就短期言，作法確實可以引起他人的興趣而動員足夠的支持者，但因為對方案誇張重要性的結果，雖然強化了支持的力量，但同時也強化了反對的力量。

(2)政策分析策略（Policy analysis strategy）：即運用嚴格的實證研究結果，提供政策分析相關資訊，說服他人或機關接納政策方案，使方案取得合法化的一種策略。

(3)抗議策略（protest strategy）：指政策過程參與者利用各種抗議的手段，迫使對手接納其政策主張的一種策略應用。當某些議題「價值的爭論」

重於「事實的爭論」，「政治角力」重於「證據呈現」時，抗議策略往往是一項非常有效的方法，尤其在輿論對其有利的情況下更是如此。

三、 在一個民主國家的政策合法化過程中，立法機關是最重要的決定者，而多數決是國會決策的核心制度，請問：首先，國會與公共政策關係的特徵為何？再者，政策推動必須透過議價協商，建構國會多數聯盟（majority coalition），請問其建構要件為何？（103高三）

答： (一) 特徵：國會是公共政策過程中政策合法化最關鍵的場域。學者Jones認為國會與公共政策之間複雜的關係，具有下面四項特徵：

1. 國會議員的多重政策角色：國會議員除了扮演公共政策合法化推手的角色外，也扮演其他的公共政策角色，包括政策議程設定、政策規劃。更重要的是，國會議員往往藉由媒體扮演政策資訊的提供者角色，讓民眾瞭解複雜的政策問題，所以國會的這個政策角色在公共政策過程中任何一個階段都是重要的。

2. 國會政策場域中多元參與者：國會的政策場域並非只是國會議員的場域，行政部門的政治任命人員與一般文官，其中包括一般業務幕僚人員或專業的國會聯絡人，甚至政府體系外的各種利益團體的遊說代表，隨著不同政策議題，不同人員會在不同的政策階段相互折衝連橫，意圖獲取自己想要的或是阻擋自己不願意承受的政策方案。

3. 國會多數建構的制度性意義：在民主政治的運作中，國會立法程序最重要的策略焦點是「多數建構」，然而，不論從行政立法關係、國會提案機制、國會黨團系統、到委員會審查機制，維繫國會多數是一種多重制度環節的政治管理，它的進程是一個「法案」變成「法律」的整個錯綜複雜的過程。

4. 協商是國會制度運作的核心：由於國會是一個平等的民主機構，理論上，每一位議員都是等值的，因此，為了建構多數通過法案，彼此間的協商是十分重要的。協商過程是策略性的，有政黨或議員個人的考量；協商過程會受到各種國會制度的影響，協商最後所產生最終的政策方案，絕對不會讓任何人完全滿意，因此，協商必定包括適當的讓步在其中，這也是民主政治最關鍵的衝突處理場域。

(二) 建構國會多數聯盟的要件：民主國家政策合法化過程中，透過議價協商機制，以建立多數聯盟是很必要的，欲讓此種機制發揮效果，必須注意下面幾項要件：

1. 政策提案本身必須摒棄一黨一私，完全以民眾整體利益為考量不考慮黨派立場，只考量是否於民有利。

2. 多數黨必須具有尊重少數的雅量，少數黨則應有服從多數的精神。

3. 以計算選票（counting heads）代替打破人頭（breaking head）的方式進行議案的討論，絕對不可以發生肢體暴力。

4. 合法化過程應該要全盤公開，政府應該花錢開設免費的電視頻道，讓民眾自由觀賞，在眾目睽睽之下，監督立委施正，俾造成立法委員的壓力。

5. 民間必須建立監督立法委員的聯盟，將其問政成果與立場予以公開化，俾接受選民的批判與陳情。（余致力等（2007），《公共政策》，智勝文化；丘昌泰（2000），《公共政策法礎篇》，巨流圖書公司）

四、多元利害關係人參與政策過程已經成為常態，請問企業與非營利組織可能採取哪些遊說（lobbying）手段以影響特定政策方案？請以一個特定政策方案為例，解析政策遊說的內涵及相關影響因素。（102地三）

答：遊說（lobbying）是任何一個民主國家，在政策合法化過程中司空見慣的活動。事實上，它的確是一項促使政策方案合法化的有力手段。遊說係指有組織的利益團體或個人對立法人員或行政人員等，採取各種方式，直接施壓，以影響法案通過或不通過的一種策略。因此，進行遊說者並不以利益團體為限，任何利害關係者均可能組合起來從事遊說工作；遊說的對象也不限於立法人員，其他行政部門、司法部門、考試部門及監察部門等，也可能都是遊說的對象。至於遊說活動的種類，一般來說，可以分成以下三類：

(一) 直接遊說（direct lobbying）：指受到政策影響的標的人口或利害關係人，在政策運作過程中，透過各種可行的方式，直接向具有決策權者或對政策具有相當影響力者進行遊說的活動。例如，如果某政策法案最後的核可權在立法機關，則遊說者的直接遊說對象便是立法人員。此種遊說作法，其效果比半直接遊說和間接遊說要來得大。例如政府即將開放美牛進口，此時受影響的產業、業者及公會為了生計，便會集體向其選區的民代或地方政府官員施壓，並表示他們的意見及看法。

(二) 半直接遊說（semi-direct lobbying）：半直接遊說指遊說人員向能夠影響決策者的人進行遊說的活動。半直接遊說的效果較不如直接遊說，但是又大於間接遊說。例如業者可向與執政黨有關的民代或向與執政黨有交情的產業公會幹部表示其意見，然後由其他們向行政當局轉達他們的意見。

(三) 間接遊說（indirect lobbying）：間接遊說也稱為「基層遊說」或「草根遊說」（grass-root lobbying），乃是經由影響選民進而影響政府政策的一種遊說的手段。其具體作法是在各大眾傳播媒體刊登廣告、發表談話或演說、向新聞界發布消息、評論及新聞解說、發行錄影片及向選民直接寄送宣傳品等，以宣傳該標的團體對某一項問題的立場或主張，爭取大眾同情及支持，形成輿論壓力，進而影響行政機關的決策。另外，標的團體還

可以動員成員向立法機關的民意代表寫信、打電話、訪問等，對民意代表下有加壓力。例如產業公會可以登報表示對於政府即將開放美牛進口的抗議，訴諸民意，爭取支持。

五、 在政策過程中遊說（lobbying）是一項促使政策方案合法化的手段。請分別敘述遊說活動的種類，並以原住民族政策為例說明。（103原三）

答：見第四題。在政策運作的各個階段（包括政策問題形成、政策方案規劃、政策方案合法化、政策執行、及政策評估等階段），均可能發生遊說的行為。在一個民主社會，遊說活動被視為民意表達的一種合法管道，所以有些國家就正式立法，規範遊說者的遊說行為。有時，政策方案利害關係人為擴大遊說效果，可能會組成遊說聯盟，從事遊說活動（遊說聯盟指不同的遊說者，為使某項共同訴求或政策主張，獲得其他政策運作參與者的接受，而形成暫時性的聯盟）。

六、名詞解釋：
(一) policy legitimation（100 高一暨高二）
(二) Logrolling Legislation（102高三）
(三) Sunrise Clause（100 原三）
(四) Sun-rise Legislation
(五) Sunset Legislation
(六) Sun shine Laws
(七) Policy Discourse（102原三）

答：(一) policy legitimation：政策合法化是指政府機關針對公共問題規劃解決方案後，將方案提經有權核准的機關、團體或個人，例如立法機關、決策委員會、行政首長等，加以審議核准，完成法定程序，以便付諸執行的動態過程。其研究重點在探討有權核准者的個性、動機、政治資源，有權核准的團體或機關將方案予以合法化的過程及其相關事項（包括如何在行政機關或立法機關建立支持的大多數，及如何從事必要的交易協商）等。

(二) Logrolling Legislation：滾木立法，是立法機關的一種陋規，它原來可能是指某些人在深山裡發現他自己喜歡的木頭，但獨自一人無法將木頭滾回家裡，於是請求別人協助把木頭滾回他家裡而獲利，為回報別人的協助，他也幫別人滾木頭，最後，大家都得到自己所要的部分。就立法方面而言，立法人員彼此間以投票贊成或反對議案方式，取得互惠式的同意。亦即立法人員各自提出有利於己或自己選區的議案，然後互相交換支持，最後均同蒙其利，各自得到他想要的利益，但卻使公共利益受到損害。此種行為被批評為圖利自己、討好選民、浪費公帑的不當作法。

(三) Sunrise Clause：日出條款，指的是法律或合約中訂定部份或全部條文的開始生效日期。通常訂定日出條款的目的是在該條文生效前有緩衝期可先行準備及實施相關的配套措施。與日出條款相對應的是日落條款。

(四) Sun-rise Legislation：日出立法，係指當法案經由立法機關通過成為法律並經國家元首公布施行後，其生效日期並非自公布日起算，而是公布施行後一段時間才正式生效，通常是一至二年後生效，此稱為日出立法。主要是考慮到該法律的制定，可能對現狀衝擊太大，對標的人口權益影響巨大，或相關法令配套措施尚未完備，社會需要一段調適的時間，所以法律通過後，給予一段緩衝的時間才正式生效實施。

(五) Sunset Legislation：日落立法，通常也稱為日落法案（Sunset laws），係指由立法機關定期（如一年、三年、五年、或十年）檢視某特定方案或特定政府機關運作狀況，以決定該方案或機關是否繼續存在或宣告死亡的一種機制。日落立法要求被撥款資助的政策方案或政府機關，必須經過立法機關再核准的程序，否則就不能繼續存在。日落立法的一般作法是，由立法機關為某一群方案，機構、或法律，設定檢討的時間表，這些方案、機構、法律到時候除非由重新立法的方式核准繼續運作，否則就自動失效終止。因為有了屆時終止的壓力，所以就迫使有關機關必須隨時檢討評估方案、機構、法律的運作情形。日落立法被認為是消除政府機關不必要支出，及迫使立法機關對行政機關進行真正監督、評估績效的有效手段。

(六) Sun shine Laws：陽光法案乃是應用於促使政府機關的會議向民眾公開的一個通稱。陽光法案的基本假定是：在一個民主社會，人民有權利知道有關公共政策方面的決定究竟是如何達成。以美國而言，陽光法案要求聯邦政府機關基本上所有的會議，除了有妨害國家安全之虞者外，都要對一般民眾公開，每個人都可以直接向「聯邦登錄局」查詢任何機關到底舉行何種會議，以及在何時何地舉行等，不過，內閣所屬辦公室所舉行的會議，則不在公開之列。陽光法案的基本出發點是：人民有知的權利，但卻有人批評此舉可能妨礙了決策官員以祕密方式處理政務的作法。

(七) Policy Discourse：政策對話，顧名思義，係強調在民主政治中，平等互動與溝通的重要性，唯有透過真誠的溝通，商議式（deliberative）的政策思辯及對話，才能建立共識的政治文化與結論。對話的合理性程度與政策品質有直接的因果關係，因此，有效的對話必須注意「探討對話的情境」、「對話場域」、「對話者的心態及特徵」、「對話規則」等要件，對話最終目的在指出支持對話的理由，及知識的充分與合理度對政策信度與效度的影響，並強調互動或溝通理性對制定良好政策與落實民主政治理念的重要性。

七、請說明倡導聯盟架構（Advocacy Coalition Framework，ACF）的內涵？並簡
　　要舉例說明之。（100原三）

答：(一)倡導聯盟架構係指來自各種階層政府及私人機構的參與者，他們共享一套
　　　　基本信念並試圖找尋操作的規則、預算及政府人事以便達成目標」。基此
　　　　定義，在政治性運作過程中，建立政策倡導聯盟的目的是政策運作過程中
　　　　的各個行為者爭取其政策獲得接受、取得合法地位的一種策略，這些多元
　　　　的政策行動者包含政府、新聞工作者、政治人物、政策分析人員、政策利
　　　　害關係人和其它組織、機構或是團體。

　　(二)在政策運作過程中，立場一致或利害相同的行動者（包括團體或黨派）常
　　　　常結合起來，建立聯盟關係，以支持或反對某一特殊議案，結合更強勢的
　　　　力量來獲取聯盟共同的核心價值，尤其如果重大的提案欲在立法機關獲得
　　　　合法化，則非使用建立聯盟的策略不可。

　　(三)倡導者聯盟關係的建立是動態性的，即聯盟的建立會隨著時間、空間、議
　　　　題、行為者的變化而有所差異。由於倡導聯盟的結構是圍繞政策和政治操作
　　　　的，而且結合倡導聯盟的力量可以減少政策上所產生的壓力，決策者會以倡
　　　　導聯盟做為工具，透過政治的操縱，可以使其權力得以發揮。此外，這種動
　　　　態過程之分析單位是倡導聯盟中的政策次級系統，除了正式和非正式團體之
　　　　外，還包含政策聯盟內外的積極行動者，政策次級系統的概念超過次級政府
　　　　或者鐵三角，成員是動態並且沒有特定形式的，所以系統內的政策行動者基
　　　　於核心信仰形成聯盟，並且傾向於在長一段時間保持穩定狀態。

　　(四)倡導聯盟動態形成過程當中，信仰體系是倡導聯盟之所以能夠形成的關鍵
　　　　因素。政策菁英的信仰體系包含三個層次：第一個層次是深度核心或規範
　　　　核心的層面，其基本特性為基本的規範性與本體論思想，是某項政策立場
　　　　的哲學基礎；第二個層次是政策核心或核心邊緣的層面，係指達到深度信
　　　　念的基本策略；第三個層次則是次要觀點的層面，這是執行政策核心的工
　　　　具性決策與資訊搜尋。而在這三個層次當中，最難改變的信仰概念是深度
　　　　核心，其次為政策核心，要改變次要觀點的層面則相對較為容易。

　　(五)綜上所言，倡導聯盟架構的概念有三：第一、政策網絡是由整合的政策部
　　　　門所組成的想法；第二、政治過程的運作方式在於各團體聯盟觀念的整
　　　　合；第三、倡導聯盟的行動已經發展成有效的研究計畫，並能了解倡導聯
　　　　盟的發展。（魯炳炎，政策倡導聯盟架構之研究：以我國自由貿易港區政
　　　　策為例）

　　(六)實例：例如高雄經貿港區及桃園航空城相關政策合法過程中所形程的倡導
　　　　聯盟，包括：立法委員、地方行政首長、行政院官員、園區業者、相關產
　　　　業代表。

八、在公共政策的決策過程中若能集思廣益（group think）時，將能匯集多元意見而使決策兼顧多方利益，相反地，若決策團體中陷入團體盲思（groupthink），則將使政策缺乏理性。試問何謂團體盲思？而決策者又該注意團體中哪些癥狀，使團體盲思防患於未然。（102警三）

答：(一)定義：「團體盲思」（group think）與「集思廣益」（group think）的意義不同。集思廣益指一團體的成員，在解決問題過程中，能夠採取開放參與的作法，所以參與者可以知無不言、言無不盡，坦承交換意見、腦力激盪、相互修正看法後，最後將可獲得積極、正面、良好的結果。團體盲思則指某一團體因為具有高度的凝聚力，非常強調團結一致的重要性，因此在討論問題時，壓抑了個人獨立思考及判斷的能力，迫使個人放棄批判及提出不同意見的機會，最後使團體產生錯誤或不當的決策。此種團體盲思運作的結果，極可能使政策方案遭到無法順利合法化或執行失敗的命運。

(二)癥狀：依據詹尼士（lrving L.Janis）說法，當一個團體出現以下症候時，就可能會發生團體盲思的現象，必須事先加以預防：

1. 團體充滿無懈可擊的幻想。
2. 成員對團體的不愉快及不確定資料予以合理化。
3. 堅信團體本身的道德信念。
4. 具有競爭對手衰弱、愚笨可惡的刻版印象。
5. 對持不同意見的成員施以壓力，迫其順從團體的意見。
6. 成員自我檢查與團體意見的一致性，將自己的疑慮及反對意見的重要性，予以極小化。
7. 成員具有全體一致的幻想，認為彼此意見相去不遠。
8. 成員具有自我委任的防衛心態，不願聽取別人對團體的批評，見不得別人對團體的任何騷擾。

06 政策執行與政策監測

政策執行與政策監測

政策執行研究的分類

1. 政策執行方向而分：向前推進的策略、由後推進的策略
2. 政策執行主導權而分：由上而下的政策執行、由下而上的政策執行。
3. 政策執行研究重點分：第一代政策執行研究、第二代執行研究、第三代政策研究。

影響政策執行成敗的因素

1. 政策問題所具的特質　　　2. 政策規劃的合理程度
3. 政策合法化的周延程度
4. 執行者對政策目標共識的程度
5. 執行機關所具的特性
6. 機關組織間的溝通與執行活動的強化狀況
7. 政策執行的監督情況　　　8. 標的人口順服政策的程度
9. 政治經濟社會文化等環境因素

政策執行模式

1. 史密斯的政策執行過程模式
2. 米特與洪恩的政策執行力模式
3. 愛德華的政策執行力模式
4. 中村與史莫悟的政策環境連結模式
5. 沙巴提爾與梅茲緬尼亞的政策執行過程模式
6. 郭謹、包緬、李斯特、與歐圖四人的政府間政策執行溝通模式

政策執行的組織模式

1. 系統管理模式　　　　　　2. 官僚過程模式
3. 組織發展模式　　　　　　4. 衝突與議價模式

威瑪（David I.Weimer）及文寧（Aidan R . Vining）的政策工具

1. 市場自由化便利化與模擬化
2. 利用補貼與租稅方式改變誘因
3. 設定規則
4. 經由非市場機制提供財貨
5. 提供保險與保障。

政策監測的功能

1. 順服功能（compliance）　　2. 審計功能（auditing）
3. 會計功能（accouting）　　　4. 解釋功能（explanation）

標的人口不順服政策的原因

1. 政策內容與流行的價值觀念相衝突
2. 受同輩團體社會化　　　　3. 受大眾傳播媒能影響
4. 貪圖一時方便　　　　　　5. 個人選擇性認知
6. 政策內涵混淆不清

課前導讀

一般人認為，普里斯曼（Jeffrey L.Pressman）與魏達夫斯基（Aaron Wadavsky）於一九七三年所出版之「執行：華盛頓的偉大期望如何在奧克蘭破碎」一書，可以說是政策執行研究的里程碑。因為自此之後，政策執行研究才受到學者普遍的重視。政策方案在經過行政部門的首長或委員會、或民意機關核准後，即取得合法的地位，其後便進入政策執行（policy implementation）的階段。政策方案在經過合法化並付諸執行後，就執行機關及執行人員的立場而言，除非某些特殊原因，否則總是希望順利推動，成功的達成既定的目標。主其事者必須進行執行力研究（implementability study），以便採取未雨綢繆或修正的措施。政策執行可說是政策運作過程中最重要的一環，政策方案若不能有效的執行與落實，則整個方案的理想將告落空。所以愛德華三世會說：「缺乏有效的執行，政策制定者的意圖將無法成功的實現。」因此，政策執行正如同政策運作過程其他階段的性質一樣，乃是持續不斷運作的過程。

🔽 重點精要

壹 政策執行的本質

一、政策執行的定義

外國學者定義	
鍾斯（Jones）的定義：執行指導與一個方案實施的有關活動。這些主要活動可以分成三大類： 1. 闡釋性活動（interpretation activities）：涉及將政策或方案的用語，轉換成可以被接受及可行的行動指令。 2. 組織性活動（organization activities）：涉及確定專責機關與工作方法，以執行方案的相關活動。 3. 應用性活動（application activities）：涉及所有提供服務、給付、管制及其他為達方案目的所作的相關活動。	普里斯曼（Jeffrey L.Pressman）與魏達夫斯基（Aaron B.Wildavsky）兩人在他們著名的「執行：華盛頓的偉大期望如何在奧克蘭破碎」一書中認為：執行乃是實現達成、促成、產生與完成政策之謂。

本國學者定義

吳定教授認為，政策執行指政策方案在經過合法化後，擬訂施行細則，確定專責機關，配置必要資源，以適當的管理方法，採取必要的對應行動，使政策方案付諸實施，以達成預定目標或目的之所有相關活動的動態過程。此項定義有以下要點：

1. 必須擬訂詳細執行政策方案的辦法。
2. 必須確定負責推動政策方案的適當機關。
3. 必須配置執行政策方案所需要的各項資源，如：人力、物力、時間、經費、設備、資訊、權力等。
4. 必須採取適當的管理方法以執行政策方案，包括：計畫、組織、指揮、協調、管制等方法。
5. 必須採取必要的對應行動，包括：各種促使執行人員及標的人口順服的獎勵和懲罰措施。
6. 政策執行是一種反復修正變動的過程。

林水波和張世賢教授的界定：政策執行為一種動態的過程，在這個過程中，負責執行的機關與人員組合各種必要的要素，採取各項行動，扮演管理的角色，進行適當的裁量，建立合理可行的例規，培塑目標共識與激勵士氣，應用議商化解衝突，冀以成就某特殊政策的目標。

柯三吉教授的定義：政策執行乃是某項政策、法規、或方案付諸實施的各項活動。這些政策或法規的目標和內容在政策系絡因素影響下，指導或規範該政策或法規的執行過程。

二、政策執行概念的界定

可以從三個角度加以觀察：

(一) **政策執行是科層體制的控制過程**：一項政策執行能否成功完全繫於所設計的目標是否清晰、執行計畫是否確實、能否妥善控制執行者的誘因與紀律；這是一種計畫與控制模式，基本立場是以政策本身的規劃內容為核心；換言之，公共政策規劃過程中能否客觀認定利害關係人的意見、問題界定是否受到多方的支持、政策目標是否具有共識等，都是政策執行成功的關鍵，因此，有學者稱之為政策中心途徑或政策制定者觀點）的概念，其目的在於政策制定者嘗試將政策付諸執行，產生效果的過程。因此，這是一個規範性的理性控制模式，具有相當濃厚的泰勒主義與科學管理學派的影子，後來受到執行研究者之批評。

(二) **政策執行是上下階層的互動過程**：政策的目標與執行細節不過是政策執行者彼此之間相互妥協的產物，並非是上層領導者理性控制的產物；上級所訂定的、要求下屬必須執行的政策標準，基本上只是對於執行者的一種「忠告」而已，不具任何的強制性與影響力；相反地，基層的執行者才足以決定政策目標是否能夠被實現。現實政治生活中，根本找不到「完美」或「成功」的政策執行，理性主義下的產物無法適用於複雜多變、充滿政治性的政治環境中；作為一個實際的執行模式應該協助基層官員找出執行的缺失，中央政府賦予相當的自主權與政策資源，使他們有能力改進缺失，提高政策執行的能力。

(三) **政策執行的演進觀點**：從「控制」與「互動」過程兩種觀點界定政策執行的概念，可以看出這兩種不同途徑之下所呈現的執行概念各有其優缺點；以控制過程的概念而言，固然強調了政策制定者的功能與地位，但缺點則是忽略了政策執行者可能曲解或抵制政策本身的意圖。以互動過程的概念而言，固然肯定了基層執行者的技巧、態度與意向對於政策成敗的重要性，但缺點則是過分忽略了高階主管的意圖與規劃藍圖的完美性。顯然，這兩種觀點所呈現的政策執行概念都是有所偏的。普雷斯門與萬達夫斯基提出整合性看法，認為：政策執行是演進過程，政策與行動是相互演進的過程，無法分割；也有執行學者提出政策與行動的連續性，主張政策制定與政策執行是交互行動、相互議價的過程，一方面高層主管規範執行細節，希望政策目標能夠付諸實現；另方面則是基層官員以自己的專業知識與經驗，選擇性地執行政策內涵與意旨，形成了自己的政策。在這個模式中，政策執行並不是由上而下或由下而上的模式，而是針對政策再形成新的政策，針對行動做出回應的過程。由此看來，政策執行是概念與藍圖的不斷實現、不斷改變的結果，在此過程中充滿著權力、權威、資源與組織的交互運作。

三、政策執行研究的分類

(一) **以政策執行方向而分**：美國學者艾爾莫（Richard Elmore）認為公共政策學者與實務人員在研究政策執行如何發動，如何落實時，可以粗分為兩大類的執行研究：

➡ **向前推進的策略**（Forward Mapping）

此種策略涉及對政策意圖作明確的陳述、明白界定政策執行過程中，各階層執行人員應當作些什麼，以及明確指出，與原訂政策意圖相比，何種執行結果是可以被接受的。

1. 向前推進的策略可以協助政策分析人員從事政策執行過程的分析，其方式是透過對執行步驟及程序進行精確的鋪陳，以確定政策如何被執行，及政策目的是否已經被達成。可是此種執行程序有其限制，因為它假定政策執行過程係由決策者理性的加以控制，而事實上在執行政策的過程中，有許多實際上發生的事情定決策者無法控制的。

2. 向前推進的策略假定，政策執行是由政策運作過程中的上層人員所控制的，因此，另外的執行方法可能就會被忽略。在陳述政策目的時、引據政策執行的特殊步驟時、及判斷政策意圖的執行結果時，向前推進的策略並不分析其他可能的原因，來解釋政策執行過程所發生的事情。

3. 層級節制的關係雖無法充分解釋政策執行的狀況。但不論如何，此項向前推進的分析技術將會被繼續的使用，一直到容許政策分析人員承認，決策者本身無法主控政策執行過程的替代技術被發展出來為止。

➡ 由後推進的策略（Backward Mapping）

此策略與向前推進的策略正好相反，它強調在執行政策時，最基層行政人員與服務對象間應有適當的相互關係。涉及到在執行政策時，最基層的執行人員透過政策制定層級體系，就政策執行作法及相關事項，由後向前、由下向上的推進反應與溝通，一直達到政策制定過程的最上級層次為止。

<table>
<tr><td>

1. 由後推進的策略主張政策的執行係授權給下級單位或讓部屬充分的參與，上級單位或首長僅站在輔導的立場。亦即政策的執行既不在立法部門，也不在行政部門的高階主管，而是在中下層的行政人員。因此應賦予行政人員較多的自由裁量權及便宜措施，使他們能有效因應瞬息萬變的情勢發展，而不致流於僵化的被動作為。
2. 由後向前推進策略，質疑政策制定者應當為政策執行負主要責任的說法，它同
</td>
<td>

觀 念 速 記

有人認為，在強調民主、參與及對話的年代，由後推進策略應優先於向前推進策略的運用。不過，事實上，必須採取權變觀點，視不同類型政策而採取不同的執行策略。例如，執行管制性政策與重分配性政策時，宜採取向前推進的策略；相反的，執行分配性政策與自我管制性政策時，則宜採出後推進的策略，因它們需要透過基層行政人員自主權的行使，及賦予標的人口自由活動的空間，才能順利執行。
</td></tr>
</table>

　　時也質疑一般人常透過層級節制體系途徑去瞭解政策執行過程的作法。它並不認為具有清楚界定的指令、清晰的權威系統、明確的責任聲明、及清晰的設定政策結果，就可確保政策執行的成功。
3. 由後推進策略假定最接近問題者也就是最能影響政策執行結果者。它強調非正式程序與權威，而非正式命令系統，乃是最基層執行人員最關心的事項。

（二）就政策執行主導權而分：

➡ 由上而下的政策執行

1. 上級機關對下級機關負起政策執行的指揮與監督責任。
2. 機關首長對部屬採取嚴密的監督與管理態度，以達成預定的目標。此項模式主要是植基於以下的一些基本命題：
   (1) 政策制定與政策執行彼此各有界限，可以相互分立。政策制定者決定目標，政策執行者實現目標，兩者形成上令下行的指揮關係。
   (2) 政策制定與政策執行之所以能夠各有界限、各自分立，是因為如下的理由：
   　　A. 兩者的分工相當明顯，一為設定目標，另一為設法達成目標。
   　　B. 政策制定人員能夠明確的陳述目標，並能夠同意同目標的優先順序。
   　　C. 政策執行人員擁有技術能力、服從命令及意願等特性，因此能夠達成目標。
   (3) 因為政策制定者與政策執行者彼此同意且樂以接受者問的界限，所以政策執行過程是在政策規劃之後，而有先後順序之別。
   (4) 涉及政策執行的決定，本質上是技術性的，並且是政治性的，所以執行者的責任就在以中立的、客觀的、及科學的方式去推動政策，達成預期的目標。大致上來說，由上而下的執行模式較適合管制性政策與重分配性政策等。

➡ 由下而上的政策執行

由下而上的執行模式強調政策的執行工作，主要是由下層人員，尤其是基層人員（street level bureaucrats）負責，因此應賦予基層執行人員與機關更多的自主權及自由裁量權，使他們能夠因應複雜的政策運作情況。中央決策機關或決策者不必設定詳細的執行架構，而要提供充分的自主空間，讓基層執行者能夠採取權宜措施，建構適當的執行過程。甚至，此種執行模式還主張最好在政策制定過程中，就應提供機會讓基層執行人員表達意見，以增加執行力。因此，由下而上的執行模式強調政策制定與政策執行功能的互動性，決策者與執行者應共同協商政策目標的達成，彼此形成合作的互動關係，比較適合於自我管制性政策與分配性政策的執行。

(三) **就政策執行研究重點分**：依據美國公共政策學者郭謹（Malcolm L.Goggin）、包緬（Ann O.M.Bowman）、李斯特（James P.Lester）與歐圖（Laurence J.O . Toole,Jr）四人在「執行理論與實際：朝向第三代」一書中認為，在過去二十幾年中，有關政策執行的研究，可以說是第一代和第二代的研究，而他們的研究乃是屬於第三代的研究。依據他們的說法，第一代執行研究偏重實務（個案研究），第二代執行研究偏重理論（分析架構的建立），第三代執行研究則企圖整合理論與實務。

📖 第一代政策執行研究

內涵	偏重於政策實務層面及個案方面的研案，主要是研究某一個單一的權威性決定，如何在某一個地方或若干地方被執行。
代表人物	魏達夫斯基（Aaron Wildavsky）與普里斯曼（Jeffrey L . Pressman）於一九七三年所出版的「執行」（implementation）一書，就是對加州奧克蘭市執行聯邦政府解決失業問題有關政策之情況的一個有名的個案研究。第一代政策執行研究被批評為缺乏理論性，過於個案取向、非累積性的研究、以及過分悲觀等。

📖 第二代政策執行研究

內涵	偏重於理論分析架構及模式的建立，亦即發展各種分析架構以指導如何對政策執行的複雜現象進行研究。研究重點包括： 1.政策的形式與內容。　　　　2.執行機關及其資源。 3.執行人員之才能、動機、意向、及人際關係，包括溝通方式等。
代表人物	學者George Edwards三世所提出的政策執行力模式及Thomas B.Smith所提出的政策執行力模式等，均屬於第二代政策執行研究的成果。批評者認為，第二代政策執行研究的主要缺失是每個分析架構都各自提出若干影響政策執行的變項，但是卻無法指出哪些變項較其他變項重要；也沒有注意到執行機關間的執行差異，以及執行研究的分析架構，無法被複製而證明有效等。

📖 第三代政策執行研究--整合途徑

內涵	主要目的在藉著解釋為何政策執行行為會隨著時間、空間、政策、執行機關之不同而有所差異，因而對政策執行行為將具有新的認識，進而可以預測未來可能出現的政策執行行為類型。
代表人物	郭謹等人建構了「政府間政策執行溝通模式」，這個模式將焦點置於聯邦及州政府之行政人員、立法人員、利益團體等，在動機與輿論方面的差異，並以此類變項預測及解釋政策執行行為及其影響。他們認為，政策執行行為會因為政策、執行者、執行機關、及執行環境特性的不同而有所差異，亦即採取權變執行理論的觀點。他們強調，主事者應採取整合觀點，透過公私部門參與者的互動、結盟、議價、協商，而形塑政策並暢順政策執行過程。郭謹等人認為，第三代政策執行研究因為必須結合由上而下途徑及由下而上途徑研究，所以就必須採取多元研究法，結合定性與定量的分析模式，對政策執行從事「比較性」、「縱貫性」、與「系統性」的分析研究，而重點應置於驗證各種假設而非建立假設。 綜合來說，第三代的執行研究由於採取整合的觀點，試圖分別擷取「向前推進策略」、「由後推進策略」、「由上而下的政策執行」、「由下而上的政策」、「第一代政策執行研究」、「第二代執行研究」之優點，對政策執行作系統性的分析研究，故理論上應屬較佳模式。

四、政策執行的主要參與者

安德森（James Anderson）認為美國政策執行主要參與者是行政機關、立法機關、法院、壓力團體、及社區組織（Community organizations）。前三者是政府機關，參與政策執行工作應屬理所當然；壓力團體則是因為與負責執行政策的行政機關關係極為密切，以致有影響其執行的可能，甚至還可能操縱該機關的執行工作；至於地方性社區組織參與政策執行工作，乃是因為有時候聯邦的計畫會透過此些組織來執行。

(一) 美國的政策執行主體：

1. **行政機關（administrative agencies）**：行政機關在結構、運作方式、政治支持性、專業性及政策取向等方面，差異性極大。公共政策並不自行執行，必須交由專責機關予以推動，此機關或為既有機關或為新設機關。影響政策執行的組織前提為：

   (1)當一個新計畫被接納時，各競爭性的利害關係者都會設法將執行該計畫的工作給予他們認為對其較有利的行政機關。

   (2)行政機關可能被利用來強調某些特殊政策問題的需要性，或強調為某些特殊政策問題解決的工具。

   (3)行政機關的內部結構可能會以協助獲取所欲行動的方式加以安排及運作。

   (4)美國國會已設立許多獨立管制委員會，以減少總統對某些管制性計畫的控制。

(5)一旦某一團體已與另一個機關或計畫發展出滿意的關係後，它就會反對任何可能中斷關係所作的組織位置的改變作法。

(6)美國國會委員會通常會反對將其所管轄的行政機關或計畫被移出去，因此作法將減低它們的權力。

(7)支持某一既有計畫者會尋求將該計畫移至另一機關管轄，以避免它被敵視或不利的處理。

2. **立法機關（The legislature）**： 立法機關通常對政策的執行展示出高度的興趣，並且使用許多的方法設法影響行政機關的行動。最常見的方法：

(1)**立法的詳盡性**：由立法機關所通過的法律越詳盡，則行政機關執行時自由裁量權的範圍便越窄。

(2)**參議院同意政務官的任用**：由於若干政務官之任命須經參議院同意，因此可影響該機關所執行的政策。

(3)**立法否決權**：某些行政行動在執行前必須獲得立法機關的批准，或是某一特殊行動在執行中可能被立法機關拒絕而失去繼續執行的根據。

(4)**透過立法人員及其助理的個案研究工作而影響計畫執行。**

3. **法院（The courts）**：某些法律主要是透過司法行動而被執行的，如處理犯罪有關的法律。在某些情況下，法院可能會直接涉及政策的執行工作。此外，法院對政策執行最重要的影響乃是它們對於法令及行政規章具有解釋權，並且對於接受處理的行政決定具有審核權，可判定是否違法。

4. **壓力團體（Pressure group）**：由於立法時常賦予行政機關某些自由裁量權，所以一旦某法律被接納後，壓力團體就會設法將其奮鬥的力量從立法部門轉移到行政部門。

5. **社區組織（Community organizations）**：在美國的地方層級方面，社區組織或其他組織常被利用來執行某些全國性的政策。

(二) **我國政策執行的主要參與者：**

1. **行政機關**：包括中央各部會局處及地方各級行政主管機關暨所屬單位。

2. **立法機關**：立法院、直轄市議會、縣市議會、鄉鎮代表會等，利用預算控制權、質詢權及其他監督權，而影響行政機關的政策執行。

3. **司法機關**：自最高法院以下各級法院負責執行民法及刑法之規定；行政法院則負責裁判行政訴訟行為；公務員懲戒委員會負責執行公務員懲戒事項。

4. **考試機關**：負責全國考試及人事行政政策之擬訂與執行工作，下轄考選部、銓敘部及公務人員保障暨培訓委員會。憲法第八十三條規定：「考試院為國家最高考試機關，掌理考試、任用、銓敘、考績、級俸、陞遷、保障、褒獎、撫卹、退休、養老等事項。」

5. **監察機關**：憲法第九十條規定：「監察院爲國家最高監察機關，行使同意、彈劾、糾舉及審計權。」

6. **利益團體**：最近幾年來台灣公益性與私益性團體有如雨後春筍般的成立，此種團體對於政策執行常具有很大的影響力。

7. **標的人口**：政策直接實施的對象，當然是政策執行的參與者，如果政策對其有利，標的人口將樂意順從，積極配合執行；反之亦然，甚至採取抗爭的行動。

8. **大眾傳播媒體**：在公共政策的執行過程中，尤其是重大的政策，大眾傳播媒體扮演的角色越來越重要，透過各種傳播工具，對政策執行表達支持或反對的立場，因而影響其他參與者的執行意願，進而影響執行的成敗。

(三) **我國政策執行的機關**：

1. **行政院組織簡況**：行政院爲國家最高行政機關，透過各部會局處署及所屬地方政府，掌理全國各種政策及行政事務的策劃、督導及執行工作。

2. **省政府組織簡況**：依「地方制度法」規定，省政府已非地方自治團體，而是行政院的派出機關，使我國原來的四級政府制，實質上變成三級政府制。純粹從政策運作過程的角度來看，三級政府制應有利於提昇政策制定、執行與評估的績效。

3. **直轄市、縣市、鄉鎮市區組織簡況**：依「地方制度法」第十四條規定，直轄市、縣（市）、鄉（鎮、市）爲地方自治團體，依本法辦理自治事項，並執行上級政府委辦事項。目前我國直轄市、縣市政府及鄉鎮市公所的職權較前大爲擴增，且有更加擴大的可能。地方政府權力大增的情況，對於中央政府交辦事項的執行結果必大有形響，可能會產生不願配合或甚至抗拒的情況。

五、 行政機關的特質

(一) **普遍性（Pervasiveness）**：行政機關的影響力無所不在，它是被選擇來處理公共事務的一項社會工具，並且是公共事務的一部分。

(二) **選擇性的重要（Selective importance）**：行政機關主導政策及方案的執行工作，並在政策運作過程階段具有不同程度的重要性。在政策制定及合法化階段，行政機關雖非居主導地位，但扮演相當重要的角色。在政策執行階段，雖然也有其他參與者，但行政機關卻居於主導她位。在政策績效與影響評估階段，行政機關扮演「支持性」的角色，而非主角。

(三) **社會目的（Social puposes）**：行政機關具有若干不同的社會目的。包括：

1. 提供政府責任理當管轄的服務事項。

2. 促進社會上特殊經濟族群者的利益，諸如農民、私人企業業者等。

3. 管制私部門所進行的各種不同活動。

4. 重分配社會各種利益，使社會上屆於弱勢地位者能獲得較多的利益，諸如所得利益、權利利益、醫療顧等。

(四) **規模大與複雜性（Size and Complexity）**：行政機關在一個龐大且複雜的政府方案系絡中運作，所有的行政機關都被人民期望去作非常多的事，而每一件侍完成的議程項目都極為複雜。一方面行政機關均具有相當的獨立性及自立性，另一方面行政機關通常會發展出與私人機關頗為特殊的關係。

(五) **續存性（Survival）**：行政機關很少死亡，它們求生的本能是永不消滅的。

(六) **中立性與控制性（neutrality and control）**：行政機關對其政策偏好並不保持中立，但也不完全被任何外界勢力所控制，他也擁有相當的空間可以界定並採行它們本身實質的、程序的、及組織的偏好。正如同其他政策運作過程的參與者一樣，行政人員可就其所需與他人議價，但其議價的空間也像別人一樣，受到限制。因此當衝突發生時，就必須採取議價與妥協的作法。

> **觀念速記**
>
> 從公共政策執行所涉及的政府關係而言，主要是兩種類型：一為平行機關間的關係，例如「台灣地區自然生態保育方案」的執行，涉及到行政院文化建設委員會、環境保護署、農業委員會等，它所涉及的主要問題可能為權責劃分、溝通、協調等；另一為上下機關間的關係，例如中央是行政院衛生署，在直轄市政府為衛生局，它所涉及的問題為控制、監督、協助等。

六、我國中央與地方關係對政策執行之影響

(一) 中央與地方政府組織結構對政策執行的影響：過去，中央政府與省政府行政機關間業務重疊的現象，影響政策執行績效甚鉅。四十多年來所一直保持的中央、省市、縣市、鄉鎮市四級行政組織結構，使中央政府與台灣省政府的職權範圍高度重疊，權責劃分不清，以致影響決策時效與執行的績效。此種複雜的行政體系，對政策執行的不良影響，表現在兩方面：第一、權責分散化：即政策執行的責任分散在各種不同的組織單位。其主要的弊端是：1.服務功能重覆、監督指揮系統紊亂。2.政策資源浪費。3.政策協調困難。第二、多軌控制體系：地方機關接受許多上級機關的指揮監督。造成政策指令不一致及工作超量負荷的弊端。上述中央與地方政府組織結構終於在經過「精省」作業以後，台灣省變成行政院的派出機關，省為非地方自治團體，使我國政府由四級政府制演進為三級政府制。對於原來中央與地方政府業務重疊、權責分散、多軌控制，耗時費事的政策執行弊端，應可獲得改善，對於政府整體行政績效的提昇應有極大助益。

(二) 中央對地方控制與監督對政策執行的影響：依均權制度的理想，中央與地方政府的權限均有明白的劃分。因此某些政策的執行，因上下級機關間，僅有業務關係，而無隸屬關係，使中央對地方的控制與監督受到限制。此外，因財源稅源劃分未盡適當，以致各縣市多感財力不足，必須仰賴上級政府大量補助，乃因而受其財政控制，無法對地方事業與措施作因地制宜的運用。

(三) 中央對地方協助對政策執行的影響：由於環境變遷快速，人民需求不斷提高，地方政府的職能也隨著擴增。但以地方政府的人力、物力、財力及專業知識顯然無法因應此種需求，而有接受中央政府協助，以執行政策的必要。我國中央對地方機關的協助大致上有三類：

技術的援助	即中央以較佳的人才及技術協助地方機關推動政策或計畫。
知識的灌輸	即中央利用各種方式，如出版專書專刊，調訓地方機關工作人員，提昇工作人員素質及政策執行的能力。
金錢的補助	即中央以金錢補助地方機關推動某些特定方案，有的是全額補助或贈與，有的則為相對等的補助，有的是受災的救助。

牛刀小試

1. 公共政策學者認為政策執行的研究途徑可分為「由上而下」、「由下而上」和「整合」等三種途徑，試分述其義。
2. 為善盡監督政策執行之責，政策分析人員必須擅長運用各種政策執行策略。何謂「向前推進策略」、「向後推進策略」？
3. 在政策執行（Policy Implementation）的研究上，學者通常將之區分為第一代、第二代及第三代政策執行，試問各代政策執行之主要特徵為何？
4. 試就所知論述整合的政策執行研究途徑之主要論點及其代表學者。
5. 何謂政策執行？其參與者有哪些？

貳 政策執行模式

一、定義

政策執行力研究指在規劃政策方案時，或在政策執行中，政策分析人員對於該方案未來可能的運作狀況、或實際的運作狀況，預先或適時進行系統性的分析研究，以瞭解政策方案在執行階段能否順利的推動？可能會遭遇什麼樣的困難？如何才能順利執行政策方案等。

二、史密斯的政策執行過程模式

(一) 史密斯（Thomas B.Smith）曾於一九七三年發展出一個政策執行過程模式。他認為，政策可以被界定為由政府在舊的機構內設立新的處理樣式或機構或改變既有樣式的複雜行動。政策由政府規劃，然後在社會上產生一種「張力」，當政策付諸執行後，執行政策者以及被政策影響者，就會經驗到張力、壓力、和衝突的狀況。政策執行所產生的張力可能會引起抗議，甚至採取激烈的行動，也因此可能需要設立新的機構（制度）以實現政策目標，它也可能導致其他機

構或制度的改變。如果因執行政策而產生的「張力」，在處理後運作順暢，就變成一種「制度化」繼續運作，在必要時才作回饋動作。

(二) 史密斯的模式將影響政策成敗的重要因素：

理想化的政策（idealized policy）	即界定政策者企圖推演得到的理想化互動樣式，政策內容妥當否？明確否？可行否？
標的團體（target group）	指因政策的執行而必須接納新的互動樣式的人們，亦即政策直接實施對象的特性為何？
執行機關（implementing organization）	即負責執行政策的政府機關或單位，它們所具的特性如何？
環境因素（environmental factors）	即影響政策執行或被政策執行所影響的環境方面的因素，可能會面對不同文化的、社會的、政治的及經濟的情況。例如，在第三世界國家與地方自治有關的政策，鄉村階層的基本文化和社會的生活方式，可能是執行時環境方面的限制因素。

(三) 一般來說，過去政策分析家常常集中精力在「理想化政策」方面的探討，而很少注意到「標的團體」、「執行機關」和「環境因素」等因素。事實上，這四個因素是互動的，應予以同等的重視，才能使政策順利的執行。因此，史密斯之政策執行過程模式的重大貢獻，就在提出「標的團體」、「執行機關」與「環境因素」三者之間所形成的循環過程。不過，執行人員的重要性，在本模式中，未給予適當地位，似為其缺陷。

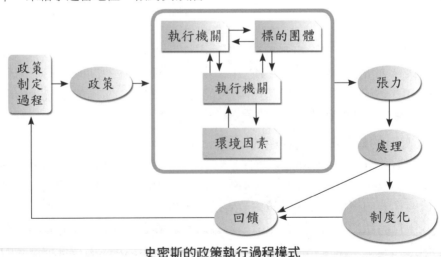

史密斯的政策執行過程模式

資料來源：吳定，公共政策，頁488

三、米特與洪恩的政策執行力模式

米特（D.S . Van Meter）與洪恩（Carl E.Van Horn）兩人在「政策執行過程：一個概念性的架構上」一文中，認為在政策執行過程中，有六大項主要變數的互動狀況會影響政策執行績效。

標準與目標	政策在取得合法地位並付諸執行時，應當已具有清晰的目標，可供執行人員遵循。標準可以說是政策目標的具體表示，因為它是衡量政策目標達成程度的準則。	
資源	政策資源包括所有應用於執行活動的人力、經費、設備、及物材等。資源充足與否，會直接影響機關組織間的溝通和執行活動，以及直接影響到執行人員願不願意認真去執行政策。	
組織間的溝通與執行活動	政策的有效執行，有賴執行機關與人員透過各種溝通方法與管道，確實明瞭政策的目標、考核的標準、執行的技術與程序等。至於執行機關的執行活動，則除了制度化的運作程序外，各級主管應採取各種措施，以增加部屬採取一致行動，努力執行的可能性。主管通常利用三種方式促使部屬執行政策：	
	規範（norms）	即執行機關長久以來所形成的「組織氣候」與該機關人員所共同遵循的正式和非正式的行為準則。組織成員往往在團體壓力驅使下，順從團體多數人的行為規範，因而支持政策執行活動。
	獎酬誘因（incentives）	即主管可以制訂獎勵的辦法，例如加薪、升遷、給付獎金及福利等，以鼓舞執行人員的士氣，使其願意切實執行政策。
	制裁（sanctions）	即主管利用各種懲罰的方式，對於執行不力者予以適當的懲罰，例加減俸、調職、或撤職等，以促使執行人員確實執行政策。
執行機關的特性	負責執行政策之機關的正式與非正式特性，會直接影響執行人員的意願。這些特性包括機關層次的高低、規模的大小、編制狀況、組織結構、權責分配等。具體言之，影響政策執行的主要機關特性為： 1.機關人員的數目、能力與素質如何？ 2.機關內部單位的決策過程如何？ 3.機關的政治資源如何？受到民意機關及行政首長的支持程序如何？ 4.機關的活力如何？ 5.機關的溝通開放程度如何？ 6.執行機關與「政策制定」及「政策管制」單位間的正式與非正式關係如何？	

社會、經濟與政治環境	政策執行所涉及的外在社會、經濟與政治情況，對於執行機關的特性、執行人員意向、及政策的執行績效，具有直接的影響。主要問題為： 1.執行機關可利用的經濟資源能否支持政策順利的執行？ 2.政策執行會如何影響社會、經濟與政治情況？ 3.輿論對政策執行支持的情況如何？ 4.菁英份子對政策執行所持的態度為何？ 5.意見領袖、利益團體、標的人口對政策執行所持的態度為何？
執行者意向	實際負責政策執行的人員對於政策本身信服及認同程度的高低，嚴重影響政策執行的成敗。執行者意向可以從下列觀察： 1.執行人員對政策的認知情形。 2.執行人員對政策的反應方向：支持政策？中立態度？反對政策？ 3.執行人員對政策的反應強度：例如強烈支持抑或輕微支持？

米特與洪恩所提的政策執行力模式，可謂相當周延，將影響政策執行成敗的重要變數大多已述及，已擷取其他諸執行力模式的優點。唯令人較困惑的是，六大變數間的互動關係不夠明確。

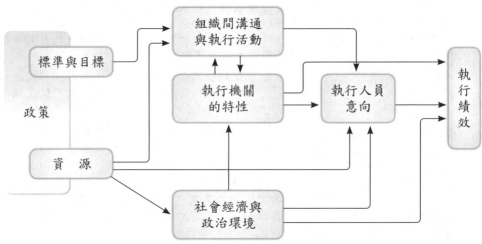

米特與洪恩的政策執行力模式

資料來源：吳定，公共政策，頁489

四、愛德華三世（George C.Edwards III）的政策執行力模式

愛德華三世在「執行公共政策」（Implementing Public Policy）一書中，認為四項主要變數的互動，直接和間接的影響了政策的執行狀況：

(一) **溝通（Communication）**：有效溝通為政策執行的首要條件，執行內容及命令如果愈清晰的傳達，則政策執行所受的阻礙將愈少，也就愈能收到預期的執行效果。一般而言，執行命令傳達錯誤或溝通不良的主要原因有：

執行命令欠缺清晰性	造成執行命令不夠清晰，可從下列原因解釋： 1.政策制定過於複雜，使執行人員既無時間，也沒有足夠的能力發展出詳細明確的執行命令。 2.為儘量避免激怒利害關係者，執行命令若模糊不清，可使執行者有更大的空間與他們妥協。 3.因相互競爭的目標太多，不易達成共識，以致執行命令不夠清晰。 4.因為對新計畫了解不夠透徹，以致發生行政上的不確定性，執行命令遂不夠清晰。 5.執行人員為避免承擔行政責任，相互推諉，致命令模糊不清。 6.法院的判決大多屬於原則性，執行者為嚴守法治界限，不得不訂定含糊的命令。
執行命令欠缺一致性	造成執行命令不一致的原因，大致上與執行命令不清晰的原因差不多。不過，值得一提的是，執行命令不一致也可能是受到利益團體施加壓力的結果。因此決策者與執行者應儘量減少利益團體的影響，以減少執行命令不一致。

(二) **資源**（resources）：政策執行所涉及的資源包含四項：

人員 （staff）	人員是執行政策的主力。愛德華認為，從政府職能不斷擴增，急待處理的事務相當龐雜，與政策執行者之人數比例來看，不論在教育、環保、能源及其他政策的推動方面，仍然有人手不足之感。
資訊 （information）	執行人員必須知悉政策內容為何？該如何執行政策？尤其是有關革新或高度技術性的政策，更應掌握充分的資訊，才能正確的予以執行。
設備 （facilities）	就是指經費充裕與否，經費可應用於購置所需的設備、物料、器具、僱用執行人員等。
權威 （authority）	負責執行政策的人員，應賦予足夠的權威，才能順利推動政策。

(三) **執行者意向**（disposition）：由於政策執行人員通常具有相當的自由裁量權，因此他們對政策所持的態度影響政策的執行甚鉅，各機關執行人員對同一政策所持的態度可能有很大的差異，這是因為各機關有「本位主義」（parochialism）傾向的緣故。欲解決執行人員不利意向對政策執行的不良影響問題，除可採僱用支持該政策者為執行人員外，尚可透過加薪、升遷、給予福利等獎勵的誘因，以強化執行人的執行行為，或是採取懲罰行為，迫使執行人員努力執行政策。

(四) **機關結構**（bureaucratic structure）： 大致而言，執行機關在結構及運作上有兩項特性，會影響政策執行的成敗：

1. **標準作業程序**（Standard operating procedures）： 行政機關為有效處理繁雜的日常事務所發展出來的一套例行化的慣例規則，稱為「標準作業程序」。如果機關訂有標準作業程序，將有利於政策的執行。行政機關應建立適當的標準作業程序以執行政策，其主要理由：

(1)可節省時間以處理更多的事務。

(2)因政策資源通常不夠充分，如有規則可循，則可以規則替代資源，減少因資源不足可能發生的弊端。

(3)如執行人員採取統一的作業程序，較能應付繁雜的狀況，也較能達到公平服務的要求。

但是，標準作業程序也可能對政策執行具有不利影響，其不利影響為：

(1)限制執行人員執行的能力，造成行為本身缺乏彈性，無法適應客觀環境變化的需求。

(2)執行人員可能將手段性的遵守標準作業程序視為主要行為目標，而放棄達成政策目標的任務，遂形成「目標錯置」（goal displacement）的弊端，即將手段當作目標本身。

(3)執行人員可能會以標準作業程序為藉口抵制變革，很難適應新的變局及危機管理的需要。

2. 執行權責分散化（fragmentation）： 政策的執行權責如果分散由不同的機關負責，常會因為事權不專而導致政策執行成效不彰或甚至失敗的結果。政策執行如果事權不專，會產生以下不利影響：

(1)會造成政策協調困難的現象。　　(2)會造成政策資源浪費的現象。

五、中村（Robert T.Nakamura）與史莫悟（Frank Smallwood）的「政策環境連結模式」：

(一) 以系統理論的角度研究政策執行的過程，把政策執行過程視為一套要素（elements）和連結關係（linkages）的互動過程。政策運作過程的主要要素是一套功能性的環境，而在每一個功能性的環境中，有許多可供「演員」（actors）互動的「競技場」（arena）。政策運作的三個功能性環境是：政策形成（Policy formation）、政策執行（Policy implementation）、及政策評估（Policy evaluation）。政策形成環境是三者中最結構化的一個，重點放在研究法定的決策機制。主要的演員（參與者）包括：總統、國會、州長、州議員、非官方的個人、利益團體、有力的選民組織等。

(二) 政策執行環境的參與者與結構，視政策的類型而定。換言之，執行的情況依參與者及環境狀況而有所不同。政策評估環境是三者中最模糊及最抽象的一個，參與者可以包括在政策形成和政策執行兩個環境的決策者及執行者，他們從事規劃預估、監督及監測的活動。此外，如評估是涉及「事後評估」的話，評估者還可以包括與先前兩種活動無關聯的社會科學家、其他學者專家、公共利益團體等。

(三) 參與者、意見及政策會在三種環境中依「環狀原則」（Principle of circularity）來回互動，朝前發展。至於連結關係是指在三種環境中不同參與者的「溝通」（communication）和「順服」（compliance）連結關係，將整個政策系統緊扣在一起。溝通連結關係對政策形成環境的決策者與政策執行環境的執行者而言尤其重要。

(四) 中村與史莫悟認為，政策形成環境對政策執行的主要影響在於，政策制定者對執行人員所下達的政策指示與命令之型態、性質、明確度等因素之狀況如何。例如，假定政策設計不當或政策指示模糊不清，將使政策執行困難。就政策執行環境對政策執行的主要影響因素而言，包括各類政策執行參與考的角色扮演及影響力；執行機關的結構、程序、資源及規範等；與資訊溝通及服從關係等。中村與史莫悟的政策執行環境連結模式從宏觀面探討政策執行成敗，實繫於政策形成、執行與評估三者的連結與循環關係。

六、沙巴提爾（Paul Sabatier）與梅茲緬尼亞（Daniel Mazmanian）的政策執行過程

(一) 沙巴提爾與梅茲緬尼亞兩人於一九八〇年提出一項「執行過程概念架構」，做為分析「管制性政策」（regulatory Policies）執行過程的概念工具。所謂管制性政策即政府機關試圖改變非政府部門之標的團體行為的政策。

(二) 沙巴提爾等二人認為，執行就是實現某項基本的政策決定，此項決定通常是經由法律、行政命令或法院判決所形成的，理想的說，此項決定應已確認欲解決的問題，指出欲達成的目的，及以各種方法「建構」執行的過程。執行的過程包括下列五階段：

(三) 他們進一步指出，執行分析的重要角色就是確認整個政策執行過程究竟有哪些因素會影響法定目的的達成。影響執行的因素可分成三大類：第一、問題處理性。第二、法令建構有利執行過程的能力。第三、平衡支持法定目的之各種政治變數的淨效果。他們所提出的執行過程的「概念架構」，將政策執行過程視為「依變項」；而將影響因素視為「自變項」，故三大類影響因素會影響政策執行過程的五階段活動，而執行過程的每一階段活動，又會依序影響下一階段活動的進行。

問題處理性

1. 有效技術理論與技藝的可得性
2. 標的團體行為的分殊性
3. 標的團體佔總人口的百分比
4. 行為需要改變的程度

法令結構執行過程的能力	**影響執行過程之非法令變項**
1. 結合適當的因果理論 2. 政策指令清晰度 3. 財務資源 4. 執行機關內部與彼此間的層級整合 5. 執行機關的決定規則 6. 執行官員的甄募 7. 外界人士的正式接近管道	1. 社會經濟與科技狀況 2. 媒體對問題的注意狀況 3. 大眾支持情況 4. 被服務團體的態度與資源 5. 最高當局的支持情況 6. 執行官員的承諾與領導技巧

執行過程的階段（依變項）

執行機關的政策產出 標的團體對政策產生的順服 → 政策產出的實際影響 → 政策產出的期望影響 → 法令作主要修改

沙巴提爾與梅茲緬尼亞的執行過程的概念性架構

資料來源：吳定，公共政策，頁504

七、郭謹（Malcolm L.Goggin）、包緬（Ann O'M．Bowman）、李斯特（James P.Lester）、與歐圖四人的政府間政策執行溝通模式

郭謹（Malcolm L.Goggin）、包緬（Ann O'M．Bowman）、李斯特（James P.Lester）、與歐圖四人在「執行理論與實際：朝向第三代」一書中，提出「政府間政策執行溝通模式」，簡稱溝通模式。該模式將焦點置於聯邦及小型政府之行政人員、立法人員、利益團體在動機與興趣上的個別差異，並以此類變項來預測並解釋執行行為及其影響。他們認為，執行行為會因政策、執行者、執行機關、及環境特性的不同而有差異。

(一) 三大變數影響了州政府對聯邦政府政策的執行狀況：

1. 由聯邦層次下來的誘因及限制。
2. 由州及地方政府層次上來的誘因及限制。
3. 州決定的結果（decisional outcomes）及州的能力（capacity）。

(二) 聯邦層級的誘因與限制：

1. 聯邦政策訊息的內容：
   (1)是否提供充分的資源：包括人員、時間、經費、專業知識等。
   (2)政策訊息被執行者認為有效解決問題的信用度：應考慮政策是否容易執行？是否具有適當的公民參與？
2. 聯邦政策訊息的形式：
   (1)政策的清晰度：包括手段與目的的清晰度。
   (2)政策的一致性：即政策內容與實際應求一致。
   (3)政策被重複強調的頻率。
   (4)政策訊息是否真正傳達到執行者身上？
3. 執行者對聯邦首長的認知：

(三) 州與地方層級的誘因與限制：

1. 有組織的利益團體數目及其在州與地方層級的活動情況如何？
2. 州與地方層級民選人員的個人利益與動機如何？
3. 負責推動政策之州政府機關的資源、技能、以及有效連結利益團體與民選人員的能力如何？

(四) 州的組織能力與生態能力：

1. 州的組織能力：包括：州執行機關的組織結構如何；執行產出如何；州執行機關的人力狀況；州執行機關的財力資源等。
2. 州的生態能力：包括：州執行機關的經濟能力；州執行機關的政治能力；州執行機關的情勢能力。

(五) 所謂「州的執行」是指州政府能否順從聯邦政府的指令推動政策；是否能達成具體的既定目標。一般來說，州的政策執行可分成四種型態：

違抗	修改政策並延擱執行以致減少達成目標的機會。
延擱	延擱執行但未修改政策。
策略性延擱	延擱執行並修改政策而有助於達成目標。
順服	在未修改或曾修改政策的情況下立即執行，而有助於目標的達成。

八、政策執行的組織模式

　　Richard F.Elmore對政策執行所提出組織模式，包括：「系統管理模式」、「官僚過程模式」、「組織發展模式」、「衝突與議價模式」：

(一) **系統管理模式**：系統管理模式視組織為價值極大化（value-maximizing）的單位，執行則是有次序地，目標取向的活動。

1. 系統管理模式的基本前提是：組織是理性價值的極大化者，它必須設法提高組織效能，完成組織目標，達成最佳的工作績效。在此意義下的組織行為必然是目標取向的行為。同時，組織結構是按照階層化控制原理而建立的，最高階層的管理者負責政策之制定與整體工作績效之完成，部屬則依據上級分配的任務與職責，負責執行組織的決策，執行者必須遵從上級的指揮與命令，不能有所違背。

2. 基於上述組織的觀點，艾式界定政策執行為：設定反映政策意圖的目標；分配各項職責與績效標準；監督組織體系的工作績效；進行內部的組織調整以完成組織目標。

3. 系統管理模式下的政策執行過程是一動態而非靜態的現象；在此過程中，組織的外在環境不斷向組織提出新的要求與引發新的衝擊，組織為適應環境變動，亦需不斷進行內部調整。

4. 系統管理模式非常明確地界定組織的目標與部屬職責，並且強調階層化控制原理在組織管理中的適用性，因而此模式相當適合於組織系統較為嚴密的集權化機關。但由於它過份重視上級與部屬間的命令服從關係，在崇尚司法審判獨立的領域中，顯然並不適用。同時，分權化的組織中，各單位有其行政裁量權與自主權，階層化的系統管理模式亦受到限制，無法發揮其應有之功能。因此，如果運用此模式來執行公共政策，應該特別注意此種限制，方能有效地發揮功能，達成目標。

(二) **官僚過程模式**：

1. 在分權化的組織中，官僚過程模式為最具實用性的政策執行模式。此一模式假定組織成員經由例行化的作業程序，久而久之便培養出自主裁量權，上級長官事實上很難對此權力發生作用。因此，組織的兩項要素是自主裁量權與慣例化。

2. 正因為組織內部自主權與慣例化的普遍性，致使組織權力分化並分屬於各次級單位，它們經常運用強大的控制力，爭取在其權責範圍以內的特定任務。因此，為了維持組織的穩定與成長，所有控制自主權和改變慣例化的建議，都必須得到各組織單位的同意，否則必然遭遇強烈的抗拒態度。因此，在此情況下，組織決策寧願採取漸進的溫和手段。

3. 官僚過程模式強調部屬具有自主權與例規，足以抗拒組織的階層化控制力量，此一觀點與系統管理模式大相逕庭。同時，此模式主張組織的基本特性是抗拒變遷，亦與系統管理模式的命令服從特性有所差異。因此，若欲以官僚過程模式執行公共政策，必須重視部屬的此種特質，方能貫徹政策目標，完全組織任務。

(三) **組織發展模式**：組織發展模式視組織為發展自我，滿足個人基本心理與社會需要的單位，而執行則是政策執行者要求參與政策的制定，以滿足個人需要的過程。

1. 系統管理模式過份強調階層控制，官僚過程模式則力主裁量權與慣例化，因而容易造成古典政策執行理論所產生的偏失：那就是政策決定於上級，而執行則歸於下級；上級領導者的能力與思想必然優於下級的執行人員；在政策執行上，執行者必須三緘其口，唯命是從，影響力有限。為糾正前述理論瑕疵，組織發展模式乃應運而生，它一方面強調員工的自主性、參與感及歸屬感，另一方面則肯定組織是不斷朝向最佳的階層結構而發展的，因此，這種模式可說是最合乎人性需要的執行模式。

2. 此模式的基本假定是：組織之功能在於滿足組織成員三種基本的需求：工作自主權、參與感與涉入感。組織結構之建制亦是為了使部屬的控制權、參與感與涉入感達到最佳化的水準。組織發展模式主張最佳的組織結構，應是在不致犧牲都局權益原則下，既能減少層級節制，又能授予工作的自主權，滿足組織的參與感與涉入感。

3. 在組織發展模式中的政策制定者，並沒有系統管理模式的跋扈，也不致淪於官僚過程模式的無能；他採信有效的決策制定繫於有效的工作團體，在此意義下的政策執行過程必然是建立決策者與執行者之間的共識與協調。

4. 組織發展模式雖是最合乎人性需要的政策執行模式，但綜觀其理論概念的基礎是奠定在穩定的、和諧的與共識的政策環境之上，完全忽視了環境中的衝突因素對於組織發展的正面或負面的影響，致使在充滿不確定性的狀態下，很難產生成功的政策執行。

(四) **衝突與議價模式**：衝突議價模式視組織為相互衝突的領域，而執行則是將衝突加以議價妥協的動態過程。

1. 與組織發展模式相反，衝突議價模式肯定組織衝突存在的必然性，認為組織成員具有潛在的衝突性，在資源有限與分配不公的情形下，便易發生衝突；但這種衝突的存在並不足以威脅組織的生存，反而經由議價的手段，能使組織不斷地在接受挑戰中成長茁壯。這種模式相當適合於環境變遷迅速的社會，特別是衝突與挑戰經常發生的開發中國家更具有實用的價值。

2. 衝突議價模式的基本假定為：組織是部屬為爭取稀少資源的分配與權力的施行而發生衝突的所在，組織結構設立之目的即在於妥協與調和這種衝突，以完成組織目標。

3. 面對充滿不確定性與欠缺穩定性的政策環境，政策制定者為能消除這種危機，必須根據不同資源與偏好的單位，藉著議價與協議的手段，將衝突予以整合。組織的議價手段並不一定要求使衝突消弭於無形，甚至並不要求相互衝突的雙方能夠完全接納共同的目標，但是議價的結果必然使衝突雙方同意調適彼此的行為，達成資源分配的目的。因此，政策執行是反映參與者偏好與資源相互妥協的決定過程；政策執行的成敗不能取決於政策目標之是否達成。例如，特定族群社會福利政策與預算與特定族群的社福政策與預算，可能會產生排擠效果，此時經由雙方衝突、大鳴大放及議價的結果，終能得出一雙方均能接受的政策方案及預算分配，雙方的利益團體也能接受，政府也算是達成其施政上的目標。

牛刀小試

1. 愛德華（George Edwards III）所提政策執行力模式對於成功執行公共政策提供參考架構，請論述此模式之內涵，並舉一實際公共政策說明之。（99原三）
2. 試述Richard Elmore所提政策執行組識模式中之「衝突與議價模式」的大要。
3. 請簡要說明政策執行模式中的「系統管理模式」、「官僚過程模式」、「組織發展模式」的意涵。
4. 何謂史密斯的政策執行過程模式？該模式影響政策成敗的重要因素有哪些？
5. 沙巴提爾（Paul Sabatier）與梅茲緬尼亞（Daniel Mazmanian）的政策執行過程包括哪五個階段？試說明之。
6. 米特與洪恩的政策執行力模式，有六大項主要變數的互動狀況會影響政策執行績效。請問是哪六項？
7. 試說明政府間政策執行溝通模式的內涵？

參　政策工具

一、政策工具定義

所謂政策工具（policy instruments），又稱為治理工具（governing instruments）或政府工具。指執行機關與人員在制訂政策以解決問題之時，就仔細思考應採取何種政策工具，才能有效解決問題，達成預期的目標。依翁興利教授等人的看法，政策工具是指政策執行機構賴以達成政策目標或產生政策效果的手段本質，本質蘊涵著兩個要點，即政策工具的多元性和價值偏好性。

> **觀念速記**
>
> 一旦政策問題界定，並且確立政策目標後，設計者所應考量的就是如何運用適當的政策手段，使得產出方案的效益最大，成本最小。此種政策運作的手段，可說就是所謂的政策工具。

(一) **多元性**：指可運用不同方法達成特定的預期目標。

(二) **價值性**：指工具的選擇須符合決策者或社會的價值偏好。

因此，政策工具指政府機關為執行政策以達成政策目標，可以自由選擇應用之各種技術的總稱，亦即將政策目標轉化成具體政策行動所使用的工具或機制。

二、政策工具的概念

(一) **因果論觀點**：政策學者英格漢（Ingraham）界定「政策工具」為系統性地探討問題癥結與解決方案之因果關係的過程，概念太廣義。

(二) **目的論觀點**：史耐德與英格恩（schneider and Ingram）指出政策工具為有目的的行動藍圖，政策工具是目的導向的，它是朝向公共問題得以解決的方向而發展，同時也是一套可以實現政策目標的藍圖，概念一樣屬廣義。

(三) **機制論觀點**：胡德（Hood）指政府是運用一組行政工具，以許多不同的組合方式，於許多不同的場合，追求實踐政策目標之過程。行政工具包括：

節點	係指社會網絡或資訊交互運作的中心。
權威	官方的命令、要求、禁止、保證或裁判。
財政	處罰或補助等財政手段。
組織	將一群擁有各種技巧的人群加以組合的方法。他將此四項工具予以整合，稱之為NATO。

前述三種定義中，第三種較能掌握政策工具的內涵，它是政府所擁有的一套手段組合，將政策目標轉化為具體政策行動的機制作用。基此，政策工具可以作為一項政府工具箱內的客體，包括：命令、要求、禁止、組織、財政等手段；政策工具也可以作為一項政府的活動，政策工具關心的是：政府該如何執行財政工具？將會產生何種效果？

三、政策工具的特質

> 政策工具是政策設計與政策執行間的聯結，唯有透過工具使用，才能執行政策，達成目標。

> 政策工具是一項系統性的思考設計，必須針對政策間的因果關係予以衡量。

> 政策工具是落實公共政策的主要因素，它賦予政策實質的意義。

> 政策工具須透過標的團體來完成。政策參與是政策工具能否推展成功的必要條件之一。

四、影響政策工具選擇之要素

Linder及Peters認為政策工具的要項、政策工具之屬性、工具的系絡、政策工具的使用者會影響政策工具之選擇。

(一) **政策工具的要項**：一般而言，最常被分析者論及的政策工具包括：直接的服務提供、補貼、稅賦、契約、權威、管制與獎勵等。由於政策工具的基本要項在目前尚未達成共識，因此，迄今並無全面而完整的分類，上述的分類僅能當作分析的基礎而已。

(二) **政策工具的屬性**：政策工具分類的目的在於建立政策選擇的理論，以利於吾人對政策制訂過程的瞭解。政策工具的選擇不能僅考慮工具本身的特性（characteristics）而已，必須同時考量工具本身與環境系絡（context）之間的互動問題。政策工具的屬性可歸納以下四種：

> **資源密集度**（resources intensiveness）
>
> 包含行政成本（administrative cost）與運作難易程度等問題。由於工具的選擇對於政策執行的績效有密切的關係。因此政策選擇應考量資源的投入程度與政策績效此一問題。

> **精確性**（targeting）
>
> 精確性可以由精確度和選擇性代表。通常政策工具的精確度愈高，則工具設計的成本和複雜性也愈高。選擇性較少的工具雖然可以使行政人員較省事，但通常卻需要較高的政治支持成本。

> **政治風險**（political risk）
>
> 政治支持與行政成本如何做取捨，也是一個工具選擇上的問題。通常，政治支持度高，則政策工具也較容易管理。許多的研究發現，政治支持度比強制性的制度更為重要。但政治支持也有一些風險，粗陋的政策設計往往會引起更大的反對勢力與政治風險。

> **◈ 強制（constraint）**
>
> 政策設計者除了關心工具屬性是否合乎某一特定意識型態之外，仍應注意有許多的政策工具都與強制性有關。一般來說，決策者會將強制性視為工具選擇的標準，即在其他條件都相同的情形下，決策者會傾向選擇強制性較少的政策工具。但時間一久之後反而會偏愛強制性較高的工具。

(三) **工具的系絡（contexts）**： H.Lasswell 較大的貢獻即是將「政策系絡」（policy context）的因素引入政策制訂的研究中。其中發現，「可行性」（feasibility）是影響政策制訂非常重要的因素之一。從政策系統的觀點而言，政策工具的決定就是在做一種可行性檢定的活動，在整個環境系絡中具有可行性的政策工具，應較能達成政策目標。

　1.系統系絡（the system context）：系統系絡所產生的影響，通常是比較宏觀的。在比較公共政策的研究中，大部分的研究皆在探討政策傳統或舊有制度對於政策制訂與工具選擇的影響。Richardson認為，在某些國家執行良好的政策工具，不保證也可以在其他國家中順利進行。此外，基於語言、宗教、地域所造成社會分裂與多元的國家，有較偏愛一些不明顯政策工具的傾向。在分裂社會中政府所採取的強制性工具，往往較整合性或融合性較高的社會為多。

　2.組織的系絡（the organizational context）：除了以上所述國家特質因素的影響外，公部門的組織特性亦會影響工具的認定和選擇。不同的組織與不同的國家一樣，有其不同的文化與價值體系。此外，組織在不同的成長階段，各有不同的價值體系與特性，此種體系與特性無可避免將反應在政策工具的選擇上。當組織在形成發展與擴張的時期，通常偏愛經費性的政策工具，如美國的「新政」（New Deal）或「大社會」（Great Society）方案。

(四) **政策工具的使用者**：政策工具表現之良窳，通常取決於決策者對政策工具是否與政策問題相契合的判斷上。當新問題發生時，過去證明有效的政策工具，並不保證依然有效，然而決策者通常會使用過去表現良好的政策工具，這些工具通常不僅提供新問題的解決方式，同時也提供政策設計研究者在研究理論上的基礎與建議。

五、 政策工具的選擇模式

　整合途徑：政治學者與經濟學者對於政策工具的選擇似乎採取不同的觀點，經濟學者以演繹途徑，肯定市場機制的優越性，然後依此衍生出其所以選擇某項工具的理由，例如，在肯定「市場」的基礎下，中油公司的民營化是最佳的工具選擇。政治學者則似乎採取歸納途徑，根據政府機關與政策次級體系的複雜性程度，採取不同的工具；最後希望能夠歸納出某些工具選擇的原理，以作為

政府機關統治社會的工具。事實上，這兩種選擇途徑均各有所偏，不是過份重視經濟因素，就是太過強調政治因素，實則政策問題是複雜的。在政治學與經濟學途徑的雙重啓示下，政策工具的抉擇可以從兩個指標來加以觀察：第一是國家能力（state capacity）的高低程度：係指政府機關影響社會行動者（主要是指標的團體）之能力；第二、政策次級體系的複雜性程度（policy subsystem Complexity）：政府機關執行政策必須面對行動者的複雜性程度。

(一) **高度國家能力，高度複雜的政策次級體系**：當社會中的競爭者甚多，政府機關無從知悉孰優孰劣，只要政府對於社會真有高度的管制能力，則可以用市場的工具自由開放，任其競爭，希望透過市場中看不見的雙手汰弱留強，這種工具通常係指「市場工具」。目前台灣許多工程招標過程總是繪聲繪影，爲解決這些問題，盡量開放市場經營，將會淘汰哪些不良的廠商。

(二) **高度國家能力，低度複雜的政策次級體系**：當政府機關對於社會行動者的管制能力甚高，而政策次級體系的行動者又爲數不多時，政府機關乾脆強力規範，不妨採取「管制」工具，顯然這是政治學者所常採用的政策工具。例如，行政院新聞局對於有線電視業者無故斷線的商業行爲，保護消費者之最好工具爲採取積極的「重罰」與「管制」措施。

(三) **低度國家能力，高度複雜的政策次級體系**：當政府機關對於社會的管制能力甚低，而政策次級體系又相當複雜，事實上政府無能力加以管理，只有透過自願性工具，如社區組織或家庭，以社會民間的力量推動政策的執行。例如，行政院文化建設委員會所要推動的「社區總體營造」，政府若過度介入，反而容易失去地方特色。

(四) **低度國家能力，低度複雜的政策次級體系**：當政府機關對於社會的管制能力甚低，而政策次級體系又具低度的複雜性，則應視情況而定，採取混合型的工具。

國家能力高低度 \ 政策次級體系複雜度	高度	低度
高度	市場工具	管制工具
低度	自願工具	混合工具

政策工具選擇模式

六、政策工具可能產生的效果

(一) **工具論者的觀點**（Instrumentalists）：工具論者將政策工具視為達成政策目標的有效工具，具有獨立運作的特性，而且不受政治因素的干擾。由於工具論者所強調的是技術理性，含有高度的專業知識，不易受到外界環境的干擾，因此能有效地達成政策目標。

(二) **過程論者的觀點**（Proceduralists）：過程論者強調任何政策工具均有其限制，縱使是政策分析家地無法完全預測其結果，也無法預知政策工具的效用。因此，決策者僅能在選擇政策工具後，將其轉化成行動，再視環境的變遷情況做一調整。

(三) **權變論者的觀點**（Contingentists）：由於政策問題與政策目標及標的團體等複雜因素的不斷相互影響，使得政策工具並無一套可放諸四海而皆準的標準。因此，政策設計者在面臨變化多端的環境下，所採用政策工具效果的論斷也須視政策問題的情況而定。

(四) **建構論者的觀點**（Constitutivists）：建構論者認為人類是具有智慧的動物。因此，政策工具是否會產生效果可經由人們的主觀意識去掌控、去建構。

七、政策工具的種類

許多公共政策學者從不同的角度提出了政策工具的類別：

(一) Schneider與Ingram的政策工具：

權威（authorities）	強調利用權威，來掌控民眾與機關的行動，以獲得機關或民眾的順服。因此政策工具的合法性，以及政策本身是否得到人民的認同、與標的團體的順服，攸關政策執行的成敗至鉅。
誘因（incentives）	強調政策工具是否具有足夠的經濟性誘因來激勵標的團體改變一己的行為。
能力建立（capacity-building）	政府機關或政策制定者協助民眾建立自我管理的能力，一則可藉以減輕政府的負擔，同時也使民眾有參與公共事務的機會。例如藉由管制的相關規定，透過民眾「知的權利」的設計，加強民眾的知識與資訊，俾能強化民眾的監督與提昇自我管理的能力。
象徵與勸勉（symbolic and hortatory）	政策工具也可透過對象徵性符號的運用與勸勉來改變或提昇民眾的的新認知，藉以強化民眾的順服性。例如公開獎勵及表揚等。
學習（learning）	強調政策工具應增強政策制定者與民眾間彼此學習的機會，以利於政策品質的提昇並強化民眾對政策的回應能力。例如捷運通車後的相關安全規定。

系統改變 （system changing）	政策設計可透過對個人、組織、企業的適當引入，以改變公共財的服務系統。設計者不應再強調所謂「萬能政府」的觀念，而應引入私部門的活力去替代政府的許多活動。如國營事業的民營化。

(二) **威瑪（David I.Weimer）及文寧（Aidan R . Vining）的政策工具**：兩人在「政策分析：概念與實務」一書所述，政府機關可以使用的政策工具：

市場自由化、便利化與模擬化	1. 市場自由化包括解制（deregulation）、行為合法化（legalization）、民營化（Privatization）。 2. 市場便利化包括由政府分配既有財貨及創造新的市場化財貨。 3. 市場模擬化包括經由拍賣（auction）方式提供財貨。
利用補貼與租稅方式改變誘因	1. 供給面租稅：包括徵收貨物稅與關稅等。 2. 供給面補貼：包括給予配合款與租稅減免等。 3. 需求面補貼：包括現金給付、發給抵用券與個人稅減免等。 4. 需求面租稅：包括加收貨品稅與使用者付費等。
設定規則	1. 基本架構規定（framework rules）：包括民法與刑法相關規定等。 2. 管制規章（regulations）：包括物價管制、產量管制、直接提供市場資訊與間接提供市場資訊等。
經由非市場機制提供財貨	1. 直接由政府機關供給，包括由獨立機關或公有公司供給。 2. 由特區供給。 3. 直接外包（contract out）或間接外包。
提供保險與保障	1. 保險：包括強制保險與補助保險。 2. 保障：包括物資儲存、過渡期補助，如房屋拆遷補助等、現金補助，如對老弱婦孺，殘障者、單親家庭的補助等。

(三) **安德森的政策工具**：學者安德森（James E. Anderson）在「公共政策制定導論」一書中指出，不論何種類型的公共政策，在執行時均涉及以各種方法及手段要求標的人口順服政策，而這些政策工具包括：

非強制性的行動（noncoercive forms of action）

非強制性的行動指並非利用法定上的制裁或處罰，獎勵、或剝奪權益的方式迫使標的人口順服。相反的，此類方式之有效性主要是依賴當事人自願性的合作或接受。此類活動包括由高級官員作政策宣示、由官方設定當事人自願順服的標準、仲裁調解、對違規者公布姓名、採取教育與示範方案等。

檢查（inspection）

對某些事情、行為、產品進行檢查以決定其是否符合官方所定的標準，如產品檢驗等。檢查可以是長期性的，也可以是定期性的。檢查的主要目的在發現標的人口是否順服某項規定，並藉以阻止或改正不希望發生的或危險的情況。

核發執照（licensing）

指政府核准當事人可以從事某一特定企業或專業、或從事某項原被禁止的行為。例如核發駕駛執照，核發營業許可證，核發公用事業經營權執照等。

貸款（loans）、補貼（subsidies）、及給予利益（benefits）

經濟方面的政策常經由「協助」的方式，如給予貸款、從事補貼、給利益予私人經濟機構，而得以順利執行，可能是採現金式其他資源給予的方式。

訂立契約（contracts）

許多政府的計畫或方案係透過與私人企業訂立契約的方式而被執行。在美國，甚至有許多私人企業是依賴與政府訂契約、執行計畫而得以生存的。由此得知，政府契約所具的給予承攬權或拒絕契約權，就含有明顯的管制的意義。

一般支出（general expenditures）

政府機關可藉由採購物品及提供服務的一般支出，而達到政策目標。政府可利用採購物品的方式而促進國內或地方工業的發展，或活絡經濟活動。

市場與專利性活動（market and proprietary operations）

政府機關可藉進入市場採購、銷售、或提供貨品及服務而產生管制的實質效果。政府的企業也可藉與私人企業競爭而具管制效果。

租稅（taxation）

徵稅偶而會被做為實現管制目的的一種手段，例如課徵吸煙稅。

指示權（directive power）

藉由「裁決」程序的實施，許多機關擁有發布命令或指示約束私人企業的權力。

提供服務（services）

許多公共政策，尤其是分配性的政策，常涉及各種服務的提供，如資訊、勸告、法律諮商、醫療服務、及心理診療服務等。

> **非正式程序**（informal procedures）
>
> 許多機關在解決涉及私人權益的問題時，常使用非正式程序的方式，而不使用正式的行動，透過諮商與信函聯繫獲得解決的。

> **制裁**（sanctions）
>
> 制裁包含懲罰與獎勵，乃是行政機關藉以鼓勵或迫使標的人口順服政策的主要方法。制裁的方式，例如拒絕給予補助、威脅將予以起訴、處予罰金、公布週知、修改或吊銷執照、補助損失等。

(五) **公共政策學者O'Hare的政策工具**：其在《政策分析與管理學術期刊》中提出〈政府作為的分類〉一文，以垃圾環保為例，論述政府碰到問題時可考慮採行八種政策工具：

1. **產製**（make）：由政府設機關、置人員、編預算，組成清潔隊收垃圾，興建垃圾掩埋場、焚化爐來處理垃圾。

2. **購買**（buy）：垃圾委託民間蒐集，並交由民間掩埋場、焚化業者處理。部分例子顯示，由企業經營往往比政府自己處理更有效率。

3. **禁止**（prohibit）：在日常生活中，常使用的保麗龍便當盒、碗盤等餐具，既然可以紙製品替代，政府便可透過立法禁止保麗龍製品的產銷，以減少此類棘手的垃圾。

4. **強制**（oblige）：強制係指使之有所為，與前面提到的禁止（係指使之有所不為）並不相同。然而，這兩個概念在區分上不甚明顯，強制回收也就是禁止不回收，故有人統以管制（regulate）稱之。

5. **課稅**（tax）：在某些地方，垃圾量一直居高不下的原因之一，就是垃圾製造者並未承擔處理垃圾的成本。為謀求此一現象之改善，政府可透過課稅的政策工具來改變民眾製造垃圾的行為，基於「使用者付費」之原則，對垃圾收費。

6. **補貼**（subsidize）：垃圾掩埋場與焚化爐是處理垃圾的必要之惡，然而，一般民眾為確保居住品質，大多會反對將垃圾掩埋場或焚化爐設立在其住家附近。想要解決此一問題，政府可以透過補貼之途徑來誘導居民接受。

7. **告知**（inform）：政府可透過學校教育、政令宣導，教導民眾減少製造垃圾、實施回收運動，且更應告知、教導民眾垃圾對於環境的危害及其產生的社會成本。

8. **呼籲**（implore）：政府可透過有影響力與號召力之人士，在適當的時機與場合呼籲與懇求民眾，人人發揮公德心，養成垃圾分類之良好習慣、盡量減少製造垃圾等。（余致力、毛壽龍、陳敦源、郭昱瑩，公共政策，智勝文化事業）

(六) **Linder與Peters的政策工具**：1.命令條款。2.財政補助。3.管制。4.徵稅。5.勸誠。6.權威與契約。

(七) Salamon與Lund的政策工具：1.金錢直接給付。2.財貨或服務的提供。3.法令保護。4.限制或處罰。

八、政策工具理論的優點

(一) 透過政策工具可以彌補政策執行理論與實務的差距，使得政策目標得以實現。

(二) 透過政策工具可以扮演標的團體與政策制定者或執行者之間政策對話的啓蒙功能，使得決策品質得以提升。

(三) 透過政策工具可以進行執行手段之間的比較與安排，俾能深入瞭解政策執行過程的問題。

(四) 透過政策工具可以瞭解政策的相關變項，使得政策因果關係的詮釋更爲周延。

九、政策工具研究遭受的批評

(一) 工具類型學的理論基礎與分類原則仍不夠堅強：政策工具的發展最有成就的部分是類型學的建構，但是目前尚無法找到比較權威性的分類，不是重複分類，就是欠缺窮盡性；類型學如要建構夠成功，必須要有堅強的理論基礎，但是目前工具類型學理論基礎似嫌薄弱。

(二) 目前有關政策工具研究成果狹隘，只能算是單面理論，無法凸顯政策的複雜性特徵：目前的個案研究僅出現於經濟與環保領域；且其研究重點偏重於工具類型、應用、功能與選擇等狹隘的課題，這樣的單面研究成果根本不足以詮釋政策問題的複雜性。

(三) 以手段與目標關係作爲選擇政策工具的標準，容易流於機械式的思考途徑：政策工具的選擇非常強調要選出哪些最具效果的手段以實踐政策目標，這意味最佳化是政策工具選擇的主要依據。然而，這種看法忽略手段與目標的動態關係，而流於機械式的思考。

(四) 政策工具過份強調完全與政治脫勾的中立性，不符合實際現象：政策工具論者似乎認爲工具本身是爲了達到政策目標的最佳手段，工具的設計者與執行者不會基於政治考慮左右工具的效果，而利益團體與選民也不可能對它產生影響。事實上，工具的設計者都有價值理想、執行者可能具有政治上的私利動機，而利益團體更可能從事壓力政治，因此，政策工具不能，也不會與政治脫勾，成爲中性的管理工具。

(五) 以效果做爲政策工具的唯一尺度，窄化了政策選擇的考量標準：「效果」或「目標成就」可以說是政策工具論者唯一的尺度，政策制定者一定會選擇哪些有效果的工具做爲解決問題的手段。然而，效果只是公共政策制定的標準之一，有時候，政策制定者必須考量其他重要的目標價值，如公平、正義、安全、仁愛等，這些目標之間很難用效果加以衡量。

牛刀小試

1. 何謂政策工具？試就所知舉例說明政策工具之種類。
2. 為有效達成政策目標，就要有政策工具的選擇，請列舉出五種政策工具，並舉實例加以說明。
3. 當代公共政策制定者的主要工作之一，就是在政策過程之中選擇政策工具（Policy Instrument）以達成其政策目標。請敘述政策工具的性質，及哪些因素影響政策工具的選擇？
4. 試說明政策工具論的優點及其遭受批評之處。

肆　政策監測

一、政策監測定義

所謂政策監測（Policy monitoring）是指製造公共政策因果關係資訊的政策分析過程。政策監測可以讓政策分析家描述政策計畫實施情況與其結果間的關係。就某種意義來說，政策監測也就是描述及解釋公共政策執行情況的代名詞。監測的內容涵蓋政策行動（Policy actions）與政策結果（Policy outcomes）；政策行動又包括政策投入（Policy inputs）與政策過程（Policy processes）。

> **觀念速記**
>
> 無論一個已經被接納的政策方案在採取行動之前，是如何的可欲及可行，其政策行動的後果是絕對無法預先完全知悉的。因此政策方案付諸執行後，必須要加以監測，以追蹤管制其執行狀況。

二、政策監測的功能

順服功能（compliance）	透過政策監測可以獲知在政策執行過程中，相關的行政官員、專責機關、標的人口等，是否遵守由立法機關、管制性機關等所訂定的標準、程序及規定。
審計功能（auditing）	透過政策監測可以獲知政策漸提供的資源與服務，是否真正到達被服務者手中。例如社會福利服務等計畫，在實施以後，需要接受服務者是否得到了應有的服務。
會計功能（accounting）	透過政策監測可以獲知在某一段時間內，是否由於某些公共政策或計畫的執行，而在政治上、社會上、經濟上及文化上，產生了何種的改變，以及改變的程度如何等。
解釋功能（explanation）	透過政策監測可以解釋為什麼某一公共問題的不同方案在執行以後，會產生不同的結果。

三、標的人口與順服

(一) **標的人口**：標的人口乃是政策、計畫、方案所直接實施的對象，他們往往是公共問題及解決問題方案的提出者。在政策規劃階段，他們可能透過各種管道，運用各種方法，促使政府機關接受其受認定的問題以及所提出的解決方案。而在政策執行階段，標的人口如果認為政策方案不令他們滿意，或甚至違背他們利益的話，更會以各種方式設法阻礙政策方案的順利推動。

(二) **順服**：所謂「順服」（compliance）是指受命者的行為和態度與擁有權力者的命令互相一致的關係。政策順服是指政策執行有關的人，包括執行者、標的人口、執行機關等，願意正面的接受、配合推動政策，以求達到政策目標。

四、標的人口順服政策的原因

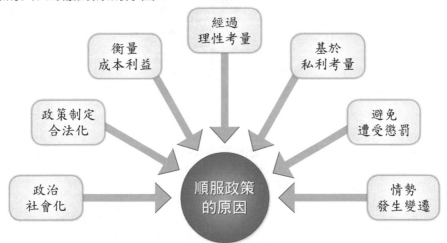

(一) **政治社會化**：一般人透過政治社會化（Political socialization）的過程，會從家庭、學校、社會的各種機能學習到政治制度、法律命令，及對執法人員的了解與尊重。是以政策的規劃與執行，如果能夠透過教育及宣導的方式，以爭取支持，有助於政策的執行。

(二) **政策制定合法化**：標的人口對於政府機關依據正當法律程序所制定的政策，具有較高的順服度。當然，它也包含政策在審議階段是否經過充分的溝通辯論在內。

(三) **衡量成本利益**：對標的人口而言，順服與不順服政策均各有其損失代價及利益收穫。經過衡量後，如果覺得順服的利益與成本比較，要比不順服的益本比為高的話，則標的人口將選擇順服的行為。

(四) **經過理性考量**：標的人口對於政策的執行，在經過理性的思考後，很可能在顧全大體的意識下，將政策目標內化成個人的目標，而順服政策的執行。

(五) **基於私利考量**：執行機關如果在制定及執行政策時，能夠賦予個人或團體直接的、實質的利益，亦即設法使政策目標與秘人利益相一致的話，將使標的人口更願順服政策。

(六) **避免遭受懲罰**：一般標的人口為避免受到懲罰，大多為順服政策執行。

(七) **情勢發生變遷**：標的人口對於政策的接受性，有時會因為時間的推移、情勢的變遷而有所改變。如最初曾引起爭論的政策，經過一段時間宣導實施後，標的人口可能會逐漸習以為常，視為理所當然應該順服的政策。

五、標的人口不順服政策的原因

政策內容與流行的價值觀念相衝突	如果政策內容、規定或作法，與當時社會上一般人所盛行的價值觀念互相衝突的話，可能會受到標的人口的抵制或抗拒。如中共所推行的一胎化政策。
受同輩團體社會化	一個人的行為常常會受到同輩團體成員極大的影響，如果周遭的朋友大多對政策採取抗拒的態度的話，則該標的人口也就不易順服政策的執行。
受大眾傳播媒體的影響	大眾傳播媒體不當的傳播內容及方式，很容易導引或影響標的人口對政策採取不順服的態度及行為。
貪圖一時方便	便會違反規定，採取抗拒政策執行的行為。
個人選擇性認知	由於各種政策、方案或計畫等，其性質均不相同，而所規定的罰則也有寬嚴的差異，兼以標的人口個人的性向有別，其選擇性的認知也就有所不同。於是形成不順服政策執行的結果。
政策內涵混淆不清	如果政策方案或法律本身內涵相當模糊不清，或是細節規定得頗為繁雜，或是要求標的人口改變行為的幅度過大時，均可能引起標的人口的抗拒。

六、行政機關使人民順服政府所制定的政策的方法策略

在政策制定階段

1. 由政府機關自行辦理或委託學術研究機構、民間機構辦理民意調查，廣泛蒐集相關的民意，尤其是標的人口的看法與要求等。
2. 建立政府機關與民眾充分溝通的管道，藉著舉行公聽會、協調會、說明會等方式，廣泛了解標的人口的意見、做為決策參考。
3. 政府各機關應普遍設立並強化「公眾關係室」，以發揮蒐集、反映、及分析各種民意的功能。
4. 運用大眾傳播媒體形塑有利的民意。
5. 加強政府各機關間（包括上下、平行、斜行）的溝通、協調，互助合作，以交換各種民意資訊。
6. 政策分析家與決策者應確實運用其專業知識、經驗、判斷力、聰明才智、去蒐集、分析、研判民意，做為決策的參考資訊。
7. 政府各機關可充分利用各種「社會化」的方法，影響人民與社團的意見及看法，以爭取標的人口對政府及政策的支持。
8. 必要時可採取「吸納」的策略，將標的人口中的反對意見領袖納入政策方案規劃或顧問委員會，以減少未來政策方案執行時可能受到的阻力。

在政策執行階段

1. 採取教育與說服的策略：執行機關藉廣泛的教育與說服活動告訴標的人口有關政策方案的意義及時代背景，說明推行政策的合理性、合法性、必要性及效益性。
2. 採取宣導的策略：宣導是一種訴諸情感的作為，一則可設法減低標的人口因順服某項政策而引發的道德成本；二則可藉說明政策本身伴隨有積極的價值，而激起標的人口順服政策的意願。
3. 執行機關展現貫徹政策的決心與信心：將會影響標的人口的順服性，可以減少標的人口對政策執行的抗拒程度。
4. 採取積極的激勵措施：如果標的人口對政策採取一定的順服行為，即給予適當的物質與精神上的獎勵誘因的話，當可強化該標的人口的順服行為，同時可以增進其他標的人口的順服意願。
5. 採取消極的懲罰措施：對於不順服政策者，執行機關可採取正式的懲罰措施，給予適當的制裁，以改正其不順服的行為。如課以罰金、吊銷執照等經濟上的負擔，或是非正式的、精神上的，由社會加以責難的方式等。
6. 加強進行必要的溝通：執行機關應隨時與標的人口進行溝通，調整政策方案的執行作法、程序，並解決執行時所引發的問題，促使標的人口願意採取順服的行為及態度。

> **牛刀小試**
>
> 1. 促使人民「順服」公共政策是行政機關的主要責任，行政機關可用哪些方法與策略來影響人民，使人民順服政府所制定的政策？
> 2. 試述政策監測（Policy Monitoring）之意義及主要功能。
> 3. 何謂政策「順服」、「標的人口」？政策標的人口不順服政策的主要原因爲何？在政策執行階段，如何提高標的人口的政策順服度？

伍　政策制定與政策執行力

一、衡量政策執行力的指標

根據George EdwardsⅢ的政策執行力模式，衡量政策執行力的指標主要有下列四項：

(一) **溝通**：溝通是政策執行的首要條件，執行命令若傳達愈清晰，則政策執行受到阻礙愈少，愈能收到預期的效果。一般而言，執行命令傳達錯誤或溝通不良的主要原因有兩項：

　1. 執行命令欠缺清晰性（clarity）　　2. 執行命令欠缺一致性（consistency）

(二) **資源**：充分的資源提供也是成功執行政策的必要條件之一。大致言之，政策執行所涉及的資源包含四項。

　1. **人員**（staff）：凡事非人莫辦，人員可說是最重要的資源。

　2. **資訊**（information）：執行人員必須知道如何執行政策，尤其是有關革新或高度技術性的政策，更應掌握充分的資訊，才能正確的予以執行。

　3. **設備**（facilities）：指經費充裕與否，如果經費充裕，則政策的執行品質將可以提高。

　4. **權威**（authority）：執行政策的人員，應賦予足夠的權威，才能順利推動政策。

(三) **執行者意向**：由於政策執行人員通常具有相當的自由裁量權，因此他們對政策所持的態度影響政策的執行甚鉅，執行人員因本身面臨競爭性的政策興趣以及對政策指令作選擇性的解釋，以至於對政策執行工作或是抗拒，或是陽奉陰違，或是敷衍塞責，是使政策無法有效推動的主要原因。

(四) **官僚結構**：執行機關在結構及運作上有兩項特性，會影響政策執行的成敗：

1. **標準作業程序**（standard operating procedures）：行政機關為有效處理繁雜的日常事務所發展出來的一套例行化的慣例規則，稱為「標準作業程序」。然而，標準作業程序可能對政策執行具有不利影響：如限制執行人員執行的能力，造成行為本身缺乏彈性，無法適應客觀環境變化的需求。造成「目標錯置」（goal displacement）的弊端。執行人員可能會以標準作業程序為藉口抵制變遷，很難適應新的變局及危機管理的需要。

2. **分離化**（fragmentation）：分離化是指執行政策的責任分散至不同的組織單位之現象，政策的執行權責如果分散由不同的機關負責，必然因為事權不專而導致政策執行成效不彰或甚至失敗的結果。政策執行如果事權不專，會產生不利的影響會造成政策協調困難的現象，造成政策資源浪費的現象。

二、政策變動的幅度與參與執行者對目標共識程度間的關係

目標共識對政策的影響性大過於政策變動的影響性：

(一) 政策變動愈小，目標共識愈高，則執行效果愈成功。

(二) 政策變動愈大，目標共識愈低，則執行效果不彰。

(三) 政策變動愈大，目標共識愈高，則執行效果高。

(四) 政策變動愈小，目標共識愈低，則執行效果低。

三、政策制定與政策執行之間的權力互動型態

Smallwood建構了五種的互動型態：

傳統技匠（classical technocrat）	政策制定者不但詳細規劃政策目標，並且樹立層級節制的命令指揮系統，以確保目標的履行，而政策執行者如一位被指派的技術人員一般，非但要支持既經決定的政策目標，並且還要具備完成目標的技術能力。因此，政策若無法運作成功，應可歸因於缺乏必要的技術知識，而不是來自政治對抗的緣故。
指導性授權（instructed delegate）	政策制定者雖然詳細陳述政策目標，但卻留給執行者部分的行政裁量權去決定應以何種手段來達成，是以執行者擁有若干的技術、行政與妥協能力去實現目標。在此情況下，政策的失敗除了缺乏足夠的專業技能之外，還可能導因於不同執行者對於達成目標的手段發生爭議，以及當政策指令下達不明確或模稜兩可時，執行者曲解了政策原意。

協商者 （bargainer）	政策制定者雖然努力地詳述目標，但是這些具體目標有時並不為執行者所同意，因此，政策制定者與執行者雙方便會就目標與手段的運用發生交易協商。在此情況下，政策失敗的主要原因之一，是政策執行者對於政策目標陽奉陰違，甚至有時將政策的資源援為本身的目標而服務，發生了「目標取代」的現象。
裁量性實驗者 （discretionary experimenter）	政策制定者由於缺乏專業知識及受到其他不確定因素的影響，只能陳述一般性的抽象目標，而不能明確地規範具體目標。因此將裁量權授予行政者各自發展本身的目標與手段。
企業型官僚 （bureaucratic entrepreneur）	執行者不但規劃他們本身的目標，而且動員充分的政治支持以迫使政策制定者去採取他們的目標。再不然，執行者便與政策制定者交易妥協以確保達成目標的手段得以鞏固。由於執行者控制了整個政策過程，這使得解釋政策的失敗又增添另一個因素：即執行者的權力不受政治的牽制，而導致所謂「政策超越」的現象。

四、影響政策執行成敗的重要因素

➡ 政策問題所具的特質

政策執行的成敗，與欲解決的社會問題的特質密切有關。涉及以下幾項問題：

1. 標的人口行為的分殊性如何：分殊性的程度愈高，則愈難建構清楚明確的統一管制標準，做為評估績效的標準。
2. 標的人口數目的多寡：政策所涉及的標的人口數目愈少愈肯定，將愈可能動員支持以擁護或反對政策的執行。
3. 標的人口行為需要調適的程度：一般人因受傳統習慣的影響，常養成某種固定的行為模式，不喜作太大的改變。

➡ 政策規劃的合理程度

政策方案是由行政人員主導，透過專家學者的協助，徵詢相關人員的意見後融匯而成的。但實際規劃時，常有參與者疏漏的情況。因此在執行時採取抗拒的抵制態度。又如，有些政策問題相當富有政治性，非單憑專家學者的評估勸告就可決定，須同時注意民意的趨向及政治溝通的充分運用，擴大政策規劃的參與面。

➡ 政策合法化的周延程度

政策方案取得合法地位的方式主要有二：一為透過行政系統經由行政首長或決策委員會予以批准；另一為透過立法部門的審議通過而批准。可能有些政策、方案或計畫應該交由民意機關審議才能付諸實施，但卻透過行政程序完成合法化手續，此舉必引起爭議。至於法案或政策方案交由民意機關審議者，就應特別注意黨派協商、利益調和藝術的運用，儘量避免造成「強行表決」及「全輸全贏」的窘境。

執行者對政策目標共識的程度

在政策規劃階段，如果相關人員均曾參與規劃，則對政策目標的共識就較高，執行時所遭遇的困難也就較少。其中以執行人員對政策目標共識的程度最值得重視，如果他們對於目標的內涵及目標具有明確的了解，則對政策目標將具有較大的認同感，執行時的意願及配合程度也就愈高。

執行機關所具的特性

郭謹（Malcolm L.Goggin）等人在他們所著「政府間政策執行的溝通模式」，就特別強調「組織能力」（organizational capacity）對政策執行的重要性。組織能力係指政府匯聚組織結構上、執行人員上及財務資源上的因素，同心協力將政策訊息轉化成真正成就的能力。包括：
1. 政策資源配置情形。
2. 執行人員的意願：米特與洪恩曾指出，當決策者所制定的政策明顯與執行人員的價值觀互相違背時，執行往往會改變既定的政策方針。
3. 機關的組織規範：包括涉及的結構、工作方法、技術、程序、獎懲辦法，甚至組織氣候等。

機關組織間的溝通與執行活動的強化狀況

政策執行往往涉及許多機關間的互動及配合，包括上下層級間的機關、及平行的不同機關間。因此，各政策執行機關如果擁有暢順的溝通管道，而在溝通後，對於政策內容、績效標準、目標及目的、具體作法等有了相當的了解與共識，將對政策執行極有助益。此外，為使執行機關與人員能夠奮勉執行政策，艾賽尼（Amitai Etzioni）認為可以採取以下三類強化性的行動：
1. 使用強制性懲罰權力。2. 使用物質報酬性權力。3. 使用規範性權力。

政策執行的監督情況

欲促使行政機關按照既定政策目標與作法執行政策，必須輔以有效的監督措施。可分為行政立法的監督與行政裁量權的監督：
1. 行政立法的監督：可分為行政監督、立法監督、司法監督及政治監督（輿論監督）四種。
2. 行政裁量權的監督：可分為：限定裁量權的範圍、規制裁量權的行使，節制裁量權的運用。

標的人口順服政策的程度

公共政策的制定是為了影響、管制或改變標的人口的行為，或是為引導標的人口按照政府機關所規定的目標行事。因此欲求政策有效的執行，就需要標的人口順服政策，採取合作的態度，加以配合。但標的人口組織情況，所受的領導情況，以及先前所接受的政策經驗等，均會影響他們對政策執行採取順服或不順服的態度。

政治、經濟、社會、文化等環境因素

就政治環境而言，政黨、大眾傳播媒體、利益團體、一般民眾對政策的支持或反對程度，無疑將會影響執行的努力與成果。而經濟與社會環境的變化，可能會導致利益團體、標的人口，與民眾支持政策的變化。

五、政策執行的困難與對政策應有的認識

(一) **困難**：

　1. 政策方案的性質屬於創新性而非漸進性，以致不易推動。

　2. 執行機關尚未準備妥當即開始付諸實施，下級機關採取抗拒態度並缺乏執行的能力。

　3. 政策執行過程中，利益團體、反對黨、受影響的個人及組織，基於各種原因，常企圖改變政策內容及執行方法，因此使執行工作難以順利進行。

　4. 執行政策時涉及複雜的執行機關組織結構的改變，範圍越大，政策執行愈不容易。

　5. 政策方案涉及的標的人口非常多，需要他們以集體的行動配合方案的執行，但是他們並不都贊成政策的目標，基於自利的觀點，以致原訂政策無法落實。

　6. 執行政策所需的成本極高，以及若執行失敗所付出的代價甚大，故成為執行過程中的阻礙因素。

　7. 全球性鄰避情結的影響，使政策方案在執行時，遭受標的人口極大的抗拒與阻撓，而無法順利執行。

(二) **對政策執行應有的認識**：

　1. 政策方案雖具有明確的目標或目的，並不能保證必然可以執行成功，因尚有其他複雜因素牽涉在內。

　2. 如果政策方案經過合理規劃並避免過早的完成合法化程序，較有助於政策方案的順利推動。

　3. 應重視民意在政策執行過程中的反映，並設法減少民意對政策執行所產生的阻力，但應充分了解真正的民意為何。

　4. 凡涉及補償費用的政策內容，應注意把握公平、合理、正義的原則，儘量避免「會吵的孩子有糖果吃」的情況。

　5. 爭取標的人口對政策執行的順服，應儘量避免使用抽象化的鼓勵服從方式。

　6. 決策單位與執行單位間的充分溝通、配合，以及雙方互相信守承諾，將有助於爭取標的人口的順服。

　7. 在進行政策方案規劃時，即應充分考慮執行力的情況，而對方案內容及執行方法作適度的修正。

　8. 政策執行過程應注意溝通及公眾關係技巧的運用，以減少阻力。

　9. 執行政策過程中，如能充分發揮公權力，當可提高執行的效力。

　10. 在民主行政理念下，政策欲有效執行，必須注意多元參與、多元對話、多元協商技巧的運用。

六、我國政策執行的主要缺失及改進之道

缺　失

1. 執行機關本位主義觀念濃厚：一般人所詬病的本位主義（parochialism），的確普遍存在於許多機關中。執行機關的本位主義如過於濃厚，就會各行其道，無法對執行事項作充分的溝通及協調，因而影響政策的執行力及政府團隊的整體表現。
2. 執行機關重疊：許多政策方案之執行常涉及許多機關，因而在多頭馬車、事權不專，無法順利執行政策。
3. 威權決策者的決策方式不當：我國政府機關不論中央或地方層級，常會出現所謂「強人政治」，對剛上任行政首長個人的偏好及意圖驅使下，為實現競選諾言，某些政策方案在未經詳細研究分析可行性及評估比較下，即驟然決定付諸實施。
4. 立法從嚴執法從寬的錯誤觀念盛行：導致許多政策方案「虎頭蛇尾」、「雷聲大雨點小」，根本無法貫徹方案的執行工作。
5. 利益團體及民意代表介入影響執行效果：在我國的政策運作過程中，利益團體及民意代表介入的情況極為普遍且嚴重，使政策方案執行工作屢遭阻撓，大打折扣，或是發生偏差。例如違章建築的拆除。
6. 執行人員低度執行意願影響執行效果：許多政策執行人員或因未參與規劃工作、不了解方案內容及執行作法、或因個人利益作祟，或因執行難度較高，往往對執行工作陽奉陰違、敷衍了事。
7. 未能建立公平與合理的執行原則：常以個案及例外的方式處理，導致不平則鳴的怨氣充斥，政策執行遂阻力重重。土地徵收及房屋拆遷補償費的發放即其一例。
8. 府際關係不暢導致執行困難：包括上下級政府間的關係及平行政府間的關係，因「爭權」、「爭錢」及「本位主義」的因素，以致關係不良，未能同心協力執行政策，使執行工作倍增困難。

改進之道

政策運作面的改進

1. 提高標的人口對政策執行的順服度：減少執行的阻力。
2. 加強執行機關間的溝通、協調與整合：政策欲順利推動，相關執行機關間充分的意見溝通、行動協調、觀念整合，乃是不可或缺的要件。例如跨區域性的河川整治等。
3. 發揮執行機關的特性及專長：每個機關的組織結構及運作方式均有其獨特的性質。在執行政策時，應將有利執行的特性及專長在群策群力的原則下，儘量發揮，貫徹政策目標達成的決心。
4. 提高執行人員的執行意願及士氣：執行機關應採取各種作法，包括有形與無形的、精神與物質的、獎勵與懲罰的方式，設法提高執行人員對政策的承諾感、責任感、與成就感等。
5. 加強政策執行的監督工作：內部監督機制包括行政、立法、司法及監察機構的監督；外部監督包括學者專家、傳播媒體、利益團體及當事人的監督等。

6. 妥善運用領導及管理技術：政策如欲順利推動，有賴主其事者採取適當的領導技巧，也有賴執行機關採取諸如計畫評核術、目標管理、全面品質管理等技術，從事執行的管理工作。

7. 改善政策執行的系絡因素：透過各種「政治社會化」機制，使民意代表、利益團體、一般民眾、輿論、標的人口對政策執行具有正確的認識，化執行阻力為助力。

8. 增刪修訂政策執行法令規章：由於受到許多不合時宜之法令規章的限制，使執行人員常有窒礙難行之嘆。故應採由下而上方式，建議並作必要的增刪修訂，以利政策的推動。

機關結構功能面的改進

1. 調整行政機關組織結構：行政院組織架構之調整，宜儘速透過立法確定，俾利各機關政策之推動。

2. 明確劃分權責正常推動政務：行政院各部會及其內部各機關單位，中央機關與地方機關間相關權責，應趁行政院組織架構調整，明確劃分相關權責及財政收支事項。

3. 強化各級機關決策幕僚機構功能：各級行政機關之決策幕僚機構應為行政首長之智庫，故應設法強化幕僚人員之素質，發揮政策分析、政策推薦及政策倡導的功能。

4. 積極推動政府再造工作：行政院所推動的「政府再造方案」，分別從「組織再造」、「法制再造」及「人力服務再造」三個層面齊頭並進，希望引進企業管理精神，建立一個精簡、彈性、不斷創新，並具有應變能力的企業型政府，以加強政府行政績效，提高國家競爭力，為民眾謀求福祉。此項再造方案所揭櫫的目標如下：
 (1) 擴大組織員額調整彈性，縮短組織法規法制作業時間。
 (2) 簡併政府機關、層級、單位與事權，合理管制機關員額。
 (3) 強化地方自治功能，擴大民間參與公共事務。

牛刀小試

1. 試依照你對實際狀況的瞭解，提出改進我國行政機關在政策執行方面主要缺失的作法。
2. 政策執行的成敗，深受許多因素的影響。試就所知，舉述影響政策執行成敗的主要因素。
3. 衡量政策執行力的指標有哪些？試說明之。

↘ 章後速讀

1. **政策執行**：政策執行指政策方案在經過合法化後，擬訂施行細則，確定專責機關，配置必要資源，以適當的管理方法，採取必要的對應行動，使政策方案付諸實施，以達成預定目標或目的之所有相關活動的動態過程。

2. **政策執行研究的分類**：
   (1) **政策執行方向而分**：向前推進的策略（Forward Mapping）、由後推進的策略（Backward Mapping）。
   (2) **政策執行主導權而分**：由上而下的政策執行、由下而上的政策執行。
   (3) **第三代政策執行途徑--整合途徑**：擷取「向前推進策略」、「由後推進策略」、「由上而下的政策執行」、「由下而上的政策」、「第一代政策執行研究」、「第二代執行研究」之優點，對政策執行作系統性的分析研究，理論上應屬較佳模式。

3. **政策執行的主要參與者**：行政機關、立法機關、司法機關、考試機關、監察機關、利益團體、標的人口、大眾傳播媒體：

4. **行政機關的特質**：普遍性（Pervasiveness）、選擇性的重要（Selective importance）、社會目的（Social purposes）、規模大與複雜性（Size and Complexity）、續存性（Survival）、中立性與控制性（neutrality and control）。

5. **影響政策執行成敗的因素**：政策問題所具的特質、政策規劃的合理程度、政策合法化的周延程度、執行者對政策目標共識的程度、執行機關所具的特性、機關組織間的溝通與執行活動的強化狀況、政策執行的監督情況、標的人口順服政策的程度、政治經濟社會文化等環境因素。

6. **政策執行模式**：政策執行力研究指在規劃政策方案時，或在政策執行中，政策分析人員對於該方案未來可能的運作狀況、或實際的運作狀況，預先或適時進行系統性的分析研究，以瞭解政策方案在執行階段能否順利推動？可能遭遇什麼困難？如何才能順利執行政策方案等。

7. **史密斯的政策執行過程模式**：政策可以被界定為由政府在舊的機構內設立新的處理樣式或機構或改變既有樣式的複雜行動。史密斯的模式將影響政策成敗的重要因素：理想化的政策（idealized policy）、標的團體（target group）、執行機關（implementing organization）、環境因素（environmental factors）。

8. **米特與洪恩的政策執行力模式**：有六大項主要變數的互動狀況會影響政策執行績效：標準與目標、資源、組織間的溝通與執行活動、執行機關的特性、社會經濟與政治環境、執行者意向。

9. **愛德華三世（George C.Edwards III）的政策執行力模式**：四項主要變數的互動，直接和間接的影響了政策的執行狀況：溝通（Communication）、資源（resources）、執行者意向（disposition）、機關結構（bureaucratic structure）。

10. **中村（Robert T.Nakamura）與史莫悟（Frank Smallwood）的「政策環境連結模式」**：以系統理論的角度研究政策執行的過程；政策形成環境對政策執行的主要影響在於，政策制定者對執行人員所下達的政策指示與命令之型態、性質、明確度等因素之狀況如何。

11. **沙巴提爾（Paul Sabatier）與梅茲緬尼亞（Daniel Mazmanian）的政策執行過程**：執行就是實現某項基本的政策決定，此項決定通常是經由法律、行政令或法院判決所形成的，並應已確認欲解決的問題，指出欲達成的目的，及以各種方法「建構」執行的過程。

12. **郭謹（Malcolm L.Goggin）、包縵（Ann O'M . Bowman）、李斯特（James P.Lester）、與歐圖四人的政府間政策執行溝通模式**：該模式將焦點置於聯邦及小型政府之行政人員、立法人員、利益團體在動機與興趣上的個別差異，並以此類變項來預測並解釋執行行為及其影響。他們認為，執行行為會因政策、執行者、執行機關、及環境特性的不同而有差異。

13. **政策執行的組織模式：**
    (1) **系統管理模式**：該模式視組織為價值極大化（value-maximizing）的單位，執行則是有次序地，目標取向的活動。
    (2) **官僚過程模式**：在分權化組織中，官僚過程模式為最具實用性的政策執行模式。此一模式假定組織成員經由例行化的作業程序，久而久之便培養出自主裁量權，在相當的職權範圍內具有自我裁量與判斷的權力，上級長官事實上很難對此權力發生作用。因此，組織的兩項要素是自主裁量權與慣例化。
    (3) **組織發展模式**：組織發展模式視組織為發展自我，滿足個人基本心理與社會需要的單位，而執行則是政策執行者要求參與政策的制定，以滿足個人需要的過程。
    (4) **衝突與議價模式**：衝突議價模式視組織為相互衝突的領域，而執行則是將衝突加以議價妥協的動態過程。

14. **政策工具**：政策工具指政府機關為執行 政策以達成政策目標，可以自由選擇應用之各種技術的總稱，亦即將政策目標轉化成具體政策行動所使用的工具或機制。

15. **影響政策工具選擇之要素**：政策工具的要項、政策工具的屬性（資源密集度、精確性、政治風險、強制）、工具的系絡（系統系絡、組織的系絡）、政策工具的使用者。

16.**政策工具可能產生的效果**：工具論者的觀點（Instrumentalists）、過程論者的觀點（Proceduralists）、權變論者的觀點（Contingentists）、建構論者的觀點（Constitutivists）。

17.**Schneider與Ingram的政策工具**：權威（authorities）、誘因（incentives）、能力建立（capacity-building）、象徵與勸勉（symbolic and hortatory）、學習（learning）、系統改變（system changing）。

18.**威瑪（David I.Weimer）及文寧（Aidan R．Vining）的政策工具**：市場自由化便利化與模擬化、利用補貼與租稅方式改變誘因、設定規則、經由非市場機制提供財貨、提供保險興保障。

19.**政策監測（Policy monitoring）**：指製造公共政策因果關係資訊的政策分析過程。監測的內容涵蓋政策行動（Policy actions）與政策結果（Policy outcomes）；政策行動又包括政策投入（Policy inputs）與政策過程（Policy processes）。

20.**政策監測的功能**：順服功能（compliance）、審計功能（auditing）、會計功能（accounting）、解釋功能（explanation）。

21.**標的人口**：標的人口乃是政策、計畫、方案所直接實施的對象，他們往往是公共問題及解決問題方案的提出者。

22.**順服**：所謂「順服」（compliance）是指受命者的行為和態度與擁有權力者的命令互相一致的關係。政策順服是指政策執行有關的人，包括執行者、標的人口、執行機關等，願意正面的接受、配合推動政策，以求達到政策目標。

23.**標的人口順服政策的原因**：政治社會化、政策制定合法化、衡量成本利益、經過理性考量、基於私利考量、避免遭受懲罰、情勢發生變遷。

24.**標的人口不順服政策的原因**：政策內容與流行的價值觀念相衝突、受同輩團體社會化、受大眾傳播媒能影響、貪圖一時方便、個人選擇性認知、政策內涵混淆不清。

25.**衡量政策執行力的指標**：溝通、資源、執行者意向、官僚結構。

26.**政策制定與政策執行之間的權力互動型態**：傳統技匠（classical technocrat）、指導性授權（instructed delegate）、協商者（bargainer）、裁量性實驗者（discretionary experimenter）、企業型官僚（bureaucratic entrepreneur）。

27.**Bardach的「執行賽局」**：政策資源的分散、政策目標的偏失、執行機構的窘境、執行資源的浪費。

↘ 精選試題演練

一、政策執行研究的發展可分為 一、二、三代，試說明各代所代表的觀點或取向，
　並加以評論？（102原三）

答：(一)第一代政策執行研究：

　　1.偏重於政策實務層面及個案方面的研案，主要是研究某一個單一的權威性
　　　決定，如何在某一個地方或若干地方被執行。

　　2.魏達夫斯基（Aaron Wildavsky）與普里斯曼（Jeffrey L . Pressman）所出
　　　版的「執行」（implementation）一書，就是對加州奧克蘭市執行聯邦政府
　　　解決失業問題有關政策之情況的一個有名的個案研究。第一代政策執行研究
　　　被批評為缺乏理論性，過於個案取向、非累積性的研究、以及過分悲觀等。

　　(二)第二代政策執行研究：

　　1.偏重於理論分析架構及模式的建立，亦即發展各種分析架構以指導如何對
　　　政策執行的複雜現象進行研究。研究重點包括：

　　　(1)政策的形式與內容。　　　　　　　　(2)執行機關及其資源。

　　　(3)執行人員之才能、動機、意向、及人際關係，包括溝通方式等。

　　2.學者George Edwards三世所提出的政策執行力模式及Thomas B.Smith所
　　　提出的政策執行力模式等，均屬於第二代政策執行研究的成果。批評者認
　　　為，第二代政策執行研究的主要缺失是每個分析架構都各自提出若干影響
　　　政策執行的變項，但是卻無法指出哪些變項較其他變項重要；也沒有注意
　　　到執行機關間的執行差異，以及執行研究的分析架構，無法被複製而證明
　　　有效等。

　　(三)第三代政策執行研究--整合途徑：

　　1.主要目的在藉著解釋為何政策執行行為會隨著時間、空間、政策、執行機
　　　關之不同而有所差異，因而對政策執行行為將具有新的認識，進而可以預
　　　測未來可能出現的政策執行行為類型。

　　2.郭謹等人建構了「政府間政策執行溝通模式」，這個模式將焦點置於聯邦
　　　及州政府之行政人員、立法人員、利益團體等，在動機與輿論方面的差
　　　異，並以此類變項預測及解釋政策執行行為及其影響。他們認為，政策執
　　　行行為會因為政策、執行者、執行機關、及執行環境特性的不同而有所差
　　　異，亦即採取權變執行理論的觀點。他們強調主事者應採取整合觀點，透
　　　過公私部門參與者的互動、結盟、議價、協商，而形塑政策並暢順政策執
　　　行過程。郭謹等人認為，第三代政策執行研究因為必須結合由上而下途徑
　　　及由下而上途徑研究，所以就必須採取多元研究法，結合定性與定量的分
　　　析模式，對政策執行從事「比較性」、「縱貫性」、與「系統性」的分析
　　　研究，而重點應置於驗證各種假設而非建立假設。

(四)綜合來說，第三代的執行研究由於採取整合的觀點，試圖分別擷取「向前推進策略」、「由後推進策略」、「由上而下的政策執行」、「由下而上的政策」、「第一代政策執行研究」、「第二代執行研究」之優點，對政策執行作系統性的分析研究，故理論上應屬較佳模式。

二、由下而上政策執行的理論基礎為何？由下而上政策執行結構的內涵為何？
（100地三）

答：另見第一題。

(一)由下而上的執行模式強調政策的執行工作，主要是由下層人員，尤其是基層人員（street level bureaucrats）負責，因此應賦予基層執行人員與機關更多的自主權及自由裁量權，使他們能夠因應複雜的政策運作情況。中央決策機關或決策者不必設定詳細的執行架構，而要提供充分的自主空間，讓基層執行者能夠採取權宜措施，建構適當的執行過程。

(二)此種執行模式還主張最好在政策制定過程中，就應提供機會讓基層執行人員表達意見，以增加執行力。因此，由下而上的執行模式強調政策制定與政策執行功能的互動性，決策者與執行者應共同協商政策目標的達成，彼此形成合作的互動關係，比較適合於自我管制性政策與分配性政策的執行。

三、請解釋政策工具（policy instrument）的意義。威瑪（David L. Weimer）與文寧（Aidan R. Vining）兩人將政策工具分成五大類，請敘述此五大類的內容。
（99原三）

答：(一)市場自由化、便利化與模擬化：
　1.市場自由化包括解制（deregulation）、行為合法化（legalization）、民營化（Privatization）。
　2.市場便利化包括由政府分配既有財貨及創造新的市場化財貨。
　3.市場模擬化包括經由拍賣（auction）方式提供財貨。
(二)利用補貼與租稅方式改變誘因：
　1.供給面租稅：包括徵收貨物稅與關稅等。
　2.供給面補貼：包括給予配合款與租稅減免等。
　3.需求面補貼：包括現金給付、發給抵用券與個人稅減免等。
　4.需求面租稅：包括加收貨品稅與使用者付費等。
(三)設定規則：
　1.基本架構規定（framework rules）：包括民法與刑法相關規定等。
　2.管制規章（regulations）：包括物價管制、產量管制、直接提供市場資訊與間接提供市場資訊等。

(四) 經由非市場機制提供財貨：

1. 直接由政府機關供給，包括由獨立機關或公有公司供給。
2. 由特區供給。
3. 直接外包（contract out）或間接外包。

(五) 提供保險與保障：

1. 保險：包括強制保險與補助保險。
2. 保障：包括物資儲存、過渡期補助，如房屋拆遷補助等、現金補助，如對老弱婦孺，殘障者、單親家庭的補助等。

四、 政策執行成敗的主因，除了政策問題所具有的特質與政策規劃的合理程度外，請再舉出3個主因，並請說明。（103原三）

答：(一) 政策合法化的周延程度：政策方案取得合法地位的方式主要有二：一爲透過行政系統經由行政首長或決策委員會予以批准；另一爲透過立法部門的審議通過而批准。可能有些政策、方案或計畫應該交由民意機關審議才能付諸實施，但卻透過行政程序完成合法化手續，此舉必引起爭議。至於法案或政策方案交由民意機關審議者，就應特別注意黨派協商、利益調和藝術的運用，儘量避免造成「強行表決」及「全輸全贏」的窘境。

(二) 執行機關所具的特性：郭謹（Malcolm L.Goggin）等人在他們所著「政府間政策執行的溝通模式」，就特別強調「組織能力」（organizational capacity）對政策執行的重要性。組織能力係指政府匯聚組織結構上、執行人員上及財務資源上的因素，同心協力將政策訊息轉化成真正成就的能力。包括：

1. 政策資源配置情形。
2. 執行人員的意願：米特與洪恩曾指出，當決策者所制定的政策明顯與執行人員的價值觀互相違背時，執行往往會改變既定的政策方針。
3. 機關的組織規範：包括涉及的結構、工作方法、技術、程序、獎懲辦法，甚至組織氣候等。

(三) 標的人口順服政策的程度：公共政策的制定是爲了影響、管制或改變標的人口的行爲，或是爲引導標的人口按照政府機關所規定的目標行事。因此欲求政策有效的執行，就需要標的人口順服政策，採取合作的態度，加以配合。但標的人口組織情況，所受的領導情況，以及先前所接受的政策經驗等，均會影響他們對政策執行採取順服或不順服的態度。

五、 就我國中央與地方權限劃分而言，比較適用於何種政策執行模式？該模式的特點為何？應如何加強中央政策規劃與地方政策執行機關之間的合作關係？（103身三）

答：(一)我國中央與地方權限劃分的模式：主要是根據孫中山先生所創的均權制度，亦即：「權力分配，不當以中央或地方為對象，而當以權之性質為對象，權之宜屬於中央者屬之中央可也，權之宜屬於地方者屬之地方可也。如軍事外交宜統一不宜分裂，此權之宜屬於中央者也，教育衛生隨地方情形而異，此權之地方者也。」依孫中山的看法，無論集權制（由上而下）或分權制（由下而上）皆有其利弊得失，只有均權制使用，才足以趨利避害、捨短取長。因此我國比較適用於第三代政策執行模式。

(二)第三代政策執行理論強調整合由上而下與由下而上的途徑，更強調府際關係所形成的衝突與合作關係對於政策執行的影響，同時也認為應該由理論建構轉向為理論檢驗，建立操作化與測量的工具。所以第三代政策執行模式的特點是擷取「向前推進策略」、「向後推進策略」、「由上而下的政策執行」、「由下而上的政策執行」、「第一代政策執行研究」、「第二代政策執行研究」之優點，對政策作系統性的分析研究，理論上屬於較佳模式。

(三)應如何加強中央政策規劃與地方政策執行機關之間的合作關係：由於環境變遷，人民需求不斷提高，地方政府職能也隨之擴充，然而地方政府人力、物力、財力、專業之事顯然無法因應，故中央對地方機關應給予技術援助、知識的灌輸與金錢的補助，並加強兩者合作。對重大議題，如治水工程建立統籌機制，來加以因應。（吳定，公共政策；余致力等，公共政策）

六、 為民眾提供貼心的公共服務為基層公務人員的基本任務，請從「由下而上」的政策執行途徑角度，剖析如何提升為民服務品質？（102退除役三）

答：見第二題。由下而上的執行模式強調政策的執行工作，主要是由下層人員，尤其是基層人員（street level bureaucrats）負責，因此應賦予基層執行人員與機關更多的自主權及自由裁量權，使他們能夠因應複雜的政策運作情況。中央決策機關或決策者不必設定詳細的執行架構，而要提供充分的自主空間，讓基層執行者能夠採取權宜措施，建構適當的執行過程。基此原則，為提升為民服務品質，中央政府不宜制訂過多自我管制性的規定，在不違背政策大方針及法律規定下，應賦予地方第一線基層公務人員政策執行的自由裁量權，以因應民眾的不同需求。例如設立單一窗口、縮短等候時程、簡化公文往返流程、設置里民信箱、塑造親民舒適的辦公環境、採取主動服務及溝通、定期實施民意調查等。

七、在公共政策執行的過程中，經常可能出現「徒法不能以自行」的現象，抑或是所謂的政策失敗，請從執行理論觀點說明為何會出現執行失敗問題。（102身三）

答：政策執行失敗的原因：

(一)政策問題所具的特質：政策執行的成敗，與欲解決的社會問題的特質密切有關。涉及以下幾項問題：

1. 標的人口行為的分殊性如何：分殊性的程度愈高，則愈難建構清楚明確的統一管制標準，做為評估績效的標準。

2. 標的人口數目的多寡：政策所涉及的標的人口數目愈少愈肯定，將愈可能動員支持以擁護或反對政策的執行。

3. 標的人口行為需要調適的程度：一般人因受傳統習慣的影響，常養成某種固定的行為模式，不喜作太大的改變。

(二)政策規劃的合理程度：政策方案是由行政人員主導，透過專家學者的協助，徵詢相關人員的意見後融匯而成的。但實際規劃時，常有參與者疏漏的情況。因此在執行時採取抗拒的抵制態度。又如，有些政策問題相當富有政治性，非單憑專家學者的評估勸告就可決定，須同時注意民意的趨向及政治溝通的充分運用，擴大政策規劃的參與面。

(三)政策合法化的周延程度：見第四題。

(四)執行者對政策目標共識的程度：在政策規劃階段，如果相關人員均曾參與規劃，則對政策目標的共識就較高，執行時所遭遇的困難也就較少。其中以執行人員對政策目標共識的程度最值得重視，如果他們對於目標的內涵及目標具有明確的了解，則對政策目標將具有較大的認同感，執行時的意願及配合程度也就愈高。

(五)執行機關所具的特性：見第四題。

(六)機關組織間的溝通與執行活動的強化狀況：政策執行往往涉及許多機關間的互動及配合，包括上下層級間的機關、及平行的不同機關間。因此，各政策執行機關如果擁有暢順的溝通管道，而在溝通後，對於政策內容、績效標準、目標及目的、具體作法等有了相當的了解與共識，將對政策執行極有助益。此外，為使執行機關與人員能夠奮勉執行政策，艾賽尼（Amitai Etzioni）認為可以採取以下三類強化性的行動：

1. 使用強制性懲罰權力。　　　　　2. 使用物質報酬性權力。

3. 使用規範性權力。

(七)政策執行的監督情況：欲促使行政機關按照既定政策目標與作法執行政策，必須輔以有效的監督措施。可分為行政立法的監督與行政裁量權的監督：

1. 行政立法的監督：可分為行政監督、立法監督、司法監督及政治監督（輿論監督）四種。

2. 行政裁量權的監督：可分為：限定裁量權的範圍、規制裁量權的行使，節制裁量權的運用。

(八) 標的人口順服政策的程度：見第四題。

(九) 政治、經濟、社會、文化等環境因素：就政政治環境而言，政黨、大眾傳播媒體、利益團體、一般民眾對政策的支持或反對程度，無疑將會影響執行的努力與成果。而經濟與社會環境的變化，可能會導致利益團體、標的人口，與民眾支持政策的變化。

八、就我國情形而言，行政機關在執行公共政策時，較常見的重大缺失有哪些？其改進的作法又有哪些？試分別回答之。（101原三）

答：(一) 缺失：

1. 執行機關本位主義觀念濃厚：一般人所詬病的本位主義（parochialism），的確普遍存在於許多機關中。執行機關的本位主義如過於濃厚，就會各行其道，無法對執行事項作充分的溝通及協調，因而影響政策的執行力及政府團隊的整體表現。

2. 執行機關重疊：許多政策方案之執行常涉及許多機關，因而在多頭馬車、事權不專，無法順利執行政策。

3. 威權決策者的決策方式不當：我國政府機關不論中央或地方層級，常會出現所謂「強人政治」，對剛上任行政首長個人的偏好及意圖驅使下，為實現競選諾言，某些政策方案在未經詳細研究分析可行性及評估比較下，即驟然決定付諸實施。

4. 立法從嚴執法從寬的錯誤觀念盛行：導致許多政策方案「虎頭蛇尾」、「雷聲大雨點小」，根本無法貫徹方案的執行工作。

5. 利益團體及民意代表介入影響執行效果：在我國的政策運作過程中，利益團體及民意代表介入的情況極為普遍且嚴重，使政策方案執行工作屢遭阻撓，大打折扣，或是發生偏差。例如違章建築的拆除。

6. 執行人員低度執行意願影響執行效果：許多政策執行人員或因未參與規劃工作、不了解方案內容及執行作法、或因個人利益作祟，或因執行難度較高，往往對執行工作陽奉陰違、敷衍了事。

7. 未能建立公平與合理的執行原則：常以個案及例外的方式處理，導致不平則鳴的怨氣充斥，政策執行遂阻力重重。土地徵收及房屋拆遷補償費的發放即其一例。

8. 府際關係不暢導致執行困難：包括上下級政府間的關係及平行政府間的關係，因「爭權」、「爭錢」及「本位主義」的因素，以致關係不良，未能同心協力執行政策。

(二)改進之道：

1.政策運作面的改進：

(1)提高標的人口對政策執行的順服度：減少執行的阻力。

(2)加強執行機關間的溝通、協調與整合：政策欲順利推動，相關執行機關間充分的意見溝通、行動協調、觀念整合，乃是不可或缺要件。例如跨區域的河川整治等。

(3)發揮執行機關的特性及專長：每個機關的組織結構及運作方式均有其獨特的性質。在執行政策時，應將有利執行的特性及專長在群策群力的原則下，儘量發揮，貫徹政策目標達成的決心。

(4)提高執行人員的執行意願及士氣：執行機關應採取各種作法，包括有形與無形的、精神與物質的、獎勵與懲罰的方式，設法提高執行人員對政策的承諾感、責任感、與成就感等。如「政府再造方案」等。

(5)加強政策執行的監督工作：內部監督機制包括行政、立法、司法及監察機構的監督；外部監督包括學者專家、傳播媒體、利益團體及當事人的監督等。

(6)妥善運用領導及管理技術：政策如欲順利推動，有賴主其事者採取適當的領導技巧，也有賴執行機關採取諸如計畫評核術、目標管理、全面品質管理等技術。

(7)改善政策執行的系絡因素：透過各種「政治社會化」機制，使民意代表、利益團體、一般民眾、輿論、標的人口對政策執行具有正確的認識，化執行阻力為助力。

(8)增刪修訂政策執行法令規章：由於受到許多不合時宜之法令規章的限制，使執行人員常有窒礙難行之嘆。故應採由下而上方式，建議並作必要的增刪修訂，以利政策的推動。

2.機關結構功能面的改進：

(1)調整行政機關組織結構：宜儘速透過立法確定，俾利各機關政策之推動。

(2)明確劃分權責正常推動政務：行政院各部會及其內部各機關，中央機關與地方機關間相關權責，應趁行政院組織架構調整、明確劃分相關權責及財政收支事項。

(3)強化各級機關決策幕僚機構功能：各級行政機關之決策幕僚機構應為行政首長之智庫，故應設法強化幕僚人員之素質，發揮政策分析、政策推薦及政策倡導的功能。

(4)積極推動政府再造工作：行政院所推動的「政府再造方案」，分別從「組織再造」、「法制再造」及「人力服務再造」三個層面齊頭並進，希望引進企業管理精神，建立一個精簡、彈性、不斷創新，並具有應變能力的企業型政府，以加強政府行政績效，提高國家競爭力，為民眾謀求福祉。

九、政策監測（policy monitoring）係指政策實施情況與其結果間的描述，其具有順服、審計、會計與解釋等功能，請舉政策實例逐一說明其政策監測之各項功能。（101高三、100身三）

答：(一)功能：政策監測指政策分析人員製造公共政策因果關係資訊的政策分析過程。政策監測可讓政策分析人員描述政策方案或計畫實施狀況與其結果間的關係，因此政策監測屬於政策執行和評估方面的概念。就某種意義而言，政策監測也就是描述及解釋公共政策執行情況的代名詞。政策監測具有以下四項功能：

1.順服功能（compliance）：透過政策監測可以獲知在政策執行過程中，相關的行政官員、執行人員、專責機關、標的人口等，是否遵守由立法機關、管制機關等所訂定的標準、程序及規定。

2.審計功能（auditing）：透過政策監測可以獲知政策所提供的資源與服務，是否真正到達被服務者手中。例如醫療衛生服務、社會福利服務等計畫在實施後，需要接受服務者是否得到了應有的服務。

3.會計功能（accounting）：透過政策監測可以獲知在某一段時間內，是否由於某項公共政策或計畫的執行，而在政治上、社會上、經濟上及文化上產生了何種的改變，以及改變的程度如何等。

4.解釋功能（explanation）：透過政策監測可以解釋為什麼解決某一公共問題的不同方案在執行後，會產生不同的結果。如對於如何改善台北市交通問題所採取的不同解決對策，其執行結果會有所不同，在經過政策監測後，就可以知道哪一個方案最好，如何運作，以及何以最好等。

(二)政策實例：「小型車後座乘客強制繫安全帶」。民國101年2月1日起，政府規定全國將實施「小型車後座乘客強制繫安全帶」，後座成人未繫安全帶將依法開罰1500元新台幣，國道高速公路、快速公路則可罰3000元到6000元。至於12歲以下兒童，8月1日起才會告發取締。

1.順服功能：透過政策監測可以獲知在告發取締小型車後座乘客未繫安全帶執行過程中，相關行政官員、警務人員、專責機關、駕駛小型車者，是否遵守由相關機關等所訂定的標準、程序及規定來辦理。

2.審計功能：透過政策監測可以獲知「小型車後座乘客強制繫安全帶」的政策內容及取締標準是否讓民眾所知，相關執行人員是否確實依照計畫、時程、步驟來執行。

3.會計功能：透過政策監測可以獲知在政策推動宣導一段時間後，是否產生預期成效，使駕駛小型車族群產生行為習慣的改變，更加重視生命價值及交通安全的觀念。

4.解釋功能：透過政策監測可以瞭解此一政策推展的成效為何？車禍傷亡減少的情形為何？並從新檢討該項政策的是否有需加以調整的必要。（吳定，公共政策）

十、請說明「政策工具」的意義與特性。（100高三）

答：(一) 政策工具定義：所謂政策工具（policy instruments），又稱為治理工具
　　（governing instruments）或政府工具。指執行機關與人員在制訂政策以解
　　決問題之時，就仔細思考應採取何種政策工具，才能有效解決問題，達成
　　預期的目標。依翁興利教授等人的看法，政策工具是指政策執行機構賴以
　　達成政策目標或產生政策效果的手段本質，本質蘊涵著兩個要點，即政策
　　工具的多元性和價值偏好性。

1. 多元性：指可運用不同方法達成特定的預期目標。
2. 價值性：指工具的選擇須符合決策者或社會的價值偏好。
　　因此，政策工具指政府機關為執行政策以達成政策目標，可以自由選擇應
　　用之各種技術的總稱，亦即將政策目標轉化成具體政策行動所使用的工具
　　或機制。

(二) 特性：

1. 政策工具是政策設計與政策執行間的聯結，唯有透過工具使用，才能執行
　　政策，達成目標。
2. 政策工具是一項系統性的思考設計，必須針對政策間的因果關係予以衡
　　量。
3. 政策工具是落實公共政策的主要因素，它賦予政策實質的意義。
4. 政策工具須透過標的團體來完成。政策參與是政策工具能否推展成功的必
　　要條件之一。

**十一、標的人口的行為攸關政策是否能夠順利執行。試問：標的人口順服與不順服
　　政策的原因為何？政府機關應該如何提升標的人口對政策的順服度？**（102
　　原三）

答：(一) 標的人口順服政策的原因：

1. 政治社會化：一般人透過政治社會化（Political socialization）的過程，會
　　從家庭、學校、社會的各種機能學習到政治制度、法律命令，及對執法人
　　員的了解與尊重。是以政策的規劃與執行，如果能夠透過教育及宣導的方
　　式，以爭取支持，有助於政策的執行。
2. 政策制定合法化：標的人口對於政府機關依據正當法律程序所制定的政
　　策，具有較高的順服度。當然，它也包含政策在審議階段是否經過充分的
　　溝通辯論在內。
3. 衡量成本利益：對標的人口而言，順服與不順服政策均各有其損失代價及
　　利益收穫。經過衡量後，如果覺得順服的利益與成本比較，要比不小順服
　　的益本比為高的話，則標的人口將選擇順服的行為。

4. 經過理性考量：標的人口對於政策的執行，在經過理性的思考後，很可能在顧全大體的意識下，將政策目標內化成個人的目標，而順服政策的執行。

5. 基於私利考量：執行機關如果在制定及執行政策時，能夠賦予個人或團體直接的、實質的利益，亦即設法使政策目標與私人利益相一致的話，將使標的人口更願順服政策。

6. 避免遭受懲罰：一般標的人口為避免受到懲罰，大多為順服政策執行。

7. 情勢發生變遷：標的人口對於政策的接受性，有時會因為時間的推移、情勢的變遷而有所改變。如最初曾引起爭論的政策，經過一段時間宣導實施後，標的人口可能會逐漸習以為常，視為理所當然應該順服的政策。

(二) 標的人口不順服政策的原因：

1. 政策內容與流行的價值觀念相衝突：如果政策內容、規定或作法，與當時社會上一般人所盛行的價值觀念互相衝突的話，可能會受到標的人口的抵制或抗拒。如中共所推行的一胎化政策。

2. 受同輩團體社會化：一個人的行為常常會受到同輩團體成員極大的影響，如果周遭的朋友大多對政策採取抗拒的態度的話，則該標的人口也就不易順服政策的執行。

3. 受大眾傳播媒體影響：大眾傳播媒體不當的傳播內容及方式，很容易導引或影響標的人口對政策採取不順服的態度及行為。

4. 貪圖一時方便：便會違反規定，採取抗拒政策執行的行為。

5. 個人選擇性認知：由於各種政策、方案或計畫等，其性質均不相同，而所規定的罰則也有寬嚴的差異，兼以標的人口個人性向有別，其選擇性的認知也就有所不同。於是形成不順服政策執行的結果。

6. 政策內涵混淆不清：如果政策方案或法律本身內涵相當模糊不清，或是細節規定得頗為繁雜，或是要求標的人口改變行為的幅度過大時，均可能引起標的人口的抗拒。

(三) 行政機關使人民順服政府所制定的政策的方法策略：

1. 在政策制定階段：

(1) 由政府機關自行辦理或委託學術研究機構、民間機構辦理民意調查，廣泛蒐集相關的民意，尤其是標的人口的看法與要求等。

(2) 建立政府機關與民眾充分溝通的管道，藉著舉行公聽會、協調會、說明會等方式，廣泛了解標的人口的意見、做為決策參考。

(3) 政府各機關應普遍設立並強化「公眾關係室」，以發揮蒐集、反映、及分析各種民意的功能。

(4) 運用大眾傳播媒體形塑有利的民意。

(5) 加強政府各機關間（包括上下、平行、斜行）的溝通、協調，互助合作，以交換各種民意資訊。

(6)政策分析家與決策者應確實運用其專業知識、經驗、判斷力、聰明才智、去蒐集、分析、研判民意,做為決策的參考資訊。

(7)政府各機關可充分利用各種「社會化」的方法,影響人民與社團的意見及看法,以爭取標人口對政府及政策的支持。

(8)必要時可採取「吸納」的策略,將標的人口中的反對意見領袖納入政策方案規劃或顧問委員會,以減少未來政策方案執行時可能受到的阻力。

2. 在政策執行階段:

(1)採取教育與說服的策略:執行機關藉廣泛的教育與說服活動告訴標的人口有關政策方案的意義及時代背景,說明推行政策的合理性、合法性、必要性及效益性。

(2)採取宣導的策略:宣導是一種訴諸情感的作為,一則可設法減低標的人口因順服某項政策而引發的道德成本;二則可藉說明政策本身伴隨有積極的價值,而激起標的人口順服政策的意願。

(3)執行機關展現貫徹政策的決心與信心:將會影響標的人口的順服性,可以減少標的人口對政策執行的抗拒程度。

(4)採取積極的激勵措施:如果標的人口對政策採取一定的順服行為,即給予適當的物質與精神上的獎勵誘因的話,當可強化該標的人口的順服行為。

(5)採取消極的懲罰措施:對於不順服政策者,執行機關可採取正式的懲罰措施,給予適當的制裁,如課以罰金、吊銷執照等經濟上的負擔,或非正式的、精神上的,由社會加以責難的方式等。

(6)加強進行必要的溝通:執行機關應隨時與標的人口進行溝通,調整政策方案的執行作法、程序,並解決執行時所引發的問題,促使標的人口願意採取順服的行為及態度。

十二、有謂政策執行研究的演進有三個階段分別為:起源於個案研究(case studies),經由模型建立(model building),而至綜合與修正(syntheses and revisions)。試就三個階段各以一個相關學理加以討論。(101地三)

答:見第一題。個案研究為第一代研究;模型建立為第二代研究;綜合修正為第三代研究。

十三、第二代政策執行模式強調基層官僚（street-level bureaucrats）的地位，請說明基層官僚的特點，在政策執行過程扮演角色的重要性，以及可能出現的矛盾性格。（100原三、102地三、100高三）

答：長久以來，在政策執行與官僚結構的關係中，基層官員的重要性一直未被加以重視，直到李普斯基才開始關切基層官員對於公共政策執行的深遠影響。根據李氏的看法，基層官員其實才是真正的政策制定者，如果機關首長未能將法律與計畫轉化爲哪些負責實際提供服務或管制公民行爲的基層官員，所有的良法美意都將流於空談。

(一)意義：所謂基層官員係指在提供服務過程中，必須與標的團體進行直接互動，並且享有相當行政裁量權的第一線基層官員而言。其特點：

1.必須與標的團體進行直接互動的官員：政府官員本來就是服務民眾，但有些政府官員並不直接服務民眾，如各機關的人事人員、主計人員就不屬基層官員。

2.必須享有相當的行政裁量權：基層官員每天面對不同的顧客，顧客的需求不一，如何拿捏，都屬行政裁量權的問題。因此，基層官員不一定是地方政府機關才有，中央政府機關如果符合前述兩要件，也都可以算是基層官員。

(二)重要性：因爲幾乎所有的公共事務都需要基層官員來執行，他們不僅在其工作範圍內擁有相當的自主權，而且也能夠控制消費者的服務方式；他們所做的任何決定、所建立的標準作業程序，以及對抗不確定與工作壓力的設計，都能很有效地影響公共政策的執行成果。因此，公共政策最好不要單純地從立法或高級行政官員著手，而應特別著重於哪些每天處於擁擠的辦公室，必須處理攸關民眾事務的櫃檯服務人員。

(三)矛盾性格：

1.基層官員不能僅視爲企圖顛覆政策目標的官員而已，因爲目標本身不夠清晰，欠缺充分資源實現目標；基層官員也沒有權力制定任何政策，經常必須面對民眾的需求，不得不下決定以解決問題，因此，基層官員出現相當矛盾的性格。

2.基層官員有強烈的偏好與承諾感，希望成爲一位有用的社會角色，但這種理想，往往因爲大量的個案工作以及顧客的不可預測性，澆熄了服務的熱誠。

3.基層官員的離職率通常很高，對自我的期許甚低，這些都可以從固定的工作習慣中觀察出來；基層官員必須對於工作習慣中的妥協加以合理化，以反應工作人員的成熟，以及對實際與政治現實的理解。

4.許多基層官員是專業的或半專業官員，而組織本身往往無法控制這兩類人員的工作環境，因爲：第一、專業主義加強工作的自主性，使得專業人士願意對顧客負責，更勝於對政策制定者負責；第二、爲了增加對專業人士的控制，不少學者主張應該加強官僚機關本身的競爭，讓提供服務的基層

機構不限於某單一機構，如此一來必然又增加基層官僚的自主性，根本難以控制。

5. 基層官員的工作行為具有下列三項特徵：

(1) 顧客需求的修正行為：基層官員由於面對日益膨脹的民眾需求，而機關設備與人手又有限，以至於造成供不應求的現象，因而必須透過各種手段，修正顧客的需求。

(2) 工作概念的修正行為：基層官員不僅修正顧客的需求而已，而且必須將自己對於工作活動與認知加以修正，使其更能發揮工作長才；其次，為了縮短預期與實際間的差距，他們採取保守的心態調整工作態度；最後，他們經常不鼓勵創新，反而姑息虛偽，這樣的工作概念對於改革工作的推動造成很大的障礙。

(3) 顧客概念的修正行為：基層官員更直接的行為是修正顧客的概念，他們將顧客加以分類，並且設法使顧客予以合法化。例如，他們以自己的標準選擇去做哪些最可能成功的、最值得照顧的民眾要求，可能忽略哪些最需要照顧的民眾。

(四) 針對矛盾所採取的對應策略：基層官員經常感到他們的資源來得太慢，而且嚴重不足，無法因應民眾日益激烈的要求；為了對抗他們所經驗到的壓力，通常採取若干有意識的或潛意識的對抗策略：

1. 要計謀，不提供民眾所要求的資訊、要求民眾等候、讓民眾根本無法接近、對民眾施以各種心理成本；或選擇性地執法，選定若干有利於自己的顧客、計畫與解決方案。

2. 馬曲與賽門（March and Simon）就曾提出格理斯漢法則，即定型的計畫活動必須支配非定型的計畫活動；基層官員傾向於對容易處理的、定型化的計畫給予較高的優先順序，以犧牲哪些繁複的、非定型化的與花費時間的計畫。同樣地，基層官員必然對哪些要求迅速作成決定的顧客要求，賦予較高的優先性，但若涉及預防行動、擴大範圍或追蹤活動則必悍然拒絕。

3. 「抹上奶油」（creaming）的策略，意指基層官員通常選擇哪些自以為最可能成功的，但卻不一定是最需要的個案進行處理。其他的策略如就是將顧客轉介到其他機關或者將顧客的認知與計畫目標降級。

十四、政策執行過程充滿著政治性質，尤其是官僚機構乃是推動公共政策執行最重要的單位。試問，政策執行具有哪些特性？官僚機構有何特徵會影響政策執行？（101警三）

答：(一) 特性：

1. 政策執行是科層體制的控制過程：一項政策執行能否成功完全繫於所設計的目標是否清晰、執行計畫是否確實、能否妥善控制執行者的誘因與紀律；這是一種計畫與控制模式，基本立場是以政策本身的規劃內容為核心。

2. 政策執行是上下階層的互動過程：政策的目標與執行細節不過是政策執行者彼此之間相互妥協的產物，並非是上層領導者理性控制的產物；上級所訂定的、要求下屬必須執行的政策標準，基本上只是對於執行者的一種「忠告」而已，不具任何的強制性與影響力；相反地，基層的執行者才足以決定政策目標是否能夠被實現。

(二) 特徵：見第十三題、第十五題。

十五、名詞解釋：

(一) Intergovernmental-Partnership

(二) Global Governance（102高三）

(三) Target Group（99原三）

(四) Bureaucratic Process Model

答：(一) Intetergovenmental–Partnership：府際協力（夥伴）關係是指中央與地方政府間及地方政府彼此間，彼此協商且合作的互動模式。府際間各項政務的推動，以「共生共榮」、「相輔相成」、「互通有無」的精神建構，促成各級政府在「權責分明」、「行政一體」機制下，各本權責完成目標，進而提昇國家整體競爭力，創造政府最大服務效能。

(二) Global Governance：全球治理。全球治理係指管理涉及全球性事務的個人與制度，是公共與私人等諸多方式的總和，它是經由吸納衝突或多元利益，以及採取合作行動的持續過程。它包括以正式制度與體制獲得治理對象的順服，及以非正式方式安排治理對象的利益。全球治理正趨向「優質治理」，在過去強調控制及集權，「大政府」可能是政府統治的重要價值，但是今日在民主政治國家，似已朝向民主自由分權與小政府的治理式；如同「世界銀」在1991年所指出的：「優質治理主要使市場運作能更有效率，並規範與修正市場失靈的現象，質治理意味著建立於政府干預的市場。」

(三) Target Group：標的團體的意義與標的人口相同，指處理某一個問題時所直接涉及的對象。大致上來說，在1980年代中期以前的公共政策研究者，多使用「標的團體」。但在文字意涵上，標的團體所涵蓋的範圍，似乎較標的人口小，所以自1980年代中期後，學者大都改使用標的人口一詞。

(四) Bureaucratic Process Model：官僚過程模式。此模式為艾爾莫（R.F.Elmore）所提出「社會方案執行的組織模式」四種模式之一，其論點為：政策執行問題乃源於執行人員自由裁量權的運用與例行化的處理事務原則。研究第一線官僚制度學者認為，第一線工作人員所最關心的事情是，如何應付眾多的個別需求壓力，於是設計了非常多的標準作業程序（standard operating procedures，SOP），此舉雖減輕了人情壓力及困擾，但也因此變成以毫無人情味的方式執行政策，甚至產生「目標錯置」（goal displacement）的弊端。此外，由於組織日趨複雜，必須詳細分工，自由裁量乃不可避免。而在每一執行階層的人員均擁有相當多自由裁量權情況下，政策能否對標的物、事或人產生預期影響，尚須視每一執行層人員對政策所承諾的程度而定。官僚過程模式具有以下四項命題：

1. 組織的基本屬性為自由裁量權與標準作業程序的應用。
2. 組織的屬性意味組織的權力係分散於專業化的各個單位，且各單位所能控制的領域愈來愈小。
3. 組織所作的決定包括對自由裁量權運用的控制及對例規作必要的改變。
4. 政策執行的活動在確定自由裁量權的所在，以及何種例規應當加以改變。

　　大致而言，官僚過程模式對於描述政策實際執行狀況，雖具有相當貢獻，但是卻未能指出任何改善執行過程的明確處方，因此仍不夠周延。

07 政策評估

政策評估

政策評估的特徵
1. 以價值為核心（value focus）
2. 事實與價值互依性（fact-value interdepensence）
3. 目前與過去取向（present and orientation）
4. 價值二元論（value duality）

政策評估標準的設立原則
1. 清晰性（Clear）
2. 一致性（Consistent）
3. 廣博性（Comprehensive）
4. 有效性（Valid）
5. 可靠性（Reliable）
6. 合時性（Timely）
7. 客觀性（Objective）
8. 操作性（Operational）
9. 獨特性（Unique）
10. 功能性（Functional）

從事公共政策評估可能遭遇的困難
1. 政策目標不易確定
2. 政策行動與實際社會情況改變間之因果關係不易確定
3. 政策影響會有所分散
4. 政策評估所需資料不易取得
5. 不願合作

政策評估的類型
1. 第一代政策評估：實驗室實驗
2. 第二代政策評估：實地實驗
3. 第三代政策評估：社會或政策實驗
4. 第四代政策評估：以相對主義（relativism）與建構主義為基礎

課前導讀

我國目前正處於轉型時刻,各種公共問題紛至沓來,諸如房價、所得、黑心食品、環境保護、治安、交通、福利、能源、弱勢族群照顧、消費者保護、勞資糾紛等。政府必須對這些問題,依其使先順序,設法予以解決。然而政府在處理此些問題時,由於受到各項資源,如經費、人員及物材的限制,所以不能再抱持「只問耕耘,不問收穫」的消極態度,而須以「為了收穫,努力耕耘」的積極作法,使任何政策的執行,均能收到預期效果。因此,政府的任何一項政策方案在付諸執行前後,均應當進行評估。而政策評估人員在進行評估前,必須了解政策評估的主要特徵及所具的功能,同時要了解政策評估研究的進行概況。

↘ 重點精要

壹　政策評估的本質

一、政策評估的意義

 魏斯(Carol H.Weiss)

評估是對其政策或方案之運作或結果進行系統化的評量,其方式是與一套明示的或隱示的標準相互比較,做為改善政策或方案的一種手段。

 但恩(William N.Dunn)

評估乃是一種政策分析程序,藉以製造有關政策結果之價值的相關資訊。

 羅西(Peter H.Rossi)**與富利曼**(Howard E.Freeman)

將評估和評估研究(evaluation research)二詞視為同義詞,而對評估研究作加下的界定:「所謂評估研究是指有系統的應用社會研究程序,評量社會干預方案之概念化與設計、執行及效用。」

 林水波與張世賢

「政策評估乃基於有系統和客觀的資料蒐集與分析,進行合理判定政策的投入、產出、效能與影響的過程;其主要的目的在於提供現行政策運行的實況及其效果之資訊,以為政策管理、政策持續、修正,或終結的基礎,擬訂未來決策的方針,發展更為有效和更為經濟的政策。」

名師秘笈

評估乃是一相當彈性的字眼,任何一種判斷都屬於評估。即某人以某種明示或隱示的標準,檢視並權衡某一種現象,包括人‧事務或觀念等。

吳定教授的界定：「政策評估是指政策評估人員利用科學方法與技術，有系統的蒐集相關資訊，評估政策方案之內容、規劃與執行過程及執行結果的一系列活動。其目的在提供選擇、修正、持續或終止政策方案所需的資訊。」因此，評估活動並非單指政策執行績效的評估，也包含政策執行前及執行中的評估。此外，評估與評鑑（appraprisal）、評量（assessment）、衡量（measurement）、檢討（review）等字的意義大致相似。」

二、政策評估的目的

政策評估的目的在於確認公共服務方案達成預定之目標的程度，以作為日後預算分配以及方案內容改進的基礎。

消極目的

為遲延作成決定	即決策者利用評估研究的進行，做為延長作成決策之時間的藉口。
為規避責任	即行政首長利用評估研究的結果，掩飾其預設作成某種決策或不作決策的規避責任之立場。
為進行公眾關係	即決策者或執行者利用評估研究的結果，做為炫耀工作績效的手段，爭取更多的經費，及對該機關計畫的支持。
為符合經費補助的要求	即接受經費補助的計畫，必須從事評估工作，以迎合經費提供者所附的條件。
為偽證、掩飾與攻擊的需要	即有時行政首長會以評估來掩飾偽裝政策的失敗或錯誤；有時甚以評估來攻擊或破壞某一政策或計畫。

積極目的

1. 做為比較各替選方案優先順序的根據。
2. 做為改善政策實施程序的參考。
3. 做為增刪特殊政策執行策略與技術的參考。
4. 做為維持或停止政策實施的參考。
5. 做為其他地方推動類似政策的參考。
6. 做為分配各競爭政策所需資源的根據。
7. 做為接受或拒絕政策所涉及途徑或理論的基礎。

三、政策評估的特徵

依據但恩（Dunn）在「公共政策分析導論」一書中的說法，政策評估因為具有以下的特徵，使它在本質上與其他政策分析方法有別：

以價值為核心 （value focus）	政策評估致力於確定某政策或方案的價值或社會性效用達成的程度，而非純粹蒐集相關資訊而已。
事實與價值互依性 （fact-value interdependence）	政策評估結果的主張相當依賴事實及價值。宣稱某項特殊政策或方案已經達成某一程度的績效，不只需要該政策的結果對於某些個人、團體，或社會整體是具有價值的，而且需要顯示出該政策結果實際上確是為解決某一特殊問題採取某項行動所產生的後果。因此，政策監測可說是政策評估的先決條件。
目前與過去取向 （present and orientation）	政策評估主要是目前與過去的結果取向的，而非未來結果取向的。政策評估是在政策或方案採取行動以後，採取「回溯性」評估而得到結果的。
價值二元論 （value duality）	政策評估所主張的價值具有二元本質，它可被視為目的，也可被視為手段。價值常常以層級方式安排，以顯示目標與目的之相對重要性及相互依賴性。

四、政策評估的功能

但恩指出，政策評估具有以下主要功能：

(一) **政策評估可提供有關政策績效之可靠及有效的資訊**：即政策方案實現需求、價值及機會的程度如何。因此，政策評估可以發現特定目標（如提高所得）及目的達成的程度。

(二) **政策評估有助澄清及批判選擇目標與目的所根據的價值**：價值可透過界定及操作化目標與目的方式而獲得澄清，價值也可透過有系統的質疑問題解決之目標與目的的適當性而獲得批判。在質疑目標及目的之適當性時，政策分析家可以檢視是否還有其他的價值來源（如官員、既得利益者，服務對象等），並檢視這些價值所根據的不同理性（如技術、經濟、法律、社會及實質理性等）。

(三) **政策評估有助其他政策分析方法的應用，包括問題建構法（problem structuring）及建議法（recommendation）等**：政策績效未充分解決問題的資訊，有助於重新建構政策問題，例如，資訊可能顯示，必須重新界定目標與目的。政策評估也可藉顯示先前偏好的政策替選方案必須放棄而代以其他方案的方式，而確定新的或修正過的政策方案。

五、政策評估的理論背景

(一) **為了評鑑重大社會改革計畫的效果**：一九六〇年代的美國可以說是「政策規劃」的輝煌年代，當時聯邦政府進行許多重大政策工程的投資，如詹森總統時期最著名的大社會計畫，但後來發現這樣浩大的社會改革工程竟然失敗，七〇年代政策學者運用社會與診斷心理學理論，針對這些龐大的社會計畫進行評估，政策評估乃成為一個相當重要的領域。

(二) **從「大政府」蛻變為「小政府」的發展趨勢**：從政府角色的轉變來看，過去政府的組織與功能相當龐大，編列龐大的預算，以服務民眾需求，因此，「最好的政府是管理最多的政府」，「大政府」的理念乃相當流行。但當經濟不景氣，許多政策出現問題之際，「小政府」的意識形態逐漸發生影響。許多政策學者開始自我反省政府組織與結構何以不能縮小？欠缺效率的政府政策何以不能減少或終止？如何終止才能減少民眾的反對？於是若干政策學者開始從政策評估的角度提出終結政策與組織的策略，如縮減管理，希望能裁汰冗員，減肥瘦身，降低赤字預算規模，因為「最好的政府是管理最少、花費最少的政府」。

(三) **國會與州、地方政府期望能夠加強對於聯邦計畫的監督與控制**：國會有鑑於七〇年代的聯邦政府花費鉅資於重大計劃，卻成效不彰，甚至發生許多公務員舞弊、貪污等破壞公務倫理的事件，國會有感於過去的監督權偏重於紙上作業，無從掌握公共計畫與經費的流向，於是期望加強公共計畫的監督與責任職能。

六、政策評估研究的演進階段

評估研究的歷史根源可溯自公元十七世紀開始採取科學方法處理社會問題，但是廣泛使用系統的、以資料為基礎的評估工作，則是晚近的發展。

(一) **評估研究做為一項社會科學的活動**：

1. 從第一次世界大戰前開始，在教育與公共衛生領域中，承諾對方案進行系統性的評估，就變成一項極普遍的事。

2. 一九二〇年代，許多社會科學家提倡以嚴格的社會研究方法，評量社區的行動方案，於是評估工作日漸盛行。當時羅斯福總統所推動的「新政」（New Deal），有許多方案也被社會學家予以評估，「應用社會研究」也加速度的成長著。

(二) **評估研究的繁榮期**：

1. 二次世界大戰後，美國推動一連串的國內外方案以迎合各方面的需求，隨著經費的大幅支出，各方要求「驗收成果」的呼聲高漲。

2. 五〇年代結束時，大規模的評估計畫極多。六〇年代期間，有關評估研究的論文、書本及研究報告等可謂汗牛充棟。七〇年代初期，各國有關評估的書籍紛紛湧現，一九七六年創刊的「評估評論」是一本廣為各學科之評估研究者所閱讀的期刊。

3. 二次世界大戰後，評估研究所以會蓬勃發展，主要原因之一是研究方法及統計學被發展出來應用於社會問題、社會過程及人際關係方面的研究。同時，需要精深方法以評估社會方案這件事也激發了方法方面的研究工作。

4. 評估研究學門的發展，主要來自兩項貢獻：第一、因調查研究程序的改良而導致系統性資料蒐集方式的改進。第二、因電腦發展，才可能以多變量統計學的方式，分析並檢驗鉅大的變項。

七、評估的種類

對於政策評估的種類，學者們的主張並不相同。

(一) 吳定教授的分類：認為可以從政策運作階段及研究強調的重點加以分類。可以把政策評估分成三大類：預評估（Pre-evaluation）、過程評估（Process evaluation）、及結果評估（outcomes evaluation）。

種類	內涵
預評估	1. 預評估定義：預評估是指對於政策方案在規劃階段時進行可行性評估、優缺點評估、優先順序評估。如果能在此階段即了解該政策方案的「預期影響」及「預期效益」，則在執行前，將可適當修正該方案的內容，使資源能作最適分配，或是在政策方案執行一段時間後，先作探測性的評估，以做為未來全面評估該項政策執行之影響及效益的基礎。 2. 預評估包括三項評估工作： (1) 規劃評估：行政機關或人員為解決某項公共問題或滿足某項公共需求，在規劃解決政策或方案時，對各替選方案之可行性、成本、利益、影響等進行評估，目的在減少政策目標和實際情境的差距，以期付諸執行前，修正政策方案的內容與資源條件，以利期望目標的達成。 (2) 可評估性評估：可評估性評估（evaluability assessment）指政策在執行一段時間後，即對其執行現況及初步結果加以評估，以探究其執行狀況是否符合政策的原先設計與運作程序，此舉除做為修正政策執行的參考外，尚可建立未來全面性評估的基礎。 (3) 修正方案評估：為增加正在執行中之政策方案的效率或效能而對該政策方案進行修正的方案，稱為修正方案，此項修正方案是否有明顯的效果？其價值如何？是否有再修正的必要等，均有予以評估的必要。
過程評估	過程評估是指對政策問題認定的整個過程、政策方案的規劃過程，與政策方案的執行過程進行評估的意思。藉此類評估，可瞭解是否真正找出問題的癥結所在，是否正確的界定問題，以免落入「以正確方法解決錯誤問題的陷阱」。對規劃過程的評估，可瞭解是否相關的單位及人員均參與了政策規劃？是否主要的相關因素均列入考慮？是否相關資料大多蒐集齊全？

種類	內涵
結果評估	結果評估是指對於政策方案的執行結果加以評估的意思。此處所謂結果評估包括兩方面，一為「產出評估」（output evaluation），它涉及執行機關對標的人口從事多少次的服務，給予多少數額的金錢補助，及生產多少物品等。另一為「影響評估」（impact evaluation），指當政策執行以後，對於標的人口產生何種有形或無形的、預期或非預期的影響，例如提高聲望、增加安全感、提高生活水準等。 1. 所謂影響評估是指研究某一政策方案造成標的人口或標的事務向期望方向改變的程度如何，包括對目標作操作性的界定，對政策成功的標準予以確定，並對達成目標的情況予以衡量等。一般來說，影響評估比產出評估要來得重要。 2. 巴頓（Carl Patton）與沙威奇（David Sawicki）兩位學者認為，應將政策評估視為政策運作連續體上隨時可能發生的活動。由此，政策評估可分成四大項：事前政策分析（ex-ante policy analysis）、政策維持（policy maintenance）、政策監測（Policy monitoring）、事後政策評估（ex-post policy evaluation）。

(二) 丘昌泰教授的分類：

形成評估（formative evaluation）

主要是針對執行中的計畫，為了改進其績效、增加提供服務的效率，向計畫發展者、管理者與執行者提供的策略性建議，它關切的是政策執行的效率與效果問題，與政策過程中的執行階段有密切關係。因此，形成評估的目的在於改正目前進行中的計畫缺點，使計畫的方向符合預期目標。通常形成評估關切下列三項問題：
1. 計畫是否滿足特定標的團體？
2. 計畫提供的服務是否與計畫當初的設計藍圖相符合？
3. 在計畫執行過程中，哪些資源被支用？狀況如何？
形成評估的方法論偏重於採取績效測量（performance measurement），針對每項政策執行狀況設計績效評估指標，以衡量其成果。形成評估者的主要任務在於瞭解計畫執行過程中的問題及計畫執行進度，與計畫發展者、管理者與執行者之間保持密切的合作關係。

總合評估（summative evaluation）

主要是針對政策執行結束以後的結果所作的整體性評估，評估結果對於是否繼續進行或終止該計劃的決定有相當的影響力。總合評估關切的問題是：
1. 政策實施前後對於社會的影響是否有所不同？
2. 政策實施前後對於標的團體的影響是否有所不同？
3. 是正面的或負面的？
總合評估之目的在於決定政策的價值，它通常向層次更高的政策制定者或民眾提供政策的整體結果，它特別關切政策影響，與政策過程中的終止、選擇、估計與創議等階段有密切關係。總合評估方法論為實驗設計，主要

是希望透過實驗設計瞭解政策實施前後對於社會或標的團體行為或態度的衝擊或影響，以決定政策的價值。總合評估者通常扮演政策價值的裁判者角色，其任務是希望瞭解政策的影響或衝擊，因此，其執行的困難度較高，也容易受到政治力的反制。

過程評估（Process evaluation）

是對於執行中的計畫或政策所實施的評估型態，評估焦點在於計畫或政策為主雇提供服務的手段，因之其評估重點乃是：計畫活動的評鑑與主雇滿意度的調查，目的是希望找出政策或計畫的管理問題。通常詢問的問題是：契約義務是否確實履行？政策執行有無產生任何的不良副作用？政策資源利用的狀況如何？政策執行是否按照政策目標或大綱？

影響評估（impact evaluation）

是針對已經執行完成的政策最後結果所進行的評估，評估焦點在於政策目標是否達成？政策是否對標的團體提供預期的服務水準？其主要目的是希望瞭解政策對實際現象所產生的效果。

規劃評估

從公共政策過程的三個階段而言，政策規劃、執行與評估中的任何一個階段都可以進行評估活動，在規劃階段所做的評估為「規劃評估」，這是指計畫在實施之前所從事的評估，目的在於瞭解公共計畫是否可行？

執行評估

執行評估則是針對進行中的公共計畫進行系統性的評鑑，其目的在於掌握計畫執行進度，是否按照當初的政策規劃細節如期進行？政策執行方向是否朝當初所預設的政策目標而發展？

結果評估

至於結果評估（outcome evaluation），這是指針對政策執行後的結果所做的評估。政策結果與政策產出是不同的，政策結果是指政策產出對於標的團體所可能引起的行為或態度上的改變，對於社會狀況所可能引起的正面或負面影響；這些政策結果可以根據政策對於社會的短期或長期影響程度而分為：衝擊與影響評估，例如，實施限用塑膠袋政策對於消費者行為與商家營業績效的短期衝擊會帶來不便與反彈，但長期影響而言，則是相當環保的措施。

假評估(Pseudo-evaluation)

目的是應用描述性方法，產生具備信度與效度的政策結果資訊。其假設前提是：政策價值的衡量證據都是不證自明或毫無爭議的；事實上，在多元社會中，這是不可能的，但恩認為在美國公共政策評估領域中，許多評估者所進行的社會實驗（social experiment），基本上就屬此種評估型態。

形式評估（ formal evatuation)

這種評估之目的是應用描述性方法，針對官方所宣布的政策目標加以評鑑，以產生具備信度與效度的政策結果資訊。其假設前提是：政策價值的衡量證據係以政策制定者或行政人員所訂定的狹義或形式目標為標準，他們可能透過立法、訪問政策制定者或發布計畫文件等方式確定政策結果，至於官方以外的評估者意見則不予採納，相當不符合民主精神。

決策理論評估（ decision-theoretic evaluation ）

上述兩種評估類型，具有下列缺點：
1. 有關政策績效資訊低度利用（underutilization）或欠缺利用（non utilization)：由於績效資訊太過貧乏，以至於無法將計畫目標是否真正達成的訊息完全評鑑出來。
2. 績效目標的含糊性：假評估或形式評估的績效目標相當含糊，事實上，計畫目標可以用許多不同形式加以表現，如效率、效果、回應等，必須清楚地表示出來。
3. 多元目標的衝突性：多元的利害關係人對於績效目標的訂定，彼此往往相互衝突，假評估或形式評估只希望看到一種評估目標，無法凸顯目標的衝突性。

因此，決策評估主要是針對假評估與形式評估的缺點而設計，其目的是透過描述性方法，以產生具備信度與效度的政策結果資訊，但其政策目標係來自於多元利害關係人的自由表述，故政策價值的衡量亦係基於多元價值標準，而不是單一價值標準。此種評估理論並不迴避政策目標的多元性與衝突性，反而希望能夠公開化與明示化，如此多元利害關係人可針對其妥適性進行辯論。

預評估（ Pre-evaluation ）

是對於一個準備進行的社會干預計畫進行低成本的、初期的檢視，以決定是否應該進行大規模的、似科學的評估。預評估者準備一組問題清單，對於是否應該進行大規模的評鑑提出一系列質疑，以確定是否值得進行系統性的科學評估。

可評估性評估（ evaluability assessment)

預評估最常運用的方法為可評估性評估（evaluability Assessment）。可評估性評估的程序通常包括兩個階段：

1. 計畫分析（Program analysis）階段：這是從評估技術設計面去考量該計畫是否需要進行評估？首先必須準備計畫文件，包括計畫目標、行動與其因果關係；其次必須蒐集利害關係人對於該計畫的認知；其次是盡可能蒐集所有與計畫有關的系統性資料；第四是發展出可評估性計畫模式。
2. 可行性分析（feasibility analysis）階段：這是從決策面去考量，該計畫是否需要進行全面性的或大規模的評估？主要程序是：第一是認定計畫評估者到底為何？第二是獲取共識，進行政策評估程序。

但恩（Dunn）認為，可評估性評估是決策理論評估的一種型態，其目的是去評鑑某項計畫是否值得去評估？一項值得評估的計畫必須具備三項要件：
1. 清楚界定計畫範圍。　　　　　　2. 清晰地目標或後果。
3. 政策行動與目標或結果之間具有因果關係。
可評估性評估在整個公共計畫發展過程中的地位應該是：
1. 被評估的公共計畫內涵必須說明清楚，特別是該計畫在中央與地方政府從事的活動或政策目標為何？
2. 必須蒐集有關該計畫的資訊，如有關政策目標、假設或後果的資訊。
3. 公共計畫的可評估性評估：此項公共計畫是否值得進行完整的計畫評估？
4. 將該可評估性結果回饋給相關的應用者。

牛刀小試

1. 試詳述政策評估的消極與積極目的為何？（92高三）
2. 政策評估（Policy Evaluation）的意義為何？又其消極目的與積極目的各為何？（93退三）
3. 何謂政策評估？試就所知說明其目的、種類與標準。（95地三）
4. 何謂政策影響評估（Evaluation of Policy Impact）？在從事政策影響評估時，應考慮哪些層面的問通？試說明之。（90退三）
5. 試說明預評估、過程評估及結果評估的內涵為何？（91原三）
6. 請比較虛擬評估（Pseudo-evaluation）、正式評估（Formal Evaluation）、決策理論評估（Decision-theoretic Evaluation）的差異。（95原三）
7. 何謂公共政策的影響評估（Impact Evaluation)？影響評估所得出來的結果可以協助決策者從事何種決策作為？請配合具體例子詳細說明政策分析人員應該如何從事影響評估？（96地三）

貳　我國的政策評估

一、我國政策評估參與者

我國政策評估工作的主要參與者除政府機關外，為大眾傳播媒體、利益團體、民間研究機構及學者專家。至於行政機關則為行政院經建會、國科會、與研考會。目前我國一般行政計畫的事前、事中、及事後評估工作，係由行政院研考會負責，並依相關法令規章辦理。分述如下：

(一) 我國政策評估的參與者--政府機關的參與者：

立法機關

利用預算審議權、平時質詢權、及決算審核權而評估行政機關的施政狀況。

行政機關

管制考核部門則依照經濟計畫類、行政計畫類及科技計畫類，分別由行政院的經濟建設委員會、研究發展考核委員會、及國家科學委員會加以列管評估。至於行政院主計處及其所屬單位則負責行政部門的會計業務，屬於內部計畫與經費配合查核的設計。

監察院

審計部基於制衡原理而對行政部門為執行工作所為經費支出的管制機關。此外，監察委員尚可經由彈劾、糾舉、及糾正權的行使，對於行政部門的工作從事實質性的評估、監督與控制。

觀念速記

依據鍾斯的看法，美國政策評估的參與者可以分成兩類，一為政府機關的參與者；另一為政府機關之外的參與者。就前者而言，它包括：1.國會的監督。2.管理與預算局。3.國會的會計總署。4.各種總統的委員會。至於後者則包括報章雜誌、電視、個人（學者、專家、自由評論者）、利益團體等。

(二) 我國政府機關外的政策評估參與者主要為：

大眾傳播媒體	電視、報紙、廣播、雜誌等媒體，常以社論、專論、評論、民意調查等方式，對於政府政策或計畫的執行結果提出批評、建議應當改進的作法。此種輿論的監督方式，的確對政府的施政構成某種監督的壓力。大眾傳播媒體對政策或計畫所作的好壞評斷，便具有導引民意趨向的作用。
利益團體	公益性團體不斷的成立，目的即在促進公共利益的達成，故對於政府的相關政策或計畫，一定會保持高度的注意，因此會適時透過各種方式評估政策或計畫的執行績效。私益性團體更是密切的注意攸關其成員利益的政策或計畫之執行狀況。
民間研究機構	目前以「基金會」為名成立的公益性團體非常的多，其中有些投入相當多的人力與經費，從事公共政策的分析研究，政策評估也包含在內。另外，若干民意調查機構也常常進行政策評估的工作。
學者專家	學術與研究機構的學者專家基於專業知識的認知及對社會正義所具的使命感，常常會主動或被動的對政策的執行情況發表個人的看法，實際上即具有非正式評估政策的意義。

二、我國行政計畫的評估層級及內容

包括行政計畫的事前評估、行政計畫的事中評估、行政計畫的事後評估。

✏️ 事前評估	
意涵	行政計畫的事前評估係實施施政計畫先期作業制定，希望能夠達到「以計畫領導預算、以預算支援計畫」的目的。具體的作法是當各機關在申請預算時，就必須擬訂較為詳盡的作業計畫，俾審核其可行性、重要性及預期的效益，並根據審查結果排列優先順序，做為分配預算的根據，促使國家資源作經濟有效的運用。
政府作法	1.目的：為有效推動行政院所屬各機關重要行政計畫先期作業，以強化計畫與概算編審程序。 2.重要行政計畫先期作業，係指各機關於編訂下年度施政計畫前，就重要行政計畫項目研擬具體實施計畫，並據以評審及核列經費之作業。 3.重要行政計畫： 　(1)總統、院長指示或交辦事項。 　(2)行政院核定之各項重要方案、計畫或措施。 　(3)重要會議決議案須由各有關主管機關執行之工作。 　(4)依據民意機關或社會輿情反映，或業務發展需要，經審慎政策評估後，決定必須辦理之工作。 　(5)依據機關任務及中長程施政目標應規劃事項。 　(6)配合上位計畫應規劃事項。 4.各機關執行中之延續性重要行政計畫，其內容或政策上有重大變更者，應辦理先期作業。各機關經常性或事務性業務免辦先期作業。 5.各主管機關對於所管重要行政計畫，應事先全面考量，通盤規劃，並分別通知其所屬各計畫執行單位。 6.各計畫執行單位於擬編年度概算前，應積極展開先期作業，擬定計畫，並就計畫需求、可行性、效果（益）、協調及影響（含社經及自然環境影響）詳加評估後，填具先期作業摘要及評審表，連同計畫書，送其主管機關。 7.行政院研考會應邀集行政院秘書處、主計處、人事行政局及公共工程委員會等有關機關，就其主管業務對各機關所提重要行政計畫進行審議，並由行政院研考會辦理綜合業務。 8.重要行政計畫審議時得邀請有關主管機關派員列席，就送審計畫提出說明並交換意見；必要時得邀請學者、專家會同審議或進行實地查證。 9.重要行政計畫經審議結果，認屬可行者，應於議定優先順序後，由行政院研考會綜合整理，報請行政院核定，並副之行政院主計處。

✎ 事中評估

意涵	事中評估通常稱為執行評估或政策監測，也就是計畫策訂後付諸實施的過程評估。事中評估的主要目的為： 1. 就計畫執行的結果與計畫預定目標及客觀環境需求，加以比較評估判斷，以決定是否繼續辦理或必須另訂新的計畫取代之。 2. 判斷計畫是否按照原訂的內容與方式去執行？應否作某種調整？ 3. 了解計畫執行過程中有無困難事項急需解決者，如需解決，應透過何種方式解決？
政府作法	各機關由院列管計畫經交付管制後，即按管制考核週期（如每月、每季或每半年）提報進度報表或辦理情形。管考週期的選定，須視計畫性質而定，愈為具體且能數量化者，其週期愈短，反之，較為抽象而不易數量化者，則可訂定較長的週期。執行單位應依管考週期自我評估並填報進度，並根據實際進度與原作業計畫內容核對，以了解計畫是否照預定的內容與方式加以執行。

✎ 事後評估

意涵	行政計畫的事後評估通常是指「年度考成」而言，目的在了解執行的績效及提供改進建議。
政府作法	1. 考成的程序：係根據分層負責考核的原則，分為三個階段進行。首先由主辦單位自評；其次由主管機關研考單位就所屬單位所提自評資料進行初核；最後再由行政院就各部會局處署所提送的自評與初核有關資料加以複核。 2. 建立考成評估標準：政策評估既係對政府施政項目與措施，就其執行結果評定其成效，則在評估過程中，應先建立適當的評估標準，以便獲致合理而實際的評估結果。就以往行政機關施政計畫的評估而言，評估標準係以原則性方式規定，然後再出各業務主辦機關依據原則，自行就個別計畫的特質訂評估標準。 3. 編印考成報告：考成報告由行政院研考會總其成，並編成評估報告。有關計畫的績效，併同初、複核所列舉的優缺點和建議事項，遂案分別函送有關機關參考辦理。

三、我國政策評估的缺失與改進之道

行政機關除應依照既定方案或計畫，按部就班，貫徹達成既定的目標外，在政策執行前、執行中或執行後，應採用科學的評估方法，檢測政策對社會環境造成何種預期與非預期，有形與無形的影響，以為修改或終止政策的依據，期使有限的社會資源能有效的運用。

缺　失

1. 政策目標常不夠清晰、評估標準難以建立：許多政策方案往往目標不夠清晰，執行人員與評估人員常不易遵循。欲對政策進行評估，首需建立評估標準，而評估標準的建立，則以明確目標為先決條件。
2. 偏重預評估與規劃評估，忽視執行評估與結果評估：我國各機關比較重視方案的規劃評估，相對來說，對於方案的執行過程評估與結果評估（尤其是影響評估）就不夠重視。
3. 機關內部評估人員專業知識不足：不論是行政機關或立法機關的評估人員，對於科學的政策評估方法大多不夠專精，評估工作常流於形式及例常化，或是以主觀判斷為主，使評估結果的信度與效度難以為大家所接受，致評估建議難以被應用。
4. 政策方案的直接成本計算困難，間接成本不易量化，使評估工作不易周全：例如私人企業為配合管制污染空氣政策，而花費在控制污染空氣設備的裝置成本就不容易計算。又如都市更新計畫執行後，所可能造成的間接成本，如人口的流離失所及社會動盪不安，皆不易計算評估。
5. 政策評估常偏重短期而忽視中長期政策的執行績效：由於短期政策的績效與影響比較能夠顯現，所以機關首長會較重視其評估工作，尤其是有任期制的機關首長更常以短期政策為施政目標。
6. 政策執行機關不重視評估工作，甚至抵制它，使評估工作無法有效落實。
7. 不同的個人、機關、利益團體對評估具有不同的目的，因此對評估結果從不同角度予以解釋，常使結果失去客觀與其實。
8. 管理資訊品質不一，影響評估的實施及評估的結果。一般來說，中央層級機關及直轄市政府機關的政策資訊管理較為完備，評估工作較易進行，而地方機關則因資訊不足，使評估不易進行。
9. 未重視評估結果的處理，常因「不可抗力」的理由而逃避行政責任，使政策評估功能無從發揮。
10. 政策行動與實際社會情況改變間之因果關係不易確定，影響評估結果的公信力。一般而言，影響政策評估信度的外在因素包括：內在的變遷、長期趨勢的變遷、介入干預事件、自然成長因素、自我選擇的性向、機會或隨機的影響、量表的信度、政策執行偏差等。此些因素的干擾，使政策執行與其績效間的正因果關係難以確定及掌握。

改進之道

1. 政策方案目標應力求明確，主管政策評估的機關應研訂一套完整的政策評估標準，並建立體系完整的政策評估模式，即衡量行政機關績效的模式，包括績效指標的建立，及全面性實施行政績效衡量等。
2. 各機關人員應同時注重並落實預評估（規劃評估）、過程評估、及結果評估（影響評估）工作。
3. 健全研究發展考核的組織體系，強化研考部門的權責，發揮指揮統一的功效。
4. 透過甄選及訓練方式，加強評估人員的專業知識，建立評估的權威。

5. 加強業務主管及執行人員對政策評估的正確認識，了解其重要性及必要性，並積極支持政策評估工作。

6. 各級行政機關均應透過「電子化政府」的網路健全管理資訊系統，做為各機關政策評估的資料庫。

7. 精進政策評估的技術與方法，並使評估人員熟悉技術與方法的運用，諸加計畫評核術、成本利益分析、成本效能分析法、重要路徑法與電腦的操作等。

8. 審慎選擇評估的政策或計畫，並提高評估結果實用性，避免將評估結果束諸高閣。

> **觀念速記**
>
> 政策評估的有效實施，乃是政府機關提昇施政品質，達成施政目標的重要關鍵。

牛刀小試

1. 試依己見，說明我國政府機關在政策評估方面的主要缺失及改進的作法。（96高二）
2. 我國政策評估的參與者有哪些？試說明之。

參　政策評估其他重要內容

一、政策評估的模式

(一) **目標取向模式**：這是目前主流的評估模式，以是否達成政策目標作為評估的模式。該評估模式的實施程序為：

1. 邀請專家學者提供政策目標之意見，以研擬具體的政策目標。
2. 透過哲學的、心理的與經驗的調查方法將所蒐集到的目標予以一一檢視。
3. 將適格的政策目標置於橫座標，標的團體之行為置於縱座標，以形成一個目標實現矩陣。
4. 針對矩陣中的每一方格，發展出測量政策效果的工具，這種工具必須符合信度、效度與客觀性的標準。
5. 以此工具進行「施測前後效果」的測驗。
6. 比較測量結果，以作為評斷政策有無效果的依據。

該目標取向模式在教育政策評估的影響力甚大，不過，該模式的弱點在於：

1. 著重於目標的事實描述，並未討論目標的價值判斷問題。
2. 並未提供一套評鑑目標明確的標準。
3. 並未區別政策目標與政策績效之間的差異，實際上，許多政策評估者非常關心：政策績效有沒有達到目標？如果績效甚佳，甚至超過目標，意味著何種意義？

(二) **系絡--投入--過程--產出模式**：這是指目標必須從整體政策過程來觀察，不能僅就最後的結果來判斷，因此，從政策系絡、投入、過程到產出都應是政策評估目標關切的焦點。該模式的出現主要是目標取向模式的一些缺點必須做修正，

包括：必須檢視政策目標的價值結構；政策評估者並不是一個客觀的目標評估者，他必須扮演一位政策目標的判斷者；應盡量擴大政策目標的提供者，以擴展評估政策目標的概念與視野。因此，該模式強調政策目標並不重要，政策評估應視為「系絡--投入--過程--產出」的決策過程，因之，下列的問題就顯得非常重要：究竟做了何種決策？誰做成該決策？在何種時機下運用何種標準做成該決策？在該模式中，他們提出「目標與手段層面」及「預期與實際層面」的交互作用，呈現出四種決策型態：

預期目標	必須運用系絡評估法（context evaluation）檢視政策制定的環境因素以及政策制定者的需求、問題與機會。
預期手段	必須運用投入評估法（input evaluation）檢視達成預期目標的手段是否有效適當。
實際目標	必須運用產出評估法（product evaluation）評鑑是否達成預定的目標？有無發生非預期的結果。
實際手段	必須運用過程評估法追縱執行政策目標的實際手段是否脫離預期的手段。

此模式的優點在於：將評估置於決策過程上，評估範圍之廣度甚夠，同時重視政策目標的價值結構，也是一項改進；可是，由於目標取向的範疇太廣，涉及因素太多，更何況如何劃分投入與產出、目標與手段更是一道難題，因而使得此項評估模式的可行性大為降低。

(三) **目標中立模式**：這是指政策評估不應拘限於政策目標，如此必將窄化政策的實際結果，而是應該將目標中立起來，從實際層面去細心觀察政策究竟產生哪些實際效益。

史奎文（Scriven）認為政策評估不能受限於政策目標，如此不僅窄化評估的範圍，而且亦無法觀察政策目標以外的效果，因此，最好將目標中立起來；政策評估者應該特別重視公共政策所可能發生的有利之副作用或無法預期的效果。要進行目標中立評估，評估者必須蒐集下列兩類資訊：

1. **真正效果的評估資訊**：公共政策究竟產生哪些預期的或無法預期的效果？特別是無法預期的效果應該特別加以重視？凡是可以滿足政策需求的產物，就可以視之為真正效果。

2. **政策需求的評估資訊**：政策利害關係團體對於政策的需求為何？其優先順序為何？該模式的最大優點在於拓展了政策效果的範圍，尤其是副作用的分析，更能讓我們瞭解政策的副作用或外溢效果。不過，政策制定者或主雇通常關心的是政策本身目標實現的狀況，通常不在乎副作用，因此，目標中立之概念很難

讓政策制定者接受，特別是哪些自認為實施成效良好的政策，如何能放棄目標成就的衡量呢？

(四) **多元目標與理論取向模式**：這是指評估政策時應該以多元目標為導向，且該目標之訂定除政府部門所發展的「官方目標」外，還必須採用學術界所發展出來的「理論目標」，如此才能周全的評估政策效果。陳惠次與羅西（Chen & Rossi）指出：任何一項政策必然產生效果，此種效果可以從兩個角度來衡量：第一、官方設定目標：政策制定機關基於職責所在所制定的目標；第二、社會科學理論與知識的目標：從社會科學理論與知識的發展系絡中，尋找出與該政策有關的目標。如果我們評估一項政策，能夠同時吸納這兩種觀點，呈現出一種多元目標與理論取向的模式，則這種評估模式就不會出現太多「沒有效果」的政策。事實上，社會科學知識與理論提供了許多預測與評估政策效果的模式、政策干預過程，以及標的團體的多元化概念，這些觀念都有助於我們拓展政策評估的視野。因此，多元目標與理論取向的模式一方面不僅可以減少行政人員的抗拒，擴增了政策效果的評估範圍；另一方面則無形中增加了驗證社會科學理論與知識的機會。

二、政策評估的架構及步驟

(一) **架構**：當政策的評估者構思、發展任何評估研究的設計時，基本上必須完成的**工作**：

1. 設定評估的範圍與焦點：公共政策或方案往往可能導致許多直接或間接的社會影響，評估者必須設法基於評估的目的，將焦點集中於必須評估的重要影響。
2. 選擇或設計績效指標，並決定資料蒐集的方法。

(二) **政策評估的步驟**：

1. 認定政策評估的委託人、評估資訊之可能使用者以及評估的目的。
2. 了解政策評估的委託人與使用者所認定的可信資訊。
3. 設計評估報告的內涵（如包含的量化與質化資訊、報告的形式、提出報告的時程）。
4. 基於評估的目的與需求，決定評估的方法架構。
5. 決定所需資料的標的與來源。
6. 基於所有之研究資源與政治環境的限制，與委託者達成評估將提供的資訊之共識。

三、政策評估倫理（ethics of evaluation）

評估研究與一般社會科學中的學術研究最大的不同點是，評估研究的結果往往直接地影響許多人的工作或甚至改變大眾的生活條件，倫理的考慮因此為任何評估研究中不可或缺的要素。政策評估者在進行評估的工作時，至少有兩項特別應考慮的倫理因素：

(一) 除了改進決策品質之理性的管理目的之外，評估研究的發起也常由於公共管理者所處的政治環境而暗藏許多非理性的「隱性」目的。公共政策或方案的評估者原則上應秉於專業的良知，對任何政策或方案進行客觀、科學的評估研究，而不應受研究委託人或其他政治性的影響，預設評估的立場。

(二) 評估者也應對公共管理所處的政治性環境有所了解，當評估研究很可能只成為政客鬥爭的工具時，評估者應詳細斟酌該評估研究可能引發的政治效應，並判斷是否涉入其中的利害得失。

四、評估機關內部方案的作法

據戴伊（Thomas Dye）的看法，大部分政府機關均會採取若干作法，評估內部方案的執行績效。

➡ 公聽會及報告（hearings and reports）

政府機關的主管可能被行政首長或民意代表要求就該機關方案的執行成果，以正式或非正式的方式作證。另外，負責方案執行的主管通常也會提供書面報告如年度報告之類，可就此報告加以評估。不過方案主管所作的證詞及所提出的報告，並非是非常客觀的方案評估方法，因為他們常會誇大方案的利益，並將成本予以最小化。

➡ 現場訪視（site visits）

有時候，高階行主管學者專家，顧問、民意代表等會個別組團或混合組團，前往方案執行機關訪視，或進行現場檢查。這些訪視團可獲取較客觀真實的方案執行資料，以評斷方案是否依原先計畫進行、是否擁有夠格的執行人員。

➡ 方案衡量（program measures）

由政府機關本身就方案執行所發展出來的資料，涵蓋了政策產出衡量所需要的資料，諸如：各種社會福利方案受惠者的數目、接受就業訓練的人數等。

➡ 與專業標準進行比較（comparison with professional standard）

就某些政府活動的領域而言，專業性社團已經發展出「卓越性」的標準。這些標準通常是以產出的某種期望水準加以表示，例如：每千人的病床數、每社工人員處理的案件數等。政府機關的實際產出就可拿來與「理想的產出」加以比較。

➡ 評估公民的抱怨（evaluation of citizens' complaints）

對公民所提出的抱怨進行分析，也是一種方案評估的途徑。不過，並非所有的公民都願意對政府的方案提出抱怨或加以評論。對政府方案提出批評者通常是「自我選擇的」，很少是一般大眾的代表者，或方案標的人口的代表者。行政機關有時可以設計問卷送請方案參與者填答，以了解他們的抱怨為何，及對方案的滿意情況。

五、政策評估標準

(一) **標準的意義**：當進行政策評估時，必須先設定某些準據，以衡量政策是否達成既定目標？是否產生預期的影響？此些準則，就是標準（criterion）。與標準一字類似的字為準則（standard）。依據韋氏字典解釋，所謂標準乃是某項決定或判斷所根據的準則、標尺；而準則乃是由權威當局設立藉以衡量數量、重量、程度、價值、或品質的一種規則。因此，由此可知，標準的層次較高、範圍較廣；而準則的層次較低、範圍較狹。

(二) **政策評估標準**：政策評估標準乃是政策評估人員為評估政策的執行結果，依據政策目標或目的所設定可供比較的指標或準則。此處所謂「結果」（outcomes）包括政策產出（Policy outputs）與政策影響（Policy impacts）二者。所謂政策產出是指標的人口或受益者接受政府所給予的貨品、服務、或資源等，例如每月接受政府救濟；而所謂政策影響是指政策執行後，對人員或環境原來的行為面或物質面，造成無形的與有形的、預期的與非預期的實際改變的情況。

六、政策評估標準的設立原則

杜拉克（Perer F. Drucker）明白指出：「目標必須明確而且切合實際，籠統而不具體的目標，不僅使執行難有結果，也使評估失去準據。」雖然理想的政策結果評估標準不易訂定，但如能考慮某些原則，或有助於各政策評估標準的設立。當然，原則只是一種藉供參考的通則而已，在實際擬定標準時，尚須斟酌政策之特殊性質而作修正，並且應再據以擬定更細的次級標準。政策評估標準設立原則如下：

【 專·題·研·析 】

欲對政策結果進行評估，首先必須設立標準，做評估的依據。一位評估者通常面臨三項主要的挑戰：第一、確定政策目標與目的。第二、設立政策成功與失敗的指標。第三、確定政策執行與其後果間的因果關係。三者顯然有順序關係，欲探求政策執行後果的因果關係，須以評估標準為根據。

清晰性（Clear）

政策評估標準應清晰明確，使政策執行人員均能瞭解。如果標準訂得太抽象或太技術性，即不易使執行人員與標的團體瞭解與遵循，則失卻評估的意義。

一致性（Consistent）

任一政策評估標準的內涵必須一致，不應有矛盾的現象。邊沁（Jeremy Bentham）所主張：「最好的政策乃是指能為最大多數的人製造最大數量的善的政策」。

廣博性（Comprehensive）

評估標準應適用於衡量政策執行後所生影響的不同程度。例如對於空氣污染防制政策的影響評估，如將標準訂為「能使空氣未含任何二氧化硫物」，即不符合廣博性原則。

有效性（Valid）

評估標準應能確實衡量其所要衡量的政策影響，如果衡量的結果並非是政策影響，或是衡量的標的團體或標的情勢有誤，即可知該評估標準不當。

可靠性（Reliable）

在擬定評估標準時，應考慮該標準如在同樣情況下重複進行評估工作，而仍能得出近似的結果，能如此，表示該標準甚為可靠，所得的衡量結果，也較可信賴。

合時性（Timely）

在擬定評估標準時，應考慮評估者所需要的有關資訊是否能及時蒐集，如標準不當，可能無資訊可評估。因此，評估標準應考慮其合時性。

客觀性（Objective）

在擬定評估標準時，應考慮使評估者個人偏見介入評估過程的可能性減至最低。

操作性（Operational）

評估標準應力求操作化，使政策執行者及評估者均有所遵循。所謂操作化係指該標準應該具體且盡可能量化。

獨特性（Unique）

由於各種政策的性質及目標並不相同，在進行評估時，標準的擬定，除可選擇通用標準外，應針對其特殊情況及需要，擬定若干適合該特殊政策的特殊標準。

> **功能性（Functional）**
>
> 在擬定評估標準時，應考慮該標準會對政策執行人員產生何種正功能與負功能。
> 1. 所謂正功能是指政策執行人員為符合評估標準的規定，會提高其執行意願，使執行結果能產生預期且正面的影響。
> 2. 所謂負功能是指政策評估標準可能有鼓勵執行人員從事負面行為的潛在性。例如，在評估交通整頓政策時，可能造成鼓勵交通警察濫開罰單，造成不利影響的後果。

七、決策者選擇政策方案之標準（criteria）

但恩（Dunn）及波伊斯特（Poister）等人，將一般標準分為以下六項要目採述：

➡ 效能性（effectiveness）

指某政策達成預期結果或影響的程度。亦即將實際達成者與原訂的預期水準相比，以瞭解政策已否產生所期望的結果或影響。效能所指涉的意涵並非政策是否按原訂計畫執行，而是政策執行後是否對環境產生期望的結果或影響。但魏納（P.Weiner）與狄克（E.Deak）曾說：「就其政策對其環境影響作完整的效能分析，必須同時考慮其次級的、未期望的、外在的、反生產性的影響，與期望的、目標取向的影響。」

➡ 效率性（efficiency）

所謂效率性是指政策產出與所使用成本間的關係，通常以每單位成本所產生的價值最大化、或每單位產品所需成本的最小化為評估基礎。效率較著重於以較佳方法執行政策，而非著重於以有效的途徑達成目標。有時某一途徑可能既有效率（effecient）又有效果（effective）。效率可進一步分成兩類：
1. 技藝性效率（technological efficiency）：指以最少努力或成本完成某項活動或產品，亦即在成本受限制下，尋求政策期望影響的最大化。
2. 經濟性效率（economic efficiency）：指政策整體成本與整體利益間的關係，即著重於對資源作分配及使用，並使人民因此所獲得的滿足最大化。

➡ 充分性（adequacy）

所謂充分性是指政策目標達成後消除問題的程度。雖然有時候政策目標的設定，是為消除整個問題，但由於各種因素限制，政策執行後，目標常被迫縮小成一小部分，或是對問題只能做部分的解決。如此，政策並未能充分的解決問題或滿足公眾需求。

➡ 公正性（equity）

所謂公正性是指政策執行後導致與該政策有關的社會上資源、利益、及成本公平分配的程度，包括：所得的再分配、教育機會、或公共服務事項等。某政策也許符合效能、效率、充分的評估標準，但因它造成不公平的成本和利益分配，故政策不能算成功。公平的政策，作法有下列四種：

1. 使個人福利最大化（maximize individual welfare）：使所有的人所獲福利都最大化。
2. 保障最少量的福利（Protect minimum welfare）：即增加某些人的福利，但使情況最壞者能獲基本數量福利保障。
3. 使淨福利最大化（maximize net welfare）：即增加社會的淨福利，但假設其所獲利益可用以補償遭受損失者。
4. 使再分配的福利最大化（maximize redistributive welfare）：即使社會中某些特定團體，如貧困者、病患等，其所獲再分配的福利，能夠最大化。

➤ 回應性（responsiveness）

所謂回應性是指政策執行結果滿足標的團體需求、偏好、或價值的程度。如果某一政策也許符合所有的標準，但因未能回應受此政策影響的標的團體的需求，仍然被評估為失敗的政策。

➤ 適當性（appropriateness）

所謂適當性是指政策目標的價值如何？對社會是否合適？及這些目標所根據的假設的穩當性如何？當其他標準均將「目標」視為理所當然可加接受時，唯獨適當性的標準會問：「是否這些目標對社會而言是恰當的？」

> 依照波依斯特看法，此六項一般評估標準，有其重要層次的。最重要看為適當性，依次為回應性、公正性、經濟的效率、效能性、效率性、充分性。同時，當實際應用於評估工作時，前四者不易量化，而後三者較易量化。

名師
講座

八、政策評估的利害關係者

負責政策評估者在進行評估時，無可避免的會受到許多對於評估結果具有不同需要及不同目的的個人與團體之影響，因此為有效的執行評估的工作，評估者必須充分了解他與利害關係者之間的關係，及利害關係者彼此間的關係。政策評估的利害關係者如下：

決策者及決定者	對方案是否成立、繼續推動、終止、擴充、或縮減，負責決定者。
方案主辦者	發動並出資進行方案評估的機關。
評估主辦者	發動並出資從事整個評估工作的機關。
標的參與者	參加被評估之方案或接受被評估方案服務之個人，家庭或其他單位。
方案管理者	負責監督與協調該執行方案的團體或單位。
方案執行者	負責實際推動該方案的工作人員。
評估者	負責設計並從事評估工作的個人或團體。
方案競爭者	與該方案競爭可用資源的機關或團體。
系絡性利害關係者	該方案周圍環境所涉及的機關、團體、個人及其他單位。
評估社群	閱讀評估報告並提供改進意見的其他評估者。

九、利害關係者對評估人員產生的影響及壓力

多元利害關係者的現象會產生兩項重要的結果：

(一) 評估人員必須承認一項事實，那就是他們的評估結果，只是將來結果會否被採納及如何應用的一項投入而已，其他利害關係者均會有不同的看法。

(二) 多元利害關係者不同利益衝突的結果，會對評估人員產生相當壓力。主要原因有以下三項：

1. 評估人員在設計評估計畫時，常無法確定應當採取哪一個利害關係者的觀點。是以社會整體觀為主呢？還是以涉及政府機關的觀點為主？一般來說，應視方案的性質，採取一種或多種觀點較為妥當。

2. 評估人員必須了解當他們所作的評估結果，並不支持評估主辦機關對該方案所主張立場時，可能讓主辦機關束諸高閣。遇到此種情形，評估人員只要秉持專業倫理及良知從事評估工作，應泰然處之。

3. 由於與不同利害關係者具有溝通上的困難，可能產生若干誤解，如政策評估領域中的許多專門術語。因此評估人員必須具有耐心的與相關人員進行必要的溝通。

戴伊（Thomas Dye）指出，政策影響包括以下幾項：

1. 政策對標的的情勢或標的人口的影響。

2. 政策對標的以外的情勢或團體的影響。

3. 政策對未來與目前狀況的影響。

4. 對投入該政策的直接成本的影響。

5. 對間接成本，包括失去採行其他政策的機會的影響。

十、政府機關從事政策研究與評估不力的原因

(一) 方案目標難以決定：評估人員必須確認標的團體為何？期望的結果為何？然而政府機關常必須追求不一致的目標以滿足不同團體的需求。由於對公共方案的目標很難獲得同意，因此如進行評估研究，可能會引起政治衝突。

(二) 許多方案主要是為了象徵性價值而制定，它們並非真正要改變標的人口的情況。因此政府機關並不歡迎對不具實質結果的方案進行評估，因為評估結果會讓標的人口知悉方案的無用性，而減低它的象徵性價值。

(三) 行政官員常將嘗試對方案影響進行評估，視為限制或摧毀他們的方案，或質疑行政官員的能力，因此不樂意進行方案評估。

(四) 行政機關通常對實施中的方案已在組織上、財政上、物理上、心理上等方面作了重大的投資，因此不願意見到他們的政策被評估為運作不佳。

(五) 政府機關所進行的任何重大政策影響評估，均會干預到正在執行中的方案活動。

(六) 方案評估需要經費、設備、時間、及人員，而政府機關並不願意由現行方案犧牲這些成本。

十一、政府疏於作政策評估的理由

避免造成政治利益的衝突

政府制定公共政策原不能處處滿足各種不同利益團體的要求，為了使各方利益能夠調和，不得不以妥協的方案滿足各方的需求。從政策規劃觀點看，公共政策是一理性產物，但對政策的內涵加以審視，我們又會發現政策充滿了許多矛盾之處，當社會多元價值取向愈明顯時，這種矛盾之處也愈多。政府對此種情勢最為清楚，若使每一計畫方案都予以評估，毋寧在製造政治衝突，為政府帶來施政上的困擾。政府為避免此種紛擾，皆對決定的方案或進行中的計畫不對其加以評估。

評估工作增加計畫實施的財政負擔

當前公共政策的評估工作本身即為一項所費不貲的研究計畫。政府當局傾向於作好政策規劃工作，一旦政策定案付諸實施，常不願再花經費對它作評估工作，主要理由是當前公共政策經費短絀，無力對同一政策一再給予以反覆評估。

政策乃是政府機構所作「大有為」施政的明證

對政府機構來說，希望政策只能有「正面」的影響性，而不欲其產生「負面」的影響性。一旦評估工作的結果顯示其產生負面作用，這毋寧是對其「既得利益」（vested interest）的破壞。因此，政府自然對評估工作不產生太大興趣。

評估工作對現行進行中的計畫造成干擾

此種情形對計畫進行「實驗」（experiment）時尤為顯著。「實驗」中的「控制組」（control group）因為評估工作的進行勢必遭到正常工作權益的剝奪，因之就計畫本身而言，工作人員極不歡迎評估工作的進行。

公共政策力求與民意相結合

當前研究公共政策的學者將「民眾」界定為公共政策的「制定者」，因之公共政策力求與大多數民意相結合乃成為政府的首要考慮。倘政策評估的結果顯示政策的影響性有違背「民眾」的利益，則此一評估工作對政府極為不利。

十二、從事公共政策評估可能遭遇的困難

(一) **政策目標不易確定**：政策目標若含混不清，或有多重目標的現象，則欲判斷政策目標是否已經達成，以及目標達成的程度，極為不易。

(二) **政策行動與實際社會情況改變間之因果關係不易確定**：在對一項公共政策做有系統的評估時，我們希望能在政策行動與實際社會情況改變間，建立一種因果關係，即實際社會情況的改變是受到政策行動的影響。但要在兩者之間確切地建立一種因果關係，誠非易事。

(三) **政策影響會有所分散**：一項政策行動，除了對政策直接的受益人有所影響外，對其他個人或團體也可能有所影響。例如，一項福利救濟政策的影響，不僅及於亟待救濟的窮人，有時連一般納稅入也受到影響。

(四) **政策評估所需資料不易取得**：政策評估可能遭遇到的另一種困難，是評估政策所需之精確、可靠的資料不易蒐集。

(五) **不願合作**：在評估政策時，難免會對政府所制定之政策良窳，作一種價值上的判斷，即使由立場超然之人來做政策評估工作，亦難以避免。因此政府對因政策評估而可能產生之政治上的後果，自是有所顧慮。因為在政府看來，評估的結果若有「偏差」，後果可能相當嚴重。由此之故，負責政策規劃與政策推行的政府機關，可能會設法阻撓政策評估的工作，拒向外界提供政策評估所需資料，此亦為政策評估可能遭遇到的一種困難。

十三、評估的研究設計與定量途徑的研究設計

(一) **評估的研究設計**：指確定被研究的群體為何、每個群體有多少單位或樣本被列為研究對象、以何種方法選取單位或樣本、作何種時間的距離（time intervals）的研究、及計劃作何種類型的比較等。

(二) **定量途徑的研究設計**：定量途徑的政策評估通常採取訪問法、問卷法、方案記錄檢視法或觀察法等，以標準化的測量工具，蒐集評估所需的資料，此些資料並被轉換成數字價值，然後依據數值狀況進行描述性或推理性的分析解釋。根據坎波耳（D.T. Campbell）與史坦萊（J.C.Stanley）的說法，實驗設計可以分成三種：一為前實驗設計（pre-experimental designs）。二為真實驗設計（true-experimental designs）。三為準實驗設計（quasi-experimental designs）。前實驗設計中自變數與依變數間的因果推論是沒有根據的，其對內在效度和外在效度的威脅均無法控制。而準實驗設計和真實驗設計的不同在於準實驗設計中因倫理、道德等因素的考慮，而未能將受試者隨機分配於實驗組和控制組中。真實驗設計的特點則在於使用隨機分配、利用配對法，同時具有實驗組與控制組。

十四、量化政策方案的執行效果的途徑

依據哈材（Harry P.Hatry）等人的看法，欲確認並量化政策方案的執行效果，有下列比較途徑可選擇：

(一) **方案執行前後的比較**（before vs. after program comparison）：就同一個地區在方案執行前以及在執行一段相當時間後，分別測量一次，然後比較其差異，以了解執行的績效。

(二) 以方案執行前之時間趨勢預估資料與方案執行後之實際資料相互比較：即將方案執行後所得的實際資料，與方案執行前依時間週期所作的若干次預估資料，作對照比較。

(三) 與非該方案服務對象的地區或人口進行比較：即將由執行方案地區所獲得的資料，與由其他並未執行該方案地區所獲得的資料，進行對照比較。

(四) 比較計畫中的績效與實際達成的績效：即將方案執行後所得的資料與執行前或執行後任一段時間所得的資料相互比較。

(五) 採取控制的實驗方式：即採取設立實驗組（方案服務的對象）與控制組（無方案服務者或以其他方案服務者）的方式，進行比較分析。

　　在以上五種途徑中，以第五種最具有解釋力，但也是最為昂貴及最難實施的途徑。

牛刀小試

1. 試扼要說明政策評估標準設立的原則。（90身三）
2. 試論述政策評估失敗的理由為何？（92身三）
3. 政策評估有哪些模式？試加以說明之。
4. 試說明政策評估的架構及步驟。
5. 何謂政策評估標準？其設立原則為何？又決策者選擇政策方案之標準包括哪些？
6. 造成政府機關評估不力的原因及疏於作政策評估的理由各為何？

肆　實驗評估：第一代至第三代

　　在政策評估理論發展過程中的初期，幾乎都是以實驗設計為主軸的量化評估，我們稱之為政策實驗評估時代。政策實驗係指運用隨機指派方法，將一群人分配到兩種以上不同的研究組群，其中一組接受計畫實驗的處置或評估，稱之為實驗組或處置組，另一組則是沒有接受計畫實驗的組群，只是用於一般政策環境下的實驗處置，稱為比較組或控制組，然後再看看這兩組的結果是否有所不同。

一、實驗設計的情境

　　實驗設計通常可在三種不同情境下進行，分別反映出了過去實驗評估發展的趨勢：

(一) **實驗室實驗--第一代政策評估**：主要是指「控制實驗情境」的情形下所從事的實驗，這是第一代的實驗評估方式，當然最好的控制實驗是在一個完全與外界隔絕的「實驗室」，代表性的實驗如行政學理論中的霍桑實驗。此處所謂「控制」，包括：第一、控制自變項：被控制的自變項通常稱為實驗變項，如我們控制教學方法，企圖瞭解教學方法是否會產生不同的教學績效？第二、控制自變項以外的因素：這種變項通稱為干擾變項，如吵雜的環境、受試者的性別、

年齡與身體機能等變項。第三、控制測量工具：測量工具如問卷、量表、儀器等，我們必須設法控制使之誤差愈小愈好。

1. 從科學方法角度看，實驗室實驗無疑地是相當嚴謹的方法，因為它是在封閉體系內進行實驗，可以排除許多干擾變項，而且可以操控自變項與測量工具，可以得到精準的實驗結果，此時我們說它具有內在效度。但實驗室所營造的封閉環境，在現實世界中根本不存在，這種不理想狀況稱為欠缺外在效度。所以第一代實驗的最大缺點是欠缺外在效度，優點則是擁有內在效度。

2. 內在效度之高低，容易受到下面幾種因素的影響，這也是第一代實驗最大的缺點：

    (1) **需求特性**：被實驗者一旦知道他是被實驗的對象，實驗的操縱過程就容易被扭曲，不容易得到正確的結果。

    (2) **實驗者誤差**：實驗者本身的情緒與主觀判斷也容易影響客觀實驗的進行。

    (3) **測量工具的人為化**：測量工具受到人為的控制，其所得到的結果往往不夠精準，無法反映真實環境。

(二) **實地實驗--第二代政策評估**：實驗室實驗法所得到的結果往往無法推論到現實生活上，欠缺外在效度，主要原因是：第一、實驗情境很難控制，特別是人類的行為因素，很難完全加以控制；第二、實驗情境的過分人工化，也導致實驗結果失去外在效度。為了彌補這些缺失，第二代的政策評估者必須在現實環境中進行實驗，如學校、工廠或戰場等，稱為實地實驗，此為重要的實驗方法。實地實驗的優點為外在效度較高，但內在效度則不容易加以控制，因為有太多影響實驗的內在變項而無法加以控制；因此，隨機化實驗或多項控制就成為提升實地實驗效果的重要實驗控制法。換言之，將可能影響實驗結果的變項，透過隨機化分組的方式，使各組的參與者特性都隨機分布，並無明顯的差異性；或者透過統計方法，控制哪些可能影響實驗結果的變項。

(三) **社會或政策實驗--三代政策評估**：由於受到前述兩種實驗類型的啟發，第三代實驗評估學者乃將實驗設計原理從實驗室、田野擴展到整個社會或政府所推動的公共政策，以實驗成果作為評估政策的主要方法論。六、七〇年代美國政府推動重要的社會或政策實驗均屬之。

二、實驗設計的類型

實驗設計的類型通常可以分為三大類：

(一) **非實驗設計（non-experimental design）**：非實驗設計可以分為三種類型：在各類型中，X代表實驗變項或稱為政策干預；O1代表政策實施之前的政策效果，O2代表政策實施之後的政策效果。

1. 單一個案研究：

X	O

此一設計的缺點在於：(1)欠缺測定政策實施之前的效果；(2)欠缺比較組，無法確定X的改變是否會帶來O的改變。

2. 測定前後單一實驗組設計：

O1	X	O2

優點為針對政策實施前後的效果加以衡量，但欠缺比較組的設計，仍無法確定O2與O1之間的變化是否真正由於X的影響。影響O2與O1之間的變化因素很多，諸如：歷史因素、心理或生理的成熟、測量工具失去測量效果等，在這個實驗中，無法排除前述因素影響結果的可能性。

3. 靜態組比較設計：

X	O1
	O2

優點為有比較組的設計，可以確定O2與O1之間的變化可能受到X的影響。但這種比較基礎相當脆弱，因為實驗組與控制組的成員選擇相當重要，如果沒有按照隨機抽樣的法則加以抽取，則這種比較是沒有意義。

(二) **真實驗設計**（true experimental designs）：

1. 實驗組控制組前測後測設計（pretest/posttest control group design）：

R	E	O1	X	O2
	C	O3		O4

在實驗前採取隨機分配方式，將受試者分為能力相同的兩組並分別予以前測，經實驗處理後用共變數分析法來檢驗兩者的不同。它是其實驗設計中最常被使用的一種，但會受到前測反作用效果之內在效度的威脅，而且在政策評估方面，不易使用此種設計。

2. 實驗組控制組後測實驗設計（posttest only control group design）：

R	E	X	O1
	C		O2

此種實驗設計雖使用隨機分配組成控制組和實驗組兩組，但因為沒有前測，所以就不會有前測的反作用效果。它是一項最經濟省錢的設計方法，通常應用於前測的工具不易找到或不易進行時。

3. **所羅門四組設計**（Solomon four groups design）：

	E1	O1	X	O2
	C1	O3		O4
R				
	E2		X	O5
	C2			O6

此種實驗設計具有兩個實驗組和兩個控制組，其中一對具有前測，另一對則無。應用此法可消除所有內在與外在效度的威脅，等於作了四次實驗。可以比較有前測與無前測之間是否有顯著的差異，亦可比較有實驗組與無實驗組間的不同，使評估者較具信心下結論。但卻具有費時、費錢與不易獲得眾多受試者的缺點。

註：X表示實驗處理（即採行政策），為自變數；E表示實驗組，並一接受實驗處理者；C代表控制組，為未接受實驗處理者；R代表隨機分配；O表示測量。

(三) **準實驗設計**（quasi-experimental designs）：

1. **時間數列設計**（time-series design）：

O1	O2	O3	O4	X	O5	O6	X	O7	O8

它是一種特別適用於縱貫研究（longitudinal study）的設計。應用此法時，評估者應將該組件週期性一系列的測量，藉著觀察到的紀錄，判斷實驗處理是否產生效果。其缺點為「歷史因素」及「前測的反作用」兩個內在效度的威脅難以控制。

2. **多重時間數列設計**（multiple time-series design）：

O1	O2	O3	O4	X	O5	O6	O7	X	O8
O9	O10	O11	O12		O13	O14	O15		O16

此種設計雖然將評估對象分成兩組作時間數列的研究，但卻未使用隨機分配，故有其缺點。

3. **不相等實驗控制組設計**（nonequivalent design）：

E	O1	X	O2
C	O3		O4

此種設計有兩組受試者，並進行前測，不過未使用隨機分配。它可以控制「歷史」、「成熟」、「測驗」、「工具」等因素的研究。總結而言，其實驗設計被認為是最有效與最有力的政策評估比較途徑。但因實際環境中充滿許多難以

克服的因素，故妨礙此種設計的採行，準實驗設計乃大行其道。準實驗設計的主要特徵為對內在及外在的變數不加以控制。通常在無法隨意採行樣本或無法獲得實驗的控制組時加以採用。在從事政策評估時，如妥慎應用，仍然具有良好的效果。

註：X表示實驗處理（即採行政策），為自變數；E表示實驗組，並接受實驗處理者；C代表控制組，為未接受實驗處理者；R代表隨機分配；O表示測量。

三、實驗設計的缺點

(一) 實驗設計無法應用在複雜的公共政策情境上。

(二) 實驗設計的結果過度的人為化，無法應用於自然的社會與人類行為環境上。

(三) 人本身是無法進行實驗的，實驗設計者應遵守實驗倫理與規範。

(四) 人是有思想、有動機的動物，實驗無法觀察到人類的這些內在意涵。

四、質化評估--第四代政策評估

(一) 對實驗評估的批評：

派頓（Patton）

認為過去的實驗評估為量化典範，相當強調評估者本身對於測量、統計分析與實驗設計等量化方法的客觀運用，而被評估者則絕對不能參與政策的評估；但目前最具挑戰性的評估則為質化評估，係強調被評估者的地位，主張評估者與被評估者之間的夥伴關係。

史鐵克（Stake）

是第一位提出質化評估的學者，他認為實驗評估並不能真正有用，而真實的評估資訊必須採取回應性評估途徑。該途徑的特色：
1. 著重於計畫活動過程的評估，而非僅著重於計畫目的的評估。
2. 強調對於地方利害關係人的資訊需求之回應。
3. 強調以利害關係人之價值觀表達他們對計畫成敗的意見與態度。
4. 強調利害關係人的參與，以加強對於他們的掌控能力。
5. 主張運用個案研究法。

古巴與林肯（Guba and Lincoln）

認為前面的三種實驗典範具有下列問題：
1. 過份重視管理手段，以至於出現管理主義（managerialism）的傾向，其實管理只是手段，是工具理性的應用；政策評估者應該重視目標，是實質理性的應用。
2. 適用於價值單元主義，無法調和當代社會中的價值多元主義。
3. 過分主張邏輯實證論的科學調查方法，忽略了以建構主義為主體的自然調查方法。因而，愈來愈多的評估者強調被評估者對於計劃的參與和投入。

(二) **第四代評估**：古巴與林肯針對傳統的實驗評估提出三點批評，並且提出他們自己的主張：

1. 實驗評估認為存在著客觀具體的社會現象，但兩氏認為社會現象是因為社會建構而存在的，並非是客觀的產物。

2. 實驗評估主張研究者與被研究者之間的分立關係，兩者保持適當距離，以維持其客觀性；但兩氏認為研究者與被研究者應該融合一，研究者必須投入被研究者的心境與情境，才能真正掌握被評估者的心態與想法。

3. 實驗評估主張透過無數次的實驗結果，以建立「放諸四海而皆準」的科學定律與通則；但兩氏認為這是不可能的，所有的真理都是相對的，因時因地而有不同的意義。

依此，古巴與林肯提出了以相對主義（relativism）與建構主義為基礎的第四代評估，其主要內容：

> 重視對於政策利害關係人內心感受的回應，因而必須認定政策所涉及到的利害關係團體。

> 所謂內心感受，其實就是政策利害關係團體的主張（claims）、關切（concerns）與議題（issues）。

> 方法論方面強調建構論者的方法論（constructivist methodology），這可說是當代政策評估研究中的一個重要轉變。

(三) **第四代評估的進行程序：**

> 認定承受風險的政策利害關係人為何

↓

> 界定出政策利害關係人所提出的「主張」、「關切」與「議題」

↓

> 營造質化評估的系絡與方法論

↓

> 在建構利害關係人的要求、關切與議題過程中能夠產生共識

↓

> 對於沒有或欠缺共識的要求、關切與議題，必須設定妥協的時程表

↓

> 開始蒐集有關妥協議程的訊息

↓

> 建立利害關係人的政策論壇，以進行妥協

↓

> 將已具共識的妥協事項作成報告

↓

> 將尚未獲取共識的要求、關切與議程繼續前面順序重新建構一次

1. 認定承受風險的政策利害關係人為何：任何一項公共政策都必然涉及或多或少的政策利害關係人，有些人是政策受益者，有些人則是政策犧牲者；進行質化評估時，必須特別注意哪些已經浮現政治舞臺者或潛在的政策犧牲者。

2. 界定出政策利害關係人所提出的「主張」、「關切」與「議題」：採取內在者觀點，以「將心比心」態度，針對利害關係人內心的需求與痛苦予以界定出來；同時，在基本態度上必須是開放性的，不能存有任何偏見。

3. 營造質化評估的系絡與方法論：採取人性關懷與社會互動的對話方式，從人性角度關心承受風險的政策利害關係人的內心需求，以建構一個適用於質化評估方法論的系絡環境與方法論。

4. 在建構利害關係人的要求、關切與議題過程中能夠產生共識：利害關係人可能各自擁有不同的要求、關切與議題，但評估者必須以忍讓負重之心，設法建構出共識性的項目，以作為評估建議之參考；亦即找出「最大公約數」，使得要求與需求能夠趨於共識。

5. 對於沒有或欠缺共識的要求、關切與議題，必須設定妥協的時程表：在建構共識過程中，總是會有不少的要求、關切與議題無法得到共識，此時為求問題解決，必須設定時程表，進行談判與妥協。

6. 開始蒐集有關妥協議程的訊息：有關妥協議程的訊息，無論是文獻上或實務上的，都應該盡量蒐集。

7. 建立利害關係人的政策論壇，以進行妥協：最好必須提供一個可以讓利害關係人自由討論與自由發言的空間，讓他們知無不言，言無不盡，真正掌握他們的要求、關切與議題。

8. 將已具共識的妥協事項作成報告：如有某些要求、關切與議題已具共識，就應該作成報告，要求政策主管機關立刻解決。

9. 將尚未獲取共識的要求、關切與議程繼續前面順序重新建構一次：必須以耐心將尚未解決的要求、關切與議題重新建構一次，直到解決滿足所有要求、關切與議題為止。

五、質化與實驗評估之不同

(一) 實驗評估強調「政策評估者」的優勢地位，質化評估則主張「被評估者」的功能地位：過去的實驗評估幾乎是以「政策評估者」為主體，所發展出來的實驗方法是以他們為主體，所提出的報告也只有他們看得懂，被評估者則被視為知識低落、沒有任何意見、欠缺自主能力的弱勢族群。質化評估者認為實驗評估不過顯露出知識份子的「驕傲」而已，並沒有透過評估活動真正照顧到被評估者的利益，事實上被評估者常常是必須承受風險、必須承受權力宰制的弱勢族群，評估結果如果不能為這些弱勢族群所接納，則所有的評估活動都將失去意義；因此，必須尊重被評估者的地位才能透視政策評估的真正目的。

(二) 實驗評估強調運用邏輯實證論的科學調查方法，質化評估則強調建構論的自然觀察方法：實驗評估者信奉邏輯實證論的主張，強調科學調查方法，運用高深的統計技術，使政策評估走向「科學化」與「標準化」的境地；但質化評估者則主張採行建構論的主張，強調運用自然調查方法，以將心比心，深入情境的方式，評估公共政策的效果，使政策評估走向「人性化」與「特性化」的境地。

(三) 實驗評估強調明確的多元變異量關係，質化評估則主張建構利害關係人的主張、關切與議題：實驗評估者主張以多元變異量分析確定自變項、中介變項與因變項之間的統計關係，使因果關係能夠明確化與科學化；但質化評估者主張應該以建構方法論將利害關係人內心所擁有的主張、關切與議題加以建構出來，然後再制訂政策，如此才能得到理想的政策結果。

牛刀小試

1. 試說明第一代評估至第三代評估的內涵及不同。
2. 何謂第四代評估？其實施程序為何？
3. 質化評估與實驗評估有何不同？試加以說明之。

⬇ 章後速讀

1. **政策評估**：政策評估是指政策評估人員利用科學方法與技術，有系統的蒐集相關資訊，評估政策方案之內容、規劃與執行過程及執行結果的一系列活動。其目的在提供選擇、修正、持續或終止政策方案所需的資訊。

2. **政策評估的目的**：消極目的：為遲延作成決定、為規避責任、為進行公眾關係、為符合經費補助的要求、為偽證掩飾與攻擊的需要；積極目的：做為比較各替選方案優先順序的根據、做為改善政策實施程序的參考、做為增刪特殊政策執行策略與技術的參考、做為維持或停止政策實施的參考、做為其他地方推動類似政策的參考、做為分配各競爭政策所需資源的根據、做為接受或拒絕政策所涉及途徑或理論的基礎。

3. **政策評估的特徵**：以價值為核心（value focus）、事實與價值互依性（fact-value interdependence）、目前與過去取向（present and orientation）、價值二元論（value duality）。

4. **政策評估的功能**：政策評估可提供有關政策績效之可靠及有效的資訊、政策評估有助澄清及批判選擇目標與目的所根據的價值、政策評估有助其他政策分析方法的應用。

5. **評估的種類**：
   (1) **預評估定義**：預評估是指對於政策方案在規劃階段時進行可行性評估、優缺點評估、優先順序評估。

(2)過程評估是指對政策問題認定的整個過程、政策方案的規劃過程，與政策方案的執行過程進行評估的意思。

(3)結果評估是指對於政策方案的執行結果加以評估的意思。

6. **我國政策評估的參與者：**

(1)**政府機關的參與者**：立法機關、行政機關、監察院。

(2)**政府機關外的政策評估參與者**：大眾傳播媒體、利益團體、民間研究機構、學者專家。

7. **我國政策評估的缺失：**

(1)政策目標常不夠清晰、評估標準難以建立。

(2)偏重預評估與規劃評估，忽視執行評估與結果評估。

(3)機關內部評估人員專業知識不足。

(4)政策方案的直接成本計算困難，間接成本不易量化，使評估工作不易周全。

(5)政策評估常偏重短期而忽視中長期政策的執行績效。

(6)政策執行機關不重視評估工作，甚至抵制它，使評估工作無法有效落實。

(7)不同的個人、機關、利益團體對評估具有不同的目的，因此對評估結果從不同角度予以解釋，常使結果失去客觀與其實。

(8)管理資訊品質不一，影響評估的實施及評估的結果。

(9)未重視評估結果的處理，使政策評估功能無從發揮。

(10)政策行動與實際社會情況改變間之因果關係不易確定，影響評估結果的公信力。

8. **我國政策評估改進之道：**

(1)政策方案目標應力求明確，主管政策評估的機關應研訂一套完整的政策評估標準。

(2)各機關人員應同時注重並落實預評估（規劃評估）、過程評估、及結果評估（影響評估）工作。

(3)健全研究發展考核的組織體系，強化研考部門的權責，發揮指揮統一的功效。

(4)透過甄選及訓練方式，加強評估人員的專業知識，建立評估的權威。

(5)加強業務主管及執行人員對政策評估的正確認識，並積極支持政策評估工作。

(6)各級行政機關均應透過「電子化政府」的網路健全管理資訊系統，做為各機關政策評估的資料庫。

(7)精進政策評估的技術與方法，並使評估人員熟悉技術與方法的運用。

(8)審慎選擇評估的政策或計畫，並提高評估結果實用性，避免將評估結果束諸高閣。

9. **政策評估的模式：**

(1)**目標取向模式**：這是目前主流評估模式，以是否達成政策目標作為評估的模式。

(2)**系絡-投入-過程-產出模式**：這是指目標必須從整體政策過程來觀察，不能僅就最後的結果來判斷，因此，從政策系絡、投入、過程到產出都應是政策評估目標關切的焦點。

(3)**目標中立模式**：這是指政策評估不應拘限於政策目標，如此必將窄化政策的實際結果，而是應該將目標中立起來，從實際層面去細心觀察政策究竟產生哪些實際效益。

(4)**多元目標與理論取向模式**：這是指評估政策時應該以多元目標為導向，且該目標之訂定除政府部門所發展的「官方目標」外，還必須採用學術界所發展出來的「理論目標」，如此才能周全的評估政策效果。

10.**評估機關內部方案的作法**：公聽會及報告（hearings and reports）、現場訪視（site visits）、方案衡量（program measures）、與專業標準進行比較（comparison with professional standard）、評估公民的抱怨（evaluation of citizens' complaints）。

11.**政策評估標準**：政策評估標準乃是政策評估人員為評估政策的執行結果，依據政策目標或目的所設定可供比較的指標或準則。

12.**政策評估標準的設立原則**：清晰性（Clear）、一致性（Consistent）、廣博性（Comprehensive）有效性（Valid）、可靠性（Reliable）、合時性（Timely）、客觀性（Objective）、操作性（Operational）、獨特性（Unique）、功能性（Functional）。

13.**決策者選擇政策方案之標準**：效能性（effectiveness）、效率性（efficiency）、充分性（adequacy）、公正性（equity）、回應性（responsiveness）、適當性（appropriateness）。

14.**政策評估的利害關係者**：決策者及決定者、方案主辦者、評估主辦者、標的參與者、方案管理者、方案執行者、評估者、方案競爭者、系絡性利害關係者、評估社群。

15.**第一代政策評估**：主要是指「控制實驗情境」的情形下所從事的實驗，這是第一代的實驗評估方式。

16.**第二代政策評估**：實驗室實驗法所得到的結果往往無法推論到現實生活上，為彌補這些缺失，第二代的政策評估者必須在現實環境中進行實驗，如學校、工廠或戰場等，稱為實地實驗，此為重要的實驗方法。

17.**第三代政策評估**：由於受到前述兩種實驗類型的啟發，第三代實驗評估學者乃將實驗設計原理從實驗室、田野擴展到整個社會或政府所推動的公共政策，以實驗成果作為評估政策的主要方法論。

18.**第四代政策評估—質化評估**：

(1)重視對於政策利害關係人內心感受的回應，因而必須認定政策所涉及到的利害關係團體。

(2)所謂內心感受，其實就是政策利害關係團體的主張（claims）、關切（concerns）與議題（issues）。

(3)方法論方面強調建構論者的方法論（constructivist methodology)，這可說是當代政策評估研究中的一個重要轉變。

19.**政府疏於作政策評估的理由**：避免造成政治利益的衝突、評估工作增加計畫實施的財政負擔、政策乃是政府機構所作「大有為」施政的明證、評估工作對現行進行中的計畫造成干擾、公共政策力求與民意相結合。

精選試題演練

一、何謂政策評估？試就所知說明其本質、種類與目的。（95身三）

答：(一) 本質及定義：吳定教授的界定：「政策評估是指政策評估人員利用科學方法與技術，有系統的蒐集相關資訊，評估政策方案之內容、規劃與執行過程及執行結果的一系列活動。其目的在提供選擇、修正、持續或終止政策方案所需的資訊。」因此，評估活動並非單指政策執行績效的評估，也包含政策執行前及執行中的評估。此外，評估與評鑑（appraisal）、評量（assessment）、衡量（measurement）、檢討（review）等字的意義大致相似。」

(二) 政策評估的目的：分為消極及積極。

　1. 消極目的：

　　(1) 為遲延作成決定：即決策者利用評估研究的進行，做為延長作成決策之時間的藉口。

　　(2) 為規避責任：即行政首長利用評估研究的結果，掩飾其預設作成某種決策或不作決策的規避責任之立場。

　　(3) 為進行公眾關係：即決策者或執行者利用評估研究的結果，做為炫耀工作績效的手段，爭取更多的經費，及對該機關計畫的支持。

　　(4) 為符合經費補助的要求：即接受經費補助的計畫，必須從事評估工作，以迎合經費提供者所附的條件。

　　(5) 為偽證、掩飾與攻擊的需要：即有時行政首長會以評估來掩飾偽裝政策的失敗或錯誤；有時甚以評估來攻擊或破壞某一政策或計畫。

　2. 積極目的：

　　(1) 做為比較各替選方案優先順序的根據。

　　(2) 做為改善政策實施程序的參考。

　　(3) 做為增刪特殊政策執行策略與技術的參考。

　　(4) 做為維持或停止政策實施的參考。

　　(5) 做為其他地方推動類似政策的參考。

　　(6) 做為分配各競爭政策所需資源的根據。

　　(7) 做為接受或拒絕政策所涉及途徑或理論的基礎。

(三) 評估的種類：對於政策評估的種類，學者們的主張並不相同。吳定教授主要分類如下：

1. 預評估（Pre-evaluation）：預評估是指對於政策方案在規劃階段時進行可行性評估、優缺點評估、優先順序評估。如果能在此階段即了解該政策方案的「預期影響」及「預期效益」，則在執行前，將可適當修正該方案的內容，使資源能作最適分配，或是在政策方案執行一段時間後，先作探測性的評估，以做為未來全面評估該項政策執行之影響及效益的基礎。預評估包括三項評估工作：規劃評估、可評估性評估、修正方案評估。

2. 過程評估（Process evaluation）：過程評估是指對政策問題認定的整個過程、政策方案的規劃過程，與政策方案的執行過程進行評估的意思。藉此類評估，可瞭解是否真正找出問題的癥結所在，是否正確的界定問題，以免溶入「以正確方法解決錯誤問題的陷阱」。

3. 結果評估（outcomes evaluation）：結果評估是指對於政策方案的執行結果加以評估的意思。此處所謂結果評估包括兩方面，一為「產出評估」（output evaluation），它涉及執行機關對標的人口從事多少次的服務，給予多少數額的金錢補助，及生產多少物品等。另一為「影響評估」（impact evaluation），指當政策執行以後，對於標的人口產生何種有形或無形的、預期或非預期的影響，例如提高聲望、增加安全感、提高生活水準等。

二、何謂政策評估？妨礙政策評估有效完成的基本問題有哪些？（101地三）

答：(一) 定義：見第一題。

(二) 問題：

1. 政策目標不易確定：政策目標若含混不清，或有多重目標的現象，則欲判斷政策目標是否已經達成，以及目標達成的程度，極為不易。

2. 政策行動與實際社會情況改變間之因果關係不易確定：在對一項公共政策做有系統的評估時，我們希望能在政策行動與實際社會情況改變間，建立一種因果關係，即實際社會情況的改變是受到政策行動的影響。但要在兩者之間確切地建立一種因果關係，誠非易事。

3. 政策影響會有所分散：一項政策行動，除了對政策直接的受益人有所影響外，對其他個人或團體也可能有所影響。例如，一項福利救濟政策的影響，不僅及於亟待救濟的窮人，有時連一般納稅入也受到影響。

4. 政策評估所需資料不易取得：政策評估可能遭遇到的另一種困難，是評估政策所需之精確、可靠的資料不易蒐集。

5. 不願合作：在評估政策時，難免會對政府所制定之政策良窳，作一種價值上的判斷，即使由立場超然之人來做政策評估工作，亦難以避免。因此政府對因政策評估而可能產生之政治上的後果，自是有所顧慮。因為在政府看來，評估的結果若有「偏差」，後果可能相當嚴重。由此之故，負責政策規劃與政策推行的政府機關，可能會設法阻撓政策評估的工作，拒向外界提供政策評估所需資料，此亦為政策評估可能遭遇到的一種困難。

三、何謂方案評估（program evaluation）？如何提升方案評估在決策過程中的效用？（99高三）

答：(一)定義：係指運用系統性、質性研究、定量研究等方法來分析資料、蒐集證據，以客觀判斷社區方案或其他服務之成效與影響。因此，方案評估兼具責信（accountability）與學習的重要功能。

(二)如何提升效用：

1. 公聽會及報告（hearings and reports）：政府機關的主管可能被行政首長或民意代表要求就該機關方案的執行成果，以正式或非正式的方式作證。另外，負責方案執行的主管通常也會提供書面報告如年度報告之類，可就此報告加以評估。

2. 現場訪視（site visits）：有時高階行主管學者專家，顧問、民意代表等會個別組團或混合組團，前往方案執行機關訪視，或進行現場檢查。這些訪視團可獲取較客觀真實的方案執行資料，以評斷方案是否依原先計畫進行、是否擁有夠格的執行人員。此部份可作為重要參考及執行修正的依據。

3. 方案衡量（program measures）：由政府機關本身就方案執行所發展出來的資料，涵蓋了政策產出衡量所需要的資料，諸如：各種社會福利方案受惠者的數目、接受就業訓練的人數等。

4. 與專業標準進行比較（comparison with professional standard）：就某些政府活動的領域而言，專業性社團已經發展出「卓越性」的標準。這些標準通常是以產出的某種期望水準加以表示，例如：每千人的病床數、每社工人員處理的案件數等。政府機關的實際產出就可拿來與「理想的產出」加以比較。

5. 評估公民的抱怨（evaluation of citizens' complaints）：對公民所提出的抱怨進行分析，也是一種方案評估的途徑。不過，並非所有的公民都願意對政府的方案提出抱怨或加以評論。行政機關有時可以設計問卷送請方案參與者填答，以了解他們的抱怨為何，及對方案的滿意情況。

四、隨著政府推動各種公共政策，為能了解政策成效，政策評估逐漸受到重視。請說明政策評估受到重視的原因，以及形成評估（formative evaluation）與總合評估（summative evaluation）的意義。（100原三、100高一暨高二、96高三）

答：(一)受重視的原因：

1. 政策評估可提供有關政策績效之可靠及有效的資訊：即政策方案實現需求、價值及機會的程度如何。因此，政策評估可以發現特定目標（如提高所得）及目的達成的程度。

2. 政策評估有助澄清及批判選擇目標與目的所根據的價值：價值可透過界定及操作化目標與目的方式而獲得澄清，價值也可透過有系統的質疑問題解決之目標與目的的適當性而獲得批判。

3. 政策評估有助其他政策分析方法的應用，包括問題建構法（problem structuring）及建議法（recommendation）等：政策績效未充分解決問題的資訊，有助於重新建構政策問題，例如，資訊可能顯示，必須重新界定目標與目的。政策評估也可藉顯示先前偏好的政策替選方案必須放棄而代以其他方案的方式，而確定新的或修正過的政策方案。

(二) Formative Evaluation：形成性評估指以改善政策方案執行情況為目的所進行的評估，它與「總結性評估（summative valuation）」是相對的。形成性評估是一種應用於方案發展階段的評估類型，評估人員藉著它可以提出建議對方案規劃者與執行者提供必要的資訊，幫助他們確定方案的組成要素。易言之，形成性評估的主要目的在回饋重要的資料，以協助規劃人員及執行人員在方案執行階段之前或執行中，作必要的決定，以增進方案的執行績效。

(三) summative evaluation：總合評估主要是針對政策執行結束以後的結果所作的整體性評估，評估結果對於是否繼續進行或終止該計劃的決定有相當的影響力。總合評估關切的問題是：

1. 政策實施前後對於社會的影響是否有所不同？
2. 政策實施前後對於標的團體的影響是否有所不同？
3. 是正面的或負面的？

總合評估之目的在於決定政策的價值，它通常向層次更高的政策制定者或民眾提供政策的整體結果，它特別關切政策影響，與政策過程中的終止、選擇、估計與創議等階段有密切關係。

五、試以臺灣原住民族政策為例，說明過程評估及影響評估的差異，以及政策評估的標準有哪些？（102原三）

答：(一) 差異：

1. 過程評估（Process evaluation）：是對於執行中的計畫或政策所實施的評估型態，評估焦點在於計畫或政策為主雇提供服務的手段，因之其評估重點乃是：計畫活動的評鑑與主雇滿意度的調查，目的是希望找出政策或計畫的管理問題。通常詢問的問題是：契約義務是否確實履行？政策執行有無產生任何的不良副作用？政策資源利用的狀況如何？政策執行是否按照政策目標或大綱？

2. 影響評估（impact evaluation）：是針對已經執行完成的政策最後結果所進行的評估，評估焦點在於政策目標是否達成？政策是否對標的團體提供預期的服務水準？其主要目的是希望瞭解政策對實際現象所產生的效果。

(二) 標準：

1. 清晰性（Clear）：政策評估標準應清晰明確，使政策執行人員均能瞭解。如果標準訂得太抽象或太技術性，即不易使執行人員與標的團體瞭解與遵循。

2. 一致性（Consistent）：任一政策評估標準的內涵必須一致，不應有矛盾的現象。

3. 廣博性（Comprehensive）：評估標準應適用於衡量政策執行後所生影響的不同程度。例如對於空氣污染防制政策的影響評估，如將標準訂為「能使空氣未含任何二氧化硫物」，即不符合廣博性原則。

4. 有效性（Valid）：評估標準應能確實衡量其所要衡量的政策影響，如果衡量的結果並非是政策影響，或是衡量的標的團體或情勢有誤，即可知該評估標準不當。

5. 可靠性（Reliable）：在擬定評估標準時，應考慮該標準如在同樣情況下重複進行評估工作，而仍能得出近似的結果，能如此，表示該標準甚為可靠，也較可信賴。

6. 合時性（Timely）：在擬定評估標準時，應考慮評估者所需要的有關資訊是否能及時蒐集，如標準不當，可能無資訊可評估。

7. 客觀性（Objective）：在擬定評估標準時，應考慮使評估者個人偏見介入評估過程的可能性減至最低。

8. 操作性（Operational）：評估標準應力求操作化，使政策執行者及評估者均有所遵循。所謂操作化係指該標準應該具體且盡可能量化。

9. 獨特性（Unique）：由於各種政策的性質及目標並不相同，在進行評估時，標準的擬定，除可選擇通用標準外，應針對其特殊情況需要，擬定若干適合該特殊政策的特殊標準。

10. 功能性（Functional）：在擬定評估標準時，應考慮該標準會對政策執行人員產生何種正功能與負功能。所謂正功能是指政策執行人員為符合評估標準的規定，會提高其執行意願，使執行結果能產生預期且正面的影響。所謂負功能是指政策評估標準可能有鼓勵執行人員從事負面行為的潛在性。例如，在評估交通整頓政策時，可能造成鼓勵交通警察濫開罰單，造成不利影響的後果。

六、何謂政策評估？根據學者林肯（Y.S.Lincoln）和古巴（E.G.Guba）之分析，可分為那四種階段？試就各階段之內涵與特點加以扼要敘述之。（98身三）

答：(一) 實驗室實驗--第一代政策評估：主要是指「控制實驗情境」的情形下所從事的實驗，這是第一代的實驗評估方式，當然最好的控制實驗是在一個完全與外界隔絕的「實驗室」，代表性的實驗如行政學理論中的霍桑實驗。此處所謂的「控制」，包括：第一、控制自變項：被控制的自變項通常稱為實驗變

項，如我們控制教學方法，企圖瞭解教學方法是否會產生不同的教學績效？第二、控制自變項以外的因素：這種變項通稱為干擾變項，如吵雜的環境、受試者的性別、年齡與身體機能等變項。第三、控制測量工具：測量工具如問卷、量表、儀器等，我們必須設法控制使之誤差愈小愈好。

1. 從科學方法角度看，實驗室實驗無疑地是相當嚴謹的方法，因為它是在封閉體系內進行實驗，可以排除許多干擾變項，而且可以操控自變項與測量工具，可以得到精準的實驗結果，此時我們說它具有內在效度。但實驗室所營造的封閉環境，在現實世界中根本不存在，這種不理想狀況稱為欠缺外在效度。所以第一代實驗的最大缺點是欠缺外在效度，優點則是擁有內在效度。

2. 內在效度之高低，容易受到下面幾種因素的影響，這也是第一代實驗最大的缺點：

   (1) 需求特性：被實驗者一旦知道他是被實驗的對象，實驗的操縱過程就容易被扭曲，不容易得到正確的結果。

   (2) 實驗者誤差：實驗者本身的情緒與主觀判斷也容易影響客觀實驗的進行。

   (3) 測量工具的人為化：測量工具受到人為的控制，其所得到的結果往往不夠精準，無法反映真實環境。

(二) 實地實驗--第二代政策評估：實驗室實驗法所得到的結果往往無法推論到現實生活上，欠缺外在效度，主要原因：第一、實驗情境很難控制，特別是人類的行為因素；第二、實驗情境的過分人工化，也導致實驗結果失去外在效度。為了彌補這些缺失，第二代的政策評估者必須在現實環境中進行實驗，如學校、工廠或戰場等，稱為實地實驗，此為重要的實驗方法。實地實驗的優點為外在效度較高，但內在效度則不容易加以控制，因為有太多影響實驗的內在變項而無法加以控制；因此，隨機化實驗或多項控制就成為提升實地實驗效果的重要實驗控制法。換言之，將可能影響實驗結果的變項，透過隨機化分組的方式，使各組的參與者特性都隨機分布，並無明顯的差異性；或者透過統計方法，控制哪些可能影響實驗結果的變項。

(三) 社會或政策實驗--第三代政策評估：由於受到前述兩種實驗類型的啟發，第三代實驗評估學者乃將實驗設計原理從實驗室、田野擴展到整個社會或政府所推動的公共政策，以實驗成果作為評估政策的主要方法論。六、七〇年代美國政府推動重要的社會或政策實驗均屬之。

(四) 第四代評估：古巴與林肯針對傳統的實驗評估提出三點批評，並且提出他們自己的主張：

1. 實驗評估認為存在著客觀具體的社會現象，但他們認為社會現象是因為社會建構而存在的，並非是客觀的產物。

2. 實驗評估主張研究者與被研究者之間的分立關係，兩者保持適當距離，以維持其客觀性；但他們認為研究者與被研究者應該融合，研究者必須投入被研究者的心境與情境，才能真正掌握被評估者的心態與想法。

3. 實驗評估主張透過無數次的實驗結果，以建立「放諸四海而皆準」的科學定律與通則；但他們認為這是不可能的，所有的真理都是相對的，因時因地而有不同的意義。

4. 因此，古巴與林肯提出了以相對主義與建構主義為基礎的第四代評估，其主要內容：

   (1) 重視對於政策利害關係人內心感受的回應，必須認定政策所涉及到的利害關係團體。

   (2) 所謂內心感受，其實就是政策利害關係團體的主張、關切與議題。

   (3) 方法論方面強調建構論者的方法論，這可說是當代政策評估研究中的一個重要轉變。

七、古巴（Egon G. Guba）與林肯（Yvonna S. Lincoln）提出以相對主義與建構主義為基礎之第四代回應性評估，請舉實例說明如何進行第四代評估的程序。
（100地三）

答：第四代評估的進行程序：

(一) 認定承受風險的政策利害關係人為何：任何一項公共政策都必然涉及或多或少的政策利害關係人，有些人是政策受益者，有些人則是政策犧牲者；進行質化評估時，必須特別注意哪些已經浮現政治舞臺者或潛在的政策犧牲者。例如降低關稅開放國外農產品進口，受益的是進口商及相關通路，受害的是國內的農產品生產者，應分析這當中的利弊得失。

(二) 界定出政策利害關係人所提出的「主張」、「關切」與「議題」：採取內在者觀點，以「將心比心」態度，針對利害關係人內心的需求與痛苦予以界定出來；同時，在基本態度上必須是開放性的，不能存有任何偏見。例如受害的國內農漁生產者提出受害補貼主張，政府應放開心胸聽其意見。

(三) 營造質化評估的系絡與方法論：採取人性關懷與社會互動的對話方式，關心承受風險的政策利害關係人的內心需求，以建構一個適用於質化評估方法論的系絡環境與方法論。中央政府應實地去地方關心這些農漁生產者所面對的困境，並舉辦公聽會聽取學者專家及政黨代表的意見。

(四) 在建構利害關係人的要求、關切與議題過程中能夠產生共識：利害關係人可能各自擁有不同的要求、關切與議題，但評估者必須以忍讓負重之心，設法建構出共識性的項目，以作為評估建議之參考。

(五) 對於沒有或欠缺共識的要求、關切與議題，必須設定妥協時程表。此部份中央可以作爲與外國政府談判的「靠山」及討價還價的依據。

(六) 開始蒐集有關妥協議程的訊息：有關妥協議程的訊息，無論是文獻上或實務上的，都應該盡量蒐集。

(七) 建立利害關係人的政策論壇，以進行妥協：最好必須提供一個可以讓利害關係人自由討論與自由發言的空間，真正掌握他們的要求、關切與議題。公聽會、研討會、政論節目均屬之。

(八) 將已具共識的妥協事項作成報告：如有某些要求、關切與議題已具共識，就應該作成報告，要求政策主管機關立刻解決。

(九) 將尚未獲取共識的要求、關切與議程繼續前面順序重新建構一次：必須以耐心將尚未解決的要求、關切與議題重新建構一次，直到解決滿足所有要求、關切與議題爲止。

八、名辭解釋：

(一) First Generation Policy Evaluation（100 原三）

(二) Policy Output及Policy Impact（89原三）

答：(一) First Generation Policy Evaluation：第一代評估，美國學者Egon G. Guba及Y.S.Lincoln將公共政策評估研究的演進，按照研究所在場所、研究主要論題、及研究途徑與方法之不同所形成的不同典範，分成四代予以說明。第一代評估研究是指二十世紀初至第一次世界大戰結束時學者們所進行的評估研究，這一代的政策評估人員扮演「技術人員」（technician）的角色，他們的理論基礎是實證論典範。政策評估人員主要的任務是對政策執行結果進行測量，因此他們的評估活動屬於工具導向，也就是運用適當的測量工具，有系統的蒐集個別資料進行評估。

(二) Policy Output與Policy Impact：結果評估是指對於政策方案的執行結果加以評估的意思。此處所謂結果評估包括兩方面，一爲「產出評估」（output evaluation），它涉及執行機關對標的人口從事多少次的服務，給予多少數額的金錢補助，及生產多少物品等。另一爲「影響評估」（impact evaluation），指當政策執行以後，對於標的人口產生何種有形或無形的、預期或非預期的影響，例如提高聲望、增加安全感、提高生活水準等。所謂影響評估是指研究某一政策方案造成標的人口或標的事務向期望方向改變的程度如何，包括對目標作操作性的界定，對政策成功的標準予以確定，並對達成目標的情況予以衡量等。一般來說，影響評估比產出評估要來得重要。

九、 何謂「政策指標」（policy indicators）？發展政策指標的價值為何？政策指標與社會指標的差異何在？（103高三）

答：(一)定義：政策指標係指為「客觀地利用公部門的統計數據，用於衡量個別政策成效與結果的一種系統性架構，以有效協助政府制定政策」。美國北卡羅萊納大學公共政策學者麥可瑞 Duncan Macrae 在1985年於其所著作政策指標（Policy Indicators）中，極力倡導建立政策指標的重要性，並勾勒政策效果的系統架構。他認為政策指標係指可將公共統計數值運用於公共政策議題的衡量工具，主要目的在於利用公部門的統計以協助政策利害關係人制定妥適的政策。

(二)價值：政策指標通常包含三種類型的目的價值：

　1.純經濟效益：凡是能以幣值換算及價值者，多屬此類價值，最具代表性的是某一政策的成本效益。

　2.主觀性福祉：主觀性福祉則是衡量民眾或政策利害關係人對於某一政策感到滿足或快樂的程度。

　3.分配公平性：他所強調的並非社會福祉的總和，而是福利的分配狀況；反映在政策指標上的意義，則往往是對需要者（The needy）或弱勢團體的考量。

(三)差異：政策指標除包含多層面的目的價值外，其與社會指標最大差異有：

　1.社會指標反應整體社會變遷趨勢，因此社會指標不具政策意涵；而政策指標直接與政策相關，並可提供決策者所關心之訊息以作為政策建議或政策抉擇的參考依據。

　2.社會指標強調統計數字是客觀且科學地反應社會變遷實際情況；而政策指標則須經常納入倫理性和規範性的價值，才有可能衡量某一政策的合理性及可行性。

　3.社會變遷並非目標取向，而是集中於社會變遷的測量上；政策指標則不僅是政策目標取向，也是問題解決取向。同時亦隱含著政策干預或政治施政重點之優先順序。

　4.社會指標注重以科學方法觀察整體社會變遷事實；而政策指標則強調以綜合客觀數據與倫理價值衡量個別政策議題的成效與結果。

　（http://blog.xuite.net/andwer1972/twblog/127815820-
%E5%85%AC%E5%85%B1%E6%94%BF%E7%AD%96-%E6%94%BF%E7%AD%96%E6%8C%87%E6%A8%99%EF%BC%88Policy+Indicators%EF%BC%89；
http://www.jodesign.org.tw/index.php/JODesign/article/viewFile/608/255）

08 政策行銷、政策網絡、政策變遷、政策學習

政策行銷、政策網絡、政策變遷、政策學習

| 政策行銷的核心概念 | 1. 產品（Product）　　　2. 定價（pricing）
3. 通路（place）　　　　4. 促銷（promotion）
5. 夥伴（partnership）　6. 政策（policy） |

| 羅迪斯的政策網絡類型 | 1. 政策社群（policy communities）
2. 專業網絡（professional network）
3. 府際網絡（intergovernmental network）
4. 製造者網絡（producer network）
5. 議題網絡（issue network） |

| 政策變遷的理由 | 1. 政府通常都會逐漸地擴大某項政策領域的活動範疇。
2. 當前的政策可能因為不良副作用或效果不彰需要在政策上進行某種程度的改變。
3. 為了避免政策終結，引起民眾反彈與社會不安。 |

| 政策學習類型 | 1. 外部學習（exogenous learning）。
2. 內部學習（endogenous learning）。 |

課前導讀

　　學者丘昌泰指出，公共政策之所以需要行銷，主要是因為消費者社會的出現，市民主義的抬頭，使得政府與民眾的關係從「治者與被治者」的上下隸屬關係轉變為「生產者與消費者」的平等互惠關係，這種關係的改變促使許多公共制定者開始體認到他們不再是高高在上的統治者或父母官，而是民眾的服務者或良好夥伴，要讓民眾接受公共政策，必須將它當作是一種「產品」加以行銷，才能得到選民的認同。

　　本章另一重點是政策網絡與政策社群，這兩項理論提出後，從抽象的社會、政治與政策理論層次發展到具體的管理層次，使得公共政策的應用層面愈來愈廣。

重點精要

壹 政策行銷

一、政策行銷（Policy Marketing）定義

行銷（marketing）本來是商業上的名詞，是指「認定、預期與滿足顧客利益需要的管理過程」，從這個定義中可以得知行銷的特點為：第一行銷是一種管理過程，一個管理導向的組織一定會重視行銷管理；第二、行銷

> **觀念速記**
>
> 政策行銷是指藉由政策內涵的設計、包裝、宣傳、散播於民意市場的行銷方式，以認定與滿足民眾需求、強化人民對於公共政策的接受度。

是顧客導向的，「顧客至上」或「顧客為組織的生命中樞」。第三、行銷是一種認定、預期與滿足顧客利益的過程。因此，「政策行銷」可以界定為，政府機關及人員採取有效的行銷策略與方法，促使內部執行人員及外部服務對象，對研議中或已形成之公共政策產生共識或共鳴的動態性過程，其目的在增加政策執行成功的機率、提高國家競爭力、達成為公眾謀福利的目標。在當前時空環境下，政策行銷應當揚棄以往「為政不在多言」、「多作少說」的錯誤觀念。而代之以「多作多說」、「作多少說多少」，以爭取服務對象認同及支持的作法。就「內部行銷」而言，機關首長應採各種方式，讓內部執行人員建立共同「願景」，相信某項政策的確「值得作」、「必須作」、及「只要努力就有希望作成功」。就「外部行銷」而言，機關行銷團隊或人員應採適當行銷工具，透過多元參與、溝通對話、宣導說服等作法，爭取服務對象支持並配合政策的推動。

二、社會行銷與置入性行銷

(一) **社會行銷**：早在一九七○年代末期，就有很多學者將行銷概念運用在政府部門或非營利組織的「服務行銷」上，社會行銷（social marketing）就是這種概念下的產物。社會行銷的觀念，是由Kotier&Zaltman首先提出，指應用行銷的原則與技術來推動社會議題與理念，希望能夠透過行銷手段，將某項社會價值與觀念傳輸給社會民眾接受，從而加以實現。因此，社會行銷與市場行銷最大不同的地方就在於他所行銷的產品是無形的社會價值與觀念。社會行銷是一種計畫的設計、執行與控制，藉由產品的設計、定價、傳播分配與市場研究的方式增加人民對社會觀念的接受度。

(二) **置入性行銷**：置入性行銷（Placement marketing）指刻意將行銷事物以巧妙的手法置入既存媒體，以期藉由既存媒體的曝光率來達成廣告效果，它又稱產品置入（product placement)，產品置入之目的是將商品或是品牌商標，以策略性的手法放置到電視電影等娛樂媒體中，以達成廣告效果。它是指有計劃地，以不引起人們注目的拍攝手法，將產品訊息放置於電視節目或電影中，俾影響觀眾對產品的認知；它也是一種以低涉入度的感性訴求方式，搭配節目內容或電影戲劇的情結走向，行銷觀念、物品或商標等，在投入劇情的同時順便接收產品的訊息，減低觀眾對廣告的抗拒心態。從新聞與廣告倫理而言，置入性行銷無疑地崩解了新聞的中立性與廣告倫理，讓政治納入純商業性的廣告戲劇中；而從新聞作為公共財的角色而言，新聞廣告是屬於大眾所有，無論是何種顏色，都沒有獨占使用的權利，若此種行為都可以容忍，則野心家就可以利用權勢巧妙地加以利用，人民卻仍渾渾噩噩毫不知情，這就是無形的洗腦，這樣的置入性行銷，是不值得鼓勵的行為。

三、政策行銷的特點

> ● 政策行銷強調政策內涵的設計、包裝、宣傳、散播，故政策行銷之內容甚廣並不只是表面的包裝行為而已，還包括具體內涵。
>
> ● 政策行銷是以民意為導向的，行銷對象為主權在民的民意市場。
>
> ● 政策行銷重視認定與滿足民眾需求的過程，沒有以民眾需求為導向的行銷，則無從感動民眾。
>
> ● 政策行銷之目的為強化民眾對公共政策的接受度。
>
> ● 政策行銷的實施部門未必是政府機關，我國自《遊說法》通過後，民間團體亦可成為遊說政府實施某項政策的主體。

四、政策行銷的特質

(一) **消費者的不確定性**：「誰是消費者？」這是我們進行政策行銷首先要面對的問題。公共市場的消費者不容易鎖定，這是政策行銷必須克服的難題。

(二) **標的團體的態度傾向不甚明顯**：市場行銷中消費者對於產品的好惡，很容易從銷售狀況觀察出來，但公共市場中標的團體的態度傾向則不明顯，有時候政府部門必須採取強制手段處罰違法的標的團體，不能單靠政策行銷的柔性手段。

(三) **生產者的不確定性**：政府部門是一個整體，他所制定的公共政策經常是許多部門通力合作的結果，根本無法分割誰是真正的生產者；同時，公共部門所銷售的產品有時是相當抽象或無形的，甚至是一種「概念」，因此，要行銷起來也增加許多困難。

(四) **行銷策略與行銷目標之間的因果關係不甚確定**：市場行銷幾乎可以確定行銷策略與目標之間的因果關係，從銷售率的升降就可以判斷消費者是否接受該項產品，但公共政策的行銷則不容易確定因果關係，因為影響民眾接受公共政策的因素實在是太多，根本無法確定行銷的效果。

(五) **公共市場必須注意社會可接受性**：政府提供的財貨或勞務必須重視社會是否可以接納的程度，民眾在價值觀念上無法接受的行銷，就算花很多的預算，也不會發生效果；因此，我們必須注意政策行銷的社會可接受性。

(六) **政策行銷的對象多半是公共服務或行政行為，而非有形產品**：政策行銷要促銷的產品多半是抽象的公共服務或行政行為與法治觀念，而且具有政府機關的特色，有時也是無形服務與有形產品的綜合。

五、政府政策行銷的功能（重視政策行銷的理由）

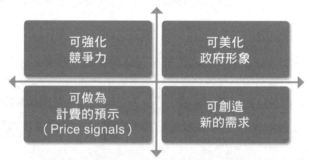

(一) **政策行銷可以加強公共政策的競爭力**：政策行銷可以提升公共政策競爭力，競爭可以產生不同選擇，有選擇就可以有所比較，有了比較才能使民眾得到較佳的服務；因此，競爭是使政府部門發揮效率的最佳策略。

(二) **政策行銷可以建立公部門良好的公共形象**：透過市場機能中行銷廣告的運作，可以樹立公共部門的良好公共形象，有助於推展公共政策，爭取民眾支持。

(三) **政策行銷可以促使公共服務價格的符號化**：政府所提供的公共服務，可以透過行銷方式予以「商品化」，使之更能吸引民眾的購買與順從；所謂商品化，就是將公共服務予以價格化，最具體的方式就是「使用者付費」的運用。事實上，政府部門愈來愈喜歡以付費方式鼓勵或改變消費者行為，

(四) **政策行銷可以創造民眾的需求**：政策行銷最主要的功能之一是刺激消費者的需求，以購買公共服務。目前政府財源短促，幾乎年年都是赤字預算，究竟如何尋找財源呢？似可透過行銷來創造消費需求，以增加政府財源。

六、政策行銷活動的發展趨勢

機關導向	➡	顧客導向
消極被動	➡	積極主動
資訊壟斯	➡	資訊公開
權威主導	➡	多元參與
公關部門行銷	➡	團隊合作行銷
宣導勸服	➡	溝通對話
隱瞞秘密	➡	誠信公開
強調外部行銷	➡	外部與內部行銷並重

七、政策行銷原則

(一) **政府機關必須明瞭政策行銷的價值基礎**：政策行銷者必須就「效率」、「平等」、「自我利益」與「責任」等價值基礎進行充分的辯論與瞭解，因為政府機關一旦實施行銷策略，必然地失去某些價值。到底是為了效率而行銷呢？還是為了正義？或者是為了機關利益？或履行政治承諾？

> 一項成功的政策行銷活動，除了掌握時代脈動及把握行銷的原則外，尚須以下條件的配合：
> 1. 須擬訂卓越的行銷策略與方法。
> 2. 須具有明確可行的具體行銷活動設計。
> 3. 行銷活動需機關首長全力的支持。
> 4. 行銷活動需機關成員全體的參與。
> 5. 須擁有具備雄辯、協調、溝通、說服、專業等能力的優秀行銷人員。
> 6. 須具有充分政治、經濟、社會等資源條件的配合。
>
> 名師講座

(二) **政府機關必須決定願意投入政策行銷的資源水準**：政策行銷是相當花費金錢的，投入成本的多寡幾乎決定了民意市場規模的大小；因此，政府在進行政策行銷之前必須考慮在預算額度內，到底準備投入多少資源，才能為政府機關創造良好形象或改變體質，而又不致破壞市場的競爭秩序？

(三) **政府機關必須決定在市場扮演「買方」或「賣方」的角色**：政府究竟是打算扮演買方的角色呢（如巨蛋的招標案）？還是生產者的角色（如體育場的營運）？無論是何種角色，都會對市場的運作產生影響，政府必須系統而周詳地瞭解它所扮演的角色？

(四) **政府機關必須思考有無區隔市場的可能性**：公共與私人部門的競爭相當不容易，首先公共管理者必須瞭解能否區隔市場，特別是哪些經營效率特別好的私人市場，有無區隔之可能？否則很容易被企業擊敗。

(五) **不要害怕去創造新產品或新公共服務**：公共部門最為民眾所詬病之處就是缺乏創造力，太過僵化，不肯改革，其實公共服務一旦進入市場，就應該努力地創造市場的誘因，以吸引顧客購買。

八、政策行銷的核心概念--6Ps

基於社會行銷與市場行銷的不同概念，有學者提出適用於政策行銷的6Ps，它是：

產品 · *P*roduct

係指無形的社會觀念或公共政策，該觀念或政策本身的「說服性」或「合理性」就顯得十分重要，因為惟有足以說服他人的觀念與政策，才能達到宣傳效果。

定價 · *P*ricing

社會觀念或政策行銷的對象是「公共財」，雖然多半是採取免費服務，不需考量到價格問題，但為了避免搭便車（free-rider）的效應，往往對於使用服務的消費者亦酌收象徵性的費用，以產生「以價制量」的擁擠效果，因此，定價問題亦非常重要。通常，政策行銷的價格設定僅反映「成本」，不以營利為導向。

通路 · *P*lace

政策行銷的通路相當重要，例如，要宣導酒後不開車，行銷該項政策的可能通路有哪些呢？

促銷 · *P*romotion

選定了行銷通路之後，接下來就要問：到底要用什麼促銷手段讓消費者接受其政策內涵呢？

夥伴 · *P*artnership

政策行銷如果光是靠政府機關的力量絕對是不夠的，更何況今天政府在高喊「政府再造」的時刻，人員必須精簡，自然人手不夠，必須借用其他部門的人手推動政策行銷，這種合夥關係愈來愈重要。

政策 · *P*olicy

政策行銷所涉及的公共政策往往不是一個機關所能決定，因此，政策的內涵與主管機關都是政策行銷必須注意的對象。

九、政策行銷的程序

　　從行銷管理理論來看，政策行銷程序可以分為下列幾項：

(一) **公共市場定位**：首先必須定位出政府部門所提供的財貨或勞務，究竟在市場中的定位為何？基此，就可以訂出適當的價格。例如，公共汽車究竟是以「營利」增加稅收為目的？還是以「公益」服務民眾為目的？若以營利為目的，票價可以稍高一些，但服務水準必須更好些，服務路線則必須民營化；反之，若以公益為目的，則服務路線就必須擴大，由政府主導，票價當然就必須低一些了。

(二) **必須認定行銷標的顧客**（target customers）：其次我們必須瞭解政策行銷的顧客群體有哪些？其特性為何？其政治與社經結構的特徵為何？

(三) **進行市場區隔化**（market segmentation）：政府為社會的統治者，它可依據標的團體的特性劃分出幾個局部市場，並且分別採取不同的行銷策略，以產生最佳的行銷效果，稱之為市場的區隔化。區隔市場的目的在於保障消費者避免落入生產者之間的惡性競爭，達到最有效率的服務。從政策行銷角度而言，市場區隔化可以使行銷效果更佳。

(四) **選擇適當多元的促銷手段**：一旦確定公共市場與標的團體，接下來的問題是應該採取何種促銷手段？以我國社會而言，民眾僅對投票參與感到興趣，多數人是相當被動的，因此，政府部門應該充分運用既有優勢，利用各種促銷手段以創造吸引民眾的客觀條件，讓標的團體進入政府部門的市場「促銷手段」包括：靜態的平面媒體（報紙或文宣品）、動態的電視或廣播、甚至可以利用舉辦活動的方式來促銷。

(五) **注意公共市場的政治限制**：公共市場經常受到幾種限制：第一、法律限制：「依法行政」是政府施政的基本法則，許多公共政策的行銷必須遵行法律規定，政府機關不能任意與民爭利，否則必將受到國會的掣肘；第二、政治限制：政策行銷必須面對的是政黨政治的問題，執政黨的行銷策略經常被在野黨挑剔，並且設法從預算審議過程中加以刁難；第三、資源限制：政策行銷是花錢的工作，政府的預算、人力與器材都受到種種限制，不容易施展開來。因此，要盡量節省，充分運用民間義工資源來行銷公共政策。

十、政府應用行銷理念的限制

在標的顧客方面	政府應用行銷理念的主要目的之一，在改變標的顧客的行為，但顧客群往往很難界定，故在應用行銷理念時，常面臨更多挑戰；此外，政府因受到公眾壓力及監督，必須兼顧所有市場上的顧客，而無法作出特殊需要的市場區隔。
在產品方面	政府機關所要行銷的產品，常常是一組抽象外概念或無形的服務，有時十分模糊且難以界定，頗不利行銷工作的進行。
在政府及民眾關係方面	政府組織先天性官僚本質，可能會忽略它與民眾的適當關係。強調貫徹公權力的結果，常使政府與民眾間充滿衝突的變數。
在公共服務特性方面	由於公共服務常是無形且具不可儲存性，所產生的結果難以量化；且公共服務的價值或目標，常是多元且難以評估，此乃造成政策行銷應用的障礙。

十一、政策行銷的策略規劃

一項有效的政策行銷計畫，必須透過策略性的觀點，系統的予以規劃，始能成功。應分析及考量五項工作：

(一) **環境分析**：行銷計畫應同時就內部環境與外部環境兩個層面考慮相關的問題。內部環境包括機關組織內部的使命、目標分析，及SWOT分析，即優勢（strength）、劣勢（weakness）、機會（opportunity）、威脅（Threat）等情況的分析。至於外部環境則包括機關組織所面臨的法律、政治、經濟、社會、技術、文化等方面的影響情況。

(二) **設定行銷目標**：設定行銷目標時，應考慮以下事項：要行銷什麼東西、理念、產品、服務、政策或計畫；要服務對象採取作為或不作為的「順服」措施；要促成服務對象的「認知改變」？「行動改變」？「行為改變」？或「價值改變」？

(三) **確立行銷策略**：策略包括如何設定目標，及在何種時間及地點限制條件下，如何整合運用資源，採取何種方法去達成目標等要素在內。就政策行銷而言，策略就是對行銷計畫決策者或擬訂者作決定，或對計畫提供指引方向的一組有價值的前提。因此：

①　策略代表重點的選擇。

②　策略界定了機關組織在環境中的「生存空間」與「生存方式」。

③　策略指導了計畫各項活動的方向。

④　策略是對資源與各項活動的長期承諾。

⑤　策略的確定是計畫成功的先決條件。

(四) **選擇行銷方法**：政策行銷可使用的方法可依行銷目標、對象、時間、空間、人力、經費等因素作綜合考慮及權變運用。行銷方法可分成：第一、透過平面媒體行銷；第二、透過立體媒體行銷；第三、透過事件或運動行銷。

(五) **執行行銷計畫**：當行銷計畫擬定完成並批核後，即由執行機關及人員全面推動，並應獲得行政首長、相關機關及標的人口全力的支持與配合，為此，計畫內應明訂各項獎懲辦法及管制考核辦法。

十二、政策行銷的策略要素

策略乃是決策者或主事者對一組策略要素依各種系絡因素綜合考慮後的一項組合決定。政策行銷計畫所涉及的策略至少包括七W：

(一) **W**hat（**行銷什麼東西**）：如向行銷對象行銷服務、產品、理念、政策、方案、計畫或作法等。此為行銷目標的一部分。

(二) **W**hom（**行銷對象為何**）：政策行銷的對象分為機關內部工作人員與外部服務對象，前者稱為「內部行銷」，即機關首長採取各種方法，促使內部人員建立共同願景；後者稱為「外部行銷」，即機關行銷團隊或人員採取適當行銷方法，透過多元參與、溝通對話、宣導說服等做法，爭取服務對象的支持。

(三) **W**ho（**由何人行銷**）：行銷活動由機關專責的行銷單位負責？機關各單位全體動員？或是交由機關外的公司團體或人員負責？或是公私部門「協力」進行？

(四) **W**hen（**在何時行銷**）：行銷的時機是在政策擬定前？擬訂中？還是擬訂完才付諸實施？

(五) **W**here（**在何地行銷**）：選擇有效的行銷地點。

(六) Ho**W**（**如何行銷**）：欲有效執行行銷計畫，應考慮需要投入多少經費、人力、物力、時間等。

(七) **W**hy（**為何行銷**）：一般最常見的理由不外乎要求服務對象作為或不作為，及促成必要的改變。改變的情況有四：

認知改變 （cognitive change）	例如改變對愛滋病的恐懼。
行動改變 （action change）	指短時間行為的改變，例如健康檢查等。

| 行為改變
（behavioral change） | 指人們在長期上採取不同的行為型態，如戒煙、戒毒等。 |
| 價值改變
（value change） | 價值係指一個人對某種事、物、信念、看法等偏好的程度，例如對各種宗教信仰，各種主義的信奉等。 |

十三、政策行銷的實際執行策略

(一) **定位政策行銷的標的群體**：市場行銷非常重視目標群體的定位，一旦將它定位出來，行銷就容易產生重點，從而發揮「事半功倍」的行銷效果，這就是著名的80-20法則。

(二) **加強「民眾需求學」的研究，以掌握民眾心理**：要進行政策行銷，首先政府官員必須進行心靈改造工程，必須確認民眾為公共政策最重要的資產，因之必須充分瞭解民眾的需求。以公共政策來說，不論政府官員自認為你所制定的公共政策多麼地以民眾利益為導向，多麼地反映出「主權在民」的意識，政策好壞的評價都操在民眾的手中。因此，我們必須從民眾的認知心理來促銷公共政策。但是，我們在從事顧客需求的認知時，容易產生認知上的六個缺口：1.判斷不易的缺口；2.感受上差異的缺口；3.傳遞過程上的缺口；4.執行上疏失的缺口；5.整合上困難的缺口；以及6.媒體誤導的缺口。因此，我們必須研究顧客的心裡，以彌補此種缺口。

(三) **推動合作行銷（partnership marketing）**：所謂合作行銷是指民眾與政府機關一起來作公共政策的行銷工作，這是美國柯林頓總統最喜歡採用的行銷方式；歷任台北市市長一直強調市民主義，希望把公共政策的基礎落實在社區的基礎上。因此，民眾的口碑就是最好的宣傳，要充分利用民間力量與社會資源，讓民眾能夠涉入公共政策，使之成為政策行銷員之一。

(四) **以事件或運動行銷取代平面或電子行銷**：政策行銷的方法不外乎是：1.平面媒體，如報紙廣告、文宣廣告；2.電子媒體，如電視廣播；3.事件或運動行銷，例如以配合某事件或運動的舉行來促銷公共政策。

(五) **重視「媒體公關」、「學術公關」與「民代公關」的角色**：在今天民主社會中，三種代表言論自由的關鍵力量是：新聞媒體、學術界與民意代表，如果能掌握這三者，就等於做了成功的政策行銷。

十四、反對政策應該行銷的理由

有些人反對政策應該行銷，他們所持的理由：

(一) **政策行銷是沒有必要的**：政府機關的任務是為全民提供服務，這種服務本身是神聖的，具有高度價值的，即使不行銷並不影響其價值。

(二) **接受公共政策的規範是國民應盡的義務**：統治社會本來就是政府機關的職責，民眾有義務、也有責任接受政府的統治與規範，因此對於政府所頒布的任何政策與命令，都有義務加以瞭解並予以遵行，否則國不成國。

(三) **政策行銷可能侵害隱私權**：政策行銷手段之一是要充分掌握顧客的資訊他的住址、年齡、職業、收入、嗜好等，如透過水費帳單寄發文宣品、提供書面資料等，政策行銷本身相當容易侵犯個人隱私。

(四) **政策行銷是花俏的欺騙手法**：有些不道德的政策行銷者，即使政策內容本身於民有害，但可能因為善於包裝與宣傳，結果卻受到消費者的歡迎。

(五) **公共政策大多是抽象的無形服務，無法行銷**：公共政策的結果多數是屬於無形的服務，並非如市場行銷的對象大半是有形產品，因此不能將之視為產品來行銷。

牛刀小試

1. 何謂政策行銷與置入性行銷？試就所知說明置入性行銷在政策行銷實務上應遵守哪些規範？（95原三）
2. Policy Marketing（96高三）
3. 政府政策行銷的功能為何？您個人對於政策置入性行銷的看法如何？（98原三）
4. 政策行銷的策略規劃及實際執行策略各為何？

貳　政策網絡

一、政策網路（policy network）定義

政策網路指政府機關與各種不同的政策社群（policy community）對於某特定政策議題，所形成的不同政策領域（policy domains）間的互動關係。政府機關本身會形成政策網路，而各政策社群也會形成不同的政策網路，公私部門結合起來又形成整體的政策網路。進一步解析其具有如下概念：

(一) **「互賴性」為政策網絡存在的先決條件**：任何一個網絡中的每一行動者都必須依賴其他行動者提供支持，沒有例外，行動者乃形成交互依賴的互動關係。

(二) **網絡中必然存在多元的行動者與目標**：任何一個網絡必然包含許多的行動者，且各行動者本身都各自有擁有其目標與利益，隨時與對手進行策略性的交易與聯盟。

(三) **網絡包括或多或少的持久性關係**：任何政策網絡中的行動者必然擁有或多或少持久性的關係型態，所謂「或多或少」（more or less）是一種程度問題，有些關係相當穩定，且高度整合，甚至與政府機關形成平等密切的互賴關係；當然也有不少關係是相當薄弱的，因為議題的出現而緊密結合。

　　R. A. Rhodes於一九八八年在「西敏寺與白宮之外」一書中，認為由於利害關係者在下列五個面向有所不同，因此會形成不同的政策網路：

1. 利益群組狀況（constellation of interest）。
2. 會員隸屬關係（membership）。
3. 垂直的互依關係（vertical interdependence）。
4. 不同網路的水平互依關係（horizontal interdependence）。
5. 資源分配狀況（the distribution of resource)。

二、政策網絡的理論背景

　　學者丘昌泰指出，政策網絡理論可說是近年來新興起的研究課題，目的是從網絡觀點探討政策形成過程。雖然公共政策的形成，政府機關仍是主角，但如果沒有利益團體、社區組織、民間企業、學者專家、選民代表等行動者介入，形成密切的交互依賴與互助合作的網絡關係，則政策很難形成，執行更有問題。因此，政策網絡理論的基本出發點就是去描述一項公共政策領域中各式各樣的行動者所構成的交互依賴密切互動的複雜關係。從學術發展角度而言，政策網絡理論的發展背景可以從兩方面分析：

(一) **企圖改正多元主義與統合主義模型的缺失**：政策網絡理論的出現主要是針對以多元主義與統合主義模型解釋公共政策過程的缺失，多元主義模型強調多元利益團體在政策形成過程中的角色，至於國家機關則扮演消極的仲裁角色。依此，多元主義所出現的弊端是：重視多元團體而輕視國家機關。統合主義模型強調國家機關與極少數大型利益團體之間的利益調解與協議服從過程，基此，統合主義所出現的弊端是：重視單元的大型利益團體與國家機關的角色，忽視其他多元行動者的勢力。政策網絡的修正觀點是：

1. 政策形成過程的參與者是多元的，中央與地方政府機關、非營利組織、企業團體、勞工團體等基於各自的利益與目標，必然都會涉入該過程當中，形成交互依賴的複雜關係。
2. 這種複雜關係可能是正式的，也可能是非正式的，無論何種型態，任何參與者都不可能全面地掌控網絡互動關係，而必須以相互合作與資源互賴的方式完成政策的制定與執行。

(二) **企圖糾正美國學者過份偏重民主政治「黑暗面」的觀察**：政策網絡理論在以英國為首的歐洲國家非常盛行，但由於美國學者的積極加入，才逐漸形成一個跨國性的新興議題。何以這樣的理論竟然興起於英國，而非美國呢？最主要原因是早期美國相關理論都太偏重民主政治的「黑暗面」，探討的主題是政策網絡的參與者如何透過各種政商關係與國家機關進行「桌底下」的暗盤交易，以牟

取國家資源。這樣的「負面」理論至少就有四種之多，政策網絡理論的出現就是企圖矯正這些理論上的偏失：

1. **地下政府理論（sub government theory）**：一九六○年代，福利曼（Freeman）提出政策次級體系（policy Subsystem）理論，認為公共政策的執行必須注意由利益團體、國會議員與政府官員所構成的政策次級體系。後來，李普來與富蘭克林（Riply and Franklin）有效地運用政策次級體系理論，提出了「地下政府」理論，該理論的要旨是：在任何政策領域中，基於共同利益與態度而組合的個人，會有效地利用多數的例行性決策之機會，以影響公共政策，俾取得有利於己的公共政策地位。典型的地下政府成員包括：參眾議院委員、國會幕僚、政府官員、某特定政策領域中的個人或團體代表，這些行動者相互依賴，彼此奧援，儼然形成有別於執政的政府，故稱之為地下政府。地下政府所形成的網絡關係相當頑強，不僅是封閉性的，而且極具排他性，政府機關不僅僅是反映利益團體的意見，而且還被他們控制，成為利益團體與國會議員的禁臠，形成機關俘虜（agency capture）的現象。

2. **鐵三角理論（theory of iron triangle）**：政治學者羅維（Lowi）提出著名的鐵三角理論，公共政策為聯邦政府機關、國會委員會與利益團體所把持，成為緊密相連的鐵三角。鐵三角理論的特點在於：第一、公共政策過程中，經濟性的特權團體，其勢力相當龐大，足以串連國會議員，從而掌控政府機關；第二、鐵三角本身是一個相互勾結的封閉體系，具排他性；第三、政府機關不可能保持中立，必然受制於利益團體與國會議員的影響。基此，羅氏擔心美國將走上「第二共和」時代。

3. **議題網絡理論（theory of issue network）**：赫克羅（Heclo）基於維護多元主義的立場，對於封閉性的鐵三角理論相當不滿，他承認某些議題上確實存在著鐵三角網絡，但多數公共議題並不存在著這種封閉性的控制圈(closed circles of control)，反而應該出現開放性的議題網絡；這種議題網絡是基於議題的利益與價值影響相關行動者而組成的網絡系統，是開放性的，隨時不斷有新的行動者加入，但又有退出者，乃至於形成一個議題網絡。

4. **三位一體論（theory of triadic power）**：麥克法蘭（McFarland）繼承赫氏的傳統，認為議題網絡係指對於某項政策議題有興趣的個別行動者所構成的溝通網絡，包括政府機關、國會議員、遊說者、學者專家與新聞記者等。顯然地，議題網絡與鐵三角是不相同的，它是一種鮮活的議題網絡，經常性地溝通政策的意見，以產生新的政策意見。麥克法蘭承繼了部分多元主義的論點，而形成他的「三位一體權力」理論：第一、政府機關本身是獨立的，並不受制於某些利益團體的壓力；第二、必然存在著潛在性的或實際的反對團體，防止經濟性

團體的濫權。麥氏所謂的三位一體，係指：政府機關、製造者或專業性利益團體、反對性的公益團體（可能是消費者團體或社會運動）等基於同一議題的關切而組成的網絡關係，該網絡關係呈現出一個議題的三個不同面向；這種網絡關係本身是開放性的，不具排他性，經濟性團體不具有俘擄政府機關的能力。

從前面分析看來，美國傳統對於政策網絡的研究特點是：第一、描述重要行動者之間的人際關係（personal relation），而非著眼於機構之間的結構性關係（structural relation）；第二、強調網絡的封閉性與排他性，雖然部分學者也主張開放性，如議題網絡理論、三位一體理論等，但似乎並未強調網絡關係的形成是一種正面的政策形成活動；第三、偏重於民主政治的負面研究，所強調的是「微觀分析」，網絡的互動關係足以妨害民主制度的安排與運作。

三、政策網絡的類型

(一) 中央與地方政府關係（The central-local government relation）：羅迪斯模式（Rhodes model）

1. 羅迪斯從政府機關中心途徑（government-centered approach）觀察政策形成，他所建立的模式有下列兩項特點：第一、特別強調政策網絡中中央與地方政府機關間的「結構互動關係」，而不關切機關內個人間的「人際互動關係」；第二、將焦點集中於部門層次而非次級部門層次，因為在他看來，部門層次的分析比較能夠凸顯匯合性，而次級部門層次則凸顯出分裂性。

2. 羅迪斯的模式主要係關切中央政府與地方政府在執行政策過程中的互動關係，因此又稱為府際關係理論（intergovernmental theory）。該理論有下列基本命題：
   (1) 任一組織必須仰賴其他組織資源而發展。
   (2) 為了達成組織目標，組織必須交換資源。
   (3) 雖然組織內部的決策制定被其他組織所限制，但支配性的聯盟必然擁有某些的自主權；聯盟中的相互賞識系統將足以決定到底何種關係是有問題的，到底何種資源是值得追求的。
   (4) 支配性的聯盟可能在已知的遊戲規則中，應用各種策略，管制交換過程。
   (5) 自主權變異的程度是互動組織目標與相對權力的產物；而相對權力則是組織資源、遊戲規則與組織間交換的過程。

3. 在羅迪斯模式中，地方政府與中央政府機關之間的互動並不是多元競爭性的，而是地方政府機關被整合為少數若干重要的代言人，與中央政府機關進行談判與互動；由此看來，羅迪斯模式中所強調的不同政府層級的互賴性可以視為複雜的賽局，但其關係的性質有從多元主義的轉向統合主義的趨勢。

4. 羅迪斯融合社會學、社會心理學、社會人類學與政治學，針對不同層次的行動者之間的互動提出不同的網絡概念，從微觀層次（micro level）的人際關係互動、

中觀層次（meso level）的利益團體與政府間的互動，到宏觀層次（macro level）
的國家機關與公民社會的互動。在這樣層次下，政策網絡劃分為五種類型：

① 政策社群（policy communities）

這是指中央與地方政府機關所共同執行的政策領域中，具有高度穩定性與
限制性成員的網絡，呈現出一種垂直性的互賴關係以及水平性的意見表達
受到限制，這是具有高度整合性的政策網絡。例如內政部中央選委會與縣
市選委。

② 專業網絡（professional network）

這種網絡具有高度穩定性與限制性的成員、形成垂直的互賴關係，限制性
的水平意見表達，主要是滿足專業的利益，但這種網絡的整合程度不如政
策社群那樣的高度凝聚力。例如全民健保過程中的醫師團體與工會團體。

③ 府際網絡（intergovernmental network）

這是指地方政府之間代表性的組織所構成的網絡關係，成員具有相當的
限制性、垂直的互賴關係與水平的意見表達也受到限制，希望擴張水平
式的影響力，因此特別強調水平的意見表達。例如地方縣市的跨縣市區
域治理。

④ 製造者網絡（producer network）

這是基於經濟利益所構成的網絡關係，網絡成員相當流動性、限制性的垂
直互賴關係，主要是在滿足製造者的經濟利益。例如，國營事業機構中油
公司與其分佈於台灣地區所有的分公司與加油站所構成的製造者網絡。

⑤ 議題網絡（issue network）

這是相當不穩定、低度整合性的網絡，成員雖然很多，但來來去去，無法
呈現成熟而穩定的網絡組織；此外，垂直的互賴關係受到限制，水平的意
見表達雖然並未受限，但意見並未整合，並未形成堅強的網絡系統。例如
洪仲丘事件及太陽花事件。

**(二) 政府與工業關係（the government-industry relation）：韋克司與萊特模式
（wilks and wright Model）**

1. 羅迪斯模式主張政府機關中心途徑的互動網絡，韋克司與萊特則採取社會中心
   途徑（societal-centered approach），以觀察政府機關與工業界之間的網絡關
   係，而他們的關切焦點是「人際互動」，而非「結構互動」，因之是屬於「微
   觀層次」的分析。二氏認為英國工業政策部門中，其決策制定體系出現分離
   性格，工業本身既非是統一的、亦非同質的決策單位；政府部門本身也是分立
   的、多元化的；基此，若欲瞭解政策網絡必須從「政策次級部門」的政策網絡

著手，正好與羅氏主張從「政策部門」觀察政策形成過程的角度相反。

2. 所謂次級部門的政策網絡係指利益團體與政府部門在某項公共政策領域中所形成的次級網絡組織。韋克司與萊特所指稱的政策網絡至少具有五項特徵：第一、強調人際互動；第二、社會中心途徑；第三、強調政府機關與工業部門的分殊化；第四、專業化組織與政策制定機構的影響力；第五、以次級政策網絡為分析焦點。

3. 二氏認為工業政策過程其實是大型與威權組織的利益調解與交易過程；該過程集中於管制領域，故管制政策經常成為管制機構與工業團體相互競爭，相互運用資源的過程；但兩氏拒絕公共權威與私人利益之間的分立關係，管制機構不可能成為私人企業的俘擄。

4. 韋克司與萊特將政策網絡劃分為下列四個類型：政策領域（policy aroa）、政策部門（policy sector）、政策次級部門（policy subsector）、政策議題（policy issue）：

政策領域	基於某項公共政策所形成的網絡，例如我國能源政策。
政策部門	在該公共政策領域下各部門所形成的網絡，例如能源政策下的核電政策。
政策次級部門	又稱為政策焦點，係在政策部門中所分化出來的次級部門，例如能源政策下的眾多部門。
政策議題	這是指每一政策次級部門中較具爭議性的議題，例如火力發電政策下的減碳議題。

四、辯證途徑（the dialectical approach）、政治經濟分析、資本主義組織間的政策網絡

邊森（Benson）和魏柔（Weitzel）在「組織間政策分析的社會結構與社會實踐」一文，主張應基於總體的社會構造，採用辯證途徑（the dialectical approach）和政治經濟分析，來說明在資本主義運作下組織間的政策網絡執行情形。以辯證途徑來研究組織間的政策分析，其特徵為：「將組織間的政策網絡（inter organizational policy network）置放在總體的社會構造中，並以解放性實踐為基礎去針對型塑和限制政策的社會結構加以全面改造。」以此觀點，他們認為未來從事組織間的政策執行分析應重視以下幾個重要面向剖析：

(一) 組織間的政策網絡會與資本主義的發展階段密切結合。例如資本主義如發展成為先進的資本主義（advanced capitalism）的高度成熟階段時，組織間的互動必然會以形成各種利益團體的聯盟關係出現。

(二) 組織間政策部門的分化會與特定階段的資本主義發展之功能問題相互關聯。例如資本主義的發展，除了要面對如何使資本累積快速增加的問題外，亦要面臨統治正當性的問題，而需政策部門去提出若干福利政策以照顧社會的弱勢者。

(三) 執行政策所持的典範會和廣泛的政經體系結構關聯起來。例如在高度資本化的國家中，保健體系若太講究醫療專業制度的執行運作，比較會傾向付費服務體系的思考，而不是由政府機構來作直接或間接的費用給付。

(四) 組織單位彼此互動所形成的利害關係有可能是利益和權力結構居間發生的作用。也就是說，政策執行時組織間的權威關係、功能性互賴和分工原則，有可能是特定利益居間作用造成對某個團體特別優惠而形成階級利益。

(五) 總之，邊森和魏柔對於政策執行分析的特點，乃是將政策執行放置在廣泛的政經架構下透過其運作規則（資本主義）、權力結構和利益聯盟等方式來觀察。

五、社會網絡分析與政策網絡

隨著網際網路的日益發達，近年來網絡概念跨越不同的學科領域而出現不同的網絡名詞，如治理網絡、社會網絡等，公共行政界亦有運用社會網絡分析（Social Network Analysis，SNA）探討某項政策網絡型態的結構特性。

(一) 社會網絡分析是社會學的專用術語，主要在探討社會結構中行動者彼此之間形成的連結關係，社會行動者類型甚多，包括個人、家庭、學校、企業、政府、公民組織等，因此社會網絡分析主要是去分析這些行動者之間如何透過資源與資訊分享與互換，而與其他社會行動者維持親密或疏離的連結關係。在社會網絡理論中，最關鍵的要素有三：

　1. 行動者或節點（actor or node）：這是指社會網絡的行動主體，可以是社會結構中的任何單元，如個人、企業、社區、組織或政府等。

　2. 關係或聯繫（relation or ties）：係指行動者彼此之間正式或非正式、單向或雙向的互動關係。

　3. 行動者網絡之間的途徑或連帶（path or links）：行動者有其各自的次級網絡，若要與其他網絡發生關係，必須透過某些途徑找到關鍵的連結者。基此，社會行動者類型、彼此之間的互動方向、聯繫緊密度與持久性，對於社會網絡的形成扮演非常關鍵的角色，可以型塑彼此之間的信任感，從而累積豐沛社會資本存量，凝聚社會結構而持久不衰。

(二) 社會網絡分析是一種分析技術，其目的是分析政策網絡的型態，網絡中的行動者有哪些？其互動關係為何？親疏關係如何？透過社會網絡分析技術，可以針對上述問題以社會計量圖（sociogram）得到初步答案。由於政策網絡涉及的行動者幾乎與社會網絡分析單元類似，因此以社會網絡分析探討政策網絡有其一定的功能，但亦有相當限制，使用者必須小心：

1. 政策網絡型態是權力互動的結果，其互動型態至為複雜，社會網絡分析以計量方式描繪出明顯的政策網絡型態，忽略了檯面下隱晦的多元權力互動關係。
2. 政策網絡是互賴行動者之間或多或少穩定的社會關係型態，這種關係型態是抽象的、無形的，社會網絡分析企圖以網絡圖形予以「具像化」，似不易呈現政策網絡的抽象特質。
3. 社會網絡分析以問卷、訪談資料等作為分析社會網絡圖的資料來源，但無從得知此種資料型態之效度與信度，若無法決定輸入資料之品質，則社會網絡分析結果就無法確定是否反應政策運作的現實。
4. 政策網絡型態多元複雜，是一種動態的互動關係，社會網絡分析則是一種靜態的分析，掌握了某一特定時點，但無法窺見其動態全貌。

(三) 政策網絡理論提出後，從抽象的社會、政治與政策理論層次發展到具體的管理層次，使得政策網絡的應用層面愈來愈廣。不過，這個理論也受到許多抨擊：

1. 研究範疇太過廣闊，無法區隔利益、知識或觀念對於政策形成之影響。
2. 對於政策網絡的界限問題並未清楚說明，到底有哪些參與者涉入政策網絡裡面，政策網絡對於界限的問題定義太過含混。
3. 沒有說明制度（institutions）與國家機關對於政策形成的影響：新制度論強調「制度」對於政策形成的影響，國家理論則主張國家機關對於政策形成的影響，但政策網絡似乎沒有特別說明這兩個關鍵因素對於政策形成的作用。
4. 忽略權力的運作對於政策形成的影響：雖然羅迪斯以權力依賴模式解釋網絡成員之間的互動關係，但這種權力依賴關係的成就完全來自於物質利益的協商與議價，並沒有考慮到政府機關具有「片面強制」的權力，並不需要得到參與者的同意就可以依法施行權力。

牛刀小試

1. 何謂政策網絡？其概念為何？具有哪些類型？
2. 試說明鐵三角理論、三位一體理論及地下政府理論的涵義？
3. 羅迪斯的政策網絡可劃分為哪些類型？

參 政策社群

一、政策社群的定義

有學者指稱政策網絡與政策社群（policy community）兩個名詞是可交互運用的，並不嚴格加以區別。不過，也有學者指出政策網絡與政策社群有其區別，必須加以辯識。政策社群是指一群來自於政策網絡當中，彼此分享共同政策焦

點的行動者與潛在行動者；他們對於政策知識與關心的焦點是相當類似的，以至於形成凝聚力甚強的團體；因此，政策社群的形成是以專業知識為基礎。至於政策網絡則可能包含好幾個政策社群或其他行動者所構成的網絡關係系統，他們的會員結構的穩定程度有相當的不同，從高度凝聚力的政策社群，到相當鬆散的議題網絡，政策社群只是其中最具凝聚力的類型之一。

二、政策社群的分類

政策學者曾根據是否具有「支配性的世界觀」與「國家與社會是否具有共識」兩個指標將政策社群分為四類：

(一) **霸權社群**（hegemonic community）：這是指國家機關與社會對於某項政策具有一個支配性的世界觀都有高度共識的狀況。

(二) **片面強制社群**（imposod community）：這是指國家機關或社會僅有一方認為某項政策具有一個支配性的世界觀。

(三) **無領導者社群**（leader loss Community）：這是指國家機關與社會對於某項政策沒有一個支配性的世界觀具有共識，此時的社群找不出領導者。

(四) **無政府狀態社群**（anarchic community）：這是指國家機關與社會對於某項政策沒有支配性的世界觀擁有共識，社群呈現無政府狀態。

肆 政策變遷

一、政策變遷定義

政策變遷係指一項或多項當前的政策被其他政策所取代的現象，這意味著舊政策的修改與新政策的採納。基本上，政策變遷採取四種方式：

⊃ 在特定政策領域上制定一項全新的法律或計畫，以取代舊的法律或計畫，稱之為政策創新（policy innovation）。

⊃ 在現行政策基礎上作漸進改進，基本變動幅度並不大，稱為政策賡續 (policy succession)。

⊃ 公共政策維持不變，稱之為政策維持（policy maintenance）。

⊃ 舊的公共政策予以終結，代之以全新的公共政策，稱之為政策終結。

二、政策變遷的理由

政策變遷比政策終結更為容易施行，是比較普遍的現象。

(一) 長年以來，政府通常都會逐漸地擴大某項政策領域的活動範疇，以擴大政府的治理功能，這些活動範疇很少是全新的，即使是全新的政策，在某種程度上必然與當前的政策有所重疊。

(二) 當前的政策可能因為不良副作用或效果不彰，需要在政策上進行某種程度的改變。

(三) 為了避免政策終結，引起民眾反彈與社會不安，故儘量避免制定新政策，此外，當前永續的經濟成長率與現行政策中的財政承諾，都會儘量避免制定新政策。

二、 政策變遷的型態

直線型	這是指現行的政策被其他政策直接加以取代。例如精省後業務被中央所取代。
強化型	將某些過去舊的政策併入新政策當中，以強化新政策的內涵。例如產業發展政策。
分離型	將某項政策或計畫分成兩種或多種以上的內涵。例如環保政策。
非直線型	這是比較複雜的改變模式，可能成立新的行政機構，可能在許多舊的政策或計畫中制定另外一套新的政策或計畫。例如柯市長上任成立廉政委員會。

伍 政策終結

一、 定義及概念

政策終結係指機構的終止、基本政策的轉向、計畫的減少、部分的終止以及財政的緊縮。政策終結是非常難以實現的，因為它必須承認過去政策的錯誤或失敗，容易遭到既得利益者串連反對政策終止的勢力，俾爭取政策的賡續。

二、 政策終結的類型

(一) **功能終結**：這是指某項政策領域的終止，例如，動員戡亂時期結束後，許多戡亂時期的管制功能都相繼結束命運，如禁止遊行示威、報禁、禁止赴大陸探親等。

(二) **組織終結**：這是指行政組織的終結，例如，精省後許多省府機關也跟著終結。

(三) **政策終結**：這是狹義的概念，是指當某項政策的理論基礎或方法論不再適用、亟需改正所導致的終結；例如，過去教育部對於大學校園的學位、課程、人事等具有高度的管制權，但目前基於「教授治校」、「校園民主」的自由理念，教育部幾乎都放手讓各大學自主。

(四) **計畫終結**：計畫是政策中的具體手段，指涉的範疇較窄，這種計畫手段的結束就是計畫終結。例如，公共腳踏車免費時段及金額計畫的調整。

三、政策終結的理由

雖然許多公共政策學者認為政策終結的理由是當政策本身不具效果或出現反效果，但部分學者指出：其實那只是表面的理由，政策終結最重要的理由乃是出於政治或意識形態考慮。另外有學者指出，政策終結的理由究竟是經濟或政治因素，應看政策終結者本身是屬哪類型人而定；一般而論，政策終結者可以分為三種類型：

(一) **反對主義者**（oppositionists）：他們認為新政策或計畫是對於其價值與政經利益的嚴重挑戰，故將之視為錯誤的政策而積極反對抗議。

(二) **經濟主義者**（economizers）：他們將政策終結視為減少經費開支的良好手段，因而基於經濟理由而支持新政策或計畫，對於新政策或計畫中的經濟問題特別感到興趣。

(三) **改革主義者**（reformers）：他們將政策終結視為形成一個新政策或計畫的良好手段，因而支持新政策的出現、舊政策的終結。

基本上，反對主義者與改革主義者的終結理由是政治性的考慮居多，但經濟主義者則以成本效益觀點為主要理由。

四、政策終結的途徑

(一) **突然終結型**（big bang）：這是指以單一的權威性決策或在某一特定時間內所做的突然終止的決定；這種終止的決定由於太過突然，反對勢力根本來不及反應與集結，相反地，終止的決定卻是相當的果決與迅速，這種終止通常是長期政治鬥爭的結果。

(二) **自然終結型**（long whimper）：這是指設法讓某項政策的資源長期性的每況愈下，然後結束命運；通常這是政策制定者有意淘汰某項政策而採取的終止行動，特別是以年年刪減預算的方式來降低某項政策或組織的功能，容易遭到既得利益者的反對；因之，它具有反漸進主義（deincrementalism）的特性。

五、政策終結的執行困境

一般而言，政策終結的困境在於下列幾點：

✎ 認知上的不情願

對許多人來說，特別是既得利益者，誰願意看到組織或政策的滅亡？因為政策終結就等於承認政策的完全失敗或錯誤，這在認知上很難令人接受。

✎ 欠缺政治誘因

對許多政治人物而言，沒有人願意承認過去的政策錯誤，同時可能由於新政策所帶來的邊際利益太少，這些都降低了支持政策終結的誘因。

制度的永久性

許多機關設置或政策制定的基本出發點是「永續發展」，要終結其命運何其困難；更何況任何組織都具有抗拒威脅的調適能力，一旦發現組織外部出現威脅其生存的勢力，必將設法在其管轄權限內，透過手段加以緩和或解決。

動態的保守主義

組織與政策都是動態的實體，且具有反抗變革的保守傾向；一項成功的新政策不一定要以終結舊組織或舊政策為犧牲品，他可以在舊組織或舊政策內進行新目標的設定；相反地，沒有能力解決問題的組織或政策也不見得需要終止，作部分修正即可。

反終結勢力的結盟

通常被終結的官僚機構或政策領域內的利害關係人都會基於「命運共同體」的動機而集結在一起，形成不可忽視的政治反對力量，他們運用資源、策略與各種遊說技巧，使得政策終結發生困難。

法律障礙

法律是阻礙政策終結的關鍵要素，在強調「依法行政」的台灣，要終止某機關或政策一定先要通過法律。

高度的發動成本

政策終結者想要動員各種力量以反制哪些反對終結勢力或抗拒終結的組織力量，必須付出高度的政治資源成本；或者反對者要求提供備選方案，以作為終結的條件，如果資源不足無法設計該備選方案，政策終結就有問題。

反效果

政策終結對於哪些無辜的成員可能造成反效果，以至於反終結者容易博得社會的同情與支持，提高了終結的困難度。

延容與拒絕

即使政策終結業經授權執行，該項終結的決策可能以執行不力或部分執行作為延緩政策終結的理由，或者是利用決策用語上含糊不清的機會拒絕進行政策終結。

六、政策終結的執行策略

（一）**事前妥善規劃**：

1. 在進行政策終結前，終結者就應該利用那段時間，型塑良好的政治氣氛，讓利害關係人心理有準備。

2. 儘量運用特殊的政治與社會情況，加速終結過程。

> **觀念速記**
>
> 政策終結是避免公共問題繼續惡化或解決問題的重要手段。我們必須瞭解為什麼有人會反對政策終結？基於哪些理由？如果能瞭解執行上的困境，則就可以知道應該採取何種適當的策略加以破解。

3.特別注意政策終結的政治面，將之視爲政策採納過程的一部分。

4.考慮建立一個自動終結的機制，如落日立法。

(二) 降低反對聲音：

1.首次提出政策終結的理論基礎必須完整、具說服性。

2.特別注意反對終結勢力的組成份子可能來自於幕僚或既得利益者。

3.針對不同型態的政策終結支持者與反對者施以不同的因應策略。

4.設法動員外在的終結者或積極的、熱誠的新選民，執行終結任務。

(三) 進行利益交換：對於哪些因爲政策終結而喪失利益的利害關係人給予利益上的補救措施，如發放救濟金、給予緩衝期限、另外安置或安排另外的工作。

陸 政策學習

一、基本概念

政策學習這個概念的提出是晚近的事情，應該是受到組織學習（organizational learning）理論的影響，著名的組織學習學者彼得聖吉在《第五項修練》一書中提出自我實現的五項修練方法：系統思考、自我超越、心智模式、共同願景與團隊學習，一直是產官學界津津樂道的管理觀念，而學習型組織（learning organization）也成爲當前政府與企業組織積極建構的新組織型態。與組織學習不同之處是學習對象的差異，組織學習係以標竿組織作爲模仿對象，政策學習則以政策作爲模仿對象，政策學習可以從兩個角度來界定：

(一) 政策學習是基於過去政策後果與新資訊的觀點，調整政策目標或技術的意圖，以提高統治的實現目標；從此定義看，政策學習是一種內在的自覺意識，其目的是期望改善政府目標實現的狀況。

(二) 政策學習是基於經驗性的行爲所發生之相對地持續改變，通常這種改變係基於對外在刺激的回應；從此定義看，政策學習並不是如此的高度自覺意識，而是因爲外在環境的刺激，引起以經驗爲基礎的行爲反應。

這兩個不同定義說明了政策學習的動力來源，可能來自於政策制定者本身對於政策缺失的認知與反省，希望改變政策目標或技術，以加強政策實現目標的程度；當然也可能來自於政策制定者對於外在環境的壓力所做的態度反應。實際上，很多政策學習是內在動機與外在壓力的共同互動結果。薩伯提爾及其同僚（Sabatier and Jenkins）：「政策取向的學習涉及相對持續的思想或源於經驗之行爲意圖的改變，關心的是：個人或群體信仰系統認知的實現或修正。」這個定義指出：第一、政策學習是內在自覺意圖的表現；第二、經驗乃是推動行爲意圖改變的重要推力；第三、學習的內涵是信仰體系的變更。前面第一項與第二項特點反映前述兩個定義的精神，第三項則是薩伯提爾及其同僚特別強調的重點。

二、政策學習類型

(一) **外部學習**（exogenous learning）：這種學習型態的動力主要是來自於公共政策過程以外的力量，由於政策制定者希望加強政策適應環境的能力而改變政策方向；學習主體是大型的參與性的政策社群，學習目標則是政策問題與目標的認知。這種學習是一種社會學習（social learning）。

(二) **內部學習**（endogenous learning）：這種學習型態的動力主要是來自於公共政策過程本身的認知，由於政策制定者本身的自覺意識，期望改善政策目標與技術；學習主體是小型的、專業技術性的政策網絡，其學習的目標是政策工具或政策情境。這種學習可稱為教訓汲取（lesson-drawing）。教訓汲取的方式有下列五種：

複製（copy）	將某項已推動且成效良好的政策方案，完全地加以複製。
模仿（emulation）	以某項值得學習的政策為標竿，根據其成功經驗移植到自己的政策當中，由於任何政策的實施都必須考量不同的社會與政經文化，故無法完全複製。
混合（hybridization）	將值得學習的政策與本項政策予以結合，同時並存，形成一個組合性的新政策。
匯合（synthesis）	吸納各種不同的值得學習的政策，並依據本項政策的特殊條件與要求，加以融會貫通，形成一個不同於任何一個的新政策。
激發（inspiration）	從觀察、欣賞與模仿其他值得學習政策的過程中，啟發出新的政策思維，發揮創造力，研擬另外新的政策。

牛刀小試

1. 何謂政策社群？具有哪些分類？
2. 試加以說明政策學習的意義及分類。
3. 政策終結有何類型？在執行上有何困境？

◹ 章後速讀

1. **政策行銷**（Policy Marketing）：「政策行銷」可以界定為，政府機關及人員採取有效的行銷策略與方法，促使內部執行人員及外部服務對象，對研議中或已形成之公共政策產生共識或共鳴的動態性過程，其目的在增加政策執行成功的機率、提高國家競爭力、達成為公眾謀福利的目標。

2. **社會行銷**：是由Kotier&Zaltman首先提出，指應用行銷的原則與技術來推動社會議題與理念，希望能夠透過行銷手段，將某項社會價值與觀念傳輸給社會民眾接受，從而加以實現。

3. **置入性行銷**：置入性行銷（Placement marketing）指刻意將行銷事物以巧妙的手法置入既存媒體，以期藉由既存媒體的曝光率來達成廣告效果，它又稱產品置入（product placement)，產品置入之目的是將商品或是品牌商標，以策略性的手法放置到電視電影等娛樂媒體中，以達成廣告效果。

4. **政策行銷的特點**：政策行銷強調政策內涵的設計、包裝、宣傳、散播；係以民意為導向；政策行銷重視認定與滿足民眾需求的過程；行銷之目的為強化民眾對公共政策的接受度；政策行銷的實施部門未必是政府機關，民間團體亦可成為遊說政府實施某項政策的主體。

5. **政策行銷的特質**：消費者的不確定性、標的團體的態度傾向不甚明顯、生產者的不確定性、行銷策略與行銷目標之間的因果關係不甚確定、公共市場必須注意社會可接受性、政策行銷的對象多半是公共服務或行政行為，而非有形產品。

6. **政府政策行銷的功能**：政策行銷可以加強公共政策的競爭力、政策行銷可以建立公部門良好的公共形象、政策行銷可以促使公共服務價格的符號化、政策行銷可以創造民眾的需求。

7. **政策行銷活動的原則**：政府機關必須明瞭政策行銷的價值基礎、政府機關必須決定願意投入政策行銷的資源水準、政府機關必須決定在市場扮演「買方」或「賣方」的角色、政府機關必須思考有無區隔市場的可能性、不要害怕去創造新產品或新公共服務。

8. **政策行銷的核心概念--6Ps**：產品（product）、定價（pricing）、通路（place）、促銷（promotion）、夥伴（partnership）、政策（policy）。

9. **政策行銷的程序**：公共市場定位、認定行銷標的顧客（target customers）、進行市場區隔化（market segmentation）、選擇適當多元的促銷手段、注意公共市場的政治限制。

10. **政策行銷的策略規劃**：環境分析、設定行銷目標、確立行銷策略、選擇行銷方法、執行行銷計畫。

11. **政策行銷的實際執行策略**：定位政策行銷的標的群體、加強「民眾需求學」研究以掌握民眾心理、推動合作行銷（partnership marketing）、以事件或運動行銷取代平面或電子行銷、重視「媒體公關」、「學術公關」與「民代公關」的角色。

12. **政策網路（policy network）**：指政府機關與各種不同的政策社群（policy community）對於某特定政策議題，所形成的不同政策領域（policy domains）間的互動關係。

13. **地下政府理論（sub government theory）**：該理論的要旨是：在任何政策領域中，基於共同利益與態度而組合的個人，會有效地利用多數的例行性決策之機會，以影響公共政策，俾取得有利於己的公共政策地位。典型的地下政府成員包括：參眾議院委員、國會幕僚、政府官員、某特定政策領域中的個人或團體代表，這些行動者相互依賴，彼此奧援，儼然形成有別於執政的政府，故稱之為地下政府。

14. **鐵三角理論（theory of iron triangle）**：政治學者羅維（Lowi）提出著名的鐵三角理論，公共政策為聯邦政府機關、國會委員會與利益團體所把持，成為緊密相連的鐵三角。

15. **議題網絡理論（theory of issue network）**：赫克羅（Heclo）基於維護多元主義的立場，對於封閉性的鐵三角理論相當不滿，應因而提出開放性的議題網絡，這種議題網絡是基於議題的利益與價值影響相關行動者而組成的網絡系統，是開放性的，隨時不斷有新的行動者加入，但又有退出者，乃至於形成一個議題網絡。

16. **三位一體論（theory of triadic power）**：麥克法蘭（McFarland）繼承赫氏的傳統，認為議題網絡係指對於某項政策議題有興趣的個別行動者所構成的溝通網絡，包括政府機關、國會議員、遊說者、學者專家與新聞記者等。顯然地，議題網絡與鐵三角是不相同的，它是一種鮮活的議題網絡，經常性地溝通政策的意見，以產生新的政策意見，而形成他的「三位一體權力」理論。

17. **政策網絡的類型**：中央與地方政府關係（The central-local government relation）、政府與工業關係（the government-industry relation）。

18. **政策社群**：是指一群來自於政策網絡當中，彼此分享共同政策焦點的行動者與潛在行動者；他們對於政策知識與關心的焦點是相當類似的，以至於形成凝聚力甚強的團體；因此，政策社群的形成是以專業知識為基礎。至於政策網絡則可能包含好幾個政策社群或其他行動者所構成的網絡關係系統。

19. **政策變遷定義**：係指一項或多項當前的政策被其他政策所取代的現象，這意味著舊政策的修改與新政策的採納。

20. **政策終結**：政策終結係指機構的終止、基本政策的轉向、計畫的減少、部分的終止以及財政的緊縮。

21. **政策學習**：這個概念的提出是晚近的事情，應該是受到組織學習（organizational learning）理論的影響，著名的組織學習學者彼得聖吉在《第五項修練》一書中提出自我實現的五項修練方法：系統思考、自我超越、心智模式、共同願景與團隊學習。因此，政策學習可以從兩個角度來界定：

(1)政策學習是基於過去政策後果與新資訊的觀點，調整政策目標或技術的意圖，以提高統治的實現目標；從此定義看，政策學習是一種內在的自覺意識，其目的是期望改善政府目標實現的狀況。

(2)政策學習是基於經驗性的行為所發生之相對地持續改變，通常這種改變係基於對外在刺激的回應；從此定義看，政策學習並不是如此的高度自覺意識，而是因為外在環境的刺激，引起以經驗為基礎的行為反應。

↘ 精選試題演練

一、當前政府最大的問題在於「為而不宣」與「宣而不為」，以致於政府施政經常讓人民「無感」，試從政策行銷角度解釋其意義為何？應如何進行有效的政策行銷？（102退除役三）

答：(一)政策行銷（Policy Marketing）定義：行銷（marketing）本來是商業上的名詞，是指「認定、預期與滿足顧客利益需要的管理過程」，從這個定義中可以得知行銷的特點為：第一行銷是一種管理過程，一個管理導向的組織一定會重視行銷管理；第二、行銷是顧客導向的，「顧客至上」或「顧客為組織的生命中樞」。第三、行銷是一種認定、預期與滿足顧客利益的過程。因此，「政策行銷」可以界定為，政府機關及人員採取有效的行銷策略與方法，促使內部執行人員及外部服務對象，對研議中或已形成之公共政策產生共識或共鳴的動態性過程，其目的在增加政策執行成功的機率、提高國家競爭力、達成為公眾謀福利的目標。在當前時空環境下，政策行銷應當揚棄以往「為政不在多言」、「多作少說」的錯誤觀念。而代之以「多作多說」、「作多少說多少」，以爭取服務對象認同及支持的作法。就「內部行銷」而言，機關首長應採各種方式，讓內部執行人員建立共同「願景」，相信某項政策的確「值得作」、「必須作」、及「只要努力就有希望作成功」。就「外部行銷」而言，機關行銷團隊或人員應採適當行銷工具，透過多元參與、溝通對話、宣導說服等作法，爭取服務對象支持並配合政策的推動。

　(二)方法：

　　1.環境分析：行銷計畫應同時就內部環境與外部環境兩個層面考慮相關的問題。內部環境包括機關組織內部的使命、目標分析，及SWOT分析，即優勢（strength）、劣勢（weakness）、機會（opportunity）、威脅（threat）等情況的分析。至於外部環境則包括機關組織所面臨的法律、政治、經濟、社會、技術、文化等方面的影響情況。

2. 設定行銷目標：設定行銷目標時，應考慮以下事項：要行銷什麼東西、理念、產品、服務、政策或計畫；要服務對象採取作為或不作為的「順服」措施；要促成服務對象的「認知改變」？「行動改變」？「行為改變」？或「價值改變」？

3. 確立行銷策略：策略包括如何設定目標，及在何種時間及地點限制條件下，如何整合運用資源，採取何種方法去達成目標等要素在內。就政策行銷而言，策略就是對行銷計畫決策者或擬訂者作決定，或對計畫提供指引方向的一組有價值的前提。

4. 選擇行銷方法：政策行銷可使用的方法可依行銷目標、對象、時間、空間、人力、經費等因素作綜合考慮及權變運用。行銷方法可分成：第一、透過平面媒體行銷；第二、透過立體媒體行銷；第三、透過事件或運動行銷。

5. 執行行銷計畫：當行銷計畫擬定完成並批核後，即由執行機關及人員全面推動，並應獲得行政首長、相關機關及標的人口全力的支持與配合，為此，計畫內應明訂各項獎懲辦法及管制考核辦法。

二、在民主社會中，政府必須善盡告知與宣導公共政策的責任，使公民接納並瞭解政策內涵以獲得支持，而「政策行銷」（policy marketing）係為強化政策宣傳的重要手段。試問政策行銷能達成哪些功能？政策行銷的核心概念（6Ps）又分別為何？（102警三）

答：(一)功能：

1. 政策行銷可以加強公共政策的競爭力：政策行銷可以提升公共政策競爭力，競爭可以產生不同選擇，有選擇就可以有所比較，有了比較才能使民眾得到較佳的服務；因此，競爭是使政府部門發揮效率的最佳策略。

2. 政策行銷可以建立公部門良好的公共形象：透過市場機能中行銷廣告的運作，可以樹立公共部門的良好公共形象，有助於推展公共政策，爭取民眾支持。

3. 政策行銷可以促使公共服務價格的符號化：政府所提供的公共服務，可以透過行銷方式予以「商品化」，使之更能吸引民眾的購買與順從；所謂商品化，就是將公共服務予以價格化，最具體的方式就是「使用者付費」的運用。事實上，政府部門愈來愈喜歡以付費方式鼓勵或改變消費者行為。

4. 政策行銷可以創造民眾的需求：政策行銷最主要的功能之一是刺激消費者的需求，以購買公共服務。目前政府財源短促，幾乎年年都是赤字預算，究竟如何尋找財源呢？似可透過行銷來創造消費需求，以增加政府財源。

(二)核心概念：行銷的6Ps：

1. 產品（product）：係指無形的社會觀念或公共政策，該觀念或政策本身的「說服性」或「合理性」就顯得十分重要，因為惟有足以說服他人的觀念與政策，才能達到宣傳效果。

2. 定價（pricing）：社會觀念或政策行銷的對象是「公共財」，雖然多牛是採取免費服務，不需考量到價格問題，但為了避免搭便車（free-rider）的效應，往往對於使用服務的消費者亦酌收象徵性的費用，以產生「以價制量」的擁擠效果，因此，定價問題亦非常重要。通常，政策行銷的價格設定僅反映「成本」，不以營利為導向。

3. 通路（place）：政策行銷的通路相當重要，例如，要宣導酒後不開車，行銷該項政策的可能通路有哪些呢？

4. 促銷（promotion）：選定了行銷通路之後，接下來就要問：到底要用什麼促銷手段讓消費者接受其政策內涵呢？

5. 夥伴（partnership）：政策行銷如果光是靠政府機關的力量絕對是不夠的，更何況今天政府在高喊「政府再造」的時刻，人員必須精簡，必須借用其他部門的人手推動政策行銷，這種合夥關係愈來愈重要。

6. 政策（policy）：政策行銷所涉及的公共政策往往不是一個機關所能決定，因此，政策的內涵與主管機關都是政策行銷必須注意的對象。

三、 何謂政策行銷（policy marketing）？假定你是某山地鄉（以原住民為主體）鄉公所主管觀光產業的科員，上級長官要求你在一星期內提出一份簡要的「本鄉推動原鄉歌舞季行銷計畫」。請說明此項行銷計畫應包含的主要項目及內容。（99原三）

答：見第一、二題。

四、 政策行銷影響政策執行甚鉅，何謂政策行銷？政策行銷的功能為何？試舉一項公共政策說明成功的政策行銷應如何執行並考慮哪些因素？（99原三）

答：見第一、二題。

五、 試述政策行銷之定義，並請分析公共政策之行銷與商業行銷有何不同？（103原三）

答：(一)定義：見第一題。
　　(二)不同：
　　　1. 消費者的不確定性：「誰是消費者？」公共市場的消費者不容易鎖定，這是政策行銷必須克服的難題；商業行銷則是很有明確的消費者。
　　　2. 標的團體的態度傾向不甚明顯：市場行銷中消費者對於產品的好惡，很容易從銷售狀況觀察出來，但公共市場中標的團體的態度傾向則不明顯，有時候政府部門必須採取強制手段處罰違法的標的團體，不能單靠政策行銷的柔性手段。

3. 生產者的不確定性：政府部門是一個整體，他所制定的公共政策經常是許多部門通力合作的結果，根本無法分割誰是真正的生產者；同時，公共部門所銷售的產品有時是相當抽象或無形的，甚至是一種「概念」，因此，要行銷起來也增加許多困難。商業行銷則是有很明顯的利潤導向及利益追求，因此可以很清楚尋找生產者。

4. 行銷策略與行銷目標之間的因果關係不甚確定：市場行銷幾乎可以確定行銷策略與目標之間的因果關係，從銷售率的升降就可以判斷消費者是否接受該項產品，但公共政策的行銷則不容易確定因果關係，因為影響民眾接受公共政策的因素實在是太多，根本無法確定行銷的效果。

5. 公共市場必須注意社會可接受性：政府提供的財貨或勞務必須重視社會是否可以接納的程度，民眾在價值觀念上無法接受的行銷，就算花很多的預算，也不會發生效果；商業行銷則是以利潤為前提，行銷前自然做過完整嚴謹的市場調查。

6. 政策行銷的對象多半是公共服務或行政行為，而非有形產品，此與商業行銷不同。

六、 近年來，研究公共政策的學者經常用「政策網絡」的概念來解釋政策的形成與變遷，請問何謂「政策網絡」？其核心概念為何？並請說明羅迪斯（R.A.W. Rhodes）所提出的政策網絡類型？（100高三）

答： (一) 政策網路（policy network）定義：政策網路指政府機關與各種不同的政策社群（policy community）對於某特定政策議題，所形成的不同政策領域（policy domains）間的互動關係。政府機關本身會形成政策網路，而各政策社群也會形成不同的政策網路，公私部門結合起來又形成整體的政策網路。

(二) 概念：

1. 「互賴性」為政策網絡存在的先決條件：任何一個網絡中的每一行動者都必須依賴其他行動者提供支持，沒有例外，行動者乃形成交互依賴的互動關係。

2. 網絡中必然存在多元的行動者與目標：任何一個網絡必然包含許多的行動者，且各行動者本身都各自有擁有其目標與利益，隨時與對手進行策略性的交易與聯盟。

3. 網絡包括或多或少的持久性關係：任何政策網絡中的行動者必然擁有或多或少持久性的關係型態，所謂「或多或少」（more or less）是一種程度問題，有些關係相當穩定且高度整合，甚至與政府機關形成平等密切的互賴關係；當然也有不少關係是相當薄弱的，因為議題的出現而緊密結合。

(三)政策網絡的類型：羅迪斯融合社會學、社會心理學、社會人類學與政治學，針對不同層次的行動者之間的互動提出不同的網絡概念，從微觀層次（micro level）的人際關係互動、中觀層次（meso level）的利益團體與政府間的互動，到宏觀層次（macro level）的國家機關與公民社會的互動。在這樣層次下，政策網絡劃分為五種類型：政策社群（policy communities）、專業網絡（professional network）、府際網絡（intergovernmental network）、製造者網絡（producer network）、議題網絡（issue network）。

七、當探討公共政策的政治層次時，學者常有微觀政治（micro politics）、次級系統政治（subsystem politics）和宏觀政治（macro politics）之分，又當討論次級系統政治時又有所謂鐵三角（iron triangles）、問題網絡（issue network）與政策社群（policy community）之異。試就以上六個重要概念加以析論之。（101地三）

答：(一)羅迪斯融合社會學、社會心理學、社會人類學與政治學，針對不同層次的行動者之間的互動提出不同的網絡概念，從微觀層次（micro level）的人際關係互動、中觀層次（meso level）的利益團體與政府間的互動，到宏觀層次（macro level）的國家機關與公民社會的互動。在這樣層次下，政策網絡劃分為五種類型：

1. 政策社群（policy communities）：這是指中央與地方政府機關所共同執行的政策領域中，具有高度穩定性與限制性成員的網絡，呈現出一種垂直性的互賴關係以及水平性的意見表達受到限制，這是具有高度整合性的政策網絡。例如內政部中央選委會與縣市選委。

2. 專業網絡（professional network）：這種網絡具有高度穩定性與限制性的成員、形成垂直的互賴關係，限制性的水平意見表達，主要是滿足專業的利益，但這種網絡的整合程度 不如政策社群那樣的高度凝聚力。例如全民健保過程中的醫師團體與工會團體。

3. 府際網絡（intergovernmental network）：這是指地方政府之間代表性的組織所構成的網絡關係，成員具有相當的限制性、垂直的互賴關係與水平的意見表達也受到限制，希望擴張水平式的影響力，因此特別強調水平的意見表達。例如地方縣市的跨縣市區域治理。

4. 製造者網絡（producer network）：這是基於經濟利益所構成的網絡關係，網絡成員相當流動性、限制性的垂直互賴關係，主要是在滿足製造者的經濟利益。例如，國營事業機構中油公司與其分佈於台灣地區所有的分公司與加油站所構成的製造者網絡。

5. 議題網絡（issue network）：這是相當不穩定、低度整合性的網絡，成員雖然很多，但來來去去，無法呈現成熟而穩定的網絡組織；此外，垂直的互賴關係受到限制，水平的意見表達雖然並未受限，但意見並未整合，並未形成堅強的網絡系統。例如洪仲丘事件及太陽花事件。

(二) 而鐵三角理論（theory of iron triangle）則是由政治學者羅維（Lowi）提出著名的。他將公共政策為聯邦政府機關、國會委員會與利益團體所把持，成為緊密相連的鐵三角。鐵三角理論的特點在於：第一、公共政策過程中，經濟性的特權團體，其勢力相當龐大，足以串連國會議員，從而掌控政府機關；第二、鐵三角本身是一個相互勾結的封閉體系，具排他性；第三、政府機關不可能保持中立，必然受制於利益團體與國會議員的影響。基此，羅氏擔心美國將走上「第二共和」時代。

八、試闡釋政策社群(policy community)和議題網絡(issue network)的概念內涵。此兩者有何重要的區別？（103警三）

答：見第七題。

(一) 政策社群：英國學者羅德斯（R.A.W. RhodeS）與馬希（David Marsh）在其所編的《英國政府的政策網絡》一書中從英國中央與地方政府間關係的研究，發展出政策網絡的概念，並依據利益群組狀況、會員隸屬關係、垂直的互依關係、不同網絡的水平互依關係與資源分配狀況等五項標準，將政策網絡歸納為政策社群（Policy community）與議題網絡（issue network）、專業社群網絡（professionalized network）、府際網絡（intergovernmental network）、地域性社群（territorial community）、經濟性生產者網絡（producer network）。其中政策社群的特性為連結較穩定，具廣泛的垂直依賴性與有限的水平整合性，並高度限制其成員的資格。

(二) Issue Network：議題網絡，在政策運作意涵中、所謂「網絡」泛指在政策運作過程中，參與者所表現的互動關係，特別是指因同理念、同看法、同利害、同立場者所形成的聯盟關係。因此，議題網絡乃是指對某公共議題，具有不同看法及立場者，各自結合起來表達其主張，因而形成不同的網絡關係。大致而言，此種議題網絡關係可分三類：贊成者、中立者、反對者。這三類人在議題形成、辯論及處理的過程中，會受到政治勢力強弱、經濟資源多寡、組織動員能力強弱的限制，而具有不同程度的發言權及影響力，進而決定了議題的命運。基本上，議題網絡關係通常是多變且鬆散的，參與者人數及立場可能隨時發生變化，當議題不受重視或消失時、各種網絡關係也就隨著煙消霧散。（吳定，公共政策辭典）

九、 政策網絡的基本概念為何？請以一個有關原住民族事務的政策網絡為案例，加以分析說明。（102原三）

答：見第六題。

十、 何謂政策利益的鐵三角？抑或是所謂的「次級政府」（Sub-government）概念？政策利益鐵三角為何總是能夠有效地操控政策制定？其又會對公共政策的內涵造成何種影響？（102身三）

答：見第七題。Iron Triangles：鐵三角，也稱為「安逸的小三角」(cozy little triangles) 或「三角聯盟」（triple alliances），乃是形容美國政府次級系統的運作狀況，指某些國會委員會或委員會中的小組、一個或兩個行政機關、與相關利益團體三者之間，以某一政策領域為核心，所形成的一種穩定的關係樣式。三者會聯合起來，共同處理彼此具有直接的、實質利益的政策議題。鐵三角的存在並主控政策制定的過程，為許多人所詬病，因為它使學術社群的政策專家、受政策不利影響的利害關係人等，被排除在政策制定參與圈外。更有甚者，很多加入鐵三角的政府機關，往往因此變成利益團體的「俘虜」，在政策制定與執行方面，受到利益團體的控制。

十一、 請問「鐵三角」是由那三個部分所組成？並闡述它們之間是如何互動，藉以產生政策獨占的現象。又從公共政策類型化的角度觀之，何種類型的政策比較適用於以鐵三角的理論加以解釋，原因為何？（103地三）

答：見第七、十題。

十二、 何謂政策學習？何謂政策擴散？請以我國地方政府的一個特定政策方案為例，解析政策學習與政策擴散的內涵及相關影響因素。（102地三、100原三、100高一暨高二）

答：(一)政策學習（Policy Learning）：政策學習指涉入政策過程的行為個體、團體、或機關組織對所涉及各種相關事項的了解、學習與調適狀況。因此，政策學習牽涉三個重要的問題：即誰要學習？學習什麼？以及學習所造成的影響。

(二)政策擴散：政策擴散是指在行政改革成為各國風尚的情形下，藉由國際官員所舉辦的各項活動，及由公部門的主管、學術界與政策企業家所召開的各種會議而使行政改革的政策能讓各國政府、人民重視、推動及落實，此與政策行銷有異曲同工之妙。（吳定、公共政策辭典）

十三、請詳述政策變遷意涵，以及造成政策變遷的原因。通常政策變遷有一定的標竿原則要遵循學習，請詳述政策變遷的原則。（101身三）

答：(一) 政策變遷定義：政策變遷係指一項或多項當前的政策被其他政策所取代的現象，這意味著舊政策的修改與新政策的採納。基本上，政策變遷採取四種方式：

(二) 政策變遷的理由：

1. 長年以來，政府通常都會逐漸地擴大某項政策領域的活動範疇，以擴大政府的治理功能，這些活動範疇很少是全新的，即使是全新的政策，在某種程度上必然與當前的政策有所重疊。

2. 當前的政策可能因為不良副作用或效果不彰，需要在政策上進行某種程度的改變。

3. 為了避免政策終結，引起民眾反彈與社會不安，故儘量避免制定新政策，此外，當前永續的經濟成長率與現行政策中的財政承諾，都會儘量避免制定新政策。

(三) 政策變遷的原則：

1. 在特定政策領域上制定一項全新的法律或計畫，以取代舊的法律或計畫，稱之為政策創新（policy innovation）。

2. 在現行政策基礎上作漸進改進，基本變動幅度並不大，稱為政策賡續 (policy succession)。

3. 公共政策維持不變，稱之為政策維持（policy maintenance）。

4. 舊的公共政策予以終結，代之以全新的公共政策，稱之為政策終結。

十四、名詞解釋：

(一) Policy Innovation（100原三）

(二) Policy Punctuations

(三) Policy Maintenance

(四) Community Networks

(五) Policy perversity

(六) Policy Reversal

答：(一) Policy Innovation：政策創新為政策變遷之一種。係指在特定政策領域上制定一項全新的法律或計畫，以取代舊的法律或計畫，稱之為政策創新（policy innovation）。

(二) Policy Punctuations：政策斷續等同於「政策變遷」的概念，且相對於所謂的「政策均衡」（policy equilibrium）概念。有學者在累積相當時間的政策制定個案後分析發現：1.政策制定的變遷與穩定與大眾議程上的議題起落有關；2.美國政治制度加深政策的斷續與均衡跡象；3.政策形象（policy images）影響了議題本身是否能夠超脫政策壟斷(policy monopolies)。單從「制度結構」而言，美國分權與制衡的制度設計，儘管原初意在防止巨靈再現，無意間卻也創造出議題導向的「次級系統政治」，與國會和總統的「宏觀政治」間既有穩定亦有促進變遷的互動系統。有學者指出，次級系統政治就是一種均衡的政治，指的就是政策壟斷的政治、漸進主義、大眾青睞的政策形象，以及負向回饋；而宏觀政治則為一斷續的政治，指涉的是大幅變遷的政治、衝突的政策形象、政治操縱，以及正向回饋。換言之，政策次級系統與宏觀政治系統的互動，因而導致諸多政策領域出現斷續與均衡之跡象。

(三) Policy Maintenance：政策維持指政策執行機關或人員採取一套活動，以確保政策方案或計畫按照原先設計的內涵繼續執行。活動的內容包括設法使政策方案或計畫經由決策者手中轉入執行機關時，能維持它的「完整性」（integrity）。政策維持的目的並非在防止方案或計畫作必要的改變，而是在預防方案或計畫作有害的修改。

(四) Community Networks：社區網路是以地理距離為基礎，透過電腦中介傳播，亦即透過電腦網際網路以促進人際關係的傳播，增加傳統地理社區民眾的參與，藉由電子參與擴大對地理社區的認同，進而促進社區的發展或轉型。近來有許多中央與地方政府機關舉辦「社區網絡論壇」，即是社區網絡理念的體現。

(五) Policy perversity：政策僵化係指政府在行政改革的過程中，通常會產生許多公共政策的現象，其中之一為政策僵化。所謂政策僵化指行政改革常會產生許多未意圖的、未預期的的與有時不受人歡迎的結果。

(六) Policy Reversal：政策翻轉，指政府在行政改革的過程中，通常會產生許多公共政策的現象，其中之一為政策翻轉。基於數種理由，傳統的公共政策制定模式相當保守，多強調以漸進主義為其主導模式，因此趨向於政策慣性（policy inertia）而不易達成政治終結（policy termination）的情況。然而近年來許多國家的研究證據建議，公共政策專家應注意外在衝擊、新觀念、新的策略聯盟、新科技與政治權力的運用所引起的政策變革過程，這些劇烈變動，往往造成新政策與舊有政策內容大相逕庭的狀況，而形成政策翻轉。（吳定，公共政策辭典）

⓿⑨ 與公共政策有關的議題

與公共政策有關的議題

當代政府應具備的能力
1. 預期及掌握環境的變遷
2. 制定因應環境變遷的政策
3. 政策有效執行的能力
4. 人力物力資源之徵募、運用與管理
5. 政策評估的能力

市場自由化的精神
1. 解除管制
2. 民營化
3. 合法化

探求民意的方法
1. 彙整媒體民意
2. 彙整分析候選人政見
3. 辦理民意調查
4. 舉行座談會
5. 舉辦公聽會

利益團體的功能
1. 澄清及明示民眾需要的功能
2. 提出各項替選方案
3. 監測政府治理的功能
4. 參與問題解決過程的功能
5. 建立聯盟的功能

商議式民主的原則
1. 公開性（publicity）
2. 課責性（accountability）
3. 互惠性（reciprociety）

公民參與的方式
1. 投票
2. 請願
3. 訴願
4. 集會遊行
5. 怠工、罷工及消極抵制
6. 意見表達

減少民眾反對鄰避設施的作法
1. 瞭解民眾反對鄰避設施的主要原因
2. 透過政策工具提高民眾對鄰避設施的接受程度
3. 健全鄰避設施相關配合措施
4. 謹慎化解當事人的不滿情緒
5. 加強鄰避設施的管理
6. 落實回饋金的運用

課前導讀

　　本章主要在探討相關公共政策議題。公共政策的運作過程雖然包括：政策問題、政策規劃、政策合法化、政策執行及政策評估等幾個大的架構，政策分析人員也依據公共政策理論規劃政策、使之合法化、付諸執行、近而加以評估修正。但實際上，公共政策的種類是五花八門，不同的公共政策內容便需依據當時不同的利害關係人、政策制訂者及外在環境的變化，而採行不同的政策方案。因此，公共政策可以說是動態的社會科學，它不是以人的主觀意志便能一意姑行，而是一廣納意見，權衡利弊得失後所得的最佳結果。舉凡國防、經濟、外交、社會福利、教育等攸關人民生活福祉、生命安全的議題均可視為公共政策。因此，晚近學界及政策分析人員已將公共政策的研究放在針對各項議題來加以探討及謀求解決方法。讀者可嘗試將前面各章所學的公共政策理論、方法及技巧，用於各種不同的政策議題。

重點精要

壹　政府與公共政策

一、政府存在的必要性

　　政府解決公共問題的必要程度，因不同社會、不同時代而有所不同。一般情況，民眾在求助無門時，最後依靠就是政府。政府解決民瘼是天經地義的事，責無旁貸，其「必要程度」隨人民客觀需要（needs）和主觀的需求（demands）而定。在歐洲十七、十八世紀時代，人民認為政府是「必要的罪惡」（necessary evil），因政府可能會濫權，而侵犯人民生命、自由、財產等權利；另方面卻又不能沒有政府，人民還是需要政府的力量來抵禦外侮和維持治安。所以，當時人民希望政府最好是消極被動；到十九世紀初，又產生了所謂「萬能政府」、「大有為政府」的要求；到二十世紀九〇年代，政府的績效不彰，人民開始要求政府要「輕、薄、短、小」，原本是政府的工作，而民間能做得更有效率，則應轉移給民間，小而有力的政府只處理民間無法做到的事即可。

二、政府的工作

汲取資源 （extraction of resources）	政府要解決公共問題，要有相配合的資源，因此要汲取資源，如金錢（稅收）、財貨（徵收土地）、人力（政府內部之人事支援）、勞務。
分配活動 （distributive activity）	政府提供金錢、財貨等服務。

管制人民行為 （regulation of human behavior）	制定政策，要求人民順服政府的規定，例如，實施酒後不開車政策。
象徵績效 （symbolic performance）	政府有公信力、合法性、正當性，因此有些問題一定要由政府出面表示或解決。例如政府代表國家出面向外國政府爭取權益。

三、政府職能性

(一) **定義**：政府的職能性（capacity）係指政府影響社
　　會各勢力團體，汲取社會資源、提升政策能力以
　　及遂行國家目標的能力。政府可以改變私部門行
　　為、引導社會結構以及促進國家發展。換言之，
　　政府職能性是關於政府能夠抗拒社會勢力團體之
　　壓力，實行其政策「效能」的程度與範圍而言。

> **觀念速記**
>
> 政府職能的強化與提升，已不是口號，而是積極主動去做，在新的世界競爭裡，睜爍突出，凸顯邁入第廿一世紀的「政府機制」。

(二) **政府職能的程度**：政府職能的程度界定出一個政府去實施其政策和營造利潤的
　　能力，而且政府累積資本的能力，也反應出其貨幣控制、財政平衡、金融調
　　節、外貿政策和外資流動的控制層面上；同時政府職能的程度也決定其政策工
　　具（policy instrument），而對國家收支平衡發生影響力。相對地，增加政府表
　　現獨立行為的能力，也深受到相對政府自主性程度高低的影響。通常一個政府
　　之自主程度愈高，其政府之職能程度也會因之而提高。

(三) **政府職能性具有哪些影響**：

政府機制 的發揮	政府能力愈強，其能滿足民眾需要、保障民眾自由、提升社會福祉的能力亦愈強，而人民控制政府的能力亦愈強。政府職能與社會各勢力團體互為消長，與人民控制政府的能力在現代政府設計下並行進展。
匡正政府失靈與 市場失靈	市場失靈、政府失靈要由政府來匡正。政府職能愈強，愈能利用公權力來制定，包括：市場機制政策、誘因政策、管制政策、政府供給政策、社會保險與救助政策，以匡正各種市場失靈與政府失靈。
促進國家發展、 提升國家競爭力	促進國家發展，提升國家競爭力，需要「眾志成城」，唯有賴政府。政府責無旁貸。捨政府，其他各社會勢力團體，無此能力，亦無此全面性、前瞻性的觀點。各社會勢力團體各有其狹隘的本位主義，以及主觀性、排他性、而非如政府要照顧到整個社會的全面發展，有整體社會發展的遠景。

四、政府的經濟功能及市場功能

當市場不健全時，有賴政府來匡正市場失靈，即使是在市場運作之下，政府對市場之干預，或是較小程度的維持市場自由競爭，或提供公共財。都是不可或缺的。

(一) 政府的經濟功能：

➡ **政府部門直接提供財貨與服務**

由政府部門承擔政策規劃及執行責任，但費用則由政府稅收支出或使用者付費。例如：台灣電力公司及中國石油公司。

➡ **政府部門委託其他部門提供**

此種方式係由政府部門負責提供財貨與勞務，但由政府機關間彼此簽約並將其付諸執行，費用則由提出要求者付費。

➡ **簽約外包（contracting out）**

係指政府僱用私部門（私人公司或非營利組織）提供公共服務，費用則由政府編列預算支出。例如：台北市政府委託私人公司代理清運垃圾。

➡ **經營特許權（franchise）**

係由政府核准私部門提供服務，但政府則仍保留「價格率之核准權」，費用則由使用者付費。例如：台北市公車的路線經營權。

➡ **補助（grants or subsidies）**

即政府透過免稅、低利貸款、直接補助等誘因來提供服務，其費用包括政府對業者之補助及使用者付費，而對私部門之補助對象，政府及使用者均有影響力。

➡ **抵用券（voucher）**

係指政府賦予符合資格的人民自由選擇去消費某項貨品，而由政府付費。

➡ **市場運作（market）**

係指政府對於市場運作採取不如干預的態度，完全任由市場之需求及供給自行調節，且由消費者自行決定消費對象。

➡ **志願服務（voluntary services）**

志願團體之服務方式有三種：
1. 由志願團體直接提供服務，如慈濟功德會之慈善救助。
2. 由志願團體出資洽請政府部門提供服務，如地下道、路樹之認養。
3. 個別性之志願人力協助推動公共事務，由政府酌發少許津貼，以資鼓勵，如義警之指揮交通。

➡ **自我協助（self-service）**

係指由政府所提供之公共服務不符民眾需求，人民只得自行尋求解決之方式，如社區守望相助。

➡ **政府販售（government vending）**

係指消費者向政府購買特定服務，民眾成為需求者，而政府則為提供者，例如：銀行或企業要求警方派駐人員保護安全。

(二) 政府在市場中的功能：

　　1. 政府提供服務並收取費用，典型的例子如提供基礎建設。收取費用的目的是爲了分配服務、增加稅收或提升服務水準。

　　2. 參與市場和其他私部門相互競爭，並由競爭中來影響服務品質與價格。

　　3. 公共財的提供及服務由政府負責，但是過程中所需要的資源則經由簽訂契約方式由私人提供。

　　4. 政府向私部門購買整套服務，所有的服務成本由政府負擔。

　　5. 政府補助私部門並由私部門負責提供財貨及勞務。

　　6. 爲維持市場公平競爭，政府執行經濟管制，設定一些法律加以規範並促使私部門提高品質，通常亦有配合補助款的實施。

　　7. 政府可扮演催化協調的角色，使其服務的功能可以加以發揮，並縮小供需之間的差異。

　　8. 政府可協助私部門分散所面臨的風險或解決協調衝突。

五、解決公共問題的代議政府（representative government）機制內涵

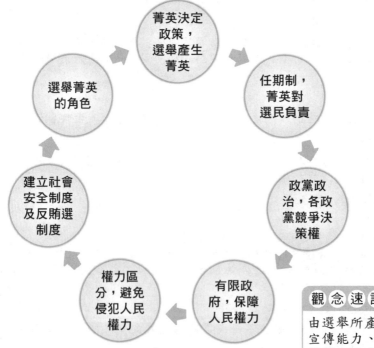

(一) 政策由菁英決定，菁英由選舉產生：代議政府的機制是某些少數人（菁英）不相互競爭，爭取選民的選票，以獲得決策的權力，這些人的權力

> **觀念速記**
>
> 由選舉所產生的菁英，要有宣傳能力、組織能力，以獲得選民的支持，對民意反應較敏感，對民眾請求，要表現能力與魄力，才能獲得選民的支持。

由人民同意，亦即政府是由人民同意而組成。來自於選舉的菁英，在競選時因為他的訴求才能得選舉。而其訴求大至為：1.候選人本身形象（包括品德、才能、能力等等）。2.政見。3.政黨。及必須要具有三才的條件（人才、口才和錢財），選民便由此判斷是否投給他一票。因此，訴求必須滿足選民的訴求，才可能獲得選票。由此，這套模式便建立起回應民意的機制。

(二) **任期制，菁英對選民負責**：民選的公職，有任期規定，任期屆滿，若欲連任，需再經過選民審核，由選票決定其去留。有些國家有罷免制度，當選民認為民選公職人員若無法真正為民服務，雖任期未滿，選民亦有權予以罷免，任期制是責任制的表現。

(三) **政黨政治，各政黨競爭決策權**：各種民選公職人員及政治上志同道合的人結成聯盟，競逐政治職位，實現共同理念，稱為「政黨」；政黨集合黨內菁英的意見，提出共同政見，稱為「黨綱」。政黨是政治組織，政治人物願意加入政黨，主要是因為團體合作比單打獨鬥的成本來的小，效益卻較大，這是交易成本分析的概念；和政黨合作，運用組織力量來實踐自己的政治主張，是一種對選民負責的行為。

(四) **有限政府，保障人民自由的權力**：公共決策由菁英決定，但為保留人民不受政府干預的自主空間，菁英所能決定的公共事務，範圍是有限定的。在此自主的空間，人民保有自由權利；同時，政府行使職權方式，亦受到限制，以免政府擴權或濫權。

(五) **權力區分，避免權力過度集中，侵犯人民自由權力**：政府的權力區分為三權：行政權、立法權、司法權，分屬不同機關。如此，可避免權力過度集中，侵犯人民自由權。

(六) **建立社會安全制度及反賄選制度，保障人性尊嚴**：為避免選民因貧困、貪婪或遭到威脅、利誘，被扭曲人格，而造成投票時受外力影響，違背自己本身意願進行投票，代議政府應該建立社會安全制度。

(七) **選舉菁英的角色**：選舉所產生的菁英是用以制定和執行公共政策的。大部分代議民主體制的選民所選出的菁英，都是扮演立法、行政甚至司法的角色。立法代表者通常藉由法律的通過與否，與監督政府預算及運作狀況；行政代表者，主要的工作在於根據立法機關所通過的法律，執行公務，解決公共問題；司法代表者，主要的工作是審判及在審判過程中詮釋並應用法律。這些被視為人民公僕的立法、行政及司法代表，在多數政府決策中是代表並反映社會多數的意見。大體而言，有兩項基本因素會影響民意代表的實際行為：

1. **代表本身的利益**：民意代表所有的行徑常會受到攸關勝選與否的因素牽制。因此他們會將所有的注意力集中在他們可能爭取到較多選票的選民身上，其他則敷衍

過去。另外，代表們為了爭取選區選民的支持，往往強調本身選區內的利益，無視整個社會的利益；而選民對於此種行為也認為是理所當然的回饋，雙方均忽略了代表們是代表全體人民監督政府的，而非淪為特定人群的利益工具。

2. **代表監督政府，卻無人監督代表**：因時間和成本限制，使得一般人無法去監督代表們的行為及無法發現代表們行為是否傳達了他們的利益。當政府規模愈大，監測代表們是否傳達人民利益所需要的成本將提高，因而產生了代議政府機制的失靈。

六、當代政府應具備的能力

(一) **預期及掌握環境的變遷**：在當今人口變遷迅速，經濟發展趨勢變動，政府必須隨時預期環境變遷的方向，並適時加以掌握。

1. 政府必須確實預期人民需求的所在及需求的優先順序以為決策的依據。而需求的認定與評定，為政策規劃的基礎，為政府選

> 環境為影響系統成員提出何種需求，表示支持強弱的重要因素，關係到系統應制定、執行何類政策；改變了系統權力的合法基礎與公平公正的標準；調適成員價值觀念與取向的依據。
>
> 名師講座

擇所要解決的問題，設定需求優先順序，抉擇必須關注的對象，選定特殊具體政策作為的標準。另外，需求的認定與評定，可以提供額外的資訊，以防止專家在需求認定的不足，或是避免需求的認定完全掌握在優勢團體的影響之下。

2. 政府為了預期並掌握未來環境的變遷，也必須具有預測的能力。預測的標的有四：
   (1) 預測政府並未針對當前環境的變化而採取之新政策時，即政府若「維持現狀並無新的作為」時，社會環境所可能產生的變化。
   (2) 預測政府如若針對當前環境的變化而採取新的對策時，社會環境因新政策的採行，可能受到的影響。
   (3) 預測政府為因應當前環境的變局其所可能採取的新政策內容，以及這些內容可能受到有關機關的修正情形。
   (4) 預測新政策影響的利害當事人，在制定與執行新政策時所可能採取的行為，究竟是表示積極的支持，抑或消極的反對？

(二) **制定因應環境變遷的政策**：政府為了解決環境變遷所演展的新問題，確實回應人民需求的改變，價值觀念的轉變，因應社會轉型期的新情勢，必須適時適地制定妥當的政策。政府在制定政策時，應具備幾方面的能力：

1. **提出具有說服力的政策論證**：因為政策論證為所有政府行動的基礎，合理的政策論證，一則有助爭取一般人民對政策支持，二則可排除具有競爭力的不同政策方案。

2. **適度讓人民參與政策之制定**：政策之可貴，在於可行，而可行的政策，則繫於政策執行對象的順服與支持。應適時讓人民參與政策的制定過程，因為人民的

參與，可以增進政府管理複雜環境的能力，加速社會適應環境變遷的過程，協助個人團體、社區機關間，在政策規劃過程上進行相互的調適與折衷，增進政府與人民共享權力的機會，進而強化權威更具有權威性。

3. **政策的制定要斟酌五大理性：**

技術理性
即政策的決擇，要以方案的效能為基準，選定最能有效解決公共問題的方案。

經濟理性
即政策的抉擇，要以方案的效率為基準，選定解決公共問題最有效率的方案。

法律理性
即政策的抉擇基準，乃以方案或主張是否符合現行法律體制及各項先例為依據。

社會理性
即政策的抉擇基準，乃以政策方案是否與社會現所流行的價值觀念相一致，為考慮的焦點。

政治理性
即政策的抉擇基準，乃以政策方案在政治上是否可行為基準，分析政策方案在其一特定時間內，是否能得到充足的政治援助與支持。

(三) **政策有效執行的能力**：如何有效地執行政策，關乎政策成果之獲致，冀欲目標達成，社會變遷進展順利，人民對政府之支持與順服。是以，政府如要有效地執行政策，應具備如下能力：

◎ **選擇適當的執行策略**
現行公共政策的理論有兩種執行策略：一為計畫性的執行，二為適應性的執行。前者認為執行的問題，可透過事先仔細與明確的規畫執行程序方式加以解決或克服，因此要求政策目的清晰、明確、具體；後者認為執行的問題，只有透過執行過程中研遭遇到的個別情況，隨時隨地調適與因應而加以解決，是以要求政策目標要有彈性，決策過程中執行人員要有參與並表示意見的機會，不得過度管制執行人員。

◎ **進行公共關係**
民主的社會，政府必須運用公共關係，讓人民了解為什麼要這樣做，以公開的態度，取得社會大眾支持，與利害當事人舉行會談，讓人民體認到政策的效用與價值。

📝 利用現有的法令規章解決問題

政策執行過程中，各項制度、程序與規範的運作，不因施行對象不同而產生不同的待遇，即所謂法令適用的不一致性。

📝 設法提高執行人員的責任感

執行人員若對其所屬機關的目標和價值，有強烈認同感，對機關事務秉持任重的涉入感，對其機關具有忠誠感，希望繼續成為機關的一份子，則機關的績效可賴以提昇，所負的政策執行之責也能順利達成。

📝 嚴肅貪瀆

貪瀆之影響於社會民眾，會形成不滿現狀之心理，進而視政府威信如無物，對於士氣民心之打擊既深且巨。

(四) **人力物力資源之徵募、運用與管理**：資源包含了各種不同的投入，諸如社區民眾的支持與接受，人民的參與，租稅的徵收，上級政府的補助，新科技的引進，私人企業對政策的支助響應，各種資訊的蒐集，其他社會引進有效的法規，徵募優秀的人員加入工作的行列等。人力物力資源的具備，足以進行各項技術性的分析，發展政策制定執行規則，推動各項計畫管理，督導政策實施對象順服。政府除了要具有吸引資源，運用資源的能力外，還須具有管理自然、人力、資訊與財政資源的能力。

(五) **政策評估的能力**：政府所面對的環境，往往決定政府在解決公共問題上可資採行的方案。然而環境不斷更迭變遷，政府不得不因應環境的演變，反映人民需求，適時進行政策變遷，此時有賴政策評估，即政府基於有系統的和客觀的資料蒐集與分析，進行合理判定政策的效能與影響，用以瞭解政策目標達成的程度，問題解決的情況，以及是否會衍生新的問題，而為政策調整、持續、終結與重組的依據。另方面，政策評估亦可幫助我們瞭解政策執行人員、政策施行對象及其他利害當事人是否遵照立法機關、行政機關、與專業機構所訂定的標準與程序行事；解釋政策何以成功或失敗的理由，各地造成不同政策成果的原因。

七、提升政府能力的途徑

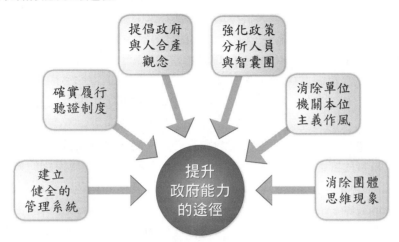

(一) **建立健全的管理系統**：資訊為認定問題的依據，決策的基礎，執行、督導與管理的指針，評估的前提。管理資訊系統儲入了政策投入、轉化過程、輸出與影響的各項資訊，用以衡量政策的績效與效率，並建立各項客觀的社會指標。管理資訊系統一則可提供資訊來分析以往的系統運作情形，設計各種相關模式，以做為政策變遷的參考；二則可在既定政策下，提供資訊，權衡系統的財力、物力及人力等資源，以為進一步決策的參考。

(二) **確實履行聽證制度**：政策之具有執行力，一定要首先獲致政策施行對象的支持與順服。聽證制度的善加利用，非但集思廣益，加強政治溝通，促進政治參與，提高行政效能，防止政治腐化，消除政治偏私，杜絕行政專擅，也可排除人民心目中各項疑慮，爭取支持。

(三) **提倡政府與人「合產」的觀念**：合產之內涵，乃專業服務的提供者與人民共同涉入和參與市政服務的設計與送達工作，政府既可減少支付薪資的負擔，又可因人民的參與而提高市政服務的品質與效率。

(四) **強化政策分析人員與智囊團**：當代政府所應具備的五大能力，如有政策分析人員與智庫，對其能力的提昇當有所助益。因為政策分析家與智囊團可根據其專業知識，瞻望未來，預測政策情境的演變，凝聚統合性見解，謀求較適宜的政策方案，構思執行策略，因應各種情勢變遷，評估政策的成效，指引未來政府應採取的行動方向。

(五) **消除單位與機關的本位主義作風**：當前政府業務性質複雜，往往非某單位或某機關單獨所能解決應付，以致要求單位與機關間的相互溝通、協調才能獲竟其功。但因各單位機關在人員甄補上，時有要求觀念看法較一致的人選；大多數

的公務員均任其本職多年，信任其原來所行事的慣例；公務員為了自己的昇遷前途，往往順服基本的機關目標；有些機關又受到利益團體的影響，以致形成本位主義的作風，而妨礙了政府能力的提昇，解決問題的實力。

(六) **消除團體思維（group think）的現象**：當代政府決策之作成，大都採用團體決策途徑。此途徑有其優點，如可涉獵各方面的知識、專業技能與經驗、個人的偏失得以化解、決策易為團體成員所接受與支持等。但若決策團體成員之間的凝聚力過高，則可能造成「好同惡異」思維的危機。好同惡異思維乃是極力要求參與決策的成員，不要對決策的內容表示異議，且不希望有人對行動方案進行任何確實的評估，限定了方案抉擇的範圍。解決好同惡異思維的方式：

1. 政策規劃團體的領導者，必須訓練其成員擔任評估的角色，鼓勵他們儘可能提出反對的觀點。
2. 在一個層級體系中，主管指派某單位擔任政策規劃的任務時，不在事先指陳政策偏向與期望，致使該團體能公正從事。
3. 多成立幾個獨立的政策規劃與評估單位，每個單位在不同主持人下，對相同的政策問題進行審慎考量。
4. 邀請局外學者專家或機關內部適格人員，在不同時間參與決策會議，並鼓勵他們對核心分子的觀點，提出富有挑戰性的批評。
5. 在最佳的政策方案達成初步的共識後，決策單位應安排另一次機會，儘可能讓每位決策成員，充分地表示其內心猶存的疑慮。如此一來，政策規劃當能消除好同惡異思維所形成的弊病。

八、行政機關在政策缺失的防範之道

(一) **採行建設性的思維模式**：認定確實的問題情境，建立合理的因果關係，避免解決方案的失調，實有賴使用具體翔實的資料，來有效描述實際的問題情境，公開各項有關問題成因、方案研擬的推論基礎，致使其他原本意見不同，觀點互異的人員得以形成共識，減輕將來政策執行的阻力。

(二) **強化程序正義**：政策規劃不僅其所企圖達到的目的是正當，其規劃的過程更要有正義。因為程序正義可幫助涉入者體認及接受政策的時代性與需要性，化解兩造之間的衝突，疏導民怨，滿足心理需求，以作成較佳的政策，增強政策的執行力。其中，建立實質而公正的聽證制度，為一可行的辦法。

(三) **強調知識的重要性**：今日行政機關所面臨的問題錯綜複雜，不但需有「前瞻性」的資訊，用以確知環境的變化，適時作出因應的調適政策；「監導性」的資訊，俾以知悉現行政策運行的狀況，執行機關間的衝突與協調情形；以及「回顧性」的資訊，分析政策的效果，檢定政策成敗的原因，發現政策衝突矛盾的現象。還要擁有解釋問題的理論，以為認定推理問題的依據，擬定有效方案的根基。

(四) **發揮監督防腐的功能**：行政機關總有認知限制、觀察盲點、維持現狀的惰性，因而導致政策規劃的偏失。而偏失的適時糾正，則有賴於監督防腐機構功能的確實發揮。

(五) **促進對問題的了解**：有效的政策規劃及解決問題，有一項重要的先決條件，即瞭解問題的複雜性與整合不同問題觀的迫切性。

(六) **提高行政機關的學習能力**：行政機關針對問題而擬訂的政策，可說是一項有待驗證的假設，要實際付諸實施後，才能發現其是否能解決問題。一旦發現某政策無法與社會事實配合，必須劍及履及的採取因應措施，不致使良策成為革新的絆腳石。

牛刀小試

1. 政府存在具有哪些功能？當代政府又應具備哪些能力？
2. 行政機關核提升政府能力？又其在政策缺失的防範之道為何？

貳　比較公共政策

有些學者認為比較公共政策尚未成為一獨立的學門，造成此原因，實有其先天存在的主客觀因素。不過畢竟比較公共政策仍屬公共政策探討的範疇，而且藉由比較不同國家、地區或類別的公共政策，確實可以提升公共政策在實務運用上的效果，雖然這領域的題目出現不多，讀者仍不可輕忽。

一、比較公共政策的意義

海登赫默（A.J.Heidenheimer）認為比較公共政策研究包含以下要點：

(一) 對於不同政府的政策進行比較、分析及研究。

(二) 比較分析的重點，是如何及為何制定某項政策？政策執行的效果如何？

(三) 政策是指政府機關特定作為或不作為的方案。

二、比較公共政策的發展背景

學者丘昌泰指出，比較公共政策的研究大約興起於七〇年代初期，當時研究途徑視為比較政治的研究途徑之一，比較政治學者希望能從政策過程與結果觀察政治的性質，故比較公共政策並非是一門獨立的研究領域。其興起背景：

(一) 以電腦為基礎的資料分析技術，促使大規模的跨國性比較研究的發展，特別是公共支出與預算分析領域的興起。

(二) 以政治體系模式為導向的比較政治研究，過分重視政治投入功能，如政黨、利益團體、選舉行為等，至於足以代表產出功能的公共政策則被忽略，比較政治學者認為有必要研究此一領域。

(三) 政治學者對於政治研究進行批判與檢討，認為政治科學的研究應該回歸到傳統政治學對於價值問題的研究，而不應過份專注於政治現象的科學分析與事實描述。如政治學者伊斯頓宣稱「後行為時代」的來臨，他主張，政治的研究不應僅著重於政治科學的發展，而應將政治科學的分析架構與方法應用至政策問題的研究上。

(四) 政府的規模日趨擴大，其所扮演的角色日趨重要。公共決策制定者，特別是政府所制定的政策在集體與個人生活上應扮演關鍵性的力量。

三、比較公共政策重要性

實務上的目的	1.可以從其他各國的發展經驗中，找出設計最佳政策的辦法。 2.可以更深入了解各國政府機構處理公共問題的政策過程。 3.反映出當代國家彼此的交互依賴性。
理論上的目的	公共政策研究至少可以達成兩大目標： 1.發展適用於各社會的概念與通則。 2.為國內與外交政策發展出相關的知識基礎。

四、比較公共政策的價值

拓展比較研究的基礎	比較公共政策研究拓展了比較政治的基礎，如果將政策產出與影響加入比較政治的變項後，觀察的角度與視野無疑地擴大了許多。
避免文化偏限的結論	已開發國家公共政策的發展經驗未必適用於其他開發中國家，因為文化背景限制了跨國運用的可能性，透過比較方式可以將適用於某些國家的命題，在其他國家的系絡中加以檢證。
可以進行準實驗	雖然每一個國家都有其實施公共政策的系絡背景，但並未意味著其他國家無法加以學習，無法加以吸收並且予以實施。

五、比較公共政策的研究途徑

(一) **演繹法**：即從某些行為前提，演繹出政策的樣式和關係可能會產生何種結果，如理性抉擇模型。此種應用於公共政策的演繹途徑的確是一項強而有力的知識工具，因為它可以有效管理並分析複雜的資料，也減低了許多政策問題所涉及的不確定性。

(二) **歸納法**：即對於行為的預測，來自於觀察某一公共政策論題所涉及不同利益之互動情況所作的推動，如漸進理論。歸納法可展現公共政策之目標與手段間的複雜性、不確定性及模糊關係。

(三) **不同點**：歸納法與演繹法之不同處，在於歸納法可展現公共政策之目標與手段間的複雜性、不確定性及模糊關係。目前許多比較公共政策學者，均較偏好歸納法，如海登赫默、黑克洛和亞當斯等人。然而，在實際的政策制定過程中，目標與未預期的結果間，先已存在之目的與事後發現之目的間、演繹與歸納的對應效用間，均不斷的持續交互作用。

名師秘笈

在研究公共政策制訂時，必須瞭解在任何情境下，總有一些先天看起來是「固定」的東西。大部分行政人員比較會承諾執行既有的政策，而不願從事政策創新；政府外的專業人員在參與政策制訂時，較能維持自主性；民選的政務官在參與政策制訂時，則較重規立即的政治壓力。

六、比較公共政策的研究內涵

研究政府如何選擇作為或不作為方案

欲比較不同國家的公共政策，必須知悉政策制定的機關與過程，以及各國政黨、利益團體、行政機關實際處理政策問題的方式。

研究政府為何尋求特殊的行動方案

欲探究不同國家政策的差異，可能必須追溯決策者所不知道過去的歷史發展，也可能須研究一個國家的政治文化及其人口組成情況，或可能須從改變民眾對政策問題的處理方式著手。

研究政府所制定之公共政策的結果如何

政府採行某項政策以後，結果可能會很少符合政府和人民的預期，有時其結果甚至會成為政治性辯論和政治性選擇的新課題。

研究不同政府的政策運作狀況

比較公共政策包含研究不同國家之政府的政策運作。

研究作為與不作為政策方案的內容

比較公共政策研究，必須包含研究政策活動的整體型態，諸如政府未作決定的事有哪些？哪些問題政府拒絕面對？不面對問題是否也是一種政策？

七、比較公共政策無法成為一個獨立研究領域的原因

賽爾與迪理思（A. Cyr and P.deLeon）認為比較公共政治無法成為獨立領域，可以歸結為下列幾個原因：

(一) 比較研究非常難以概念化、組織化與執行：比較研究涉及的國度甚多，蒐集與分析資料的問題更形困難，尤其是進行比較研究的人力與財務成本，更阻礙了比較研究工作的進行。

(二) 比較公共政策承繼了公共行政傳統，仍以美國政府為比較的基礎：致使比較公共政策以美國議題為主體，無形限制了其研究範圍。

(三) 學術界與實務界的溝通不夠：公共政策專業訓練課程中欠缺有關比較公共政策的教育，不知如何進行比較研究。

(四) 社會科學中比較研究法遭遇的問題甚多：如概念一致性、測量一致性、抽樣問題都難以克服，形成比較上的困難。

112~113年　《地特、高考公共政策》試題與解析

114 年公共政策趨勢分析與準備要領

公共政策學科又稱為「政策科學」或稱為「政策學」，源自於1951年美國學者賴納（Daniel Lerner）與拉斯維爾（Harold D. Lasswell）合編《政策科學：範圍與方法的新近發展》（*The Policy Science：Recent Development in Scope and Method*）一書，被公認為是公共政策研究的濫觴。

國內公共政策學科的發展也有三十多年的歷史，研究架構概以階段論為主，包括導論、公共政策模型、政策分析與論證、政策問題與議程建立、政策規劃、政策合法化、政策執行、政策評估、重要政策論題等。題目亦圍繞在這些議題上，例如，公共政策類型、政策分析家類型與條件、政策網絡、政策論證六階段要素、政策工具、理性決策途徑、政策執行的研究途徑、政策監測與政策順服、政策評估演進過程、政策行銷、政策終結等，都是經常被拿來命題的地方。

不過近年來，公共政策科目的考題內容愈來愈趨向多元化，此種趨勢可歸納為：

1. 「實例題」幾乎成為每次考試的必考題，且愈考愈多；即理論搭配時事題，以下羅列近年相關試題供各位參考：

   (1) 如果政府不打算採取強制性工具迫使機車騎士服從，你認為可以採取那些非強制性的政策工具？【105身障三等第3題】

   (2) 以國內現行防止酒駕政策為例，討論政策評估的標準為何？【105高考三級第1題】

   (3) 何謂議程設定？請以議程設定的觀點，說明我國核四政策之變遷過程。【108地特三等第1題】

   (4) 政府制定政策時，必須考量它是否有效率、是否公平。倘若現在政府擬擴大引進外籍看護工來臺工作，請評估此一政策是否有效率？是否公平？【109地特三等第4題】

   (5) 請從公共政策分析的觀點，剖析直接發放現金、2009年「消費券」與2020年「三倍券」之間的差異與優劣為何？【111地特三等第4題】

(6) 青年就業問題是政府關切且想要解決的社會問題之一，假設政府想要透過開設程式設計訓練班來緩和青年就業問題，因此在不同的縣市，都開設相同的訓練班來培訓有志青年，為了評估該班之影響，政府蒐集了該班在不同縣市的相關資訊。假設資料顯示A縣市的訓練班有220人報名，但因只有100個名額，因此錄取了100人，經過三個月的訓練後，有98人結訓，有78人在結訓後兩個月獲得工作。B縣市同樣有100個名額，結果有150人報名，錄取100人，在經過三個月的訓練後，有97人結訓，52人在結訓後兩個月獲得工作。請問：從影響評估的角度來看，您認為那一個縣市的職業訓練班對於參加者有較大的影響？請列舉兩項您認為可能的原因或理由並說明之。【112高考三級第2題】

(7) 依據學者在拉丁美洲中許多城市的研究，其研究結果顯示在不同城市的街道上，大多是由中低收入戶所營運的違法商家或攤販，雖是這些中低收入戶的主要收入來源，但也造成街道髒亂等的外部性，容易引起一般民眾及中產階級者的不滿。政府有制定相關的管制法規，但不同地方政府對於違法商家或攤販的執法程度或稽查強度是不同的，請您從政策執行或分配政治的角度來分析：列舉四項可能影響地方政府執法或稽查強度的因素並說明之。【112高考三級第3題】

2. 「跨學科」的考題愈來愈多，同時跨越行政學、公共管理、管理學或政治學的題目愈來愈普遍，例如政策行銷、全球治理、政府再造、審議民主、民意與民意調查、公民投票等。以下羅列近年相關試題以為各位參考：

(1) 公共利益定義與瞭解公共利益的方法？【107高考三級第1題】

(2) 交易成本的意義與構成交易成本過高的主要原因？【107高考三級第2題】

(3) 政府使用BOT模式推動重大公共建設之主要目的為何？可能遭遇到的重大挑戰有那些？請說明。【109地特三等第1題】

(4) 關於公共利益的定義與民主政治的內涵，有學者認為公共利益的內涵應以公民觀點為基礎，追求公民精神的發揮，才能建立符合公民利益的民主體制。依據Frederickson的觀點，認為公民精神應具備那些要件？請詳細剖析之，並討論其是否可行？【110年身障三等第2題】

(5) 傳統官僚組織運作的特徵，常導致行政機關間橫向協調產生阻礙。請論述行政機關間橫向協調問題之原因與癥結為何？【111地特三等第1題】

(6) 民主國家許多財貨與勞務都是由官僚體系直接提供的，但這種提供方式可能出現許多問題。請敘述此種官僚供給的問題。【113年高考三級第1題】

3. 命題委員或學者最近所發表的期刊論文，將是未來出題的焦點。某教授曾批評目前的考題設計，都是就現有教科書出題，但由於有些教科書內容過於老舊，導致與新增知識之間產生落差。因此主張未來的出題設計，除了現有教科書之外，並應增加教授新近撰寫的期刊論文。以下羅列近年相關試題以為各位參考：

　(1) 根據世界銀行（World Bank）的說法，愈來愈多的政府試圖建立起「循證的公共政策」（evidence-based public policy）的體系，以期能為人民提供更好與更快速的政府服務；請問循證的公共政策之內涵為何？實務應用上可能的限制何在？【105年地特三等第1題】

　(2) 何謂公共政策分配性結果中的「沉默輸家」（silent losers）？其可能的成因為何？【105年地特三等第2題】

　(3) 政策衝突對政策治理的衝擊。【107年地特三等第3題】

　(4) 「政策企業家」（policy entrepreneur）是政策過程中之重要人物。試說明其特質、專長及其在政策過程中之功能。【110高考三級第3題】

　(5) 請說明管制影響評估（Regulatory Impact Analysis, RIA）的意涵、推行目的與操作步驟為何？【111年地特三等第3題】

4. 新理論、新學說，作者榮獲諾貝爾獎或舉世聞名，所倡導理論也廣受各界矚目，通常學界也高度重視。以下羅列近年相關試題以為各位參考：
近年流行以「推力」（nudge）作為推動政策之工具。「推力」背後之理論為何？與其他政策工具之差異為何？使用這工具之優勢為何？試舉實例闡釋之。【110年高考三級第1題】

5. 考試方法並不以申論題為限，解釋名詞即成為常見的應試類型，如100年身障三等、原民三等、高考三級；101年原民三等；102年原民三等、高考三級；113年身障三等。以下羅列相關試題以為各位參考：

　(1) 請說明下列名詞之意涵及其與公共政策的關係：Ideology、Spiral of Silence、Plebiscitary Democracy、Policy Marketing、Quasi-Experimental Design。【108年地特三等第4題】

　(2) 請將下列專有名詞翻譯成中文，並說明其意涵。Evidence-based Policy、Policy Window、Policy Marketing、Sustainable Development Goals、Corporate Social Responsibility。【113年身障三等第2題】

針對上述的趨勢，準備及對應方略如下：

1. 熟讀階段論的每一個步驟內容，尤其常考的地方，至於比較少出題的部分，亦應稍加注意，例如公共政策倫理、政策利害關係人、政策行銷與公關、循證政策等。

2. 隨時注意當前時事有關公共政策的新聞議題，並勤於閱讀社論或專文，以增加對議題深入分析、瞭解及掌握。

3. 除了現有教科書之外，應廣泛蒐集公共政策學者所撰寫的期刊論文，並詳細閱讀，因為在未來期刊論文的題目比重將會增加。

4. 解釋名詞尤應注意中英對照，並搭配吳定教授所著《公共政策辭典》作為補充。

5. 申論答題祕法（三段論證法）：一個完整的申論題論述內容，應該包含「前言」、「主要論述」與「結論」三段，茲說明其答題邏輯與方法如下：

　(1) 前言即破題，應提綱挈要，可引述名家名言或做背景說明。

　(2) 主要論述為題目主軸，也是分數高低的關鍵，應綱舉目張、條理分明、層次清晰，並列舉實例以為說明。

　(3) 結語要簡單扼要，對論述做總結或補充說明，也可提出不同見解。

6. 隨時掌握最新的趨勢，例如最近一、兩年好像偏好丘昌泰教授的《公共政策基礎篇》內容，可從解析的參考來源得知。

7. 行政類科中行政學、公共管理、公共政策三者是相互為用、相輔相成的關係，所以對相關理論研讀都須融會貫通，並能將理論與實務做結合。

8. 參加國考要有一個正確的觀念，那就是「國考申論題只有參考答案，沒有標準答案」。

112 年 地特三等

一、請問自我管制政策的意義與特質,並試舉我國自我管制政策的案例。

答: 自我管制政策(self-regulatory policy)係政府機關對某標的人口的活動僅予以原則性規範,而由該標的人口自行決定活動進行方式。例如,政府授權出口同業公會自行檢驗管制或大學自主的教授治校等。

自我管制政策所具有的特質:

(一) 自我管制政策中,政府並沒有嚴格訂定強制性之規範。

(二) 自我管制政策中,地方政府或是標的團體保有一定程度之自主性。

(三) 政府之所以採取自我管制政策,以該政策需要因人制宜或因地制宜。

> **參考資料** 吳定,《公共政策》,國立空中大學,2003年。

二、請問循證政策分析的論點與要素。

答: 循證政策分析(evidence-based management)主要指的是在公共政策理性論辯的基礎上,強調政府政策推動的決策,應該是以「證據」(evidence)為基礎;尤其是民主時代公共政策社會論述的過程中,倡議者必須提出相關證據作為論述的基礎,如此才是公共政策重要的正當性來源。亦即循證政策制定是立基於可取得之證據或資訊,無論是問題分析、方案選擇、執行監測或結果評估,在決策前應透過資料的蒐集和數據的分析。

循證的政策分析以廣泛的證據蒐集與分析,應用於政策制定實務,以提升決策品質。基本上,具下列三個要素:

(一) Evidence:係指政策訂定所需的多元證據,無論是外顯或內隱的,政府的、企業的、學術的,任何有價值的資訊都應列入考量。

(二) Expertise:係指政策實務與專家知識,雙邊必須建立起溝通橋梁,讓雙方社群可以相互溝通、分享、互動,以促進決策品質之提升。

(三) Expectation：係瞭解民眾的期望，且民眾期盼政府是透明的、公平的，因此循證政策分析應配合開放政府的推動，以實踐人民期望。

✏️ **參考資料** ▶ 丘昌泰，《公共政策基礎篇》，巨流圖書，2022年。

三、 政策分析家面臨專業知識與上級利益發生倫理衝突時，應該採取那些策略以為因應？

答： 拉斯韋爾曾指出：「公共政策科學是一門以社會中人的生活所遭遇更大問題為方向的解決問題科學。」公共政策不僅關心政策的具體目標，而且要追求更加宏偉的目標，那就是對人類公共生活的倫理關懷。

政策分析家面對倫理衝突的處理模式與策略：

(一) 處理模式（Tong, 1986）

1. 代理人模式：政策分析是以主雇導向的，主雇通常都是具有充分知識、能力或權力足以指導政策分析的工作，政策分析家不過是主雇的代理人而已，一切以主雇的意見為意見，面對衝突時，自應以主雇的的利益與價值為目標。

2. 父權模式：將主雇視為政策分析家的衣食父母，生計、升遷與權責都來自於家長的饋贈，此模式與代理人模式相似，政策分析家也是以保護主雇利益為最高目標，倫理價值標準也是以主雇為核心。

3. 契約模式：政策分析與主雇是契約的法律關係，不能講究人情，一切依照契約上的規範內容作為倫理價值標準的取捨依據。政策分析家的權利與義務完全尊重契約的規定，不能逾越契約的範圍。

4. 友情模式：政策分析與主雇是夥伴關係，彼此應該相互信任、推心置腹，主雇要充分尊重政策分析家的意見與立場，政策分析家也要體諒主雇的立場與態度，兩者以情誼作為倫理衝突的處理標準。

5. 信任模式：政策分析與主雇之間的關係必須是相互尊重的信任關係，兩者基於平等互信的關係。

(二) 處理策略：當政策分析家面臨其專業知識與主雇關係需求產生價值衝突時可採取的作為：

1. 直言與抗議策略：向首長表達抗議，藉此改變決策。若不成功則繼續向上挑戰，表達自己不同的意見，但此舉也要付出相當的代價。

2. 離職或離開策略：當意見表達後仍無法得到適當的回應時，應選擇離開。

3. 最後通牒：向首長發出最後通牒，試圖影響決策者。

4. 不忠誠策略：此將涉及道德上的問題，例如洩密給所屬機關以外的人員。近年來，個資法倍受重視，保密在倫理道德上十分重要。

5. 辭職揭發：政策分析人員在辭職時，揭露該機關倫理道德上的缺失。

6. 直言到制止：政策分析人員採取直言抗辯到首長停止策略為止，並運用大眾傳播媒體揭露此政策對民眾和國家的不利之處。

7. 顛覆策略：破壞或阻止政策的執行。

> **參考資料** 丘昌泰，《公共政策基礎篇》，巨流圖書，2022年。

四、 請評析政策終結與落日條款的意涵。

答：(一) 政策終結的意涵

G. D. Berwer將政策終結界定為：「政策與計畫的調適，大凡政策、計畫無法發生功能，已成多餘與過時，甚或不必要時，則將政策與計畫予以終止或結束」。亦即政策終結隱含了一套期望、規則和慣例的終止，政策活動的停止，機關組織的裁撤，例如我國對於臺灣省政府的「精省」決定。一般而論，政策終結可以分為四種類型：

1. 功能終結：這是指某項政策功能領域終止，例如動員戡亂時期結束後，許多動員戡亂時期的管制功能都相繼結束命運，如禁止遊行示威、報禁、禁止赴大陸探親等。

2. 組織終結：這是指行政組織的終結，例如警備總部在民主化的浪潮下，終結其歷史命運。

3. 政策終結：此為狹義的概念，是指當某項政策理論基礎或方法論不再適用，亟需改正所導致的終結，例如教育部對於大學校園的學

位、課程、人事等具有高度管制權，但目前基於「教授治校」、「校園民主」的自由理念，教育部幾乎都放手讓各大學自主。

4. 計畫終結：計畫是政策中的具體手段，指涉範圍較為狹窄，這種計畫手段的結束即是計畫終結。例如若干縣市政府發放老人津貼計畫，過去是請老人家到縣府相關單位，排隊領取福利金，許多老人反映不受尊重。因此，不少縣市政府終結該計畫，直接派遣社工員，以親自到府拜訪方式發放老人津貼，既受老人喜愛，也關懷瞭解的老人生活狀態。

(二) 落日條款的意涵

日落立法（sunset legislation）的自動終結機制，又稱「日落法案」（sunset law），由緬因州民主黨參議員馬思凱首（E. Muskie）在1976年用來漸進減少預算的立法技術。係指立法機關透過定期性檢視某特定法案或機關，以決定是否有繼續存在的必要，其目的在於因應社會快速的環境變遷，將原本制定的法案，在附有停止期限情況下讓其逐漸終止一種機制。

參考資料 ▶▶ 1. 吳定，《公共政策》，國立空中大學，2003年。

2. 丘昌泰，《公共政策基礎篇》，巨流圖書，2022年。

113年 高考三級

一、 民主國家許多財貨與勞務都是由官僚體系直接提供的，但這種提供方式可能出現許多問題。請敘述此種官僚供給的問題。

答： 在民主國家許多財貨與勞務都是由官僚體系直接提供，但是由於政府在制度上、結構上及運作上，具有許多先天性的缺陷，因此並無法充分達到預定的目的，而造成政府失靈的狀況。而官僚供給的問題包括：

(一) 服務產出難以評量：官僚機構所提供的服務產出多數是抽象的，根本無法以量化方式衡量其邊際社會利益與成本，以致於無法決定最適化的產出水準，如國防、社會安全等。此外，在目標多元化與衝突性的情況下，如何評量服務的價值水準都是相當的困難。

(二) 有限競爭：官僚體系不需面對直接的競爭，故其運作不以效率為考量；如此一來，難免會造成資源浪費的現象，更不會主動創新，以提升為民服務的效能。

(三) 文官保障的僵化性：目前世界各國對於文官的保障強調資深制與永業制，根本無法根據效率或生產力因素進行裁員或資源配置；繁複的甄補程序以及經費或法規的限制都使得行政運作無法以效率為第一考量。

解決的方式，依威瑪（David I. Weimer）及文寧（Aidan R. Vining）的見解，針對上述官僚供給的問題，可採取市場機制的政策來解決，作法包括市場自由化、市場促進化與市場的活潑化。

📝 **參考資料** ▶ 1. 李允傑、丘昌泰，《政策執行與評估》，元照出版公司，2009年。
2. 丘昌泰，《公共政策基礎篇》，巨流圖書，2022年。

二、 審議式民主是當代公共政策制定階段的精神。請敘述審議式民主的意義與基本原則為何？

答： 審議式民主（discursive demorcracy）興起於20世紀末，其意義是指公共政策的形成是由政治體系成員共同審慎辯論與議決後，再決定政策的直

接民主體制。審議式民主強調的是以判斷為取向的投票，主張任何一位公民應以公開論述與辯論方式決定公共政策。

公共政策的審議過程必須符合四個基本原則：

(一) 公開性（publicity）：公民及政府官員需要公開地檢證他們的審議辯論行為之公正無私。

(二) 責任性（accountability）：民主政體的政治人物必須對人民負起政治負責。

(三) 平等性（equality）：在公共政策審議過程中，每位公民都有平等參與辯論的機會。

(四) 互惠性（reciprocity）：公民可以理性、互惠地思考，並且充分認知道德上必須尊重的立場。

參考資料 ▶ 丘昌泰，《公共政策基礎篇》，巨流圖書，2022年。

三、 在政策評估之後，政策制定者仍需掌握公共政策做了某種程度的改變。請敘述當代政策變遷的基本概念與理由。

答： 政策變遷係指一項或多項當前的政策被其他政策所取代的現象，這意味著舊政策的修改與新政策的採納。

政策會變遷的理由（Hogwood and Gunn, 1984）：

(一) 長年以來，政府通常都會逐漸地擴大某項政策領域的活動範疇，以擴大政府治理功能，這些活動範疇很少是全新的，即使是全新的政策，在某種程度上必然與當前的政策有所重疊。

(二) 當前的政策可能產生不良副作用或效果不彰，需要在政策上進行某種程度的改變。

(三) 為了避免政策終結，引起民眾的反彈與社會不安，故盡量避免制定新政策，此外，當前永續的經濟成長率與現行政策中的財政承諾，都會盡量避免制定新政策。

參考資料 ▶ 丘昌泰，《公共政策基礎篇》，巨流圖書，2022年。

四、 請問政策行銷的意義與成立要件？

答： 政策行銷可以簡單界定為政府機關及人員採取有效的行銷策略與方法，促使內部執行人員及外部服務對象，對研議中或已形成之公共政策產生共識或共鳴的動態性過程；其目的在增加政策執行成功的機率、提高國家競爭力、達成為公眾謀福利的目標。

基於社會行銷與企業行銷的不同概念，乃有學者提出適用於政策行銷的6Ps，亦即政策行銷的意義與成立要件：

(一) 產品（product）：係指無形的社會觀念或公共政策，故觀念或政策本身的說服性就顯得十分重要，因為唯有足以說服他人的觀念與政策，才能達到宣傳效果。

(二) 價格（price）：社會觀念或政策行銷的對象是公共財，雖然多半是採取免費服務，不需要考量到價格問題，但為了避免搭便車的心理，往往對於使用服務的消費者亦酌收象徵性的費用，以產生「以價制量」的效果。因此，價格問題亦非常重要，通常政策行銷的價格設定僅反映成本，不以營利為導向。

(三) 地點（place）：政策行銷的地點相當重要，若政策要能夠發揮其應有的效益，通路或地點的選擇就變得非常重要，因為只有適當的或理想的行銷地點，才能讓標的人口獲知政策的存在與內容。

(四) 促銷（promotion）：選定了行銷地點之後，接下來就要問到底要用什麼促銷手段，讓消費者接受其政策內涵呢？最理想的方式是利用能夠引起標的人口重視，或者熟悉的方式為主。

(五) 夥伴（partnership）：政策行銷如果光是靠政府機關的力量絕對是不夠的，更何況今天政府在高喊「政府再造」的時刻，人員必須精減，自然人手不夠，必須借用其他部門的人手推動政策行銷，這種合夥關係愈來愈重要。

(六) 政策（policy）：政策行銷所涉及的公共政策往往不是一個機關所能決定，因此政策的內涵與主管機關都是政策行銷必須注意的對象。

參考資料 丘昌泰，《公共政策基礎篇》，巨流圖書，2022年。

112~113年 《地特、高考公共政策》試題與解析

編 著 者：陳 俊 文

發 行 人：廖 雪 鳳

登 記 證：行政院新聞局局版台業字第 3388 號

出 版 者：千華數位文化股份有限公司

地址／新北市中和區中山路三段 136 巷 10 弄 17 號

電話／ (02)2228-9070 傳真／ (02)2228-9076

郵撥／第 19924628 號 千華數位文化公司帳戶

千華公職資訊網：http://www.chienhua.com.tw

千華網路書店：http://www.chienhua.com.tw/bookstore

網路客服信箱：chienhua@chienhua.com.tw

編輯經理：甯開遠　　　　　　校 對：千華資深編輯群

主 編：甯開遠　　　　　　排版主任：陳春花

執行編輯：蘇依琪　　　　　　排 版：蕭韻秀

出版日期：2024 年 10 月 15 日　　第一版／第一刷

八、當代比較公共政策研究的特色

不同國家間的比較方向　運用量化的方式來研究

重規政策過程對政治體系的影響　比較政策系絡途徑

(一) **不同國家間的比較方向**：比較公共政策的研究，最先是以已開發國家為主要研究對象，特別是美國、加拿大等美洲國家，以及若干歐洲國家。葛羅斯（A‧Groth）從分配性途徑（Distributive approach）探討比較政治發展，他將國家類型劃分為民主與獨裁國家，然後以政治參與、團體生活、稅賦予預算、經濟政策、教育政策、文化政策、社會福利、社會變遷、公義、官僚體系與文官制度等指標，比較這些不同國家的特質。

(二) **運用量化的方來研究**：行為科學革命發生後，比較政策研究逐漸採取量化統計的分析方法，研究焦點為社會經濟條件與政策產出間的關係；在研究國度上，也開始將興趣移轉到開發中國家。派爾運用精緻的量化方法，分析十四個市場經濟與中央計畫經濟國家，並以國防、福利、教育，行政、內部安全與研究發展指標探討這兩個不同體系的經濟特質，以獲取研究成果。

(三) **重規政策過程對政治體系的影響**：一九八〇年代末，開始重視政策過程與政策投入對於政治體系特性的影響，第三世界國家成為研究對象，方法上則有日趨多元的趨勢。米葛道爾（J‧S‧Migdal）指出，當代比較公共政策的研究路線有二：第一、政策制定過程及其對政策結果的影響；第二，政策議題的研究，針對若干公共政策議題進行比較性研究，以探討其政策意涵上的特質。

(四) **比較政策系絡途徑**：米葛道爾認為，前面兩種研究途徑對於第三世界國家的研究有其限制，因而提出「比較政策系絡」的概念，一方面關切政策制定過程本身的研究，如資源與行動者的動員、重要政策行動者的組織、情報的蒐集；另方面則強調形成公共政策的系絡背景：
　1. 行動者的認知、地區與受影響的團體。
　2. 制度環境，如制度的安排、一致性與調適性的程度。
　3. 歷史事件，從歷史發展的觀點分析政策之間的關係。

九、比較公共政策的困境

(一) **變項太多的問題**：比較政策研究所涉及的變項，跨越社會、經濟與政治三個層面，然而任何一項公共政策之比較，均不可能涵蓋所有層面的變項。因此，如何篩選重要的影響變項，便成為比較政策研究者首先必須要解決的難題。事實上，在推展比較政策研究初期，不妨先行縮小政治體系與政策領域的範圍，只限定於哪些理論上可以比較、數目上可以管理的政治體系與政策領域。

> **觀念速記**
> 比較公共政策雖不是一新興的研究課題，但投入此項研究，仍會遭遇許多主客觀存在的問題，均需要一一去克服，如此得出的結論才能合乎社會科學的標準。

(二) **國內多樣性的問題**：比較政策研究企圖比較，並且找出每個國家公共政策的異同之處，這樣的研究容易忽略國內間的異質性。事實上，根據比較政策研究者的經驗，國際差異有時並不會比國內差異來得大，如果忽略國內差異的事實，對於比較政策研究的品質是有影響的。

(三) **中央與地方政府的責任分攤問題**：若要比較公共政策的績效，不可忽略政府責任分攤的問題。事實上，每個國家都有其不同的政治制度，中央與地方政府誰是政府權威的主要來源？公部門與私部門的責任分攤比例？皆是影響公共政策的重要政治變項，若無法設計衡量政府責任分攤指標，則比較公共政策就很難得到有意義的結果。

(四) **價值偏見**：我們選擇某項政策領域作為比較政策的基礎，這種選擇本身經常不是跨文化性可以適用於所有社會。例如，以社會保險制度比較而論，美國的福

利制度與其他國家均有其政治理念制度建構上的不同，強行比較，容易引起價值上的偏見。

(五) **資料信度**：比較公共政策所運用的資料多數是集群資料，這類資料的效度多半是有問題的，特別是有些極權專制國家保守封閉的意識型態，往往不願公佈資料，因而資料往往付諸闕如，就算有，資料的可信度也相當有問題，資料矛盾與衝突之處更時有所聞。此外，諸如：

1. 資料欠缺比較性：指標的計算基礎不一致，無法進行跨國性的比較。

2. 資料的偽造與欺騙：為了某些政治上或其他理由，故意假造資料，使得資料本身欠缺信度。

3. 其他非系統性的誤差等都是比較政策研究必須克服的問題。

八、未來比較公共政策研究應努力的方向

(一) **致力研究成功的政策案例，以供政策制訂參考**：未來研究的方式應對不同地區或國家之政策進行比較研究。例如，研究社會福利政策、住宅政策、產業發展政策等。經由此類研究，我們當可獲知成功案例之相關策略、結構與環境，學習到成功的經驗。

(二) **致力跨區性問題的研究**：跨區性問題的研究需要整合各種學科進行比較研究始能奏功。例如，對於貪污、腐化、精英主義、環境保護、勞工運動、消費者保護、種族歧視等政策相關論題之比較研究即屬之。這些論題均涉及管理學、經濟學、分析學及公共事務管理，同時它們都是跨區性的問題，即中央與地方政府之運作問題等。

(三) **致力進行同心協力的比較公共政策研究計畫**：雖然公共政策研究計畫因題目不同而在許多方面有所差異，但仍有許多共同處。因此，在進行政策問題研究時，可分享共同的教學方法及相關資料，各機關並可彼此學習成功與失敗的經驗。

牛刀小試

1. 何謂比較公共政策？具有何種重要性？其研究途徑有哪些？
2. 在從事比較公共政策時，會遇到哪些困境？

參　市場自由化、民營化、與公辦民營

一、市場自由化

(一) **市場自由化的內涵**：市場自由化，指政府對已經存在的市場管制予以解除，藉以開放更多的參與者加入，使其充分自由競爭，讓自由市場的供需法則運作。以產生效益。其內涵為：

　　1. 市場已存在，不僅有供給者和需要者，且有交易行為。

　　2. 市場的機制未能充分發揮，因市場的參與者受到政府限制，政府可能限制了供給者，或只限制需要者，亦可能同時限制兩者。

　　3. 政府予以開放市場，讓有意願參與者加入，使其市場交易行為能自由競爭。

(二) **市場自由化的精神（方式）**：即是「解除管制」、「民營化」及「合法化」。

　　1. 原來的管制是只允許特定少數合法的供給者或需要者，現在則開放給一般社會大眾符合條件者，稱為「解除管制」或稱「開放」（deregulation）

　　2. 原來的管制是只允許政府為合法的供給者或需要者，現在政府則開放給一般社會大眾只要符合條件者，稱之為「民營化」（Privatization）。

　　3. 原來政府禁止任何人為供給者或需要者，如經查獲即受法律制裁或刑事懲罰，現在政府開放給一般大眾符合條件者，不再禁止及懲罰，稱之為「合法化」（legalization）。

(三) 實施市場自由化的基本管制架構：

1. **維護公共財的正常運作**：自由公平競爭的體制、社會秩序、公共安全等均是維繫社會發展的重要公共財。因此，政府要提供這些公共財，並且強制不得受到破壞，破壞者則受處罰。例如對違反政治上公平競爭，除明令禁止之外，並詳細規定在公職人員選舉罷免法妨害選舉罷免處罰、刑法之妨害投票罪。又如：我國公平交易法第一條即開宗明義規定「為維護交易秩序與消費者利益，確保公平競爭、促進經濟之安定與繁榮，特制定本法」。

2. **防止外部成本產生**：外部效果係指某些財貨在生產、分配或消費過程中，會產生並非由直接參與市場交易者，所承擔的不利或有利的副作用效果。當這些經濟活動產生有利的副作用時，稱為「正的外部效果」或「外部效益」；若保有負面影響時，則稱為「負的外部效果」或「外部成本」。例如在空氣污染方面，駕駛汽車會污染其他人呼吸的空氣，而使得並未直接從事該項活動者的成本增加，因此政府制定「空氣污染防制法」加以禁止。

3. **消除資訊不均**：資訊不均指對於財貨或勞務的內容，消費者和生產者（提供者）所掌握的資訊並不相同。一般來說，對於財貨或勞務內容的認識，生產者（或提供者）多於消費者。為求交易公平，生產者（或提供者）有義務將所獲知的資訊內容告知需要者（購買者或消費者），不得隱瞞，賺取不當利益。為了使市場交易達成「巴瑞多最佳效率」（Pareto Optimality或Pareto Efficiency），生產者不得隱瞞有關資訊，造成買賣雙方資訊不均。在資訊不均情況之下，買方可能買得大貴或太多，那將造成過度消費；反之，亦然。對於資訊不均可能導致市場失靈，其解決辦法就是從資訊的角度，將財貨（抱括商品及勞務）區分為：

 先驗財（search goods）
先驗財指消費者在購買商品之前就能知悉財貨的內涵。

 經驗財（experience goods）
經驗財係指消費者在購買後才能知道其內涵。

 後經驗財（Post-experience goods）
後經驗財是指消費者即使開始使用財貨，也很難知悉它的內涵，必須要經一段時間後，才可能知悉其內容。

(四) **維護衡平與禁止偏差行為**：在分配上，不能「損人利己」亦不能「損人損己」，對於「不衡平」（inequity）之互動，政府必須立法加以管制禁止。法律上有關維護衡平的規定甚多，如民法總則條文：

1. 關於權利濫用之禁止：權利之行使，不得以損害他人為主要目的。（第一四八條）防衛過當者，仍應負相當賠償之責。（第一四九條）避難過當者，仍應負相當賠償之責等。（第一五〇條）

2. 關於詐欺脅迫及不正當行為之禁止：限制行為能力人用詐術使人信其為有行為能力人或已得法定代理人之允許者，其法律行為為有效。（第八十三條）

二、管制政策

(一) **意義**：管制政策是政府利用法規來規範人民的行為，以期符合要求。在自由市場體制下，產品價格、品質，均由市場機制來決定。當政府採取經濟管制措施，政府的「有形的手」便取代了「市場看不見的手」，而影響到市場的利益分配。政府法規的貫徹是用強制的手段而非誘導的方式。至於其強制力則藉著刑事懲罰或民事懲罰來達成。在某些情況下，處理市場失靈可能以強制的法規較有效。

(二) **管制政策具有特性**：

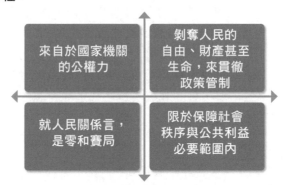

1. 來自於國家機關的公權力。政府以公權力為後盾，強制人民接受法規，人民必須遵守法規，違法則加以處罰，別無選擇餘地。

2. 以剝奪人民的自由、財產甚至生命，來貫徹政策管制的政策。人民唯恐有損失，受到威脅，不得不順服政府的管制政策。

3. 就人民彼此關係言，是零和賽局。例如，車輛在路口禁止闖紅燈，如闖紅燈者將受到制裁，以求其他車輛的安全受到保障。

4. 限於在保障社會秩序與公共利益的必要範圍內。憲法第二十二條規定，「凡人民之其他自由及權利。不妨害社會秩序公共利益者，均受憲法之保障」；憲法第二十三條規定，「以上各條列舉之自由權利，除為防止妨礙他人自由、避免

緊急危難、維持社會秩序或增進公共利益所必要者外，不得以法律限制之。」
由此可知，管制的政策，係以強制的手段，剝奪人民的自由、財產甚至生命，
但僅限於人民妨害社會秩序、公共利益時為之。

(三) **管制政策的配合措施**：管制政策首要在取得民眾的信任，其次為執行管制政策
機關及人員的形象，再次為政府對於管制政策的宣傳說服技巧與引導民眾守
法，最後才是須要動用執行管制機關的取締違規的技巧。

> ◈ **民眾對於管制政策的信任**
>
> 民眾如果對於管制政策缺乏信心、半信半疑，則不會有順服的態度。民眾
> 對於主其事者缺乏貫徹管制政策的決心，亦難使得管制政策有效。

> ◈ **管制政策機關的形象**
>
> 執行管制政策的機關與其首長的形象很重要。民眾有其人性的弱點，總要
> 投機取巧或撿便宜，對於執法不嚴的機關或其首長，會起輕慢之心，於是
> 管制政策就很難落實。

> ◈ **政府對於管制政策的宣傳說服之技巧**
>
> 解說管制的原因、立論基礎、利弊得失，讓民眾對於遵守或不遵守相關法
> 令所造成的得失感同身受，自然會主動配合，甚至對於意圖違規者亦會主
> 動勸阻，並予以譴責。基層管制人員不應以威嚇的態度要求民眾順服，必
> 須站在執行公權力的「理」字基礎上，貫徹政令。

> ◈ **引導民眾守法**
>
> 政府引導民眾守法，就是減低政府執法的負荷。

> ◈ **政府取締違法的技能**
>
> 民眾一旦違規，政府必定取締，公權力不受挑戰、任何人挑戰公權力，無
> 可逃避法律制裁。政府對於如何取締違規的民眾行為，一定要有充分的人
> 力、儀器、設備、資訊與技術。

> ◈ **對於違規者的處罰**
>
> 一般人對於道德、告誡、勸說，無動於衷，只有嚴厲處罰，人們才會感受
> 到「痛」，才會去注意法令的規定，並遵守法令。

(四) **解除管制的原因**： 政府之所以要解除管制，是著眼於解決下列問題：

1. 提升效率：經濟學家認為對完全競爭的產業限制是會降低效率的。
2. 由於技術或需求型式的改變，使得產業結構已發生改變，管制的因素不再存
   在的理由，政府因而可以不必繼續管制，或者是現行政策對產業的追求暴利未
   能有效防制。
3. 政府行政機關的提供財貨或勞務並未具有效率。

三、民營化

(一) **理由**：經濟的效率、公平、成長、穩定是國家經濟發展的目標。施行民營化是基於公營事業較民營事業不具效率，故開放民間經營。民營化理由如下：

➡ 外在環境改變

全球經濟在一九八〇年代，尤其是工業化國家，快速朝自由化方向發展，公營事業受到行政與法律的種種束縛，加上所有權不明確，缺乏誘因，難以靈活因應場快速變化，因而缺乏效率；並且由於技術的不斷創新，以往若干具有自然獨占特質而必須維持公營的理由已不存在。此外，民間企業經濟實力茁壯，具有效率與活力。同時，由先進國家的發展經驗體驗到只要建立適當的監督機制，公營事業由民間經營，不但成本更低，服務品質也可以提高。

早期國人對於政府具有極大期待，加上公營事業大都具有壟斷性、投資金額大及社會性目標顯著，因此公營事業大都由政府經營，然而隨著內外環境改變與民眾要求，民營化成為公營事業未來必經之路。

名師講座

➡ 內部企業要求

公營事業由於受到多層法令束縛、行政牽制、民意代表干預及政策包袱等，經營效率普遍不彰。公營事業更因影響民眾生活至鉅，受到民意機關干預更大，這些困境的改善都是在體制內改革無法達成的，民營化則是企業提昇競爭力與經營更具自主性的唯一途徑。

➡ 民眾需求改變

由於公營事業效率不彰所導致的成本轉嫁，或因虧損票票所造成的民眾負擔，都已造成民眾對公營事業愈來愈不滿。並且有些公營事業無法有效充分提供民眾日常生活所需，民眾期望公營事業之改造至為殷切。

(二) **公營事業和民營事業的不同點：**

	公營事業	民營事業
預算決定權	公營事業其預算的最後決定權歸屬民意機關。	民營事業則係由私人所擁有並經營，故其最後的決定權屬董事會或公司老闆。
市場競爭性	公營事業多屬獨占事業，不須面對市場競爭，其獨占因受國家法律保護，故為合法之舉。	民營企業則為競爭性事業，民營事業若要獨占，則會受國家法律的禁止。
決策限制	公營事業之決策都要受政府法規的限制，例如人員的聘用、解雇、及原料採購均有一定程序。	民營事業的決策由其經營者全權決定，隨其經營策略而變化。
利潤分配	公營事業每年須繳定額的盈餘給政府，為擴充其盈餘達成要求，往往從調整價格著手。	民營事業並無此項規定，但需面對市場競爭，故以成本效益為經營準則，較少以調高價格方式來牟利。

(三) **民營化的方式**：許多國家的國營事業與對民間企業的管制，原來是基於市場失靈需要政府介入的理由而設立的，其理由多是牽強薄弱的，故多數國家均朝民營化方向邁進。方式有：

1. 解除國營（denationalization）或者出售國營事業給私人部門。
2. 解除政府獨占（demonopolization）、放鬆或解除私人企業與國營企業之競爭管制。

四、公辦民營

(一) **公辦民營的意義**：早期，公共服務的所有權與經營權是合一的，因此呈現的是公辦公營的型態。至於公辦民營則是私有化的策略之一，係屬於Grand與Robinson所稱的政府生產減少的取向，也就是Savas所稱的「外包」，亦即安排者與生產者角色的分離，政府將經營權轉移給民間部門，但政府仍未放棄其所有權監督的責任。在

> **觀念速記**
> 私有化與否的核心議題為安排者與生產者之間的關係。安排者所代表的是所有權的擁有，承擔著監督與目標達成的責任；生產者所代表的為經營權的享有，擔負著效率與效能提昇的責任。

用語上，有人將「辦」稱為「有」，亦即公有或民有；至於「營」應為經營之意，因此公營係指政府負責經營，包括採取公務機關或公營機關兩種型態。

(二) **公辦民營的型態**：公辦民營為一概念的統稱，意指政府將經營權委由民間部門負責。就多元主義觀點，民間部門包括家庭部門、志願部門、職業部門與商業部門等四方面。就承接能力檢視，家庭部門明顯不具備能力，可將其排除在外。換言之，考慮民營的承接者時可由志願部門、職業部門與商業部門思考。以志願部門而言，其所成立機構的性質為一非營利公益團體，一般稱為基金會，必須登記為財團法人。以職業部門而言，包括受雇員與雇主所成立的團體，基本上是謀會員的福祉，除本身的會務外，亦可辦理政府委託事項。以商業部門而言，面臨市場的競爭，機構的經營著重效率，以追求利潤為目的。

(三) **公辦民營的爭論**：雖然民營的立論基礎係在避免公營制度的缺失，但是學者對其實施仍有下列的質疑：

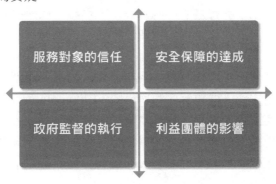

服務對象的信任　　安全保障的達成

政府監督的執行　　利益團體的影響

1. 服務對象的信任：政府的經營品質雖有爭議，但在依法行政前提下，服務對象至少對其有基本的信任。然而轉由民間經營，特別是使用到服務對象金錢時，民眾會對其存有不信任感。

2. 安全保障的達成：民間經營固然具彈性，但相對的風險性也增加，若經營不善影響到服務對象的權益時，民間部門善後的能力與服務對象權益的損失由誰承接均成為待解決的問題。

> 公辦民營是政府推動私有化的策略之一。然而，公辦民營並非公共服務的萬靈丹。政府絕不能以民營化為藉口，而掩飾其不願承擔為民服務之責，任何的民營化措施，從公共行政觀點，應在提昇「公共利益」，彰顯「公共價值」。
>
> 名師講座

3. 政府監督的執行：公共服務若是由政府負責經營，自然會受到立法部門與大眾媒體的監督。轉由民間經營後，將會造成政府監督的困難。

4. 利益團體的影響：民間經營的優點在於免於政府在預算與人事上限制，能更有彈性與自主性的經營服務。然而，在實際運作時其能否免於利益團體的影響仍不無疑問。

(四) **公辦民營實施的條件**：

1. 民間部門的能力：公共服務轉民營的前提為民間部門要有承接的意願與能力，同時是可信賴的。換言之，除非該民間部門確實具有經營的能力，不能為轉移而轉移。

2. 競爭環境的營造：民間部門之所以較政府部門為優，在於其面臨競爭的環境，因此必須著重效率與效能的提昇。民間部門的選擇應使其保持此種競爭的動力，而非成為寡占經營。

3. 政府監督的持續：政府對於委託的民間部門除了以政策指導協助服務的推動外，必須定期作監督查核，以使其忠實的經營服務，而不是圖利機構本身或個人。

五、非市場供給的內涵

(一) 政府為解決公眾問題，滿足公眾需要，必須運用公權力。提供財貨及勞務給民眾，我們稱此為「非市場供給的政策」。例如：政府提供軍隊，保家衛國；提供警察、司法人員，維持治安，解決糾紛；提供公共建設，如建設高速公路、高速鐵路、航空站、港口等均是。

(二) 由市場機制來看，市場失靈是支持政府介入的主要原因，然而，非市場機制也可以是支持政府介入問題解決的理由。William Baumol曾以道德風險論證國防需要。從道德風險觀點看，軍隊本身即是支持政府介入的理由，因為他們牽涉到對國家的忠誠及信賴，進一步將道德風險推廣至「公權力」實施的問題上，因為人們不相信「私人軍隊」會履行契約，因此必須由政府辦理國防，而不是由私人提供。

(三) 政府非市場的供給政策便是非由政府公權力提供財貨或勞務，否則不會有效，其情形大致有下列四種情形：
  1. 人民不能辦理的事，由政府提供（如軍事、外交等）。
  2. 不宜交人民辦理的事，由政府提供（如公用事業等）。
  3. 人民不願辦理的事，由政府提供（如慈善、救濟、義務教育等）。
  4. 不應由人民辦理的事，則由政府提供（如造幣、稅務等）。

牛刀小試

1. 何謂市場自由化？何謂民營化？實施市場自由化的基本管制架構為何？實施民營化的原因為何？
2. 何謂管制政策？其具有何特性？政府實施管制需具有何種配套措施？

肆 自力救濟

一、意義

自力救濟是指一群有組織的個人或團體，覺得期望的權益、目標或情況間存在顯著的差距，而採法制外集體訴求或聚眾抗議方式，如：示威、遊行、暴動等，向政府提出縮短差距要求的群體行為。其內涵：

(一) 就廣義而言，它除指個別自力救濟外，尚包括集體的自力救濟行為。此種集體自力救濟也可分成合法與非法兩種：

合法集體自力救濟	指一群人以集體型態出現，依請願法、訴願法、行政訴訟法、人民集會遊行法等規定之程序，從事權益之訴求。
非法集體自力救濟	指一群入不依法定程序而實施聚眾，進而產生暴力脅迫或妨害社會安寧秩序的行為。

(二) 就狹義而言，它指個別的自力救濟。可分為：

合法個別自力救濟	依我國民法第一五○條規定之「緊急避難」情況、民法第一五一條之「自助行為」情況、民法第一四九條之「防衛行為」情況，及刑事訴訟法第八八條之「現行犯之意義及其逮捕」規定等。
非法個別自力救濟	係指個人以非法手段侵害他人權益而爭取或維護自己權益的行為。

二、政策運作與自力救濟成因

➡ 公共問題形成階段

1. 當事人所涉及問題太小,未引起廣泛注意,圖藉自力救濟,以擴大論題,迫使政府注意,進入政策議程。
2. 當事人與政府機關之間溝通管道不暢,令當事人對所涉問題有投訴無門之感。
3. 行政機關人員對公共問題的認定未博採眾議、察納雅言,以致未認清問題本質與癥結,未瞭解當事人感覺、看法及需求。
4. 行政機關人員對社會上若干弱勢團體的公共問題,可能會因施壓不大,而予以忽視。
5. 公共問題的特性之一是具有高度相關性,但行政機關人員在認定問題時,常有意或無意將相關論題予以過度簡化或過度複雜化。
6. 行政機關人員對於某些改變社會既有利益或現狀的要求,採取「扼阻發生」的策略,引起當事人的反彈。

➡ 政策方案規劃階段

1. 行政機關人員常因權威人格或機關本位主義作祟,對已進入議程的公共問題,喜玩弄文字遊戲或大作官樣文章。
2. 某些決策人員常在觀念上過於保守或對該政策問題固執己見,因此在討論解決問題方案時,常堅持個人看法或百般阻撓。
3. 某些行政人員常有事事插一腳,處處要攬權,每每不負責的心態,以致在政策規劃時因涉及單位太多,作業流程太長。
4. 行政機關易受利益團體干擾。
5. 在議程建立與方案規劃過程中,因缺乏適切的政策分析與未做民意調查,對當事人的需求迫切程度,無法適時瞭解與掌握。
6. 在進行政策方案規劃時,因欠缺積極有效溝通,且方案的內容與規劃的過程未做適當的公開,被批評為黑箱作業,招致當事人不滿,而採取抗拒性的自力救濟行動。

➡ 政策合法化階段

1. 各級民意機關尚未普遍建立公聽會制度。
2. 政策方案常未經朝野政黨或利害關係者充分辯論。
3. 各級民意代表常受特殊利益團體或標的人口遊說所影響。
4. 由於各級民意機關的執政黨黨團影響力甚大,常因某種特殊的考慮而限制黨籍民意代表表達不同的意見。

➡ 政策方案執行階段

1. 政策、法令模糊不明或與社會脫節。
2. 未貫徹公權力。
3. 執行時機不當。
4. 政策執行人員缺乏擔當。
5. 執行機關未能嚴守「政治中立」或「行政中立」。
6. 宣導或溝通不良。

⟹ **政策方案評估階段**

1. 政策方案之決策機關、執行機關或評估機關常將政策方案評估視為聊備一格。
2. 從事政策方案評估的機關或人員立場未必客觀與超然，致其所提出的評估常遭到標的人口的質疑。
3. 政策方案的評估時機常不盡恰當，往往政策方案或是已定案，或是幾乎已定案，才進行方案可行性評估。
4. 絕大多數方案、計畫等在付諸執行後，甚少進行評估工作，以致執行過程與結果的缺失無從察覺及改正。

三、自力救濟的不良影響

打擊 政府威信	自力救濟是向公權力、法律、以及公共秩序挑戰的一種行為。政府為避免事端擴大，影響社會祥和，往往會接受民眾的請求，設法予以成全。
遲滯 經濟發展	經濟發展係以安定的社會環境為其重要條件，而自力救濟往往會影響公共安全及秩序，影響國家經濟發展。
妨礙 交通秩序	凡是發生自力救濟活動，不論人數多寡，往往引起好奇民眾圍觀。群眾聚集結果，必然造成交通秩序大亂，嚴重影響社會大眾的日常生活。
影響 警力配置	警察的主要任務在維持社會秩序，保障社會安寧，日常工作原已相當繁鉅，如果社會上的自力救濟事件頻仍，必影響警力的配置方式。
破壞 團結和諧	大多數自力救濟活動儘管號稱和平理性，但臨場仍有許多不易控制的變數，難免增加團體間對立、民眾與政府間對立，破壞社會的團結和諧。
浪費 社會資源	自力救濟事件影響所及，不但耗損政府人力與警力，參與自力救濟事件者所花費的人力、物力、財力亦甚為可觀，兼以受事件波及的工商業者，其有形無形的損失更難以估計。
增加 訴訟拖累	在激烈衝突性的自力救濟事件中，總有若干帶頭者或肇事者被移送法辦，結果或是訟累連連，或是身繫囹圄，勞民傷財。

四、不良影響的補救之道：強化公權力的救濟管道

(一) 在行政部門內設立類似「陳情請願事件疏處小組」。

(二) 全面檢討訴願管道，使行政訴願事件加速處理。

(三) 設立類似「突發緊要事件疏導處理中心」（或危機處理小組）。

(四) 組織「公評會」，由學者專家、社會人士及機關代表組成。

伍 日落立法

一、日落立法（sunset legislation）的內涵

日落立法制度於一九七六年在科羅拉多設立以來，日落立法已成為立法改革的主要部份。有些人更認為這項制度的創立，是富有想像力及革命性。至於日落條款，乃在一般法律上附加一條定期評估的條款，主要精神和作用在賦予法律有被終止的威脅，執法機關應安適地加以執行，才能免除被終止的命運。其內涵如下：

(一) 日落立法的主要內容：規定自動終止條款及評估考核的周期；訂定適用的範圍；指出適用的對象（諸如何種機關、法規與政策必須受到評估考核）；列舉如何將功能或業務性質類似的機構或政策加以歸類，以為整體評估考核的基礎；說明評估考核的程序；建立評估考核的標準；設定已被裁撤或終止的機構或政策，如何逐漸消失及善後處理事宜。

(二) 日落立法是一種「敦促行動的機能」。立法機關基於法令，原本就有終止現行機構及政策之權，不過，它們甚少運用這項權力，因監督與評估本是一項既困難又費時的任務。因此，日落立法的建立，其用意在提醒敦促立法機關負起監督管制的責任，加強對機構及政策進行評估考核的使有感。凡是基於法令而成立的機構，規劃的政策，一到規定的評估年限，立法機關一定要對該機構或政策進行評估，用以決定其持續或終止的命運。

(三) 日落立法乃是立法機關與行政機關共同協力合作才能奏效的制度，以使政府機關富有效能與效率為目標。日落立法猶須包含各項制度安排，以保證有關人員進行有意義的政策評估。

(四) 日落立法並不純粹是為裁撤或終止機構、政策而設立的制度，相反地，設立日落立法的宗旨，在使現行的機構或政策並非永久維持與不斷地膨脹擴大，而存有被終止的威脅，並在被排定評估考核以決定終止與否前，職司的機構和人員，得以繼續存立辯護，乃先行檢視其運作情形，變更與簡化有關的規則和行政程序，以增進機構或政策對人民所員的責任，進而提高機構、政策的績效與效率。

(五) 日落立法立基的基本假定，乃是機構一旦成立，政策一旦開始執行，到了規定的期限，除了立法機關猶積極地加以肯定外，該機構或政策就自動地終止。一般而言，機構成立、政策開始後，其原本的假定，乃該機構或政策，除了立法機關主動投票決定要加以終止外，往往便自動地一年復一年地持續下來。兩者所根據的假定完全不同。

(六) 日落立法制度設立的主要目的：裁撤已無必要和績效不彰、效率不佳的機構或政策，用以節省公帑；減縮新機構和政策不斷地擴散，限制政府機構的膨脹，俾能集中精力分析問題領域及其複雜性，進而加以化除與解決；提高機構及政策的績效；認定、合併功能重疊及相互類似的機構或政策，俾以增進其績效，符合功能一致的原則；建立一套比較有系統的評估原則，用以仔細地、精確地評估現行的機構或政策，以為持續或終止的抉擇基礎。

二、保障日落立法的機能

下列十大原則為執行日落立法制度的準據：

自動終止原則

日落立法所含蓋的機構或政策，一到了所規定期限，若未經由立法機關根據政策評估資訊予以積極地肯定，准許持續運作，就要自動終止。

> **觀念速記**
>
> 日落立法運動的風行，在於人民至盼政府機關提高績效，供給高品質的服務，適時解決嚴重的政策問題。但日落立法機能本身須含蓋各項制度的安排，冀以保證有意義的政策評估定能完成，而為決定機構、政策持續或終止的基礎。

定期性終止原則

日落立法研定的終止期限，必須是定期的，目的在於將政策評估的過程加以制度化，以便依據評估標準進行系統性、廣博性的評估。

漸進適用原則

日落立法制度的建立，正如所有重大的革新一樣，不能操之過急，宜採漸進適用的過程，由哪些最能適用的機構或政策開始推行，再擴大適用的範圍，以免阻力過大而功虧一匱。

同時評估原則

政策領域相同的機構或政策，務必同時進行評估，俾使有合併、協調、增刪的機會，進而符合功能一致、事權統一的原則。

行政機關先行評估原則

日落立法的制度，雖將最後評估的責任歸屬於立法機關，但大多數準備工作，仍有必要由職司的行政機關先行為之。

📝 設定一般性評估標準原則

日落立法制度必須建立一套一般性的評估標準，用以指引政策評估的過程。一般最基本的評估標準為順服性、需要性、效率性及效能性。

📝 提出整套決策方案原則

日落立法由於設有終止機能，因之決策者在作成任何決定前，有關機關有必要進行一項有意義的評估，以確保每一項終止、重組或持續的決定，均有事實做為正當化的論據。

📝 立法機關內委員會重組原則

機關內的各種委員會，基於法律規定，在其管轄職務範圍內，具有監督的責任。不過，委員會委員們，未必嚴格服膺評估的原則，是以委員會的重組，乃有意義評估的先決條件。

📝 設立保障措施條款原則

日落立法本身含有種種的冒險，比如決策機關作成不甚妥當的決定，將不須裁撤或終止的機構或政策，加以裁撤或終止，反之亦是如此。為防止這種情勢發生，排除任何武斷終止的機會，日落立法本身應設有保障條款。

📝 大眾參與原則

日落立法的目標之一，在於顯示公職人員經常在設法改善政府機構的效率，俾有助於恢復一般人民對政府的信任，這個目標的達成，大眾參與務必是日落立法有效運作的主要關鍵。因為大眾因參與，能提昇支持程度，減輕大眾對政府的孤立感或疏離感，增強機構或政策回應人民需求的程度。

三、日落立法在現實政治運作上的可行性

(一) **立法機關的意願與能力**：日落立法最主要的執行機關就是立法機關，是以其本身的意願與能力，當是決定日落立法成敗的關鍵所在。但僅由立法機關審議通過日落立法，並成立終止機制，是不夠的，日落立法確實有必要在執行機關內，進行一些制度上的改革，方能保證提出有意義、有價值的評估。立法人員必須支持機關重組，然而立法機關的資深制度，致使重組與輪調荊棘重重，再加上大多數的立法人員，多以瞻望未來而不以回顧過去為職志，只專心推動有助其連任的各項功能運作，立法監督乃成為立法過程中為人忽略的對象。

(二) **政策評估**：政策評估為政策變遷的基石，是政策規劃及政策執行賴以改進的參照基礎，更是日落立法有效執行的先決前提。一個機構或政策的維持、終止、延續，必須以政策評估的資訊，作為任何抉擇的準據。不過，政策評估所面臨的最大困難有二：1.大多數的政策在規劃設立時，決策者及立法人員並未陳述清楚明確的政策目標，以致評估者未能依政策所指陳的內容，擬定正確的標準，用以衡估政策的成效和缺失或成本與效益。2.政策評估的方法尚未精緻

化，亦未獲致高度地發展，以致於甚難證明實際生活上的各種變遷，確實是由
政策行動所引起的。

(三) **政策終止**：日落立法的根本精神，在於其在制度上建立了敦促行動的機能，敦
促國會不要忘記行使原本監督權，致使受評估的機構或政策，最後有被終止的
危險。日落立法之所以設有終止的威脅條款，旨在引發國會及官僚機構，對將
受評估的對象表示關切，積極掌握其各項進展及動態，俾使適時適地的因應
調整，進而增強績效與效率。不過，終止的威脅果真能引發職司機關戒慎恐懼
嗎？事實上，有的機關可能會因有被終止的威脅，而力圖振發以維持其生存，
不過，大多數機構或政策，雖因日落立法制度的施行被列入終止的對象，但其
依舊處之泰然，因為被終止的機會是何其渺小，終止又何其的困難。

(四) **日落立法本身引發的問題**：執行日落立法後，也會引發一些新的問題：例如，
適當的評估增加了昂貴的成本；立法機關的會期可能因而延長；造成表面評
估，以應付堆積如山的案牘；立法機關對其他重大問題的注意力，可能因日
落立法所增加的工作負荷而較不能集中；行政機關行動的重點，可能由提高服
務品質，轉向如何提供評估資訊，以獲得立法機關的青睞而持續授權；不可預
測、捉摸不定的立法過程，可能裁撤或終止合法的機構或政策。由上可知，日
落立法在實行上仍有許多問題存在。

陸　知識與政策知識

在從事公共政策研究時，必須同時重視能夠明確表達與不能夠明確表達的知
識，因為它們都是人類知識的組成部分。同樣的，分析問題時，也應同時應用
由定量途徑及定性途徑所獲得的知識。

一、知識的定義

知識應用（knowledge utilization）是公共政策領域中，新發展的研究重點。知識
應用研究的目的主要在瞭解公部門和私部門決策過程中，如何應用科學和專業的
知識，來改善政策品質及行政績效，而就公共政策的研究者而言，所關注的是政
府部門政策制定與知識之間的互動關係。一般來說，知識可以有下列兩種分法：

> **不可以明確表達出來的知識**
>
> 藉由直覺而得並加以利用，也就是經由生活體驗而得到的知識。例如
> 「人類是政治的動物」等。這類知識主要特點為：1.未被系統化。2.大
> 多屬於個人性的。3.經驗性的。4.未經闡明的。5.涉及心理活動過程的。
> 6.大部分是屬於定性的（qualitative）。

> **可以明確表達出來的知識**
>
> 可以藉由理智的、系統性的學習過程而獲得並加以利用。例如各種預測與控制人類生活環境的技術、民意調查的應用知識等。此類知識主要特點：1.被清楚表達出來者。2.大多屬於公共性質者。3.較具客觀性者。4.可用言詞、圖表、公式、符號加以表達者。5.具邏輯性者。6.大部分是屬於定量的(quantitative)。

卡普蘭（N.Caplan）則認為知識可分為兩大類：

硬性知識 （hard knowledge）	指經由量化分析之過程，且符合科學研究之標準。
軟性知識 （soft knowledge）	指以普通常識、經驗性及直覺性為基礎的知識，通常以普通語言表達，即所謂的普通知識。

二、知識之應用類型

工具性應用	工具性之應用是以直接而且特定的使用知識，以影響某種行動（包括政府之政策）。
概念性應用	概念性應用為非直接且非特定的使用知識，也就是說知識對行動之影響不是短時間內顯而易見的，其可能是一種對決策者或政策制定者無形概念上之啟發。因此又稱為「啟發式之應用」。
象徵性應用	象徵性應用為在政策形成前，已存在有某項支持決策者的預設立場，而選擇的應用知識以支持此種預設立場，增加政策主張的論證基礎。

三、公共政策研究所涉及的基礎知識及知識來源
(一) 公共政策研究所涉及的基礎知識：

環境方面	指有關理解、控制及改變周圍環境所需的相關知識，包括在自然科學、社會科學、計量科學及系統科學中。
人類方面	指有關理解、控制及改變個人、團體及機關組織所需的知識，包括在社會科學、人文科學及行為科學中。
管理方面	指有關如何應用並擴展屬於前兩類知識的相關知識，較前二類層次為高，涉及跨學科問題，也涉及對知識的發現、發明、學習、擴充、整合、控制等問題。

(二) 公共政策領域的知識來源：

1. 政治系統中之民意機構、政黨及利益團體所產出的資訊。
2. 經濟系統中，市場活動產生之資訊。
3. 行政部門所產生之知識及資訊。
4. 大眾傳播媒介產生之知識及資訊。
5. 司法系統之判例。
6. 相關知識產業（knowledge industry）政策研究產出。

四、政策知識之種類

➡ **決策者個人知識（personal knowkdge）**

描述政策如何運作，是一種最常用的知識來源之一。

➡ **新聞知識（journalistic knowledge）**

媒體對政策議題的廣泛報導和解釋。

➡ **參與者經驗或臨床知識（practitioners experience or clinical knowledge）**

參與決策之實務者對政策實際運作之全面解釋與描述。

➡ **政策研究（policy research）**

關於政策領域的研究。

➡ **政策導向研究（policy oriented research）**

並非針對某一特定的社會問題，惟對某一政策卻有立即應用價值的學術研究。

➡ **基礎研究（disciplinary research）**

學術書籍、文章等從事理論知識之探討，皆可幫助吾人瞭解政策運作的基本條件與背景。

四、政策知識的功能

　　從政策分析的角度看，政策知識具有下列功能：

知識的委託 （Knowledge Mandating）	指應以何種方式從事政策分析的決定，委託的方式可透過對內部幕僚的指示、命令；可透過與大學及其他研究機構簽訂契約及合同的方式；可透過與出版商和期刊雜誌編輯者的簽約方式；可透過大學行政主管及升遷委員會的政策來達成。
知識的創造 （Knowledge Production）	政策分析家被賦予創造「應用的」、「有用的」或「問題導向」的知識。然而，事實上政策分析有許多不同種類。
知識的建構 （Knowledge Structuring）	政策研究者不但從事探索性研究，也透過綜合、評估（evaluating）、及轉換（transforming）對其他研究單位所研究出的既存知識予以重新建構。政策議題報告（policy issue papers），政策備忘錄（policy memoranda），文獻回顧及後設分析（meta-analyses）等皆是知識建構的一般產物。
知識的貯存 （Knowledge Storage）	政策分析家利用圖書館、電腦資料庫及其他傳統的貯存系統，以貯存和取用一己或他人已經創造出來的知識。
知識的傳送 （Knowledge Distribution）	政策分析家將已被創造、建構、貯存的知識傳送給政策制訂者，政策利害關係人及其他政策分析者。雖然政策分析家很少接受過知識擴散與傳播的訓練，但因政策分析的目的是要影響及改善相關的政策制訂，因此，對知識潛在採用者的知識傳送活動，顯然是必要的。
知識的應用 （Knowledge Utilization）	雖然政策分析家也會由其他分析者對知識的創造、建構、貯存與傳送各活動中受益，惟真正屬意的受益人應是在政策制訂過程中的決策者與其他利害關係人。

五、知識應用與公共政策的關係

(一) 政策制定過程中，「軟性知識」和「硬性知識」均有相同的重要性，同時影響政策之品質。

(二) 在政策制定之實務界，硬性知識的應用情況並不理想，因此政策科學界應對此一問題多作研討。

(三) 「硬性知識」比較適用於優良建構的政策情境，而「軟性知識」則適用於不良建構之問題情境。

(四) 認為「硬性知識」對政策品質之影響應速高於「軟性知識」的看法是一種不正確的迷思。

(五)「硬性知識」和「軟性知識」對政策制定之影響並非絕然劃分的，前者可以增加政策主張的信度（正確性），而後者則可以提供政策執行之情境。兩者對公共政策制定之貢獻是互補的。

六、阻礙知識流入組織之因素

組織是一開放系統，可由組織外部接收資訊對內部加以調整、改變，以便和所處的環境保持互動。從資訊的觀點而言，大部份的組織理論皆與知識的流通與合理應用知識以解決組織所面臨的問題有關。

穩定的需求（the need for stability）

知識流通對決策組織的秩序和穩定性有影響。Dutton提出創新可能會破壞組織成員及群體間的動態均衡，而且接受和應用新知識的壞處可能超過其好處。

術語的障礙

組織成員具有共同經驗，有其獨特的溝通方式，術語是成員溝通的決定因素，成員建立獨特溝通術語以彰顯群體獨特性。然而，術語卻使得群體成員和外界人士產生溝通困難，造成資訊流入之阻礙。

社會關係（social relationship）

社會關係的因素也是以穩定為著眼點，由於新資訊的流入可能會威脅或改變現存組織內部的社會結構，所以成員會加以抗拒。

恐懼外來者的不懷好意

對於由外部流入組織的知識經常被視為對組織的生存維繫具潛在威脅性，不僅會破壞組織之秩序，而且對組織和其成員也有害處。

自身的威脅

Dutton認為科技專家會拒絕知識流入組織，主因它會顯示出成員能力不足，因為新觀念可能會使先前做事方法變得落伍，錯誤且不適當。

場所驕傲（local pride）

幾乎所有的組織理論學者皆贊成組織成員必須對組織具有使命感和認同感，此種認同感會引發成員對組織的驕傲感，過份的驕傲感對新知識的流入亦有阻礙的效果，此種障礙稱之為「場所驕傲」。

組織地位的差異

組織間地位的差異也是造成知識流入組織的障礙因素。例如，由社經地位較低成員處所得的訊息較難為人所採信。

經濟條件（economic condition）

若組織的財務狀況良好則可找尋新穎，甚至尚未證實的知識和創新來實驗。

 訓練新進人員接受舊方法

在組織訓練時，成員會被灌輸許多態度，許多在職的訓練場合，成員會被傳授信任或不信任外界人士的態度。

 規模

規模較大的組織採用新觀念和新技術的速度比小規模組織來得快。

七、有利知識流入組織之因素

 報償價值（reward value）

成員尋求新知識的主要動機之一，通常是因為新知識可帶來有利的報償價值，而Newman則提出另一觀點，認為成員尋求和利用新觀念是因為害怕利潤之損失。

 領導者的改變

組織高階的領導風格對於新觀念的擴散或抑制扮演著極為重要的角色，尤其當指揮權經常改變時更為顯著。Griffiths指出，創新數目和主管的任期成反比；亦即主管任期愈長，創新數目愈少。又有學者發現，當組織被合併後，將會注入新的技術和社會知識。

 危機的認知（perception of crisis）

當組織遭遇存亡困境時，通常會緊急由外界尋求援助，因此，危機可刺激新知識流入組織中。另外，Weiss則認為領導者更換對組織而言是一種危機，會導致組織的不穩定而產生危機，但Schon則認為組織只有在感覺其生存真正受到威脅，且此種威脅來自組織外時，組織始會立刻求援，尋找創新。

 檢視其他組織（examining other organizations）

組織將其成員送往其他相關組織觀摩，也有助於知識的流入。例如學校上課、講習會、與專家面談等皆能吸收新知識，對組織的發展有莫大的效用。

 對外部知識的注意（awareness）

組織通常不會任意找尋新知識，通常會先注意外界現存資訊。對外部知識的注意通常透過對外部資源的參訪，參與外界訓練，或藉其相關的政治及法律手段與外界保持最佳的平衡關係等方式來達成。

訓練（training）

訓練是一種鼓勵或不鼓勵知識流入組織的有效方法。訓練必須和其他有助於知識流入的因素相結合，始更具成效。

 能力（capability）

創新的報償價值有助於知識的流入。同理，組織開拓各種不同資源的能力也會影響組織知識流入。如規模小但具雄厚財務基礎的組織，較可能投資於新知識的應用。

 外在的經紀人（external agent）

知識可經由個人或群體帶入組織中，經紀人必須瞭解何種知識是組織最迫切需要的；經紀人也必須對組織資訊的各種不同過濾系統具有敏感性，以便有效運作相關活動，使知識順利流入組織之中。

 組織的侵略者（organizational invaders）

Schon認為新觀念注入保守的組織，通常無法達到改變組織的目標，特別是現存組織本身尚能維持某種最低穩定性時。在此情況下，決策者應誘發外界團體與個人協助組織的發展或是成立新組織，並由新組織取得新觀念。

 引進人力資源

為增進組織知識流入，僱用專家和吸收優秀專才均是可行的作法。

 尋求次單位內部知識

結合外部代理人和引進人力資源，可提昇組織的知識流入程度。此外，利用組織內部各單位以尋找和蒐集知識也是可行策略。

 專家技術（professionalism）

組織成員若有較強的專業連結，則對其專業知識的應用也較感興趣。因此，增進知識流入組織的另一有效作法是鼓勵成員加入相關的專業組織。

八、克服知識流入組織障礙之方法

管理者可透過下列方式，克服各種有礙知識流入組織的相關因素：

(一)領導（leadership）：不同的領導風格，對知識的散播與應用會有明顯的影響。領導者可透過下列方式，消除知識在組織中流通的障礙：

1. 鼓勵部屬由其他單位尋求更多的資訊。
2. 要求部屬運用簡單的語言與他人溝通，避免應用深澀的術語。
3. 修正部屬角色，使之更具獨立性。

4.適切運用報酬，激勵知識在單位間的流通。

5.訓練部屬評估其他單位知識應用之情形，並取其優點。

6.修正組織結構以刺激更多的知識流通管道。

(二) **調查回饋**（survey feedback）：

1.「調查回饋法」的主要程序是廣泛且有系統地蒐集成員對組織的意見，並將調查結果回饋給管理者。此法已被廣泛地應用於企業及政府組織的管理活動之中。組織應定期的調查，以不斷更新資料。調查回饋能使組織：(1)確認組織的一般問題。(2)使組織成員察覺到問題的存在。(3)確認缺點的原因。(4)提供討論的環境與機會。(5)有助於解決方案之找尋。

2.敏感度訓練--T群訓練法（the T-group）：T群訓練法設計的目的是在幫助參與者瞭解一己的潛能，以提昇與群體其他成員共事的能力。T群訓練的具體作法，是由成員說出對他人的感受，而被討論者再將自己的反應和想法說出。因此，要使參與者心理獲得安全感，訓練才能有效。

(三) **共同的認知**（shared perception）：組織內部對上層目標認知的分享亦有助於團體知識的流通。例如，共同敵人的出現會使單位間打破共同的障礙，並使內部的差異得以消除。

(四) **參與**（participation）：克服組織內知識流通障礙最有效的作法之一，便是集合組織成員討論組織的相關議題，此一般又稱為「制度化的互動」（institutionalized interaction）。在參與討論過程中，領導者應對成員的觀念感到興趣，並對成員的創新觀念給予適當的回應。

(五) **重疊群體**（overlapping groups）：重疊群體的應用，乃使部份成員同時隸屬於兩個群體。透過重疊成員的方式可增進組織內部知識的流通。在垂直重疊中，群體的領導者被視為同時是兩個群體的成員，若群體內的溝通管道開放且成員也能真正參與，則知識即能順暢的流通。同理，管理者也可使用水平式的重疊群體方式，以利知識的流通。

(六) **工作輪調**（job rotation）：工作輪調可使組織成員的工作內涵有所變化，以消除工作的厭煩與惰性；透過工作輪調也可使成員瞭解其他單位的問題，並可將知識帶往其他單位，有利於知識之流通。

(七) **專家的結合**：未來的組織將出現許多對各專業皆有涉獵的專家，這些專家將扮演二個專門知識的協調者角色，具備結合不同專業知識能力，同時也瞭解多種研究領域的語言，能夠在知識的光譜中承先啓後，居中協調組織內的各專業群體。

(八) **組織重組**（restructuring）：組織重組最主要的目的乃在增加溝通管道，使群體間的關係更親近，藉以提高知識的流動性。此外，組織重組亦可擴大平均的控制幅度，以增加群體內更多的知識與資訊流動。

(九) **分權**：分權可增進知識在成員間的流通與應用，惟分權對組織的某些單位也會造成知識散播的阻礙。例如，分權單位認為本身已具有足夠的資訊或認為組織總部不欲介入分權單位之事務，致使兩者之間缺乏足夠的訊息流通。

(十) **地理上的安排（geographical arrangements）**：如Morton建議使用空間的機制來協助知識的傳遞。

(十一)**社會工程法（social engineering）**：Rice認為管理者應同時改變社會系統中的技術面與組織面，Rice的方法稱為「社會工程法」。社會工程法視組織是技術與組織成員兩者互動的結果，兩者相互牽動與影響。因而社會工程法認為，讓員工彈性且自主地安排工作以調配最適切的工作方式，將可使績效極大化。

(十二)**報償結構（reward structure）**：有效的組織管理方法之一是對期望的行為給予適當的報酬，如此將會增強成員爾後的類似活動，有助知識流動活動的再增強。

牛刀小試

1. 試說明自力救濟的意義、種類及公共政策的運作如何運用在自力救濟？
2. 試說明政策知識的內涵、功能及政策知識應用與公共政策具有何種關係？
3. 何謂日落立法？其內涵為何？保障日落立法的機制原則？

柒　民意

一、民意的意義

1. 採廣義看法者：如「雲五社會科學辭典」指出：「民意乃指不同的公眾對某一時間內特定問題所形成的看法。」漢納塞（Hennessy）：「民意是有相當份量與相當數目的人，對公民重要問題發表其主張的一種綜合表現。」李普曼（Walter Lippmann）認為，凡有關人民需求、目的及生活的意見，概括而言，都可稱為「民意」。王洪鈞教授認為，民意可解釋為人民的意見、大眾的意見，或想像中的代表多數人的意見。

2. 採狹義看法者，如：華力進教授：「所謂一般民意是指非經大眾傳播、壓力團體、政黨、投票方式，由社會大眾所顯示的意見。」

   綜合來看，民意應當是指政府機關以外，人民或團體對於公共事務的意見表示。

二、民意的分類

特殊民意	指由特殊社團所表示的意見，例如：政黨、利益團體、有組織的大眾傳播媒體等。
一般民意	係指由個人所表示的意見，例如：政治上、學術上、經濟上、社會上、傳播界的意見領袖等，而各類候選人也是重要的民意反映人物。

三、民意具有的特性

複雜性	同一個問題可能有許多不同的意見發 ，有人表示贊成，有人反對，有人則中立，表示的強度又各有不同。
多變性	民意往往會隨著時間及空間的變化而改變其支持的方向及強度。
不普及性	在任何社會中，並非人人均關心政治及了解公共事務，故許多人無法表示意見，只有少數較積極者表示極端的意見。
不一致性	社會上有許多人對於相關問題或類似問題所表示的意見前後並不一致。
不可靠性	許多人對某些問題的意見並不可靠，因常出現言行不一致的情形。
潛在性	社會中存在某些平時並不表現的潛在民意，只有當某種事件發生後或政府採取某種政策後才表現出來。
容忍性	真正的民意乃是多元的，亦即可以容忍不同意見的表達。

觀念速記

民意與政策運作可看成具有互動性的雙向關係，兩者互相影響，互為因果。即兩者均可視為自變數，也可以視為依變數。

四、探求民意的方法

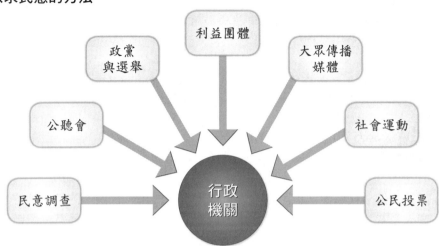

民意調查

乃是針對特定對象以郵寄問卷、實地訪問或電話訪問方式，調查公共政策的偏好。民意調查進行問卷設計、抽樣以及統計推論持相當需要高度經驗與技術。民意調查的過程如果合乎科學客觀、系統及正確的精神，即可正確地瞭解民意的趨向。

公聽會

行政機關藉邀請政策問題的涉入者、學者專家等，共同就政策問題進行公開的意見表達及正反立場辯論。

政黨與選舉

由於政黨的主要功能為匯聚民意，對各種公共議題採取一定立場以形成政綱，透過候選人於選舉時向選民訴求。因此，在大選時行政機關經由各候選人所提出的政見，以及當選人的政見分布趨向，瞭解最新民意的政策偏好。

利益團體

利益團體的主要功能即影響政策機關制定公共政策，以符合利益團體成員的利益。因此，利益團體常採取遊說行政官員與立法代議士、提供政治獻金、參與示威遊行等方式，表達利益予行政機關。

大眾傳播媒體

主要的功能在於塑造政策偏好以及進行議題設定。大眾傳播媒體常會依據本身立場，對社會事件進行反應以及優先順序之設定，行政機關可以從此方法中知道社會上的議題發展情況乃至民眾的需求。

> **社會運動**
> 係一群人針對特定議題，由積極倡議者以組織動員方式，集體行動，以引起大眾注意、同情與支持，企圖影響政府政策。

> **公民投票**
> 是民意最具體而特定的表達方式，可以直接表達民意的強度，在一定的法律規範下，投票結果具有權威性，決策者必須採行。

五、民意表達方式

(一) **直接表達**：包括特殊議題投票、選舉、民意調查、向有關機關投書、請願、散發刊物、張貼大字報、抗議、示威、遊行、罷工、暴動、革命等。

(二) **間接表達**：指將看法或訴求向大眾傳播媒體、民意代表、政黨、利益團體、候選人及意見領袖等表示，並請求他們在適當時機及場合代為意見表示，向社會及政府機關提出。

一個政策分析員若想瞭解民意所在，應把握兩個原則：第一，進行民意判斷時，應以理性判斷為主，將個人偏見減至最低；第二，必須將各種意見歸納分析，並給予充分且公平考慮。

六、民意的衡量標準

(一) **意見表示廣博性的程度**：即對於問題或政策表示各種意見者，占所有涉及者的比例為多少。

(二) **意見表示理性的程度**：即表示意見者究係以情緒反應成分居多，抑或經過縝密思考的結果。

(三) **意見表示一致性的程度**：即行事意見表示者雖看法有所差異，但以求得大多數人意見一致為原則。

七、民意與公共政策的關係

(一) **決策制定者的行為常促成公共輿論**：凱氏（V.O.Key）在「公共輿論與美國民主」一書中：「政府常設法塑造公意，藉以支持其所倡導的計畫和政策，這樣，公共政策和民意密切配合下的政府是公意的政府，而不是受公意支配的政府。」

(二) 學者朱志宏則認為，在公共政策的形成上，有些人頗具參與公共事務的熱忱，有些人則漠不關心。前者顯然能在公共決策之塑造上扮演激勵行政機構的角色，但這種人為數不多，甚至有些人對政策的注意力及關心程度，會隨政策之不同而有不同。如一般人對有切身關係的政策都會表示關注，並發表意見，且設法影響政策的制定。民眾影響政策制定的方式通常有：

1. 根據候選人的政見來決定支持或反對其一候選人。
2. 加入某一利益團體，藉該團體的力量，對民選的官員及行政機構施加壓力。
3. 參加向行政機構抗議的示威遊行。

(三) **民意具有導引公共政策的功能**：大眾傳播居於人民與政府之間，發揮其傳遞消息之功能，能爲人們提供更多有關公共事務的資料，因而增加人們對行政機構之影響力。大眾傳播對行政人員發生的影響：

1. 提供行政人員有關的公共政策的資料：它們在強調某些問題較其他問題更重要時，無形替大眾的爭論編排了議程；它們經由詬病某些社會問題之方式，來揭示問題之所在。

2. 在一些情況下，大眾傳播對政策的影響力，會受到削減：例如人們對大眾傳播缺乏信心時。

八、民意與政策運作的相互影響

(一) **民意（自變數）對政策運作（依變數）的影響**：

1. 政策問題形成階段：民意扮演提出公共問題，促使社會及政府機關注意，將公共問題列入政策議程的角色。

2. 政策規劃階段：民意扮演引導政府機關設計政策方案的角色，不同的民意提出不同的政策替選方案，並且相互競爭成爲被政府機關考慮優先的順序。

3. 政策合法化階段：民意扮演競爭、批判、壓迫的角色，不同民意表達者採取各種手段及透過各種方式，使偏好的政策方案在行政機關或立法機關能夠獲得核准，取得合法地位。

4. 政策執行階段：民意扮演配合、監督、批評政策執行情況的角色。

5. 政策評估階段：民意扮演評估、批評，及建議的角色。

(二) **政策運作（自變數）對民意（依變數）的影響**：

1. 任何社會或國家，由於大多數人對無關自己利害的政策，通常不多加注意，也不會作太多投入，所以政府機關決策者及政策執行人員，如認爲有必要，應透過各種方式，如行政首長講話、記者會、意見領袖表示看法、大眾傳播媒體報導與評論等，以設法影響沈默多數者的看法及意見，即可將政策運作的各個階段看成是自變數，研究運作結果對民意、社會會產生何種影響。

2. 在已開發國家，因民眾參與政治興趣較高，民意表達的管道及自由度也較高，所以民意常對政策運作產生極大影響力；而在開發中國家，則以政策運作過程影響民意的情形較爲常見。

九、民意政治與專家政治

民主政治乃是民意政治，政府施政應尊重民意，以民意爲依據。但因一般人對大多數的政治事務欠缺瞭解，也缺乏興趣，最後仍需依賴政治領導者，包括政策分析家及決策者，組織民意、運用民意，制訂有利大多數人民的政策。

(一) **民意政治的意義**：

1. 民意政治指以大多數人民之意見為施政依據的政治體制，政府不僅被動滿足民眾要求，更應主動探尋民意，以人民意見為其施政方針。亦即，政府必須致力於擬定並執行以人民意見為主的公共政策。

2. 民意政治為民主政治的特徵，民主政治則為民意政治的表現。實行民意政治的國家可說是民主國家。

3. 民意政治不只要求政府必須為人民謀福利，且重大政策或事務還要由人民自己決定。但人民意思如何表現出來呢？於是遂有代議制度的產生。因此，今日所謂民主政治即是民意政治，民意政治第一表現為代議制度，第二表現為多數決政治。

(二) **專家政治的意義**：

1. 孫中山先生的觀點：孫中山曾以「權能區分」的概念導引出專家政治的觀念，他認為政治力量可分為二大類，一為政權，一為治權，政權屬於人民，用來監督政府，治權則須交到專家手上，使人民有「權」，政府有「能」。

2. 韋伯官僚體系的觀點：韋伯（Max weber）的理想型官僚體制除了強調依法行政、層級節制、永業化、人員固定職掌及按年資地位給付薪資外，尚主張專業分工。為達機關目標及提高行政績效，專家的採用及訓練是不可或缺的。

3. 從公共政策的觀點：政府為解決日益嚴重複雜的社會問題，必須加強精進各項技術與方法，必須走向專業化及專家化，亦即由政府機關內部或外部的政策分析專家，以科學的方法與技術，分析研究政策議題，並提出建議，供決策者作決策參考，決策者主要是以專家的意見作為決策依據。

(三) **專家政治會受到重視的原因**：

1. 因政府干預活動日愈增加，政府業務多元且分化，使專家的地位及角色日漸重要。

2. 因公共事務日趨複雜，專業知識及專門技術的需要性日漸增強。

3. 因科技發達，知識專精，專家對機關決策者影響力擴增。

4. 因政務官在位短暫，繼位者欠缺必要的專業知識，愈來愈依賴專家的協助。

(四) **專家政治的限制**：

1. 專業化的公務人員容易產生職業化的惰性，易墨守成規，缺乏創新精神。

2. 在形成「技術官僚」行政體系後，專家因自恃工作上的專家特權，自恃並排斥他人，易形成特殊階級，如此可能會造成決策偏頗與政治風氣敗壞。

3. 專家社群易養成本位主義的觀點，不容易與他人合作，最後可能無法達成行政目的。

4. 過分強調專業主義可能會因忽視民意取向而傷害了民主原則。

(五) **民意政治與專家政治的關係**：

1. 相互影響的關係：

(1) **民意政治影響專家政治**：民意政治即爲民主政治，根據蘭尼（A.Ranney）的說法，民主政治乃是一種依人民主權、政治平等、大眾諮商及多數統治原則所組成的一種政府類型，故「民之所欲，常在我心」是政府施政最重要的考量。

(2) **專家政治影響民意政治**：許多政策議題極爲專精，非一般人所能充分瞭解，必須仰賴專家透過專業分析研究。而一個經過周詳規劃的方案，常不一定能得到民意的支持，尤其利害關係者常會基於「鄰避情結」、「捍衛自身利益」或受有心人士操縱而反對到底，此時政府可以透過召開公聽會、民意調查、社區論壇等方式，進行理性溝通，以影響民意，改變民意。

2. **手段與目的之連結關係**：此係指專家政治與民意政治具有手段與目的間的連結關係。因民意政治係以人民意見爲依歸，而專家政治似爲達成民意政治的一種手段，民意政治則專家政治之目的。

(六) **民意政治與專家政治的衝突**：

1. 「專家政治」時代，依賴專家學者或科技官僚提供理性、科學的政策評估，以供政治菁英作決策參考，然而這種模式卻經常引起官民間的衝突，例如核四廠的興建、工業區的開發等事件，在欲兼顧專家意見與民意下，常以「鄰避情結」的現象引發衝突。

2. 鄰避情結（NIMBY）是Not In My Back Yard之縮寫，它是一種不要建在我家後院的態度，展現出社會大眾原則上贊成政府施政目標，但要求該目標的預定地，不要建在我家後院的這樣的矛盾態度。

3. 鄰避症候群也反對以政策官員及科技專家掌握政策最後決定權的決策模式。長期以來，由於環境問題涉及科學的不確定性及科技複雜性，於是只好委託給專家，因此造成以科技專家爲主的政策導向，科技成爲對付「不要建在我家後院」症候群時的主要武器。近幾年，台灣在這方面遇到的抗爭層出不窮，共通的問題是「專業社群、菁英決策與草根民主的鴻溝及衝突」，結果有時人民贏了，有時專業獲勝，不過對國家社會整體影響仍難預知。

4. 不難瞭解民意政治與專家政治形成衝突的原因主要爲：鄰避情結的必然效應；人民對政府官員及科技專家深層的不信任。另方面，民意也具有複雜性、多變性、不普及性、不一致性等特性及缺點，且民意易受到政客之操縱而形成民粹。於是在專家不相信民意，人民亦不相信專業情況下，衝突於焉產生。

(七) 民意政治與專家政治之調和：

1. 機關外的調和機制--商議式民主：

(1) **商議式民主的意涵**：商議式民主
（deliberative democracy）主要是採取各
種社會對話（social discourse）的方式，如
公聽會、社區論壇、溝通辯論會等，透過
社會公民間的理性反思及公共判斷（public
judgment），共同思索重大公共議題的解
決方案。亦即設法建構一種在各方皆有意
願理解彼此價值、觀點及利益前提下，共
同尋求公共利益及各方均可接受的議題方
案，並重新評估界定自己利益及觀點的可
能性之機制，以求在解決問題的過程中，
真正落實民主的基本價值。評量商議式民

> **【 專·題·研·析 】**
> 「商議式民主」即是強調由
> 專家學者、政府官員、利害
> 關係者（民意）共同商議
> 公共議題或方案，並取得共
> 識的可能性，而非只是大眾
> 意志的表達；它可以反映及
> 表達出個人的自主性，一方
> 面透過個人理性說服，形成
> 共同的政治生活，另方面透
> 過集體商議所形成的意志，
> 要求政治人物作出適當的回
> 應，並對其回應負起責任。

主成功的標準，並非在對結果能否形成共識，而在所有的參與者能否充分的
信服。換句話說，商議式民主不在追求一致的同意，而在追求對共同問題與
衝突的持續對話過程中，爭議的各方皆願意保持持續合作的可能性。商議式
民主必須掌握以下三項基本原則：

公開性（publicity）	參與商議過程的民眾與政府官員必須以公開及理性的政策論證方式，各自證明他們的行為及意見的合理性。
課責性（accountability）	在一個民主政體中，政治人物的言行及主張，必須要向人民負起政治或行政上的責任，不能欺騙人民。
互惠性（reciprocity）	即參與商議的民眾及官員可以理性的、互惠的思考，並共同承認互相尊重的立場。此原則在尋求將彼此的差異降至最低程度，以尋求彼此重要意見的交集點。

(2) **商議式民主程序的條件**：商議式民主的實施程序必須符合以下的條件：

A. 確保每個參與者能在自由及自願的情形下互動：

a. 由於資源及權利的不對稱，會對民主商議的過程產生負面影響，因此
應透過制度安排，限制物質資源在商議過程中發揮影響力，同時商議
過程的花費可由政府公費補助，以減少權力與資源不對稱影響參與者
的判斷。

b. 必須防範資源優勢者可能會對參與者進行隱性威脅，例如以金錢及物
資誘因要求參與者順從其意，否則將受懲罰等。

B.充分包容及尊重他人的不同意見：為使商議結果更具正當性，在商議過程中，應盡可能包容不同的聲音及意見，同時也不能以特定的形式或不具合理性，而將他人的意見排除在外。簡言之，唯有透過溝通與討論的過程，鼓勵擁有不同社會及文化經驗的不同參與者，理解彼此的經驗及社會政策後果，及在不同的社會位置下所造成價值位階的差異，透過理性溝通過程，使各參與者拋開本位主義立場，發揮整體性的社會正義。

C.持續進行協商：在商議過程中，唯有透過公開、自由、理性的討論，參與者獲致彼此可接受的判斷與共識，政策議題的處理決定才能取得正當性。故在商議過程中，應進行持續性的討論溝通，勿倉促作結論。

D.參與者應享有平等取得資訊的機會：專家在商議過程中所扮演的角色，不僅在提供分析研究結果及經驗資料，還必須是一個促進公民社會學習的協助者。

2.**機關內的調和機制--民主行政的實踐**：

(1)欲調和民意政治與專家政治的衝突，也可透過機關組織內部對民主行政（democratic administration）的實踐而收到相當的效果。民主行政係指以符合民主精神的原則和機制，強化行政官僚與變遷環境互動之社會動力經營，讓國家成為接近人民的國家，讓社會成為可以參與的社會。

(2)民主行政不僅強調民主的價值觀和程序，而且不能把民主行政變成一套教條化的程式，而使政府及公務員失去與環境互動的活力。

(3)民主行政之本質不能脫離「人民」在社會中不同治理角色的扮演，而且必須重新將人民納入公共政策及公共事務管理中。政府不能再像以前一樣排斥外界人士的參與，而應透過各種方式，容許並鼓勵民眾參與。

(4)民主行政係強調機關組織應重視人民的偏好、需求與公共利益，所以，政府機關的決策過程中，應限制政府的權力，同時推動自治團體與直接民主，使民意能夠充分表達。

(5)關於民主行政的特色，根據Jong S .Jun說法如下：

➡ **公共利益的表達**

公務人員應承擔民主社會中各方利益表達的責任，不能侷限於選舉所產生的少數政治人物身上；公共行政應體現民眾最大利益的責任感。

➡ **代表性**

行政機關的人力組成結構應考慮社會群體人口組合的特性，人力甄補應開放給社會各階層、各群體，使其價值與期待能公平、有效地經由公務人力的廣泛代表。

➡ 開放性

行政機關常獨占正進行或規劃中工作之資訊，侵犯外界知的權利。為體現主權在民的民主精義，專業資訊的開誠佈公是必要的。

➡ 超越派閥黨團

公共行政的精神既在體現公共利益，就不可為私益徇私，尤其不可以較大多數民眾為轉嫁成本而直接授益於少數特定服務對象。

➡ 嚴防專業主義對民主原則的傷害

當行政問題愈趨複雜化，愈需依賴專家協助；惟須提防專家所帶來的風險，因其可能自視甚高，不願與民眾互動，更不願進行科際間對話，因而對民主造成威脅或傷害。

➡ 參與

政府施政如能讓政策各群體、各階層的利害關係人參與其中，這不僅會擴大理念的寬度，增加找出解決方案的可能性，更可增加民眾對政府施政的認同與順服。

牛刀小試

1. 何謂民意？具有何種特性？又政府機關應如何探求民意？
2. 民意與公共政策及專家政治具有何關係？試簡要說明之。
3. 何謂商議式民主？具有哪些原則？實施上又應具備哪些條件？

捌 利益團體

利益團體在行政運作「投入」部分所扮演的角色不容忽視，主要的理由是立法部門授予行政部門及官員極大的自由裁量權去從事政策方案的草擬及執行工作，使得行政部門對利益團體權益的影響大為增加，因而使利益團體逐漸強化它們在行政部門的活動；而行政部門也往往以具體的行動，表示他們歡迎利益團體的出現。

一、利益團體的定義

拉帕隆巴瑞（Joseph G.Lapalombara）	杜魯門（David B.Truman）
若干人為爭取及保障其利益，自願成立的組織。該組織就其認為具有價值的欲望或需求，同具有決策權的機關或人員，進行說服或施展壓力，促其採行立法或行政措施以滿足其欲求。	利益團體是指具有共同態度而向社會中其他團體提出主張的團體。其目的在建立、維持與增加共同態度所蘊涵的行為模式。當利益團體向政府任何機關提出主張時，它就是政治性的團體。

綜合

利益團體就是由一群具有共同目標或利益者所組成，以向他人、其他團體或政府機關提出主張，達成其目標或利益的組合體。一般而言，利益團體可分：「公益團體」及「私益團體」兩類。前者指以促進公共利益為目的，無特定服務對象的團體，例如：人權保障、禁菸、消費者保護團體等；後者則以促進私人利益，具有固定服務對象的團體，例如：工會、農會、商業等。

二、利益團體的功能

(一) **澄清及明示民眾需要的功能**：利益團體有時可在一般民眾與政府官員間扮演資訊交換的角色，另外，利益團體也有助將不同的觀點、事實資訊及其他觀念帶進政策制訂的過程，因為團體可以形塑成員的觀點，利益團體也的確常常支持一些被領導者所背書或接受的大部分成員之需要或願望。

(二) **提出各項替選方案**：政府機關對於解決某議題可能考慮的替選方案數目，有時會很多，每個人對何謂好政策都有自己的看法，沒有人有辦法可以考慮所有的政策替選方案。因此，必須將為數龐大的替選方案減少到可加以管理的數目內，則大部分人的想法必須設法匯聚在一起，此項匯聚意見的功能就可透過利益團體來運作。

(三) **監測政府治理的功能**：在某些人眼中，利益團體監測政府的治理功能（揭發弊端），乃是主要的功能。

(四) **參與問題解決過程的功能**：利益團體與行政機關的互動，對社會各種問題的解決極有貢獻，其方式是協助處理政府議程的複雜性。具體作法就是建立各種機制，迫使官員在作政策選擇前，必須廣泛的與具有專長之政府官員及利益團體成員進行互動。

(五) **建立聯盟的功能**：利益的明確表示不足以產生明智的政策制訂過程，它需要伴隨一個有能力實際採取行動的「聯盟」，特別是在總統所屬政黨在國會未擁有多數席次下情形。因此，利益團體可以透過協助國會議員對待審法案尋求外界支持的方式，而有助於聯盟的建立（coalition building），即建立聯盟協助法案的通過。

三、利益團體的活動方式

進行宣傳

所有的利益團體在資源許可情況下，為爭取權益，常會透過各種傳播媒體進行有利的宣傳，包括：報紙、雜誌、廣播、電視。

協助競選

在民主國家，選舉是一種常態。每逢選舉，各利益團體常協助或支持他們認為適當的候選人，爭取勝選，以做為他們利益的代言人。

草擬法案

民主國家的政府必須「依法而治，依法行政」，因此必須隨時制訂或修正各種法律。利益團體為爭取本身權益，常會草擬有利自己的法案，供行政機關及立法機關審議之參考。

進行遊說

遊說（lobbying）是利益團體運用最多的一種活動方式。國、內外各種利益團體常聘僱專人向行政官員、立法人員或其他相關人員進行必要的遊說。

請願活動

民主國家的憲法，通常會賦予人民請願的權利，使人民得以透過合法手段維護自己的權益，或對公共事務提供意見。利益團體乃是為某種特殊利益組合的團體，故可利用請願權向行政官員或立法人員施加壓力。請願可用文書為之，方可用口頭為之，必要時可用遊行活動為之。

遊行活動

利益團體為積極達到目的，常會集合眾人舉行集會，發表演說和宣言，提出具體要求，會後並結隊遊行，分送傳單，促請民眾及政府注意。

罷工活動

民主國家的工人，為增強團結，集中力量，通常依職業種類，分別組成各種工會；工會為爭取增加會員工資及改善工作環境、僱傭條件，准許工會得以罷工為達到要求的最後武器。

四、利益團體的政策活動類型

就國內外大多數公共政策的運作過程，我們可以發現，有組織的團體會就不同的政策以不同的方法，動員不同的參與者，以使偏好的政策方案獲得接納。美國哈佛大學教授威爾遜（James Q. wilson）建議可以將涉及經濟利益的公共政策，依其成本及利益的分佈情形加以分類，這些成本與利益可能是「廣大分佈型」或「狹小集中型」。例如所得稅及社會安全稅屬於廣大分佈型的政策，對某產業所給予的補貼，則屬於狹小集中型政策。由此他發展出四種政策政治：

	內涵	參與者
多數人政治（Majoritarian politics）	1. 此類型的政策，預期社會上所有人或大多數人將蒙受其利或將支付成本。 2. 利益團體對此類型的政策較無興趣，因社會上缺乏明確少數人可獲取較大比例的利益或避免承擔較大的損失，所以有組織的團體通常不會進行動員群眾及玩「遊說」的遊戲。 3. 我國歷次有關個人綜合所得稅法的修正通過，即屬此種政治類型。	主要參與者是各種組織、團體及個人的大型集合體、立法機關及行政主管部門。
顧客政治（client politics）	1. 此類型的政策因其利益集中於相當小的團體身上，所以團體具有強力的誘因去動員群眾及進行遊說。 2. 政策利益所造成的成本分佈到廣大的民眾身上，但每人負擔比例不高，所以廣大群眾缺乏誘因組織起來對抗該政策。 3. 我國的許多社會福利政策，如老農津貼、殘障津貼等，即屬於顧客型的政策政治。	此類型的主要參與者為各種產業團體、地區利益團體、當事人團體、行政機關及立法機關各委員會。

	內涵	參與者
企業家政治 （Entrepreneurial politics）	1. 美國在一九六○年代及一九七○年代所提出的許多反污染法案及汽車安全法案，目的在使每個人可獲得較乾淨的空氣及汽車安全，但卻以特定產業犧牲部分利益做為代價。 2. 由於這群業者具有強烈誘因進行動員遊說，但廣大受益者則缺乏誘因，故這些法案能相繼通過。 3. 我國許多關於環境保護、消費者保護的法令制訂，即屬此種類型。 消費者 汽車產業	此類型的參與者為工商會、消費者團體、環保團體、立法機關，及其委員會與行政機關等。
利益團體政治 （Interest group politic）	1. 此類型政策所給予的補貼或規定將使一個相當小的團體蒙受其利，而以另一個小團體利益的犧牲做為代價。 2. 一般社會大眾認為不論作法如何他們都不會受到影響，所以即使大眾偏向同情某一方，他們的聲音卻相當微弱，起不了作用。 3. 我國於一九九八年十月通過修正「商業會計法」相定，使報稅代理人「就地合法」，可說是利益團體政治的典型代表。	此類型的主要參與者為個別企業體、利益團體、行政機關及立法機關各委員會。

五、利益團體影響力的來源

(一) **以選票強化影響力**：政府官員通常警覺到並且害怕不滿政府之私益性團體成員會對他們投反對票，不過許多政治學者質疑此種解釋的充分性。因為若利益團體聲稱要以控制選票的方式去威脅行政與立法官員的話，那就如同他們拿著沒有子彈的手槍對準一位議員，該議員明知手槍未裝子彈一樣的沒有效果。基本上，許多民眾對於投給那個政黨，通常是固定的，故利益團體領袖若欲以選票來獎勵或懲罰某民選官員的話，通常很難對其成員產生太大的影響。

(二) **以籌募競選經費強化影響力**：利益團體發揮影響力的另一種方式是對候選人提供競選經費。一個候選人，若無法獲得至少一個以上重要利益團體給予資助的

話，他將因缺乏經費而難以競選成功。因此，立法機關可以說充滿著受各種團體贊助的議員，他們不得不關心贊助他們的團體之利益。

(三) **以勸服的方式強化影響力**：利益團體也可以透過理性勸服（reasoned persuasion）的方式而強化本身的影響力，通常是以遊說政府官員及民意代表為主。利益團體如何透過時間與資源的使用而進行勸服工作呢？主要有三項：

　1. 直接與政府官員接觸，提出利益團體的觀點。

　2. 在政部門或立法部門的聽證會上作證。

　3. 向有關人員提出研究結果或技術性資訊。

(四) **以利益團體領袖做為決策菁英的方式強化影響力**：利益團體活動的一項重點是關於政策制訂過程的研究。在此過程，利益團體領袖被視為「統治菁英」（governing elites）的成員，與高階政府官員及企業總裁級人物同等重要。當政府決策者將政策制訂的責任授權給私部門，而使私部門領袖享有實際權力時，他們更是統治的菁英。

六、利益團體活動的缺失

(一) **造成政治上的不平等性**：在當代任何一個民主制度中，利益團體均未能平等的代表所有的公民。眾所周知，少數民族、女性、消費者、貧窮者與政治激進分子，在各種有組織團體中，一向被低度代表；相反的，多數民族、男性、企業界、富有者、尋求維護既得特權者，則被過度的代表。另外，雖然多數國家，她們的選票分佈是相當平均的，然而所有利益團體可獲得的控制工具，如分析技巧、金錢、組織技能等，分佈卻是非常不平均。利益團體的活動是政治影響力不平等的一項來源，而此種政治不平等性卻是不符合民主政治的規範。

(二) **共同利益屈服於割裂的利益**：利益團體活動所受的另一項批評是，它們為追求自己狹隘或割裂的利益而忽視了共同的利益。例如，政治上的論爭通常是集中於議題較狹隘及較少意見一致的層面上，利益團體的活動強調差異性（differences）而非「共同性」（commonalities）。

(三) **造成太多的否決點**：當我們承認利益團體常常追求某些公共利益的願景時，並不等於說利益團體的努力結果都是正面的。此種廣大利益與狹隘利益衝突的情況，與民主政治制度的設計方法有關，特別是與將否決或終止某政策提案之權力予以分散的規定有關。以美國為例，少數成員就可使眾院或參院無法採取行動，因為一旦法案在某院獲得通過，國會另一院只要以簡單的「不作為」就可予以封殺。

牛刀小試

1. 利益團體活動是當今民主制度之政策運作過程中不可或缺的，但它也帶來了一些為人詬病的缺失，請說明之。（103年三等特考）
2. 利益團體（Interest Group）活動的主要功能為何？利益團體在政策運作過程中，透過哪些方式，強化它們的影響力？利益團體活動的主要缺失為何？試就所知，分別回答之。（96高二）
3. 影響「利益團體」影響力的因素有哪些？為何有人認為「利益團體」成員人數太龐大時，反而更無影響力？試評析之。（98地三）
4. 利益團體的政策活動類型，美國哈佛大學教授威爾遜（James Q. Wilson）將其分成哪幾類？

玖　鄰避情結

　　政府在施政時，「不要建在我家後院」的鄰避情結，時常導致民眾反對鄰避設施。究其原因雖多端，但政府仍可透過許多作法，減少此類鄰避情結所造成的負面影響。

一、鄰避情結的意義

　　鄰避情結（Not In My Back Yard, NIMBY）是一種「不要建在我家後院」的心理情結與政策訴求，其意指「凡是對當事人在心理上或物理上可能造成傷害的任何公共設施或私人建設，當事人均拒絕建在其家國附近，也被稱為鄰避情結症候群。其主要內涵為：

(一) 它是一種全面性的拒絕被認為有害於主存權與環境權的公共設施或企業建設的態度，不論是垃圾掩埋場、焚化爐、火力發電廠、化工廠、核能發電廠、核廢料貯存場等，均在被利害關係人拒絕之列。

(二) 鄰避態度及行為的產生，基本上是環境主義意識抬頭與環保人士主張的結果，他們強調應以環境價值作為是否興建公共設拖或允許私人企業投資大型建設的標準。

(三) 鄰避態度的產生及後續行動的發展，不必具有任何技術面、經濟面或行政面的理性知識，基本上它是情緒性的價值判斷的反應。因此，就公共政策運作而言，它是一項具有相當負面影響的因素。

二、鄰避設施的特性

　　為利害關係人排斥並拒絕建在家園附近的設施，通稱為鄰避設施。它具有以下特性：

(一) 鄰避設施所產生的效益通常為全民或社會大部分人所共享，但負面外部效果卻要由設施附近的民眾所承擔。

(二) 某些鄰避設施（如核能電廠、石化工廠）如能加以適當的管理，發生意外的機會相當低；但若不幸發生意外，則可能造成相當嚴重的後果。

(三) 鄰避設施的設置與興建，通常涉及高度專業科技知識的評估，也是一項關係社會大眾福祉的公共決策問題。而專家的意見與社會大眾的價值判斷，常因觀念及利益出發點不同而產生差距，若決策單位未能妥善處理此項差距，便可能與民眾發生嚴重衝突。

(四) 當事人如欲避免此類設施所帶來的負面影響，通常必須透過空間區位的移動而達成。

(五) 利害關係人對鄰避設施之認知與接受程度，受到居住地點與此類設施距離遠近的影響。

(六) 利害關係人對鄰避設施的抗拒，常常可經由溝通協商及政策工具（如給予回饋金或補償金）而降低，甚而願意接受。

三、 民眾反對鄰避設施的原因及減少民眾反對鄰避設施的作法：

民眾反對鄰避設施的原因

1. 心理因素：由於民眾恐懼鄰避設施可能對人體健康及生命財產造成嚴重的危害或威脅，故採取抗拒的態度或作法。
2. 涉及分平性問題：當事人雖瞭解鄰避設施可能對社會全體或其他人具有重大效益，但卻質疑為何這項設施要設置在他們家園附近，而不設置在他處。
3. 環保意識抬頭：當事人擔心鄰避設施會帶來環境污染或破壞，而影響生活環境、地方形象與房地產價值。
4. 對政府失去信心：當事人對政府過去的環保努力及對鄰避設施所作的承諾不具信心，認為不如採取自力救濟的作法較為有效。
5. 爭取更多權益：當事人認為透過反對鄰避設施的抗爭，可增加談判協商籌碼，而獲得更多的金錢或其他實質權益。

減少民眾反對鄰避設施的作法

1. 瞭解民眾反對鄰避設施的主要原因：欲解決鄰避問題，必須在各方面仔細分析，探究民眾所持的真正原因，才能對症下藥，採取適當因應措施。
2. 透過政策工具提高民眾對鄰避設施的接受程度：政府可依當事人之鄰避情結本質而使用不同的政策工具，以提高當事人對鄰避設施的接受度，如風險減輕方案（加強環境監測）、補償回饋與利潤分享方案（金錢或實物補償、保證土地價格、實施健康保險）、民眾參與方案（公聽會、民意調查、協商等）。

3. 健全鄰避設施相關配合措施：政府或企業主對於鄰避設施所涉及的相關配套措施，應盡力完成，以爭取當事人的支持。
4. 謹慎化解當事人的不滿情緒：政府或企業主應以坦誠友善的態度，與當事人進行理性的溝通、協商、議價，以減緩他們的反對情緒。
5. 加強鄰避設施的管理：政府對鄰避設施的管理，除可依風險管理方案切實執行外，尚可由居民及相關人員組成監督委員會進行有效的監督。
6. 落實回饋金的運用：回饋經費的使用，乃是補償地方居民的方式之一，政府或企業主應將回饋金作最有效的運用，使居民切實受惠。

牛刀小試

1. 何謂鄰避情結（NIMBY）？民眾為何會產生鄰避情結？政府機關應如何減少或避免民眾產生鄰避情結的現象？試分別說明之（99年公務人員三等特考）
2. NIMBY（103年三等特考）

拾 政黨

政黨是當代政治生活的普遍現象，是政治人物獲取政權並統治國家的一種組織，所以政黨政治是現代國家不可或缺的特色。

一、政黨的特色

政黨乃是一個目的在控制政府人事及政策的大規模組織。其主要特色為：

- 為人民基於相同或類似政治信念及目的而組成的社會團體
- 為蒐集並反映民意的重要媒具
- 主要目的在控制政府
- 為推動國家政治及行政運作的重要原動力

二、政黨的主要功能

組織與再教育選民

政黨在平時及選舉期間透過它的各種活動，如：集會、討論政綱政策、辯論內政、外交重大問題等；一方面提高選民參加政治活動的興趣，另方面促進國民對民主政治的修養與認識。

提名候選人並支持當選

政黨在各項選舉會提名候選人，供選民認識及選擇。候選人既經提出，政黨自必全力以赴，全力輔選，支持當選，以貫徹其政綱政策。

溝通人民與政府間的關係

政黨可將輿論問題焦點化，並提出重大分歧爭論的問題，供輿論討論及政府機關參考；另一方面，政府的許多重大政策或措施，亦可透過政黨的管道，而使民眾知悉。是以政黨可做為增進人民與政府間「對話」的媒具。

藉相互監督制衡促進民主政治負責有效

民主政治有效落實的條件之一是必須有在野黨的存在，亦即執政黨與在野黨應同時存在，在朝者執政，在野者評政，相互監督，彼此制衡。

爭取執政控制政府

控制政府為政黨的主要功能，因此在透過選舉取得政權後，就設法控制政府的運作，以實踐其政綱。控制政府可透過以下的途徑：
1. 透過政府領導階層的領導權制定政府政策。
2. 利用黨在議會中的組織，動員黨籍議員，並爭取非黨籍議員支持政府的政策法案，使其完成立法程序。
3. 監督政府執行政策。

三、公務員與執政黨的關係

所謂「文官中立」或「行政中立」，一般是指文官應不受政黨因素影響而能秉公處理業務及職位受到保障。

(一) 政府公務員分為政務官與事務官。前者指由執政黨提名當選的行政首長及由執政黨遴用的政治任用官員，理論上與執政黨選舉勝敗同進退，因此官位不受保障；後者指受法令保障之永業化公務人員，執政黨不得任意更換。

(二) 政務官可說是執政黨在政府機構的代理人及領導者，故政務官必須在執政黨的政綱、政見導引下，發動政策，並對政策執行的成敗負全責。

四、政黨政治的意義

政黨政治指一國之人民可以組織政黨，參與政治運作過程的一種政治制度。典型的政黨政治，應具有以下特質：

(一) **政黨政治必須要有政黨參與政治運作**：具有政黨或政黨活動，並不一定就是政黨政治，例如專制國家可能利用政黨來製造民意，控制人民，各政黨也沒有平等參與政治的權力與事實，所以真正的政黨政治，大概僅存於自由民主國家。

(二) **政黨政治必須發揚民主精神**：政黨在推動制訂憲法、規定政體、保障自由、實施選舉、成立議會等一連串民主制度時，應遵循少數服從多數，多數尊重少數原則。

(三) **政黨政治應以民意為依歸**：政黨在政治運作過程中如果無法回應民意，將失去民眾的支持，也無法在民意機關發生作用，難有政黨政治之實。

(四) 政黨政治存在於競爭性及半競爭性的政治體系，而難以存於專制或獨裁的政治體制內：政黨政治沒有標準型態，亦無絕對的優越性或缺陷，政黨政治成功與否，取決於政黨政治型態與現實環境配合的程度。

五、政黨政治的運作原則

(一) **少數服從多數決議**：任何一個問題要獲得全數通過或同意，非常不可能，所以要進行表決，以多數人的意見為。多數決應以自由、平等為基礎。

(二) **以責任政治為依歸**：責任政治指政府的行政作為如違反民意或牴觸憲法或法律時，必須負起責任。它包括兩方面問題，一為政策問題，即政策若背離民意，政府要負責；二為法律問題，行政措施牴觸法律時，政府要負責。 換言之，責任政治具有以下二項意涵：

　1. 執政黨與在野黨均負有政治責任：國家政策的制訂，並非單獨由執政黨自力完成，而是執政黨與反對黨互動後的結果。故執政黨能否繼續執政，反對黨可否取而代之，端視選民對其能否負起政治責任判斷而定。

　2. 政治責任與法律責任均包含在內：政治責任主要涉及政策問題，以內閣制為例，國會如認為政策違反民意，可通過不信任案要求內閣總辭，改由另一政黨組閣；另外，行政作為如果違反法律，則須負法律責任，可經由議會或監察機關實施彈劾，令觸法者去職。

(三) **受法治的規範**：民主國家，憲法為國民與國家所定之契約，法律亦為基此契約所定之規範。國家中任何活動均不得違背怯令，政黨政治亦不例外。

(四) **以服務人民為宗旨**：執政黨如欲繼續執政，就必須以最大服務熱忱，保持民眾對該黨的信任。在野黨則應竭盡所能強力監督，為民服務，期在下次選舉中贏得勝利，取得執政機會。

(五) **應具相互容忍的精神**：政黨的競爭必須以寬宏的胸襟互相對待，若缺乏容忍精神，人民將無法充分討論，政策將趨向偏激，民主政黨可能淪為專制政治的工具。

六、政黨的競爭關係

　　各政黨為爭取選民認同及支特，並推銷該黨理念及主張，常會以議題設定的方式去主導選民的選擇。因此，各政黨扮演著相互競爭、批評、監督的角色，但如果為了競爭而相互反對對方的政策，將會導致國家運作停擺，消耗大量社會資源，因此在面臨重大危機時，政黨間也可能出現結盟合作的情形。

(一) 唐斯（Anthony Downs）建構「選舉競爭的空間模式」。此模式的基本假定有二：一為選民是理性的，會有效率的追求目標；二為政黨的目標是要獲取最多選票，以爭取執政機會。唐斯認為，不同政黨制度下，政黨對政策會有不同的策略選擇。第一種情形為兩黨競爭的制度（無第三黨出現），兩黨的政見有

趨中情形，以爭取中間民眾支持，最後導致兩黨呈現類似的政策。第二種情形為，在多黨制下，政黨將維持其獨特的政策選項，使選民清楚瞭解其政黨間的差異，進而吸引民眾支持，各黨出現壁壘分明的政策，在此情形下，政府由那一政黨控制，對公共政策的改變將有大的影響。

(二) 若以上述觀點檢視西方國家及我國政黨政治運作過程，政黨競爭對政策產生的影響，可能出現下列二種情形。第一種，處於競爭狀態下的政黨將傾向於與多數民眾一致的政策，民眾最偏好的政策，政黨會對它作出最大的回應，在沒有競爭的情形下，政黨並不需要改變它的政策方向。另一種可能是，政黨的政策並非以大多數民眾的偏好為基礎，相反的，是以對該黨提供最大支持的團體之偏好為政策導向，當政黨知道某團體為最大支持來源時，會傾聽支持者的需求。

七、政黨的合作關係

政黨通常是相互對抗的，但在某些情況下，例如民眾強烈要求或國家存亡關鍵時刻，政黨也可能處於合作狀態。基本上，政黨的合作關係主要是以「結盟」的方式進行。結盟方式有兩種：一為「政策或議題結盟」，即政黨基於對政策議題具有共同看法或立場，為使雙方同蒙其利，乃採結盟合作的作法。另一為「意識型態或理念結盟」，即政黨因具有共同政治信仰或理念而決定共同合作，爭取特殊政治訴求的實現，例如主張國家統一及獨立的兩派不同政黨，常形成各自的結盟關係。一般而言，政黨主要是根據以下理由而決定與其他政黨合作：

考慮「合則兩利，分則兩害」的結果

即政黨認為與他黨合作，可用最少的成本，獲得最大的利益。政黨為謀取本身最大政治利益，在理性計算衝突與合作利弊得失後，相信如採合作結盟的作法，合作者將可投入少數資源而達成各自的追求目標。

相信合作雙方最後均可獲得正所得的結果

即政黨經過各方面考慮，認為不論合作後的運作過程如何，合作結盟的雙方或多方，最後的「益本差」，將是正數，所以願採合作關係。

合作的雙方承諾彼此可分享充分資訊的結果

即尋求合作的政黨承諾合作後，彼此提供目前情境、未來行動取向，及其他相關資訊，開誠佈公的分享，增強彼此的政治資源，以利同心協力，共赴事功。

合作雙方認為可擴大日後合作基礎的結果

即政黨雙方認為可藉由本次的合作經驗及成果，進一步考慮是否可在更多的政策議題或政治主張上，採取更緊密的合作關係，以謀取雙方更大的政治利益。

八、政黨在政策運作過程的參與

(一) **問題認定與議程設定**：由於政黨是人民向政府表達意見的重要管道，政黨的功能之一為代表性，所以政黨本就具有反映社會問題的功能。公共問題的當事人透過政黨，並經由政黨有組織的宣傳機制，將問題公諸於社會，可強化問題的重要性，迫使政府加以採納。政黨可透過三種途徑影響政府機關的議程設定：

1. 藉由黨部組織系統，向從政同志發出依照黨綱制訂政策之要求。
2. 藉由選舉的獲勝，經由行政領導與民意機關監督角色的行使，影響官僚體系的政策作為。
3. 政黨可藉由請願、示威、遊行等方式，向行政機關直接施壓，要求接納議題並排入政策議程。

(二) **政策規劃**：政黨為反映公共問題，會要求行政機關將公共問題列入政策議程，也會對行政機關所規劃的政策方案表達意見。在行政機關提出政策方案時，執政黨會要求黨籍民代為政策方案辯護，在野黨則可能提出相對的方案，公開批評行政機關所提的方案。

(三) **政策合法化**：行政機關針對公共問題規劃解決方案後，必須將方案提經立法機關加以審議，完成法定程序。在合法化過程中，政黨對政策方案贊成與否的態度，會受各黨勢力消長及結盟情況的影響。各政黨為使自己法案能順利通過立法程序，通常會採取以下的政治手段：

吸納手段 （cooptation）	即藉由高明的政治手腕，與反對者進行推心置腹的懇談，以達化解衝突之目的，如採跨黨派或派系連署的作法。
妥協手段 （compromise）	即對政策方案作實質修改，以增加其政治可行性。政黨所提出的政策方案，為使各方接受，妥協方式：一為刪除政策方案較具爭議性的部分，二為加入反對黨的意見或建議。
操縱手段 （manipulation）	即在民意機關中，大會主席或各委員會主席常具有決定議程安排的權力，所以政黨可經由巧妙設計，利用議事規則之漏洞，強行表決通過議案或封殺議案。
辯論手段 （debate）	即政黨透過黨籍民意代表在議場上對行政官員的質詢及辯論，或以召開公聽會、說明會等方式，將政策資訊公開，使大眾瞭解真相，訴諸民意支持。

(四) **政策執行**：政策方案付諸執行後，政黨會監督行政機關執行政策的狀況，包括資源是否妥善運用、執行者是否公正無私、政府機關是否充分協調合作，及標的團體是否真正同政策執行而受益或受害等。

(五) **政策評估**：政黨對政策評估的參與，包括檢視政策是否按照預期方向或目標進行？納稅人的錢是否被有效運用？方案所提供的服務或利益是否真正到達標的人口手中？建議該政策是否繼續執行或停止？

拾壹　智庫

在一個公共政策運作已趨正軌且注重政策參與的國家，智庫（think tank）的成立極為普遍，且通常屬於民間機構（各種基金會）。此類智庫有的接受政府機關委託，從事政策問題的研究、方案的規劃；有的則是基於本身專業需求，主動進行各種政策問題研究，為決策者提供政策諮詢。

意義	指政府機關正式組織外，成立於學術機構、企業集團、政黨內部或獨立存在，以國家公共政策議題為主要研究對象，兼顧理論與實務，研究成果提供政府機關與工商企業界決策參考的學術性研究機構。
要點	1.智庫並非是政府的正式組織或單位，雖然某些智庫可能是由政府撥款資助成立的。 2.智庫可能設立在公私立大學院校等學術研究機構內，或是在企業及政黨內部，也可能是由無任何特殊背景之志同道合者所組成。 3.智庫所研究的議題大多是涉及層面較廣的公共政策或公共事務議題。 4.智庫在進行各項公共政策或公共事務議題分析研究時，通常會將學術理論與實務結合研究，避免偏向任一層面。 5.智庫設立的主要目的是將研究成果提供政府施政及工商企業界決策參考，並提供學術界與社會大眾相關資訊。
功能	1.提供政府機關與工商企業界諮詢服務。 2.監督與評估政府的施政。　　　　3.訓練培育執政的人才。 4.提高民眾對公共事務的認知水準。 5.累積專業知識，促進學術發展。　6.協助政治人物競選公職。

對政策過程的影響

1.提供相關建議影響政府決策。
2.維動特殊政治訴求，影響政府決策。
3.以研究成果支持或反對政府政策。
4.以批判政府施政，影響政策運作。
5.以提供理論概念，建樣各方「辯論」基礎。

強化智庫功能的作法

1.在大學院校增加學術研究的訓練計畫。
2.增加設立政策研究中心。
3.增加政策研究經費提供。
4.各智庫應增加政策研究出版品及學術研討會括動。
5.增加政策取向學會的成立。

拾貳　公民參與

　　任何一個國家的政府，如欲有效的推動公共行政的活動，必須設法獲得一般民眾的支持、配合與監督。尤其現代民主國家非常強調「主權在民」的原則，也就是強調政府的施政應以民意爲依歸。而真正的民意應當來自一般民眾普遍的、積極的、理性的參加國家事務的結果。

一、公民參與的定義

　　依吳英明教授的看法，公民參與指人民或民間團體基於主權的認知及實踐，對於政府的行動及政策可得充分的資訊，同時也有健全參與的管道。人民從知的過程中掌握較豐富的資訊，培養受尊重的認知，進而將感情、知識、意志及行動在所生活的社會中做累積性的付出。由以上定義可知，公民參與具有以下數項要點：

> ⟳ 無論是公民個人或團體均為參與的主體。
> ⟳ 公民參與的條件是人民對政府的行動及政策能掌握充分的資訊。
> ⟳ 社會上應存在健全的參與管道。
> ⟳ 人民以感情、知識、意志及行動的付出做為參與的表示。

二、健全公民參與體系政府的具體作法

(一) 與民眾進行良性互動，獲取民眾信任與同意，使其相信公民參與具有「同蒙其利」的價值。

(二) 尊重民眾「知」的權利，同民眾提供充分的公共事務相關資訊，激發民眾參與公共事務的興趣與熱忱。

(三) 提供民眾充分的參與管道，使其意見、需求、主張等，能有理性表達的機會。

(四) 塑造「公民社會」（civil society），即以公民權利爲基礎，可讓公民發揮自主性及參與性的社會。在此社會，公民可對政府的公共服務提出要求、監督、與批評，但也願協助政府推動政務及改正行政的缺失。

三、公民參與的優點及缺失

優　　　　點
1. 可使政府的行動及政策較能符合民眾需要。 2. 可增進公、私部門資訊的交換。 3. 可透過各種參與管道使不同階層者的利益受到考慮及保障。 4. 可使政府的施政因民眾的參與，而擴充「合法性」的基礎。 5. 可進一步落實政府向人民負責的理念。

缺　失

1. 公民參與相當費時費事。
2. 未具專業知識的參與，對公共事務的處理不見得具有幫助。
3. 弱勢團體的參與可能只具象徵意義，而不具實質效果。
4. 有組織的團體可能會掌控參與的機會和過程。
5. 民意代表與民眾競爭「決策」的權力，可能模糊民意代表的職責。
6. 公務員因受公民參與所表達意見的影響，而難以對公共利益真正作全面性的考量。

四、公民參與的方式

投票

一般公民透過定期或不定期選舉投票的方式，可對政府表達支持與否的態度，亦可對某特定議題表達「偏好」的態度。

請願

公民對國家政務、公共問題及有關個人的權利義務事項，可採取請願方式，同行政機關或立法機關表達意見或意願。

訴願

公民因政府機關違法或不當行政處分，致損害其權利或利益時，得提起訴願及再訴願，以維護個人的權益。

集會遊行

在多數民主國家，人民對國家重大事項，為表現群眾力量及意見，以促使社會、政府、甚至國際社會的注意，常採行群眾集會與遊行示威的參與方式。

怠工、罷工及消極抵制

在許多民主國家，當發生勞資糾紛時，法律准許勞方以怠工、罷工及消極抵制的方式，同資方進行抗爭。有時民眾對政府的措施也可能採取消極抵制的作法。

意見表達

對無組織的公民個人而言，參與國家政務最簡便但效果並不彰顯者為各種意見表達的方式。包括透過下列方式表達：民意調查、座談會、公聽會、說明會、諮詢會、溝通會、協調會等，或向行政官員、民意代表、傳播媒體等表達意見。

六、公民參與的爭議

(一) **公民參與和資訊分開的衝突問題**：公民參與政策過程，必須接觸許多資訊，但如果政府任何事務資訊都對民眾公開，則政府勢必無法有效運作，嚴重甚至危害國家安全及社會利益，因此公民參與和資訊開放很容易產生衝突現象。

(二) **鄰避情結的負面影響問題**：民眾在鄰避情結驅使下，常常以激烈的抗爭手段，反對諸如核電廠、垃圾掩埋場、水庫、石化工廠、機場等的興建，對經濟發展造成重大影響。

(三) **公民團體的代表性與合法性問題**：公民團體常以誇大及戲劇化或非法的方式突顯他們的訴求，但事實上他們可能僅代表一部分民意，或藉口少數族群的利益而增加與政府談判的籌碼。故政府必須瞭解公民團體究竟代表誰在說話，及公民團體如何正確表示他們的觀點，以達公平、正義的目的。

(四) **成本利益分析與公民參與問題**：政府機關限於財政或資源分配，在從事政策方案擬訂及執行時，必須從成本利益或效益分析觀點出發，但公民團體關心的是公平、合理與正義的充分性及必要性，兩者如何權衡，值得深思。

(五) **公民團體的參與策略及型態問題**：公民團體可能會以誇大、戲劇化或非法的方式突顯他們的訴求，或推動有偏差及有問題的活動，以影響政府決策的公平、公正性及正義原則。

(六) **行政人員抗拒公民參與的問題**：許多行政官員常常是缺少想像力、保守的、專業自許的、機構和生涯利益取向的，故常排斥來自民間多樣化及開放性的公民參與。

(七) **公民參與和專業知識衝突的問題**：公民參與公共事務的先決條件為具有高度的參政知識，事實上，真正專業知識的擁有者卻是政府機關的技術官僚及學者專家，因此乃產生所謂民意政治與專家政治的爭議。持平看法是：民主政治是責任政治，政策制定者應為所制定的政策負責，民眾也應為所為之言論負責。

(八) **公民參與和行政績效矛盾的問題**：公共行政非常重視行政績效的提昇，但過分強調行政績效卻可能犧牲公民參與的機會，如何兼顧公民參與及行政績效，乃是需要探究的課題。

拾參　公民投票

　　公民投票的英文plebiscite，是由plebs（普通人）與scire（贊同）兩字所構成，指的是由一般國民作出決定的意思，近年興起的公民投票係為彌補代議政治及間接選舉之不足。

一、公民投票（plebiscite）定義

　　可用以指涉所有對事的投票或指稱針對用於非建制性投票的趨向，如針對獨立、領土的歸屬。公民投票基本上是一直接民主的作法，讓一般民眾能有機會針對政事，直接表示意見，而不必完全依賴所選官員或代表來作決定。此種作法與一般的代議民主、代議政治有差異。因此，西方國家對公民投票各國針對其國情及政治文化而有不同規定。其行使範圍如下：

1. 國家重大事務。
2. 有關國家公權之組織。
3. 憲法之增修或制定。
4. 國際條約與組織。
5. 人民的權利與義務。
6. 自治問題或中央與地方權限劃分問題。
7. 領土之變更。

二、公民投票的理論基礎

　　公民投票的理論是奠基於直接民主的政治思想，法國思想家盧梭認為，真正的民主是統治者與被統治者的一致：「人民的代表，亦不能為其代表，只是人民所委任的人員而已，實不能作什麼確定的行為，凡未經人民親自批准的法律都是無效的－實際便不是法律。」簡言之，公民投票是針對特定議題交由人民直接決定與否的投票，因此排除「間接民主」的作法，代之以直接民主訴諸於公意決定。

三、贊成與反對公民投票的理由

　　公民投票雖然具有讓一般國民可以直接針對政務表達意見及能體現所謂主權在民的真義的優點，但卻也有產生專業性及爭議性的議題不一定適合公投的問題。

贊成公民投票的理由

1. 強調主權在民的觀念，回歸原始的民主理想，從民主價值出發，視人民為政府權力之泉源，彰顯人民共同的意志。
2. 增加政策的合法性，人民若能對法令或政策有直接表達意見並作出決定的機會，除可顯現主權在民的民主精神，匡濟代議政治的不足，亦可增加決策的合法性。
3. 避免政黨與國會的專斷：一旦實施公投，就表示政黨與國會不再如以前那麼重要，一些與國家息息相關的重大決定，均由國民透過公投表決決定，當然國會與政黨仍會繼續存在，但是其重要性與影響力將大為降低。
4. 透過公民投票的進行，可提昇一般人對於公共事務的興趣與認知，磨練人民對政治事務的責任感，對民主品質的提昇具有幫助。
5. 人民有直接對政策或法令表達意見的能力，此觀點認為人民並非全然無知，尤其在教育水準提昇、資訊流通的今日。
6. 公民投票可提供一個管道，使人民的不滿得以宣洩，有助於社會安定的維持，並可明確了解國民真正需求。
7. 可解決政治僵局，尤其當行政與立法部門因故（如不同黨派）以致僵持不下時，或因事涉敏感，政府官員或民意代表不願作出決定時；此時由人民行使公民投票，直接立法，使施政得以有效推動。

8. 在民主社會中，政府各部門常易受特殊利益團體所左右，若透過公民投票，則可免除政府部門受制於利益團體的困境發生。
9. 細節問題仍可交代議的國會負責：由於公投的實施，並不完全取消或排斥代議的國會，因此祇要國民覺得有些問題不過是細節，他們也可以把這種事交由民代負責。
10. 可以隨時控制代議士：打破代議制度下短暫的主權在民理想。
11. 選民的經濟與知識水平，逐漸與代表他們的代議士相當：隨著資訊的普遍、發達，選民教育水準的提昇，選民的知識水平逐漸與代表他們意見的民意代表不分上下，這情形與十九世紀民主剛萌芽時的環境有相當大的不同。

反對公民投票的理由

1. 公民投票可能引起根本的國家認同問題，屬敏感性質，易造成社會不安。
2. 易形成行政或立法怠惰：過度依賴公民投票，往往導致政府在面對爭議性的法案時，不願作出決定，將其推給人民。
3. 專業性及爭議性的議題不一定適合公投：專業性的個案，是否適合由民眾片面的資訊而加以作出決定，抑或應尊重專業的審核及評估，一般民眾在作明智抉擇時能力不足，值得商確。再加上社會中又缺乏共識，則公投不但不能解決問題，反會製造問題，形成對立不安。
4. 公民投票對執政黨不利，削弱民選政府權威：當人民實際進行公投時，往往不是以該具體的公投案例作考量，而是該地區執政黨的表現、國內或國際突發的事件或爭端，左右了人民的決定。
5. 既有的良好運行的立法部門可解決之，公民投票實屬多此一舉。
6. 配套制度的設計：公投的引用，不僅應有嚴謹適用範圍的界定，且在執行層面上亦應作出精確的技術規範（如是否應限制公投次數），才能顯見效果。
7. 地方民眾獲得自行決定地方事務的權力，結果將導致地方權力的大增，相對弱化中央政府的權力。
8. 信念的強度無法衡量：每一張選票都具有同等效力，即使強烈反對的少數，仍必須遵守並不在乎他們意見的多數人的決定。然在代議體制之下，多數便不會忽視強烈反對的少數意見。

拾肆 未來的公共政策

一、未來公共政策研究的主要方向

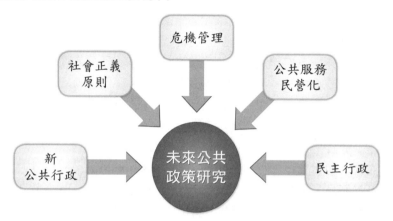

(一) **強調新公共行政的內涵**：一九六八年九月由瓦爾度（Dwight Waldo）資助，在美國Syracuse University的Minnowbrook Conference Center召集了年輕的公共行政學者，舉行一項研討會，討論公共行政所面臨的問題及未來應發展的方向。他們主張的觀點與傳統公共行政研究的觀點有別，故自稱所提倡者爲「新公共行政」（New Public Administration）。其論點如下：

1. **主張趨向相關的公共行政**：今後應研究與我們動盪不安時代相關的問題、我們社會所面臨的實際問題、與行政人員相關的問題。

2. **主張後實證邏輯論（postpositivism）**：反對實證邏輯論的「價值中立觀」（value-neutrality），認爲社會科學家應該以他們的專業知識及才能從事價值判斷；強調「社會公正」的重要性。

3. **必須儘量適應動盪不安的環境狀況**：在行政理論與實務方面應修正過去傳統的作法，必須面對問題並解決之，且應以坦誠公開的方式讓工作人員參與決策，鼓勵政策的標的人口與政府機關加強互動關係。

4. **主張建構新的組織型態**：傳統的科層制度已無法面對問題、參與式管理、服務對象取向、行政人員價值判斷、社會問題相關等情況的需求，而必須輔之以「協和式」（consociated model）的組織型態。

5. **主張發展以服務對象爲重心的組織及運作**：強調服務對象與機關組織互動的重要性。

(二) **強調社會正義原則的發揮**：未來各類型公共政策的制定與執行將較目前更重視社會正義（social justice）問題，也就是說，政策方案的取捨將超越成本利益

分析的範疇，而進一步考慮正義、公正、公平等層面的倫理性問題。此處所謂正義，其內涵包括公正及公平在內。從政策分析的角度來說，公平是指兩個或兩個以上的地區、團體或個人接受平等的對待；而公正通常是指他們所受到的是比例性的平等對待，而非絕對的平等。羅爾斯（John Rawls）在所著「正義論」（A Theory of Justice）一書中，提出正義原則：第一個原則為「平等自由權利原則」，亦即政府機關應當對所有的人平等地分配各種基本權利與義務。第二個原則為「社會與經濟機會公正平原則」，它包含兩項要義：第一、強調「差別原則」，即政府應設法使社會上及經濟上屬於劣勢地位者得到較大的利益，第二、強調「機會公正平等原則」，即政治上、經濟上、社會上的各種職務和地位，應公正平等的向所有人開放。

(三) **強調危機管理的重要**：危機管理（crisis management）是興起於六〇年代的一個專門研究領域。危機是指一個國家面臨極度危險的狀況而必須立即採行措施予以因應者。它包含以下的特質：1.國家內外環境忽然發生劇烈的改變。2.對國家的基本價值或目標產生了巨大的威脅。3.改變的狀況會伴隨或導致軍事衝突的可能性。4.對於威脅狀況的處理，在決策上只有有限的反應時間。

(四) **強調公共服務民營化的必要**：所謂民營化（privatization）乃是指將某種功能、活動或組織，從公部門移轉到私部門或非營利部門的策略或過程，藉由市場機能的建立，提高競爭績效，使社會資源有效利用，減少政府的介入，以達「績效較佳的政府」與「干預較少的政府」的目標。民營化主要起源於一九七九年五月英國首相柴契爾夫人執政之後，致力於減少政府對經濟活動的干預。一般而言，民營化的方式有五種：

1. 政府機關與私人企業訂約，政府選擇承包人，並由政府付費，例如垃圾清運等；或由私人企業依約興建公共服務設施、營運、最後將資產移轉政府機關。
2. 政府授予私人企業以經營特許權，並由私人企業向人民收費，如電力、瓦斯、公共汽車等。
3. 政府發行各種「抵用券」交由合格的人民使用，由政府付費，如醫療及文化服務券等。
4. 交由志願性組織從事必要的公共服務。如公園維護、路樹的認養、街道的清掃等。
5. 鼓勵私人企業透過市場機能解決人們的需求問題。例如由民間經營療養院等。

(五) **強調民主行政的重要**：目前民主行政（democratic administration）已經成為一種世界性的趨勢。依據吳英明教授說法，民主行政是指以符合民主精神的原則和機制，強化行政官僚與變遷環境互動之社會動力經營，讓國家成為接近人民的國家，讓社會成為可以參與的社會。民主行政不僅強調民主的價值觀和程序，而且不能把民主行政變成一套教條化的程式，而使政府及公務員失去與環

境互動的活力。民主行政之本質不能脫離「人民」在社會中不同治理角色的扮演，而且必須重新將人民納入公共政策及公共事務管理中。

二、未來公共政策研究途徑取向

(一) **強調定量研究途徑與定性研究途徑並重**：未來政府機關如何了解公共問題的癥結、應否列入政策議程、如何規劃可行的政策方案、及如何了解政策執行的成敗等，將不再依賴政策理論的推衍，而是著重以定量研究的結果，及定性研究的推理詮釋，做為取捨的依據。

(二) **強調比較研究途徑的應用**：對於類似國家或類似地區實施同樣政策或類似政策的狀況，從事有系統的比較研究，設法抽繹出若干可資類化的原則，做為各相關國家或地區制定與執行政策的參考。以比較研究途徑從事公共政策運作的研究，應注意生態因素的差異。例如已開發國家與開發中國家的生態環境絕對不一樣，所以同樣的政策在運作過程中，就會有不同的遭遇及不同的結果。未來欲比較各國政策運作之異同，可對以下四大變項彼此間之互動關係進行比較探討：

政策環境
比較

政策機構
比較

政策過程
比較

政策議題
比較

(三) **強調行為研究途徑的重要**：首先將對公共政策運作各階段的涉及者加以確認，例如政策規劃過程的涉及者包括哪些機關和團體的人員以及哪些個人等？然後對這些涉及者的個性、政治資源、權力狀況、行為樣式等作深入的研究分析，以求找出彼此間的相似性與相異性，提供政策分析人自從事政策方案設計與執行時的參考。

(四) **強調機關研究途徑的重要**：除了機關組織型態、結構、權力系統、管理技巧、人力素質等傳統要素仍將受到重視外，執行機關與外界機關團體的互動關係，將成為公共政策研究者新的注意焦點。據許多學者的研究發現，執行機關的特質是政策執行成敗的關鍵因素，而執行機關的對外關係又是其特質的重要一部分。執行機關的對外關係包括兩部分，一為政府間的關係（intergovernmental relations），指對上級、對平行政府機關、與對下級機關的關係是否良好而有助政策的推動；另一為執行機關與外界系統的關係是否良好，包括與相關利益團體、標的人口及大眾傳播媒體之間的關係。

(五) **強調個案研究途徑的應用**：雖然個案研究途徑的最大缺點，是研究結果難以「類化」，亦即難以形成通則，準確應用於相同或相似的案例，但因為研究者可以採取系統化、科學化的深入探討某個案的前因後果、運作過程，故可獲得相當豐碩的資料，據以進行歸納、演繹，而得出有意義的結論，在某種程度上，仍然具有「類推」的價值。

三、未來公共政策的運作方式

(一) **強調發揮智庫的功能**：在一個公共政策運作已趨正軌且注重政策參與的國家，例如美國，智庫（think tank）的成立極為普遍，且通常屬於民間的機構（各種基金會）。此類智庫有的接受政府機關的委託，從事政策問題的研究、方案的規劃；有的則是基於本身的專業需求，主動進行各種政策問題的研究，為決策者提供政策的諮詢。未來政策智庫的服務功能也將逐漸增加以下的項目：

1. 增加訓練計畫（training programs）：包括大學部及研究所；本科性的及科際性的；學術取向的及實務取向的。
2. 增加政策研究中心（Policy research centers）。
3. 增加經費來源（funding sources）。
4. 增加出版商（Publishing outlets）。
5. 增加政策取向之學會。

(二) **強調注意利益團體介入問題**：利益團體依其成立的目的與服務對象之不同，可分成公益性團體（Public interest group）與私益性團體（Private interest group）兩類。前者以促進公共利益為目的，且以一般人為服務對象，如禁煙協會、環保團體、消費者保護團體等；後者係以促進私人利益為目的，且有其特定服務對象的團體，例如農會、漁會、工會、商會等。就良性發展而論，希望利益團體的興起與活動應致力於下面二事。第一、應當成立更多更大的公益性團體，以追求公共利益及全民福祉為職志。第二、應當儘速制訂遊說法，以使利益團體的遊說活動有規範可循。

(三) **強調擴大公民參與的必要**：民主政治的體現方式之一就是公民對政治活動的參與。舉凡國家政權的更迭、政府官吏的選舉、公共政策的制定、執行與評估、及一般公共事務的處理等均是。值得注意的是，公民參與公共政策運作可概分為抗議性的政策參與及非抗議性的政策參與兩種，後者指透過正當的參與管道表達政策主張，例如參加公聽會、協調會、溝通會、規劃委員會、填答民意調查問卷等。

(四) **強調注意政黨角色轉變問題**：在一個政治發展已漸趨成熟的社會，一黨獨大的情況已有明顯的改變時，不論是執政黨或反對黨，在政黨運作的角色扮演方面，也必須有所調整。反對黨將不能也不可再一味扮演「為反對而反對」的角色，相反的，它應從積極面提出本身的政策主張，以爭取選民的認同；同樣的，執政黨也必須放棄以往支配政策運作的心態與作風，而以政策協商及整合者自居。

(五) **強調政策行銷的必要**：現今二十一世紀，人民對政府所提供的服務，不但要求在服務項目上不斷推陳出新，在服務品質方面也不斷的要求提高。因此，政府為回應並滿足民眾的需求，應調整政策行銷（Policy Marketing）的觀念及作法。如果我們將公共政策界定為「政府機關為解決公共問題或滿足公眾需求，決定作為或不作為、以及如何作為的相關活動。」則政策行銷的意義就幾乎包括了對政府絕大部分的活動進行行銷工作。

牛刀小試

1. 政黨存在的主要功能為何？其與公務員具有何種關係？政黨在政策運作過程應如何參與？
2. 何謂智庫？具有功能？其在公共政策過程具有哪些影響？
3. 試說明公民參與的意義、方式及限制。
4. 公民投票是主權在民的表現。何謂公民投票？其實施範圍包括哪些？贊成及反對公民投票，他們所持的理由又是什麼？

⬂ 章後速讀

1. **政府的工作**：汲取資源（extraction of resources）、分配活動（distributive activity）、管制人民行為（regulation of human behavior）、象徵績效（symbolic performance）。

2. **政府職能性**：政府的職能性（capacity）係指政府影響社會各勢力團體，汲取社會資源、提升政策能力以及遂行國家目標的能力。

3. **政府職能性具有哪些影響**：政府機制的發揮；匡正政府失靈與市場失靈；促進國家發展、提升國家競爭力。

4. **政府的經濟功能**：政府部門直接提供財貨與服務、政府部門委託其他部門提供、簽約外包（contracting out）、經營特許權（franchise）、補助（grants or subsidies）、抵用券（voucher）市場運作（market）、志願服務（voluntary services）、自我協助（self-service）、政府販售（government vending）。

5. **政府在市場中的功能**：(1)政府提供服務並收取費用。(2)參與市場和其他私部門相互競爭，並由競爭中來影響服務品質與價格。(3)公共財的提供及服務由政府負責。(4)政府向私部門購買整套服務，所有的服務成本由政府負擔。(5)政府補助私部門並由私部門負責提供財貨及勞務。(6)為維持市場公平競爭，政府執行經濟管制。(7)政府扮演催化協調的角色，使其服務的功能可以加以發揮。(8)政府協助私部門分散所面臨的風險或解決協調衝突。

6. **解決公共問題的代議政府（representative government）機制內涵**：政策由菁英決定，菁英由選舉產生；任期制，菁英對選民負責；政黨政治，各政黨競爭決策權；有限政府，保障人民自由的權力；權力區分，避免權力過度集中，侵犯人民自由權力；建立社會安全制度及反賄選制度，保障人性尊嚴；選舉菁英的角色。

7. **當代政府應具備的能力**：預期及掌握環境的變遷；制定因應環境變遷的政策；政策有效執行的能力；人力物力資源之徵募、運用與管理；政策評估的能力。

8. **政策的制定要斟酌五大理性**：技術理性、經濟理性、法律理性、社會理性、政治理性。

9. **政策有效執行的能力**：選擇適當的執行策略、進行公共關係、利用現有的法令規章解決問題、設法提高執行人員的責任感、嚴肅貪瀆。

10. **提升政府能力的途徑**：建立健全的管理系統、確實履行聽證制度、提倡政府與人「合產」的觀念、強化政策分析人員與智囊團、消除單位與機關的本位主義作風、消除團體思維（group think）的現象。

11. **行政機關在政策缺失的防範之道**：採行建設性的思維模式、強化程序正義、強調知識的重要性、發揮監督防腐的功能、促進對問題的了解、提高行政機關的學習能力。

12. **比較公共政策的研究內涵**：研究政府如何選擇作為或不作為方案、研究政府為何尋求特殊的行動方案、研究政府所制定之公共政策的結果如何、研究不同政府的政策運作狀況研究作為與不作為政策方案的內容。

13. **當代比較公共政策研究的特色**：不同國家間的比較方向、運用量化的方來研究、重規政策過程對政治體系的影響、比較政策系絡途徑。

14. **比較公共政策的困境**：變項太多的問題、國內多樣性的問題、中央與地方政府的責任分攤問題、價值偏見、資料信度。

15. **未來比較公共政策研究應努力的方向**：致力研究成功的政策案例，以供政策制訂參考；致力跨區性問題的研究；致力進行同心協力的比較公共政策研究計畫。

16. **市場自由化**：指政府對已經存在的市場管制予以解除，藉以開放更多的參與者加入，使其充分自由競爭，讓自由市場的供需法則運作，以產生效益。

17. **市場自由化的精神（方式）**：即是「解除管制」、「民營化」及「合法化」。

18. **實施市場自由化的基本管制架構**：維護公共財的正常運作、防止外部成本產生、消除資訊不均、維護衡平與禁止偏差行為。

19. **管制政策**：管制政策是政府利用法規來規範人民的行為，以期符合要求。管制政策具有特性：來自於國家機關的公權力；以剝奪人民的自由、財產甚至生命，來貫徹政策管制的政策；就人民彼此關係言，是零和賽局；限於在保障社會秩序與公共利益的必要範圍內。

20. **管制政策的配合措施**：管制政策首要在取得民眾的信任，其次為執行管制政策機關及人員的形象，再次為政府對於管制政策的宣傳說服技巧與引導民眾守法，最後才是須要動用執行管制機關的取締違規的技巧。

21. **民營化**：經濟的效率、公平、成長、穩定是國家經濟發展的目標。施行民營化是基於公營事業較民營事業不具效率，故開放民間經營。民營化理由如下：外在環境改變、內部企業要求、民眾需求改變。民營化的方式：解除國營（denationalization）或者出售國營事業給私人部門；解除政府獨占（demonopolization）、放鬆或解除私人企業與國營企業之競爭管制。

22. **自力救濟**：自力救濟是指一群有組織的個人或團體，覺得期望的權益、目標或情況間存在顯著的差距，而採法制外集體訴求或聚眾抗議方式，如：示威、遊行、暴動等，向政府提出縮短差距要求的群體行為。

23. **政策運作與自力救濟成因可分成**：公共問題形成階段、政策方案規劃階段、政策合法化階段、政策方案執行階段、政策方案評估階段。

24. **自力救濟的不良影響**：打擊政府威信、遲滯經濟發展、妨礙交通秩序、影響警力配置、破壞團結和諧、浪費社會資源、增加訴訟拖累。

25. **自力救濟不良影響的補救之道**：(1)在行政部門內設立類似「陳情請願事件疏處小組」。(2)全面檢討訴願管道，使行政訴願事件加速處理。(3)設立類似「突發緊要事件疏導處理中心」（或危機處理小組）。(4)組織「公評會」，由學者專家、社會人士及機關代表組成。

26. **日落立法（sunset legislation）**：日落條款，乃在一般法律上附加一條定期評估的條款，主要精神和作用在賦予法律有被終止的威脅，執法機關應安適地加以執行，才能免除被終止的命運。

27. **保障日落立法的機能**：自動終止原則、定期性終止原則、漸進適用原則、同時評估原則行政機關先行評估原則、設定一般性評估標準原則、提出整套決策方案原則、立法機關內委員會重組原則、設立保障措施條款原則、大眾參與原則。

28. **公共政策領域的知識來源**：(1)政治系統中之民意機構、政黨及利益團體所產出的資訊。(2)經濟系統中，市場活動產生之資訊。(3)行政部門所產生之知識及資訊。(4)大眾傳播媒介產生之知識及資訊。(5)司法系統之判例。(6)相關知識產業（knowledge industry）政策研究產出。

29. **政策知識的功能**：知識的委託、知識的建構、知識的貯存（Knowledge Storage）、知識的傳送、知識的應用。

30. **有利知識流入組織之因素**：報償價值（reward value）、領導者的改變、危機的認知（perception of crisis）、檢視其他組織（examining other organizations）、對外部知識的注意（awareness）、訓練（training）、能力（capability）、外在的經紀人（external agent）、組織的侵略者（organizational invaders）、引進人力資源、專家技術（professionalism）。

31. **克服知識流入組織障礙之方法**：領導（leadership）、調查回饋（survey feedback）、共同的認知（shared perception）、參與（participation）、重疊群體（overlapping groups）、工作輪調（job rotation）、專家的結合、組織重組（restructuring）、分權、地理上的安排（geographical arrangements）、社會工程法（social engineering）、報償結構（reward structure）。

32. **民意**：民意應當是指政府機關以外，人民或團體對於公共事務的意見表示。民意具有的特性：複雜性、多變性、不普及性、不一致性、不可靠性、潛在性、容忍性。

33. **探求民意的方法**：彙整媒體民意、彙整分析候選人政見、辦理民意調查、舉行座談會、舉辦公聽會。

34. **民意的衡量標準**：意見表示廣博性的程度、意見表示理性的程度、意見表示一致性的程度、民意與政策運作的相互影響。

35.民意（自變數）對政策運作（依變數）的影響：

(1)**政策問題形成階段**：民意扮演提出公共問題，促使社會及政府機關注意，將公共問題列入政策議程的角色。

(2)**政策規劃階段**：民意扮演引導政府機關設計政策方案的角色，不同的民意提出不同的政策替選方案，並且相互競爭成為被政府機關考慮優先的順序。

(3)**政策合法化階段**：民意扮演競爭、批判、壓迫的角色，不同民意表達者採取各種手段及透過各種方式，使偏好的政策方案在行政機關或立法機關獲得核准，取得合法地位。

(4)**政策執行階段**：民意扮演配合、監督、批評政策執行情況的角色。

(5)**政策評估階段**：民意扮演評估、批評，及建議的角色。

36民意政治：民意政治指以大多數人民之意見為施政依據的政治體制，政府不僅被動滿足民眾要求，更應主動探尋民意，以人民意見為其施政方針。

37.**專家政治**：韋伯（Max Weber）的理想型官僚體制了強調依法行政、層級節制、永業化、人員固定職掌及按年資地位給付薪資外，尚主張專業分工。為達機關目標及提高行政績效，專家的採用及訓練是不可或缺的。從公共政策觀點看，政府為解決日益嚴重複雜的社會問題，必須加強精進各項技術與方法，必須走向專業化及專家化。

38.**專家政治受到重視的原因**：

(1)因政府干預活動日愈增加，政府業務多元且分化，使專家的地位及角色日漸重要。

(2)因公共事務日趨複雜，專業知識及專門技術的需要性日漸增強。

(3)因科技發達，知識專精，專家對機關決策者影響力擴增。

(4)因政務官在位短暫，繼位者欠缺必要的專業知識，愈來愈依賴專家的協助。

39.**專家政治的限制**：

(1)專業化的公務人員易產生職業化的惰性，易墨守成規，缺乏創新精神。

(2)在形成「技術官僚」行政體系後，專家因自恃工作上的專家特權，易形成特殊階級。

(3)專家社群易養成本位主義的觀點，不容易與他人合作。

(4)過分強調專業主義可能會因忽視民意取向而傷害了民主原則。

40.**民意政治與專家政治之調和**：

(1)**機關外的調和機制**：商議式民主（deliberative democracy）。主要是採取各種社會對話（social discourse）的方式，如公聽會、社區論壇、溝通辯論會等，透過社會公民間的理性反思及公共判斷（public judgment），共同思索重大公共議題的解決方案。商議式民主必須掌握以下三項基本原則：公開性（publicity）、課責性（accountability）、互惠性（reciprocity）。

(2) **機關內的調和機制**：民主行政的實踐：欲調和民意政治與專家政治的衝突，可透過機關組織內部對民主行政（democratic administration）的實踐而收到相當的效果。民主行政的特色：公共利益的表達、公代表性、開放性、超越派閥黨團、嚴防專業主義對民主原則的傷害、參與。

41. **利益團體**：利益團體就是由一群具有共同目標或利益者所組成，以向他人、其他團體或政府機關提出主張，達成其目標或利益的組合體。一般而言，利益團體可分：「公益團體」及「私益團體」兩類。前者指以促進公共利益為目的，無特定服務對象的團體，例如：人權保障、禁菸、消費者保護團體等；後者則以促進私人利益，具有固定服務對象的團體，例如：工會、農會、商業等。

42. **利益團體的功能**：澄清及明示民眾需要的功能、提出各項替選方案、監測政府治理的功能、參與問題解決過程的功能、建立聯盟的功能。

43. **利益團體的活動方式**：進行宣傳、協助競選、草擬法案、進行遊說、請願活動、遊行活動、罷工活動。

44. **利益團體的政策活動類型**：

(1) **多數人政治（Majoritarian politics）**：此類型的政策，預期社會上所有人或大多數人將蒙受其利或將支付成本。

(2) **顧客政治（client politics）**：此類型的政策因其利益集中於相當小的團體身上，所以團體具有強力的誘因去動員群眾及進行遊說。

(3) **企業家政治（Entrepreneurial politics）**：美國在一九六〇年代及一九七〇年代所提出的許多反污染法案及汽車安全法案，目的在使每個人可獲得較乾淨的空氣及汽車安全，但卻以特定產業犧牲部分利益做為代價。由於這群業者具有強烈誘因進行動員遊說，但廣大受益者則缺乏誘因，故這些法案能相繼通過。

(4) **利益團體政治（Interest group politic）**：此類型政策所給予的補貼或規定將使一個相當小的團體蒙受其利，而以另一個小團體利益的犧牲做為代價。

45. **利益團體影響力的來源**：以選票強化影響力、以籌募競選經費強化影響力、以勸服的方式強化影響力、以利益團體領袖做為決策菁英的方式強化影響力。

46. **利益團體活動的缺失**：造成政治上的不平等性、共同利益屈服於割裂的利益、造成太多的否決點。

47. **鄰避情結**：鄰避情結（Not In My Back Yard, NIMBY）是一種「不要建在我家後院」的心理情結與政策訴求，其意指「凡是對當事人在心理上或物理上可能造成傷害的任何公共設施或私人建設，當事人均拒絕建在其家國附近，也被稱為鄰避情結症候群。

48. **民眾反對鄰避設施的原因**：心理因素、涉及分平性問題、環保意識抬頭、對政府失去信心、爭取更多權益。

49.**減少民眾反對鄰避設施的作法**：瞭解民眾反對鄰避設施的主要原因、透過政策工具提高民眾對鄰避設施的接受程度、健全鄰避設施相關配合措施、謹慎化解當事人的不滿情緒、加強鄰避設施的管理、落實回饋金的運用。

50.**政黨**：政黨乃是一個目的在控制政府人事及政策的大規模組織。其主要特色為：為人民基於相同或類似政治信念及目的而組成的社會團體；為蒐集並反映民意的重要媒具；主要目的在控制政府；為推動國家政治及行政運作的重要原動力。

51.**政黨的功能**：組織與再教育選民、提名候選人並支持當選、溝通人民與政府間的關係、藉相互監督制衡促進民主政治負責有效、爭取執政控制政府（控制政府可透過以下的途徑：(1)透過政府領導階層的領導權制定政府政策。(2)利用黨在議會中的組織，動員黨籍議員，並爭取非黨籍議員支持政府的政策法案，使其完成立法程序。(3)監督政府執行政策）。

52.**公務員與執政黨的關係**：政府公務員分為政務官與事務官。前者指由執政黨提名當選的行政首長及由執政黨遴用的政治任用官員，理論上與執政黨選舉勝敗同進退，因此官位不受保障；後者指受法令保障之永業化公務人員，執政黨不得任意更換。

53.**政黨政治**：政黨政治指一國之人民可以組織政黨，參與政治運作過程的一種政治制度。政黨政治運作原則：少數服從多數決議、以責任政治為依歸、受法治的規範、以服務人民為宗旨、應具相互容忍的精神。

54.**政黨在政策運作過程的參與**：

(1)**問題認定與議程設定**：政黨可透過三種途徑影響政府機關的議程設定：藉由黨部組織系統，向從政同志發出依照黨綱制訂政策之要求；藉由選舉的獲勝，經由行政領導與民意機關監督角色的行使，影響官僚體系的政策作為；政黨可藉由請願、示威、遊行等方式，向行政機關直接施壓，要求接納議題並排入政策議程。

(2)**政策規劃**：政黨為反映公共問題，會要求行政機關將公共問題列入政策議程，也會對行政機關所規劃的政策方案表達意見。

(3)**政策合法化**：各政黨為使自已法案能順利通過立法程序，通常會採取以下政治手段：吸納手段（cooptation）、妥協手段（compromise）、操縱手段（manipulation）、辯論手段（debate）。

(4)**政策執行**：政策方案付諸執行後，政黨會監督行政機關執行政策的狀況。

(5)**政策評估**：政黨對政策評估的參與，包括檢視政策是否按照預期方向或目標進行等。

55. **智庫**：指政府機關正式組織外，成立於學術機構、企業集團、政黨內部或獨立存在，以國家公共政策議題為主要研究對象，兼顧理論與實務，研究成果提供政府機關與工商企業界決策參考的學術性研究機構。功能：提供政府機關與工商企業界諮詢服務、監督與評估政府的施政、訓練培育執政的人才、提高民眾對公共事務的認知水準、累積專業知識、協助政治人物競選公職。

56. **智庫對政策過程的影響**：提供相關建議影響政府決策；維動特殊政治訴求，影響政府決策；以研究成果支持或反對政府政策；以批判政府施政，影響政策運作；以提供理論概念，建樣各方「辯論」基礎。

57. **公民參與**：公民參與指人民或民間團體基於主權的認知及實踐，對於政府的行動及政策可得充分的資訊，同時也有健全參與的管道。公民參與具有以下數項要點：無論是公民個人或團體均為參與的主體；公民參與的條件是人民對政府的行動及政策能掌握充分的資訊；社會上應存在健全的參與管道；人民以感情、知識、意志及行動的付出做為參與的表示。

58. **健全公民參與體系政府的具體作法**：與民眾進行良性互動，獲取民眾信任與同意；尊重民眾「知」的權利，激發民眾參與公共事務的興趣與熱忱；提供民眾充分的參與管道；塑造「公民社會」（civil society）。

59. **公民參與的方式**：投票、請願、訴願、集會遊行、怠工罷工及消極抵制、意見表達。

60. **公民參與的爭議**：公民參與和資訊分開的衝突問題、鄰避情結的負面影響問題、公民團體的代表性與合法性問題、成本利益分析與公民參與問題、公民團體的參與策略及型態問題、行政人員抗拒公民參與的問題、公民參與和專業知識衝突的問題、公民參與和行政績效矛盾的問題。

61. **公民投票**：可用以指涉所有對事的投票或指稱針對用於非建制性投票的趨向，如針對獨立、領土的歸屬。公民投票基本上是一直接民主的作法，讓一般民眾能有機會針對政事，直接表示意見，而不必完全依賴所選官員或代表來作決定。此種作法與一般的代議民主、代議政治有差異。公民投票的理論是奠基於直接民主的政治思想，針對特定議題交由人民直接決定與否的投票，因此排除「間接民主」的作法，代之以直接民主訴諸於公意決定。

62. **未來公共政策研究的主要方向**：強調新公共行政的內涵、強調社會正義原則的發揮、強調危機管理的重要、強調公共服務民營化的必要、強調民主行政的重要。

63. **未來公共政策的運作方式**：強調發揮智庫的功能、強調注意利益團體介入問題、強調擴大公民參與的必要、強調注意政黨角色轉變問題、強調政策行銷的必要。

☑ 精選試題演練

一、利益團體活動是當今民主制度之政策運作過程中不可或缺的，但它也帶來了一些為人詬病的缺失，請說明之。（103原三）

答：(一)造成政治上的不平等性：在當代任何一個民主制度中，利益團體均未能平等的代表所有的公民。眾所周知，少數民族、女性、消費者、貧窮者與政治激進分子，在各種有組織團體中，一向被低度代表；相反的，多數民族、男性、企業界、富有者、尋求維護既得特權者，則被過度的代表。另外，雖然多數國家，她們的選票分佈是相當平均的，然而所有利益團體可獲得的控制工具，如分析技巧、金錢、組織技能等，分佈卻是非常不平均。利益團體的活動是政治影響力不平等的一項來源，而此種政治不平等性卻是不符合民主政治的規範。

(二)共同利益屈服於割裂的利益：利益團體活動所受的另一項批評是，它們為追求自己狹隘或割裂的利益而忽視了共同的利益。例如，政治上的論爭通常是集中於議題較狹隘及較少意見一致的層面上，利益團體的活動強調差異性（differences）而非「共同性」（commonalities）。

(三)造成太多的否決點：當我們承認利益團體常常追求某些公共利益的願景時，並不等於說利益團體的努力結果都是正面的。此種廣大利益與狹隘利益衝突的情況，與民主政治制度的設計方法有關，特別是與將否決或終止某政策提案之權力予以分散的規定有關。以美國為例，少數成員就可使眾院或參院無法採取行動，因為一旦法案在某院獲得通過，國會另一院只要以簡單的「不作為」就可予以封殺。

二、民意對公共政策具有相當大的影響，請問政策分析人員（如公務員）及決策者可透過哪些管道了解民意傾向？（102地三、100身三）

答：(一)彙整媒體民意：政府機關可指定「公眾關係室」的專人負責蒐集各種媒體，對其公共事務所發表或刊載之各種意見，並對各種意見進行研究分析，以了解真正民意趨向。

(二)彙整分析候選人政見：在民主國家，各種定期性的選舉至為頻繁。候選人均提出各形各色興革政見，這些政見實即為民意的表示。選舉結束後，政府相關機關應彙整各候選人政見，加以分析研究，做為施政的參考。

(三)辦理民意調查：「民意調查」乃是採取科學方法，以「抽樣調查」的方式，從整個調查母體抽出一部分樣本予以調查其意見取向，而推論其統計具有代表母體事實之性質。民意調查的過程必須合乎科學客觀、系統、正確的精神，避免發生錯誤、偏差、誤導、操縱的情事。

(四)舉行座談會：政府機關在處理特定公共事務的過程中，可邀請議題的涉及者、有興趣者、專家學者等參加座談會，藉以蒐集各種不同的意見。

(五)舉辦公聽會：政府機關所處理的公共事務，如果爭議較大，或涉及人民權利義務較鉅者，應主動舉辦公聽會（public hearing），邀請專家學者、當事人代表、社團代表、政府機關代表，共同就相關事項進行公開辯論，藉正、反兩方意見的陳述說明、質疑及溝通，做為政府機關決策的參考。

三、何謂「民眾參與」？民眾參與可以有哪些形式？而民眾參與的困境是什麼？
（100高三、100身三）

答：(一)民眾參與：主張公民參與理論者認為，公共政策乃是經由「多數原則」（majority Rule）所制定的，多數原則的最佳表現方式就是選舉。他們又認為公民可以理性的按一人一票原則投票，並假定公民對於決策過程具有充分的資訊，且對於立法機關的決策中心擁有接近的管道。公民在各替選方案中及已經表明支持某方案的候選人中進行選擇。此理論進一步假定公民係基於「公益」的觀點而參與，並且可以參與整個公共政策制定的過程。

(二)公民參與的方式：

1.投票：一般公民透過定期或不定期選舉投票的方式，可對政府表達支持與否的態度，亦可對某特定議題表達「偏好」的態度。

2.請願：公民對國家政務、公共問題及有關個人的權利義務事項，可採取請願方式，同行政機關或立法機關表達意見或意願。

3.訴願：公民因政府機關違法或不當行政處分，致損害其權利或利益時，得提起訴願及再訴願，以維護個人的權益。

4.集會遊行：在多數民主國家，人民對國家重大事項，為表現群眾力量及意見，以促使社會、政府、甚至國際社會的注意，常採行群眾集會與遊行示威的參與方式。

5.怠工、罷工及消極抵制：在許多民主國家，當發生勞資糾紛時，法律准許勞方以怠工、罷工及消極抵制的方式，同資方進行抗爭。有時民眾對政府的措施也可能採取消極抵制的作法。

6.意見表達：對無組織的公民個人而言，參與國家政務最簡便但效果並不彰顯者為各種意見表達的方式。包括透過下列方式表達：民意調查、座談會、公聽會、說明會、諮詢會、溝通會、協調會等，或向行政官員、民意代表、傳播媒體等表達意見。

(三)公民參與的限制：

1.公民本身時限制：

(1)個人參與後成本利益方面的考量如何。

(2)接近決策者及資訊的管道如何。

(3)接近決策過程的關鍵點如何。

2.政策制定者的限制：

(1)決策者對公民參與重要性、必要性及方法的認知問題。

(2)決策者對公民參與合法性的認知問題。

(3)如何正確評估民意的問題。

3.制度設計上的限制：

(1)究竟誰應參與政策過程。

(2)究竟應有多少人參與才具有效力。

(3)在政策運作過程中，不同方式的公民參與究應如何整合。

四、何謂鄰避情結（NIMBY）？民眾為何會產生鄰避情結？政府機關應如何減少或避免民眾產生鄰避情結的現象？試分別說明之。（99原三、103地三）

答：(一)定義：「鄰避情結」，NIMBY乃是Not In My Back Yard的簡寫。鄰避情結是一種「不要建在我家後院」的心理情結與政策訴求，其主要內涵為：

1.它是一種全面性的拒絕被認為有害於生存權與環境權的公共設施或企業建設的態度，不論是垃圾掩埋場、垃圾焚化爐、火力嶺電廠、石化工廠、核能發電廠等，均在被利害關係人拒絕之列。

2.鄰避態度及行為的產生，基本上是環境主義（environmentalism）意識抬頭與環保人士（environmentalist）主張的結果，他們強調應以環境價值做為是否興建公共設施，或允許私人企業投資大型建設的標準。

3.鄰避態度的產生及後續行動的發展，不必具有任何技術面的、經濟面的、或行政面的理性知識，基本上它是情緒性的、價值判斷的反應。因此，就公共政策運作而言，它是一項具有相當負面影響的因素，它所產生的各種問題均非常棘手，也非常難以處理。事實上，鄰避情節的確已成為世界各國政府在公共政策方面揮之不去的夢魘。因此，在政策制定過程中，如何加強與利害關係人的溝通、對話、及減低鄰避情結的阻擾，乃是政策分析人員、決策者、相關人員應特別努力的課題。（吳定，公共政策辭典）

(二)民眾反對鄰避設施的原因

1.心理因素：由於民眾恐懼鄰避設施可能對人體健康及生命財產造成嚴重的危害或威脅，故採取抗拒的態度或作法。

2.涉及分平性問題：當事人雖瞭解鄰避設施可能對社會全體或其他人具有重大效益，但卻質疑為何這項設施要設置在他們家園附近，而不設置在他處。

3.環保意識抬頭：當事人擔心鄰避設施會帶來環境污染或破壞，而影響生活環境、地方形象與房地產價值。

　　4.對政府失去信心：當事人對政府過去的環保努力及對鄰避設施所作的承諾
　　　不具信心，認為不如採取自力救濟的作法較為有效。

　　5.爭取更多權益：當事人認為透過反對鄰避設施的抗爭，可增加談判協商籌
　　　碼，而獲得更多的金錢或其他實質權益。

(三)減少民眾反對鄰避設施的作法：

　　1.瞭解民眾反對鄰避設施的主要原因：欲解決鄰避問題，必須在各方面仔細
　　　分析，探究民眾所持的真正原因，才能對症下藥，採取適當因應措施。

　　2.透過政策工具提高民眾對鄰避設施的接受程度：政府可依當事人之鄰避情
　　　結本質而使用不同的政策工具，以提高當事人對鄰避設施的接受度，如
　　　風險減輕方案（加強環境監測）、補償回饋與利潤分享方案（金錢或實物
　　　補償、保證土地價格、實施健康保險）、民眾參與方案（公聽會、民意調
　　　查、協商等）。

　　3.健全鄰避設施相關配合措施：政府或企業主對於鄰避設施所涉及的相關配
　　　套措施，應盡力完成，以爭取當事人的支持。

　　4.謹慎化解當事人的不滿情緒：政府或企業主應以坦誠友善的態度，與當事
　　　人進行理性的溝通、協商、議價，以減緩他們的反對情緒。

　　5.加強鄰避設施的管理：政府對鄰避設施的管理，除可依風險管理方案切實
　　　執行外，尚可由居民及相關人員組成監督委員會進行有效的監督。

　　6.落實回饋金的運用：回饋經費的使用，乃是補償地方居民的方式之一，政
　　　府或企業主應將回饋金作最有效的運用，使居民切實受惠。

五、在一個公共政策運作已趨正軌且注重政策參與的國家，智庫（think tank）的成立極為普遍。試問，智庫的意義及主要功能為何？智庫如何影響政府的政策運作過程？強化我國智庫功能有哪些作法？（101警三）

答：(一)意義：指政府機關正式組織外，成立於學術機構、企業集團、政黨內部或
　　　　獨立存在，以國家公共政策議題為主要研究對象，兼顧理論與實務，研究
　　　　成果提供政府機關與工商企業界決策參考的學術性研究機構。

　　(二)功能：

　　　1.提供政府機關與工商企業界諮詢服務。

　　　2.監督與評估政府的施政。

　　　3.訓練培育執政的人才。

　　　4.提高民眾對公共事務的認知水準。

　　　5.累積專業知識，促進學術發展。

　　　6.協助政治人物競選公職。

(三) 對政策過程的影響：

1. 提供相關建議影響政府決策。

2. 推動特殊政治訴求，影響政府決策。

3. 以研究成果支持或反對政府政策。

4. 以批判政府施政，影響政策運作。

5. 以提供理論概念，建構各方「辯論」基礎。

(四) 強化智庫功能的作法：

1. 在大學院校增加學術研究的訓練計畫。

2. 增加設立政策研究中心。

3. 增加政策研究經費提供。

4. 各智庫應增加政策研究出版品及學術研討會活動。

5. 增加政策取向學會的成立。

六、 針對公共政策制定究竟應以民意或專家意見為考量迄有爭議。試問，民意政治與專家政治有何關係？在政策制定過程中，二者常出現哪些衝突情形？應該如何加以調和？（101警三）

答：(一) 民意政治與專家政治的衝突：

1. 「專家政治」時代，依賴專家學者或科技官僚提供理性、科學的政策評估，以供政治菁英作決策參考，然而這種模式卻經常引起官民間的衝突，例如核四廠的興建、工業區的開發等事件，在欲兼顧專家意見與民意下，常以「鄰避情結」的現象引發衝突。

2. 鄰避情結（NIMBY）是Not In My Back Yard之縮寫，它是一種不要建在我家後院的態度，展現出社會大眾原則上贊成政府施政目標，但要求該目標的預定地，不要建在我家後院的這樣的矛盾態度。

3. 鄰避症候群也反對以政策官員及科技專家掌握政策最後決定權的決策模式。長期以來，由於環境問題涉及科學的不確定性及科技複雜性，於是只好委託給專家，因此造成以科技專家為主的政策導向，科技成為對付「不要建在我家後院」症候群時的主要武器。近幾年，台灣在這方面遇到的抗爭層出不窮，共通的問題是「專業社群、菁英決策與草根民主的鴻溝及衝突」，結果有時人民贏了，有時專業獲勝，不過對國家社會整體影響仍難預知。

4. 不難瞭解民意政治與專家政治形成衝突的原因主要為：鄰避情結的必然效應；人民對政府官員及科技專家深層的不信任。另方面，民意也具有複雜性、多變性、不普及性、不一致性等特性及缺點，且民意易受到政客之操縱而形成民粹。於是在專家不相信民意，人民亦不相信專業情況下，衝突於焉產生。

(二) 民意政治與專家政治之調和：

1. 機關外的調和機制--商議式民主：商議式民主（deliberative democracy）主要是採取各種社會對話（social discourse）的方式，如公聽會、社區論壇、溝通辯論會等，透過社會公民間的理性反思及公共判斷（public judgment），共同思索重大公共議題的解決方案。亦即設法建構一種在各方皆有意願理解彼此價值、觀點及利益前提下，共同尋求公共利益及各方均可接受的議題方案，並重新評估界定自己利益及觀點的可能性之機制，以求在解決問題的過程中，真正落實民主的基本價值。評量商議式民主成功的標準，並非在對結果能否形成共識，而在所有的參與者能否充分的信服。換句話說，商議式民主不在追求一致的同意，而在追求對共同問題與衝突的持續對話過程中，爭議的各方皆願意保持持續合作的可能性。商議式民主必須掌握以下三項基本原則：

   (1) 公開性（publicity）：參與商議過程的民眾與政府官員必須以公開及理性的政策論證方式，各自證明他們的行為及意見的合理性。

   (2) 課責性（accountability）：在一個民主政體中，政治人物的言行及主張，必須要向人民負起政治或行政上的責任，不能欺騙人民。

   (3) 互惠性（reciprocity）：即參與商議的民眾及官員可以理性的、互惠的思考，並共同承認互相尊重的立場。此原則在尋求將彼此的差異降至最低程度，以尋求彼此重要意見的交集點。

   商議式民主程序的條件：
   (1) 確保每個參與者能在自由及自願的情形下互動。
   (2) 充分包容及尊重他人的不同意見。
   (3) 持續進行協商。
   (4) 參與者應享有平等取得資訊的機會。

2. 機關內的調和機制--民主行政（Democratic Administration）的實踐（100原三）：在1970年代美國「新公共行政」浪潮的衝擊下，公共行政學者及實務人員對以往公共行政的本質、價值觀、研究方向與方法等，進行深入的反省，其重要結果之一就是提出「民主行政」的概念。民主行政的主張者強調：

   (1) 公共行政的本質不只是在追求管理效率的達成，更應考慮政治民主、經濟平等、資源合理分配、與社會公平正義倫理的實踐。公共行政及公共政策的運作，應將其使命及價值定位於促進民主政治、實現公共利益、堅持社會公平正義、及形塑民主行政文化等面向。

   (2) 民主行政理念能否落實，端賴公共行政及公共政策是否具有及時與充分的回應性？是否能促使民眾積極主動的參與？是否能透過政府與民眾的結合，共同解決社會上的重大問題？

因此，機關內的調和機制內涵如下：

(1)欲調和民意政治與專家政治的衝突，也可透過機關組織內部對民主行政
（democratic administration）的實踐而收到相當的效果。民主行政係指
以符合民主精神的原則和機制，強化行政官僚與變遷環境互動之社會動
力經營，讓國家成為接近人民的國家，讓社會成為可以參與的社會。

(2)民主行政不僅強調民主的價值觀和程序，而且不能把民主行政變成一套
教條化的程式，而使政府及公務員失去與環境互動的活力。

(3)民主行政之本質不能脫離「人民」在社會中不同治理角色的扮演，而且
必須重新將人民納入公共政策及公共事務管理中。政府不能再像以前一
樣排斥外界人士的參與，而應 透過各種方式，容許並鼓勵民眾參與。

(4)民主行政係強調機關組織應重視人民的偏好、需求與公共利益，所以，
政府機關的決策過程中，應限制政府的權力，同時推動自治團體與直接
民主，使民意能夠充分表達。

七、 為提升民眾參與意見的品質，學界建議應該推動審議式民主 （deliberative
democracy） ，請問其意義為何？此與一般的代議式民主究竟有何不同？
（102退除役三）

答：(一)審議式民主：審議式民主主要是採取各種社會對話的方式，如公聽會、社
區論壇等，透過社會公民間的理性反思及公共判斷，共同思索重大公共
議題的解決方案。亦即設法建構一種在各方皆有意願理解彼此價值、觀點
及利益的前提下，共同尋找公共利益及各方均可接受的議題方案，並重新
評估界定自己利益及觀點的可能性之機制，以求在解決問題的過程中，真
正落實民主的基本價值。它強調多元參與、多元對話、多元溝通、多元辯
論。也有人把它稱為「慎思明辨式民主」。

(二)不同點：主要不同點為人民參與民主政治政策提供意見、政策制定及改變
政策的權利程度不同，亦即實際介入民主政治的程度不同。代議式民主人
民往往只有投票選舉選擇代議士的權利，但往往無法實際介入民主政治政
策內容的實質運作，審議式民主則補足這方面的缺憾。

八、 公民投票的意義為何？公民投票可分為哪幾類？它具有哪些優點？又具有哪些
　　 缺點？請一一說明。（102高三）

答： (一)意義：公民投票的英文Plebiscite，是由Plebs（普通人）與Scire（贊同）兩
　　　　 字所構成，指的是由一般國民作出決定的意思，近年興起的公民投票係爲
　　　　 瀰補代議政治及間接選舉之不足。公民投票可用以指涉所有對事的投票或
　　　　 指稱針對用於非建制性投票的趨向，如針對獨立、領土的歸屬。公民投票
　　　　 基本上是一直接民主的作法，讓一般民眾能有機會針對政事，直接表示意
　　　　 見，而不必完全依賴所選官員或代表來作決定。
　　 (二)種類：
　　　　 1.有關國家主權事務的公民投票。
　　　　 2.有關憲法的制定與修改的公民投票。
　　　　 3.有關法律案的公民投票。
　　　　 4.有關地方自治事項與法規的公民投票。
　　　　 5.全國或地方個別公共政策事項的公民投票。
　　　　 6.諮詢性質的公民投票。
　　　　 7.其它類型的公民投票。
　　 (三)優點：
　　　　 1.強調主權在民的觀念，回歸原始的民主理想，從民主價值出發，視人民爲
　　　　　 政府權力之泉源，彰顯人民共同的意志。
　　　　 2.增加政策的合法性，人民若能對法令或政策有直接表達意見並作出決定的
　　　　　 機會，除可顯現主權在民的民主精神，匡濟代議政治的不足，亦可增加決
　　　　　 策的合法性。
　　　　 3.避免政黨與國會的專斷：一旦實施公投，就表示政黨與國會不再如以前那
　　　　　 麼重要，一些與國家息息相關的大決定，均由國民透過公投表決決定。
　　　　 4.透過公民投票的進行，可提昇一般人對於公共事務的興趣與認知，磨練人
　　　　　 民對政治事務的責任感，對民主品質的提昇具有幫助。
　　　　 5.人民有直接對政策或法令表達意見的能力，此觀點認爲人民並非全然無
　　　　　 知，尤其在教育水準提昇、資訊流通的今日。
　　　　 6.公民投票可提供一個管道，使人民的不滿得以宣洩，有助於社會安定的維
　　　　　 持，並可明確了解國民真正需求。
　　　　 7.可解決政治僵局，尤其當行政與立法部門因故（如不同黨派）以致僵持不
　　　　　 下時，或因事涉敏感，政府官員或民意代表不願作出決定時；此時由人民
　　　　　 行使公民投票，直接立法，使施政得以有效推動。
　　　　 8.透過公民投票，則可免除政府部門受制於利益團體的困境發生。

9. 細節問題仍可交代議的國會負責：由於公投的實施，並不完全取消或排斥代議的國會，因此祇要國民覺得有些問題不過是細節，他們也可以把這種事交由民代負責。

10. 可以隨時控制代議士：打破代議制度下短暫的主權在民理想。

11. 選民的經濟與知識水平，逐漸與代表他們的代議士相當：隨著資訊的普遍、發達選民教育水準的提昇，選民的知識水平，逐漸與代表他們意見的民意代表不分上下，這情形與十九世紀民主剛萌芽時的環境有相當大的不同。

(四) 缺點：

1. 公民投票可能引起根本的國家認同問題，屬敏感性質，易造成社會不安。

2. 易形成行政或立法怠惰：過度依賴公民投票，往往導致政府在面對爭議性的法案時，不願作出決定，將其推給人民。

3. 專業性及爭議性的議題不一定適合公投：專業性的個案，是否適合由民眾片面的資訊而加以作出決定，抑或應尊重專業的審核及評估，一般民眾在作民智抉擇時能力不足，值得商榷。

4. 公民投票對執政黨不利，削弱民選政府權威。

5. 既有的良好運行的立法部門可解決之，公民投票實屬多此一舉。

6. 配套制度的設計：公投的引用，不僅應有嚴謹適用範圍的界定，且在執行層面上亦應作出精確的技術規範（如是否應限制公投次數），才能顯見效果。

7. 地方民眾獲得自行決定地方事務的權力，結果將導致地方政權力的大增，相對弱化中央政府的權力。

8. 信念的強度無法衡量：每一張選票都具有同等效力，即使強烈反對的少數，仍然必須遵守並不在乎的多數人的決定。然而在代議政府之中便不會忽視強烈反對的少數意見。

九、Sunset Legislation（102高三）

答：日落立法（sunset legislation）制度於一九七六年在科羅拉多設立以來，日落立法已成為立法改革的主要部份。有些人更認為這項制度的創立，是富有想像力及革命性。至於日落條款，乃在一般法律上附加一條定期評估的條款，主要精神和作用在賦予法律有被終止的威脅，執法機關應安適地加以執行，才能免除被終止的命運。

105 高考三級

一、吾人進行政策評估時,需要建立評估標準,作為判斷政策是否達成目標的依據。請以國內現行防止酒駕政策為例,討論政策評估的標準為何?

答:根據唐恩(W.N.Dunn)與波伊斯特(T.H.Poister)的見解,主要有下列六項標準,可為各類政策之共同評估標準:

(一)效率性:指政策產出與使用成本的關係。通常以每單位成本所產生的價值最大化,或每單位產品所需成本最小化為評估基礎。例如,現行防止酒駕政策其投入資源與降低酒駕的比值。

(二)效能性:指政策方案達成預期結果或影響程度,其所關心的並非政策方案是否依原定計畫執行,而是政策執行後是否對標的人口或事務產生預期的結果或影響。現行防止酒駕政策是否達到預期降低酒駕肇事率的目標。

(三)充分性:指政策執行後,消除問題的程度。如解決公共問題或滿足公眾需求的程度如何。現行防止酒駕政策是否可有效降低車禍發生及確保人民安全。

(四)公正性:指政策執行後,導致與該政策有關社會上資源、利益及成本公平分配的程度。現行防止酒駕政策是否可保障人民權益。

(五)回應性:指政策執行結果滿足標的人口需求、偏好或價值程度。現行防止酒駕政策是否可回應多數人對提高行路安全的期待。

(六)適當性:指政策目標的價值如何?對社會是否合適?政策目標所根據的假設的穩當性如何?現行防止酒駕政策是否符合社會的價值觀。

參考資料 吳定(2003),《公共政策》,國立空中大學。

二、 RichardMatland 觀察分析政策執行兩大陣營（由上而下、由下而上）的爭論焦點後，提出了模糊衝突分類模型。請詳細解釋其重點並舉例說明之。

答：Matland（1995）認為，第一代與第二代研究途徑的發展，是基於對不同類型政策的觀察，例如「由上而下」途徑的研究對象，大都是具有明確目標的政策；而「由下而上」途徑的研究對象，則大多屬於不確定性較高的政策。其次，他批評政策執行相關文獻不斷地發掘政策執行的因素，卻不關心哪些因素在哪些狀況下是較為重要的，也不探究這些變數之間的理論關係；所以他提出一個分析的工具，以判斷「由上而下」或「由下而上」兩種途徑分別在何種情況下比較適用。這個分析工具就是「模糊/衝突模式」（ambiguity/conflict model）。係基於政策的模糊程度與參與者之間的衝突程度兩個面向，發展出四種分析政策執行的觀點，分別為：

(一)行政性執行（administrative implementation）：適用於衝突程度低且模糊程度低的政策，例如酒駕取締、騎機車戴安全帽的政策。

(二)政治性執行（political implementation）：適用於衝突程度高但模糊程度低的政策，例如廢核政策。

(三)實驗性執行（experimental implementation）：適用於衝突程度低但模糊程度高的政策，例如兩性工作平等法政策。

(四)象徵性執行（symbolic implementation）：適用於衝突程度高且模糊程度高的政策，例如不當黨產條例通過。

> **參考資料**　余致力、毛壽龍、陳敦源、郭昱瑩（2008），《公共政策》，智勝文化。

三、 近年來各級政府機關越來越重視政策行銷。請以「長期照顧服務法」中規定之社區式長照服務的方式，設計一套政策行銷的程序。

答：政策行銷的程序可以分為下列幾項：

(一)公共市場定位：首先必須定位出政府部門所提供的財貨或服務，究竟在市場中的定位為何？基此，就可以定出適當的價格。例如社區式長照服務的方式，係以公益為目的，於社區設置一定場所及設施，提供日間照顧、家庭托顧、臨時住宿、團體家屋、小規模多機能及其他整合性等服務。服務範圍必須擴大，且由政府主導，收費必須低一點。

(二)必須認定行銷的顧客：其次我們必須瞭解政策行銷的顧客群體地底在哪裡？其特性為何，其政治與社經結構的特徵為何？例如，長期照顧服務顧客指身心失能持續已達或預期達六個月以上者。

(三)進行市場區隔化：政府為社會的統治者，它可以依據標的團體的特性劃分出幾個局部市場，並且分別採取不同的行銷策略，以產生最佳的行銷效

果。例如，依失能者失能程度及其家庭經濟狀況，由主管機關提供補助；依其他法令規定得申請相同性質之服務補助者，僅得擇一為之。

(四) 選擇適當多元的促銷手段：一旦確定公共市場與標的團體，接下來的問題是：應該採取何種促銷手段？促銷手段包括：靜態的平面媒體（報紙或文宣品）、動態的電視或廣播、甚至可以利用舉辦活動的方式來促銷。

(五) 必須注意公共市場的政治限制：公共市場經常受到幾種限制：1.法律限制：「依法行政」是政府施政的基本法則，許多公共政策的行銷必須遵行法律規定，政府機關不能任意與民爭利，否則必將受到國會的掣肘；2.政治限制：政治行銷必須面對的是政黨政治的問題，因此，執政黨的行銷策略經常被在野黨挑剔，並且設法從預算審議過程中加以刁難；3.資源限制：政策行銷是花錢的工作，政府的預算、人力與器材都受到種種的限制，很不容易施展開來。因此，要盡量節省，以不花錢，充分運用民間義工資源來行銷公共政策。

參考資料　丘昌泰（2000），《公共政策基礎篇》，巨流圖書公司。

四、轉型正義、非核家園、公民參與、……這些公共議題近年來受到國人注意與重視，並且進入政策議程，可能成為重大公共政策。請問公共問題取得議程地位的條件有哪些？可否詳細說明並舉例之。

答：依克林（Louis W.Koeing,1986）的看法，並非每一項公共問題都能進入政府議程。一般而言，公共問題取得議程地位的條件有下列幾項：

(一) 公共問題的性質：公共問題是相當的繁多，如欲進入議程地位，必須滿足下列條件：
　1.公共問題必須吸引大眾的關切，大眾傳播媒體大量報導該事件的原委。
　2.公共問題必須是大眾所共同關切，而且期盼採取某種行動加以解決者。
　3.公共問題必須是大眾一致認為其隸屬於政府相關部門權責範圍以內者。

(二) 政治領導的考慮：任何一個國家的最高領導者可以說是政策議程的最終決定者，因為他在競選之前通常都已經有一套政治優先順序表。例如，馬英九總統選前的「愛台12項建設」與「兩岸三通」的政策主張，這種思維主導之下，許多國內重大基礎建設預算與兩岸經貿交流政策自然就設定了議程。

(三) 利益團體的影響：許多美國學者對於利益團體影響政策議程的現象相當重視，他們認為利益團體有共同的理念、利益、地位、資源等，甚至還會採取各種遊說策略，這都是促使公共議題進入政府議程的重要手段。例如，台灣環保團體對於環境議題進入政策議程的影響力絕對是不容忽視的。

(四) 危機或特殊意外事件的發生：天然災害或意想不到的人為事件，往往使得公共問題具備危機程度與特殊地位，乃迫使該問題立即成為政策議程上的重要項目。例如：九二一地震之後，政府也迅速將災區重建列為第一順位的公共政策。

(五) 社會運動的大規模舉行：大規模的社會運動是促成政府注意公共問題的最佳手段，目前我國隨著民主化程度的日益升高，社會運動已成為重要促進政策議程之手段。例如，太陽花學運反服貿、反黑箱的訴求，造成國會議事的公開。

(六) 傳播媒體的大量報導：民主社會中，傳播媒體扮演著守門的角色，它是公共問題的把關者，可以決定公共問題能否受到大眾的注意。例如，媒體經常報導食安的問題，得到政府有關單位重視。

(七) 國際組織與外國勢力的影響：今天世界已經走上「地球村」的時代，國際組織與外國勢力對於國內政策議程的設定影響甚大，如美國301名單的公布對於我國的國際貿易與智慧財產權的保護政策影響甚大。

參考資料　吳定（2003），《公共政策》，國立空中大學。

一、身心障礙者權益保障法第38條規定，達一定人數組織規模以上之政府機關應進
　　用一定比例具有就業能力之身心障礙者，以維護其就業權益，請問這是屬於何
　　種公共政策類型？這種政策類型需要採行何種政策執行途徑比較容易貫徹？

答：(一) 公共政策類型：

依羅威（T.Lowi）、沙力斯伯瑞（R.Salisbury）的公共政策類型分類，復
加入「零和賽局」與「非零和賽局」可分為：

1. 零和賽局：政策實行後，使既得利益者失去其利益或造成一方之所得建立
在另一方之所失上。

(1) 管制性政策（Regulatory policy）：政府機關設立某些特殊原則或規
範，以指導或約束機關、標的人口之特殊行動。

(2) 重分配性政策（Redistributive policy）：政府機關將既得利益者之利益
予以解除或將某標的人口之利益轉移給另一標的人口享受政策，往往會
造成財富、地位、權力重分配。

2. 非零和賽局：政策制定與執行，可能雙方均獲利，也可能同時遭受損失。

(1) 分配性政策（Distributive policy）：政府制定此類政策，主要考慮如何滿
足各方需求，使利益或成本分配較為適當，所遭受的抗拒較為輕微。

(2) 自我管制政策（Self-regulatory policy）：政府機關對某標的人口活動
僅予以原則性規範，而由該標的人口自行決定活動進行方式。符合將既
得利益者之利益予以解除或將某標的人口之利益轉移給另一標的人口享
受政策，往往會造成財富、地位、權力重分配。

(二) 身心障礙者權益保障法第38條規定所屬公共政策類型：身心障礙者權益保
障法第38條規定：「各級政府機關、公立學校及公營事業機構員工總人數
在三十四人以上者，進用具有就業能力之身心障礙者人數，不得低於員工
總人數百分之三。……」主要為維護身心障礙者之權益，保障其平等參與
社會、政治、經濟、文化等之機會，促進其自立及發展。不過卻會影響人
事任用權或增加用人單位的成本。符合將既得利益者之利益予以解除或將
某標的人口之利益轉移給另一標的人口享受政策，屬於重分配性政策。

(三) 重分配性政策類型須要採行政策執行途徑：

沙巴提爾（P.Sabatier）提出政策執行途徑：

1. 由上而下的政策執行：指上行機關對於下行機關負起政策執行指揮監督的責任，而機關首長對部屬應採嚴密監督管制的態度，以達成預期的目標，如管制性與重分配性政策。

2. 由下而上的政策執行：指政策授權給下級單位或部屬充分的參與，而上級單位或首長僅站在輔導的立場，較適合於自我管制與分配性政策執行。

參考資料 ▶ 吳定（2003），《公共政策》，國立空中大學。

二、何謂公共財？公共財容易發生搭便車心理，其意義為何？試以縣市政府推出的微笑單車（U-Bike）出租服務加以解釋。為了讓更多市民享受此公共服務，你認為應該如何維持其品質？

答：(一) 公共財意涵：公共財指在同一期間內可以同時提供效益給兩個以上的經濟個體，而且具有集體消費，滿足公共慾望且由政府預算提供財貨。

公共財具有以下特性：

1. 消費的非敵對性：某些財貨在某一時間內，可同時提供二人以上共同享受其效益。換言之，一人的消費並不會減少其他人消費該項財貨數量。

2. 所有權與使用權的非排他性：某人對於某項財貨的所有與使用無法排除他人的所有與使用；縱使能排除，但所需支付的成本太大，以至於不值得採取排除手段。

3. 擁擠性的存在：由於某些財貨具有非敵對性與非排他性，故容易造成過度消費的現象。

(二) 搭便車心理：公共部門所提供的公共服務大都具有消費的非敵對性、所有權與使用權的非排他性、擁擠性的存在等三項特性之公共財，政府機關又大多以免費的方式提供服務，因而容易產生如搭便車（free rider）、只希望享受公共財的利益，卻不願意支付任何費用，造成公共財品質的低落，對政府的向心力降低等惡性循環。

(三) 微笑單車（U-Bike）出租服務品質維持：基於上述問題，對於使用服務的顧客酌收若干服務費，是經常使用的管理工具。我國相關政策與法制中皆有訂定使用者付費規定，而使用者付費的原則有：

應考慮的原則：

1. 符合「效率」原則：收費的行政成本必須愈少愈好，行政收益愈大愈好。

2. 符合「公平」原則：有使用者才能收費，未使用者不能收費。使用頻率愈高者，其收費愈高；使用頻率愈低者，其收費愈低。

3. 符合「效果」原則：收費要達到政策的效果，否則經濟誘因的工具就無法發揮政策效果。

✎ 參考資料 ▶▶ 丘昌泰（2012），《公共管理》，智勝文化。

三、臺灣空氣污染重要來源之一是機車，為了鼓勵機車騎士改搭綠色公共運輸工具，諸如捷運、公車或自行車等，以改善空氣污染，如果政府不打算採取強制性工具迫使機車騎士服從，你認為可以採取哪些非強制性的政策工具？請至少舉出五種政策工具類型加以說明。

答：「徒善不足以為政，徒法不足以自行」，任何一項政策或計畫必須透過各種的活動，才能予以落實，根據安德森（J.E.Anderson）在《公共政策制定導論》一書中，所指出的非強制性的政策工具，係指許多政策執行是以非強制的行動進行的，亦即並非利用法律上的制裁、懲罰、獎勵或剝奪權益的方式，迫使標的人口順服。包括：由高級官員作政策性宣示、由官方設定當事人自願順服的標準、仲裁調解、對違規者公布姓名、採取教育與示範方案等。基本上，此類方法之有效，主要是依賴當事人自願性的合作或接受。

(一) 採取教育與說服的策略：執行機關藉廣泛的教育與說服，告訴機車騎士有關政策意義及時代背景，如二氧化碳排放造成溫室效應，改搭捷運、公車不但環保又經濟。

(二) 採取宣導的策略：宣導是一種訴諸感情的作法，一則可設法減低標的人口因順服某項政策而引發的道德成本；二則可藉說明政策本身伴隨有積極的價值，而激起標的人口順服。

(三) 由官方設定當事人自願順服的標準，例如針對老舊機車或高碳排放量的機車，禁止其騎用，並勸導其改搭公共運輸系統。

(四) 採取積極獎勵措施：執行機關如果在標的人口對政策順服行為時，即給予適當的物質或精神上獎勵誘因。

(五) 進行必要的溝通工作：執行機關應隨時與標的人口進行溝通，調整政策方案的執行作法、程序，並解決執行時所引發的問題。

✎ 參考資料 ▶▶ 1. 吳定（2003），《公共政策》，國立空中大學。
2. 吳定等人（2007），《行政學（下）》，國立空中大學。

四、臺灣是一個高齡化社會，亟需政府制定以民為本的長期照護政策，其利害關係人有哪些？民眾可以透過哪些管道參與此項政策之制定？

答：(一)政策利害關係人：指受到某項政策方案直接或間接、有形或無形影響的人員，包括正面影響與負面影響的人員在內，因此它的範圍比「標的人口」要為廣泛。朱志宏、丘昌泰（1995）則將政策利害關係人概分為三類：

　1.政策制定者（policy makers）：這是指產生、運用與執行政策的個人或團體。例如，與該方案有關的行政官員與幕僚、立法者與其助理、政府首長、政府監督機關。

　2.政策受益者（beneficiaries）：政策制定過程中直接或間接受到利益的個人或團體。例如，長期照護政策的消費者或受益者、利益團體（護理之家）、專業團體（社工人員）。

　3.政策受害者（victims）：政策制定過程中，喪失其應得利益的個人或團體。喪失的原因可能是政策設計失當，未將他們列為利害關係人；或者政策本身引起副作用，對該個人或團體產生負面的影響；或者該個人或團體欠缺顯著的政治地位與立場；或者為機會成本下的必然犧牲品。

(二)民眾參與政策制定的管道：

　1.社區組織：公民參與社區組織，投入社區事務，已經成為公共政策影響活動中另外一個新興的地方。

　2.利益團體：公民為了參加公共政策，最直接有效的管道為加入利益團體，對國會議員或官員進行遊說工作，以影響公共政策制定。

　3.公聽會：出席聽證會是另一項最有影響力的公民參與策略之一。聽證會可分為立法型或諮詢型聽證、司法型或審判型聽證。

　4.公民諮詢委員會：由政策制定機關選擇知識淵博和具代表性的公民，組成公民諮詢委員會，再由該委員會決定政策方案的先後順序。

　5.示威遊行：以示威遊行方式企圖改變公共政策似乎是今天台灣社會的「最愛」，也是台灣目前民眾參與的主要型式之一。

參考資料 丘昌泰（2012），《公共管理》，智勝文化。

一、根據世界銀行（World Bank）的說法，越來越多的政府試圖建立起「循證的公共政策」（evidence-based public policy）的體系，以期能為人民提供更好與更快速的政府服務；請問循證的公共政策之內涵為何？實務應用上可能的限制何在？

答：近年來「循證的公共政策」或稱「循證管理」、或是「循證公共行政」的概念日益興盛，主要是在公共政策理性論辯的基礎上，強調政府政策推動的決策，應該是以「證據」（evidence）為基礎；當然，民主時代公共政策社會論述的過程中，倡議者必須提出相關證據作為論述的基礎，是公共政策重要的正當性來源，所以循證基礎包括：新科技運用、大數據、調查資料、個案分析等。

然而，循證公共政策在實務應用上仍會遭受到一些限制：

(一) 對治理結構的忽略：民主政府組織的轉變通常都是政治問題，而政治問題從來就不會單純的受到科技技術改變而改變，亦即，循證的公共政策所提供的巨量資料分析只是一種治理結構變革的觸媒而已，政府真正的改變，還是需要從「治理結構」上針對其制度進行有意識的改造，巨量資料的分析本身，必須和民主制度治理的品質相互呼應，才真正能夠維繫「科技變革樂觀論」的期待。當代美國著名的民主理論家Benjamin Barber（2000）認為，民主制度運作的良窳主要不是受到科技發展的品質與內涵的影響，而是在政治社會的本身，他說：「我認為民主政治在未來是否會存留或是擴散，主要不是看科技發展的品質與內涵，而是我們民主制度的品質以及公民的內涵，這表示我們當代所面對的民主發展問題，從過去到現在都是政治而非科技的問題。」

(二) 政府管理途徑的角度：官僚組織導入巨量資料的技術，公共組織的職能轉變，已不是單純組織內個人是否接受科技技術的問題而已，官僚體制內部既存的公共管理應用途徑，都會對巨量資料導引下的虛擬政府的形成，產生不同推力與拉力，以致影響到整個改革的成果；這個部分，往往是科技改變「科技變革樂觀論」者最容易忽略的關鍵所在。哈佛大學甘迺迪政府學院教授Jane E.Fountain（2001：6）在她著名的《建構虛擬國家：資訊科

技與制度變遷》一書中，認為：「對政府而言，虛擬化的壓力所帶來的挑戰絕對不是單單開發一個G2C的網頁與民眾進行互動（transaction）而已，重要的是去重新組織以及從頭建構一個新的政府制度環境，來支援這種新的互動。」

(三)欠缺及對政策框架的模糊：一位土耳其的公共行政學者Mete Yildiz（2007）回顧電子化政府文獻後指出，電子化政府對政府政策框架的影響有三個大問題：第一，電子化政府政策的定義太過模糊；第二，改革者過度簡化政府發展電子化政府的路徑，尤其是面對龐雜的制度與政治的環境；第三，評估政策效果的研究方法上之有效性問題等。其中，第一、二項問題，是「科技變革樂觀論」者最應該關注的政策框架問題，政府公共政策過程的政治本質是其中重點；而這政治本質就是討論電子化政府所帶來的預期改變，是否真能夠在政府現有的制度與組織框架中，找到制度變遷的路徑，進而對政府的運作產生系統性的改變。

> **參考資料** 陳敦源、蕭乃沂、廖洲棚（2015.9）〈邁向循證政府決策的關鍵變革：公部門巨量資料分析的理論與實務〉，《國土級公共治理季刊》，第三卷第三期。

二、何謂公共政策分配性結果中的「沉默輸家」（silent losers）？其可能的成因為何？

答：沉默輸家又稱為「沉默的犧牲者」（Weimer,1998：118）係指：「社會上的某些人不清楚自己是有利害相關的、知情但是負擔不起參與公共討論的成本，或是尚未出生以及其他原因而無法發聲者。」其形成的可能原因有以下三種：

(一)無法預期自己可能遭受損失的人，例如政府對於住宅區租金控制的案例，租金控制對現任的承租者是有利的，但這種政策會把現有的承租戶「鎖定」在該地，因而降低該地新房屋的供應，最後會傷害到那些未來想住進來的人。

(二)沉默的犧牲者並不瞭解自己已經受傷害。例如美國1970年代對油品價格況制的政策，導致很多資源分配不當，讓失業率攀高，但是，大部分人沒有辦法將價格控制和失業聯想一起。

(三)沉默的犧牲者就是那些尚未出生的下一代。這一代的人在某種程度上比較不會關心下一代，因為民主選舉造成政治人物比較重視現在活著的人，也使得公共政策較注重立即的效益而忽略了未來的成本。例如，全球溫室效應、政府舉債等問題都有這種沉默犧牲者的意義在其中。

> 📝 **參考資料** ▶▶ 1. Weimer, David L.,1998, "Policy Analysis and Evidence：
> A Craft Perspective." Policy Studies Journal, 26（1）：
> 114-128.
> 2. Weimer,D.L.、陳敦源、郭昱瑩，（2001），〈政策分析
> 在民主政體當中的機會與挑戰〉，《中國行政評論》，第
> 11卷第1期，中華民國公共行政學會。

三、 公共政策的推動需要將政策分析與規劃的結果轉換成為政治體系所通過的法令
制度，是一種實現政策採納（policy adoption）的策略行動過程，學者魏墨與
維寧（David L.Weimer and Aidan R.Vining）曾經提出吸納、妥協、操控遊說以
及論辯等四種策略，請以「一例一休」的政策為例，分別討論這四項策略之內
涵與應用作法。

答：魏墨與維寧（David L.Weimer and Aidan R.Vining）曾經提出吸納、妥協、操
控遊說以及論辯等四種策略，以提高政策採納（policy adoption）。

(一)吸納（co-optation）策略：指決策者及政策分析人員將政策利害關係人中
的意見領袖納入政策規劃委員會，使其有機會參與政策運作過程，表達
不同看法，讓其感覺受尊重，而減少抗拒的行動。如針對「一例一休」政
策，政府可邀請反對該政策的勞工團體意見領袖參與政策規劃過程，讓其
有發言權，以降低策略採納的阻力。

(二)妥協（compromise）策略：許多公共政策在制定過程中，常常涉及許多不
同利益或立場的團體，必須修正彼此差異，才有可能達成雙方接受方案。
例如，「一例一休」的政策，政府在與勞工團體或資方溝通時，應就雙方
歧見，如勞工休假政策、資方生產力等，尋求雙方共同可接受的方案。

(三)操控遊說（heresthetics）策略：能以解釋性的架構與觀點，理解在集體
決策場域之中不同政策立場的利害關係人，如何經由制度施展策略達成目
的，並呈現出制度賦予參與者的機會與限制。例如，「一例一休」政策，
執政黨透過其在立法院優勢，動員執政黨委員出席會議，進行議案的討論
與表決。

(四)辯論（rthetoric）策略：又稱「雄辯策略」，為爭取支持，政策分析者往往
會誇大方案的重要性及可行性，促使政策獲得接受，屬於說服性策略的一
種。例如，「一例一休」政策，行政部門為得到立法部門支持，會提出有
利該政策數據，來說明「一例一休」政策的可性，或直接與勞工團體相互
辯論以爭取大眾的支持。

參考資料 ▶▶ 1.吳定（2012），《公共政策辭典》，五南文化。
2.吳秀光、陳敦源（譯），William H. Riker（原著）（2014），《政治聯盟理論》，聯經出版。

四、 公共政策的需求評估，往往需要認定政策方案要服務的標的人口（target population）是那些人，請問設定政策標的人口的原則作法與可能的標準為何？

答： 公共政策的需求評估是指評量某一群人口之需求的程度與已提供服務以迎合此需求數量間的差異。包含三項要素：某一項狀況或需求的廣度、確定造成或阻礙該項狀況或需求的因素、既有的處理該狀況或滿足該需求的政策或方案廣度。

根據布瑞蕭（J.Bradshaw）的看法，需求可分成四種類型：

(一)規範性需求：指某個人的情況低於政府機關所規定的狀況，或低於某社區的一般狀況，而有需要予以補救者。如地方政府對於低收入戶的界定。

(二)感覺性需求：相對於某問題或某種狀況，個人所想要滿足的需求，它相當於經濟學中的需求（want）。此種需求完全依個人的感覺及自己所定目標而異。

(三)明示性需求：指已由個人轉化成急欲滿足的感覺性需求，它相當於經濟學中所謂「需要」（demand）的意思。例如，名列台北市政府輔助購置國民住宅，而尚未獲得輔購的市民，要求政府儘快滿足其需要。

(四)比較性需求：指個人的狀況明顯某一比較團體之個人的平均狀況，到底那些因素關係使某一群人的需求無法獲得滿足，相當於社會學中的「相對剝奪」概念。例如，鄉村學童所接受的教育品質低於城市兒童所接受的教育品質。

參考資料 ▶▶ 吳定（2003），《公共政策》，國立空中大學。

一、許多公共政策制定的過程和結果會呈現「漸進主義」（incrementalism）的特徵。請以一項實際的公共政策為例，評述其政策制定過程所顯示的漸進主義特徵與最後結果。

答：林布隆（C.Lindblom）提出「漸進主義」（incrementalism）的決策模式，認為決策者通常沒有足夠的能力採用完全不同以往的政策。既非全然的創新，因此它具有漸進協調的性質。漸進主義的規劃模式特徵為：

(一) 政治與規劃中心分離：兩者之間除了分離，尚具有層級性；規劃的決策中心必須從政治的決策中心獲得指示。如我國的「前瞻基礎建設計畫」包含八大建設計畫，涉及各部門，都必須從政治的決策中心獲得指示。

(二) 缺乏價值共識：漸進式政策規劃只能達到有限的價值共識，原因在於各種利益團體的角力、衝突以及妥協的結果。「前瞻基礎建設計畫」參與的各方代表各自的利益與價值立場，很難獲得足夠的共識。

(三) 缺乏一般性目標：政治決策者往往以所代表的選區利益為優先考量，對整體利益往往缺乏一致性的價值共識，因此政治決策者通常無法建立一般性的目標或目的。以「前瞻基礎建設計畫」為例，有人認為政治決策者會以其執政縣市的選區利益做為優先考量。

(四) 特定的目標是修訂的、機會主義的，或不明確的：漸進主義為避免不愉快的情況或減少痛苦的情況發生，規劃的特定性目標和目的通常以修正的形式表現，規劃所需的資金及資源，也以模糊的形式呈現。「前瞻基礎建設計畫」由於各方參與者都優先考慮各自代表群體的利益，無法對國家整體利益進行考慮，因此除了內容、金額有作了調整外，也制定一些概略的原則。

(五) 功能理性：漸進主義強調只做手段的選擇，因此具有功能理性的特質。亦即僅強調規劃的技術面與事實資訊的詮釋，而不做衝突價值的分析與選擇。以「前瞻基礎建設計畫」為例，當最後的結論出現後，規劃機關就只能按照政治層次的共識，來做相關的政策規劃。

參考資料 丘昌泰（2010），《公共政策》，巨流圖書。

二、當代對政策變遷（policy change）的理論模型解釋主要包括循環性（cyclical）的觀點、演進或政策學習性（evolutionary or policy-learning）的觀點，以及反彈或鋸齒型（backlash or zigzag）的觀點等，試申述其意涵並比較其異同。

答：政策變遷係指一項或多項當前的政策被其他政策所取代的現象，這意味著舊政策的修改與新政策的採納。於政策變遷的模型，可包括以下三種不同觀點：

(一)循環性（cyclical）的觀點

由史勒辛格（Arthur Schlesinger）所提出，認為國家的政策干預是在公共福祉與個人利益之間不斷改變，而美國的經驗是三十年一個世代的循環，足以使民眾受到政治理念的支配而形成政治共識。

(二)演進或政策學習性（evolutionary or policy-learning）的觀點

由薩伯提爾（Paul Sabatier）以及其同僚史密斯所主張，在其所的提倡議聯盟框架中，政策變遷的原因有三：1.政策次級系統中各種倡議聯盟的互動結果；2.政策次級系統之外的改變；3.穩定系統變數的變動。期間每不同倡導聯盟會尋求增加本身資源，並對外在事件所提供機會做出回應，藉機對政策問題有更多學習與理解。

(三)反彈或鋸齒型（backlash or zigzag）的觀點

由阿曼達（Edwin Amenta）以及史卡區波（Theda Skocpol）所提出，認為當一項政策從有利某特定團體轉變為對另一個團體有利時，所呈現的是不穩定的反彈狀況，而這種不穩定根源於社會內階級鬥爭以及相互競爭的社會聯盟。

上述三種理論模式相同之處在於有關政策變遷的研究都焦距在政府決策體系與社會利害關係人彼此互動之上。所差異之處在於觀察時間幅度的長短與價值假定的不同。

參考資料 ▶ 陳恆均（2001），《公共政策：演進研究途徑》，學富出版。

三、何謂政策次級體系？政策次級體系為倡議聯盟架構（Advocacy Coalition Framework, ACF）重要內涵，請闡述倡議聯盟架構，並以年金改革政策說明之。

答：(一) 政策次級體系

根據傅利曼（Freeman,1955）的看法，所謂政策次級體系係指在特定的公共政策領域中，所有參與者在決策過程所形成的互動模式。在多面向的政策領域或是政策次級系統當中，促使不同成員的合作將有利於聯盟合縱連橫之多元發展，所以政策次級體系為倡議聯盟架構（ACF）的重要內涵。

(二) 倡導聯盟架構（Advoacacy Coalition Frameork,ACF）

沙巴提爾（Sabatier）與史密斯（J.Smith）將倡導聯盟定義為：「來自各種階層政府及私人機構的參與者，他們共享一套基本信念並試圖找尋操作的規則、預算及政府人事以便達成目標」。基於此種動態過程的定義，兩位學者因而認為，在政治性運作過程當中，建立政策倡導聯盟的目的是政策運作過程中的各個行為者爭取其政策獲得接受、取得合法地位的一種策略，這些多元的政策行動者包含政府、新聞媒體工作者、政治人物、政策分析人員、政策利害關係人和其他組織、機構或是團體（Heclo,1978; Rhodes,1988）。

(三) 政策實例：年金改革政策

為改革國家年金體系，永續發展公共年金制度，民國105年特設置「總統府國家年金改革委員會」，由副總統擔任召集人，並廣邀各界代表，如政府機關、立法委員、考試委員、軍公教勞、企業雇主、農漁民、青年、學者、公民社會代表來組成。此倡導聯盟架構由於信念、立場不同，基本上，可分為支持與反對年金改革的兩大團體聯盟，期間透過不斷政策行銷、談判、溝通、協調，逐步獲致年金改革的共識。

參考資料　1.余致力等人（2007），《公共政策》，智勝文化。

2.吳定（2012），《公共政策辭典》，五南文化。

四、何謂「政策德菲法」（Policy Delphi）？政策德菲法所採用的基本原則有那些？試詳述之。

答：一九六零年代後期，為突破傳統德菲法的限制，並迎合政策問題複雜性的需要，於是產生了政策德菲法。

(一) 政策德菲法定義

當決策者面臨政策問題結構不良、資訊不足、後果難以預測估計時，可以邀請學者專家、行政機關代表、民意代表，或當事人代表等進行腦激盪式的政策德菲作業，將團體決策的結果提供決策者作為選擇方案的參考。

(二) 政策德菲的基本原則

政策德菲法除採取傳統德菲法的複述原則與控制性回饋原則外，並引進其他幾項新的原則：

1. 選擇性匿名（selective anonymity）：參與者只有在預測進行的前幾回合採匿名原則，但當爭論政策替選方案時，他們必須公開為其論點辯護。

2. 靈通的多面倡導（informed multiple advocacy）：選拔參與者的標準為「利益」與「淵博」，而非「專業知識」本身，即盡可能遴選代表各方利益的消息靈通的倡導參與者。

3. 回答統計兩極化：在總結參與者的判斷時，著重於各種不同意見及衝突論點的衡量，也許會使用到傳統德菲法的衡量方法，但他又從個人之間與團體之間正反兩極意見的衡量予以補充。

4. 結構性衝突（structured conflict）：基於衝突為政策論題的一項正常特點之假定，特別致力於從各種不同的意見及衝突的論點。

5. 電腦會議方式（computer conferencing）：電腦在可能情況下，被用來處理各個參與者匿名互動的連續過程，因而可免除一連串個別的德菲回答方式。

參考資料 ▶ 吳定（2003），《公共政策》，國立空中大學。

一、公務員執行國家政策應以「公共利益」為導向，請問應如何定義「公共利
　　益」？有何政策分析方法可以了解公共利益？

答：(一) 公共利益的意涵

公共利益指一個社區或國家的「集體善」（collective good）凌駕於個人
的、狹窄的或特別利益群體的「善」。其理念是公共政策最後應促進每個
人的福利，而非只是少部分人的福利。

(二) 瞭解公共利益的途徑

為增進對公共行政中公共性的深切瞭解，傅德瑞克森（H.G.Frederrickson）
歸納出五種不同觀點，來闡述實踐公共利益的關係。

1. 將公眾視同利益團體：多元主義的政治運作基本上就是一種利益團體對政
府機關遊說施壓，以及利益團體彼此競爭的過程。

2. 將公眾視同為理性抉擇者：源自公共選擇理論，將政治運作比喻為市場中
的交易行為，於是政策的過程如同買賣雙方理性決策過程。

3. 將公眾視同為代議士代表的選民：將公眾視為是選區選民，立法機關提出
和制定政策就是一種公共利益的展現。

4. 將公眾視同為消費者：認為公眾就是第一線行政人員服務或營利的對象，
亦即公眾乃是接受政府提供直接服務之人。

5. 將公眾視同為公民：公民是指願意主動參與並熱衷於公共事務，且對於民
主憲政具備一定知識者。具公民意識公眾所追求者並非僅指個人的自利，
還兼顧公共利益。

參考資料 ▶▶ 1.吳定（2000），《公共政策辭典》，五南圖書。
　　　　　　 2.林鍾沂（2005），《行政學》，台北：三民書局。

二、政府機關將業務委外給民間企業、機構或個人處理時，通常都必須付出「交易成本」，請問其意義為何？構成交易成本過高的主要原因為何？

答：在新古典經濟學時期，寇斯（R.Coase）是少數主張對經濟活動理解必須將其制度系絡考量進來的學者，並於1937年發表〈公司之本質〉文章，認為公司生產活動中，往往須花費很多精力於交易活動上，成本不可謂不高。

(一) 交易成本的意涵

交易成本是指經濟體系運作的成本，都發生在經濟組織簽訂契約過程，包括事前交易成本，如起草、談判、保證；事後交易成本，如交易後調適不良問題、事後討價還價、保證履行的約束成本。

(二) 交易成本過高的主要原因

Williamson（1975）認為交易無法順利進行是因為在交易過程中受人性因素及環境因素所導致的組織失靈，造成交易的困難與交易成本的提高。

1. 人性因素

包括有限理性（bounded rationality）以及投機主義（opportunism）。因為人的理性有限，無法事前擬定一個面面俱到的契約，而為防範契約對方的投機主義，因而產生相關成本。

2. 環境因素

環境因素包括不確定性與複雜性（uncertainty and complexity）以及少數交易（small number），另外還有資訊不對稱（information asymmetry），也會使交易成本增加。不確定性愈高，監督成本就愈高；而少數交易，選擇變少，成本也會提高；資訊不對稱的結果容易造成欠缺效率的資源配置。

> **參考資料** ▶▶ 1. 吳瓊恩（2016），《行政學》，台北：三民書局。
> 2. 謝叔芳（2008），〈從Williamson的交易成本觀點論政府事務委外管理〉，東海大學行政管理暨政策學系。

三、何謂政策行銷？有什麼特點？政府在落實政策行銷工作時，何以困難重重？請詳細解釋並舉例說明之。

答：(一) 政策行銷的意涵

政策行銷（Policy Marketing）是指政府機關及人員採取有效的行銷策略與方法，促使內部執行人員及外部服務對象，對研議中或已形成之公共政策產生共識或共鳴的動態性過程；其目的在增加政策執行成功的機率、提高國家競爭力，達成為公眾謀福利的目標。

(二) 政策行銷的特點

1. 政策行銷強調政策內涵的設計、包裝、宣傳、散播，故政策行銷之內容甚廣，並不只是表面的包裝行為而已，還包括公共政策的具體內涵。

2. 政策行銷是以民意為導向的，行銷對象為主權在民的民意市場。

3. 政策行銷重視認定與滿足民眾需求的過程，沒有以民眾需求為導向的行銷，則無從感動民眾，容易產生無感施政。

4. 政策行銷之目的為強化民眾對公共政策的接受度與認同感。

5. 政策行銷的實施部門未必是政府機關，民間團體亦可成為遊說政府實施某項政策的主體。

(三) 政策行銷所面臨的挑戰

政策行銷固然有其效用，但一個成功的政策行銷仍必須注意下列各項問題：

1. 如何清楚傳達其所期望的訊息

除傳達訊息的時間點外，訊息本身所使用的語言及用詞，是一種藝術與技術，也是一項相當艱辛與審慎的挑戰。建議政府在培訓公務員時也可加強相關能力的訓練，特別是在「論述」能力的培訓，相關培訓單位也必須趁早建構相關的課程規劃。

2. 如何溝通未知的不確定性

有以往的溝通經驗觀察未知的不確定性是政府在溝通上所面臨的重大挑戰，應同時兼顧讓收訊者、民眾瞭解狀況又要能安定其心智。基本上，民眾對未知的事務多半存在恐懼，因此，公務員如何能夠瞭解其恐懼的問題核心，才能進一步安其心。例如前行政院長吳敦義主張的「庶民經濟」，就是從安其心的角度為核心思考，可以降低人民對未來不確定性的恐懼，有助於公共政策的落實與推動。

3. 如何利用新科技-特別是網站、部落格等工具

公務員必須與時俱進，除了傳統的宣傳方式外，對於網路相關技術的運用也必須熟悉。現今政府各部門雖然均有專屬網站，也有首長信箱與民眾直接對話，但現今政府部門網站多半過於靜態與死板，是必須加以注意改進的地方。

4. 配合溝通對象的知識水平

如何讓對方聽得懂，甚至是提高溝通對象的知識水平，係一大考驗。對照中國大陸的經驗，大陸官方懂得運用順口溜成功地將政策讓不識字的庶民皆知，非常值得我們學習。因此如何引進廣告企劃的專業人才或是訓練課程，讓公務人員具備此一能力，是未來公務員訓練的重點方向之一。

5. 內部溝通的重要性

對外溝通要能成功，內部溝通其實扮演相當重要的先遣部隊角色，一支不團結的部隊，永遠不可能打勝仗。因此如何能夠有效整合公部門內部各單位的力量，是行政首長責無旁貸的責任，甚至首長必須要能夠以身作則擔任各項政策的代言人，這也是未來成為首長必備的能力。

參考資料 ▶▶ 1. 丘昌泰（2000），《公共政策基礎篇》，巨流圖書公司。

2. 林淑馨著（2012），《公共管理》，巨流圖書。

四、何謂政策終結？為何終結一項政策如此困難？終結一項政策時，到底會遭遇什麼困境？請詳細說明之。

答：(一) 政策終結的意義

政策終結係指機構的終止、基本政策的轉向、計畫的減少、部分的終止以及財政的緊縮。

(二) 政策終結困難的原因

政策終結是非常難以實現的，因為它必須承認過去政策的錯誤或失敗，容易遭到既得利益者串連反對政策終結的勢力，俾爭取政策的賡續。

(三) 政策終結的困境

哈務與岡恩（Hogwood & Gunn, 1984）認為推動政策終結所遇困境為：

1. 認知的不情願：對許多人而言，特別是既得利益者，誰願意看到組織或政策的滅亡？因為政策終結就等於承認政策的完全失敗或錯誤，這在認知上很難令人接受。

2. 欠缺政治誘因：對許多政治人物而言，沒有人願意承認過去的政策錯誤，同時可能由於新政策所帶來的邊際利益太少，如對於選民的影響不大或利益太過分散，這些都降低了支持政策終結的誘因。

3. 制度的永久性：許多機關設置或政策制定的基本出發點是「永續發展」，要終結其命運何其困難。

4. 動態的保守主義：組織與政策都是動態的實體，且具有反抗變革的保守傾向；一項成功的新政策不一定要終結舊組織或舊政策，它也可以在舊組織或政策內進行新目標的設定。相反的，沒有能力解決問題的組織或政策也不見得要終止，做部分修正即可。

5. 反終結力量的結合：通常被終結的官僚機構或政策領域內的利害關係人都會基於「命運共同體」動機而集結在一起，形成不可忽視的政治反對力量。

6. 法律的障礙：法律的廢止、機關的裁撤，有其正當的法律程序，致使政策終結極為困難。

7. 高昂的發動成本：政策終結者想要動員各種力量以反制那些反對終結勢力或抗拒終結的組織力量，必須付出高昂的政治資源成本。

8. 反效果：政策終結對於那些無辜的成員可能造成反效果，以致於反終結者容易博得社會的同情與支持，提高了終結的困難度。

9. 延宕與拒絕：即使政策終結業經授權執行，該項終結的決策可能以執行不力或部分執行作為延緩政策終結的理由，或者是利用決策用語上含糊不清的機會拒絕進行政策終結。

參考資料 ▶ 丘昌泰（2000），《公共政策基礎篇》，巨流圖書公司。

一、利益團體對政策運作過程具有日趨龐大的影響力，試論利益團體可以透過那些途徑介入政策過程並影響政府決策者選擇政策的備選方案。

答：利益團體是一群人基於價值、情感或利益相互分享的態度而形成的民間組織，利益團體可以透過以下途徑來介入政策過程，影響政府決策者的選擇。

(一) 參與選舉活動：利益團體在選舉活動中，積極為自己支持的候選人進行競選活動，設法爭取代表自己利益的候選人當選，以保障自己團體利益。

(二) 影響立法過程：利益團體可以設法遊說民意代表，促使國會通過符合其團體利益的法案，或阻撓和反對不符合其利益的議案。

(三) 影響行政機關：利益團體宣示反對某特定行政部門所制定不利於該團體的公共政策，為進一步表達反對力量，可能組織起來進行示威遊行與抗議，以迫使行政部門更改其既定決策。

(四) 影響法院：在許多國家中，司法是獨立的，國家領導者、國家機關與民眾都嚴格禁止影響司法審判過程；在美國社會中，利益團體雖無法對法官審判過程發生影響，但卻可能力圖杯葛總統對於法官的任命，或者透過提出司法訴訟途徑以反制某法官的不利判決。

(五) 影響大眾傳播媒體：大眾傳播媒體號稱為當代社會中的「第四權」，影響民心社會甚大，壓力團體可以透過報刊、電視、廣播等大眾傳播工具來宣揚其理念，影響社會輿論，俾對政治施加壓力。

參考資料 ▶ 丘昌泰（2000），《公共政策基礎篇》，巨流圖書公司。

二、何謂管制性政策（regulation policy）？管制性政策的類型為何？又伴隨行政權不斷地擴張，管制性政策占了政府所有政策相當高的比例，何以政府要制定許多的管制性政策？試分述之。

答：(一) 管制性政策的意涵

Michael Reagan認為管制是政府透過連續性的行政過程，要求或禁止個人與某些機構所做的某些活動或行為，這些個人或機構大部分是私人性的，不過有時候公部門亦會牽涉其中。政府在執行這些作為時，通常會透過指定的管制機構。例如我國成立行政院環境資源部的目的是了防止破壞環境的行為，如個人交通工具排放黑煙、私人工廠或公營公司排放廢水或廢棄物等。

(二) 管制政策的類型

1. 經濟管制（economic regulation）：涉及政府對於產品價格的干預，避免消費者利益受到企業獨佔的侵害。

2. 社會管制（social regulation）：政府對於民眾健康、安全與環境所做的干預。

(三) 政府制定管制政策的原因

1. 防止經濟權力的濫用：在經濟市場中經濟權力的濫用最常見的結果是壟斷、寡占與產品的不實廣告。經濟市場上獨佔或是寡佔的廠商為了追求更高的利潤極有可能控制產品的供給量而哄抬價格，為了避免市場遭受少數廠商的控制，政府有責任出面干預維持市場的正常運作。

2. 排除健康與安全的威脅：由於經濟發展快速，社會大眾對於生活品質的追求，以及對於人身健康安全保障的需求顯得越來越迫切。為了排除一些對於民眾的健康與安全具有危害的因子，許多社會管制政策紛紛出爐。例如，環境保護的管制、品檢驗與衛生、消費者保護措施、職業安全等。

3. 企業對於管制的需求：有時候政府管制的動機是由於企業的要求，著名的例子是美國民用航空委員會（Civil Aeronautics Board）的成立。在1930年代經濟大恐慌時期，當時的民用航空業者相當依賴聯邦政府的補助，同時他們也擔心如果航空業市場掀起惡性競爭，不僅會造成航空安全的問題，並且會讓既存的航空業者面臨經濟生存的問題。因此，這些業者就要求聯邦政府保護既有的航空業者，提高航空業的進入門檻，以維持既存業者寡占市場的優勢，所以促成了美國民用航空委員會的成立。

4. 社會因素：現代福利國家的責任在於「保護」社會大眾使社會形成一個所謂的安全網（safety net）。基於這樣的理由，政府有責任干預有關大眾的事務。此種管制政策如行車速限、騎機車要戴安全帽、酒後不能開車等，有其社會性的立論基礎。

參考資料　1.吳定（2004），《公共政策》，國立空中大學。

　　　　　　　2.羅清俊（2015），《公共政策：現象觀察與實務操作》，台北：揚智出版。

三、政策衝突是近年來公共政策理論與實務上令人關注的重要議題。試論析政策衝突對政策治理會產生怎樣的衝擊？又有那些對策可以緩和政策衝突所帶來的衝擊？

答： 在公共決策過程中，政策衝突的發生都可能以不同的形式或規模存在，但因政策議題而起的衝突並不會自然化解，也因此政策衝突是近年來公共政策理論與實務上令人關注的重要議題。

(一) 政策衝突對政策治理所產生的衝擊

1. 政策衝突源於政府內部機關認知不一致，甚至相互攻擊，將無法規劃出有效的政策方案，易使民眾對政府的信任感喪失。

2. 政策利害關係人，各自往不同方向的極化發展，而又沒有溝通的平台，無法透過協商來建立共識，將使整體社會發展處於不確定的狀態。

3. 倘若政策本身的爭議性強，貿然執行可能會損害到民眾權益，對於文官體系也是如此，將導致日後政策執行的過程產生衝突。

(二) 緩和政策衝突的對策

歸納國內外學者的見解，針對如何化解政策衝突的對策：

1. 不應該忽視政策衝突在促進改革或變遷過程當中的積極角色和功能，換言之，衝突不只是有破壞性的一面，還有建設性的一面。如果能夠縮小或是消除對政策議題認知差距、甚至是價值差距的障礙，就能促成有利衝突雙方結果的產生。

2. 從政策衝突管理的角度來看，在面對可能的衝突紛爭時，利害關係的個人、組織或是團體如果能夠做到：對問題不對人、重視利益而不是堅守立場、以及兼顧主客觀評估標準，以追求互利共榮政策方案為目標。責能減緩衝突的發生。

3. 衝突管理的六個階段包括：(1)檢討衝突分析；(2)評估利益團體之目的；(3)使策略和利益相結合；(4)與問題一致的處理方法；(5)選擇處理方法；(6)以及發展特定計畫。

4. 在面對政策衝突時，政策企業家必須提出具體可行、能被各方接受的替選方案，透過對於政策議題的論證和對話，營造出能夠化解衝突意見的政策環境。

 參考資料　魯炳炎（2010），〈政策企業家化解政策衝突之研究〉，《文官制度季刊》第二卷第三期

四、政府政策制定過程中，常延攬相關的專家參與，冀望藉助其專業能力，彌補決策者的能力不足，俾以制定妥適的政策有效解決問題，然專家參與決策常存在所謂「專家決策的有限性現象」。試申論專家決策有限性形成的原因及改善之道。

答：受到理性主義思潮影響，以專家為主體的決策已成為政策取得正當性的重要體制因素。但專家身分本身是社會建構者，且其常與大眾與行政官員隔絕，存在若干限制。

(一) 專家決策有限性形成的原因

　　根據林水波教授的研究，專家決策有限性形成的原因：

　1. 專家決策欠缺解決問題的效度。

　2. 專家決策欠缺民主的正當性。

　3. 專家決策之政策透視角度過於狹隘。

　4. 專家決策無法有效掌握推動政策的機會窗。

　5. 專家決策欠缺行政上的可行性。

(二) 改善之道

　　為提供政策制定過程的正當性，並避免專家壟斷決策過程造成單一視角盲點，應建構民主決策模式，將具一般民眾身分的政策標的團體與具實作人員身分的治理機關代表納入決策過程中，與專家共同形成政策社區，在一平等、開放、相互尊重與信任的公共空間中進行審慎充分的對話，尋求專業知識，日常生活智慧、實務經驗之間的充分融合，建立建設性的共識，使政策制定過程能兼具民主的程序與多面向考量的實質理性。

參考資料 ▶▶ 陳思澤、林翰（2000），《公共政策Q&A》，風雲論壇。

一、在民主國家許多財貨與勞務都是由官僚體系提供，請分別說明官僚體系與政府供給如何造成政府失靈的問題，並以實際政策案例說明，以及如何避免前述政府失靈問題的發生。

答：政府失靈是指政府為解決市場失靈所產生的各種問題，乃採取各式各樣的政策工具與干預行動，以補救市場失靈的缺失。但是由於政府在制度上、結構上、及運作上，具有許多先天性的缺陷，因此並無法充分達到預定的目的，而造成政府失靈的狀況。

(一) 官僚供給的問題

　　民主國家許多財貨與勞務都是由官僚體系所提供的，但是這種提供方式，出現許多問題：

1. 服務產出難以評量：官僚機構所提供的服務產出多數是抽象的，根本無法以量化方式衡量其邊際社會利益與成本，以致於無法決定最適化的產出水準，如國防、社會安全等。此外，在目標多元化與衝突性的情況下，如何評量服務的價值水準都是相當的困難。

2. 有限競爭：官僚體系不需面對直接的競爭，故其運作不以效率為考量；如此一來，難免會造成資源浪費的現象，更不會主動創新，以提升為民服務的效能。

3. 文官保障的僵化性：目前世界各國對於文官的保障強調資深制與永業制，根本無法根據效率或生產力因素進行裁員或資源配置；繁複的甄補程序以及經費或法規的限制都使得行政運作無法以效率為第一考量。

(二) 解決的方式

　　根據威瑪（David I.Weimer）及文寧（Aidan R.Vining）的看法，針對上述官僚供給的問題，可採取市場機制的政策來解決，作法包括市場自由化、市場促進化與市場的活潑化。

1. 市場自由化：對已存在的市場，政府解除對參與者的管制，開放自由競爭。例如，我國金融自由化，開放民營銀行的設立，並進一步公營行庫民營化。

2.市場促進化：對於市場未存在者，政府加以改造並建立市場機制。例如我國外匯市場、期貨市場的建立。

3.市場活潑化：對於市場內部機制未能有效運作者，政府予以活潑化。例如，公辦民營。

參考資料　▶▶ 1.李允傑、丘昌泰（2009），《政策執行與評估》，元照出版公司。

2.丘昌泰（2010），《公共政策.基礎篇》，巨流圖書。

二、請說明利害關係人對於政策的訴求，前述觀點對於公共政策研究的用途，以及政策利害關係人影響公共政策的特質，並說明此一途徑與多元觀點分析法（Multiple Perspectives Analysis）的差異。

答：政策利害關係觀點是公共政策理念的基礎，任何一項公共政策的制定，都必然涉及或多或少的利害關係（stakes），有些人得到政策上的利益，有些人則失去利益，更有些人自認為該項政策對其毫無任何實質影響。從公共政策理論的發展來看，我們以政策利害關係人分析的觀點來凸顯公共政策的意義，含有「整合」或「匯合」的意思。當我們規劃或分析一項公共政策，我們可以從政策利害關係人的角度來吸收民間顧問公司所提出的科技觀點、社會民眾所提出的社會觀點、學者專家所提出的學術觀點以及政府官員本身的行政觀點，前述種種立場或觀點的整合，頗能展現公共政策即是科際整合性學科的意義，遠比狹隘地界定學科知識的整合來得更具有意義。

(一) 政策利害關係人的基本特質

根據梅森與米羅夫（Mason & Mitroff）的說法，政策利害關係人通常可能擁有下列特質之一，足以影響公共政策：

1.目的及動機：有些利害關係人可能基於「自利動機」，有些人則以「公益動機」，動機不同，行動目的自然有所差異。自利動機驅使下往往追求的是公共政策在經濟上或其他實質上的好處，公益動機則是實踐個人的信念與組織的任務。

2.信念：有些利害關係人的信念是以環境主義（保護環境）為信念，有些人則以發展主義（發展經濟）為信念，信念不同，企圖影響公共政策的角度也有不同。

3.資源：資源之種類甚多，包括：物質上的、象徵性的、物理上的、地位上的、資訊上的、技巧上的資源。

4.特殊知識與意見：某些利害關係人可能對於某項公共政策具有特別的知識與意見，如果其他關係人的知識與意見相對弱勢，則公共政策就容易受到其影響。

5.忠誠：利害關係人對於某項政策訴求如果忠誠度甚高，則凝聚力愈強，對於公共政策制定的影響力愈大。

6.在政策系統中，與其他政策利害關係人之間的權力、權威、責任、義務關係：多元社會中，利害關係人間的互動關係影響他們對於公共政策的影響力，這些互動關係取決於彼此的權力關係誰強誰弱、誰較具權威？誰應負擔的責任較大？誰應擔當政治責任？

(二)政策利害關係人分析與多元觀點分析的差異

多元觀點分析又稱為TOP模式，是由美國系統學者Mitroff和林斯頓（Halinston）教授所提出，主要是從技術觀點（T）、組織觀點（O）及個人觀點（P）有系統地來分析問題，以提出解決問題的方案。至於政策利害關係人分析與多元觀點分析的差異為：

1.前者係以公共政策過程中主體的行動者為分析單元，後者則是指客體的行動觀點。

2.前者之目的在於整合各不同行動者的觀點，使公共政策能夠滿足各方的需求，後者之目的在於整合分析與行動的落差，目的在於兼顧決策的全面性，提升決策的品質。

3.公共政策是問題導向的，充分反映人本主義與以民為主的精神，政策利害關係分析較能反映此種學科的特質，但多元觀點分析只是強調決策制定者應該兼具人文與科技的系統情懷，不致淪於狹隘的技術專家或玩弄權力的政治玩家。

🖉 **參考資料** 　丘昌泰（2010），《公共政策基礎篇》，巨流圖書。

三、政策制定者構思政策備選方案的來源有那些？政策制定者又如何篩選出可用的政策備選方案？

答：備選方案（alternatives）是政府機關為解決公共問題所採取的一組積極作為或消極不作為的有理性選擇，在既有的政策環境與預算條件下，選擇較佳的策略以實現政策目標。

(一)政策備選方案的來源

1.目前已經存在的政策建議方案：此為過去曾經加以分析而放在檯面上的既定方案，此種方案可能是政策制定者過去分析的結果，也可能是利益團體或政策企業家項政策制定者所提出的建議方案。

2.「學理型」的政策解決方案：學術界已經提供許多解決公共問題的理論型方案。

3.修正後的學理型政策解決方案：學理型的備選方案未必適用於任何一項公共問題，也未必適用於不同的政策環境，因此，必須加以修正，以確定該方案能夠適用於特定的政策問題系絡。

4.漸進主義的備選方案：對於許多政策制定者而言，維持現狀的安定非常重要，故寧願採取非常小幅的修正，以免因為變動幅度過大而造成情勢不穩，導致問題的惡化。

5.創意型的備選方案：可能來自既有學理文獻的啟發，也可能是出自於自己的創意想像。因此，這種方案是一項創意型的方案來源，雖然相當，但仍必須發揮創意。

(二) 備選方案的篩選

1.政策資源充分性：實踐備選方案所需的預算、設備與人力是否充分？是否需要爭取上級或其他機構的補助或協助？是否需要民間的熱心捐助？

2.執行技術可獲性：執行政策方案所需要之技術水準或科技知識是否足夠？是否需要自國外取得必要的技術與相關知識？

3.社會價值接受性：政策方案是否能為社會大眾與民意代表所接納？民意機關是否贊成制定該政策？

4.政策目標正確性：備選方案是否能夠正確達成政策目標？還是需要逐步修正？或根本無法實現？

📝 **參考資料** ▶ 丘昌泰（2010），《公共政策基礎篇》，巨流圖書。

四、何謂政策論證（policy argument）？政策論證應該如何操作？請試舉一例說明之。

答：政策論證（policy argument）是政策分析的基本工具之一，它足以反應出一個社會中，對於政府的行動方案為有不同的意見，亦是政策辯論的主要工具。

(一) 政策論政的意涵

政策論政又稱為「政策辦論」，是指在政策運作過程中，政策參與者尋找有力的資訊，以強化本身的政策主張，並提出反證以抗辯其他不同主張或觀點的一種作法，其目的在使決策者接納或拒絕某項方案。

(二) 政策論政的要素

政策論政是政策辦論的主要工具，其包括有下列的六項要素：

1. 政策相關資訊（policy relevant information，I）

政策的相關資訊可由各種不同的方式蒐集而得，例如專家的研究意見及報告，統計資料的結果，社會廣泛的價值及需要等。

2. 政策主張（policy claim，C）

政策主張是政策論證的結果，它是政策方案設計的指導，也是政策辦論中的基本態度。由於各人所持的論據不同，則其政策主張亦有所差異，在推理上政策主張是順著資訊所顯示的跡象，是以政策主張係政策相關資訊邏輯推理的結果。

3. 根據（warrant，亦稱立論理由，W）

係指一項政策論證的假設，可將政策相關資訊轉換成不同的政策主張，通常立論理由的產生，乃係建立在權威的、直覺的、分析的、實用的、因果的及倫理道德的。

4. 支持（back，亦稱立論依據，B）

支持可用來證明立論立論理由本身所持的假設或論據，而支持的資訊資訊經常由科學得法則、訴諸專家的權威及道德的原則所獲得，用以強化立論理由的主張，並具有加強、證實及支持論政的功用。

5. 反證（rebttal，亦稱駁斥理由，R）

反證說明一項主張，其不能被接受或在某種條件下不可能被接受的理由、結論與假設。如果政策規畫者在設計方案之初，就能考慮反證的因素，則可預測未來方案可能遭致反對的因素，也可分析出批評者可能持用的假設及理由。

6. 評斷標準（qualifier，亦稱可信度，Q）

係指政策分析者政策主張確信的程度，通常使用或然率來表示，例如可能性、顯著水準等衡量標準。

(三) 以開放美國牛肉進口政策為例，論述政策論證各項要素：

1. 政策相關資訊

政策的相關資訊可由各種不同的方式蒐集而得，如公共衛生研究學者、食品衛生專家、甚至是國際關係學者的研究意見及報告，統計資料的結果，與社會廣泛的價值等匯總而知。

2. 政策主張

政府應有條件的開放美國牛肉進口。

3. 根據

支持開放美國牛肉進口政策的理由：

(1) 政府依國際承諾處理美牛瘦肉精案，係前任政府2007年對WTO的承諾。

(2) 涉美國與台灣各方面的關係，包括美國給予台灣免簽證、台美投資與貿易協議，以及台灣加入跨太平洋經濟戰略夥伴（TPP），甚至還包括美國軍售台灣的問題等。

(3) 台灣面臨強裂國際經濟競爭壓力，「台美貿易暨投資架構協定」（TIFA）的復談簽訂，方可因應韓、星免關稅競爭。

(4) 行政院已制定「安全容許、牛豬分離、強制標示、排除內臟」等四大原則。

(5) 進口牛肉清楚標示，可由消費者自主選擇。

4. 支持

(1) 瘦肉精是科學問題，目前並無國際標準。

(2) 美、加、日食品安全管制嚴格。

(3) 萊克多巴胺，依照國際食品法典委員會的標準，檢出上限只能10ppb。

(4) 開放問題應將國人健康風險及國家整體利益一併考量。

(5) 日韓已開放美牛，已換取自由貿易協定。

(6) 台灣面臨強裂國際經濟競爭壓力。

5. 反證

不能被接受或在某種條件下不可能被接受的理由可能是：

(1) 萊克多巴胺會在人體內累積，影響人體健康。

(2) 美牛瘦肉精已是政治問題，不是健康問題。

(3) 對政府食品衛生管制能力的質疑。

6. 評斷標準

根據上述詳盡的分析，可確信政府應有條件的開放美國牛肉進口政策主張。

參考資料 1. 吳定（2003），《公共政策》，國立空中大學。

2. 丘昌泰（2000），《公共政策基礎篇》，巨流圖書公司。

3. 新聞局國內處（2012）〈開放美牛進口學者正面意見彙整〉。

一、何謂議程設定？請以議程設定的觀點，說明我國核四政策之變遷過程。

答：由於政府機關業務繁忙、資源有限，因此，在處理各種問題時，必須按輕重緩急，排出處理的優先順序，故議程設定的過程相當富有政治性。

(一) 意涵：議程設定（agenda setting）係指一個政府機關決定，是否將某個公共問題予以接納，並排入處理議程的過程。因此，政策運作過程的第一個步驟，乃是爭取議程設定，亦即設法將一個公共問題擠進政府機關的議程。

(二) 以議程設定觀點說明我國核四政策變遷的過程

　　1. 初始階段：民國69年5月台電公司首度提出核四廠興建計畫，並選定貢寮為核四廠廠址，民國70年10月行政院正式同意。期間因貢寮居民反對、車諾比核災等因素，民國74年3月蔣經國總統指示停建核四，同年5月行政院宣布暫緩興建核四，立法院凍結核四預算。民國81年2月2日，行政院院會通過恢復核四計劃。民國86年10月台電公司向原能會提出建廠執照申請，民國88年3月原能會核發建廠執照及開始駐廠視察。

　　2. 爭議階段：民國89年10月27日在政黨輪替民進黨執政後的5個月後，行政院院會決議將停止興建核能四廠。民國90年1月31日，立法院通過續建核四，同年2月13日行政院宣布核四廠復工。民國100年3月11日，日本東北大地震，福島核電廠爆發核災事故後，世界各國開始重新檢視核能發電政策，核四廠也進行核安總體檢。其後核四爭議擴大，民間團體舉辦多場廢核大遊行。民國103年4月行政院江宜樺宣布核四廠將在完成安全檢查後封存，「不放置燃料棒、不運轉」，未來是否續建則交由全民公投決定。民國104年8月核四廠正式進入為期3年的封存狀態。

　　3. 公投階段

　　　　(1) 民國105年民進黨籍蔡英文當選總統，提出「2025非核家園」計畫，主張核一、核二與核三廠不再延役，且核四廠不再重新啟用；希望推動發展替代性能源，在2025年完全汰除核能發電。民國107年11月24日全國性公投通過第16案（廢除電業法的95條第1項「2025年達成非核家園」條款），民國108年「以核養綠」團體提出「核能減煤」、「重啟核四」公投等議題。

(2)位於新北市貢寮區的「核四」龍門發電廠，自民國69年提出興建計畫、民國88年正式動工即爭議不斷。核四至今歷經10屆總統、3次政黨輪替、以及多次的停工復工，也成為史上第一座將核燃料原封不動退回原廠的發電廠。

(3)核四議題一開始就屬於政府議程的範圍，受到政府內、外在因素的影響，在不同執政黨、環境時空背景有不同的政策方向。金頓（J. Kingdon）認為：一項公共政策要順利從提出到正式成為政治議程，需要結合政治問題、政策解方及政治環境三個面相的因素，進而讓政策議題穿過三項條件共組而成的「機會之窗」，才有實踐的可能。

參考資料 ▶ 1.吳定（2003），《公共政策》，國立空中大學。
2.丘昌泰（2000），《公共政策基礎篇》，巨流圖書公司。
3.行政院原子能委員會（2020），「龍門（核四）電廠重要歷程」。

二、政策溝通包含的對象為何？請以非洲豬瘟防疫政策為例說明。

答： 政策溝通指的是利用各種管道，把與府相關資訊與政策利害關係人進行傳遞與交換。政策溝通包括對政府內部及外部的溝通，良好的溝通可形塑和諧氣氛、凝聚共識，以及利於政策推動，進而使政府內部之間和與民眾之間，形成互動、彼此合作、建立信任。

(一)內部的溝通：內部的溝通又可細分為機關內部溝通與跨機關的溝通。

1.機關內部的溝通：在政策溝通上，由於各機關的公務人員為對外的當然訊息傳達者，若政府的內部人員對政策瞭解程度不夠，則無法順利地與政策利害關係人溝通，也無法使外部利害相關者對公共政策產生共識或順服。由此觀點出發，針對在非洲豬瘟防疫政策主管部會的農委會官員應該持續地激勵公務員全面地瞭解他在整個政策溝通中扮演的角色，並讓公務人員對自己在執行的工作有一個通盤且全面性的瞭解，如此將有助於政策溝通的第一線工作人員主動進行對外部的溝通與說服工作。

2.跨部會及跨機關的溝通：府際關係與跨域治理是新公共管理風潮下政府施政的核心概念之一，也是近年來政府主張彈性與改革，以人民之需求為政策制定取向所須面對的橫向與縱向整合問題。不論是府際關係或府際合作，其中強調的都是不同部會或不同政府層級為了達成施政目標必須加強合作與互動，故良好的跨域溝通為新公共治理模式的基石。在非洲豬瘟防疫政策中農委會須與衛福部、財政部、海洋委員會等跨部會溝通合作以執行防疫工作，如政策宣導、邊境查緝等。

(二)外部的溝通：外部的溝通對象則有議會、媒體、相關團體（如利益團體）及社會大眾。

1. 國會與議會的溝通：「依法行政」為當代民主政府運作的基本原則之一，行政部門推動任何一項政策，不論是所需之法源或是預算，都必須經過立法機關的同意。因此，取得立法機關支持，是當代民主政府施政成敗的關鍵因素。議會溝通係指為達成政府施政之目的，與議會相關人員進行溝通活動的過程。在推動非洲豬瘟防疫政策中行政機關須透過議會溝通，提供議員必要的服務，蒐集議員需要的資訊，即時予以回應，也可透過討論，消除分歧，增進瞭解，使政府政策能得到議會的認同與支持。

2. 媒體的溝通：大眾媒體一般被認為是監督政府的第四權，故政府在進行政策溝通時不能忽視媒體的力量，政策管理者與執行者需要瞭解媒體的性質與生態，進而能與媒體做有效溝通，並運用媒體達成政策行銷目的。媒體是傳播政策訊息的窗口，在非洲豬瘟防疫政策中政府應充分了解媒體生態並能與媒體進行有效溝通與良好互動。

3. 相關團體的溝通：與政策制定與施行相關的團體通常被稱為利益團體或壓力團體。公共管理學者認為政策管理者在管理外部環境時，最重要的部分是處理與利益團體的關係。在非洲豬瘟防疫政策中對肉品進出口業者或養豬戶等利益團體進行溝通，可說是十分重要的事情。

4. 社會大眾的溝通：政策溝通的最終目的是取得民眾對政策的支持與行為的改變，故政策管理者，應探索民眾的思維及行為習慣，選擇合宜的溝通工具與民眾進行溝通。在與民眾溝通上，政府可運用整合性行銷溝通（Integrated Marketing Communications,IMC）來爭取民眾對政策的認同和支持，即利用不同的、整合性的溝通工具來對民眾進行政策的溝通，以提供給閱聽者清楚、一致且有力的政策訊息。在非洲豬瘟防疫政策中，政府除了傳統的一些溝通工具，如廣告、人員行銷外，也可透過部落格（blog）、噗浪（plurk）、臉書（facebook）、Line等廣泛地被網路公民大量使用的社群媒體，來宣導並教育民眾遵守防疫政策。

參考資料 ▶▶ 國家文官學院，《政策溝通與行銷》，104年薦任公務人員晉升簡任官等訓練教材。

三、政府在進行政策規劃時，有時會透過電話訪問調查民意。電訪民調所蒐集的政策意見可能會有的問題為何？如何以「審慎思辯民調」（deliberative opinion poll）克服這些問題？

答：自蓋洛普博士於三〇年代推出民意調查之後，許多社會科學家一直期望透過民意調查能夠找出民意的真正態度。政府在進行政策規劃時，通常習慣透過兩種

途徑來蒐集民意，一是邀集少數學者專家來諮詢座談，另一則是透過一般民調，即針對全體民眾作意見調查，但卻都有其限制與不足，對政策形成造成不當的影響。

(一)電訪民調的可能會有的問題：一般電話訪問是目前政策民意調查中最為普遍的資料蒐集方式，其最大的優點是快速便捷、成本低與隱密性高。但缺點則是：

　1.訪問的題目有限，且不能過於複雜。

　2.抽樣清冊的涵蓋率影響樣本代表性。

　3.由於詐騙事件頻傳，拒訪的比例偏高。

　4.為求快速完成訪問，不會給受訪者充分資訊。

　5.訪問的時間不會太長，內容業不宜過多。

　6.重量不重質的民調技術。

　7.電話民調的花費最便宜、省事，也最容易受到操控。

(二)審慎思辯民調如何克服電訪民調的問題：又稱「審議式民調」或「商議式民調」，主要是希望能兼籌並顧民主政治中的兩項重要價值：平等參與及商議。平等參與是希望人人有權參政，有表達意見，參與決策的機會。而商議則是指參與決策者對不同政策選項的正反意見與利弊得失，具有認真思考與相互討論的機會，以期政策抉擇是在大家商議後的理性產物。以這種方式所獲得的民意，對制定良善政策應有所助益。審議式民調的進行方式不一，首先根據受訪者的居住區域進行分層抽樣，隨機抽取1,000位以上的全國性樣本，然後進行面對面的問卷訪談，再邀請部分受訪者，約三至四百位人，分成若干組，每組約十五至二十人，參與一天至兩天的公共討論。公共討論程序通常是：先由小組成員針對特定議題的不同方案進行討論，然後所有成員再與專家對談，之後再回到小組討論；整個討論結束之後，再以同樣的問卷進行施測，比較討論前後的意見態度變化。因此，審慎思辯民調具有以下優點，能克服電訪民調的問題。

　1.可以減輕理性無知的問題，提供參考者一個思辯的場所與充分的資訊，以找出審慎思辯後的民意。

　2.受訪者也是隨機方式抽取產生，可以視之為一個社會的縮影，其意見足以代表全體民眾在審慎思辯後所可能形成的意見，兼顧了平等參與與審慎思辯的價值。

　3.審議式民調所獲得的民意，可說是較為精緻與優質的民意，可用來作為政策制定的參考依據，應該較為恰當妥適，對於制定良善政策有所助益。

參考資料 ▶▶ 1.余致力等四人（2007）合著，《公共政策》，智勝文化，2007。

　　2.丘昌泰（2000），《公共政策基礎篇》，巨流圖書公司。

四、請說明下列名詞之意涵及其與公共政策的關係：

(一) Ideology

(二) Spiral of Silence

(三) Plebiscitary Democracy

(四) Policy Marketing

(五) Quasi-Experimental Design

答：(一) 意識形態：指一個社會或一個政治團體辯護其行為所提出的組合性信條、信仰、主張和意圖。

(二) 沉默螺旋：組織中如果存在主流意見，當人們發現自己的意見與主流意見不同時，因為害怕被孤立，便會選擇隱藏自己的意見，並保持沉默。

(三) 公民投票式民主：係以人民直接透過公民投票之方式參與公共政策之決策過程，實現人民主權理念之政治體制。

(四) 政策行銷：指政府機關及人員採取有效的行銷策略與方法，促使內部執行人員及外部服務對象，對研議中或已形成之公共政策產生共識或共鳴的動態性過程。

(五) 準實驗設計：基於現實考量，缺乏隨機分派之要件，僅具備實驗組和控制組以及前測後時間點的測量，即為準時驗研究設計。

參考資料 ▶▶ 吳定（2012），《公共政策辭典》，五南圖書。

一、何謂「統合主義」?「統合主義」包含那兩種類型,各自的構成方式為何?

答: 多元主義在美國與英國被視為當然,但在若干歐洲國家則被批評的相當激烈,另外發展出有別於多元主義與菁英主義模型的大型團體理論,通常稱為「統合主義」(corporatism)。

(一)統合主義的意涵:根據史密特(Schmitter,1977)的說法,統合主義「是一種利益代表的系統,代表利益的單位被組合成數目相當有限之單一、強制性、非競爭性、階層結構次序的與功能分化的團體類別,他們的地位受到國家的認可或頒發執照,在其相關領域中被授與代表性的壟斷權,以換取對領導者選擇與需求或支持表達的控制。基此,統合主義包含下列基本概念:

1. 國家與利益團體之間的關係可以被組合為利益的代表系統:在此系統中,利益團體制度化的程度不一,那些已經高度制度化的團體,組織系統嚴密而健全,該團體的聲音容易受到國家的重視,因而發生公共政策的影響力。但有些新生團體由於初出茅廬,組織渙散、聲音不大,其地位未被重視,政策主張自然不受青睞。

2. 該利益代表的系統是一個功能分化的階層結構系統:每一個利益代表系統在其專業領域中的專業知識與角色為其他利益代表系統所認同,並且亟思與其它系統保持既競爭又合作關係。最常看到的兩大功能代表是勞工聯盟與資方聯盟,每一聯盟當中都包含從地方性到全國性的勞工或資方組織。

3. 該利益代表的系統必須擁有報酬與處罰制度,以維持體系的運作:為了維持體系的領導,利益團體的需求與利益必須被整合於全國性的、影響力大的「登峰團體」(peak associations)當中,由極為少數的大型利益團體代表,與政府或其他團體代表展開談判,以謀取該團體的最大利益。而政府機構也願意授與登峰團體的利益代表壟斷權,可以讓它合法地進入政策制定過程,與政府機關共同決定政策方案。

(二)統合主義的類型與其構成方式：史密特認為統合主義有國家統合主義（state corporatism）與社會統合主義（societal corporatism）兩種。

1.國家統合主義：構成方式為「由上而下」，中央的權力核心為國家統合主義的來源，政府機關操縱了利益團體的結合程序，利益團體失去了自主權。例如義大利的墨索里尼曾經發動勞工運動，將全國所有代表資方與勞方的協會組合成一個公司，以取代政黨的地位。此種高度結構化的統合主義，可用來解釋威權或集權政體中的國家與社會關係，但自第二次世界大戰後，此類統合主義的結果是失敗的。

2.社會統合主義：又稱為「新統合主義」（neocorporatism），其構成方式為「由下而上」，乃是「協會之需求與團體內部之互動過程」，此種過程完全是自動自發的，基於利益共同體的需要，遵循政府頒定的遊戲規則，組合成階層結構的利益代表系統，然後以此系統的最高代表與政府或其他團體展開談判，有時更參與國家政策的制定與執行。例如瑞典的利益團體「皇家委員會」（Royal commissions）包括來自產官學界的重要人士，規模相當龐大，且影響力甚大。這類的統合主義意味著利益團體已經取代國家機關的功能，成為關鍵的政策制定者。

參考資料 丘昌泰（2000），《公共政策基礎篇》，巨流圖書公司。

二、近年來，民眾參與政策制訂過程的意願顯著提升，民眾參與固然是民主發展的趨勢，但也經常會有衝突的情況，試舉例說明民眾參與的困境。

答：民眾參與（Citizen Participation）又稱公民參與，係指民眾個人或團體基於自利或公益，自動自發或被組織起來，透過個別或集體的抗議或非抗議行動，來表達偏好並要求政府回應其偏好，爭取訴求實現的行動。民眾參與固然是民主發展的趨勢，但也經常會有衝突的情況。吳定教指出公民參與的擴大，將引發以下議題：

(一)公民參與和資訊公開的衝突問題：公民參與政策過程，必須接觸許多資訊，但如果政府任何事務的資訊都對民眾公開，則政府勢必無法有效運作，嚴重者甚至會危害國家安全及社會利益，例如國防、外交等事務就不宜公開。

(二)鄰避情結的負面影響問題：民眾在鄰避情結的驅使下，常以激烈的抗爭手段，反對諸如核能電廠、垃圾掩埋場、水庫、石化工廠等的興建，對經濟發展造成重大的影響。

(三)公民團體的代表性與合法性問題：公民團體常常會以誇大及戲劇化或非法的方式突顯他們的訴求，但事實上他們可能僅是代表一小部分的民意。因

此，團體成員是否足以代表廣大公眾？一旦發生代表性不足或代表性受到質疑時，都將降低公民參政的功效。

(四) 成本利益分析與公民參與問題：政府機關限於財政或資源分配，在從事政策方案擬訂及執行時，必須從成本效益或效能分析的觀點出發，但公民團體所關心的是公平、合理與正義的充分性與必要性。

(五) 公民團體的參與策略與型態問題：公民團體可能會以誇大、戲劇化或非法的方式，突顯他們的訴求，如以黑函造成恐嚇的效果，甚至使用陳情或抗爭等方式，都可能影響政府決策的公平與公正性原則。

(六) 行政人員抗拒公民參與的問題：行政人員基本上是保守的、專業自許、缺少想像力與生涯利益取向的，害怕公民參與將導致其決策權受到壓縮與限制，而採取排斥的態度。

(七) 公民參與和專業知識衝突的問題：公共政策的特質太過複雜，所應考慮的因素甚多，因之民眾參與公共政策的先決條件為具有基本的「參政知識」，如此政策制定者與民眾之間的對話才有可能形成。

(八) 公民參與和行政績效的問題：當前主流的公共政策相當重視效率與經濟，而政府改革的目標亦以提高行政績效為目標。不過，過分重視行政效率的目標，就容易犧牲公民參政的機會。

參考資料 ▶▶ 吳定（2003），《公共政策》，國立空中大學。

三、政策工具可以分成許多類型，其中一類是假設市場價格機能可以有效的配置資源。請詳細說明利用市場機制類型包含那些具體的工具選項？

答：政策工具又稱為「治理工具」或「政府工具」，是指政策執行機構賴以達成政策目標或產生政策效果的手段本質，本質蘊涵著兩個重點，即政策工具的多元性和價值偏好姓。根據魏瑪（David I.Weimer）及文寧（Aidan R.Vining）的看法，針對官僚供給無效率的問題，可採取市場機制的政策來解決，作法包括市場自由化、市場促進化與市場的活潑化。

(一) 市場自由化（freeing markets）：對已存在的市場，政府解除對參與者的管制，開放自由競爭，讓自由市場的供需法則運作，以產生效益。其方式包括：解除管制、民營化、行為合法化。例如，我國金融自由化，開放民營銀行的設立，並進一步讓公營行庫民營化。

(二) 市場便利化（facilitating markets）：對於市場未存在者，政府加以改造並建立市場機制。其方式包括：分配既有財貨（建立既有財貨的財產權）、創造新的市場化財貨。例如，對森林或漁場加以管理並予以收費；我國外匯市場、期貨市場的建立。

(三) 市場模擬化（simulating markets）：對於市場內部機制未能有效運作者，
政府藉由激發市場功能予以活潑化。例如，政府公設民營托嬰中心及社區
公共托育家園等。

參考資料 ▶▶ 吳定等人（2006），《行政學下》，國立空中大學。

四、公共政策學者必須面對社會中不同政策價值的取捨，試論述學者將多元價值納入政策分析的途徑有那些。

答：公共政策學者面對社會中各種不同政策價值，應該如何加以取捨？如何將多元
價值納入政策分析過程？可分為以下四種途徑：

(一) 價值中立途徑（value-neutral approach）：主張將價值排除於政策分析過
程之外，使政策分析成為「就事論事」的中性科學，形成了「實證政策分
析」。因此，政策分析家應該成為一位科學家與技術專家，必須清楚知
道政治、宗教、倫理與文化上的偏見，並且將它們擱置一旁，就事論事提
供客觀的政策建言。不過，這個途徑已經受到許多人的批評，主要問題在
於：現實生活中，純然的價值中立或價值與事實的分立是否可能？這樣的
分離是否有意義？價值中立是否會對人類社會做出更多的傷害？

(二) 價值權衡途徑（multiple-value approach）：主張將公共政策的多元價值，
依據不同的份量賦予適當的權重比值，將每一項加權之後的價值加總起
來，就得到集體的價值係數。林德（Linder）建議：應該採取多元價值途
徑以整合「後果主義」（強調效率與效能的標準）與「非後果主義」（強
調公平與正義的目標）的各種價值主張。不過，這個途徑目前尚未成熟，
仍有許多問題亟待克服，特別是「誰得到什麼」的「分配正義」問題。學
者指出，政客、政策專家與民眾對於分配正義的價值偏好不同，價值權衡
途徑根本無法解決該項問題。

(三) 價值論證途徑（value-argument approach）：主張應該將倫理價值納
入政策分析過程中，但必須透過論證途徑來檢驗價值的正義性。馬凱
（MacRae, Jr., 1976）認為，一個對公共政策有貢獻的社會科學應該強調規
範理論的重要性，而不能一味地強調實證理論的驗證。他認為惟有將「實
證理論導向」的社會科學轉變為「規範理論導向」的政策科學，才能提高
社會科學對公共政策的貢獻程度。因此，為了成為一位政策科學家，必須
應用「倫理辯證法」（ethical argument）取代「經驗檢證法」。

(四) 價值批判途徑（value-critical approach）：此途徑不僅否認價值與事實的
分離性，甚至強調所有的事實都是價值觀的反映，因此，現實世界中只有
「價值負載的事實」（value-laden facts），事實都是經過價值檢選的結

果，並不單獨存在純粹的事實或價值。這是源於批判理論大師哈伯瑪斯（J. Habermas）的途徑。福利斯德（Forester）進一步提出「批判性實用主義」（critical pragmatism），認為政策分析是一種價值負載的社會行動，意指政策分析本身一定要有理想的價值色彩，希望完成某種目標，改善某種現狀；同時，政策分析也是一種社會行動，行動本身可以創造意義，特別是溝通行動（communicative action）能夠讓政策利害關係人瞭解彼此的想法。溝通行動也對政策分析具有相當注意，因為當我們溝通時，分析家的行動會引起民眾的注意，而分析家本身也能注意自己與民眾的角色。如此一來，分析家就不僅是事實的蒐集者，更是「注意力的組織者」，隨時注意雙方態度、期望與行為改變對於公共政策的可能影響。Forester認為透過「質疑」的過程可以形成注意力，可以使真理愈辯愈明，因為我們可以質疑公共政策的利害關係、問題性質、政策環境、設計途徑、政治立場與政策效果，基此，注意力的形成就是社會行動的形成，行動本身可以創造豐富的意涵。

參考資料　丘昌泰（2000），《公共政策基礎篇》，巨流圖書公司。

一、 政府使用BOT模式推動重大公共建設之主要目的為何？可能遭遇到的重大挑戰有那些？請說明。

答： BOT模式「Build-Operate-Transfer，簡稱BOT」係由民間籌借資金進行建設「Build」，在政府特許年限內，由特許公司後得經營權，以回收投資成本並獲得合理的利潤（Operate），於特許年限期滿後再將所建設的資產交還政府回收經營（Transfer），而未具完全自償者，則可由政府補貼或投資建設所需之部分經費。

(一) 政府推動BOT模式之主要目的

　　1. BOT的財務負擔及風險由政府轉移給民間投資者承擔。

　　2. BOT計畫將政府所需的投資金額降至最低，能緩和政府的財政負擔，政府可將有限的財政資源分配到其他更需要的建設上。

　　3. 政府可以借重民間的資金參與公共建設，以減少資金不足的壓力。而民間企業因獲得特許經營權的回饋，可達到創造利潤的目的，可說是一種互蒙其利的作法。

　　4. 民間在政府的監督之下，市場機制的引進，用私部門的管理技術，來提高公共建設的進行效率，提高公共建設之品質。

(二) 政府推動BOT的挑戰

　　1. 由於民間承擔建造及營運期風險，因此須有足夠之誘因，方能吸引民間投資。

　　2. 由於民間受到籌措能力之限制，因此財務計畫應對成本及未來營收之估計預測具可信度且有償債能力。

　　3. BOT的精神固然鼓勵私部門參與建設，但政府提供功能轉移並不表示管制與補助功能也一同移轉，而是轉而發揮規劃與管理角色，若無有效監督與協商將衍生更多的問題。

參考資料 1. 吳定等人（2007），《行政學下》，國立空中大學。

2. 丘昌泰（2005），《公共管理》，智勝文化。

二、政策工具的類型很多，包括志願型工具、市場型工具和管制型工具。請以以防
　　制空氣污染為政策目標，規劃3項政策措施（須分屬上述3大類型政策工具），
　　並比較其優劣。

答：政策工具（Policy instruments）係指政府將政策目標轉為具體政策行動，藉由
最適的工具或手段，有效執行以達成預期目標。而不同的政策問題與政策目
標，所需的政策工具也就不同。政策工具種類甚多，不同公共政策學者對於政
策工具分類，也不盡相同。Howlett與Ramesh是依據國家涉入提供貨品與服務
的程度，建立一政策工具的光譜架構，並將一般政策工具區分成三大類：志願
性、強制性、混合性（Mixed）的政策工具，以下茲就題旨分敘如下：

(一)志願型工具（voluntary instruments）：指國家幾乎不介入政策工具的運
　　用，完全由民間社會或標的團體在自願基礎下所採取的工具類型。
　1.家庭與社區：這是非常重要、且最具成效、成本最低的自願性工具；例
　　如：解決空汙問題最有效的方法應該是家庭教育不製造汙染物或社區防治
　　空汙預防組織。
　2.自願性組織：慈善性或自願性組織是政府與企業部門之外的「第三部
　　門」，力量最為驚人。例如：臺灣環境保護聯盟長年關注與推動減少溫室
　　氣體排放量，減碳及改善空氣污染，推動綠能減煤，規劃移動污染源由油
　　轉電的策略等。志願型工具其優點是政策成本最低，但缺點則是不具強制
　　性且難以評估其政策成果。

(二)強制型工具（compulsory instruments）：指國家機關採取由上而下的統治
　　途徑，強制性或單方面的對民間社會或標的團體採取直接的管制或干預行
　　動。包括：
　1.管制：管制通常涉及管制法令，一旦政府公布之後，標的團體就必須遵
　　守。例如：行政院環境資源部通過的「空氣污染防制法」，違者將受到
　　處罰。
　2.公營企業：通常指國家資本比率占50%以上的企業，國家機關對於該企業
　　擁有管理權。例如：台電已分別針對固定源、移動源及逸散源訂定可執行
　　之空污管理策略，逐步落實空品保障。
　3.直接提供條款：由國家機關直接由預算支付公共服務的經費。例如：由主
　　管機關依預算法的規定，設置單位預算「空氣污染防制基金」。管制型工
　　具其優點是具有強制力且政策效果明顯，但缺點則是政府執行過程的監測
　　成本過高。

(三)市場型工具（market instruments）：近年來世界各國紛紛採用市場機制工
　　具以推動政府相關政策，所謂市場機制如民營化、自由化與促進化等都是
　　其中重要的工具。例如：「空氣污染防制策略」，除傳統鍋爐燃料汰換，

另外也擴及了新電力市場的形塑，構築新綠能的電力市場。市場型工具其優點是可透過市場機制運作來減少政府干預，給予標的對象自主空間；但缺點是可能造成交易秩序混亂而無法管控。

參考資料 丘昌泰（2005），《公共管理》，智勝文化。

三、「理性決策模式」之基本步驟為何？請以一個實際個案為例，說明在現實社會中不可能完全依循該模式來制定政策的主要原因。

答：理性決策模式係指決策者能夠根據完整性以及綜合性之資料，運用科學與理性的方式進行方案選擇與解決的方法而形成的過程。該模式受到古典經濟學家的影響，假設人類為經濟人（economic man），亦即人乃是追求最大經濟利益者，故追求最佳的決策。

(一) 基本步驟

　1.決策者可將需要解決的問題加以孤立，而不與其他問題發生關聯。

　2.解決該問題的所有目標或價值均可確定，有關的事實與資訊均可蒐集得到。

　3.決策者可找到所有解決問題的替選方案。

　4.所有的替選方案都可依其價值、優劣點、重要性，而排出優先順序。

　5.能估量每一個政策方案所得到與失去的社會價值比例為何。

　6.最後決策者能選擇出最經濟而有效的政策方案。

　　在理性決策模式中的理性，乃是意味著整個社會的價值偏好是可以被知曉的及權衡的。

(二) 缺失與限制：理性決策模式對於政策決策上自有其不可磨滅的貢獻，但在執行層面上仍有以下若干的限制與缺失：

　1.社會上並沒有經常一定的價值存在，可能只有特殊的團體或個人的價值，況且有許多價值彼此間是相互衝突的。

　2.許多的相互衝突的價值並不能量化、比較或是權衡的，例如：我們可能無法比較教育機會均等的重要性與與經濟成長的價值高低。

　3.政策規劃者常因個人能力以及「有限理性」（bounded rationality）的限制，並未具有完全的知識或充分的理性，雖其過程可視為理性，但仍將受制於個人的價值觀、利益、權力等因素之影響。

　4.政策決策者有時並未積極擴大目標成就或尋找最佳解決方案，而僅是期望滿足進步的要求；一但他們尋得可行的方案之後，就不再尋找最佳的途徑了。

　5.政策決策者同時亦常受限於既行計畫投資，亦即「沉澱成本」（sunk cost）之限制。

6. 經常面對「資訊不對稱」（information asymmetry）情境：此意味政策決策者可能於初面對問題時發生資料或訊息有限的情況；亦或無法取得事件發展過程中所涉及資訊的窘境。

(三) 不可能完全依循該模式來制定政策的主要原因-以實例說明：我國政府對新冠肺炎（COVID-19）疫情的防疫政策成績斐然，但在防疫決策初期也很難做到完全理性決策，只能做到滾動式調整。因為這些「理性」假設，並不符合現實。其原因：

1. 決策者很難將需要解決的問題加以孤立考慮，可能同時要考慮到諸多的問題，例如國際外交上的問題。

2. 決策者針對問題的解決所蒐集的各種資訊，由於資訊本身或是資訊蒐集過程的一些特性，使得決策者無法取得所需的所有資訊。COVID-19發生時資訊是不完整的，而且資訊也不是很正確。

3. 決策者本身因受到知識、能力、時間、資源等因素的限制影響，無法做出完全理性的最佳抉擇。例如防疫指揮也難免承認有時也會出錯。

4. 許多價值觀常常是相左的、矛盾的，很難有一致的價值存在。例如，不同公衛學者或專家對防疫措施也會有不同看法。

5. 並非所有的替選方案都可依其價值、優劣點、重要性，而排出優先順序。例如，邊境管制、疫苗接種、物資整備、社區防疫、紓困/補償政策孰重孰輕。

6. 所面對的問題是不清楚與含糊的，而且是無法掌握的。例如，COVID-19病毒不斷突變，令各國措手不及。

參考資料 ▶▶ 1. 吳定（2003），《公共政策》，國立空中大學。
2. 丘昌泰（2000），《公共政策基礎篇》，巨流圖書公司。

四、政府制定政策時，必須考量它是否有效率、是否公平。假定所謂的「有效率」係指政策實施後的總效益大於總成本，而「公平」則指顧全而不犧牲弱勢族群的權益，倘若現在政府擬擴大引進外籍看護工來臺工作，請評估此一政策是否有效率？是否公平？

答：公共政策倫理係指公共政策制定者、執行者或評估者推動一項公共政策時，必須接受的「倫理行為規範」，如效率、效果、公平的標準，以至於誠實、正義、廉潔等道德標準，亦經常與倫理標準連結在一起，難以嚴格區分。

(一) 效率取向：在當前主流公共政策研究中，強調效率與效果的標準，要找到最有效率、最具效果的政策方案，以解決社會問題；換言之，政策制定者關心的問題是：政策方案有沒有效率？可以發揮何種效益？能不能解決問

題？主流政策研究者以政策方案解決問題的「後果」來評定方案的價值，在方法上係以成本效益分析為計算政策後果的基礎，這種途徑可以稱之為功利主義者或後果主義者途徑。林德（Linder）曾經批評效率取向的政策分析，至少出現下列三項問題：

1. 效率標準難以衡量的問題，柏瑞圖效率（Pareto efficiency）無法適用於具有多元價值的民主多元社會。

2. 公共政策倫理價值的貨幣化問題，如何將道德訴求的價值予以貨幣化或量化呢？

3. 公共政策價值之間的交易或權衡問題，效率與公平、效果與正義之間是很難進行交易的。

(二)公平取向：公共政策研究者之所以將社會公平納入於政策過程中，主要是因為社會公平扮演社會「黏著劑」的功能，它可以將公民、政府與國家緊緊的結合在一起，建立一個民主政府。社會公平在公共行政中的地位是：

1. 它是公平民主社會的基礎。

2. 它足以影響組織人各種行為。

3. 它是分配公共服務的法律基礎。

4. 它是分配公共服務的實務基礎。

5. 將它視為瞭解複合聯邦主義之知識來源。

6. 將它作為研究與分析的挑戰。

(三)政府擬擴大引進外籍看護工來臺工作政策評析：倘若現在政府擬擴大引進外籍看護工來臺工作，此一政策是否有效率？是否公平？依當前主流的公共政策研究，幾乎都強調須找到最有效率、最具效果的政策方案，以解決社會問題。我國因人口老化嚴重，推估將於2025年邁入超高齡社會，長照需求確實很迫切，擴大引進外籍看護工政策明顯可立即解決問題，是符合效率價值的。但卻也會影響或剝奪本國勞工之就業權，尤其是中低收入戶或是二度就業婦女的就業權利，不符公平價值。

參考資料 ▶ 丘昌泰（2000），《公共政策基礎篇》，巨流圖書公司。

一、近年流行以「推力」（nudge）作為推動政策之工具。「推力」背後之理論為何？與其他政策工具之差異為何？使用這工具之優勢為何？試舉實例闡釋之。

答：美國行為經濟學家塞勒（Richard Thaler）於2017年10月獲得諾貝爾經濟學獎，他倡導的「推力理論」也廣受矚目，成為影響當今政府決策的重要理論。

(一) 理論基礎：推力（nudge）是基於行為經濟學（behavioral economics）所設計的政策干預或措施，促使人們行為的選擇結構（choice architecture）往政府所期待的方向轉變。其重要假設是人類往往不是一個理性決策者，常採納直覺的判斷，因此，不理性行為就會產生，推力理論就是利用這些偏誤產生時，當一位「選擇設計師」，設計出一股推力讓人們自動做出較好的決定。

(二) 與其他政策工具的差異：推力（nudge）原意是「用手肘輕觸或輕推」之意，與push（推動）和force（強迫）不同。因此，nudge翻譯成「輕推」會比「推力」要好。輕推不是強迫、硬性規定，如管制性工具，或強力推動，如勸導型工具。是在不妨礙任何人的選擇自由，利用巧妙的設計決策環境，自然會形成一股「推力」，把人事物推往期望的方向。

(三) 使用推力工具的優勢

1. 增進政府效能，提升民眾服務品質：在現今政府面臨龐大的財政壓力下，推動一項政策不一定都有足夠的預算。因此，能以運用推力搭配成本效益分析，找出公共政策成本低且收益高的工具去執行政策，增加政府效能，就能提升國家整體競爭力。

2. 推動公共政策，無痛升級：傳統的政策宣導，不外乎給人印象就是古板無聊。政府政策本身就有一定的複雜度，簡化成一種口號又易被斷章取義，要如何將好的政策深入民心？推力工具可將之應用於政策行銷。

3. 教育應用，激發學生學習熱忱：推力的應用最常見於教育方面，企圖以遊戲化教學模式，誘導學生學習。近年來開放式線上課程（MOOCs）興起，號召名師講課，讓學生自由點選有興趣的的課程。

4.設計快樂建築，居住幸福城市：一個成功的建築物，除外型美觀，使用時也會給人帶來快樂。都市計劃更是大大影響著公眾的生活模式，過去的都市道路都是以「車」為主體，城市發展並無預留給生活空間；但不難發現，臺灣慢慢開始將回歸以「人」為角度，將空間騰出來給行人，行人便會出現。政府各種國土計畫皆能改變人民生活，小至公園都能改變飯後散步的路線，大至車站的設置之於城鄉差距等，政府的推力存在於無形有形間，可大可小，改造幸福城市並不是競選口號，而是真切的存在於任何一個公共政策上。

(四)實例闡釋：推力型政府正蔚為風潮，在臺灣在老百姓不知不覺中，政府加入了許多輕推的助力，例如斑馬線、腳踏車行車線的設置，讓行人不再隨意穿越馬路、腳踏車與行人分道；又如公車、火車、捷運、高鐵上設置博愛座，雖然偶有爭論，但至少提醒民眾要讓座老弱婦孺；又如個人所得稅由政府先代為核算，如果民眾同意就可依核算結果繳交，不僅省卻麻煩，也提升了民眾繳交的意願。

參考資料

1. 張惠美譯《推力：決定你的健康、財富與快樂》（原作者：Richard H.Thaler & Cass R. Sunstein），時報出版。
2. 安紫瑜，〈推力的巧思：推出公共政策新局勢《推力》讀後感〉，《T&D飛訊第265期》，國家文官學院。
3. 楊朝祥（2018），〈「輕推」，讓臺灣進步〉，《國證明論》，國家政策研究基金會。

二、試比較理性主義（rationalism）與後實證主義（post-positivism）政策分析背後的假設與方法，並以實例說明兩者於什麼類型之政策議題上較為適用。

答：理性主義（rationalism）係基於實證主義（positivism）與邏輯實證主義（logical-positivism），認為世界上一切事物，都可藉由科學的經驗方法加以論證或理解。且使用科學方法進行調查的整個過程，必須是客觀的、價值中立的，以求發現存在世上的真實、客體和現象，以及事實現象背後的規律和因果法則，藉以解釋和預測各種現象。例如，政府透過調查分析國民平均壽命年齡，來說明全民健保政策的績效。具體而言，實證主義是對於政策的事實面進行有系統的調查、以統計技術蒐集公共政策的資訊，並將事實結果以經驗性的分析提出可靠的事實陳述，希望能建立政策知識的通則，期能達到成為決策者可資運用的政策資訊，以作出最佳決策。後實證主義（postpositivism）的興起，乃是針對以科學和技術理性為主流之取向的反思。強調社會現象因不確定性和分歧的觀點所產生的價值差異，否認社會客觀性的存在，重視觀念

（idea）、意識形態（ideology）和論述（discourse）的作用，強調權力關係、結構與行為主體的相互建構。例如，爭議性的政策議題，如墮胎、同志結婚、種族等議題。認為每個人的生活背景與成長過程不同，會有不同的觀念及認知，對一件事情就會有不同的看法和詮釋。所以我們要反思，要有批判性思考能力，去質疑現狀下我們堅信不移的信念和認知，是否真的是真理與真實。

✎ **參考資料** ▶ 丘昌泰（2005），《公共管理》，智勝文化。

三、「政策企業家」（policy entrepreneur）是政策過程中之重要人物。試說明其特質、專長及其在政策過程中之功能。

答：「政策企業家」（policy entrepreneur）一詞，是由金頓（J. Kingdon）於1984年在其出版的《議程、備選方案與政策》一書提出，他認為「政策企業家」具有創新、開創精神，主導「政策問題本質界定」，營造「問題流」、「政策流」、「政治流」匯合，開啟「政策窗」，促進「政策創新與變革」。

(一)意涵：政策企業家是「擁有特殊人格特質，具備企業家精神，並且能夠促成創新思維與作為」，該定義著重兩個層面：分配資源的能力，以及人格的基本特質。首先是Lewis（1980：233）所強調，政策企業家之有別於公共管理者和政治人物，是在於他們能夠以最根本的方式進行資源配置的改變。其次，無論是否來自公共部門的政策企業家所應該具備的特質，也是Huefner和Hunt（1994：55）所指陳擁有特殊人格特質，具備企業家精神，並且能夠促成公共創新（public innovation）的人。

(二)特質：政策企業家的人格特質包括：專業知識、領導魅力或是權威，因而有人願意聽取主張；擁有良好的政治關係或是協商技巧；還有最重要的是，堅持不懈的精神。Van Wart和Dicke（2008）則是提出公共部門領導統御者應該具備的特質包括：自信心、決斷力、活力、責任感、企圖心（need for achievement）、靈活性（flexibility）、顧客導向、正直（integrity）、成熟的情緒控制（emotional maturity）等。

(三)專長：「政策企業家」的核心能力或專長，有很多論著探討之，魯炳炎（2010）曾加以整理分析，見仁見智。本文採用Mintrom & Norman（2009）的觀點。認為其專長須具備：

1.對於社會需求，要有敏銳的觀察力（displaying social acuity）政策企業家必須趕緊建構正確的議題，否則錯誤的議題只會讓社會倒退。錯誤的議題只會在社會，如同「放一下煙火」而已，政策企業家必須阻止錯誤的議題擴散，避免虛耗社會資源。

2.要有界定人人關心的政策問題本質（defining problems）的能力：如何界定「政策問題本質」？例如「集會遊行法」的修正，分析之：

(1)先有社會時空發展，時空背景已不同。

(2)必須重新界定「集會遊行法」是否符合現在時空背景需要。

(3)大法官有「權」界定「政策問題本質」。大法官釋字第445號、釋字第718號。

(4)立法院依據大法官所界定之「政策問題本質」，修改「集會遊行法」。

(5)行政機關依據新修正之「集會遊行法」，執行之。

(6)「政策問題本質」已轉移，已有新界定，全國必須有此認識與遵行。

3.要有充實的社會關係網絡能力，組建開創的團隊（building teams）：政策企業家必須營造政治勢力，沒有政治勢力不能推動自己的政治主張。政策企業家在資訊時代，要運用網際網絡，動員志同道合的人，形成綿密地社會關係網。

4.要有具體行動的實例（leading by examples）：政策企業家要有身先士卒，表現具體行動實例的能力，以消除人們的疑慮。也就是政策企業家必須有動員力，才會產生具體行動實例。政策企業家就是「變革推動者（change agent）」。

(四)政策企業家在政策過程中的功能：King和Roberts（1987）、Mintrom（2000）、Schneider,et al.（1995）等學者則是指出，政策企業家的三種功能可以促成政策創新的形成：確認未實現的需求；發展出應對的策略；以及積極參與政治的場域。

> **參考資料**
> 1. 張世賢（2014），〈政策企業家之探討〉，《中國行政評論第20卷特刊》。
> 2. 魯炳炎（2009），〈政策企業家於政策行銷過程的角色扮演〉，《文官制度季刊第一卷第三期》。

四、為何長期穩定之政策會出現變遷之情況？試提出導致政策變遷之其中四項公共政策理論概念，並舉例說明其如何促進政策變遷。

答：政策變遷是指一項或多項當前的政策被其他政策所取代的現象，這意味著舊政策的修改或新政策的採納。

(一)政策變遷的理由：為何長期穩定之政策會出現變遷之情況，學者歸納有以下原因：

1.長年以來，政府通常都會逐漸地擴大某項政策領域的活動範疇，以擴大政府的治理功能，這些活動範疇很少是全新的，即使是全新的政策，在某種程度上必然與當前的政策有所重疊。

2. 當前的政策可能因為不良副作用或效果不彰，需要在政策上進行某種程度的改變。

3. 為了避免政策終結，引起民眾反彈與社會不安，故儘量避免制定新政策，此外，當前永續的經濟成長率與現行政策中的財政承諾，也會儘避免制定新政策。

(二) 導致政策變遷的共政策理論概念

1. 直線型：指現行的政策被其他政策直接取代，例如精省後業務被中央所取代。

2. 強化型：將某些過去舊的政策併入新政策當中，以強化新政策的內涵，例如產業發展政策。

3. 分離型：將某項政策或計劃分成兩種或多種以上的內涵，例如環保政策。

4. 非直線型：這是比較複雜的改變模式，可能成立新的行政機構，可能在許多舊的政策或計畫中制定另一套新的政策或計畫。例如，柯市長上任後成立廉政委員會。

參考資料 ▶▶ 陳恆均（2001），《公共政策：演進研究途徑》，學富出版。

一、拉斯威爾（Harold D.Lasswell）認為公共政策過程的研究可分為兩大類型：「政策內容」（policy content）和「政策過程」（policy process），請申論這兩者的研究有何異同之處，並舉實例加以說明。

答：公共政策過程理論之所以受到公共政策學者重視，主要是因為政策科學之父拉斯威爾（Harold D.Lasswell）當初提倡政策科學時，相當強調公共過程之重要性，其包括兩大類型：「政策內容」（Policy Content）和「政策過程」（Policy Process），以探討美國當代社會所面臨的各項重大問題。自此以後公共政策脫離政治學的母體學科，逐漸朝向一個新而獨立的學科發展。

(一) 政策內容：係指公共政策過程中之內涵知識，意指政策形成各階段中所需之情報資訊，如政策問題性質為何？政策目標為何？政策方案之優先順序和可能後果為何？這些政策內容知識必須仰賴作業研究、系統分析等管理科學方法才能完成。例如，台北市都會區的二氧化硫、二氧化碳等空氣污染物的管制水準應該如何，才不會影響市民健康？這種有關空氣污染的情報資訊必須透過環保機關、專家或顧問公司經由科學的調查與縝密計算才能估算出來。

(二) 政策過程：係指公共政策過程本身之知識，即公共政策形成過程應具備之「程序」知識，主要指政治、行政與組織理論知識而言，需透過政治、行政與社會的質化分析方法，運用決策者的直覺心智、洞察力與判斷力。例如，我們應該透過怎麼樣的民主決策程序才能將不同的利害關係人之觀點納入空氣污染管制計畫，以改善台北市的空氣品質，維護市民的健康？

(三) 兩者研究的異同

　　1. 基於關注焦點不同，政策過程強調政策程序面，將公共政策區分為若干步驟分明的階段；而政策內容強調政策實質面，則認為公共問題複雜，公共問題界定不易，因此傳統的階段論觀點並不符合實際需要。

　　2. 公共過程包括兩個層面：一為政策內容，即公共政策之「實質面」；二為政策過程，是公共政策之「程序面」。兩者實為相符相成，不可或缺。

參考資料 ▶ 丘昌泰（2010），《公共政策：基礎篇》，巨流出版。

二、「民意調查」與「公民投票」均是政府制定政策過程中,探知民意的重要方法,請以我國的經驗為例,比較說明這兩者有何不同之處。

答:民主國家中政府為探詢民眾對政策的想法,最有效的方式有二種。一種為民意調查,而另一種為公民投票。

(一)民意調查

民意調查乃是一種針對特定對象採取抽樣的方式來調查意見的作法。亦即從全體所擬調查的對象中(母體),以科學的方法(隨機的方法),抽出一部份足以代表母體的對象(樣本),來進行調查,其所獲意見,在一定誤差範圍內,可用以推論全體所擬調查者的整體意見。

(二)公民投票

公民投票包括創制、複決,由公民對特定的公共事務投票決定,是落實主權公民的一種直接民主的方式,可以彌補台灣目前代議政治之不足,提昇人民的政治參與。

(三)兩者相異之處

1.民意調查可為政策參考依據,公民投票依法具有政策拘束力。

2.民意調查任何的團體、個人皆可進行,公民投票則由政府機關所舉辦。

3.民意調查沒有議題上之限制,我國公民投票法則規定預算、租稅、薪俸及人事事項不得作為公民投票之提案。

4.民意調查的實施成本較低,公民投票的實施成本較高。

5.民意調查對象僅抽樣部分樣本的意見,參與公民投票的對象則為全體國民。

民意雖是制定公共政策重要的依據,也是政策分析與制定過程中不容忽視的一項要素,但是民意的表達卻有著太多的問題與限制,很難斷言何者才是多數人民的心聲。舉例而言,在民意的表達中,一般咸認為民意調查與公民投票所展現的民意最具有代表性,最接近多數民意,但也存在各自的限制與問題。

參考資料 》余致力等人(2007),《公共政策》,智勝文化。

三、為了解決房價持續高漲的問題，各方所提的相關建議包括推動交易實價登錄、鼓勵資金投入實體經濟、課徵囤房稅、降低房貸成數、提供購屋低利貸款、興建社會住宅等，試從政策工具的觀點，詳述政策工具的類型，並說明上述政策建議屬於何種類型。

答：政策工具係指政府機關為執行政策以達成政策目標，可以自由選擇應用之各種技術、方法或機制的總稱，亦即將政策目標轉化成具體政策行動所使用的工具或機制。魏瑪（D.Weimer）及文寧（A.Vining）認為政府機關使用的政策工具可歸納為以下五類：

(一) 市場自由化、便利化與模擬化
　1. 市場自由化：包括解制、行為合法化、民營化。
　2. 市場便利化：包括由政府分配即有財貨及創新的市場化財貨。
　3. 市場模擬化：包括經由拍賣方式提供財貨。

(二) 利用補貼與租稅方式改變誘因
　1. 供給面租稅：包括徵收貨物稅與關稅等。
　2. 供給面補貼：包括給予配合款與租稅減免等。
　3. 需求面補貼：包括現金給付、發給抵用券與個人稅減免等。
　4. 需求面租稅：包括加收貨品稅與使用者付費等。

(三) 設定規則
　1. 基本架構規定：包括「民法」與「刑法」相關規定等。
　2. 管制規章：包括物價管制、產量管制、直接提供市場資訊與間接提供市場資訊等。

(四) 經由市場機制提供財貨
　直接由政府機關供給：包括獨立機關或公有公司供給、由特區供給，與直接簽約外包或間接外包。

(五) 提供保險與保障
　1. 保險：包括強制保險與補助保險。
　2. 保障：包括物資儲存、過渡期補助，如房屋拆遷補助等、現金補助，如對老弱婦孺、殘障者、單親家庭的補助等。
　　為了解決房價持續高漲的問題，推動居住正義，需要有多元配套的政策工具，政府提出「住：全力興建社會住宅」、「租：擴大青年租金補貼」、「買：市民首購低利貸款」、「課：課徵囤房稅」四個管道的政策同時推動。其中，「推動交易實價登錄」屬於設定規則直接提供市場資訊；「鼓勵資金投入實體經濟」屬於利用補貼與租稅方式改變誘因；「課徵囤房稅」屬於供給面租稅；「降低房貸成數」、「提供購屋低利貸款」屬於需求面補貼；「興建社會住宅」屬於經由市場機制提供財貨。

參考資料 ▶▶ 吳定等人（2006），《行政學（下）》，國立空中大學。

四、面對社會問題的日益複雜、環境的快速變遷及科技的高度發展，「政策創新」成為當前政府作為的重要議題之一，請詳述政策創新的意涵及有利於政策創新的條件或因素，並舉政策實例說明之。

答：Guy Peters曾指出政策變遷（policy change）是一項或多項既有的政策被其他政策所取代或作若干調整的現象，包括政策創新（policy innovation）、政策賡續（policy succession）、政策維持（policy maintenance）及政策終結（policy termination）等四種模式。

(一)意涵

政策創新係指過去政府未曾有的政策、計畫或行政行為，也就是政府採取全新的作法來應付公共治理需求並帶來正面效果。亦即政府在特定政策領域上制定新的法律或計畫，以取代原有的政策。

(二)有利於政策創新的條件或因素

1. 問題：價值觀念的轉變、政治與經濟情勢的改變、焦點事件的衝擊、政策偏好的改變。
2. 政治：執政權的替、決策者的政策思維、政策行動者、政策問題的重構。
3. 政策：國家機關的自主性、政策學習的效應、政策工具的創新、政策成本的考量、制度設計。

(三)社會企業政策實例

我國政府透過各種政策方案扶助社會企業發展，2002年的「多元就業開發方案」建構政府與民間團體間促進就業的合作關係，2009年莫拉克風災後，為協助災區家園及產業重建，訂定「培力就業計畫」，此後該計畫修正兼具社會性與經濟性目標，鼓勵社會創新與社會性事業的創業，由政府補助以育成社會企業為目標（施淑惠，2013：13）。

行政院並於2014年頒布「社會企業行動方案（2014-2016年）」，以調法規、建平台、籌資金、倡育成四大策略，營造有利於社會企業創新、創業、成長與發展的生態環境，2018年行政院進一步頒布「社會創新行動方案（2018-2022年）」，以價值培育、資金取得、創新育成、法規調適、推動拓展及國際連結等六大策略推動。

參考資料　1.吳定，《公共政策辭典》，五南圖書，2010。
2.江明修、張浩榕〈「社會企業」到「社會創新」之政策變遷分析：多元流程模型的觀點〉。

一、何謂線上民主（online democracy）？請至少舉出一個實例，說明該線上民主面臨那些數位落差問題的挑戰，以及如何彌合數位落差的問題？

答：線上民主（online democracy）或稱「電子民主」是隨著網際網路興起的重要概念，強調透過資訊科技的實施，達到直接民主的目的。亦即，公眾與政府的溝通可以直接透過電腦及網路的運用，創造新的互動空間，以實施民主的理念。

(一) 意涵

係透過資訊科技的應用，達到反映民意、民眾參與公共決策的目的。如線上公民會議、線上公民滿意度調查、線上投票等。因此，有人認為未來的民主政治將是按鈕式的民主政治（Push-button Democracy），而線上民主的公民稱為網路公民（Neitzens）。

(二) 面臨問題的挑戰及解決

1. 數位落差又稱數位鴻溝，是指社會上不同性別、種族、經濟、居住環境、階級背景的人，接近使用數位產品（如電腦或是網路）的機會與能力上的差異。造成數位落差主要因素大致可歸納為以下五項：

(1) 城鄉差距：偏遠地區的家庭，其電腦擁有率較城市為低，接觸數位資訊的機會亦較城市為少；以台灣為例，台北市民眾的資訊使用率，遠高於偏地區的鄉鎮。

(2) 社經地位：收入不高的家庭較無購置電腦設備能力，往往也就大幅降低使用電腦與網路的機會。

(3) 教育程度：教育程度越高者，使用數位資源的機會就越多。

(4) 弱勢團體：身心障礙者（諸如視覺障礙、肢體障礙），因先天的限制，使其接觸電腦的機會較一般人來得困難，因而造成極大的數位鴻溝。

(5) 年齡層次：青少年對電腦網路的使用較年紀較長者頻繁，因年長者在適應新科技的環境時，會有排斥或產生障礙之現象。

2. 如何彌合數位落差的問題

(1) 加強收訊與上網基礎建設與服務：例如解決原住民與偏遠地區收訊死角問題，普及偏遠地區寬頻網路建設。

(2)運用學校及公共圖書館資訊資源，提供偏遠地區民眾及各弱勢族群使用。

(3)推廣身心障礙者上網輔具軟硬體開發、申請補助及教育訓練。

(4)為提升農漁民數位應用能力，行政院農業部與宏碁共同規劃農業e化發展策略。

(5)結合社會資源提供資訊與捐助資訊設備：例如台灣微軟公司與聯強國際在蘭嶼成立「學習e樂園」，捐贈20台電腦軟硬體及列印設備給「蘭恩文教基金會」，同時也協助其完成電腦安裝並建置網路設備，以提供當地居民使用。

(6)透過補助推廣弱勢團體教育訓練：如外籍配偶開辦城鄉接軌電腦班、城鄉接軌親子電腦研習，目的均在縮短城鄉數位差距。

參考資料 ▶ 1.孫本初、郭昇勳，〈公私部門合夥理論與成功要件之探討〉，《考銓月刊第22期》，2000年。

2.曾淑芬，《台灣地區數位落差問題研究》，「行政院研考會委託研究報告RDEC-RES-086-001」，元智大學，2001年。

3.劉得臣，〈數位落差〉，南華大學出版所，2006年。

二、 民眾參與政府的政策制定過程，已成為臺灣民主政治發展的趨勢；試闡釋民眾參與是否必然與科技專家或專業知識之間存在衝突？兩者之間如何加以調和與互補？

答： 民眾參與（Citizen Participation），係指民眾個人或團體基於自利或公益，自動自發或被組織起來，透過個別或集體的抗議或非抗議行動，來表達偏好並要求政府回應其偏好，爭取訴求實現的行動。惟民眾參與必然與科技專家或專業知識之間存在某些衝突。

(一)民眾參與及科技專家之間存在的衝突

　1.民眾參與和資訊公開的衝突問題：民眾參與政策過程，必須接觸許多資訊，但如果政府任何事務的資訊都對民眾公開，則政府勢必無法有效運作，嚴重者甚至會危害國家安全及社會利益，如國防、外交等事務。

　2.鄰避情結的負面影響問題：民眾在鄰避情結的驅使下，常以激烈的抗爭手段，反對諸如核能電廠、垃圾掩埋場、石化工廠等的興建，對經濟發展造成重大的影響。

　3.公民團體的代表性與合法性問題：公民團體常常以誇大及戲劇化或非法的方式突顯他們的訴求，但事實上他們可能僅代表一小部分的民意。因此，團體成員是否足以代表廣大公眾？一旦發生代表性不足或代表性受到質疑時，都將降低公民參政的功效。

4. 成本利益分析與民眾參與問題：政府機關限於財政或資源分配，在從事政策方案擬訂及執行時，必須從成本效益或效能分析的觀點出發，但公民團體所關心的是公平、合理與正義的充分性與必要性。

5. 公民團體的參與策略與型態問題：公民團體可能會以誇大、戲劇化或非法的方式，突顯他們的訴求，如以黑函造成恐嚇的效果，甚至使用陳情或抗爭等方式，都可能影響政府決策的公平、公正性原則。

6. 行政人員抗拒民眾參與的問題：行政人員基本上是保守的、專業自許、缺少想像力與生涯利益取向的，害怕民參眾與將導致其決策權受到限制，而採取排斥的態度。

7. 民眾參與和專業知識衝突的問題：公共政策的特質太過複雜，所應考慮的因素甚多，因之民眾參與公共政策的先決條件為具有基本的「參政知識」，如此政策制定者與民眾之間的對話才有可能形成。

8. 民眾參與和行政績效的問題：當前主流的公共政策相當重視效率與經濟，而政府改革的目標亦以提高行政績效為目標。不過，過分重視行政效率的目標，就容易犧牲公民參政的機會。

(二)兩者衝突的互補與調和

1. 機關外的調和機制－審議式民主：審議式民主（deliberative democracy）指公民就某一政策或議題，經過深思熟慮，與不同意見者進行理性對話，在相互討論、爭辯後，得出共同可以接受的意見的一種民主形式。亦即設法建構一種在各方有意願理解彼此價值觀點，並尋求解決問題過程中，落實民主價值的機制。其方式有公聽會、社會論壇、公民會議、願景工作坊、公民陪審團等。

2. 機關內調和機制－民主行政：民主行政（democratic administration）是公共行政核心，亦即政府在行政過程中，應確實回應民眾的需求，講求過程的正當性，重視公道的分配，以及避免權力的濫用，貪污與無能。民主行政的實踐必須強化行政官僚（專家）與變遷環境互動的能力，重視人民的需求及公共利益，透過各種方式容許並鼓勵民眾參與公共政策。

參考資料 1. 吳定，《公共政策》，國立空中大學，2003年。
2. 吳定等人著，《行政學下》，國立空中大學，2007年。

三、試闡釋何謂內在效度（internal validity）和外在效度（external validity）？為何真正實驗設計（true experimental design）的評估結果具有良好的內在效度，但相對而言，其外在效度容易受到侷限？

答： 在實驗研究中，為了確定經由實驗所得到的結果是正確可靠的，研究者就無可避免地要面臨所謂「效度」（validity）的問題。在實驗研究中，有兩種效度必須加以重視，就是外在與內在效度。

(一) 內在效度和外在效度的意涵

1. 內在效度（internal validity）：指實驗研究所獲得的結果或研究發現，的確歸因於實驗本身的程度。

2. 外在效度（externalvalidity）：外在效度為實證研究中一個重要的概念，指實驗研究所得的結果或研究發現，可使研究人員類推適用於其他類似情況的程度。

(二) 依題旨解釋

1. 真正實驗設計的評估結果具有良好的內在效度：外在效度所關心的是實驗結果的可通則化問題，而內在效度所重視的則是自變項與依變項之間的因果關係。一般來說，研究者首先應重視內在效度。因為一個實驗若沒有內在效度，則無法建立所要測量的因果關係。而一旦研究者無法確定因果關係，則所用來通則化的實驗結果，也只是一個不正確的結果。進一步來說，就算實驗結果無法加以通則化，只要實驗本身具有內在效度，就能增進我們對社會現象的瞭解。因此，內在效度的重要性，是先於外在效度的。

2. 相對而言，其外在效度容易受到侷限：內部效度和外部效度常常不能兼而有之，為了要改進實驗的內部效度，常常要犧牲其外部效度，同樣的，為了要提高實驗的外部效度，也往往要以其內部效度為代價，這是令實驗者最感困擾的一件事。外在效度是將實驗發現類推到實驗本身以外的事件或情境的能力，如果研究缺乏外在效度，他的發現就只對自己的實驗有效，這使他們無論是對基礎科學、或是應用科學都沒有什麼用處。

參考資料 ▶ 吳定，《公共政策辭典》，五南圖書

四、歐斯壯（E.Ostrom）提出制度分析與發展架構（Institutional Analysis Development，IAD），試闡釋IAD架構的核心內涵？說明IAD傳統的應用研究領域及其優點？

答：早在1970年代，歐斯壯（E.Ostrom）就開始發展IAD的分析架構，當時研究者聚焦於大都會區警察的服勤情況。研究團隊到了1980年代，發現在警察服勤的情況會受到與其他相關機關（或單位）互動的影響，互動關係如果較結構化、正式化，則服勤表現較穩定；反之則否。因此，IAD架構是解釋如何設定資源的物理條件、社群的屬性，以及制度規則影響行動者的行為與結果。

(一)IAD架構的核心內涵

　1.外生變數：

　　(1)物質條件：資源的物理特性，指大小、位置、範圍、容量、資源量；資源的物質特性，指設備、材料之特性。

　　(2)社區／社群：社區是一種虛構體，為社會之基本型式，指在相同法律下人民生活的城市、小鎮、鄉村，其公民資格由諸多具有相同文化與歷史背景的個人所組成，強調公共利益，政府、公民合作互動具有社會資本或行為規範。社會資本由網絡、可信任性和各種正式與非正式的規範構成，其背景變量為信任，由此產生集體行動。社會資本不存在於個體中，而是存在於社會關係網絡中，為影響社會、經濟制度的資本，且為促進公共利益的資本。

　　(3)實質（或現行）規則：實質規則又稱工作規則，規定決策者的資格、行動的允許和限制、程式的運用、資訊的提供、行動的結果，是實際的權利義務。形式規則指規範指令較少寫入行政程序、法律、契約。

　2.行動論壇：

　　(1)行動情勢：行動情勢表示行動時，客觀事實、外部環境、問題系統、問題結構等情況，包括偏好、制度、規則、物質法則、行為法則。行動情勢強調不同「制度情境」下如何合作或不合作、參與者扮演的角色、能控制多少情勢資訊、短期的困難、長期解決方案、產出的形式、成本及效益如何。

　　(2)行動者包括使用者、供應者、參與者及政策制定者。

　3.互動模式：互動模式含有自主治理及多中心概念，互動模式與行動情勢連接，外生變數、誘因、行動及其他行動者會促成互動模式，如對公共物而言，行動者的互動如何影響資源或造成資源供應不足或搭便車的問題。

　4.結果：不平等、退化、衝突及缺少合作、汙染、資源稀少、不穩定、耗盡為負結果；正結果如開放、平等、差異、公共物豐富、合作及互惠、溝通、提升品質。

5. 結果評估：結果評估包括六準則：

(1)經濟效率：價格等於邊際成本。

(2)等值：獲利越多支付越多。

(3)平等：使貢獻和獲得利益相等。

(4)再分配：補貼的結果要讓真正窮人獲利。

(5)課責：指公務員須對公民關心的發展及公共設備的使用負起責任。

(6)適當性：如稅率與規費必須反映利益。

(二)IAD傳統的應用研究領域及其優點

IAD傳統上常用於分析涉及公共財、公共選擇的議題上。例如1950年代，自我治理方式在非洲大部分殖民地的基礎建設，如道路、學校、醫院、橋梁、市場、停車場、水供應、森林、農業發展、預防災害、治安、教育、保健、肥料、咖啡、漁場等措施實驗有極大成功及貢獻。其優點：

1. 以社區／社群治理維護資源之永續性：制度誘因及永續發展係針對公平、保護及權威或管轄問題，引導出互惠的規範、規則及信任的管理辦法，以阻止生態系統在資源管理上的潰敗。

2. 以制度作為政策分析核心：經濟發展問題，在土地資本累積、勞工就業、產業結構之外，須有制度才得以發揮功能。制度規則改變理性的個人行為，有了制度，公民治理才能永續發展。

參考資料 ▶▶ 1. 柯三吉，《政策執行與公共治理》，2019年

2. 汪銘生、曾玉祥，〈Elinor Ostrom公民治理觀之研究：以BOT為例〉，《人文與社會科學簡訊第15卷第2期》，2017年。

一、傳統官僚組織運作的特徵，常導致行政機關間橫向協調產生阻礙。請論述行政機關間橫向協調問題之原因與癥結為何？

答：為提升政府施政效能，其行政機關間的橫向協調與聯繫活動可謂最重要的組織功能之一，更是政府機關能否展現其效能的關鍵所繫。但傳統官僚組織運作的特徵，常導致行政機關間橫向協調產生阻礙。Alexander、Bardach等學者的研究指出，政府機關間所普遍存在的傳統官僚組織運作特徵，如本位主義、專業偏執、組織內部與跨部門間資訊傳遞的障礙及失衡等因素，皆有可能導致行政機關間橫向協調問題。以下分別詳述之：

(一) 本位主義

官僚組織因專業分工之需要而進行分權化，但其伴隨的負面效應中最嚴重的問題便是本位主義的出現，以及由此造成的機關間橫向協調失靈。Downs援引動物領域保護的行為來解釋官僚體系中「本位主義」的起源。他認為每一個社會行動者都是「領域的霸主」（a territorial imperialist），並將這個觀念應用到官僚體系，認為本位主義產生的原因有三：

1. 自私的忠誠：公務人員只對與其工作安全與升遷有關的單位展現忠誠，這種忠誠有時會對官僚體系整體所要達成的目標造成傷害，甚至產生「目標錯置」現象。

2. 議題範疇的不確定：由於今日公共政策的問題型態和結構日趨複雜，公共政策動態的互賴程度日增，以靜態分工為主的官僚體系不知問題係屬何機關的管轄範疇，造成政策領域及管轄權的爭議。最後當政策問題影響出現時，則又可能發生爭功諉過之現象。

3. 政策領域的高度敏感：由於官僚無法完全預知其他單位主導的政策作為對自己單位的業務領域有何影響，為維護自身的利益和管轄領域的完整性，往往會採取最保守的防禦措施，或採取風險規避的態度，造成單位之間合作的阻力。

本位主義問題多為機關成員「權力」之考量或理性計算，Wilson由觀察實

際官僚行為中歸納出，官僚所追求的並非公共選擇學派所言的預算極大化，而是追求自主性，使得官僚體系內部合作困難，且任何部門都不願被其他部門規範，因此造就了官僚體系分工但不合作的現象。

(二) 專業偏執

專業偏執是指專業知識的趨同，錯誤不斷地被複製及學習，且因缺乏與其他機關之橫向聯繫、學習及意見交換，往往使得機關之本位主義更被強化。這是因為專業分工而形成一種高度的自我認同、價值觀或意識型態，往往障蔽了其他看法，形成團體盲思或自我防衛之心態，使橫向協調及合作困難重重。

(三) 資訊落差

資訊落差是指機關內部或跨機關間的資訊無法順利流通，或無法建立一致性的理解，以及數位科技能力的落差。蓋決策所牽涉到之相關單位愈廣，則愈需更多與更詳盡的資訊以進行決策，若機關內部或跨機關間之資訊無法有效流通或無一致性理解時，定會使橫向協調發生問題，造成政策決策或執行上的偏差，使政策難以成功。

行政機關的橫向協調與聯繫功能是政府政策成敗及行政效能良窳的關鍵，政府各機關若能在政策規劃及執行的過程中進行有效地橫向溝通及聯繫，不但能夠化解行政單位彼此間的本位主義問題，更能積極促成各行政單位間的政策合作與綜合能力的發揮。

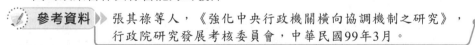

參考資料 張其祿等人，《強化中央行政機關橫向協調機制之研究》，行政院研究發展考核委員會，中華民國99年3月。

二、請說明民主國家的政策合法化過程中，行政機關所扮演的關鍵角色與其影響力為何？

答：「政策合法化」（Policy Legitimation）係指政府機關針對公共問題規劃解決方案後，將方案提經有權核准的機關、團體或個人。例如，立法機關、決策委員會、行政首長等，加以審議批准，完成法定程序，以使付諸執行的動態過程。

(一) 行政機關所扮演的關鍵角色

1. 行政機關的政策合法化過程中，包括總統、中央及地方的行政人員，一方面是政策方案合法化的發動者，將選定的方案送請認立法部門審議，居於辯護方案的角色。另方面，本身亦可基於職掌，審核批准毋須送請立法部門審議的政策或方案，居於審核方案的角色。

2. 在立法機關的政策合法化中，行政機關為使其擬訂的政策得以在立法機關順利完成法定程序，必須設法爭取一般民眾、大眾媒體及立法委員的支持，則居於爭取政治支持的角色。

(二) 行政機關政策合法化的影響力

1. 行政機關基於專業及公益的考量，可替公民促成較佳的政策方案，取得合法化地位。

2. 行政官員在參與政策合法化過程時，雖是以備詢身份提供立法委員相關資訊、回答立法委員的相關疑義，但如Giddings（1993）所言，行政官員亦可利用質詢機會，在公開場合中以適當地回答方式來行銷其政策，並藉此建構政府部門的良好形象；即使遇到政治敏感問題，行政官員也可訴諸議事規則選擇不回答，故也擁有阻擾議題的機會。

另外，行政機關為了在政策合法化過程中有效發揮專業影響力，爭取立法機關的支持，也可以透過以下方式，祛除可能的杯葛或掣肘，包括：(1)把握法案適當提出時機；(2)爭取社會資源協助；(3)加強聯繫維持情誼；(4)提供資訊增進瞭解；(5)列席各項相關會議；(6)運用國會聯絡人員。

> **參考資料** ▶▶ 1. 吳定，《公共政策》，國立空中大學，2010。
> 2. 劉姵吟、黃東益，〈政策合法化過程行政官員與立法委員論述的內容分析-審議民主的觀點〉，《公共行政學報第38期》，民國100 3月。

三、請說明管制影響評估（Regulatory Impact Analysis，RIA）的意涵、推行目的與操作步驟為何？

答：OECD許多成員國執行管制影響評估（RIA）制度已歷經數十年發展背景。RIA源於各國希冀透過積極檢視政府各項重要相關政策採用管制性工具的必要性或合理性，促使國際貿易與國內經濟朝向自由化發展；其核心哲學是，當存在其他有效之非管制性對策作法時，就不宜優先選擇運用高度管制性的對策。

(一) 意涵

管制影響評估（Regulatory Impact Analysis，簡稱RIA）是政府機關為達成特定政策或計畫的預計目標，選擇有效因應對策作法（政策工具）的事前預評估方法；其係針對各種對策方案，不論是管制性、非管制性、維持現行作法抑或不作為等，均經由系統性的證據發現和分析過程，提供可能產生的效益（能）、具體效果和成本之影響證據資訊，並與受影響主要利害關係者就預評估資訊進行有意義的諮商程序後，做成選定最後方案之決定。

(二) 推行目的

國內推動RIA之目的：

1. 強化政府法規之合理性與正當性：協助各行政機關運用此項工具，深層檢視所欲擬定法規的必要性和法規內容的合理性，同時深思政府管理經濟和社會活動所持理由的正當性，以及國內和國際的接受性，減少政府過度干預市場經濟和公民社會自主。

2. 增進法規政策制定與決策過程之透明度：將法規政策納入RIA的程序，提供受影響的重要利害關係者有機會事先瞭解政府政策作法，並且表達意見，再經由行政機關與其合理對話，及進行必要之調整，對國內公眾和全球成員，都是增進政策過程透明度的民主作法，並可減少政策執行階段的阻力。

3. 增加各行政機關落實更制度性的政策分析作法：撰寫合宜且富品質的RIA分析報告，除了強化自身的資料收集和論證分析能力，同時提供立法部門審議管制法規時相關政策利害關係者的意見，有利法案審理的行政與立法良性互動。

(三) 操作步驟

不少國家都參考OECD提供的參考準則，制訂該國實施RIA的具體操作步驟，施能傑教授綜合各國的操作手冊，提出政府機關應該遵循八個操作步驟：1.政策背景的描述；2.政策問題的釐清；3.政策目標的設定；4.對策方案的研擬；5.對策方案的影響預評估；6.利害關係者的諮商；7.最終執行方案的選定；8.執行成果的評估規劃。

不過，一旦最後選定的是管制性法規方案，根據行政程序法規定，尚要進入法規預告的步驟後，才可以正式公告或向行政院提交法律草案。

参考資料 ▶▶ 施能傑，〈法規政策影響評估作業手冊操作步驟之研析〉，《國家發展委員會》，民國105年1月。

四、 請從公共政策分析的觀點，剖析直接發放現金、2009年「消費券」與2020年「三倍券」之間的差異與優劣為何？

答：公共政策分析（Public Policy Analysis）是一門結合政治學與經濟學的學科；因此必須有經濟學理論與工具作基礎，更須掌握政策形成，採納，執行，評估與回饋等階段的各項政治影響因素。

以下就政府為了振興經濟，直接發放現金、2009年「消費券」與2020年「三倍券」之間的差異與優劣剖析：

(一) 三者的差異

1. 政策形成：

(1)消費券：2008年金融海嘯席捲全球，台灣也難以倖免，公司大放無薪假，甚至減薪、裁員事件頻傳，消費信心急墜谷底，當時馬政府拍板以消費券方式刺激經濟。

(2)三倍券：2020年爆發COVID-19疫情，台灣防疫得宜，出口、生產影響有限，但因台灣民眾積極自主防疫，內需服務業門可羅雀、營收慘淡，蔡政府因而在解封之際，推出「振興三倍券」，使用期間從7月中旬至年底，希望為消費動能添一把火。

(3)直接發放現金：2009年金融海嘯與2020年COVID-19疫情，在野黨都主張直接發放現金，也有部分鄉鎮市地方政府直接發放現金給居民。2023年疫後為因應嚴重特殊傳染性肺炎疫情後全球經濟挑戰，減輕人民負擔、穩定民生物價、調整產業體質及維持經濟動能，特制定《疫後特別條例》。

2. 政策採納：

(1)2008年11月行政院端出「振興經濟消費券發放特別條例」草案，12月經立法院三讀通過，2009年1月起發放。

(2)2020年新冠肺炎肆虐全球，行政院於疫情趨緩後，自7月推動振興方案，發行「振興三倍券」。

(3)2023年2月21日立法院三讀通過「疫後強化經濟與社會韌性及全民共享經濟成果特別條例」草案，適用項目除普發6000元外，還包括擴大藝文消費等，共10項振興產業經濟與嘉惠年輕族群項目。

3. 政策執行：

(1)消費券：每人可領取3600元的消費券，全面採紙本發行，包含6張面額500元以及3張面額200元，使用期限為2009年1至9月，總預算約860億元。

(2)三倍券：民眾需先花1000元購買3000元的「三倍券」，分為紙本券及數位券，包括5張200元與4張500元。使用期限為2020年7月15日至12月31日。總預算約511億元。

(3)直接發放現金：普發現金6000元，共有5大方式可領取，包括：特定族群直接入帳、登記入帳、ATM提領或到郵局臨櫃領現，偏鄉則以造冊方式發放，所需經費上限為3800億元，施行期間至2025年12月31日止。

4. 政策評估與回饋：

(1)消費券：根據經建會自估消費券對於GDP的貢獻僅約0.28~0.43%，替代率達六至七成。領取人 2312萬8527人。

(2)三倍券：根據國發會報告指出，三倍券對台灣GDP貢獻最高達0.53%。紙本及數位綁定領取人數達2332萬8776人，兩者選用比率為92.23%比7.76%。

(3)直接發放現金：因為可被儲存，被認為振興經濟的效果較差。

(二)三者間的優劣

若站在人民的立場來看，以單純確定獲益的角度來說，人民確實比較容易選擇領現金，而不會選擇振興券。因為現金發放只要符合資格就能領取，不需要付出其他成本；反觀振興券的好處，則是要進一步消費，才能享受到超值的獲利。

而如果從政府刺激市場經濟的立場來看，似乎振興券才是較為可行的做法。因為振興券鎖定產業的使用方式，較能確保人民把錢花在國內相關產業；如果發放現金，人民可能會把現金存起來，或拿去投資等其他用途，不一定會把錢投入市場消費。

學者歸納三者的優劣：

1. 民眾偏好程度：消費券與三倍券讓民眾僅能針對限定的商品或服務進行兌換，而直接發放現金民眾則可以自由運用，所以民眾偏好發放現金。

2. 刺激消費效果：政府發放現金、消費券、振興三倍券都是為了刺激消費，進一步帶動經濟活動的成長，其中現金最容易被存起來，刺激消費效果最差。消費券與三倍券讓民眾進行消費，刺激消費的效果較佳。

3. 行政成本：現金僅需撥發給民眾即可，行政處理程序較為單純，行政成本較低。而消費券與三倍券需要重新印製發給民眾，兌付手續費、系統研發等，再加上實體券的回收，程序較為複雜，行政成本也較高。

4. 政府財政壓力：發放現金對政府而言是立即的財政壓力，消費券或三倍券的流通有一定期限，可以減緩政府財政壓力。

參考資料
1. 徐仁輝、郭昱瑩，《政策分析》，智勝文化，2014年。
2. 法律白話文運動，《疫情世代：如何因應與復原，給所有人的科學與法律指南》，時代出版社，2023年。
3. 傅珮晴、林美欣，〈稅收超徵，消費券還是發現金比較好？學者點出2關鍵！歷年還有哪些振興措施？〉，中央社，2023年1月5日。

一、在公共政策制定或執行的過程中，有學者認為，相較於其他種類的利益團體（interest groups），企業或商業團體一般而言具有較大的影響力，請問可能的原因為何？請列舉三個可能的原因說明之。此外，在某些情況下，某一個或某些企業或商業團體則可能不具有較大的影響力，請您列舉一種可能的情況並說明之。

答：利益團體（interest groups）為一群具有共同目標或利益者所組成，以向他人、其他團體或政府機關提出主張，常以遊說方式來達成其目標或利益的組合體，又被稱為「壓力團體」。

(一) 企業或商業利益團體較具影響力的原因

1. 成員人數較多：企業或商業利益團體其成員眾多，得以動員的選票數目也較多，而且其政治捐獻的能力較為雄厚，所提出的政策主張，也能反映出更為廣泛的議題。

2. 組織成員的分布程度較廣：企業或商業的利益團體所屬成員散布各地，此種組織成員的分布程度往往影響政治動員的力量。一般而言，分布程度較為廣泛的利益團體，得以對於各個行政官員與民意代表進行遊說，其政治訴求往往強調全面性。

3. 組織得以運用的經費較多：組織得以運用的經費多寡往往是決定利益團體影響力的關鍵。就實際運作而言，從事廣告宣傳、延聘遊說人士、進行政治捐獻，所費不貲。也由於商業組織擁有龐大的經費資源，往往在決策過程中享有強大的優勢。

(二) 企業或商業利益團體不具影響力的原因

企業或商業團體一般而言，都具有較大的影響力，但在某些情況下，面對「道德政策」，指的是「至少有一個政策倡議聯盟，將該議題視為道德或罪惡，並將道德訴求加諸其上」政策。在西方，常見的道德政策如同性戀權利、色情等議題。在我國如環保、勞工權益、廢除死刑等議題，其中某些議題要獲廣泛支持有爭議性，甚或與企業價值牴觸。因此，過去車禍受難者協

會所推動的強制汽車責任險政策；婦女新知基金會推動兩性平等法政策；董事基金會推動菸害防制法政策等，均咸少看到商業利益團體的參與。

📝 **參考資料** 〉 丘昌泰，《公共政策基礎篇》，巨流圖書，2010。

二、青年就業問題是政府關切且想要解決的社會問題之一，假設政府想要透過開設程式設計訓練班來緩和青年就業問題，因此在不同的縣市，都開設相同的訓練班來培訓有志青年，為了評估該班之影響，政府蒐集了該班在不同縣市的相關資訊。假設資料顯示A縣市的訓練班有220人報名，但因只有100個名額，因此錄取了100人，經過三個月的訓練後，有98人結訓，有78人在結訓後兩個月獲得工作。B縣市同樣有100個名額，結果有150人報名，錄取100人，在經過三個月的訓練後，有97人結訓，52人在結訓後兩個月獲得工作。請問：從影響評估的角度來看，您認為那一個縣市的職業訓練班對於參加者有較大的影響？請列舉兩項您認為可能的原因或理由並說明之。

答：影響評估（impact evaluation）是針對已經執行完成的政策最後結果所進行的評估，評估的焦點在於政策目標是否達成？政策是否對標的團體提供預期的服務水準？其主要目的是希望瞭解政策對實際現象所產生的效果。依題意說明如下：

(一) A縣市的職業訓練班對於參加者的影響較大

比較A、B兩縣市的職業訓練班，A縣市的結訓率為98%，結訓者的就業率為79.6%；B縣市的結訓率為97%，結訓者的就業率為53.6%。明顯地，A縣市的職業訓練班較有助於參加者就業，對參加者有較大的影響。

(二) 造成兩縣市結果差異可能理由

1. 執行機關所具有的特性：執行機關所具的特性乃是影響政策執行成敗之最重要因素，包括：政策資源配置情形、執行人員的意願、機關的組織規範。例如，負責開設職業訓練班人員編制、資源充分度、講師的專業度、人員執行意願等，都可能影響影響後續的成效。

2. 政治、經濟、社會、文化、法規等環境因素情況：執行機關面對的政治、經濟、社會、文化、法規等環境情況，均會直接影響執行機關所採取的行動。例如，個案A縣市可能位於北部，資訊產業較為發達，程式設計師職缺較多，結訓者就業率自然較高。

📝 **參考資料** 〉 丘昌泰，《公共政策基礎篇》，巨流圖書，2010。

三、依據學者在拉丁美洲中許多城市的研究，其研究結果顯示在不同城市的街道上，大多是由中低收入戶所營運的違法商家或攤販，雖是這些中低收入戶的主要收入來源，但也造成街道髒亂等的外部性，容易引起一般民眾及中產階級者的不滿。政府有制定相關的管制法規，但不同地方政府對於違法商家或攤販的執法程度或稽查強度是不同的，請您從政策執行或分配政治的角度來分析：列舉四項可能影響地方政府執法或稽查強度的因素並說明之。

答：米特（D.Meter）與洪恩（C.Horn）在〈政策執行過程：一個概念性的架構〉一文中，認為在政策執行過程中，有六大項主要變數的互動狀況，會影響政策執行績效：

(一)標準與目標：政策在取得合法地位並付諸執行時，應當已具有清晰的目標，可供政策執行人員遵循。

(二)資源：政策資源包括所有應用於執行活動的人力、經費、設備及物材等，資源充足與否，會直接影響組織間的溝通與執行活動。

(三)組織間溝通與執行活動：政策如欲有效執行，有賴執行機關及人員透過各種溝通方法與管道，確實明瞭政策目標、考核的標準、執行的技術與程序等。

(四)執行機關特性：負責執行政策的機關的正式與非正式特性，會直接影響執行人員的意願。這些特性包括機關層次高低、規模大小、組織結構、權責分配、人員特性等。

(五)社會、經濟與政治環境：政策執行所涉及的外在政治、社會、經濟情況，會對執行機關的特型及政策執行績效，產生直接影響。

(六)執行者的意向：實際負責政策執行的人員，對於政策本身信服及認同程度的高低，嚴重影響政策執行的成敗。

參考資料　吳定，《公共政策》，國立空中大學，2003年。

四、有些學者們認為在實務上，以全面理性的方式來分析公共政策是不可能的，請列舉五項可能的原因或理由說明之。

答：以全面理性的方式來分析公共政策，最具代表性的途徑是廣博理性決策途徑，為古典經濟學家所倡導的決策模式，他們假設人類為完全理性的「經濟人」，亦即人類乃是追求最大經濟利益者，故會追求最佳方案。此一途徑假設決策者能夠依據充分完整的資訊，對問題解決方案，作周詳理性考慮後，而制定最佳決策。

不過賽蒙（H.Simon），反對「經濟人」觀點，認為人是非純理性的動物，而只是意圖理性而已，人會嘗試達到理性的境界，故人類的理性乃是「有限理性」（bounded rationality）。這些限制的原因包括：

(一) 主觀限制：民選官員本身的政治立場將會影響理性的客觀性，以致無法做成目標、方案與優先順序的客觀評比。

(二) 多元價值與目標衝突：當前社會通常存在多元價值與多元目標，且經常相互衝突，以致於無法進行價值權重配置及目標的客觀評比。

(三) 沉澱成本：過去決策者的承諾，當前已經正在投資的計劃或已經支出的經費，都迫使新任決策者無法改變現行政策架構，只能繼續承擔這些成本。

(四) 不確定性的未來：未來充滿不確定性或高度的風險性，故對未來進行預測，非常困難。

(五) 問題本質難以界定：廣博理性認為問題一經界定即不會改變，其實問題是必須一而再、再而三的加以界定，政策分析就是問題再界定（problem redefinition）的過程。

參考資料 ▶▶ 丘昌泰，《公共政策基礎篇》，巨流圖書，2010。

NOTE

高普｜地方｜各類特考
共同科目

名師精編．題題精采．上榜高分必備寶典

書號	書名	作者	定價
1A011131	法學知識－法學緒論勝經	敦弘、羅格思、章庠	近期出版
1A021131	國文--多元型式作文攻略(高普版)　👑榮登博客來暢銷榜	廖筱雯	近期出版
1A031111	法學緒論頻出題庫　👑榮登博客來暢銷榜	穆儀、羅格思、章庠	550元
1A041101	最新國文多元型式作文勝經	楊仁志	490元
1A961101	最新國文－測驗勝經	楊仁志	630元
1A971081	國文－作文完勝秘笈18招	黃淑真、陳麗玲	390元
1A851131	超級犯規！國文測驗高分關鍵的七堂課	李宜藍	近期出版
1A421131	法學知識與英文 (含中華民國憲法、法學緒論、英文)　👑榮登博客來、金石堂暢銷榜	龍宜辰、劉似蓉等	近期出版
1A831122	搶救高普考國文特訓　👑榮登博客來暢銷榜	徐弘縉	630元
1A681131	法學知識－中華民國憲法(含概要)	林志忠	近期出版
1A801121	中華民國憲法頻出題庫	羅格思	近期出版
1A811131	超好用大法官釋字工具書+精選題庫	林俐	近期出版
1A051131	捷徑公職英文：沒有基礎也能快速奪高分	德芬	530元
1A711131	英文頻出題庫	凱旋	近期出版

以上定價，以正式出版書籍封底之標價為準

千華數位文化股份有限公司

■新北市中和區中山路三段136巷10弄17號　■千華公職資訊網 http://www.chienhua.com.tw
■TEL: 02-22289070　FAX: 02-22289076　　■服務專線：(02)2392-3558・2392-3559

高普│地方│原民
各類特考

一般行政、民政、人事行政

編號	書名	作者	價格
1F181131	尹析老師的行政法觀念課 ---- 圖解、時事、思惟導引 👑榮登金石堂暢銷榜	尹析	近期出版
1F141122	國考大師教你看圖學會行政學　　👑榮登金石堂暢銷榜	楊銘	690元
1F171131	公共政策精析	陳俊文	590元
1F271071	圖解式民法(含概要)焦點速成＋嚴選題庫	程馨	550元
1F281131	國考大師教您輕鬆讀懂民法總則	任穎	近期出版
1F351131	榜首不傳的政治學秘笈	賴小節	近期出版
1F591091	政治學(含概要)關鍵口訣＋精選題庫	蔡先容	620元
1F831131	地方政府與政治(含地方自治概要)	朱華聆	近期出版
1E251101	行政法 -- 獨家高分秘方版測驗題攻略	林志忠	590元
1E191091	行政學 -- 獨家高分秘方版測驗題攻略	林志忠	570元
1E291101	原住民族行政及法規(含大意)	盧金德	600元
1E301111	臺灣原住民族史及臺灣原住民族文化(含概要、大意) 👑榮登金石堂暢銷榜	邱燁	730元
1F321131	現行考銓制度(含人事行政學)	林志忠	近期出版
1N021121	心理學概要(包括諮商與輔導)嚴選題庫	李振濤 陳培林	550元

以上定價，以正式出版書籍封底之標價為準

千華數位文化股份有限公司

■新北市中和區中山路三段136巷10弄17號　■千華公職資訊網 http://www.chienhua.com.tw
■TEL: 02-22289070　FAX: 02-22289076　■服務專線：(02)2392-3558．2392-3559

高普｜地方｜各類特考

名師精編課本．題題精采．上榜高分必備寶典

教育行政

1N021121	心理學概要(包括諮商與輔導)嚴選題庫	李振濤、陳培林	550元
1N321131	國考類教育行政類專業科目重點精析 (含教概、教哲、教行、比較教育、教測統)	艾育	近期出版
1N381131	名師壓箱秘笈－教育心理學 👑 榮登金石堂暢銷榜	舒懷	近期出版
1N401131	名師壓箱秘笈－教育測驗與統計(含概要)	舒懷	近期出版
1N411112	名師壓箱秘笈－教育行政學精析	舒懷	640元
1N421121	名師壓箱秘笈－教育哲學與比較教育	舒懷	790元

勞工行政

1E251101	行政法(含概要)獨家高分秘方版	林志忠	590元
2B031131	經濟學	王志成	近期出版
1F091131	勞工行政與勞工立法(含概要)	陳月娥	近期出版
1F101131	勞資關係(含概要)	陳月娥	近期出版
1F111131	就業安全制度(含概要)	陳月娥	近期出版
1N251101	社會學	陳月娥	750元

以上定價，以正式出版書籍封底之標價為準

千華數位文化股份有限公司

■ 新北市中和區中山路三段136巷10弄17號　■ 千華公職資訊網 http://www.chienhua.com.tw
■ TEL: 02-22289070　FAX: 02-22289076　■ 服務專線：(02)2392-3558．2392-3559

高普 地方 各類特考

名師精編課本・題題精采・上榜高分必備寶典

法律・財經政風

書 號	書 名	作 者	定 價
1F181131	尹析老師的行政法觀念課----圖解、時事、思惟導引 ♛榮登金石堂暢銷榜	尹析	近期出版
1F141122	國考大師教你看圖學會行政學	楊銘	690元
1N021121	心理學概要(包括諮商與輔導)嚴選題庫	李振濤、陳培林	550元
1N251101	社會學	陳月娥	600元

勞工行政

書 號	書 名	作 者	定 價
1E251101	行政法(含概要)獨家高分秘方版	林志忠	590元
2B031121	經濟學	王志成	近期出版
1F091131	勞工行政與勞工立法(含概要)	陳月娥	近期出版
1F101131	勞資關係(含概要)	陳月娥	近期出版
1F111131	就業安全制度(含概要)	陳月娥	近期出版
1N251101	社會學	陳月娥	600元

戶政

書號	書名	作者	定價
1F651131	民法親屬與繼承編(含概要)	成宜霖等	近期出版
1F341122	統整式國籍與戶政法規	紀相	750元
1E251101	行政法(含概要)獨家高分秘方版	林志忠	590元
1F281131	國考大師教您輕鬆讀懂民法總則	任穎	近期出版
1N441092	人口政策與人口統計	陳月娥	610元

以上定價，以正式出版書籍封底之標價為準

■ **歡迎至千華網路書店選購**
服務電話(02)2228-9070

千華網路書店

■ **更多網路書店及實體書店**

 博客來網路書店　PChome 24hr書店　三民網路書店
MOMO 購物網　金石堂網路書店　誠品網路書店

查詢實體書店

高普│地方│各類特考
頻出題庫系列

名師精編題庫．題題精采．上榜高分必備寶典

共同科目

編號	書名		作者	定價
1A031111	法學緒論頻出題庫	♛榮登金石堂暢銷榜	穆儀、羅格思、章庠	550元
1A571131	國文（作文與測驗）頻出題庫 ♛榮登金石堂暢銷榜		高朋、尚榜	近期出版
1A581131	法學知識與英文頻出題	♛榮登博客來暢銷榜	成宜、德芬	近期出版
1A711131	英文頻出題庫		凱旋	近期出版
1A801131	中華民國憲法頻出題庫		羅格思	近期出版

專業科目

編號	書名	作者	定價
1E161081	地方政府與政治(含地方自治概要)頻出題庫	郝強	430元
1E201131	行政學(含概要)頻出題庫	楊銘	近期出版
1E591121	政治學概要頻出題庫	蔡力	530元
1E601131	主題式行政法(含概要)混合式超強題庫	尹析	近期出版
1E611131	主題式行政學(含概要)混合式超強題庫	賴小節	近期出版
1E621131	政治學(含概要)混合式歷屆試題精闢新解	蔡力	近期出版
1N021121	心理學概要(包括諮商與輔導)嚴選題庫	李振濤、陳培林	550元

以上定價，以正式出版書籍封底之標價為準

千華數位文化股份有限公司
■新北市中和區中山路三段136巷10弄17號　■千華公職資訊網 http://www.chienhua.com.tw
■TEL: 02-22289070　FAX: 02-22289076　■服務專線: (02)2392-3558．2392-3559

學習方法 系列

如何有效率地準備並順利上榜，學習方法正是關鍵！

榮登金石堂暢銷排行榜

連三金榜 黃禕

翻轉思考 破解道聽塗說	適合的最好 調整習慣來應考	一定學得會 萬用邏輯訓練

三次上榜的國考達人經驗分享！
運用邏輯記憶訓練，教你背得有效率！
記得快也記得牢，從方法變成心法！

作者在投入國考的初期也曾遭遇過書中所提到類似的問題，因此在第一次上榜後積極投入記憶術的研究，並自創一套完整且適用於國考的記憶術架構，此後憑藉這套記憶術架構，在不被看好的情況下先後考取司法特考監所管理員及移民特考三等，印證這套記憶術的實用性。期待透過此書，能幫助同樣面臨記憶困擾的國考生早日金榜題名。

最強校長 謝龍卿

榮登博客來暢銷榜

經驗分享＋考題破解
帶你讀懂考題的know-how！

open your mind！
讓大腦全面啟動，做你的防彈少年！

108課綱是什麼？考題怎麼出？試要怎麼考？書中針對學測、統測、分科測驗做統整與歸納。並包括大學入學管道介紹、課內外學習資源應用、專題研究技巧、自主學習方法，以及學習歷程檔案製作等。書籍內容編寫的目的主要是幫助中學階段後期的學生與家長，涵蓋普高、技高、綜高與單高。也非常適合國中學生超前學習、五專學生自修之用，或是學校老師與社會賢達了解中學階段學習內容與政策變化的參考。

國家圖書館出版品預行編目(CIP)資料

(高普考)公共政策精析/陳俊文編著. -- 第六版. -- 新北

市：千華數位文化股份有限公司, 2023.10

面；　公分

ISBN 978-626-380-040-3 (平裝)

1.CST: 公共政策

572.9　　　　　　　　112016184

［高普考］ **公共政策精析**

編 著 者：陳 俊 文

發 行 人：廖 雪 鳳
登 記 證：行政院新聞局版台業字第 3388 號
出 版 者：千華數位文化股份有限公司
　　　　　地址／新北市中和區中山路三段 136 巷 10 弄 17 號
　　　　　電話／(02)2228-9070　　傳真／(02)2228-9076
　　　　　郵撥／第 19924628 號　千華數位文化公司帳戶
　　　　　千華公職資訊網：http://www.chienhua.com.tw
　　　　　千華網路書店：http://www.chienhua.com.tw/bookstore
　　　　　網路客服信箱：chienhua@chienhua.com.tw

法律顧問：永然聯合法律事務所
編輯經理：甯開遠
主　　編：甯開遠
執行編輯：廖信凱
校　　對：千華資深編輯群
排版主任：陳春花
排　　版：林蘭旭

出版日期：2023 年 10 月 15 日　　第六版／第一刷

本書如有勘誤或其他補充資料，
將刊於千華公職資訊網　http://www.chienhua.com.tw
歡迎上網下載。